V&R

Bürgertum Neue Folge

Studien zur Zivilgesellschaft

Herausgegeben von
Manfred Hettling und Paul Nolte

Band 7

Vandenhoeck & Ruprecht

Manuel Borutta

Antikatholizismus

Deutschland und Italien im Zeitalter der europäischen Kulturkämpfe

Vandenhoeck & Ruprecht

Umschlagabbildung: Francesco Paolo Michettis »Il voto« (1883), Ausschnitt
© Galleria nazionale d'arte modernae contemporanea

2., durchgesehene Auflage

Mit 40 Abbildungen

Bibliografische Information der Deutschen Nationalbibliothek

Die Deutsche Nationalbibliothek verzeichnet diese Publikation in der Deutschen Nationalbibliografie; detaillierte bibliografische Daten sind im Internet über http://dnb.d-nb.de abrufbar.

ISBN 978-3-525-36849-7
ISBN 978-3-647-36849-8 (E-Book)

Printed in Germany.
Satz: Daniela Weiland, Göttingen
Druck und Bindung: ⊕ CPI buchbücher.de GmbH, Birkach

Inhalt

Vorwort

Die vorliegende Arbeit wurde 2005 an der Freien Universität Berlin als Dissertation angenommen und für den Druck gekürzt und überarbeitet. Sie hat von den Impulsen und der Hilfe zahlreicher Personen und Institutionen profitiert. Danken möchte ich vor allem meinen beiden Gutachtern: Jürgen Kocka hat das Projekt stets tatkräftig gefördert, auch wenn wir nicht immer der gleichen Meinung waren. Seine Lust an der Diskussion und an der leidenschaftlichen intellektuellen Auseinandersetzung war ein großer Ansporn. Auch Etienne François hat mir in vielen Situationen mit klugen Ratschlägen und mit seiner regen, menschlichen Anteilnahme sehr geholfen. Ebenfalls danken möchte ich Heinrich August Winkler, der das Vorhaben im Graduiertenkolleg »Gesellschaftsvergleich in historischer, soziologischer und ethnologischer Perspektive« vorbildlich betreute. Ich danke meinen Betreuern und Gutachtern für ihren Rat und für ihr Vertrauen.

Gefördert wurde die Arbeit durch Stipendien der Deutschen Forschungsgemeinschaft, des Deutschen Historischen Instituts in Rom, der Fazit-Stiftung in Frankfurt am Main, des Zentrums für Vergleichende Geschichte Europas in Berlin und des Vereins für Italienisch-Deutsche Geschichtsforschung am Centro per gli studi storici italo-germanici di Trento. Beim Abschluss des Manuskripts unterstützten mich meine Mutter und meine Tante. 2005 wurde die Studie mit dem Preis der Wolf-Erich-Kellner-Gedächtnisstiftung ausgezeichnet. Die Druckkosten der 1. Auflage trugen die Fazit-Stiftung, die Ernst-Reuter-Gesellschaft und das Erzbistum Berlin. Ich danke allen Beteiligten für die großzügige materielle Unterstützung.

Gelegenheit zur Vorstellung des Projekts sowie vielfältige Anregungen erhielt ich im Graduiertenkolleg »Gesellschaftsvergleich«, im Zentrum für Vergleichende Geschichte Europas und im Deutschen Historischen Institut Rom; in Kolloquien, Workshops und auf Konferenzen von Heinrich August Winkler in Berlin, Hans-Peter Ullmann in Köln, Andrea Ciampani und Lutz Klinkhammer in Rom, Bo Stråth und Peter Wagner in San Domenico di Fiesole, Gunilla Budde, Pascal Eitler und Heinz-Gerhard Haupt in Bielefeld, Lucian Hölscher und Michael Geyer in Chicago, Oliver Janz in Berlin, Dieter Langewiesche in Tübingen, Lucy Riall und Silvana Patriarca in New York, Uwe Puschner und Richard Faber in Berlin sowie auf Tagungen des Arbeitskreises für Interdisziplinäre Männerforschung (AIM GENDER), des Schwerter Arbeitskreises Katholizismusforschung, des Arbeitskreises Geschichte und Theorie (AG+T), der Arbeitsgemeinschaft für die Neueste Geschichte Italiens und der German Studies Association.

Wichtige Hinweise und hilfreiche Kommentare verdanke ich darüber hinaus Margaret Lavinia Anderson, Alberto Mario Banti, Arnd Bauerkämper, Martin Baumeister, Olaf Blaschke, Catherine Brice, Nikolaus Buschmann, Christopher Clark, Christoph Conrad, Sebastian Conrad, Tobias Dietrich, Veit Elm, Arnold Esch, Filippo Focardi, Jan Pieter Forßmann, Malte Fuhrmann, Alexander Geppert, Alexa Geisthövel, Róisín Healy, Stefan-Ludwig Hoffmann, Oliver Janz, Uffa Jensen, Jochen Jorendt, Alexander Joskowicz, Hartmut Kaelble, Gotthard Klein, Árpád von Klimó, Lutz Klinkhammer, Frank-Michael Kuhlemann, Matthias Koenig, You Jae Lee, Hartmut Lehmann, Stephan Malinowski, Padre Giacomo Martina, Marco Meriggi, Daniel Morat, Katiana Orluc, Amedeo Osti Guerrazzi, Martin Papenheim, Margrit Pernau, Jens Petersen, Ilaria Porciani, Till van Rahden, Andreas Reckwitz, Aribert Reimann, Pater Burkard Runne, Anna Scattigno, Daniel Schönpflug, Stephan Scholz, Hermann Schwedt, Bernhard Struck, Bruno Tobia, Nina Verheyen, Guido Verucci, Vittorio Vidotto, Barbara Vinken, Jakob Vogel, Siegfried Weichlein, Todd Weir und Otto Weiß. Überaus anregend waren ferner die Sitzungen der ›Theorie-AG‹ mit Marcus Clausius, Sebastian Conrad, Jörg Döring, Christian Esch, Christian Holtorf, Andrew Johnston, Ulrike Hermann, Benno Gammerl, Christian Hochmuth und Andreas Reckwitz sowie der ›kulturalistischen Sezession‹ des Graduiertenkollegs mit Cordula Bachmann, Christoph Liell, Jörg Potthast und Philipp Prein.

Die Kürzung und Überarbeitung des Manuskripts erfolgte am Friedrich-Meinecke-Institut der Freien Universität Berlin, im Max Weber Programme des European University Institute in San Domenico di Fiesole und am Historischen Seminar der Universität zu Köln. Geholfen haben mir dabei die konstruktiven Vorschläge von Frank Adloff, Volker Barth, Frank Bösch, Simone Derix, Jens Jäger, Hans-Peter Ullmann, Nina Verheyen und Julia Zunckel sowie von den Herausgebern Paul Nolte und Manfred Hettling, denen ich zugleich für die Aufnahme der Studie in die Reihe »Bürgertum Neue Folge« danke. Bei der Literaturbeschaffung und der Bildbearbeitung halfen mir Tomoko Mamine, Tim Opitz und Jana Satler. Ebenfalls verbunden bin ich Heike Emrich-Willingham und Armin Triebel. Hans-Peter Ullmann danke ich nicht zuletzt für die Geduld mit seinem wissenschaftlichen Mitarbeiter.

Den größten Dank schulde ich meiner Frau Julia, der das Buch gewidmet ist. Sie hat nicht nur die verschiedenen Fassungen des Manuskripts gelesen und redigiert, sondern mir mit ihrer liebevollen Zuneigung, ihrem Charme und Esprit in den Jahren der Niederschrift und der Überarbeitung auch die nötige Kraft gegeben. Nicht nur hierfür danke ich ihr sehr.

Manuel Borutta, Köln im Juni 2009

Einleitung*

»In ganz Europa«, schrieb der katholische Reformtheologe Albert Ehrhard 1902 in Wien, »erhoben sich und bestehen zum Teil noch jene Konflikte zwischen den Regierungen und der katholischen Kirche, die unserer Zeit vielleicht einmal die Bezeichnung als ›Zeitalter der Kulturkämpfe‹ eintragen werden.« Auf ähnliche Weise hatte zehn Jahre zuvor bereits der liberale Turiner Verfassungsrechtler Attilio Brunialti den Konflikt zwischen Staat und Kirche in Italien mit analogen Auseinandersetzungen in Belgien und Brasilien, Deutschland und England, Frankreich und Mexiko verglichen. Aus Sicht beider Zeitgenossen waren Antikatholizismus und Kulturkampf keine genuin preußisch-deutschen, sondern europäische, um nicht zu sagen globale Erscheinungen.[1] Nicht einmal der Begriff »Kulturkampf« kam aus Preußen. Er wurde nicht, wie immer wieder zu lesen ist[2], erst 1873 von Rudolf Virchow geprägt, sondern bereits 1840 in der in Freiburg erscheinenden katholischen »Zeitschrift für Theologie«, in der anonymen Rezension einer Schrift des Radikalen Ludwig Snell über »Die Bedeutung des Kampfes der liberalen katholischen Schweiz mit der römischen Kurie«, zur Bezeichnung des Konflikts liberaler Schweizer Katholiken mit der römischen Kurie.[3]

Die historische Forschung hat den Antikatholizismus der europäischen Kulturkämpfe oft als Reaktion auf die spezifische Entwicklung des Katholizismus dargestellt, der sich in der Ausrichtung auf Rom wider die Ideale der Aufklärung gegen das Projekt der Moderne und den Fortschritt stemmte. Auch der aggressive Antikatholizismus der Liberalen im deutschen Kulturkampf ist auf die

* Italienischsprachige Zitate wurden, sofern nicht anders angegeben, von mir ins Deutsche übersetzt.

1 *Ehrhard*, Katholizismus, S. 290. Vgl. *Brunialti*, Prefazione, S. VII.

2 Vgl. etwa *Franz*, Kulturkampf, S. 9 f.; *Stadler*, Kulturkampf und Kulturkämpfe.

3 Snell hatte geschrieben: »Auf der einen Seite erblicken wir die Forderungen der Humanität, die Rechte des Staats und die Ansprüche der Kultur der letzten Jahrhunderte; auf der andern Seite die Ansprüche einer Priesterschaft auf Bevormundung des Staats- und Kulturlebens der katholischen Bevölkerung, auf eine Suprematie aus einem dunkeln, untergegangenen Weltalter.« Nachdem er diese Stelle zitiert hat, fährt der Rezensent so fort: »[D]er besagte *Kulturkampf* betrifft nämlich die Rechte des Episkopats; [...] die Rechte des Staats in kirchlichen Dingen; [...] die öffentliche Erziehung; [...] den Frieden unter den beiden Konfessionen; [...] die errungene politische Freiheit.« *Snell*, Bedeutung, S. 126; Zeitschrift für Theologie 4 (1840) S. 176 (Hervorhebung MB). Zur Begriffsgeschichte vgl. *Wahl*, Bismarck, S. 6 f.; *Baur*, Geschichte, S. 429–466. Zu Snell vgl. *Bluntschli*, Denkwürdiges, Bd. 1, S. 277. Zu Rudolf Virchows viel zitierter, jedoch nur selten analysierter Definition des Kulturkampfes von 1873 siehe Kapitel A.I.6.d.

Ultramontanisierung der katholischen Kirche und den Aufschwung der katholischen Frömmigkeit nach 1848 zurückgeführt worden.[4] Wie indes schon Thomas Nipperdey bemerkt hat, war der Antikatholizismus ein »Jahrhunderttatbestand«, der keineswegs von »besonderen Prägungen des Katholizismus« abhing[5]; ein eigenständiges historisches Phänomen, das im übrigen auch nicht auf den Liberalismus beschränkt war, sondern alle fortschrittsfreundlichen Kräfte des 19. Jahrhunderts miteinander verband. Deswegen will die vorliegende Studie nicht, ausgehend vom Antikatholizismus, den Katholizismus besser verstehen, sondern jene, die ihn bekämpften. Die von Liberalen und Demokraten, Protestanten, von Juden und Atheisten, aber auch von Katholiken vorgebrachte Kritik an der katholischen Kirche und Religion verrät dabei, so die Annahme, viel über das Selbstverständnis modernistischer Eliten in Europa im 19. Jahrhundert.

Vor diesem Hintergrund wird, am Beispiel der deutschen und der italienischen Geschichte, der Zusammenhang zwischen Antikatholizismus, Kulturkampf und der Entstehung der Säkularisierungstheorie als Selbstbeschreibung der westlichen Moderne untersucht. Gezeigt werden soll, wie sich der Antikatholizismus am Ende des 18. Jahrhunderts mit Projekten der Moderne und der bürgerlichen Gesellschaft verband, wie er sich im 19. Jahrhundert medial und sozial ausbreitete, Kulturkämpfe auslöste und um 1900, in Gestalt der Säkularisierungstheorie und der ›Protestantismus‹-These Max Webers, in die Konstruktion westlicher Modernität einging.[6] Die Säkularisierungstheorie wird mithin nicht als Explanans, sondern als Teil des Explanandums behandelt und als Produkt und Antriebskraft der Kulturkämpfe historisiert. Die Kulturkämpfe selbst werden dabei als ein eigenes Zeitalter der neueren europäischen Geschichte verstanden, das im Vormärz begann, sich in der liberalen Ära verschärfte und in einigen Ländern bis weit ins 20. Jahrhundert reichte.

Um der komplexen Beziehung dieser drei Untersuchungsebenen gerecht zu werden, kombiniert die vorliegende Studie diskurs- und kulturhistorische mit medien- und politikgeschichtlichen Ansätzen. Sie verknüpft religionssoziologische Einsichten mit jüngeren Befunden der Religions- und Geschlechtergeschichte und mit neuen Perspektiven postkolonialer Theorie. Analysiert werden die Strategien des antikatholischen *Othering*, diskursive Verbindungen von Klasse und Konfession, Geschlecht und Sexualität, Nation und Rasse sowie die Beziehung und Wechselwirkung von Diskurs und Lebenswelt, Politik und Medien, Privatem und Öffentlichem. Das Quellenspektrum umfasst Kabinetts- und Parlamentsakten, Briefe, Zeitungen und Zeitschriften, Reiseberichte und Romane, Gedichte und Lieder, Flugschriften und Pamphlete, theologische Handbücher und Polemiken, wissenschaftliche Lexika, Vorlesungen und Schriften bis

4 Vgl. *Wehler*, Gesellschaftsgeschichte, Bd. 3, S. 389, 392, 892; *Gross*, War, S. 24, 98ff.

5 *Nipperdey*, Geschichte 1866–1918, Bd. 2, S. 415.

6 Vgl. *Weber*, Ethik.

hin zu visuellen Medien wie Gemälden und Genrebildern, Anzeigen und Illustrationen, Karikaturen und Bildergeschichten. Da der Antikatholizismus kein monolithisches, statisches, sondern ein polymorphes, dynamisches Gebilde war, das sich in unterschiedlichen Kontexten wandelte, wird er sowohl in synchroner als auch in diachroner Perspektive untersucht.

Im Zentrum der Analyse stehen Deutschland und Italien, Preußen und Piemont, Berlin und Rom im ›langen‹ 19. Jahrhundert. Die Geschichte des deutschen und des italienischen Antikatholizismus scheint auf den ersten Blick gänzlich verschieden verlaufen zu sein: Deutschland gilt als Paradebeispiel eines besonders scharf geführten Konflikts, während für Italien oft bestritten worden ist, dass es dort überhaupt so etwas wie Antikatholizismus oder Kulturkampf gegeben habe. Im Rahmen des vorliegenden historischen Vergleichs in transnationaler Perspektive werden jedoch nicht nur lokale, regionale und nationale Besonderheiten, sondern auch europäische Gemeinsamkeiten, Transfers und Wechselwirkungen beider Fälle herausgearbeitet. Denn der Antikatholizismus war, wie der Kulturkampf, ein europäisches Phänomen.

I. Transnationaler Kontext: Das »Zeitalter der Kulturkämpfe«

Die transnationale Dimension der Kulturkämpfe ist in der historischen Forschung bereits mehrfach thematisiert worden, jedoch meist auf Basis einer recht engen Definition, die sich auf den Konflikt zwischen Staat und katholischer Kirche bzw. auf den »Weltanschauungskampf« liberaler Ideen und ultramontaner Dogmen in den 1860er und 1870er Jahren konzentrierte.[7]

Mit Blick auf die jüngere Forschung sind Kulturkämpfe weiter zu fassen. *Räumlich-zeitlich* stellten sie ein Nationen übergreifendes Phänomen dar, das in einigen Ländern bereits im Vormärz begann, in anderen bis weit ins 20. Jahrhundert reichte. Die ›heiße‹ Phase war die liberale Ära, das heißt das letzte Drittel des ›langen‹ 19. Jahrhunderts, als die Liberalen in vielen Ländern Regierungsverantwortung übernahmen und sich gleichzeitig in der katholischen Kirche der Ultramontanismus durchsetzte. In der Schweiz und in Spanien, wo Liberale bereits im Vormärz mitregierten, begannen die Kulturkämpfe entsprechend früher, in Preußen dagegen – wenn man von den ›Kölner Wirren‹ absieht – erst 1872. Hier endete der Konflikt zwischen Staat und katholischer Kirche 1878, wurde jedoch erst

7 Aus katholisch-kirchenhistorischer Perspektive vgl. *Jedin*, Handbuch; *Gadille/Mayeur*, Liberalismus. Als ältere politik- und ideenhistorische Synthese der Konflikte »mitteleuropäischer« Staaten mit der katholischen Kirche zwischen 1859 und 1879 vgl. *Franz*, Kulturkampf. Als nach wie vor anregender Problemaufriss wichtiger kulturhistorischer Aspekte vgl. *Becker*, Kulturkampf. Der Begriff »Weltanschauungskampf« bei *Kißling*, Geschichte, Bd. 2, S. 272–309, der auch schon die mediale Dimension des Konflikts verdeutlicht.

1887 diplomatisch beigelegt. In Italien begann er dagegen schon 1850 in Piemont und endete offiziell mit den Lateranverträgen von 1929. In Spanien flammte er 1936–39 im Bürgerkrieg wieder auf, in Frankreich 1940–44 im Vichy-Regime.[8]

Inhaltlich ging es in den Kulturkämpfen um den Ort und um die Bedeutung der Religion für den Staat und in der Gesellschaft. Die Liberalen wollten eine Differenzierung von Politik und Religion, Kunst und Wissenschaft, eine Privatisierung der Religion, eine Unterwerfung der Kirche unter den Staat, eine Verweltlichung öffentlicher Institutionen wie der Schule, aber auch eine Befreiung der Bürger von kirchlichem Zwang und der religiösen Minderheiten von Diskriminierung. Oppositionelle Demokraten und Radikale, später auch Sozialisten und Anarchisten, Freidenker und Positivisten wollten mehr: Staat und Kirche trennen, Glauben durch Wissen ersetzen. Allen diesen, zum Teil verfeindeten Kräften ging es um eine *Säkularisierung* der Gesellschaft, unter der sie freilich Unterschiedliches verstanden: Privatisierung der Religion, Differenzierung von Politik, Religion, Kunst und Wissenschaft oder sogar »Entzauberung« der Welt.[9]

Allerdings war das 19. Jahrhundert nicht nur durch Entkirchlichung und Glaubensschwund, sondern auch durch die Wahrung, Festigung und Erneuerung religiöser Überzeugungen, konfessioneller Identitäten und kirchlicher Bindungen geprägt.[10] Das ›Religiöse‹ expandierte im öffentlichen Raum und ging neue Fusionen mit dem ›Politischen‹ ein. Die skizzierten Projekte der Säkularisierung riefen den *Widerstand* religiöser Kräfte hervor, die für die Persistenz oder Expansion des Religiösen in Öffentlichkeit und Politik, für den Primat von Kirche und Religion über Staat und Wissenschaft eintraten. Dieser Widerstand war Konfessionen übergreifend. Kulturkämpfe sind daher nicht allein mit bikonfessionellen Konflikten zwischen (liberalen) Protestanten und (ultramontanen) Katholiken zu erklären. Sie wurden auch innerhalb dieser – und anderer – Konfessionen geführt. Als transkonfessionelles Phänomen erfassten sie mehr- und monokonfessionelle Gesellschaften gleichermaßen. Weder die deutschen noch die europäischen Kulturkämpfe sind daher lediglich als bikonfessionelle Konflikte oder als bloße Folge einer ›zweiten Konfessionalisierung‹ zu verstehen.[11]

8 Zu den transnationalen Dimensionen und nationalen Besonderheiten der europäischen Kulturkämpfe vgl. *Clark/Kaiser*, Introduction. René Rémonds Geschichte von »Religion und Gesellschaft in Europa« geht dagegen zu sehr von Frankreich als universalem Modell aus und verkennt die Besonderheiten anderer Gesellschaften. Vgl. *ders.*, Religion. Zu den einzelnen Kulturkämpfen europäischer Nationen vgl. die Beiträge in: *Clark/Kaiser*, Wars; *Langewiesche/Haupt*, Nation und Religion in Europa. Mit Akzent auf der Konfessionalisierungsthese vgl. *Blaschke*, Kaiserreich.

9 Zu Webers Begriff der ›Entzauberung‹ vgl. zuletzt *Lehmann*, Dialectics. Zu den genannten Varianten der Säkularisierungstheorie: *Casanova*, Religions.

10 Vgl. *Lehmann*, Säkularisierung; *Blaschke/Kuhlemann*, Religion.

11 Dies gegen *Besier*, Kulturkampf; *ders.*, Kulturkampf als europäisches Phänomen?; *ders.*, Kirche, S. 109; *Stadler*, Kulturkampf und Kulturkämpfe; *Blaschke*, Jahrhundert, S. 58; *Drury*, Anti-Catholicism.

Dennoch stand oft der *Katholizismus* im Mittelpunkt des Konflikts. Wie diese Studie zeigen wird, diente der Begriff ›Katholizismus‹ in Deutschland bereits im Vormärz zur Stigmatisierung religiöser Orthodoxie und Reaktion, und zwar auch innerhalb von Protestantismus und Judentum.[12] Auf den ersten Blick scheint das dem ›Wesen‹ dieser Konfession zu entsprechen. Denn der Katholizismus widersprach der Unterscheidung von Politik bzw. Öffentlichkeit und Religion auf eklatante Weise. Seine Symbole und Rituale beanspruchten von jeher öffentlichen Raum. Der Kirchenstaat und die weltliche Herrschaft des Papstes verkörperten die Vermischung von Staat und Kirche geradezu. Allerdings hat sich die katholische Kirche und Religion in ihrer zwei Jahrtausende alten Geschichte immer wieder grundlegend verändert; und auch im 19. Jahrhundert gab es prominente katholische Geistliche und Theologen, die den Katholizismus auf umfassende Weise reformieren wollten. Sie lieferten sich erbitterte Kontroversen mit den Ultramontanen, die seit den 1820er Jahren gegen jede Form der Säkularisierung eintraten. Der *Ultramontanismus* war ein »katholischer Fundamentalismus«.[13] Er wollte die Einheit von Staat und Kirche unter dem Primat Letzterer, das päpstliche Definitionsmonopol in Glaubensfragen und eine Rekatholisierung der Welt erreichen. Als die italienische Einigung den Kirchenstaat und die weltliche Herrschaft des Papstes bedrohte, machte sich Pius IX. dieses Programm zu eigen und erklärte dem Liberalismus 1864 im Syllabus errorum den Krieg. Zuvor war die historische Entwicklung jedoch offen gewesen, so dass nachträgliche teleologische oder essentialistische Erklärungen der Ultramontanisierung des Katholizismus zu kurz greifen. Weitaus stärker als im Protestantismus kam es jedoch nach 1850 zu einer Marginalisierung der liberalen Kräfte. Als globaler Akteur suchte die Kurie die europäischen Katholizismen fortan stärker zu beeinflussen und der Säkularisierungspraxis liberaler Regierungen allerorten entgegenzuwirken. Die Kulturkämpfe innerhalb anderer Konfessionen wurden fortgesetzt, traten aber nun in den Hintergrund. Deshalb rückte im letzten Drittel des 19. Jahrhunderts der Konflikt liberal regierter Staaten mit der katholischen Kirche ins Zentrum der Aufmerksamkeit. Deshalb kam Ehrhard 1902 zu der »Erkenntnis, daß das 19. Jahrhundert nicht bloß einen antireligiösen Charakter an sich trägt, sondern auch einen spezifisch antikatholischen.« Die »katholische Kirche allein« erschien ihm dabei als »das eigentliche Bollwerk des Christentums.«[14]

Da es in den Kulturkämpfen nicht nur um das Verhältnis von Staat und Kirche oder um subtile theologische und wissenschaftliche Probleme ging, sondern auch um elementare Fragen der persönlichen Lebensführung, erfassten sie – als gleichsam *totale Konflikte* – nahezu sämtliche Gruppen und Räume der Gesellschaft: Adlige und Bürger, Arbeiter und Bauern, Geistliche und Laien, Stadt und

12 Vgl. dazu Kapitel A.I.2.c.
13 Vgl. *Weber*, Ultramontanismus. Weitere Literaturhinweise in der Einleitung zu Kapitel A.
14 *Ehrhard*, Katholizismus, S. 232.

Land, Politik und Religion, Kunst, Medien und Wissenschaft, private und öffentliche Räume, Männer und Frauen, Kinder, Erwachsene und Greise. Im *Ergebnis* stand neben einer Neujustierung des Verhältnisses von Staat und Kirche meist auch eine Spaltung der Gesellschaft in politisch-konfessionelle Milieus (bei starker katholischer Minderheit wie in der Schweiz, in den Niederlanden oder in Deutschland) bzw. klerikal-laizistische Blöcke (bei großer katholischer Mehrheit wie in Spanien, Frankreich oder Italien).[15]

II. Historischer Vergleich: Deutschland und Italien

Die Parallelen zwischen der deutschen und der italienischen Geschichte im 19. Jahrhundert sind oft betont worden.[16] Dennoch liegen hierzu bislang nur wenige komparative Studien vor.[17] Im Folgenden werden erstmals die Kulturkämpfe beider Länder explizit und systematisch miteinander verglichen. Für einen Vergleich ausgerechnet dieser beiden Kulturkämpfe spricht ihre Koinzidenz und Verflechtung mit der Nationsbildung.[18] Beide Nationalstaaten entstanden in Kriegen gegen ›katholische‹ Mächte wie Österreich, Frankreich und den Kirchenstaat, was in ihren Kulturkämpfen eine wichtige Rolle spielte. Denn in Deutschland und Italien erhoben antikatholische Eliten den Kampf gegen die katholische Kirche und Religion zu einem zentralen Element kultureller Nationsbildung. In Deutschland geschah das unter liberal-protestantischen, in Italien unter laizistisch-zivilreligiösen Vorzeichen. Aus dieser Verknüpfung mit der Nationsbildung bezogen beide Kulturkämpfe einen Großteil ihrer Dynamik.[19] Während

15 Siehe hierzu die Beiträge zu den entsprechenden Ländern in *Clark/Kaiser*, Wars. Zum totalen Charakter der Kulturkämpfe vgl. die Einleitung der Herausgeber *ebd.*, S. 1.

16 Vgl. etwa *Eley*, Liberalism, S. 313.

17 *D'Elia*, Comparison, spricht daher in Bezug auf Deutschland und Italien von »hidden comparison«. Zum Vergleich der Auswirkungen napoleonischer Herrschaft bzw. von »politisch-kulturellen Aspekten« der Moderne zwischen 1860 und 1960 vgl. *Dipper/Schieder/Schulze*, Herrschaft; *ders.*, Deutschland. In einer Fußnote der Einleitung zum letztgenannten Band nennt Herausgeber Christof Dipper »den in Italien besonders lang anhaltenden Kulturkampf« einen »latenten Bürgerkrieg« Vgl. *ebd.*, S. 23 Anm. 63. Allerdings ist dem Thema kein eigener Beitrag gewidmet. Auch im Sachregister fehlt der Begriff »Kulturkampf«.

18 Diese Gemeinsamkeit findet sich in Europa sonst allenfalls noch in der Schweiz, dort jedoch deutlich früher, nämlich im Sonderbundskrieg 1847.

19 In beiden Ländern kam es schon vor der Nationalstaatsgründung zu Kulturkämpfen, als Liberale Regierungsverantwortung übernahmen: 1848 in Piemont, 1860 in Baden, 1866 in Bayern. Für Deutschland und Italien kann man daher von einer Nationalisierung regionaler Kulturkämpfe sprechen (der erst 1872 beginnende preußische Kulturkampf war dagegen von Beginn an eng mit der Reichsebene verflochten). Ausnahmen von dieser Regel sind die ›Kölner Wirren‹ und Italiens antijesuitische Kampagnen im Vormärz, die ohne liberale Regierungsbeteiligung zustande kamen.

jedoch Deutschland als klassisches Land des Kulturkampfes gilt, wird der italienische Konflikt zwischen Laizismus und Katholizismus bis heute nicht als Kulturkampf verstanden.

Dies liegt auch daran, dass bislang stets die *Besonderheiten* beider Konflikte betont oder sogar verabsolutiert worden sind: Da war zum einen die Römische Frage, die den Papst dazu brachte, italienischen Katholiken die Beteiligung an nationalen Wahlen im Königreich zu untersagen, so dass sich diese nicht, wie in Deutschland, in einer Partei organisierten.[20] Da waren zum anderen die konfessionellen Verhältnisse: Während das quantitative Verhältnis von Protestanten und Katholiken im Deutschen Reich bei etwa 2:1 lag, was bei einigen Protestanten Hoffnungen auf eine »zweite Reformation« nährte, lebten in Italien nominell 98% Katholiken, und der Katholizismus war die offizielle Staatsreligion.[21] Schließlich waren die politischen Systeme beider Länder konträr verfasst: Während die Einführung des allgemeinen und gleichen Männerwahlrechts den deutschen Kulturkampf so radikalisierte, dass dieser zuletzt als primär politischer, nicht vorwiegend kultureller Konflikt gedeutet worden ist,[22] herrschte in Italien ein sozial exklusives Zensuswahlrecht, das 1861 nur 2%, 1882 immerhin 12% der Bevölkerung das Recht auf politische Partizipation gewährte. Doch auch hier kämpften die Liberalen gegen ›klerikalen Einfluss‹.

Trotz unterschiedlicher Voraussetzungen kam es sowohl in Deutschland als auch in Italien zu vergleichbaren Kulturkämpfen. Gerade ein *generalisierender* Vergleich dieser zwei verschiedenen Gesellschaften kann daher den europäischen Charakter der Kulturkämpfe verdeutlichen. Nationale Besonderheiten müssen dabei keineswegs eingeebnet, sondern können vielmehr noch schärfer profiliert werden: Dies gilt für die Rolle der Römischen Frage im italienischen Kulturkampf ebenso wie für die Auswirkung der konfessionellen Verhältnisse auf den deutschen Fall. Der Vergleich einer mehrheitlich protestantischen mit einer weitgehend katholischen Gesellschaft erlaubt es, die Wirkung von Konfession im Kulturkampf genauer zu bestimmen und gegenüber anderen Faktoren wie Klasse und Nation, Rasse und Geschlecht präziser zu gewichten. In *analytischer* Hinsicht dient er einer »Kritik gängiger Erklärungen«. Das gilt vor allem für den deutschen Kulturkampf, der oft mit der These vom ›deutschen Sonderweg‹, mit Bismarcks ›Herrschaftstechnik‹ oder mit dem bikonfessionellen Gegensatz zwischen Katholiken und Protestanten erklärt worden ist. Hier kann der Vergleich zur »Entprovinzialisierung« nationalhistorischer Perspektiven sowie zur Identifikation und Profilierung übersehener oder unterschätzter Faktoren beitragen. Die Kontrastierung zweier Gesellschaften mit einem derart unterschiedlichen Grad

20 Stathis N. Kalyvas' These, dass die liberale Demokratie in Europa von ihren (katholischen) Feinden ausgeweitet und konsolidiert worden sei, trifft mithin für Italien nicht zu. Vgl. *ders.*, Rise, S. 264.

21 *Gregorovius*, Tagebücher, S. 271.

22 Vgl. *Anderson*, Democracy, S. 94. Zur Kritik dieser These vgl. Kapitel C.II.

der Demokratisierung und der parteipolitischen Organisation ermöglicht es nicht nur, politische Einflüsse auf den Kulturkampf näher zu spezifizieren, sondern auch andere Gründe für den liberalen Kampf gegen ›klerikalen Einfluss‹ zu finden. In *heuristischer* Perspektive erlaubt der Vergleich somit, »Probleme und Fragen zu stellen, die man ohne ihn nicht oder nur schwer erkennen oder stellen würde«. In *paradigmatischer* Hinsicht hat er eine verfremdende Wirkung. Weshalb führte die Regierung eines zu 98 % katholischen Landes, in dessen erstem Verfassungsartikel der Katholizismus als Staatsreligion definiert wurde, einen Krieg gegen den Vatikan? Warum war die katholische Kirche in ihrem Kernland solcher Aggression ausgesetzt? Und woran liegt es, dass der Konflikt in Italien bis heute nicht als Kulturkampf gilt?[23]

Darüber hinaus stellen sich *transfer- und beziehungshistorische* Fragen. Denn Kulturkämpfe fanden nicht nur in ganz Europa statt, sie waren auch insofern selbst europäisch, als sie sich wechselseitig beeinflussten. Vincenzo Giobertis antijesuitische Kampagne beispielsweise, die 1848 zur Vertreibung der Jesuiten aus weiten Teilen Italiens führte, speiste sich aus Exil-Erfahrungen in Paris und Brüssel. Sein antijesuitisches Werk »Il Gesuita moderno« wurde 1846 in Lausanne verlegt. Die Schweiz fungierte generell als eine Art Knotenpunkt der deutsch-italienischen Kulturkämpfe. Bei Aufenthalten in Genf erhielt Cavour wichtige Anregungen für sein Modell der ›freien Kirche im freien Staat‹. Die Schweizer Kulturkämpfe wiederum wurden ihrerseits von ›Deutschen‹, wie dem Nassauer Radikalen Ludwig Snell, oder, wie im Fall des Züriputsches 1839, durch den Ruf des Ludwigsburger Bibelforschers David Friedrich Strauß an die Universität Zürich beeinflusst. Umgekehrt prägten Schweizer Liberale wie der Zürcher Jurist Johann Caspar Bluntschli, der in Bonn und Berlin studiert hatte, nach 1850 die Kulturkämpfe in Bayern, Baden, Preußen und im Deutschen Reich. Im »Staatslexikon« der katholischen Görres-Gesellschaft firmierte er noch 1928 als »Haupt des Nationalliberalismus«.[24] Außer dem grenzüberschreitenden Aktionsradius einzelner Kulturkämpfer gilt es auch ihre gemeinsamen Wurzeln in der europäischen Aufklärung sowie den Einfluss neuer geistiger Strömungen und wissenschaftlicher Theorien wie Hegelianismus und Materialismus oder Darwinismus und Positivismus zu berücksichtigen.[25] Hinzu kamen grenzüberschreitende mediale Transfers sowie die Beobachtung der Kulturkämpfe und Katholizismen anderer Gesellschaften. Auf diese Weise konnten nicht nur Syllabus und Vatikanum zu transnationalen Medienereignissen werden, sondern etwa auch die

23 *Haupt/Kocka*, Geschichte, S. 12–15. Zu den verschiedenen Typen und hier exemplifizierten methodischen Funktionen des historischen Vergleichs vgl. *ebd.*

24 Zitiert nach *Wild*, Auseinandersetzung, S. 81. Urs Altermatt spricht für die »dreissiger und vierziger Jahren des 19. Jahrhunderts« von einem Schweizer »Kulturkampf ›avant la lettre‹«. *Ders.*, Katholizismus, S. 225.

25 Vgl. dazu *Verucci*, Italia; *Nipperdey*, Geschichte 1866–1918, Bd. 1, S. 507–516.

Affäre Mortara 1858 oder die Affäre Ubryk 1869.[26] Schließlich ist die globale Dimension der Römischen Frage ernstzunehmen. Denn wie zu sehen sein wird, beeinflusste das orientalistische Rombild gebildeter Europäer den Kampf um die ›ewige Stadt‹ vom Risorgimento bis zur Jahrhundertwende. Zugleich gab der italienische Angriff auf den Kirchenstaat der Ultramontanisierung des Katholizismus einen Schub. Insofern hingen letztlich alle europäischen Kulturkämpfe, auch der deutsche, mit dem italienischen Konflikt zusammen.

Infolgedessen werden in diesem Buch vergleichende Fragen mit transnationalen Perspektiven verknüpft.[27] Asymmetrisch verglichen werden, mit Blick auf nationale und regionale Besonderheiten und Gemeinsamkeiten, sowohl die Kulturkämpfe als auch der Antikatholizismus beider Länder, jeweils vom Vormärz bis zur liberalen Ära, mit Akzent auf Deutschland. Die Wurzeln beider Phänomene werden bis zur Aufklärung zurückverfolgt, ihre Folgen bis zur Jahrhundertwende. Der Gefahr einer Isolierung oder Essentialisierung nationaler Vergleichseinheiten wird zum einen durch lokale Fallstudien in Berlin und Rom und durch interregionale Vergleiche zwischen Piemont und Bayern, Preußen und Oberschlesien, Genf, Zürich und dem Rheinland begegnet. Zum anderen werden transnationale Aspekte der deutsch-italienischen Kulturkämpfe analysiert: erstens mit Blick auf den antikatholischen Diskurs, in dem ›Rom‹ und der ›Orient‹ als Objekte eine zentrale Rolle spielten; zweitens hinsichtlich der Transfers und wechselseitigen Beeinflussung antiklerikaler Medien, insbesondere aus Frankreich; drittens in Bezug auf die Entstehung der Säkularisierungstheorie. Denn sowohl die Popularisierung der Frömmigkeit als auch die Feminisierung der Religion und die Entkirchlichung bürgerlicher Männer waren gemeineuropäische Prozesse, die sich auf die Theoretisierung und Modellierung von Politik und Religion, von Staat und Kirche in Deutschland, Italien und der Schweiz auswirkten.

III. Forschungsstand: Vergleichsbarrieren und Desiderata

Damit wird eine auf den ersten Blick erstaunliche Forschungslücke geschlossen. Denn obwohl in der historischen Forschung wiederholt auf den europäischen Charakter der Kulturkämpfe hingewiesen worden ist, liegen zu diesem

26 Zur Affäre Mortara vgl. *Kertzer*, Kidnapping. Zur Affäre Ubryk vgl. *Gross*, War, S. 157–168; *Borutta*, Enemies, S. 234–237. Zur transnationalen Dimension antiklerikaler Medien vgl. *Kaiser*, Clericalism, S. 64–74.

27 Vgl. *Haupt/Kocka*, Geschichte (Historischer Vergleich).; *Kocka*, Comparison (asymmetrischer Vergleich); *Paulmann*, Vergleich (Transfergeschichte); *Werner/Zimmermann*, Ansatz (Verflechtungsgeschichte); *Conrad/Osterhammel*, Kaiserreich; *Budde/Conrad/Janz*, Geschichte (transnationale Geschichte); *Juneja/Pernau*, Religion, S. 10–14 (globalhistorische Verknüpfung von Komparatistik, Transfer- und Verflechtungsgeschichte).

Thema kaum transnationale und keine komparativen Studien vor. Ein Sammelband lieferte 1993 zwar wertvolle Anregungen für einen Vergleich zwischen dem »Kulturkampf in Italien und in den deutschsprachigen Ländern«, ohne diesen aber selbst zu vollziehen. Zwar definierte Mitherausgeber Rudolf Lill die Kulturkämpfe hinreichend weit als »Modernisierungskrisen« und »Entscheidungs- und Kulminationsphasen im langen Prozeß der Säkularisierung«, der »konstitutiv für die Ausbildung des modernen Europas gewesen« sei.[28] Problematisch an dieser Definition erscheint aus heutiger Sicht, dass die Säkularisierungstheorie in Religionssoziologie und -geschichte heftig umstritten ist und sich auch deshalb kaum zur Analyse der Kulturkämpfe eignet, weil sie mit diesen eng verflochten war. Gleichwohl wäre Lills weite Definition der Kulturkämpfe für einen Vergleich durchaus geeignet gewesen. Sie wurde jedoch in den meisten Beiträgen gar nicht aufgegriffen.[29] Einige italienische Autoren bestritten sogar explizit, dass es in Italien überhaupt einen Kulturkampf gegeben habe.[30] In erster Linie lag das an einem verengten Verständnis des Konflikts diesseits und jenseits der Alpen.[31] Dieses verhinderte nicht nur den Vergleich, sondern verstellte auch den Blick auf Gemeinsamkeiten und nationale Besonderheiten. In den letzten zwei Jahrzehnten hat die Forschung das Bild der Kulturkämpfe beider Länder erheblich erweitert und einen Vergleich in transnationaler Perspektive somit auf gewisse Weise überhaupt erst ermöglicht. In beiden Fällen hat sich der Antikatholizismus dabei als zentrales Forschungsdesiderat herauskristallisiert.

1. Jenseits von Bismarck: Der deutsche Kulturkampf

Die ältere historische Forschung fasste den Kulturkampf meist als deutsche Besonderheit auf und identifizierte ihn weitgehend mit der preußischen Auseinandersetzung zwischen Staat und katholischer Kirche von 1872 bis 1878. Zwar

28 In die Kulturkämpfe hineingewirkt hätten zum einen eine auf der Aufklärung basierende »progressive Idee von Staat und Gesellschaft«, zum anderen Klassendifferenzen zwischen »liberalen Führungsschichten« einerseits und katholischen »Mittel- und Unterschichten« andererseits. *Lill/Traniello*, Kulturkampf, S. 8 f.

29 Die Herausgeber beschränken ihre komparativen Überlegungen auf die staatlich-kirchliche Ebene und betonen ausschließlich die Unterschiede. Die – auch nach Lills Definition zentrale – *gesellschaftliche* Dimension der Kulturkämpfe wird dagegen nicht verglichen. Vgl. *Lill/Traniello*, Kulturkampf, S. 7–17.

30 Vgl. *Varnier*, Aspekte, S. 165.

31 Lill nennt Italiens Schul- und Kirchengesetze »wesentlich maßvoller« als jene in Baden und in Preußen. Die rechtsliberalen Regierungen Minghettis und Visconti Venostas hätten sich nicht »von Bismarck in dessen bürokratisch-durchorganisierte Kirchenverfolgung hineinziehen« lassen. Mitherausgeber Francesco Traniello rückt dagegen für Italien die schwer vergleichbare ›Römische Frage‹ ins Zentrum der Betrachtung. Vgl. *Lill/Traniello*, Kulturkampf, S. 7–17.

arbeiteten einige Gesamtdarstellungen und Regionalstudien frühzeitig den überregionalen Charakter der deutschen Kulturkämpfe und die zentrale Rolle der Liberalen heraus.[32] Sie hatten es jedoch schwer, sich gegen ein auf Preußen begrenztes Verständnis deutscher Geschichte und gegen den *grand récit* des deutschen Sonderwegs durchzusetzen. Die Kulturkämpfe in Baden und Bayern galten daher oft nur als Vorspiel des ›eigentlichen‹ Konflikts in Preußen und im Reich. Der preußisch-deutsche Kulturkampf wiederum wurde häufig in reduktionistischer Weise auf die Intentionen und Handlungen Bismarcks zurückgeführt. Der preußische Ministerpräsident und deutsche Reichskanzler erschien als entscheidender Initiator und Protagonist des Kulturkampfes. Der Anteil der Liberalen an der Genese und dem Verlauf, an den Zielen und Ergebnissen des Konflikts wurde dagegen nicht hinreichend gewürdigt.[33]

Damit wurde letztlich ein zeitgenössisches Deutungsmuster liberaler Medien und Politiker reproduziert, die sich selbst zum Opfer Bismarcks stilisiert hatten. Als besonders wirkungsmächtig erwies sich hierbei eine Karikatur von Wilhelm Scholz aus dem Satiremagazin »Kladderadatsch« von 1875, die den Konflikt als Schachpartie »Zwischen Berlin und Rom« darstellte. Bismarck und Papst Pius IX. verschieben die gesellschaftlichen Akteure des Kulturkampfes, darunter auch die »Presse«, auf einem Schachbrett und opfern sie je nach Belieben.[34] Wenig später griffen liberale Kritiker Bismarcks wie Eduard Lasker und Franz von Roggenbach das Bild vom »politischen Spieler« auf, der den Kulturkampf »von Anfang an nur als Mittel der Politik« genutzt habe. Der »outcry against Popery« habe Bismarck geholfen, den Liberalismus von seinen verfassungspolitischen Zielen abzulenken.[35] In den sechziger und siebziger Jahren des 20. Jahrhunderts machten sich politik- und strukturhistorische Analysen dieses Deutungsmuster zu eigen, weil es kongenial zur Sonderweg-These und zum angeblichen Versagen der deutschen Liberalen passte.[36] Bismarcks eigener Antikatholizismus wurde vom

32 Unverzichtbar bleibt Johannes B. Kißlings, wenngleich zeitnah und aus katholischer Opfer-Perspektive geschriebene, dreibändige Gesamtdarstellung. Vgl. *ders.*, Geschichte. Hilfreich ist darüber hinaus die kommentierte Edition wichtiger Quellen zum Verhältnis von Staat und Kirche im 19. und 20. Jahrhundert von *Huber/Huber*, Staat. Zu Baden vgl. *Gall*, Liberalismus; *ders.*, Problematik; *Becker*, Staat; *Herzog*, Intimacy; *Kissener*, Probierländle. Zu Bayern siehe Kapitel C.II.3.a. Als vergleichender Überblick der deutschen Kulturkämpfe vgl. *Evans*, Cross, S. 93–122.

33 Vgl. etwa *Bornkamm*, Staatsidee; *Morsey*, Kulturkampf. Weitere Belege liefert *Blaschke*, Katholizismus, S. 309 Anm. 1.

34 K 16.5.1875, S. 92. Zwei Jahre zuvor war der Kulturkampf schon einmal als Schachspiel karikiert worden, jedoch mit Falk als Gegenspieler des Papstes, während Bismarck nur zuschaut. Vgl. K 23.2.1873. Auf der Karikatur von 1875 war die liberale ›Agency‹ unsichtbar geworden.

35 Zitiert nach *Becker*, Staat, S. 375f.

36 Vgl. *Sauer*, Problem, S. 429f.; *Wehler*, Kaiserreich, S. 96–100. Als konzise Zusammenfassung der Forschungspositionen zu Bismarcks Rolle im Kaiserreich vgl. *Ullmann*, Politik, S. 62–80.

Konstrukt eines perfiden machiavellistischen Superhelden verdeckt.[37] Gleichzeitig etablierte sich Scholz' Karikatur als maßgebliche visuelle Repräsentation des deutschen Kulturkampfes. In Einführungswerken dient sie bis heute zur Illustration des Konflikts.[38]

Gegenüber dieser buchstäblichen Karikatur des Kulturkampfes hat die jüngere Forschung den gesellschaftlichen Charakter des Konflikts und die konstitutive Rolle der Liberalen betont.[39] Die *soziale* Dimension des Konflikts wurde vor allem am Beispiel Badens und Bayerns herausgearbeitet. Der Liberalismus war eine bürgerlich-städtische Bewegung, die ihre politische Hegemonie zu nutzen suchte, um ihre Normen und Werte auch auf dem Land und in den Unterschichten durchzusetzen – allerdings mit begrenztem Erfolg. Denn da sich das Kirchenvolk oft als Verlierer der liberalen Reformen empfand, konnte sich der Klerus als sein Fürsprecher gerieren und es gegen die Liberalen aufbringen. Im Kulturkampf prallten daher oft soziale Formationen mit konträren Ideen und Interessen aufeinander: antiliberale Adlige, Geistliche und Bauern einerseits, liberale Bürger andererseits, dazwischen, umworben von Ultramontanen, Liberalen und Sozialisten, die Arbeiter. Insofern trug der Konflikt mitunter die Züge eines Klassenkampfes, auch wenn es den meisten Akteuren in erster Linie um religiöse, kulturelle und politische Anliegen ging.[40]

Die *politische* Dimension des Kulturkampfes erhellte vor allem Margaret Lavinia Anderson. Die Einführung des allgemeinen, gleichen Männerwahlrechts 1867 im Norddeutschen Bund und 1871 im Deutschen Reich und die raschen Wahlerfolge katholischer Parteien verschärften den Konflikt erheblich, da die Liberalen ihre politische Hegemonie bedroht sahen und die geistliche ›Beeinflussung‹ katholischer Wähler zu unterbinden suchten, dadurch indes erst recht zur politischen Mobilisierung antiliberaler Geistlicher und Laien beitrugen. Die Politisierung ländlicher katholischer Massen ebnete dann ironischerweise dem Niedergang der liberalen Vorherrschaft den Weg.[41]

Die *kulturelle* Dimension veranschaulichte insbesondere David Blackbourn. Anhand der Marpinger Marienvisionen zeigte er, wie im deutschen Kulturkampf einander fremde ›kulturelle Kosmologien‹ (Marshall Sahlins) kollidierten. Der Wunderglaube und die expressive, emotionale, aber auch eigensinnige Religiosität marginalisierter Akteure, darunter vor allem Frauen und Kinder, hatte für fortschritts- und wissenschaftsgläubige Bürger etwas Bedrohliches und Un-

37 Vgl. *Pflanze*, Bismarck, Bd. 1, S. 700 f.; *Clark*, Preußen, S. 649, sowie Kapitel C.III.4.b.

38 Vgl. die Belege in: *Borutta*, Gefühle, S. 120 Anm. 3.

39 Zur Forschungsgeschichte des deutschen Kulturkampfes vgl. auch *Besier*, Kirche, S. 107–112; *Clark/Kaiser*, Wars, S. 355 ff.; *Gross*, War, S. 3–22.

40 Vgl. *Gall*, Liberalismus; *ders.*, Problematik; *Becker*, Staat; *Stache*, Liberalismus; *Hartmannsgruber*, Patriotenpartei. Zur Bürgerlichkeit des deutschen Liberalismus vgl. allgemein *Langewiesche*, Liberalismus in Deutschland.

41 Vgl. *Anderson*, Kulturkampf; *dies.*, Liberalismus; *dies.*, Democracy.

heimliches, das Angst und Aggression auslöste, weil es weder rational erklärnoch politisch kontrollierbar war. Keineswegs zufällig unterband der preußische Staat die Pilgerfahrten ins ›deutsche Lourdes‹ daher mit einer militärischen Intervention.[42]

Die *religiöse* Dimension des Kulturkampfes wurde in der Katholizismusforschung der letzten zweieinhalb Dekaden deutlich.[43] Mit dem Verblassen der Säkularisierungstheorie wuchs indes auch die allgemeine Aufmerksamkeit für religiöse Faktoren. Thomas Nipperdey wies eindringlich auf die Bedeutung des bikonfessionellen Gegensatzes zwischen Protestanten und Katholiken im 19. Jahrhundert hin. Helmut Walser Smith deutete den deutschen Kulturkampf als Strategie liberaler Protestanten, der Nation eine konfessionell homogene Hochkultur zu geben und betonte zugleich die konfessionell trennende Erinnerung an den Dreißigjährigen Krieg. Auch Heinrich August Winkler vertrat die These, dass dieser Krieg in der kollektiven Erinnerung der Deutschen lang als *die* nationale ›Katastrophe‹ fortgelebt habe.[44] Allerdings könnten solche Erinnerungen auch abschreckend auf die Kulturkämpfer gewirkt und den Konflikt letztlich sogar eher gemildert haben. Denn immerhin kam es *nicht* zu einer Neuauflage der Religionskriege.[45]

Eine Überbetonung des bikonfessionellen Gegensatzes birgt zudem die Gefahr, monokausale Erklärungsmuster zu fördern und Vergleichsbarrieren zu stabilisieren. So hat der protestantische Kirchenhistoriker Gerhard Besier die Vergleichbarkeit des deutschen Kulturkampfes unter Rekurs auf das einzigartige quantitative Verhältnis der christlichen Konfessionen im Deutschen Reich kategorisch bestritten und Winfried Beckers Versuch, den Kulturkampf als ein europäisches Phänomen zu fassen, als »Kulturkampfhistoriographie aus katholischer Perspektive« abgekanzelt.[46] Die Wirkung des Faktors Konfession im deutschen Kulturkampf ist indes keineswegs eindeutig bestimmbar. Erstens gab es auch innerhalb der Konfessionen Kulturkämpfe[47], die zumal im katholischen Fall nicht an Konfessionsgrenzen haltmachten.[48] Zweitens richtete sich der Anti-

42 Vgl. *Blackbourn*, Marienerscheinungen.

43 Vgl. vor allem *Weiß*, Redemptoristen; *Sperber*, Catholicism; *Busch*, Frömmigkeit; ferner die Forschungsberichte von *Anderson*, Piety; *Lönne*, Katholizismus-Forschung, sowie die in der Einleitung zu Kapitel A genannte Literatur.

44 Vgl. *Nipperdey*, Religion, S. 155; *Smith*, Nationalism, S. 5, 19 f.; *Winkler*, Weg, S. 22.

45 Der italienische Außenminister Visconti Venosta jedenfalls gestand seinem französischen Amtskollegen 1875 die Angst vor einer Neuauflage der Religionskriege des 16. Jahrhunderts. Vgl. *Chabod*, Storia, S. 213.

46 Vgl. *Besier*, Kulturkampf als europäisches Phänomen?; *ders.*, Kulturkampf; *ders.*, Kirche, S. 109.

47 Vgl. dazu *Lepp*, Aufbruch; *Hübinger*, Confessionalism. Allgemein zum deutschen Protestantismus im 19. Jahrhunderts vgl. *Nipperdey*, Religion; *Nowak*, Geschichte; *Hölscher*, Geschichte.

48 Als Synthese innerkatholischer Kulturkämpfe vgl. *Scholz*, Katholizismus, S. 37–50.

klerikalismus deutscher Liberaler, etwa in der Schulpolitik, auch gegen die evangelische Kirche und Religion und löste entsprechende Widerstände konservativer Protestanten aus.[49] Dieser Konfessionen übergreifende Antiklerikalismus der Liberalen wird durch die Konfessionalisierungsthese eher verdeckt als erhellt. Drittens war die Konstellation deutscher Religionsgeschichte im 19. Jahrhundert *tri*konfessionell: geprägt durch Feindschaft, Ressentiment und Konflikt, aber auch durch Freundschaft und Allianz, Koexistenz und Konversion zwischen Juden, Katholiken und Protestanten.[50] Deshalb erscheint es sinnvoll, Konfession weder zu essentialisieren noch zu verabsolutieren, sondern situativ und relational zu fassen: Sie konnte je nach Kontext unterschiedliche Bedeutung haben und trat meist in Verbindung mit anderen Kategorien wie Klasse und Nation, Rasse, Geschlecht und Sexualität auf.[51] Eine Frage eigener Art betrifft dabei das relative Gewicht und das wechselseitige Verhältnis der Aggression gegenüber den religiösen Minderheiten: Zuletzt wurde für das Kaiserreich bzw. für das 19. Jahrhundert die These vertreten, dass der Antikatholizismus in Deutschland wichtiger gewesen sei als der Antijudaismus/Antisemitismus.[52] Allerdings ist diese These schwer zu verifizieren. Zudem könnte es produktiver sein, die Beziehung beider Phänomene zu untersuchen, anstatt sie gegeneinander auszuspielen.[53] Róisín Healy hat das mit Blick auf das Verhältnis von Antijesuitismus und Antisemitismus im Wilhelminischen Kaiserreich getan.[54] Auch Olaf Blaschke hat auf Wechselwirkungen zwischen dem Kulturkampf und der katholischen Aggression gegenüber Juden hingewiesen.[55] Angesichts der asymmetrischen Forschungslagen erscheint es indes notwendig und sinnvoll, zunächst einmal den Antikatholizismus schärfer zu konturieren, um systematische Vergleiche mit dem Antisemitismus zu ermöglichen und einer fundierten Analyse der Beziehung beider Phänomene eine hinreichende Basis zu liefern.

Kaum erforscht ist die Rolle von *Geschlecht*. Zwar wiesen einige Studien auf das diskursive *Gendering* von Staat und Kirche, von Liberalen und Katholiken hin.[56] Unklar ist jedoch, in welchem Kontext dieses entstand und wie es sich auf den Kulturkampf auswirkte. Die Forschungen zur ›Feminisierung der Religion‹

49 Vgl. *Lamberti*, State, S. 75–80.

50 Vgl. *Altgeld*, Katholizismus; *Smith*, Nationalism; *ders.*, Protestants; *Rahden*, Juden; *Blaschke*, Konfessionen; *Haupt/Langewiesche*, Nation.

51 Leider nicht mehr berücksichtigt werden konnten *Helmut Walser Smith*, The Continuities of German History. Nation, Religion, and Race across the long Nineteenth Century, Cambridge 2008; *Alexander Joskowicz*, Anticlerical Alliances: Jews and the Church Question in Germany and France, 1783–1905, Ph.D. Dissertation, University of Chicago 2008.

52 Vgl. *Altgeld*, Katholizismus, S. 4 (Kaiserreich); *Gross*, War, S. 1 (19. Jahrhundert).

53 So auch *Blaschke*, Abschied, S. 17 Anm. 8.

54 Vgl. *Healy*, Jesuit, S. 126f.

55 Vgl. *Blaschke*, Katholizismus, S. 42–56.

56 Vgl. *Blackbourn*, Marienerscheinungen, S. 464–467; *Smith*, Nationalism, S. 36, 54, 94, 208; *Borutta*, Andere, S. 62ff.

und zur ›Entkirchlichung‹ bürgerlicher Männer sind bisher noch nicht systematisch auf den Kulturkampf bezogen worden.[57] Zuletzt hat allerdings Michael Gross den Konflikt geschlechterhistorisch gedeutet: Er sei nicht nur mit dem Aufstieg der Frauenbewegung verknüpft gewesen, sondern habe einen »Geschlechterkampf« von Männern und Frauen um die öffentliche Sphäre dargestellt: Die öffentliche Präsenz katholischer Frauen sei von den Liberalen als Gefährdung des bürgerlichen Sphärenmodells empfunden worden. »Frauenfrage« und »katholisches Problem« seien für sie daher identisch gewesen. Im Zentrum des liberalen Antikatholizismus habe nicht »Religion«, sondern »Biologie« gestanden.[58]

In jüngster Zeit hat sich die Forschung verstärkt der *medialen* Dimension der Kulturkämpfe zugewandt. Anhand spektakulärer Fälle wie der Affäre Ubryk und des Moabiter Klostersturms wurde zuletzt exemplarisch die Bedeutung von Medien für die Genese antiklerikaler Gewalt in lokalen Kontexten gezeigt.[59] Eine systematische Analyse antiklerikaler Medien im Zeitalter der Kulturkämpfe, welche die transnationalen Aspekte medialer Genealogien und Transfers berücksichtigt, steht indes noch aus.[60]

Für die *Emotionalität* des Kulturkampfes gibt es bislang ebenfalls keine hinreichende Erklärung. »Soweit Untersuchungen vorliegen, bemühen sie sich um eine politische oder geistesgeschichtliche Einordnung, ohne doch jene gefühlsmäßige Aufwallung, die den Kulturkampf vor allem kennzeichnete, erklären zu können.«[61] Michael Gross hat den liberalen Antikatholizismus im Kulturkampf mit psycho-pathologischen Kategorien zu fassen gesucht.[62] Doch zum einen wird damit eine Strategie des antikatholischen Diskurses von Katholiken auf Liberale umgelenkt. Zum anderen bleibt das methodische Problem, wie solche übersteigerten Gefühle und krankhaften Zustände nachzuweisen wären, ungelöst. Gerade die Verknüpfung von Medien- und Emotionsgeschichte könnte in dieser Beziehung hilfreich sein.[63]

Mit Blick auf die Forschungsgeschichte gilt mithin nach wie vor Otto Pflanzes Satz, dass der Kulturkampf ein »kaleidoskopisches Bild« bietet, das sich »aus jedem Blickwinkel anders« darstellt. Sie spiegelt, wie Gerhard Besier bemerkt hat, »exemplarisch die verschiedenen methodischen Phasen historischen Arbeitens

57 Zur Feminisierung der Religion in Europa und Nordamerika: *Welter*, Feminisation; *McLeod*, Frömmigkeit; *De Giorgio*, Gläubige. Weitere Literaturhinweise zu Deutschland und Italien in Kapitel C.IV.3.b.

58 *Gross*, War, S. 186f., 197, 203. Vgl. *ebd.*, S. 185–239. Zur Kritik dieser These vgl. Kapitel C.IV.3.

59 Vgl. *Gross*, Case; *ders.*, War, S. 136–184; *Borutta*, Enemies.

60 Zum Antijesuitismus vgl. *Healy*, Jesuit. Für Österreich siehe *Horwath*, Kulturkampfliteratur.

61 *Heinen*, Moderne, S. 139.

62 Beispielsweise: »hysteria«, »paranoia«, »rabid«, »obsession«, »dysphoria«, »anxieties«, »trauma«. Vgl. *Gross*, War, S. 1, 11, 24ff., 28, 297.

63 Als Skizze dazu vgl. *Borutta*, Gefühle, sowie ausführlich Kapitel B.

in den letzten hundert Jahren wider.«[64] Der Wandel theoretischer Perspektiven hat dabei in der Regel auch neue Forschungsgegenstände hervorgebracht. Generell hat sich der Fokus von Institutionen, großen Männern und Ideen hin zu gesellschaftlichen Akteuren und Dimensionen des Konflikts verschoben. Vor allem der Antikatholizismus der Liberalen avancierte dabei zum eigentlichen Rätsel und Forschungsdesiderat. Denn die Liberalen, die sich selbst als Anwälte der Vernunft verstanden, artikulierten im Kulturkampf »groteske Vorstellungen von irdischen Weltherrschaftsplänen des Papstes«, »Ängste, die aus der Distanz kaum verständlich erscheinen« und »Haß« auf die »›schwarze Bande‹«.[65] Wie ist ihr Antikatholizismus zu erklären?

2. Antikatholizismus in Deutschland

Auf der Basis eines germanozentrischen Kulturkampf-Bildes wurde der liberale Antikatholizismus im Zeichen der Sonderweg-These lange als Ausdruck eines angeblich national spezifischen »Illiberalismus« der deutschen Liberalen gedeutet.[66] Doch zum einen waren englische Whigs wie William Gladstone und französische Republikaner wie Léon Gambetta nicht weniger antikatholisch eingestellt. Zum anderen haben jüngere Studien gerade die Übereinstimmung des Antikatholizismus mit liberalen Werten und Prinzipien betont. Zwar forcierten die Liberalen im Kulturkampf die Einschränkung religiöser und kirchlicher Freiheiten und Rechte[67], für die sie zuvor selbst gekämpft hatten. Gleichzeitig traten sie jedoch gegen kirchliche Zwänge ein und beriefen sich auf Normen und Werte wie Bildung und Freiheit, Selbständigkeit, Trennung von Öffentlichem und Privatem, von Politik und Religion. Sie gaben ihre Überzeugungen also keineswegs preis. Emanzipation und Repression gingen im Kulturkampf vielmehr Hand in Hand und bildeten zwei Seiten einer Medaille. Denn im Katholizismus sahen die Liberalen einen idealtypischen Feind der Moderne, den es zu überwinden, zu besiegen galt, um das Projekt der Moderne zu verwirklichen. Im Kulturkampf wurde dieses Ziel vorrangig gegenüber anderen Prinzipien wie der Verfassungstreue oder der Religionsfreiheit. Die Liberalen hörten deshalb nicht auf liberal

64 *Pflanze*, Bismarck, Bd. 1, S. 691; *Besier*, Kirche, S. 107.

65 *Gall*, Bismarck, S. 476; *Heinen*, Moderne, S. 138 f.; *Mommsen*, Ringen, S. 424.

66 Vgl. *Kißling*, Geschichte, Bd. 3, S. 61; *Bornkamm*, Staatsidee, S. 52; *Craig*, Germany, S. 77 f.; *Holborn*, History, S. 264; *Wehler*, Gesellschaftsgeschichte, Bd. 3, S. 890. Differenzierter: *Nipperdey*, Geschichte 1866–1918, Bd. 2, S. 319. Die Annahme eines national spezifischen »Illiberalismus« deutscher Liberaler gehörte nach 1945 zur These vom ›deutschen Sonderweg‹. Vgl. *Dahrendorf*, Gesellschaft; *Stern*, Failure. Zur Kritik an diesem Deutungsmuster vgl. *Jarausch*, Illiberalism. In Bezug auf den Kulturkampf vgl. *Gross*, Kulturkampf.

67 Im preußischen Kulturkampf wurden 1800 Priester verhaftet oder vertrieben, Bischöfe steckbrieflich verfolgt, Häuser durchsucht und Kirchenbesitz im Wert von zehn Millionen Mark konfisziert. Vgl. *Scholle*, Strafjustiz.

zu sein.[68] Michael Gross hat dieses Argument in der ersten Monographie zum Thema zugespitzt und für die Zeit zwischen 1848 und der liberalen Ära belegt: Der Antikatholizismus deutscher Liberaler im Kulturkampf kann nicht als Abweichung von liberalen Prinzipien, sondern muss als deren direkte Folge angesehen werden, denn er stand im Zentrum liberaler Identität und Programmatik.[69] Gross' Studie liefert anregende Thesen, wirft indes auch Fragen auf, zum einen in Bezug auf die Chronologie und Kausalität. Der Antikatholizismus der deutschen Liberalen wird primär auf das Scheitern der Revolution von 1848 und den folgenden katholischen Aufschwung, vor allem auf die Volksmissionen der Jesuiten, zurückgeführt.[70] Allerdings formierten sich sowohl der katholische Aufschwung als auch der liberale Antikatholizismus bereits im Vormärz. Weder die Ereignisse von 1848 noch die folgenden Jesuitenmissionen können daher konstitutiv für den modernen Antikatholizismus in Deutschland gewesen sein. In diachroner Perspektive erscheint es daher sinnvoll, das Phänomen bis in den Vormärz und die Aufklärung zurückzuverfolgen. Zum anderen dramatisiert Gross die liberale Aggression gegen den Katholizismus, wie bereits im Titel seines Buches »The War against Catholicism« anklingt, der auf ein Zitat des katholischen Zentrumsabgeordneten August Reichensperger zurückgeht, das heißt eines involvierten und durchaus parteiischen Akteurs. Ambivalenzen und innere Widersprüche des Antikatholizismus sowie Grenzen des Kulturkampfes geraten aus dem Blick.[71] Schließlich ist Gross' auf Deutschland und Preußen fokussierte Analyse[72] durch interregional-international vergleichende und transnationale Perspektiven erweiterbar, um sowohl die europäische Dimension des deutschen Kulturkampfes als auch dessen nationale Besonderheiten schärfer fassen und besser erklären zu können.

68 In der Linie dieses Arguments vgl. *Stache*, Liberalismus, S. 115; *Birke*, Entwicklung, S. 275; *Blackbourn*, Marienerscheinungen, S. 451–473; *Langewiesche*, Liberalismus in Deutschland, S. 180–185; *Eley*, Germany, S. 20 ff.; *Smith*, Nationalism, S. 37–41.

69 Vgl. *Gross*, War, S. 3.

70 Vgl. *ebd.*, S. 22, 29–73.

71 SBDR 19.6.1872, S. 1132 (A. Reichensperger). Zur Ambivalenz des Liberalismus im Kulturkampf vgl. bereits *Weber*, Bamberger, S. 166.

72 Vgl. etwa *Gross*, War, S. 1. Zum einen unterschätzt Gross den Beitrag bayerischer Liberaler zum deutschen Kulturkampf, etwa zur Genese des Kanzelparagraphen und des Jesuitengesetzes. Vgl. dazu *Grohs*, Reichspartei; *Weber*, Reichspartei. Zum anderen übersieht er transnationale Bezüge, etwa in einer für seine These einer ›Traumatisierung‹ der deutschen Liberalen durch das ›Scheitern‹ der Revolution von 1848 zentralen Interpretation einer Karikatur des »Kladderadatsch«, in der die Affäre Ubryk 1869 allerdings zum Anlass genommen wird, eben gerade nicht die – seinerzeit im übrigen keineswegs desperate – Lage der deutschen Liberalen zu kommentieren, sondern die der *französischen* Liberalen im Seconde Empire Napoleons III. Vgl. *Gross*, War, 164–167.

3. Jenseits der Römischen Frage: Der italienische Kulturkampf

Auch in der italienischen Forschung gab es Barrieren, die einem Vergleich im Weg standen. Vor allem das auf Preußen und Bismarck zentrierte Bild des deutschen Kulturkampfes verstellte den Blick darauf, dass es in Italien einen vergleichbaren Konflikt gegeben hatte. Der Begriff ›Kulturkampf‹ wurde nicht ins Italienische übersetzt, denn das Phänomen selbst galt als genuin preußisch-deutsche Angelegenheit, die mit der Auseinandersetzung im eigenen Land unvergleichbar erschien. Für Benedetto Croce war es »die Aufgabe des italienischen Liberalismus« gewesen, »einen Kulturkampf zu vermeiden«. Niemals sei Italien »ferner vom Kulturkampf« gewesen, als »in den Zeiten, als das Papsttum ihm anscheinend den Krieg erklärt hatte.« Federico Chabod nannte Bismarck den »Titan, der das Papsttum herausforderte«. Im Kontrast zu diesem erhabenen Original mussten die vermeintlichen Epigonen trivial erscheinen. In diesem Sinne schrieb Giovanni Battista Varnier, dass sich Bismarck und Garibaldi zwar »beide im Kampf gegen die Kirche« befunden hätten. Letzterer habe jedoch »nicht Kulturkampf, sondern Antiklerikalismus niederen Profils« betrieben. Zwar charakterisierte Giovanni Spadolini die Zeit nach der linksliberalen Regierungsübernahme 1876 als Periode höchster Spannungen zwischen Staat und Kirche. Doch Arturo Carlo Jemolo zufolge gaben die Beziehungen zwischen dem Heiligen Stuhl und der italienischen Regierung selbst in dieser heißen Phase ein »erbärmliches« Bild ab. Bis 1887 sei die Regierungspolitik »voll des Scheiterns und der Misserfolge« sowie durch mangelnde an Folgerichtigkeit geprägt gewesen. Erst Ministerpräsident Francesco Crispi habe eine angemessene »Kriegspolitik« betrieben, »die dem Feind in all seinen Zügen« – auch Jemolo bemühte das Bild des Schachspiels – gefolgt sei.[73] Die antijesuitischen Exzesse von 1848, die heftigen Auseinandersetzungen um die piemontesische Kirchenpolitik der 1850er Jahre, der dramatische Kampf um Rom und die liberale Praxis der Säkularisierung nach der Nationalstaatsgründung gelten daher in Italien bis heute *nicht* als Kulturkampf.

Die notorische Verkennung des italienischen Kulturkampfes hing auch mit der zeitgenössischen Wahrnehmung Preußens und Deutschlands im 19. Jahrhundert zusammen. Vor allem Linksliberale kommentierten Bismarcks Kulturkampf zwar zuweilen mit Bewunderung, schlossen ähnliche Repressionen aber aus und übersahen oder relativierten damit eigene kulturkämpferische Gesetze und Maßnahmen. Dabei spielten auch nationale Stereotype deutscher Strenge und italienischer Laxheit eine Rolle, die selbst Teil des antikatholischen Diskur-

73 *Croce*, Geschichte, S. 70, 72; *Chabod*, Storia, S. 232. Ähnlich *ebd.*, S. 228, 255. *Varnier*, Aspekte, S. 165; *Spadolini*, Storia; *Jemolo*, Einleitung zu *Manfroni*, Soglia, Bd. 1, S. VI, XIII f.; *ders.*, Crispi, S. 83 f., *ders.*, Chiesa, S. 279. Die kirchenfreundliche Politik der Linksliberalen nach 1876 betont auch *Fonzi*, Stato, S. 335 ff. Zur inkonsequenten Umsetzung antiklerikaler Gesetze vgl. *Ferrari*, Legislazione. Zum Verzicht auf die Übersetzung des Begriffs vgl. *Papenheim*, Roma, S. 202. Zur Forschungsgeschichte des italienischen Kulturkampfes vgl. *Clark/Kaiser*, Wars, S. 353 f.

ses waren und zur wechselseitigen Stilisierung der Liberalen in den Kulturkämpfen gehörten, mittels derer nationale Tugenden betont und der eigene Antikatholizismus akzentuiert oder verharmlost werden konnten.[74] Übersehen wurde dabei allerdings, dass auch der preußische Kulturkampf keineswegs immer folgerichtig war. Im katholisch dominierten Rheinland etwa wurden viele Gesetze nicht konsequent umgesetzt. Das lag nicht nur an katholischem Widerstand und mangelnden personellen, finanziellen und strukturellen Ressourcen des Staates im Bildungswesen, in der Krankenpflege und in der Polizei.[75] Auch preußische Traditionen trugen zur Begrenzung des Konflikts bei. Unter Rekurs auf das Toleranzprinzip Friedrichs II. wandte sich der Ministerpräsident und überzeugte Antikatholik Bismarck noch 1869 *gegen* ein von König Wilhelm I. befürwortetes Verbot katholischer Orden und Kongregationen.[76] Auch in der Beilegung des Konflikts, im Abbau von Kulturkampfgesetzen zeigten sich preußische Politiker und Diplomaten nach 1878 kompromissbereit.[77] Die Vorstellung eines unerbittlichen preußischen Kulturkampfes kann auch mit Blick auf den piemontesischen Kulturkampf der 1850er Jahre nicht als Argument gegen einen Vergleich dienen. Denn sieht man von den ›Kölner Wirren‹ 1837–41 ab, war Preußen bei den europäischen Kulturkämpfen eher ein Nachzügler als ein Pionier.[78]

Schließlich überstrahlte die *Römische Frage*, das Ringen um Rom und den Kirchenstaat, maßgebliche andere Aspekte des italienischen Kulturkampfes.[79] Sie wurden zuletzt vor allem von amerikanischen, deutschen und englischen Historikerinnen und Historikern herausgearbeitet. Anhand der Affäre Mortara, des Skandals um die christliche Zwangstaufe, Entführung und päpstliche Adoption des jüdischen Knaben Edgardo Mortara, zeigte David Kertzer, wie der Kirchenstaat durch Kampagnen jüdischer Gemeinden und liberaler Medien in Europa und Nordamerika unter Druck geriet.[80] Ulrich Wyrwa beleuchtete den katholischen Antisemitismus, die Emanzipation der Juden und ihren Beitrag zum Risorgimento.[81] Gustav Seibt verdeutlichte die europäischen Aspekte des Kampfes um Rom, die nicht nur die diplomatisch-militärische Ebene, sondern auch den »Glaubenskrieg« zwischen Liberalen und Ultramontanen betrafen.[82] Im Gegensatz dazu betonte Martin Papenheim die gesellschaftlichen und religiösen Gren-

74 Zur italienischen Wahrnehmung des preußisch-deutschen Kulturkampfes vgl. *Varnier*, Aspekte, S. 165; *Verucci*, Antiklerikalismus, S. 50–53; *Weiß*, Kulturkampf; *De Nicolò*, Convivenze.

75 Vgl. *Ross*, Failure.

76 Siehe Kapitel B.II.4.

77 Vgl. *Weber*, Politik; *Morsey*, Kulturkampf, S. 99–103.

78 Zum piemontesischen Kulturkampf vgl. Kapitel C.III.1.

79 Zur Römischen Frage und zum Konflikt zwischen italienischem Staat und katholischer Kirche vgl. *Bastgen*, Frage; *Jemolo*, Chiesa; *D'Amelio*, Stato; *Scoppola*, Chiesa; *Fonzi*, Stato; *Spadolini*, Coscienza; *ders.*, Rome; *Miccoli*, Mito; *Menozzi*, Chiesa; *Seibt*, Rom; *Varnier*, Aspekte.

80 Vgl. zuletzt *Kertzer*, Kidnapping.

81 Vgl. *Wyrwa*, Juden; *Kertzer*, Päpste.

82 Vgl. *Seibt*, Rom.

zen des italienischen Kulturkampfes im europäischen Vergleich. Zwar sei die Sprache der Extremisten beider Seiten – Jesuiten und liberale Katholiken, Republikaner und Freidenker, Rationalisten und Atheisten, seit den 1880er Jahren auch Freimaurer – durch Hass, Spott und Verachtung geprägt gewesen. Ähnlich wie in Frankreich habe sich der Antiklerikalismus jedoch in Italien, etwa im Satanismus, einer Logik der Inversion bedienen müssen. Positive symbolische Ressourcen wie die Revolution und Republik in Frankreich oder die Reformation und der Protestantismus in Deutschland hätten dagegen gefehlt. Auf lokaler und familiärer Ebene sei der Konflikt zudem durch vielfältige Vermittlungsinstanzen gemildert worden. Der martialischen Rhetorik hätten interne Kompromisse gegenübergestanden. Letztlich sei Italien daher trotz des Kulturkampfes zutiefst katholisch geblieben.[83] In Spannung dazu veranschaulichte Lucy Riall am Beispiel Garibaldis indes jüngst die enorme Effektivität der performativen und medialen Praktiken des radikalen Antiklerikalismus. In Volksreden, Pamphleten und Romanen machte der demokratische Revolutionär Rom nicht nur zu einem Objekt nationalen Begehrens, sondern er verknüpfte das Ziel einer Einnahme der Stadt auch mit der Hoffnung auf die Zerstörung des Papsttums und auf die Befreiung der Menschheit vom Klerus.[84] Auch Mazzinis antikatholische Idee der *Terza Roma* erweiterte die soziale Basis des Risorgimento und mobilisierte so viele Italiener gegen die katholische Kirche und Religion, dass man den Antikatholizismus als Massenphänomen und als wichtigen Faktor der italienischen Politik im 19. Jahrhundert ernstnehmen muss.[85]

4. Antikatholizismus in Italien

Aufgrund der Selbst- und Fremdwahrnehmung des Landes als katholischer Nation dominiert in der Italien-Forschung der Begriff ›Antiklerikalismus‹.[86] Die antikatholische Aggression demokratisch-radikaler Oppositioneller wird meist

83 Vgl. *Papenheim*, Roma. Oliver Janz rief dagegen zuletzt auch noch einmal die Härten des piemontesischen Kulturkampfes der 1850er Jahre in Erinnerung. Vgl. *ders.*, Konflikt.

84 Vgl. *Riall*, Garibaldi, S. 350, 369f. Zum Konflikt der »Rival Romes« vgl. *ebd.*, S. 377–387. Zu Garibaldis Antiklerikalismus vgl. auch *Verucci*, Cattolicesimo, S. 214–230.

85 Vgl. dazu bereits *Chabod*, Storia, S. 179–323.

86 Obwohl Antikatholizismus und Antiklerikalismus oft durch fließende Übergänge gekennzeichnet waren, sind sie analytisch zu trennen. Ersterer wandte sich gegen die katholische Kirche und Religion und gegen katholische Geistliche und Laien, Letzterer auch gegen andere Kirchen und Religionen, meist jedoch primär gegen die jeweils dominierende. Daneben gab es in Italien, wie in Deutschland mit Deutschkatholiken, Altkatholiken und Modernisten, Katholiken, die sich gegen die Kirchenführung wandten, um den Katholizismus zu reformieren. Sie verstanden sich selbst keineswegs als Antikatholiken. Ihre Selbstbezeichnungen sind ernstzunehmen, um den kurialen Führungsanspruch nicht nachträglich mit der vielfältigen historischen Realität zu verwechseln.

als sozial und politisch marginales Phänomen kategorial vom eigentlichen Liberalismus unterschieden. Antiklerikale Aussagen und Entscheidungen gemäßigt-liberaler Politiker werden als bloße Rhetorik oder populistische Konzession gedeutet.[87] Die Distanzierung des Liberalismus vom Antiklerikalismus erfolgte jedoch erst um 1900 unter Giolitti.[88] Auf programmatischer Ebene wurde sie in der Zwischenkriegszeit von renommierten Historikern wie Croce vollzogen, der den radikalen Antiklerikalismus der Giolitti-Ära, wie der Sozialist Gaetano Salvemini, als vulgär und sektiererisch brandmarkte.[89] Nach 1945 wurde diese Verachtung und Verharmlosung im Zeichen des Waffenstillstands gemäßigter Laizisten und liberaler Katholiken fortgeschrieben. Auch marxistische Historiker stellten den Antiklerikalismus im Anschluss an Antonio Gramscis These der *rivoluzione mancata*, deren Bedeutung für die italienische Historiographie mit jener der Sonderweg-These für die deutsche Geschichtswissenschaft vergleichbar ist, als Elitenphänomen dar.[90] Infolgedessen wurde der Beitrag des Antiklerikalismus zur partiellen Verweltlichung von Staat und Gesellschaft in Italien marginalisiert und, im Vergleich zum Katholizismus, kaum erforscht.[91] Seine antikatholische Stoßrichtung wurde durch die Dominanz des Begriffs ›Antiklerikalismus‹ terminologisch invisibilisiert.

Hervorzuheben sind jedoch zum einen Guido Veruccis Arbeiten zum linken Antiklerikalismus der Radikalen und Rationalisten, Freidenker und Sozialisten zwischen 1848 und 1876, die den gemeinsamen Beitrag dieser heterogenen Strömungen zur Verweltlichung (*laicizzazione*) Italiens verdeutlicht haben: Er bestand nicht nur in Kampagnen für Zivilehe und Frauenemanzipation, für Volksbildung, Hygiene und Feuerbestattung, sondern auch in der Einrichtung von Kindergärten und Volksbüchereien. Verucci hat deshalb dafür plädiert, die

87 Luciano Cafagna etwa stilisierte Cavour zu einem reinen ›Machiavellisten‹, für den die Kirchenpolitik lediglich ein »taktisches Instrument« gewesen sei und der die »Karte« Antiklerikalismus nur gespielt habe, um seine Reformen durchzusetzen. *Ders.*, Cavour, S. 175, 177. Ähnlich *Stadler*, Cavour, S. 93, sowie, für Linksliberale wie Depretis, *Ciampani*, Cattolici, S. 256–277; *Orsina*, Storia; *ders.*, Anticlericalismo, S. 21 f.

88 Vgl. *Spadolini*, Giolitti.

89 Für Croce war der »Antiklerikalismus mit seinen unnützen Paraden und seinem Geschrei« ein »Ausweis von Roheit und mangelnder Intelligenz«, der die Italiener »langweilte«. *Ders.*, Geschichte, S. 72. Vgl. auch *Salvemini*, Stato.

90 Vgl. *Gramsci*, Quaderni, Bd. 3, S. 2118 ff.

91 Zur Forschungsgeschichte vgl. *Viallet*, Anticléricalisme en Italie, S. 29–41; *ders.*, Anticléricalisme e laïcité; *Lyttelton*, Church, S. 225 f.; *Verucci*, Antiklerikalismus, S. 33–43. Zur Begriffsgeschichte vgl. *Scoppola*, Laicismo. Zum Massencharakter des piemontesischen Antiklerikalismus vgl. *Romeo*, Cavour, Bd. 2/2, S. 440 f. Zum linksliberalen Antiklerikalismus nach 1876 vgl. *Spadolini*, Storia; *Lyttelton*, Church. Als römische Fallstudie siehe die *tesi di Laurea* von Alessandra Keller, die mir dankenswerterweise ihre Arbeit zur Verfügung gestellt hat. Vgl. *dies.*, Anticlericalismo. Politikhistorisch vgl. *Decleva*, Anticlericalismo; *Orsina*, Anticlericalismo. Zur medialen Dimension vgl. *Candeloro*, Temi. Zum intellektuellen Antiklerikalismus nach 1945 vgl. *Attal*, Anticléricalisme.

Termini ›Antiklerikalismus‹ und ›Laizismus‹ als Hendiadyoin zu verwenden und damit implizit nicht nur auf die antikatholische und antireligiöse Dimension des linken Antiklerikalismus hingewiesen, sondern auch auf dessen Verwandtschaft mit dem radikalen Projekt der Säkularisierung (als Entzauberung der Welt). Zugleich profilierte er den Antiklerikalismus als eine nationale Bewegung mit europäischem Horizont, die eine Fülle intellektueller Anregungen aus Deutschland, Großbritannien und Frankreich wie die Bibelkritik oder den Materialismus, den Positivismus oder Samuel Smiles' Ideen zur Selbsthilfe rezipierte und damit letztlich auch unter den sozial konservativen Eliten verbreitete.[92]

Zum anderen hat Jean-Pierre Viallets monumentale *thèse d'État* den italienischen Antiklerikalismus zwischen 1867 und 1915 in der ganzen Breite seines gesellschaftlichen und politischen Spektrums von den liberalen Katholiken über die gemäßigten Liberalen bis hin zu den Sozialisten untersucht und dabei auch populäre und mediale Ausdrucksformen mit einbezogen. Viallet profiliert den Antiklerikalismus als eines der wenigen gemeinsamen Merkmale der progressiven Kräfte Italiens. Bürgerlicher und populärer, offizieller und inoffizieller, demokratischer und liberaler, moderater und radikaler Antiklerikalismus wirkten trotz aller Unterschiede und Feindschaften komplementär. Den historiographischen Mainstream hat diese Einsicht indes auch deshalb nie erreicht, weil Viallets Arbeit nie veröffentlicht wurde.[93]

Aufgrund der anhaltenden innenpolitischen Interventionen des Vatikans sind die Themen Antikatholizismus, Antiklerikalismus und Laizismus, Staat und Kirche in Italien bis heute Gegenstand heftiger Kontroversen.[94] 1993 vertrat der liberale, vordem marxistische Historiker Ernesto Galli della Loggia die These, dass die italienische Nationsbildung als einzige in Europa gegen die nationale Kirche erfolgt sei. Die kollektive Identität im Nationalstaat sei durch die Unvereinbarkeit von Nation und Religion, Staat und Katholizismus bestimmt gewesen. In Italien habe ein Bürgerkrieg zwischen Katholiken und Nichtkatholiken stattgefunden.[95] Die integralistische katholische Publizistin Angela Pellicciari lieferte drastische Belege für die verbale antikatholische Aggression der piemontesischen Liberalen zwischen 1847 und 1855. Aufgrund analytischer Schwächen wurde ihre Studie aber nicht ernstgenommen. Zum einen zwang sie den Antiklerikalismus in eine Teleologie der Intoleranz von der Reformation bis zu den modernen Totalitarismen; zum anderen führte sie ihn, in Kontinuität zu Verschwörungstheorien des

92 Vgl. *Verucci*, Italia; *ders.*, Anticlericalismo; *ders.*, Antiklerikalismus; *ders.*, Azione. Zur Nähe von Antiklerikalismus und Laizismus vgl. auch *Tortarolo*, Laicismo; *Scoppola*, Laicismo..

93 Vgl. *Viallet*, Anticléricalisme en Italie. Ich danke viel zu früh verstorbenen Jean-Pierre Viallet (†) für die Möglichkeit, sein Manuskript einzusehen.

94 In Deutschland ist der Begriff ›Kulturkampf‹ auf nichtreligiöse Felder ausgeweitet worden. Er klingt hier jedoch auch in der Übersetzung von Samuel Huntingtons »Clash of Civilisations« als »Kampf der Kulturen« an. Vgl. *Huntington*, Kampf.

95 Vgl. *Galli della Loggia*, Liberali.

19. Jahrhunderts, auf Machenschaften der Freimaurer zurück, die in Italien lange keineswegs einheitlich antiklerikal eingestellt waren.[96] Forschungspraktisch blieben diese polemischen Markierungen eines blinden Flecks der italienischen Geschichtsschreibung folgenlos. Sie haben das Bild eines abwesenden Kulturkampfes und einer »fehlenden Säkularisierung« in Italien nicht verändern können.[97]

Das vorliegende Buch soll den italienischen Antiklerikalismus weder dämonisieren noch verharmlosen, dafür jedoch *erstens* die noch immer dominante Auffassung revidieren, dass er ein marginales Phänomen radikaler Oppositioneller gewesen sei. Denn auch gemäßigte Liberale dachten und handelten antikurial, antiklerikal und antikatholisch. Sowohl die Beziehung des Antiklerikalismus zum liberalen Mainstream als auch seine fließenden Übergänge zum Antikatholizismus sowie seine Wirkung auf den italienischen Kulturkampf sollen daher herausgearbeitet werden. *Zweitens* wird gefragt, wie Entscheidungen und Aussagen, Repräsentationen und gewaltsame Handlungen, die sich gegen die katholische Kirche und gegen bestimmte Formen katholischer Religiosität richteten, miteinander zusammenhingen. Dabei ist insbesondere die Rolle der Medien zu beleuchten. Wie Viallet bemerkt hat, gehörte der Antiklerikalismus zu den wenigen kohäsiven Elementen des fragmentierten italienischen Bürgertums.[98] Verantwortlich für diesen Konsens könnten gerade die Medien der bürgerlichen Gesellschaft gewesen sein. *Drittens* ist die europäische Dimension des risorgimentalen Kampfes um Rom sowie dessen antikatholische Stoßrichtung zu erhellen. Das geschah bislang vorwiegend auf militärisch-diplomatisch-institutioneller, kaum jedoch auf diskursiver Ebene. Auch hier liegt ein Desiderat.

IV. Vergleichsobjekte: Antikatholizismen in Deutschland und Italien

In bewusster Absetzung von der italienischen Forschungstradition wird im Folgenden für Deutschland und Italien ein gemeinsamer Begriff verwendet und zum Vergleichsobjekt erhoben: Antikatholizismus. Verglichen wird der Angriff von Aufklärern, Demokraten und Liberalen unterschiedlicher Konfession auf die römische Kurie und die katholische Kirche, auf katholische Geistliche und Laien, auf katholische Einrichtungen und Parteien, sowie auf bestimmte katholische Symbole und Rituale im ›langen‹ 19. Jahrhundert, mit Akzent auf der Zeit zwischen Vormärz und liberaler Ära.

96 Vgl. *Pellicciari*, Risorgimento. *Verucci*, Movimento, erwähnt die Autorin nicht namentlich und erklärt ihr Buch eines Kommentars für unwürdig. Zu den italienischen Freimaurern vgl. *Mola*, Storia; *Conti*, Italia, S. 117–189; *Papenheim*, Roma, S. 213 f.

97 Vgl. zuletzt etwa *Adorni*, Crispi.

98 Vgl. *Viallet*, Anticléricalisme en Italie, S. 39 f.

Bereits im Mittelalter und in der Frühen Neuzeit gab es in Deutschland und Italien Bewegungen, welche die katholische Kirche und bestimmte Aspekte katholischer Religiosität attackierten, darunter die Reformation.[99] Mit der Aufklärung veränderte sich der Charakter des Antikatholizismus: Er verband sich mit einem Projekt der Moderne, in dem Säkularisierung ein zentrales Ziel bildete.[100] Zwar gab es in Deutschland weiterhin den konfessionell motivierten Antikatholizismus konservativer Protestanten, der im Zuge der ultramontanen Offensive und der Konfessionalisierung des 19. Jahrhunderts aggressiver wurde und sich auch außerhalb der evangelischen Kirche organisierte. Insbesondere der Antijesuitismus spielte dabei eine wichtige Rolle.[101] Vor allem wurde der Antikatholizismus jedoch nun zur Antriebskraft fortschrittsfreundlicher Kräfte, die im Katholizismus eine religiöse Antithese der Moderne sahen. Dieser progressive Antikatholizismus ist das Tertium comparationis des vorliegenden Vergleichs.

Wie bereits angedeutet, werden die Vergleichsobjekte in beiden Ländern unterschiedlich bezeichnet. Für Deutschland ist ›Antikatholizismus‹ als Forschungsbegriff zwar kaum etabliert und führt in übergreifenden historischen Darstellungen eine eher randständige Existenz, doch immerhin gibt es Spezialstudien.[102] In Italien spielt ›Antikatholizismus‹ dagegen als Forschungsbegriff bislang keine Rolle. Hier ist der Terminus ›Antiklerikalismus‹ fest verankert, der vorwiegend auf linke Kräfte gemünzt wird.[103]

99 Vgl. *Seidel-Menchini*, Characteristics; *Goertz*, Antiklerikalismus; *Niccoli*, Rinascimento.

100 Siehe auch Veruccis Definition des Antiklerikalismus als Ideenkomplex, der *gegen* eine Kirche eintrat, welche die Religion »vom eigenen Bereich« (»dal proprio ambito«) ausweiten wollte, um Zivilgesellschaft und Staat zu »dominieren«, sowie *für* die »Verweltlichung von Staat, Gesellschaft, Sitten und Mentalität«. Vgl. *ders.*, Anticlericalismo, S. 21 f. Teil des ›Projekts der Moderne‹ war nach Jürgen Habermas die »Ausdifferenzierung der Wertsphären Wissenschaft, Moral und Kunst«. *Ders.*, Moderne, S. 41.

101 Vgl. *Müller-Dreier*, Konfession; *Healy*, Jesuit; *Gross*, War, S. 89–96.

102 Vgl. *Nipperdey*, Religion; *Altgeld*, Katholizismus; *Gross*, War; *Drury*, Anti-Catholicism; *Norman*, Anti-Catholicism; *Haydon*, Anti-Catholicism (England); *Bornewasser*, Aspects (Niederlande). Der von Norbert Schloßmacher in Deutschland eingeführte Begriff *Antiultramontanismus* bezeichnet ein räumlich, zeitlich und inhaltlich engeres Phänomen. Vgl. *ders.*, Antiultramontanismus; *ders.*, Entkirchlichung. Er ist für einen Vergleich mit Italien ungeeignet, weil der Begriff ›Ultramontanismus‹ (von lateinisch: *ultra montes*) im 19. Jahrhundert auf das südlich der Alpen liegende Rom zielte und daher in Italien keine Rolle spielte. Vgl. *Conzemius*, Ultramontanismus.

103 Zu Radikalen und Linksliberalen vgl. *Spadolini*, Storia; *Decleva*, Anticlericalismo; *Scoppola*, Laicismo; *Verucci*, Italia; *ders.*, Anticlericalismo; *Lyttelton*, Church; *Viallet*, Anticléricalisme e laïcité; *ders.*, Anticléricalisme en Italie; *Martina*, Aspetti; *Orsina*, Anticlericalismo. Zu den Sozialisten vgl. *Azzaroni*, Socialisti; *Sylvers*, Anticlericalismo; *Verucci*, Anticlericalismo; *Susi*, Anticlericalismo; *Camaiani*, Valori; *Pivato*, Anticlericalismo. Zum sozialistischen Antiklerikalismus in Deutschland vgl. *Prüfer*, Sozialismus. Als Beispiel des antiklerikalen Katholizismus vgl. *Caetani*, Cattolicesimo anticlericale. Zu den innerkatholischen Kulturkämpfen in Italien vgl. *Papenheim*, Roma.

Trotz dieser unterschiedlichen begrifflichen Traditionen wiesen beide Phänomene gemeinsame Merkmale und fließende Übergänge auf, die sie vergleichbar machen. Vereinfacht gesagt, neigten deutsche Antikatholiken zum Antiklerikalismus, italienische Antiklerikale zum Antikatholizismus. In Deutschland richteten sich antikatholische Aufklärer, Demokraten und Liberale auch gegen konservative Spielarten innerhalb von Protestantismus und Judentum, die sich der Säkularisierung widersetzten. In Italien wiederum wandten sich antiklerikale Demokraten, radikale und gemäßigte Liberale, ähnlich wie in anderen katholisch dominierten Ländern wie Frankreich, Belgien, Spanien und Portugal, ausschließlich gegen die katholische Kirche, während sie die Gründung anglikanischer, waldensischer und jüdischer Gemeinden tolerierten oder sogar aktiv förderten. Sie waren also gerade nicht anti*klerikal*. Zugleich verurteilten sie bestimmte katholische Praktiken wie die Beichte, Ekstasen, Visionen und Wunder oder öffentliche Rituale wie Prozessionen und Wallfahrten.[104]

Der in Italien vorherrschende Begriff ›Antiklerikalismus‹ verdeckt diese antikatholische Dimension eher, anstatt sie zu erhellen. Dass er sich dennoch gegen den Terminus ›Antikatholizismus‹ durchgesetzt hat, hängt zum einen mit der Selbst- und Fremdwahrnehmung des Landes als katholischer Gesellschaft zusammen.[105] Zum anderen gab es in Italien auch *katholische* Antiklerikale, die für eine Reform des Katholizismus eintraten und sich selbst als Katholiken verstanden. Eine vorschnelle, pauschale Übertragung des Begriffs Antikatholizismus auf italienische Verhältnisse würde diesen Umstand verdecken und somit nachträglich nochmals der Kurie die alleinige Definitionsmacht über den Katholizismus geben.

Insofern sensibilisiert der italienische Fall dafür, bei der Verwendung des Begriffs ›antikatholisch‹ *in beiden Ländern* stets zu reflektieren, welche Definition des ›Katholizismus‹ zugrunde liegt: Denn katholisch war nicht nur, was der Papst, die Kurie oder die Mehrheit der Gläubigen darunter verstanden. Auch Selbstbezeichnungen katholischer Laien, die eine andere Auffassung des Katholizismus vertraten, sind ernstzunehmen. Nur so kann ein generalisierender Vergleich des Antikatholizismus neben Gemeinsamkeiten auch Unterschiede und Besonderheiten beider Länder herausarbeiten.

104 Vgl. *Chabod*, Storia, S. 218, 237, 302; *Pellicciari*, Risorgimento, S. 98, 192.

105 Erst in jüngerer Zeit erhalten Beiträge nicht katholischer Religionen und Konfessionen zur modernen Geschichte Italiens mehr Aufmerksamkeit. Vgl. *Spini*, Risorgimento; *ders.*, Italia; *Vinay*, Spiritualità; *Porciani*, Festa; *Romagnani*, Protestants; *Voghera*, Jews; *Comba*, Valdesi; *Kertzer*, Religion, S. 200–203.

V. Kulturgeschichte demokratisch-liberaler Bewegungen

Die Analyse des Antikatholizismus liefert auch einen Beitrag zur *Kultur*geschichte demokratisch-liberaler Bewegungen des 19. Jahrhunderts, die in der *politik*historischen Forschung oft scharf unterschieden werden.[106] In Deutschland und Italien relativierte und transzendierte der Antikatholizismus *politische* Differenzen im fortschrittsfreundlichen Lager. In ihrer Ablehnung der katholischen Kirche und wichtiger Ausdrucksformen katholischer Frömmigkeit waren sich Aufklärer, Demokraten, radikale und gemäßigte Liberale beider Länder einig.[107]

Das lag nicht zuletzt an gemeinsamen bürgerlichen Werten. Die Wahlverwandtschaft des politischen Liberalismus mit dem Projekt der bürgerlichen Gesellschaft ist in der Bürgertumsforschung klar herausgearbeitet worden.[108] Spezifische Elemente bürgerlicher Kultur[109] waren indes nicht nur für die Liberalen zentral. Auch Aufklärer und Demokraten glaubten an ein lineares Fortschreiten in eine offene, bessere Zukunft[110], an Vernunft als Medium und Wissenschaft als System der Erkenntnis[111], an die Autonomie des Subjekts und das politische Ideal des mündigen Staatsbürgers, das an Kriterien materieller und geistiger Selbständigkeit gebunden war, das heißt an Besitz und Bildung, Männlichkeit und Volljährigkeit.[112] Nahezu alle progressiven Kräfte befürworteten das Leistungsprinzip als Basis sozialer Macht und Anerkennung, eine diesseitsorientierte Arbeitsethik[113]; ein polares Geschlechtermodell, das Männlichkeit mit Vernunft und Weiblichkeit mit Gefühl identifizierte und eine Trennung der Geschlechter in öffentliche und private Sphären anstrebte[114]; die Trennung von Privatem und Öffentlichem, die Wahrung von Intimität sowie generative Heterosexualität als normale, natürliche Lebensweise in den bürgerlichen Institutionen der Ehe

106 Vgl. etwa *Backes*, Liberalismus.

107 Für Deutschland vgl. dazu *Stache*, Liberalismus; *Lepp*, Aufbruch; *Hübinger*, Kulturprotestantismus. Für Italien vgl. *Pellicciari*, Risorgimento, S. 103, 158.

108 Vgl. *Sheehan*, Wie bürgerlich; *Romanelli*, Commando; *Langewiesche*, Liberalismus im 19. Jahrhundert; *ders.*, Liberalismus in Deutschland; *Hettling*, Bürgerlichkeit; *Lundgreen*, Eingliederung; *ders.*, Sozial- und Kulturgeschichte.

109 Vgl. *Lanaro*, Nazione; *Meriggi*, Klassen; *Banti*, Storia; *Kocka*, Bürger; *Hettling/Hoffmann*, Wertehimmel; *Hettling*, Bürgerlichkeit; *Habermas*, Frauen.

110 Vgl. *Koselleck*, Fortschritt; *Hölscher*, Entdeckung, S. 39. Zum liberalen Fortschrittsglauben vgl. *Blackbourn*, Marienerscheinungen, S. 456–459; *Becker*, Kulturkampf-Positionen, S. 63–66; *Birke*, Entwicklung; *Weber*, Bamberger, S. 171–174; *Langewiesche*, Liberalismus in Deutschland, S. 182.

111 Vgl. *Verucci*, Italia; *Kelikian*, Science; *Becker*, Kulturkampf-Positionen, S. 62; *Langewiesche*, Liberalismus in Deutschland, S. 182; *Blackbourn*, Marienerscheinungen, S. 458ff.; *Daum*, Wissenschaftspopularisierung.

112 Vgl. *Hettling*, Selbständigkeit; *Kocka*, Bürger; *Nipperdey*, Geschichte 1800–1866, S. 286f.

113 *Münch*, Thesis; *Gross*, War, 142–154; *Verucci*, Italia.

114 *Hausen*, Polarisierung; *Frevert*, Bürgerinnen; *dies.*, Frauen-Geschichte; *dies.*, Mann; *Budde*, Bürgerinnen; *Gross*, War.

und Familie als Reproduktionsinstanzen der Nation und der bürgerlichen Gesellschaft.[115] Da fortschrittsfreundliche Adlige, Kleinbürger und Arbeiter viele dieser Werte teilten, wurde Bürgerlichkeit Klassen übergreifend in verschiedenen Praxisfeldern und Institutionen (re)produziert. Sie verband so Politisch-Öffentliches und Privates, Diskurs und Lebenswelt.[116]

Den Katholizismus nahmen Demokraten und Liberale hingegen als Inversion der hegemonialen bürgerlichen Kultur wahr: Mittelalter/Moderne, Vorsehung/Fortschritt, Unmündigkeit/Selbständigkeit, Irrationalität/Vernunft, Klausur/Öffentlichkeit, Keuschheit/Fortpflanzung, Askese/Konsum, Kontemplation/Fleiß, Glauben/Wissen waren die binären Oppositionspaare, die ihre Wahrnehmung strukturierten. Aus dieser Perspektive erschien der Katholizismus als Antithese der bürgerlichen Gesellschaft.[117] Dieses dichotomische Deutungsmuster, das bereits in der Aufklärung ausgeprägt war, wurde im Zuge der Ultramontanisierung des Katholizismus noch plausibler. Denn der Ultramontanismus verurteilte neben liberalen Prinzipien auch bürgerliche Werte. Liberale, bürgerliche Katholiken, die den Katholizismus mit der Moderne versöhnen wollten, gerieten daher zwischen die Fronten von Staat und katholischer Kirche, von Liberalen und Ultramontanen, von Antiklerikalen und Klerikalen. Sie wurden aufgefordert, sich zwischen Klasse, Staat und Nation einerseits und Konfession, Kirche und Religion andererseits zu entscheiden.[118] Insofern wird im Folgenden auch der Zusammenprall zweier universalistischer Projekte rekonstruiert, die kulturelle Differenz und Vielfalt minimieren oder sogar auslöschen wollten und sich gerade hierin stärker ähnelten, als ihnen bewusst war.

VI. Quellen

Der Antikatholizismus war auch deshalb so erfolgreich, weil er unterschiedliche Medien und gesellschaftliche Beschreibungssysteme der Politik und Religion, Kunst, Architektur und Urbanistik, Wissenschaft und Theologie erfasste, so dass sich antikatholische Botschaften verschiedener Provenienz und Art wechselseitig beglaubigten und bestätigten. Entsprechend breit und vielfältig ist das Spektrum der im Rahmen dieser Studie untersuchten Quellen. Es umfasst Briefe und Reiseberichte, philosophische und theologische Traktate, kunsttheoretische und literaturhistorische Abhandlungen, geschichtswissenschaftliche und volkskundliche

115 *Gay*, Erziehung; *ders.*, Leidenschaft; *Wanrooij*, Storia; *Hull*, Sexuality.

116 Vgl. *Reckwitz*, Subjekt.

117 Für Deutschland so auch *Blackbourn*, Marienerscheinungen, S. 451–468.

118 Für Deutschland vgl. *Mergel*, Klasse. Für Italien vgl. *Chabod*, Storia, Kapitel 2.2; *Traniello*, Kultur; *Ciampani*, Cattolici; *Verucci*, Cattolicesimo; *Papenheim*, Karrieren.

Arbeiten, populärwissenschaftliche Schriften, medizinische und epidemiologische Studien, Wörterbücher, nationalökonomische, rechts- und staatswissenschaftliche Aufsätze, universitäre Vorlesungen, bischöfliche Denkschriften und päpstliche Enzykliken, Parlaments- und Volksversammlungsreden, Kabinettsprotolle und Polizeiberichte, königliche Dekrete und staatliche Gesetze, Petitionen und Wahlprüfungen, Tageszeitungen und Wochenzeitschriften, Reklame, Illustrierte und Satiremagazine, Romane, Dramen, Gedichte und Lieder, Gemälde, Genrebilder, Karikaturen und Bildergeschichten sowie Gebäude, Straßenzüge und Denkmäler. Neben klassischen Zeugnissen der Politik-, Religions-, Kunst- und Wissensgeschichte werden damit auch vielfältige Handlungen anonymer, unbekannter, vergessener Akteure untersucht, die zur Geschichte des Antikatholizismus und der Kulturkämpfe sowie zur Entstehung der Säkularisierungstheorie ebenfalls maßgeblich beigetragen haben: indem sie einen Roman schrieben oder ein Bild zeichneten, indem sie an Wahlen oder an Volksversammlungen teilnahmen, Petitionen unterzeichneten oder sich mit Polizisten, katholischen Geistlichen und Laien prügelten, um ein Kloster zu stürmen oder einen päpstlichen Leichnam in einen Fluss zu werfen.

VII. Ansätze und Analyseebenen: Diskurs, Medialität, Genealogie

Die notorische Unterschätzung des Antikatholizismus in Deutschland und Italien resultierte nicht nur aus nationalen Stereotypen, ›Meistererzählungen‹ und historiographischen Allianzen. Sie hing auch mit nationsübergreifenden Paradigmen der Politik- und Sozialgeschichte zusammen, die dazu verleiteten, den Antikatholizismus als ein bloßes Mittel herrschaftlicher Manipulation oder als Ausdruck bürgerlicher Klasseninteressen zu deuten. Aus politikhistorischer Perspektive erschienen die liberalen Kulturkämpfer entweder ohnmächtig und selbstvergessen oder opportunistisch und berechnend: Sie vergaßen ihre liberalen Werte oder setzten antikatholische Feindbilder gezielt ein, um eigene Prinzipien durchzusetzen oder um ihre Macht zu wahren bzw. zu mehren.[119] Aus sozialhistorischem Blickwinkel kämpften sie als Agenten der Modernisierung und des fortschrittlichen Bürgertums gegen die traditionellen, reaktionären Kräfte von Adel, Klerus und Bauern.[120] Beiden Sichtweisen gemeinsam war, dass der

119 Vgl. etwa *Kißling*, Geschichte, Bd. 3, S. 60. *Anderson*, Windthorst, S. 290; *Ciampani*, Cattolici, S. 256–277; *Orsina*, Storia; *ders.*, Anticlericalismo, S. 21 f. Zur Kritik dieser instrumentellen Sicht: *Eley*, Review, S. 194 f.; *Gross*, War, S. 3.

120 Vgl. *Winkler*, Preußischer Liberalismus; *Gall*, Liberalismus; *Gugel*, Aufstieg; *Zang*, Provinzialisierung. Für Italien siehe etwa *Candeloro*, Movimento; *Meriggi*, Bürgertum.

Antikatholizismus eher als Mittel denn als Zweck angesehen wurde. Antikatholische Aussagen schienen stets auf etwas Anderes – auf materielle Interessen oder machiavellistische Intentionen – zu verweisen, das den Zeitgenossen entweder nicht bewusst war oder von ihnen verheimlicht wurde.

Im Unterschied dazu sollen antikatholische Aussagen im Folgenden ernstgenommen und auf ihre lebensweltlichen und soziokulturellen Entstehungsbedingungen, ihre medialen Repräsentationsformen und ihre politisch-sozialen Folgen hin untersucht werden. Gegenstand der Analyse ist zunächst der antikatholische *Diskurs*.[121] Der Antikatholizismus wird als System gefasst, das regelmäßig spezifische Aussagen über den Katholizismus generierte, die meist negativ konnotiert, zuweilen auch ambivalent waren, den Katholizismus jedoch stets als genuin anders beschrieben und durch ständige Wiederholung Evidenz erzeugten. Analysiert werden Strategien des antikatholischen *Othering* und das diskursive Zusammenspiel von Kategorien wie Nation und Konfession, Klasse und Geschlecht, Rasse und Sexualität. In diachroner Perspektive wird der Einfluss nichtdiskursiver Ereignisse, Prozesse und Strukturen auf den Diskurs untersucht sowie die Formen seiner Aneignung, Umdeutung, sozialen und medialen Erweiterung. Der antikatholische Diskurs wird mithin nicht als starre Struktur gefasst, sondern als wandelbares Set diskursiver Praktiken, das Kontinuitäten und Diskontinuitäten aufwies, Ironien und Widersprüche produzierte und in dynamischer Wechselwirkung mit nichtdiskursiven Kontexten stand.

Zum anderen wird die *Medialität* des Antikatholizismus untersucht. Denn der Antikatholizismus stellte nicht nur einen Diskurs, sondern auch ein mediales Repräsentationssystem dar. Antikatholische Aussagen waren nicht unabhängig von den Medien, in denen sie geäußert wurden. Medien besaßen vielmehr eine gewisse Eigendynamik: Regeln, Modi und Formate, welche die antikatholischen Aussagen zwar nicht grundlegend veränderten, aber doch auf je spezifische Weise vermittelten oder sie sogar, etwa in Prozessen der Visualisierung, ins Bildliche transformierten. Deshalb lässt sich der Antikatholizismus nicht bloß diskursanalytisch fassen, sondern ist auch medienhistorisch zu untersuchen. In diachroner Perspektive wird nach Leitmedien gefragt, die den Antikatholizismus im langen 19. Jahrhundert zeitweise prägten, die Repräsentation des Katholizismus phasenweise dominierten und auf diese Weise andere Medien, aber auch Akteure, wie zum Beispiel Parlamentarier, beeinflussten. Zugleich gilt es, stereotype Repräsentationsformen, Themen und Topoi zu identifizieren, die unabhängig von einzelnen Medien waren und auf einen näher zu bestimmenden Medien übergreifenden diskurshistorischen Bias zurückzuführen sein könnten.

121 Zu diesem Desiderat vgl. bereits *Blackbourn*, Populists, S. 149. Das diskursanalytische Verfahren ist angelehnt an, aber nicht identisch mit Michel Foucaults sehr komplexer Diskursanalyse. Vgl. *Foucault*, Archäologie. Zu den verschiedenen Spielarten der Diskursanalyse vgl. *Landwehr*, Geschichte; *Sarasin*, Geschichtswissenschaft.

Schließlich wird die Genealogie der *Säkularisierungstheorie* beleuchtet. Die Säkularisierungstheorie ist von Historikern oft zur Erklärung der Kulturkämpfe herangezogen worden. Die Kulturkämpfe galten dann als Folge eines in der ›Natur der Moderne‹, in der ›Modernisierung als Naturgesetz der Geschichte‹ liegenden Trends zur ›Differenzierung‹ der Gesellschaft in die getrennten Sphären von Politik, Religion, Wissenschaft und Kunst, zur ›Privatisierung der Religion‹ oder gar zur ›Entzauberung der Welt‹.[122] Im Unterschied dazu wird die Säkularisierungstheorie im Folgenden als ein Phänomen gefasst, das mit dem Antikatholizismus und den Kulturkämpfen so stark verwoben war, dass es sich nicht zu deren Analyse eignet, sondern als Teil ihrer Geschichte historisiert werden muss. Im Sinne eines von Michel Foucault als »Genealogie« bezeichneten Verfahrens geht es nicht darum, eine »lineare Genese« der Säkularisierungstheorie mit einem »Ursprung« im Kopf eines originellen Denkers und einer »Finalität« in den Kulturkämpfen zu rekonstruieren, sondern darum, die »Herkunft« und »Entstehung« zentraler Narrative und Theoreme der Säkularisierung im Antikatholizismus und in den Kulturkämpfen zu untersuchen.[123]

Das Buch analysiert mithin drei zentrale Dimensionen der deutsch-italienischen Kulturkämpfe: *erstens* die weltanschauliche Auseinandersetzung um die Moderne, die durch ein zentrales Paradox geprägt war: Liberale und Ultramontane deuteten den Kulturkampf als Kampf zwischen Mittelalter und Moderne, Fortschritt und Stillstand, obwohl gerade der ultramontane Katholizismus überaus dynamisch war. Dieser scheinbare Widerspruch wird auf die Dichotomisierung von Katholizismus und Moderne zurückgeführt, die in der Aufklärung begann und um 1900, etwa in Gestalt von Max Webers ›Protestantismus‹-These, in die Konstruktion westlicher Modernität einging. *Zweitens* wird die mediale Repräsentation des katholischen Klerus beleuchtet, die in physische, legislative, richterliche und exekutive Gewalt gegen katholische Geistliche mündete und dafür sorgte, dass die Kulturkämpfe neben Eliten auch Massen erreichten. Denn antiklerikale Medien verhandelten elementare Fragen der Lebensführung, die jeden Einzelnen betrafen. Sie trugen damit maßgeblich zur Emotionalisierung und Mobilisierung im Kulturkampf bei. *Drittens* geht es um die politisch-religiöse, staatlich-kirchliche Dimension der Kulturkämpfe zwischen Vormärz und liberaler Ära, die bislang vorwiegend ideen-, institutionen- und politikhistorisch behandelt worden ist, hier jedoch als Produkt und Effekt liberaler Theorien und Praktiken der Säkularisierung betrachtet werden soll. Dabei soll auch der Einfluss der bürgerlichen Lebenswelt der Liberalen auf die Entstehung und Umsetzung der Säkularisierungstheorie beleuchtet werden.

122 Vgl. etwa *Wehler*, Gesellschaftsgeschichte, Bd. 3, S. 892; *Stadler*, Cavour, S. 92; *Lill/Traniello*, Kulturkampf, S. 8.

123 Zur Genealogie vgl. *Nietzsche*, Genealogie; *Foucault*, Nietzsche; *Geuss*, Privatheit. Zu den Varianten der Säkularisierungstheorie vgl. *Casanova*, Religions.

VIII. Fragestellungen, Hypothesen, Aufbau

Die drei genannten Dimensionen der Kulturkämpfe werden aus unterschiedlichen theoretischen Blickwinkeln betrachtet: zum einen Edward Saids Analyse des westlichen ›Orientalismus‹, zum anderen Michel Foucaults Geschichte der Sexualität und sein genealogisches Verfahren. Diese drei verschiedenen analytischen Perspektiven werden im Folgenden erläutert und im Zusammenhang mit den damit verbundenen Fragestellungen und Hypothesen vorgestellt. Sie liefern zugleich eine Vorschau auf das Buch.

1. Moderne: Antikatholizismus als Orientalismus

Der Katholizismus wurde im Kulturkampf von deutschen und italienischen Liberalen nicht nur als grotesk anachronistisch, skandalös rückständig und politisch reaktionär beschrieben, sondern auch als exotisch, primitiv und barbarisch. Es kam zum Ausschluss des Katholizismus aus der modernen Geschichte, aus der europäischen Zivilisation und aus der nationalen Kultur. Gleichzeitig wurde er explizit mit kolonisierten Räumen der außereuropäischen Welt gleichgesetzt, assoziiert und verglichen, vor allem mit dem Orient. *Kapitel A* rekonstruiert zentrale Etappen dieser ›Orientalisierung‹ des Katholizismus von der Aufklärung bis zur Jahrhundertwende. Der Antikatholizismus wird – gleichzeitig mit und gegen Said – als *inner*europäischer Orientalismus gefasst: als ein Nationen, Disziplinen und Medien übergreifendes Repräsentationssystem, das den Katholizismus exotisierte, enthistorisierte und essentialisierte und ihm so die kulturelle Gleichwertigkeit und historische Entwicklungsfähigkeit absprach.[124] Rekonstruiert wird eine Projektion zunächst vorwiegend nordeuropäisch-protestantischer, dann auch südeuropäisch-laizistischer Politiker, Künstler und Wissenschaftler, die den Katholizismus als monolithisches, unwandelbares, inferiores Objekt und die Katholiken als ›Subalterne‹ beschrieben. Beteiligt waren Vertreter verschiedener Konfessionen und Strömungen: Aufklärer und Rationalisten, Demokraten und Liberale, Protestanten, Juden und Atheisten, aber auch Romantiker, Ultramontane und Modernitätsmüde, für die das katholische Andere der Moderne positiv konnotiert war oder zumindest faszinierende Züge aufwies. Der antikatholische Diskurs barg insofern auch Ironien, Ambivalenzen und Widersprüche. Zugleich war er indes mit Phantasien der Unterwerfung und Auslöschung verbunden. Er begründete eine kulturelle Hegemonie des Protestantismus

124 Saids Kritik des westlichen Orientalismus wurde oft vorgeworfen, ein monolithisches Bild des Okzidents zu zeichnen. Zur Debatte vgl. zuletzt *Castro Varela/Dhawan*, Theorie, S. 29–46. Im Sinne eines Theorietransfers von den Kolonien zu den Metropolen wird seine Theorie daher im Folgenden auf eine asymmetrische Beziehung *innerhalb* des Okzidents angewendet. Ausführlich zur Begründung dieser Operation vgl. *Borutta*, Orient.

bzw. des Laizismus/Säkularismus über den Katholizismus und behinderte, als Teil der Selbstbeschreibung westlicher Modernität, letztlich auch seine eigene wissenschaftliche Erforschung.

In synchroner Perspektive werden diskursive und mediale Strategien der Enthistorisierung, Exotisierung und Essentialisierung des Katholizismus analysiert sowie Kombinationen von Klasse und Konfession, Nation und Rasse, Geschlecht und Sexualität im antikatholischen Diskurs. In diachroner Perspektive wird der Wandel des Antikatholizismus von der Aufklärung bis zur Jahrhundertwende untersucht: Inwiefern kam es in diesem langen Untersuchungszeitraum zu einer Aktualisierung und Anreicherung des Diskurses? Welche Ereignisse und Prozesse spielten hierfür eine Rolle? Auch die soziale Ausweitung ist zu analysieren: Wann und wodurch wurde der Antikatholizismus von einem Eliten- zu einem Massenphänomen? Welche Rolle spielten dabei bestimmte Ideen wie Mazzinis Konzept der *Terza Roma* oder neue Reproduktionstechniken und Medien?

Kapitel A ist asymmetrisch vergleichend, mit einem Akzent auf Deutschland, angelegt. In komparativer Perspektive untersucht es den Einfluss nationaler Besonderheiten, etwa der konfessionellen Verhältnisse oder der Römischen Frage, auf den Antikatholizismus. In transnationaler Perspektive wird gefragt, wie der antikatholische Diskurs räumliche Konstruktionen wie ›Europa‹, ›Rom‹, den ›Orient‹, ›Amerika‹ und ›Afrika‹ einsetzte, um eine kulturelle Fremdheit und Inferiorität des Katholizismus zu suggerieren. In regionaler Hinsicht vollzieht das Kapitel mehrere Blickwechsel. Im deutschen Teil wird zunächst das Verhältnis zwischen Nord- und Süddeutschland, insbesondere zwischen Preußen und Bayern beleuchtet, dann Preußens westliche und östliche Ränder. Im Zentrum des italienischen Teils stehen das Verhältnis Europas und Italiens, die risorgimentale Aneignung des europäischen Romdiskurses, die in den Kampf um Rom mündete sowie der Kulturkampf, der nach 1870 in Rom selbst stattfand.

2. Moral: Antiklerikale Medien, Gesetze und Gewalt

Kapitel B untersucht die moralische Dimension der Kulturkämpfe[125] und die Funktionsweise und Wirkung antiklerikaler Medien. Die Aggression gegen den katholischen Klerus ging im Kulturkampf nicht nur von staatlichen Gewalten der Exekutive, Judikative und Legislative aus, sondern äußerte sich auch in verbalen Schmähungen, medialen Kampagnen und tätlichen Angriffen. Vor diesem Hintergrund wird nach der Beziehung dieser unterschiedlichen – politischen, medialen und physischen – Formen antiklerikaler Gewalt gefragt. Im Zentrum steht die Frage nach der Rolle der Medien.

125 Vgl. dazu bereits *Blackbourn*, Progress, S. 65.

Die Hypothese lautet, dass Medien nicht nur konstitutiv waren für die Genese antiklerikaler Gesetze, Maßnahmen und Ausschreitungen, sondern auch für die Emotionalisierung und soziale Ausweitung der Kulturkämpfe von Eliten- zu Massenphänomenen. Indem sie den katholischen Klerus regelmäßig als heuchlerisch und unsittlich, krankhaft und pervers darstellten, empörten sie die Mediennutzer nicht nur kurzfristig über die Verfehlungen einzelner Geistlicher. Sie delegitimierten die klerikale Lebensführung vielmehr grundsätzlich und nachhaltig als unsittlich und widernatürlich. Im Zentrum der medialen Kritik standen das Keuschheitsgelübde und seine Auswirkungen auf Körper und Seele. Das Zölibat wurde als eine Vergewaltigung der menschlichen Natur dargestellt, die in Selbstmord, Perversion oder Wahnsinn münden musste – unabhängig von den guten Absichten und positiven Eigenschaften einzelner Geistlicher. Aufgrund des Sexverbots schienen Priester, Mönche und Nonnen sexbesessen zu sein und ihre unterdrückten Triebe auf jede denkbare Weise zu befriedigen. Diese mediale Sexualisierung des Klerus war nicht bloß Ausdruck bürgerlich-männlicher Phantasien, kommerzieller Interessen und propagandistischer Intentionen. Sie war auch ein Element jener ›Diskursivierung des Sexes‹, die Michel Foucault in »Sexualität und Wahrheit« als Formierungsprozess der modernen Subjektivität beschrieben hat.[126] In der Zölibatskritik und in der Sexualisierung des katholischen Klerus reflektierte und artikulierte die bürgerliche Gesellschaft auch die Normierung eigener sexueller Praktiken, die dem Imperativ biologischer Reproduktion in Ehe und Familie untergeordnet wurden. Insofern trug der gegen katholische Geistliche gerichtete Antiklerikalismus auch zur zeitgenössischen Definition der menschlichen Natur bei.

Um dies zu zeigen, werden zunächst die Leitmedien einzelner Perioden des langen 19. Jahrhunderts untersucht: Romane der Aufklärung, theologische Polemiken und populärwissenschaftliche Schriften des Vormärz, Skandalchroniken antiklerikaler Periodika sowie Gemälde, Genrebilder und Karikaturen nach 1848. Was geschah bei der medialen Vermittlung und bei dem intermedialen Transfer mit den Inhalten antiklerikaler Botschaften? Inwiefern wurden sie durch wechselnde mediale Kontexte und Logiken beeinflusst? Wie ergänzten, zitierten und plausibilisierten sich antiklerikale Medien wechselseitig, und zwar sowohl thematisch, indem sie spezifische Aspekte des Klerus in den Vordergrund rückten, als auch sozial, indem sie mit verschiedenen Repräsentationsmodi auf unterschiedliche – mehr oder weniger gebildete, alphabetisierte oder illiterate, bürgerliche oder populare – Adressaten zielten? Inwiefern lassen sich dabei auch allgemeine Prozesse der Stereotypisierung, Medialisierung und Visualisierung ausmachen?

Im Anschluss an diese transnationale Medienanalyse, die neben deutsch-italienischen auch französische, britische und schweizerische Medien mit ein-

126 Vgl. *Foucault*, Wille.

bezieht, wird anhand lokaler, regionaler und nationaler Fallbeispiele die Wirkung antiklerikaler Medien in räumlich und zeitlich verschiedenen Kontexten zwischen Vormärz und liberaler Ära analysiert: bei der Vertreibung der Jesuiten aus Italien und ihrem Verbot in Piemont 1848, dem Moabiter Klostersturm 1869 und dem Verbot katholischer Orden in Piemont und Preußen 1855 bzw. 1875. Welche Rolle spielten Medien und Repräsentationen, Narrative und Topoi für die Genese und Begründung exekutiver, legislativer und physischer Gewalt gegen katholische Geistliche? Inwiefern verbanden sie den Antiklerikalismus von Regierenden und Regierten, von Kabinett, Parlament und Straße, von Demokraten und Liberalen?

3. Politik: Genealogie der Säkularisierungstheorie

Kapitel C untersucht die Beziehung von Antikatholizismus, Kulturkampf und Säkularisierungstheorie. Das 19. Jahrhundert galt in der historischen Forschung lange als Säkulum der Säkularisierung.[127] Antikatholizismus und Kulturkampf sind daher oft als Effekt und Ausdruck des Prozesses der Säkularisierung gedeutet worden. Seit geraumer Zeit ist die Säkularisierungstheorie in der Religionssoziologie und -geschichte jedoch umstritten. Sie eignet sich nicht mehr zur Beschreibung *der* Moderne, auch nicht der westlich-europäischen, sondern allenfalls dazu, Teilprozesse in einzelnen Segmenten und Gruppen moderner Gesellschaften zu analysieren.[128] Vor diesem Hintergrund wird die Blickrichtung umgekehrt: Inwiefern resultierte die Säkularisierungstheorie selbst aus Projekten der Säkularisierung, die sich im Zeitalter der europäischen Kulturkämpfe vor allem gegen die expandierende öffentliche, politische Religion des Katholizismus wandten? Inwiefern war die Säkularisierungstheorie also selbst ein Produkt und ein Movens der Kulturkämpfe?

Die Hypothese lautet, dass Kulturkämpfe Theorien der Säkularisierung hervorbrachten, die der Moderne oder dem Staat (als Agent der Modernisierung) eine weltliche Natur zuschrieben. Wie gezeigt werden soll, entwickelten liberale Politiker und Wissenschaftler bereits im Vormärz, angesichts Massen mobilisierender gesellschaftlicher – öffentlicher wie privater – Auseinandersetzungen um

127 Vgl. etwa *Chadwick*, Secularization.

128 Selbstverständlich lassen sich mit der Säkularisierungstheorie auch weiterhin historische Prozesse des Wandels religiöser Praktiken und Überzeugungen beschreiben. Vgl. etwa *McLeod*, Secularisation. Sie eignet sich aber nicht mehr zur Beschreibung ›der Moderne‹, auch nicht der ›westlichen‹, wie ein Blick auf die USA zeigt, wo die Kritik der Säkularisierungstheorie früher einsetzte als in Europa. Zur Kritik der Säkularisierungstheorie vgl. *Taylor*, Age; *Graf*, Wiederkehr; *Borutta*, Religion; *Blaschke*, Abschied. Zur Geschichte des Begriffs ›Säkularisierung‹: *Conze/Strätz/Zabel*, Säkularisation. Zur Säkularisierungstheorie als *master narrative* der westlichen Moderne: *Marramao*, Säkularisierung.

religiöse Fragen, Modelle und Theorien zum Verhältnis von Staat und Kirche, Politik und Religion, Religion und Gesellschaft, die als Frühformen der Säkularisierungstheorie angesehen werden können: Narrative einer Privatisierung von Religion, einer Differenzierung von Politik, Religion, Wissenschaft und Kunst in getrennte Sphären sowie einer Entzauberung der Welt. Als die Liberalen nach 1850 in Piemont und Baden, Italien, Bayern und 1872 dann schließlich auch in Preußen Regierungsverantwortung übernahmen, suchten sie diese Theorien und Modelle zu verwirklichen, Staat und Kirche, Religion und Gesellschaft in ein neues Verhältnis zu setzen. Sie lösten damit jedoch religiöse Widerstände und neue Konflikte aus: die Kulturkämpfe der liberalen Ära.

Vor diesem Hintergrund rekonstruiert *Kapitel C* zunächst die Entstehung liberaler Modelle von Politik und Religion, von Staat und Kirche, von Religion und Gesellschaft in den Kulturkämpfen des Vormärz, und zwar anhand dreier liberaler Politiker/Wissenschaftler, die in den Kulturkämpfen nach 1850 eine wichtige Rolle spielten: Sybel, Bluntschli und Cavour. Damit werden zugleich die Kulturkämpfe von drei europäischen Regionen mit sehr unterschiedlichen konfessionellen Verhältnissen in den Blick genommen: die ›Kölner Wirren‹ im Rheinland, der ›Züriputsch‹ im Kanton Zürich und die Kulturkämpfe im Kanton Genf. Danach wird die Praxis der Säkularisierung in den Kulturkämpfen der liberalen Ära untersucht, und zwar am Beispiel Piemonts und Italiens, Bayerns, Preußens und des Reichs. Dieser Teil ist vergleichend angelegt, um die Wirkung konfessioneller und politischer Unterschiede auf die Kulturkämpfe in den beiden Ländern näher bestimmen zu können. Schließlich wird nach – inneren wie äußeren – Grenzen der Säkularisierung und der Kulturkämpfe gefragt, insbesondere nach der Rolle religiöser, räumlicher, sozialer und geschlechtlicher Faktoren.

A. Der innere Orient: Antikatholizismus und Moderne im langen 19. Jahrhundert

Der Katholizismus veränderte sich im 19. Jahrhundert grundlegend. Nach den Säkularisationen der Französischen Revolution und der napoleonischen Ära kam es seit dem Vormärz zu einer umfassenden Erneuerung religiöser Praktiken, Symbole und Institutionen. Nach 1850 wurde die Kirche konsequent auf Rom und den Papst ausgerichtet. Die Kurie reagierte auf ihre sukzessive Deterritorialisierung durch die risorgimentale Annexion des Kirchenstaats mit einer Zentralisierung, Medialisierung und Globalisierung kirchlicher Strukturen. Dieser meist vereinfachend als ›Ultramontanisierung‹ oder ›Romanisierung‹ bezeichnete Prozess, der alle maßgeblichen Varianten der Säkularisierungstheorie (Privatisierung der Religion, Differenzierung von Politik und Religion, Entzauberung der Welt) eindrucksvoll widerlegte, wurde im Zeichen eben dieser Säkularisierungstheorie lange übersehen oder als ein ›von oben‹, von Rom aus gesteuerter Vorgang gedeutet, der seine Macht aus der klerikalen Manipulation unmündiger Laien bezog. Er war jedoch das Ergebnis eines dynamischen, konfliktreichen Wechselspiels rivalisierender theologischer Schulen, religiöser Zentren und Peripherien. Die Kurie war darin nur ein Akteur unter vielen, wenngleich ein zunehmend mächtiger. Die Entstehung katholischer Medien, Vereine, Klöster, Kongregationen und Parteien, die Feminisierung der Religion, die Ausweitung der katholischen Mission – all diese Prozesse konnte Rom zwar beeinflussen, aber nie vollständig steuern. Wichtige Impulse zur Veränderung gingen vielmehr auch ›von unten‹ und von den ›Rändern‹ aus, etwa bei den Marienvisionen oder bei der Entstehung des ›politischen Katholizismus‹. Der »neue Katholizismus«, der sich aus der Summe all dieser miteinander verwobenen, oftmals gegenläufigen Entwicklungen formierte, lässt sich als eine Variante »multipler Modernitäten« fassen.[1]

Da ›Moderne‹ im 19. Jahrhundert jedoch meist im Singular gedacht und mit Aufklärung, Liberalismus, bürgerlicher Gesellschaft und dem Projekt der Säku-

1 Als Synthese der Forschung zum »neuen Katholizismus« vgl. *Clark*, Catholicism. Ferner: Jedin, *Handbuch*; *Gadille/Mayeur*, Liberalismus; *Chadwick*, History; *Rémond*, Religion, S. 125–133. Zu einzelnen Ländern siehe die Forschungsberichte in: *Clark/Kaiser*, Wars, S. 336–365. Zu Deutschland: *Sperber*, Catholicism; *Blackbourn*, Marienerscheinungen; *Busch*, Frömmigkeit. Für Italien: *Boutry*, Restauration; *Fattorini*, Modernizzazione; *Stella*, Cultura; *ders.*, Prassi; *Traniello*, Dizionario; *De Rosa*, Storia; *Menozzi*, Chiesa; *Miccoli*, Mito. Zum Konzept ›multipler Modernitäten‹: *Eisenstadt*, Modernities. *Traniello*, Dizionario.

larisierung identifiziert wurde, stellte der Katholizismus für viele Zeitgenossen das ›Andere der Moderne‹ dar. Liberale und Ultramontane sahen im Kulturkampf einen ›Krieg‹ oder eine ›Entscheidungsschlacht‹ zwischen Moderne und Mittelalter, Fortschritt und Tradition. Einerseits resultierte diese dichotomische Wahrnehmung aus echten Gegensätzen: aus konträren Konzepten von Kultur und Zeit (Fortschrittsglaube vs. Idealisierung des Mittelalters); andererseits beruhte sie auf einem blinden Fleck: Beide Kontrahenten blendeten die faktische Modernität des ›real existierenden‹ Katholizismus aus, für die sie – im Fall der Ultramontanen – zum Teil sogar selbst mit verantwortlich waren.[2]

Die Dichotomisierung von Katholizismus und Moderne, welche die historische Forschung bis heute prägt[3], stand bereits zur Zeit des Kulturkampfes in einer langen Tradition. Denn wie im Folgenden gezeigt werden soll, war der Katholizismus seit der Aufklärung aus der europäischen Geschichte und Zivilisation ausgeschlossen und als rückständig, statisch, exotisch, primitiv oder barbarisch mit fernen Räumen und fremden Kulturen außerhalb Europas assoziiert, verglichen und gleichgesetzt worden. Die Genese und der Wandel dieses Deutungsmusters werden in Anknüpfung an Edward Said als ›orientalistisch‹ gefasst.[4] Da sich die ›Orientalisierung‹ des Katholizismus im mehrkonfessionellen Deutschland und im katholischen Italien unterschiedlich äußerte und zum Teil auch wechselseitig beeinflusste, wird der antikatholische Diskurs sowohl auf nationale Ähnlichkeiten und Unterschiede hin als auch in transnationaler Perspektive, mit Blick auf wechselseitige Wahrnehmungen, Transfers und Verflechtungen untersucht: zunächst für Deutschland, dann, stärker synthetisierend und transnational, für Italien, jeweils von der Aufklärung bis zur Jahrhundertwende.

Der Untersuchungszeitraum umfasst somit das lange 19. Jahrhundert, denn nur so können – neben der Kontinuität und dem Wandel – auch die Herkunft, Entstehung und Folgen des modernen Antikatholizismus erhellt werden. Zum

2 Zum liberalen Fortschrittsglauben vgl. *Bornkamm*, Staatsidee, S. 49–54; *Birke*, Ketteler, S. 22f., 44f.; *ders.*, Entwicklung; *Becker*, Kulturkampf-Positionen; *Weber*, Bamberger, S. 160–174; *Blackbourn*, Progress; *Langewiesche*, Liberalismus in Deutschland, S. 182f.; *Lepp*, Aufbruch; *Heinen*, Moderne, S. 144ff., 150f.; *Verucci*, Italia, S. 65–138; *Lanaro*, Nazione; *Tortarolo*, Laicismo, S. 60. Zum ultramontanen Mittelalter-Ideal: *Miccoli*, Mito; *Menozzi*, Chiesa; *Klug*, Rückwendung. Zum Katholizismus als ›Anderem der Moderne‹: *Borutta*, Das Andere.

3 Obwohl die Forschung zum deutschen Katholizismus dessen moderne Züge klar herausgearbeitet hat, neigt sie zur Dichotomisierung von Katholizismus und Moderne. Wilfried Loth fasst den Katholizismus des 19. Jahrhunderts als »moderne Bewegung gegen die Moderne«, David Blackbourn die Marpinger Marienvisionen »als Revolte gegen die Moderne«, Norbert Busch betont die »Antimodernität« des Herz-Jesu-Kultes, Bernhard Schneider und Martin Persch sehen den Trierer Katholizismus im 19. Jahrhundert auf dem »Weg in die Moderne«. *Loth*, Katholizismus, S. 11; *Blackbourn*, Marienerscheinungen, S. 649. Vgl. *Busch*, Frömmigkeit; *Schneider/Persch*, Geschichte, Bd. 4. Zur Kritik der deutschen Katholizismusforschung siehe Kapitel A.I.3.d.

4 Zur Anwendbarkeit von Saids Theorie auf ›innere Kolonialismen‹ vgl. *Borutta*, Orient.

einen formierten sich dessen diskursive Strategien lange *vor* 1848, zum anderen erschöpfte sich seine Wirkung nicht im Kulturkampf: Er prägte noch die konfessionellen Gegensätze und klerikal-laizistischen Konflikte des 20. Jahrhunderts.[5] In der Säkularisierungstheorie fand er um die Jahrhundertwende sogar Eingang in die ›westliche‹ Konstruktion von Modernität. Im Zeichen der Säkularisierungstheorie blendeten deutsche Sozialhistoriker die Modernität des Katholizismus lange aus; Explanans und Explanandum waren ineinander verschlungen. Um die Hegemonie des Antikatholizismus in den Sozialwissenschaften zu überwinden, gilt es daher auch, seine historische Beziehung zur Säkularisierungstheorie und zur Sozialgeschichte zu erhellen.[6]

I. Die Orientalisierung des Katholizismus in Deutschland

1. Nicolais »neue Welt«: Der katholische Süden als ›innere Kolonie‹ der Aufklärung

1781 reiste der Berliner Buchhändler, Verleger, Literaturkritiker und Schriftsteller Christoph Friedrich Wilhelm Nicolai, Begründer der »Allgemeinen Deutschen Bibliothek«, Freund Lessings und Mendelssohns, sieben Monate lang durch Deutschland, Österreich und die Schweiz. Von 1783 bis 1796 veröffentlichte er eine über 5000seitige »Beschreibung« dieser Reise, die als Beitrag zur deutschen Nationsbildung gedacht war: Nicolai wollte »unparteyisch« beobachten und schildern, »wie es in Deutschland aussiehet«, damit »die Deutschen ihr eigenes Vaterland kennen« lernen, ihren wechselseitigen Hass ablegen und »einander ertragen und lieben lernen«. Hierzu sollten »Vorurtheile in Religionsgebräuchen, Mängel in Verfassungen, in Gelehrsamkeit, in Industrie, Besonderheiten in Sitte« dargestellt werden. Während protestantische Territorien jedoch mit Ausnahme einiger Gegenden Schwabens und Württembergs weitgehend unbeschrieben blieben, nahmen katholische Gebiete nahezu den gesamten Raum ein.[7]

Nicolais »Beschreibung« gilt in der kulturwissenschaftlichen Forschung als Paradigma des Reiseberichts der deutschen Spätaufklärung[8] und als Auftakt zur modernen Geschichte des deutschen Antikatholizismus.[9] Zwar wurden ähnliche

5 Zum Antikatholizismus in wilhelminischer Zeit vgl. *Leugers*, Kulturkampf-Stimmung; *Blaschke/Kuhlemann*, Religion; *Hübinger*, Confessionalism; *Müller-Dreier*, Konfession.

6 Vgl. hierzu die Kapitel A.I.3.d und A.I.7. Ausführlich zur Beziehung von Antikatholizismus, Kulturkampf und Säkularisierungstheorie siehe Kapitel C.

7 *Nicolai*, Beschreibung, Bd. 1, S. VIII. Die Intention zur Nationsbildung betonen: *Schmidt*, Heimat; *Carl*, Aufklärung.

8 So *Brenner*, Reisebericht, S. 172 f.

9 Vgl. etwa *Altgeld*, Katholizismus, S. 118–124; *Smith*, Fate, S. 3; *Carl*, Aufklärung, S. 106.

Stereotype auch in anderen Reiseberichten artikuliert.[10] Da Nicolai aber etliche antikatholische Schriften verarbeitete und zitierte, lieferte seine »Beschreibung« gleichsam eine Synthese des zeitgenössischen Antikatholizismus.[11] Auflage und Verbreitung waren für ein derart monumentales Werk einzigartig.[12] Es wurde kontrovers gedeutet: als polemisch überspitzte, im Kern jedoch berechtigte Katholizismuskritik[13]; als Konstruktion eines bürgerlichen Tugendkanons[14]; als Ausdruck protestantischer Ressentiments[15]; als Zeichen antijesuitischer Paranoia[16] und als Beitrag zur Entwicklung neuer Techniken der Identifikation.[17] Literaturwissenschaftler wiesen darüber hinaus auf die Ähnlichkeit von Nicolais »Beschreibung« mit Ethnographien außereuropäischer Kolonien hin.[18]

Diese Parallelen waren nicht zufällig. Nicholas Dirks zufolge entstand das moderne Konzept der ›Kultur‹ – mit seiner ethnologischen Vorstellung einer Totalität von Werten, Glaubensgrundsätzen, Praktiken und Diskursen – in der kolonialen Begegnung mit der außereuropäischen Welt. Der Kolonialismus diente dabei als eine Art Theater und Labor, das Vernunft und Entdeckung auf fruchtbare Weise miteinander verband. Der koloniale Kontext der Entdeckungen verstärkte die Blüte der modernen Wissenschaften. Die ›Vermessung der Welt‹ erschloss der Eroberung neue Territorien.[19]

Bevor neue Räume und Kulturen kolonisiert werden konnten, mussten sie zunächst als fremd und anders markiert werden. Genau dies geschah in Nicolais »Beschreibung«. Koloniale Projekte beschränkten sich nicht auf die außereuropäische Welt, sie erfassten auch ›fremde‹ Gebiete und Lebensformen innerhalb Europas. Dies galt zumal für Deutschland, das im Gegensatz zu Kolonialmächten

10 Vgl. *Spindler*, Ruf; *Brinkmann*, Wien-Reisende; *Hess*, Nationalliteratur; *Knopper*, Regard; *Altgeld*, Katholizismus, S. 119.

11 Zum zeitgenössischen Vorwurf, Nicolai habe Berichte aus zweiter Hand verwendet, vgl. *Jäger*, Enzyklopäd, S. 121.

12 Die ersten zwei Bände erlebten bis 1788 drei Auflagen; sie wurden von 1.000 Subskribenten bezogen, vorwiegend landesherrliche und städtische Verwaltungsbeamte, Geistliche und Gelehrte, das heißt kulturell-administrative Eliten. Als virtuoser Organisator von ›Öffentlichkeit‹ hatte Nicolai mit der »Allgemeinen Deutschen Bibliothek« einen »Territorien und Konfessionen übergreifenden deutschen Literaturmarkt« zur »Verbreitung aufklärerischen Gedankenguts« geschaffen, der zur Integration der deutschen Gelehrtenrepublik beitrug. *Carl*, Aufklärung, S. 106. Zu Auflagen und Abonnentenzahlen: *Möller*, Aufklärung, S. 112; *Brenner*, Reisebericht, S. 182.

13 Vgl. *Möller*, Aufklärung; *Möller*, Landeskunde.

14 Vgl. *Martens*, Bürger.

15 Vgl. *Altgeld*, Katholizismus; *Carl*, Aufklärung.

16 Vgl. *Zimmermann*, Aufklärung, S. 68–91.

17 Vgl. *Frey*, Toleranz.

18 Vgl. *Jäger*, Enzyklopäd; Schmidt, *Heimat*.

19 Vgl. *Dirks*, Colonialism, S. 6; *Conrad/Randeria*, Eurozentrismus, S. 29. Zu deutschen ›Kolonialphantasien‹ und ›Phantasiereichen‹ in Übersee und Nahost vgl. *Zantop*, Kolonialphantasien; *Kundrus*, Phantasiereiche; *Fuhrmann*, Traum.

wie Frankreich oder Großbritannien kaum überseeische Gebiete besaß und zudem nicht einmal staatlich geeint war. In dieser Konstellation wurde der Katholizismus in der Aufklärung zum Objekt kolonialen Begehrens. Nicolais »Beschreibung« ist daher als innerdeutsche ›Kolonialphantasie‹ zu verstehen, die zur Formierung eines modernen antikatholischen Diskurses beitrug, der die Kategorien Klasse und Konfession, Rasse, Geschlecht und Sexualität auf subtile Weise verband. Um dies zu zeigen, werden die Beziehung der »Beschreibung« zu Max Webers »Protestantischer Ethik«, Konstruktionen katholischer Unmündigkeit und jesuitischer Allmacht, das protestantische Aufklärungsmonopol, die Verwandtschaft der »Beschreibung« mit kolonialen Ethnographien und das Begehren des Entdeckers nach der faszinierenden katholischen Weiblichkeit untersucht. Danach folgt ein Ausblick auf die Rezeption von Nicolais religionsphysiognomischer Methode im 19. Jahrhundert.

a) Die »Klasse der Unbürger«:
Nicolais »Beschreibung« und Webers »Protestantische Ethik«

Nicolai war ein ›tüchtiger Kaufmann‹. Der Katholizismus erschien ihm als Antithese seiner methodischen Lebensführung. In der »Beschreibung« postulierte er ein ökonomisches Gefälle zwischen dem katholischen Süden und dem protestantischen Norden Deutschlands, das er konfessionell erklärte: Süddeutschlands Rückständigkeit sei auf den katholischen Hang zu Faulheit, Müßiggang und Bettelei zurückzuführen. In geistlichen Ländern müsse man Industrie gar nicht suchen. Die Bischöfe beispielsweise hätten sich bewusst in Passau niedergelassen, »wo die Natur die Einwohner ohne Mühe ernährt«. Seither vegetierten die Bewohner dort »zwischen Beten, Essen und Trinken.« Deggendorf lebe seit über 400 Jahren von Hostien. Der »Zufluß von Menschen« erhalte den Wohlstand und fördere die Bierproduktion, denn »Andacht macht durstig.« Nürnbergs kirchliche Armenstiftungen kreierten »faule Leute«, denn wer Hoffnung auf Almosen habe, »mag nicht arbeiten.« Vor vielen Kirchen gebe es »unverschämte Betteley«. Beim Besuch einer Regensburger Abtei werde man »von einer Menge ekelhafter Bettlerinnen umringt«. Eigens hierfür gestiftete Orden ehrten diese Unsitte. So mehre der Katholizismus die »Klasse der Unbürger«.[20]

Nicolais Biograph hat dieses defizitäre Bild katholischer Wirtschaftskraft als ›Abbild‹ realer Zustände und empirischen Beleg für Max Webers These eines Zusammenhangs von protestantischer Ethik und kapitalistischem Geist gedeutet: Der »Typus des neuen Bürgerlichen« habe »eher Platz in der lutherischen[!] als in der katholischen Soziallehre« gefunden.[21] Gegen diese ›realhistorische‹ Deutung spricht zunächst, dass Nicolais radikaler Empirismus weitgehend empirie-

20 *Nicolai*, Beschreibung, Bd. 2, S. 471, 473, 438; Bd. 1, Beilage 11/298; Bd. 2, S. 342. Zur »tüchtigen Kaufmannschaft« als Element wirtschaftsbürgerlicher Identität: *Martens*, Bürger.
21 Vgl. *Möller*, Aufklärung, S. 317–320.

resistent war.[22] Auch wenn es Ende des 18. Jahrhunderts wirtschaftliche Unterschiede katholischer und protestantischer Reichsgebiete gegeben haben mag, eignet sich die »Beschreibung« hierfür kaum als Beleg, denn Nicolai argumentierte monokausal und deterministisch; er führte sozioökonomische Differenzen ausschließlich auf die Konfession zurück und identifizierte die bürgerliche Arbeitsethik vorschnell mit dem Protestantismus.[23] Auch die ›Weber-These‹ ist als Kronzeuge für Nicolais konfessionelle Definition von Bürgerlichkeit ungeeignet. Denn zum einen bezog sich die von Weber behauptete Wahlverwandtschaft protestantischer Ethik und kapitalistischen Geists gerade *nicht* auf die lutherische Soziallehre, sondern auf den Prädestinationsglauben der Calvinisten und Puritaner.[24] Zum anderen ist Webers These relativiert[25] und als Effekt jenes modernen Antikatholizismus historisiert worden, den der Liberalismus im 19. Jahrhundert von der Aufklärung übernahm.[26] Die Beziehung von »Protestantischer Ethik« und »Beschreibung« war mithin umgekehrt: indem Nicolai die von ihm beobachteten wirtschaftlichen Unterschiede allein auf die Konfession zurückführte, belegte er die ›Weber-These‹ nicht, sondern bereitete sie mit vor.[27] Vermittelt über Webers Einfluss konnte Nicolais Argumentation deutschen Historikern dann noch in den 1970er Jahren plausibel erscheinen.

Dennoch bleibt die Frage nach der Bedeutung von Nicolais Konfession für die »Beschreibung«: Resultierte ihr Antikatholizismus letztlich nur aus konfessionellem Ressentiment?[28] Dagegen spricht, dass religiöse mit moralischen, ästhetischen und sozialen Kategorien in der »Beschreibung« verschmolzen wurden, etwa in Nicolais Darstellung der Wallfahrt: Sie erschien ihm als »Lustreise« aus

22 Dies unterschätzt *Möller*, Landeskunde, S. 102, 108 Anm. 137, 120. Differenzierter: *François*, Grenze, S. 36, 63, 78, 110, 129, 131 f., 135, 140, 145 f., 184, 186, 192, 226, 238. Zur erkenntnistheoretischen Kritik: *Piechotta*, Voraussetzungen.

23 Eine wirtschaftliche Rückständigkeit katholischer Länder hatte 1772 bereits »Christian Friedrich Menschenfreunds Untersuchung der Frage: Warum ist der Wohlstand der protestantischen Länder so gar viel grösser als der katholischen« (vgl. *Münch*, Ordnung, S. 178–182) behauptet, diese aber nicht konfessionell, sondern mit der mangelnden staatlichen Förderung und Verwaltung in katholischen Gebieten erklärt. Vgl. *Nowak*, Christentum, S. 28; *Müller*, Aufklärung, S. 77. Als Verfasser gilt Freiherr Johann Adam von Ickstatt, eine »Schlüsselfigur der Ausbreitung der Aufklärung im katholischen Süden des Reiches und für den Kampf gegen das scholastische Ausbildungssystem der Jesuiten.« (*Schindling*, Bildung, S. 10).

24 Vgl. *Weber*, Ethik.

25 Zur Debatte um die Weber-These: Ay, *Nachwirkungen*; Lehmann, *Ethic*; Hamilton, *Ethic*; Lehmann, *Ethik*; Greyerz, *Religion*, S. 331–341.

26 Vgl. *Münch*, Thesis, S. 58 f., 69 ff.; *Lehmann*, Protestantismus, S. 536.

27 Eine Linie von Nicolai zu Weber oder zu seinem Schüler Martin Offenbacher könnte über den liberalprotestantischen Politiker, Statistiker und Pädagogen Gustav Rümelin geführt haben, der Nicolai 1864 in den »Württembergischen Jahrbüchern für Statistik und Landeskunde« als Vorläufer der Nationalökonomie würdigte. Vgl. *Rümelin*, Reden, S. 416 f. Zur Beziehung von Webers »Protestantischer Ethik« mit dem Antikatholizismus des 19. Jahrhunderts vgl. Kapitel A.I.7.

28 In diesem Sinne zuletzt etwa *Carl*, Aufklärung.

Schlaf, »Beten und Singen«, Rosenkranz und Psalter, »Zeitvertreib« und »Wohlleben«, »Rausch« und »Ehebruch«; als »ekelhaftes uninteressantes Schauspiel«, das die Geschlechter vermische und »Waldbrüder, Taugenichtse« anziehe, die »schmarutzen, huren« und stehlen. Nichts fördere »Müßiggang, Aberglauben, und Immoralität geschäftlicher«. Aus Nicolais Sicht diente die Wallfahrt zur Verschleierung politischer Zwecke, sexueller Begierden und materieller Motive. Hiervon positiv abgesetzt wurde eine nicht näher definierte »wahre Religion«.[29] Auch die Beichte verletze die Intimität und fördere die Promiskuität. Indem Priester sexuelle Handlungen absolvierten, ermunterten sie die Beichtenden erst zu »Sünden des Fleisches«, so dass der wollüstige Reigen von neuem beginnen könne. Auf den ersten Blick wirkt dieses Argument wie eine Kritik der klerikalen »›Diskursivierung‹ des Sexes«, die Michel Foucault in asketisch-klösterlichen Bußpraktiken des Mittelalters beobachtet hat. Im Gegensatz dazu sah Nicolai in den katholischen »Geständnisritualen« jedoch keine Formierung moderner Subjektivität, sondern den Ausdruck ›niederer‹ fleischlicher Triebe. Zum Beleg, dass die Beichte der Anbahnung sexueller Beziehungen diene, zitierte er die Affäre um den Jesuitenpater Girard und seine Beichttochter Marie-Catherine Cadière und berichtete von kirchlichen Zusammenkünften aus Wien, »die gar nichts Geistliches an sich« hatten: In abendlicher Dunkelheit würden hier während der Segnungen und Litaneien »die gröbsten Unanständigkeiten begangen.« Zur vormitternächtlichen Messe der Kapuziner kämen »Frauenzimmer von zweydeutigem Rufe« und junge Herren, um neues »Wildpret« zu sehen. Vom Besuch der Messe zur Prostitution war es hier nur ein kleiner Schritt.[30]

Mit konfessionellem Ressentiment allein sind diese Invektiven nicht zu erklären. Zum einen bevölkerten antiklerikale Stereotype lüsterner Priester und fauler Mönche auch Schriften katholischer Aufklärer.[31] Zum anderen griff Nicolai Pietisten und orthodoxe Protestanten ebenfalls an. Sein Antiklerikalismus und seine Religionskritik waren Konfessionen übergreifend.[32] Gegen eine Verabsolutierung des Faktors Konfession spricht zudem, dass Nicolais Katholiken selten bloß konfessionell markierte, sondern meist in Verbindung mit anderen Merkmalen wie Klasse und Geschlecht: als Bettler, Habe- und Taugenichtse, Frauen.[33]

29 *Nicolai*, Beschreibung, Bd. 2, S. 35–39; Bd. 1, S. 110; Bd. 5, S. 75; Bd. 1, 304.

30 *Nicolai*, Beschreibung, Bd. 5, S. 75, 100, 53 f. Zur kirchlichen ›Diskursivierung‹ des Sexes: *Foucault*, Wille, S. 31, 47, 75, 139. Zur Affäre Cadière-Girard: *Busemann*, Jesuit.

31 Vgl. Jäger, *Mönchskritik*; Münch, *Thesis*.

32 Vgl. hierzu Martens, *Bild*, S. 61; Möller, *Aufklärung*, S. 9, 12–15, 22, 33, 47–52, 80–99.

33 Der Adel glänzte dagegen nahezu durch Abwesenheit. Vgl. *Martens*, Bild. Sofern er überhaupt auftrat, wurde er infantilisiert. »Wie voll ist die Geschichte von Fürsten, die höchst schwach, kindisch, abergläubisch, und priest-ridden gewesen sind!« *Nicolai*, Beschreibung, Bd. 2, S. 46.

b) *Katholische Unmündigkeit, jesuitische Allmacht und protestantisches Aufklärungsmonopol*

Das imaginierte Tertium comparationis dieser Gruppen war Unmündigkeit infolge klerikaler Bevormundung. Auch der Königsberger Philosoph Immanuel Kant setzte den »Hauptpunkt« der Aufklärung 1784 in »Religionssachen«: In seiner »Beantwortung der Frage: Was ist Aufklärung?« nannte er unter allen Formen der Unmündigkeit die religiöse als »schädlichste« und »entehrendste«. Als Beispiele firmierten die geistliche Einschränkung der Freiheit öffentlichen Denkens und die seelsorgerische Gewissenserleichterung.[34] Nicolai spann diesen Faden zur antiklerikalen Verschwörungstheorie weiter: Die »Pfafferey« suche die »Kräfte des menschlichen Verstandes zu unterdrücken, und das menschliche Geschlecht unter das unselige Joch der Hierarchie oder der Priestergewalt zu bringen.« Das Regiment katholischer Geistlicher sei »der scheußlichste Despotismus« über den Geist, weil es von den »selbstgemachten Unterthanen« blinden Gehorsam und dogmatischen Glauben erfordere. Wenn man aber den Verstand der »Uebung im Untersuchen« beraube, verliere dieser »endlich auch die Kraft dazu.«[35]

Die größte Macht zur Manipulation fremder Seelen sah Nicolai bei den Jesuiten. Ihnen sei »blinder Gehorsam« und »Esprit de Corps« zur »andern Natur« geworden. Die weltumspannende Vernetzung der Societas Jesu, ihre »öffentlichen und geheimen Verbindungen, die feine Politik und das tiefe Geheimniß«, mit dem sich dieser Orden fortpflanze, machte ihn zum »schädlichsten« Institut. Jesuiten nähmen zwar oft »die Mine an, als ob sie« die Aufklärung fördern wollten; durch ihr »einschmeichelndes schleichendes Wesen« ließen sich daher zuweilen sogar »vernünftige Leute bethören«. Letztlich gehe es ihnen aber nur um Herrschaft. Zu diesem Zweck förderten sie »die allerplumpesten Bigotterien«, »Aberglauben von Hexereien, Mirakeln, Gnadenbildern und dergleichen mehr«. Dass in Bayern die »Finsterniß« wieder zunehme, sei »hauptsächlich ihr Werk«.[36]

Vieles spricht dafür, dass Nicolai an eine jesuitische Verschwörung glaubte. Konspirationstheorien waren in der europäischen Aufklärung weit verbreitet. Das 18. Jahrhundert war nicht nur ein Zeitalter expandierender Öffentlichkeit, sondern auch das Säkulum des Geheimnisses. Fürsten, Adlige und Bürger nutzten die Arkanräume der Logen und Geheimbünde, um neue Geselligkeitsformen zu erproben und Reformprojekte zu diskutieren.[37] Der geheime Charakter der Logen und ihr Ringen um Einfluss nährten den Verdacht gegen bestimmte Logen, aber auch gegen die Societas Jesu als Gegenmodell. Antijesuitische Ver-

34 *Kant*, Beantwortung, S. 16. Vgl. *ebd.*, S. 9, 11 ff. Zum Verhältnis der deutschen Aufklärer zu den Kirchen vgl. *Bödeker*, Religiosität, S. 145 f.; *Greyerz*, Kultur, S. 9, 289.

35 *Nicolai*, Beschreibung, Bd. 1, S. 116; Bd. 5, 3, 7.

36 *Ebd.*, Bd. 5, S. 162 f.; Bd. 6, S. 741 ff.

37 Vgl. dazu *Koselleck*, Kritik; *Hoffmann*, Politik.

schwörungstheorien dämonisierten die globale Vernetzung des Ordens und seinen Einfluss auf Höfe, Fürsten und das höhere Bildungswesen. Dass Papst Clemens XIV. den Orden 1773 auf Druck der Regierungen Frankreichs, Spaniens und Portugals aufhob, tat dem Antijesuitismus keinen Abbruch, denn man traute den Patres zu, im Geheimen noch wirkungsvoller agieren zu können. Die Jesuiten ihrerseits verbreiteten über die Freimaurer ähnliche Verschwörungstheorien und spiegelbildliche Feindbilder.[38] Als Mitglied diverser Logen, Clubs und des Illuminatenordens war Nicolai in diese Kämpfe selbst verwickelt. Die Illuminaten wurden 1784 in Bayern verboten – auf Betreiben des Ex-Jesuiten Ignaz Franck, welcher der Beichtvater des bayerischen Kurfürsten und Zirkeldirektor der Münchener »Rosenkreuzer« war.[39]

Aus Nicolais Sicht stand im Kampf gegen die Jesuiten die Aufklärung selbst auf dem Spiel. Da er den Orden für allmächtig hielt, verdächtigte er auch Katholiken, die der Aufklärung wohlgesinnt waren. Pläne zu einer Reunion der christlichen Kirchen, für die es in beiden Konfessionen Sympathien gab, erschienen ihm als Teil einer jesuitischen Verschwörung: Unter Ausnutzung protestantischer Toleranz würden sich katholische Aufklärer und Kryptokatholiken rationalistischer Argumentationsmuster und aufgeklärter Topoi bedienen, um gutmütige Protestanten zu täuschen, Proselyten zu machen und die protestantische Aufklärung zu vernichten. Angeregt von dieser Argumentation, riefen Johann Erich Biester und Friedrich Gedike, die Herausgeber der »Berlinischen Monatsschrift«, in der wenig später auch Kants berühmte Definition der Aufklärung erschien, 1784 zur Fahndung nach Jesuiten und Kryptokatholiken auf.[40]

Der protestantische Monopolanspruch auf die Aufklärung ignorierte die Reformbemühungen und den Antijesuitismus katholischer Aufklärer[41], die durch die Angriffe von Jesuiten und protestantischen Aufklärern – ähnlich wie liberale katholische Bürger im Kulturkampf der 1870er Jahre – in eine aporetische Lage gerieten. Der katholische Theologe Johann Sailer, der in der »Beschreibung« ebenfalls jesuitischer Umtriebe bezichtigt worden war, obwohl er in Bayern zwischen katholischer Spiritualität und aufgeklärtem Humanismus zu vermitteln suchte und seine Schüler mit den Lehren Kants und Humes bekannt machte, warf Nicolai daher vor, eigene Begriffe von Religion und Aufklärung zu

38 Zum Antijesuitismus der Aufklärung sowie zur Ähnlichkeit und Verwandtschaft zwischen antimasonischen und antijesuitischen Feindbildern vgl. *Healy*, Jesuit, S. 29–35.

39 Vgl. dazu *Zimmermann*, Aufklärung, S. 69–72.

40 Vgl. *Nicolai*, Beschreibung, Bd. 2, S. 504 f.; Bd. 5, S. 167–176; Bd. 6, S. XII–XVII, 727–745. Vgl. dazu *Altgeld*, Katholizismus, S. 121; *Frey*, Toleranz, S. 130 f.; Vgl. *Zimmermann*, Aufklärung, S. 75 f., 79–91. Zu den Reunionsplänen: Möller, *Aufklärung*, S. 118; Altgeld, *Katholizismus*, S. 82–91; Frey, *Toleranz*, S. 131; Nowak, *Geschichte*, S. 30.

41 Zum katholischen Antijesuitismus vgl. *Grassl*, Aufbruch; *Dülmen*, Antijesuitismus; *Müller*, Aufhebung. Zur katholischen Aufklärung vgl. *Klueting*, Aufklärung; *Schindling*, Bildung; *Müller*, Aufklärung, S. 76–85.

verabsolutieren, negative Erfahrungen zu verallgemeinern und von äußeren Erscheinungen auf innere Qualitäten zu schließen. Er beschrieb das Dilemma katholischer Aufklärer so:

Auf der einen Seite predigt man uns die äußerste Toleranz und auf der anderen erlaubt man uns nicht, unsere Lehre auf der vernunftgemäßesten Seite zu denken [...]. Auf einer Seite schilt man uns, wenn wir an unserer Theologie nichts verbessern, Dummbigotte, und wenn wir unsere Vernunft gebrauchen, so sind wir Proselytenmacher.

Auch der evangelische Popularphilosoph Christian Garve missbilligte Nicolais »Ton« als kontraproduktiv; er müsse »katholischen Lesern wehe thun« und konterkariere die Bemühungen um interkonfessionelle Annäherung und Toleranz.[42] Doch Nicolai wollte konfessionelle Differenz nicht dulden, sondern tilgen. Hierzu musste er sie zunächst kenntlich machen. Wie Etienne François für Augsburg gezeigt hat, hatte die seit 1650 verstärkte Abgrenzung der Konfessionen im ersten Drittel des 18. Jahrhunderts einen Höhepunkt erlebt. Eine »anfangs vorrangig theologische und religiöse Grenze« war in eine »kulturelle und existentielle Grenze verwandelt« worden. Katholiken und Protestanten hatten »unterschiedliche Lebensformen mit jeweils außergewöhnlich stark ausgeprägter Identität herausgebildet.« Es war zu einer »Internalisierung« konfessioneller Identität gekommen. Nicolai suchte diese »unsichtbare Grenze« wieder sichtbar zu machen.[43] Er ›entdeckte‹ katholische Differenz nicht als bereichernde Vielfalt, sondern als skandalösen Anachronismus.

c) Eine »neue Welt«: Nicolai als kolonialer Ethnograph des süddeutschen Katholizismus

Stuart Hall zufolge wurden unter dem »universalisierenden panoptischen Auge« der Aufklärung alle Formen menschlichen Lebens über den »universalen Leisten einer einzigen Seinsordnung geschlagen«. Um Differenz in einem vereinten Zivilisations-Diskurs zu fixieren und zu konsolidieren, waren bestimmte Mechanismen der Alterität und Ausgrenzung erforderlich, die zur »symbolischen Schaffung eines konstitutiven Draußen« führten, das sich nie örtlich fixieren ließ.[44] Für Nicolai lag dieses ›konstitutive Draußen‹ im katholischen Süden Deutschlands. Keineswegs zufällig artikulierte sich sein Antikatholizismus in einem Reisebericht. Nicolais *Othering* süddeutscher Katholiken wies Ähnlichkeiten mit kolonialen Ethnographien der außereuropäischen Welt auf.[45]

Am Anfang stand *erstens* die ›Enthistorisierung‹ des Anderen. Said zufolge diente die Konstruktion kultureller Statik als Basis imperialer Dichotomisie-

42 Zitiert nach *Jäger*, Enzyklopäd, S. 119; *Altgeld*, Katholizismus, S. 121 Anm. 122. Zu Sailer vgl. *Weiß*, Redemptoristen, S. 38–47.

43 *François*, Grenze, S. 236 f. Vgl. *ebd.*, S. 242.

44 Vgl. *Hall*, Postkolonialismus, S. 236.

45 Ähnlich bereits: *Jäger*, Enzyklopäd; *Schmidt*, Heimat.

rungen. In anthropologischen Reisebeschreibungen kam es daher häufig zu einer ›Verzeitlichung‹ des Raums: Raumreisen wurden als Zeitreisen wahrgenommen, zu kolonisierende Kulturen nicht nur als barbarisch aus der Zivilisation, sondern auch als statisch aus der Historie ausgeklammert und in den ›Warteraum der Geschichte‹ (Dipesh Chakrabarty) verwiesen. Der Kolonialismus erschien so als pädagogisches Projekt, das die kolonisierte Welt ›historisierte‹, das heißt in die Geschichte holte.[46] Nicolai enthistorisierte den Katholizismus: Während sich der Protestantismus mit dem Fortschritt in Einklang bringen lasse, gebe sich die katholische Kirche »immerfort für unfehlbar aus«. Dieser »Dünkel« schließe jeden Fortschritt aus, weshalb die katholische Welt nur »durch einen Fremden« aus ihrem »Traume geweckt« werden könne. Ihre »Erleuchtung« müsse durch das protestantische Deutschland erfolgen, durch den Nachvollzug von Prozessen, die der Protestantismus entweder angestoßen (Reformation) oder bereits durchlaufen habe (Aufklärung). Katholiken müssten daher aufhören, Katholiken zu sein:

> Wie lange wird die katholische Welt noch einem solchen im finstern mittlern Jahrhundert erfundenen und bis jetzt beständig fortgesetzten Schauspiele geduldig zusehen? Ich antworte: So lange sie katholische Welt seyn wird!

Nicolai stilisierte den räumlichen Ausgriff in den katholischen Süden also nicht nur zur Reise in eine »vorrationale Vergangenheit« (Harald Schmidt). Er nannte auch die Bedingung, unter der dieser Raum in die Geschichte eingeführt werden könnte: Entkatholisierung.[47]

Die Enthistorisierung des Anderen ging *zweitens* mit einer ›Exotisierung‹ einher. Nicolai verfremdete das katholische Süddeutschland und Österreich auf ähnliche Weise wie europäische Entdecker die Kolonien der Neuen Welt. Seine Rhetorik der Entdeckung stilisierte den Katholizismus zu einer okzidentalen »Binnenexotik« (Harald Schmidt). In Wien sah der Berliner Aufklärer »Fratzen«, »Grillen« und »seltsame« Gebräuche, die dem »erleuchtet seynsollenden« 18. Jahrhundert unwürdig seien. Der katholische Glaube an Heilige, Reliquien und Wunder erschien ihm ebenso anachronistisch und grotesk wie die Rituale (Messe, Wallfahrt, Prozession, Gebet, Andacht, Ohrenbeichte, Rosenkranz, Glockenläuten, Weihwasser, Beleuchtung, Musik) und Gebärden (Kasteien, Bekreuzigen, Augen verdrehen, an die Brust schlagen) der Gläubigen: Täglich werde, so spottete er, in katholischen Ländern »ein Mehlkuchen vermeintlich in Gott verwandelt« (gemeint war die Transsubstantiation). Ein Protestant, der »dergleichen Sachen« sehe, glaube sich in einer »ganz neuen Welt« zu befinden.[48] Die Metapher der ›neuen Welt‹ stellte die katholischen Religionsübungen auf

46 Vgl. *Said*, Kultur; *Fabian*, Time, S. 15; *Chakrabarty*, Europe, S. 9; *Conrad/Randeria*, Eurozentrismus, S. 36.

47 *Nicolai*, Beschreibung, Bd. 1, S. XIV; Bd. 2, S. 506, 510. Vgl. *ebd.*, Bd. 1, S. 101, 103; Bd. 4, S. 711; Bd. 5, S. 139. Vgl. *Schmidt*, Heimat, S. 406.

48 *Nicolai*, Beschreibung, Bd. 5, S. 15, 17, 49. Vgl. *Schmidt*, Heimat, S. 408.

eine Stufe mit »Ritualen überseeischer Ureinwohner«. Katholische Geistliche und Laien wurden wie »fremdartige Wilde« vorgeführt, die Wiener Mönche wie eine »Primaten-Spezies in tropischer Landschaft« beschrieben[49]:

Da giebt es Gesichter, dergleichen man sonst nirgends sieht: perpendikulare Stirnen und spitze Kinne dabey; heraus klotzende Augen und dabey einen beutelförmigen Mund; herabwärts gedruckte und doch aufgeblähte Nasen an einem durch öftere Verzuckungen gespannten Antlitze, und trübe Augen dabey. Ferner eine Menge kugelrunder, von Wohlleben aufgeschwellter Köpfe und Bäuche, die auf watschelnden Beinen einhergehen, welche die unförmliche Last kaum tragen können; steife lange Figuren, welche mit stierem Blicke über die Schulter nach den Weltleuten sehen, und mit dem ganz charakteristischen kurzen bedächtigen Mönchsschritte unter ihnen wandeln.[50]

Das fremde, unwandelbare katholische Andere wurde *drittens*, wie hier, essentialisiert, als eine primitive andere Natur. Vermutlich betrachtete Nicolai den süddeutschen Katholizismus durch die Brille außereuropäischer Reisebeschreibungen. Hinzu kamen indes auch ›abendländische‹ Techniken der Beobachtung und Klassifikation: Ausführlich erläuterte er in der »Beschreibung« eine Methode zur Erkennung konfessioneller Differenz, die sogenannte ›Religions-Physiognomie‹. Das Erscheinen von Johann Kaspar Lavaters »Physiognomischen Fragmenten« hatte die Physiognomik Ende der 1770er Jahre zur Mode gemacht, die ›empfindsamen Seelen‹ als Zeitvertreib diente. Lavater selbst wollte mit ihr die »Grundlagen einer besseren Menschenkenntnis legen, damit Jeder seiner wahren Natur gemäß behandelt werden könne.« Im Gegensatz zu dem Zürcher Theologen führte Nicolai physiognomische Besonderheiten nicht auf göttlichen Willen zurück; er argumentierte innerweltlich und kulturalistisch: Der Körper des Einzelnen trage nicht die Handschrift Gottes, sondern die Zeichen seiner Kultur.[51]

d) Katholische Mädchen: Das Begehren des Entdeckers

Nicolai zufolge widersprachen katholische »Institutionen und Lebensarten« den »Zwecken der menschlichen Natur«. Um ihre schädliche Wirkung zu demonstrieren, wandte er seine physiognomische Methode auch auf katholische Laien an. Sein besonderes Augenmerk galt den Frauen, weil diese nur selten »auf Reisen, auf Wanderschaft, in den Krieg« gingen und »Sitten und Gewohnheiten« deshalb länger konservierten. Sichtbarster Ausdruck der katholischen Religionsphysiognomie sei der »Augenaufschlag« von Katholikinnen: Darin sei »etwas

49 *Jäger*, Enzyklopäd, S. 116f.; *Schmidt*, Heimat, S. 408. Jäger vergleicht Nicolais Beschreibung der Wiener Mönche mit Georg Forsters Darstellung der feuerländischen Pesserähs und der ›trägen Wollüstlinge‹ auf Tahiti. Vgl. *ebd.*

50 *Nicolai*, Beschreibung, Bd. 5, S. 30.

51 *Siegrist*, Nachwort, S. 389. *Becker*, Physiognomie, S. 184. Vgl. *Nicolai*, Beschreibung, Bd. 1, S. 132; Bd. 2, S. 465. Zur Beziehung von Nicolais und Lavaters Physiognomik: *Frey*, Toleranz. Allgemein zur Physiognomik vgl. *Schmölders*, Vorurteil.

sanftes, etwas verschämtes, etwas starres, etwas inniges«. Katholische Mädchen sähen »ceteris paribus verliebter aus, als andere. Ihre Andacht hat etwas verliebtes, so wie ihre Liebe etwas Andächtiges«. Warnend zitierte Nicolai indes auch Fälle, in denen religiöse Gefühle wahnhafte Züge angenommen hätten.[52] Ähnliche Zusammenhänge zwischen (katholischer) Religion, Weiblichkeit und Wahnsinn wurden auch in anderen Reiseberichten und in psychiatrischen Texten der Aufklärung konstruiert.[53]

Nicolais Aufmerksamkeit für fromme Katholikinnen hatte nicht nur wissenschaftliche Gründe. Die Kehrseite des kolonialen Ekels war Faszination.[54] Der Reisende schilderte die weiblichen Religionsübungen als sinnlich. In einer Passauer Kirche erlebte er ein »kleine[s] Abenteuer«. Als er sich einer »Betschwester« näherte, um diese heimlich beim Gebet zu beobachten, empfand er

> etwas unbeschreiblich anziehendes in ihrer Stellung. Als ich vorbeygieng, ward ihr Gebet beynahe laut, doch nicht artikulirt. Ich hätte sie gern angeredet, weil mich ihre Physiognomie interessirte. Aber wer konnte ein so heisses Gebet unterbrechen! Ich gieng vorbey, und begnügte mich nach einigen Schritten, nochmals nach ihr zurückzusehen, zumal da ihr fortsäuselndes Gebet anfing mit Seufzern untermischt zu werden. Ich sah mit Verwunderung ihren ganzen Körper in einer sonderbaren Art von Bewegung, ihre zarten Füsse, bloß von einem seidenen Strumpfe bekleidet, (denn in der Fülle ihrer Andacht hatte sie die Pantoffeln fallen lassen) lagen übereinander, und waren in beständiger konvulsivischer Bewegung. Sollte dieß Koketterie seyn? Oder drang die Andacht in die Spitzen der Zehen? Was erbat sie so brünstig? Die Bekehrung eines Ketzers? Oder die Beständigkeit eines Geliebten? Oder galt es einer armen Seele, die aus dem Fegefeuer ins Paradies zu bringen war?[55]

Hier galt Religion plötzlich nicht mehr als Privatsache, wie Nicolai noch in seiner Kritik der Beichte gefordert hatte. Das intime weibliche Ritual geriet vielmehr ins Visier des eigenen voyeuristischen Blicks. Die sexuelle Konnotation (»heisses Gebet«, »Seufzer«, »konvulsivische Bewegung«, »Koketterie«, »brünstig«) der Szene verdeutlicht das Begehren des Entdeckers nach dem doppelt (konfessionell und geschlechtlich) Anderen und die Verwandtschaft der »Beschreibung« mit dem kolonialen Diskurs. Denn in der kolonialen Vorstellungswelt nahm die Sexualität der Frauen ›inferiorer‹ Völker großen Raum ein. Sie verschmolz häufig mit Rassestereotypen. Gerade diese Kombination brachte die für das koloniale Denken charakteristische Spannung aus Anziehung und Ablehnung hervor.[56] Die Figur der ›anderen Frau‹ suchte männliche Kolonisatoren in ambivalenter

52 *Nicolai*, Beschreibung, Bd. 5, S. 30; Bd. 1, S. 131, 135 f. Vgl. *ebd.*, S. 132, 134, 136 f. Zur Physiognomie männlicher Wallfahrer: *Ebd.*, Bd. 2, S. 466.

53 Vgl. *Jäger*, Mönchskritik, S. 204; *Kaufmann*, Aufklärung.

54 Ähnlich bereits *Jäger*, Enzyklopäd, S. 117 f. Zur Ambivalenz kolonialer Stereotype vgl. *Bhabha*, Verortung, S. 97–124.

55 *Nicolai*, Beschreibung, Bd. 2, S. 461 ff.

56 Vgl. *Zantop*, Kolonialphantasien, S. 14.

Form heim: als Ausdruck naiver Wildheit und als Imagination perfekter Weiblichkeit. Phantasierte und praktizierte Liebesbeziehungen zwischen Kolonisatoren und Kolonisierten ließen eine Harmonie und Symbiose der überlegenen und der unterlegenen Kultur denkbar erscheinen.[57] Im Kontrast dazu war die von Nicolai beschriebene Ordnung der Blicke asymmetrisch und distanziert: Ein aktives, männliches Subjekt beobachtete ein passives, sexualisiertes weibliches Objekt. Da beide auf vermeintlich unterschiedlichen ›Entwicklungsstufen‹ standen, erschien ihre Begegnung ›auf Augenhöhe‹ unmöglich. Nicolai erklärte einen Wechsel der Beobachtungsperspektive (von Katholiken auf Protestanten) zwar für »nützlich«, erprobte ihn aber nicht. Seine »Beschreibung« vermittelt vielmehr den Eindruck, dass er mit den ›Eingeborenen‹ überhaupt nicht kommunizierte. Zumindest kommen Katholiken darin nicht zu Wort, sie bleiben stets Gegenstand der Beschreibung.[58] Darüber hinaus zielte Nicolais »Beschreibung« vermutlich auch nach ›innen‹. Denn die Beziehung zwischen Mann und Frau wurde auch in der ›Heimat‹ asymmetrisch imaginiert. Dort lebte Nicolai nach den Regeln des ›ganzen Hauses‹, das er patriarchalisch beherrschte. Seine 33jährige Ehe mit Elisabeth Macaria Schaarschmidt, mit der er acht Kinder hatte, entsprach »den Prinzipien aufgeklärt-bürgerlicher Ehe- und Familienauffassung.«[59] Indem die »Beschreibung« heimische Machtverhältnisse (zwischen Klassen und Geschlechtern) auf exotische Räume und Völker des katholischen Südens projizierte, zielte sie zugleich auf die Etablierung und Legitimation der heimischen Sozial- und Geschlechterordnung.[60]

e) Fazit: Der Katholizismus als ›innere Kolonie‹ der Aufklärung

Nicolais Reisebericht war eine innerdeutsche ›Kolonialphantasie‹. Der katholische Süden Deutschlands wurde darin wie kolonisierte Gebiete in Übersee beschrieben: als ›innere Kolonie‹, die zunächst zivilisiert werden musste, bevor die Nation geeint werden konnte. Der norddeutsch-protestantischen Aufklärung kam dabei die Aufgabe eines ›Entwicklungshelfers‹ zu. Nicolais Antikatholizismus und sein zivilisatorischer Impetus speisten sich aus dem Glauben an ein universalistisches Projekt partikularer – männlich-bürgerlicher und protestantisch-norddeutscher – Provenienz, das soziale, konfessionelle, regionale und geschlechtliche Grenzen hatte. Den positiven Kern bildeten bürgerliche Tugenden wie Selbständigkeit, Intimität und methodische Lebensführung, eine polare, heterosexuelle Geschlechterordnung, eine Auffassung wahrer Religion, die weitgehend dem aufgeklärten Protestantismus entsprach, sowie der Glaube an einen linearen Fortschritt. Der Katholizismus verkörperte aus Nicolais Sicht das

57 Vgl. *Moomba*, Colonialism/Postcolonialism, S. 157 f.
58 *Nicolai*, Beschreibung, Bd. 1, S. 138. Vgl. *Frey*, Toleranz, S. 136.
59 Vgl. *Möller*, Aufklärung, S. 28, 320 Anm. 229.
60 Vgl. hierzu *Zantop*, Kolonialphantasien, S. 15 f.

Andere dieses Gesellschaftsentwurfs. Er wurde als entwicklungsunfähig aus dem Prozess der Geschichte ausgeschlossen, als primitiv und wild verfremdet und einer anderen Natur zugeordnet. Die Strategien des modernen antikatholischen Diskurses – Enthistorisierung, Exotisierung und Essentialisierung – waren bei Nicolai bereits voll ausgeprägt. Zwar schien das katholische Andere den Entdecker auch zu faszinieren, zumal, wenn sich die ›innere Kolonie‹ mit dem ›dunklen Kontinent‹ der Weiblichkeit überlappte. Es evozierte die Sehnsucht nach einem verlorenen ›Paradies‹: der romantisierten Naivität und nostalgisch verklärten Unschuld eines imaginären religiösen ›Ursprungs‹. Doch ungeachtet solcher für koloniale Diskurse typischen Ambivalenzen blieb der Katholizismus in der »Beschreibung«, ähnlich wie die Kolonisierten in außereuropäischen Reiseberichten, ein Objekt ohne Agency, ohne Stimme und ohne Recht auf Differenz. Nicolai war überzeugt, dass Katholiken ihre konfessionelle Identität aufgeben mussten, um an der modernen Entwicklung teilhaben zu können und sich in der bürgerlichen Gesellschaft artikulieren zu können. Er ging von der soziokulturellen Veränderbarkeit der menschlichen Natur aus. Seine Skandalisierung katholischer ›Rückständigkeit‹ und ›Stagnation‹ rief dazu auf, süddeutsche Katholiken aus dem ›Schlaf der Vernunft‹ zu wecken und unter Preisgabe ihrer konfessionellen Identität in den Prozess der modernen Geschichte und Zivilisation einzuführen. Seine ›ermutigende‹ Botschaft an aufgeklärte Leser lautete, dass sich Katholiken zivilisieren lassen. Dies dachten im 19. Jahrhundert auch viele deutsche Liberale. In den Kulturkämpfen der 1860er und 1870er Jahre griffen sie Nicolais universalistisches Projekt auf und setzten es mit anderen Mitteln fort.[61]

f) Folgen: ›Religions-Physiognomie‹ im 19. Jahrhundert

Nicolais aggressiver Antikatholizismus war nicht repräsentativ für die deutsche Aufklärung. Seine »Beschreibung« erregte den Widerspruch katholischer und protestantischer Aufklärer, entfaltete aber gerade deshalb nachhaltige Wirkung.[62] Vor allem die scharf kritisierte ›Religions-Physiognomie‹ trug zur Essentialisierung konfessioneller Differenz im 19. Jahrhundert bei. Schon Nicolais erklärter Kritiker Kant hatte in Bayerns »fatalen gebenedeiten Gesichtern« eine »Nationalphysiognomie« erblickt. Auch in den Schriften von im protestantischen Bürgertum viel gelesenen Autoren wie Johann Heinrich Daniel Zschokke und Karl Julius Weber lebte Nicolais Physiognomik fort.[63] In Heinrich von Treitschkes »Deutscher Geschichte« figurierte Papst Gregor XVI. als »der häßliche Mann mit den wulstigen Lippen und dem großen Fistelgeschwür auf der roten Nase«.[64] In Romanen, Genrebildern und Karikaturen wurde die antiklerikale

61 Siehe Kapitel A.I.6.
62 Vgl. *Möller*, Aufklärung, S. 115.
63 Zitiert nach *Frey*, Toleranz, S. 143–150. Zu Zschokke und Weber vgl. *ebd.*
64 *Treitschke*, Geschichte, Bd. 4, 670.

Physiognomik nach 1850 zum massenmedialen Phänomen.[65] 1869 erläuterte der Mediziner Theodor Piderit die religionsphysiognomische Methode in der »Gartenlaube«.[66] In der »Beschreibung« hatte Nicolai Untersuchungen gefordert, die »nicht bloß die Köpfe, sondern auch die so mannigfaltigen Stellungen des Körpers abbilden, vergleichen, und ihre besondern Gestalten auseinandersetzen« sollten. 1805 stellte er Franz Joseph Gall, dem Begründer der Phrenologie, in Berlin einen Vortragsraum zur Verfügung.[67] Als Rudolf Virchow siebzig Jahre später von der Deutschen Anthropologischen Gesellschaft mit der Leitung einer Studie beauftragt wurde, in der bis 1886 die Haar-, Haut- und Augenfarbe von knapp 6.758.727 deutschen Schulkindern erfasst wurde, klammerte er die Religionszugehörigkeit nur deshalb aus, weil ihn die katholische Presse verdächtigte, die Daten zu einer ›Inquisition‹ gegen Katholiken einsetzen zu wollen.[68] Dennoch registrierten deutsche Ärzte Größenunterschiede bei protestantischen und katholischen Rekruten. 1896 setzte die »Badische Tageszeitung« »katholische Rundschädel« von intelligenteren »protestantischen Langschädeln« ab. Und noch 1903 sah sich die »Theologische Quartalsschrift« genötigt, die konfessionelle »Lang- und Rundkopftheorie« zurückzuweisen.[69] Die Übergänge zwischen der ›Religions-Physiognomie‹ der Aufklärung, der antiklerikalen Karikatur des 19. Jahrhunderts und dem biologistischen Rassismus der Jahrhundertwende waren fließend.[70]

2. Der »Orient in uns«: Die Orientalisierung des Katholizismus in der Romantik

Während Aufklärer den Katholizismus skandalisierten, weil sie in ihm das Andere der Moderne sahen, wurde er für Romantiker genau deshalb attraktiv. Sie verschmähten die bloße »Verstandeskultur« und »zur bürgerlichen Moral degenerierte Lehre des common sense, des goldenen Mittelmaßes, der Nützlichkeit«.[71] Um die von der Aufklärung vermeintlich ›entzauberte Welt‹ wieder zu verzaubern, wandten sie sich dem Katholizismus und dem Orient zu. Rationalistische Kritiker nutzten die Faszination für das Andere der Moderne jedoch dazu, die Romantiker als exzessive, unsittliche, kranke Subjekte darzustellen. Als transkonfessionelles Synonym religiöser Orthodoxie und Reaktion wurde der Katholizismus mit dem Orient gleichgesetzt und von Germanisten und Historikern aus

65 Vgl. Kapitel B.I.5.c und d.
66 Vgl. GL 1869, S. 74 ff.
67 *Nicolai*, Beschreibung, Bd. 5, S. 30. Vgl. *Oehler-Klein*, Schädellehre, S. 38 f.
68 Vgl. *Zimmerman*, Ethnologie, S. 207; *Geulen*, Wahlverwandte, S. 114 f.
69 Zitiert nach *Baumeister*, Parität, S. 45. Zur Rekrutenmessung vgl. *Wahl*, Confession, Bd. 1, S. 420 f.
70 Vgl. Kapitel B.I.5.d.
71 *Pikulik*, Frühromantik, S. 21.

der deutschen ›Kulturnation‹ ausgeschlossen. Fortan war ›Bildung‹ in Deutschland protestantisch definiert, was katholische Bildungsbürger als hybride Subjekte erscheinen ließ.

a) Der »Orient in uns«: Die romantische Katholizismus-Schwärmerei

Gegen Ende des 18. Jahrhunderts kam es in Europa zu einer »Entzauberung« der asiatischen Zivilisationen, die den Beginn des Eurozentrismus und der westlichen Kolonisierung des Orients markierte.[72] Deutsche Romantiker wollten diese Polarisierung von Orient und Okzident überwinden. 1804 klagte August Wilhelm Schlegel, dass die Menschen infolge der Aufklärung den Sinn für das Wunderbare, die Einheit und Ganzheit des Lebens verloren hätten. Ihn könne man in Indien wiederfinden. Sein Bruder Friedrich hatte zuvor gefordert: »Im Orient müssen wir das höchst Romantische suchen, das heißt das tiefste und innigste Leben der Phantasie«.[73] Viele Romantiker gingen von der Gleichwertigkeit des Orients aus oder imaginierten ihn sogar als ›Ursprung‹ der Geschichte oder als ›verlorenes Paradies‹. Besonders Indien diente zur Projektion nostalgischer Sehnsüchte und als Vehikel für Gegenwartskritik. Die romantische Orientschwärmerei brachte nicht nur poetische Zeugnisse hervor, sie wurde auch in philologische Praxis überführt. Die um Einfühlen und Verstehen bemühte ästhetisch-wissenschaftliche Auseinandersetzung deutscher Romantiker mit Indien[74], im Zuge derer sich die Disziplin der Orientalistik formierte, gilt als nationaler Sonderfall einer Indologie jenseits kolonialer Instrumentalisierung.[75] Da die deutschen Einzelstaaten keine nennenswerten Kolonien im Orient besaßen, dienten die Orientwissenschaften hier, anders als in Frankreich oder England, nicht zur Legitimation militärischer Eroberung, ökonomischer Ausbeutung und politischer Beherrschung. Nimmt man die kulturelle Dimension des Kolonialismus jedoch ernst und begreift orientalistisches Wissen in Verbindung mit Macht[76], blieb auch dieser ›andere Orientalismus‹ (Andrea Polaschegg) keineswegs ›unschuldig‹. Zwar suchten deutsche Romantiker den Orient nicht auszugrenzen, sondern als Quelle authentischer Erfahrung zu nutzen. Allerdings galt ihr Interesse ausschließlich dem ›goldenem Zeitalter‹ und der ›märchenhaften‹ Vergangenheit Indiens, nicht seiner Gegenwart. Wenn auch unter anderen Vorzeichen, schrieben sie damit genau jenes Subjekt-Objekt-Verhältnis fort, das die Aufklärung zwischen Okzident und Orient etabliert hatte. Sie verwehr-

72 *Osterhammel*, Entzauberung, S. 375–403. Das geographische Signifikat des Signifikanten »Orient« oszillierte dabei zwischen Nordafrika und Ostasien. Vgl. *Polaschegg*, Orientalismus.

73 *Schlegel*, KFSA, Bd. 2, S. 320. Vgl. *Kippenberg*, Entdeckung, S. 50.

74 Vgl. *Schwab*, Renaissance, S. 219–239; *Gérard*, Orient; *Behler*, Indienbild; *Halbfass*, Indien, S. 70–103.

75 Vgl. *Polaschegg*, Orientalismus; *Marchand*, Orientalism sowie die Beiträge in: Comparative Studies of South Asia, Africa and the Middle East 24/2 (2004) S. 97–180.

76 Vgl. dazu *Said*, Orientalism, S. 17 ff.

ten dem Orient die Gleichzeitigkeit und klammerten ihn aus der Geschichte aus.[77]

Der Katholizismus besaß für deutsche Romantiker eine ähnliche Funktion wie der Orient.[78] Über den Besuch einer mittelalterlichen Kirche in Neuß notierte Friedrich Schlegel: »Wie in der Poesie, so ist auch in der Baukunst des Mittelalters, im Orient nicht minder als in dem katholischen Abendlande, die Fantasie vorwaltend, als herrschendes Element in jener ganzen Weltepoche«. 1800 hatte Friedrich Freiherr von Hardenberg, alias Novalis, geschrieben: »Religion ist der große Orient in uns, der selten getrübt wird«.[79] In einer Rede vor den Jenaer Romantikern erklärte er die »ächtkatholischen oder ächt christlichen Zeiten« 1799 zur Quelle einer umfassenden Re-Poetisierung und formulierte die Vision eines europäischen Friedens auf Basis einer erneuerten christlichen Religion. Der »alte katholische Glaube« sei »lebendig gewordenes« Christentum gewesen. Das Papsttum liege zwar mittlerweile »im Grabe« der »Ruine« Rom. Denn im Zuge der Besetzung Roms durch das französische Revolutionsheer 1798 war auch der Kirchenstaat zur Republik worden. Nach dem Tod von Pius VI. im Exil in Valence 1799 und Napoleons Verbot, einen Nachfolger zu wählen, lag das Papsttum buchstäblich ›im Grabe‹. Da Novalis in der »Anarchie« jedoch ein »Zeugungselement« der Religion sah, prophezeite er, dass die Christenheit, »lebendig und wirksam«, eine »sichtbare Kirche ohne Rücksicht auf Landesgränzen« bilden und aus dem »heiligen Schooße eines ehrwürdigen europäischen Consiliums« auferstehen werde, um » Religionserweckung« zu betreiben.[80]

Obwohl Novalis' Rede erst 1826, unter dem Titel »Die Christenheit oder Europa«, publiziert wurde, markierte sie den Beginn eines *Catholic turn* der Romantik, der sich in so unterschiedlichen Medien (Schrift, Bild, Musik, Architektur) und Beschreibungssystemen (Literatur, Malerei, Volkskunde, politische Theorie) vollzog, dass Joseph von Eichendorff 1847 die Romantik *als* Katholizismus definierte.[81] Einerseits invertierte Novalis das Katholizismusbild der Aufklärung: Alles, was diese am Katholizismus verurteilt hatte – Wunder, Geheimnis, Sinnlichkeit, Schmuck, Pracht, Heiligen- und Reliquienverehrung, »kindliches Zutrauen«, »Liebe zu der heiligen, wunderschönen Frau der Christenheit« – wurde nun emphatisch gefeiert. Zugleich führte Novalis ein neues Zeit- und Epochenverständnis ein. Das katholische ›Mittelalter‹ galt nicht mehr bloß als Übergang zur Moderne, sondern als romantische ›Vorzeit‹. Das lineare Fort-

77 Vgl. *ebd.*, S. 98 f., 115; *Murti*, India; *Spivak*, Critique, S. 8. Siehe auch *Kontje*, Orientalisms, S. 5 f., der den frühen deutschen Orientalismus als Versuch der Kompensation eines Fehlens nationaler Einheit und imperialer Größe deutet.

78 So bereits *Behler*, Indienbild, S. 21.

79 *Schlegel*, KFSA, Bd. 4, S. 172; *Novalis*, Schriften, Bd. 4, S. 341 f.

80 *Novalis*, Schriften, Bd. 3, S. 509, 518, 523 f., 507.

81 Vgl. *Eichendorff*, Geschichte. Zur politischen Romantik vgl. *Schildt*, Konservatismus, S. 38 ff., 47–50.

schrittsmodell der Aufklärung wurde durch ein triadisches Entwicklungsmodell ersetzt: Anstelle der Antike firmierte das Mittelalter als paradiesische Vergangenheit und utopische Zukunft. Die Reformation erschien dagegen als verhängnisvolle Spaltung Europas, die nur durch eine neue christliche Ordnung zu überwinden sei.[82]

Anderseits schrieb Novalis die aufklärerische Dichotomisierung von Katholizismus und Moderne fort. Wirkungsmächtige Visualisierungen seiner These vom ›Tod‹ der katholischen Kirche lieferte wenig später der Maler Caspar David Friedrich. Auf seinem in den 1820er Jahren entstandenen Gemälde »Der Kirchhof« war der Weg zur Kirche durch morsche Holzlatten versperrt, die Friedhofsmauer mit Gras und Moos überwuchert, die Kirche von Kultur zu Natur ›regrediert‹. Auch die Ruinenbilder »Mönch im Schnee« (circa 1800), »Ruine Eldena bei Nacht« (1802/3), »Kloster Eldena« (1806/24), »Abtei im Eichwald« (circa 1810), »Klosterfriedhof im Schnee« (1817/9), »Ruine Eldena« (1825), »Winter« (1834) stellten den Katholizismus ästhetisch still und suggerierten ein Aussterben kirchlicher Frömmigkeit: indem sie Überreste mittelalterlicher Kirchen und Klöster meist menschenleer und in klirrender Kälte zeigten, die allenfalls von Wanderern oder von kaum mehr wahrnehmbaren, weil winzig klein gezeichneten Mönchen heimgesucht wurden, aber nicht von katholischen Laien.[83] Der ›real existierende‹ Katholizismus glänzte auf diesen Gemälden durch Abwesenheit. Wie ist dies zu erklären?

Die frühromantische Begeisterung für den Katholizismus beruhte, ähnlich wie die für den Orient, auf lebensweltlicher Distanz. Novalis, Friedrich und die Schlegel-Brüder waren protestantischer Konfession. Was diese Gelehrten, Künstler und Wissenschaftler unter Katholizismus verstanden, hatte mit dessen religiöser Praxis zunächst ebenso wenig gemein wie die romantische Orientschwärmerei mit der indischen Gegenwart. Der Katholizismus sollte neu erfunden werden, aber nicht von Geistlichen und Laien, sondern von den Romantikern selbst. Mit der Welle spektakulärer Konversionen erhielt die Auseinandersetzung mit dem Katholizismus dann eine praktische Dimension.[84] Sie entsprach einem allgemeinen Trend zum Glaubenswechsel, war jedoch auch Ausdruck romantischer Aversion gegen die bürgerliche Lebensführung. Obwohl die Romantiker in der Regel selbst bürgerliche Berufe ausübten, suchten sie die bürgerliche Moral (definiert durch Arbeit, Integrität und Selbstdisziplin) durch eine antibürgerliche Ästhetik (im Zeichen des Erlebnisses und der Entfaltung von Individualität) zu ersetzen. Anstelle einer durch Alltagsroutinen stabilisierten bürgerlichen Lebensform bevorzugten sie ein »momentanistisches Zeitbewusstsein« (Karl Heinz Bohrer).[85]

82 *Ebd.*, S. 507. Vgl. *Schwering*, Geschichtsauffassung, S. 548.
83 Vgl. *Busch*, Friedrich.
84 Vgl. dazu *Dülmen*, Poesie, S. 279–304; *Osinski*, Katholizismus, S. 61 f.
85 Vgl. *Reckwitz*, Subjekt, S. 204–242.

Da viele Romantiker im Katholizismus eine Alternative zum bürgerlichen Subjektmodell der Aufklärung sahen, setzte die rationalistische Kritik der Romantik bei den Konversionen an.

b) Klosterbrüder, Hottentotten und Fakirs: Die rationalistische Kritik der ›katholischen‹ Romantik

Im Kontrast zu den ›stillen‹ Glaubensübertritten von Katholiken und Juden zum Protestantismus[86] fanden die Konversionen prominenter Protestanten zum Katholizismus ein schrilles Echo. Dies galt zumal für den Glaubenswechsel des Grafen Friedrich Leopold zu Stolberg von 1800, der als geistige Kapitulation und als Verrat an der Zeit gedeutet wurde. Der Philosoph Friedrich Jacobi, der im Katholizismus »Barbarey und Thyranney« sah[87], prophezeite seinem Freund, dass er bald, »sich mit Weihwasser besprengend, irgend einem Pfaffen die Schleppe tragend«, Gebete plappern und barfuß in einer Prozession das Kreuz schleppen werde. Er verdammte solche »Mummereyen, Andächteleyen und Alfanzereyen«, den »Heiligen- und Hexen- oder Teufels-Kram«.[88] Noch zwei Jahrzehnte später beantwortete der Dichter und Übersetzer Johann Heinrich Voß die Frage »Wie ward Fritz Stolberg ein Unfreyer?« mit der Seele des einstigen Freundes, in der sich das Gefühl die Urteilskraft unterworfen habe, wies aber auch auf den überindividuellen Charakter des Phänomens hin. Angesichts der evangelischen Erweckungsbewegung sah er das Projekt der Aufklärung im bürgerlichen Kern seiner Träger bedroht. Anfangs seien die Konversionen »als flüchtige Modesucht, als ansteckender Pips unter verdumpften Zärtlingen« belächelt worden, sie könnten sich jedoch »zu einer hartnäckigen Seuche« und »hinraffenden Geistespest« auswachsen.[89]

Die Kritiker der Romantik bedienten sich ähnlicher diskursiver Strategien wie die Aufklärer: Sie infantilisierten, feminisierten und pathologisierten das katholische Andere. Goethe verspottete die romantische Abwertung der Antike zugunsten des Mittelalters 1805 als »neukatholische Sentimentalität«. Das »klosterbruderisierende, sternbaldisierende Unwesen« – gemeint waren »Franz Sternbalds Wanderungen« von Ludwig Tieck und Wilhelm Heinrich Wackenroders »Herzensergießungen eines kunstliebhabenden Klosterbruders« – sei für die Kunst gefährlicher als alle »Wirklichkeit fordernden Kanibalen«. 1817 sah Goethe den »kränklichen Klosterbruder und seinen Genossen« an den »höchsten Unsinn« verloren.[90] 1827 diskreditierte er E. T. A. Hoffmanns Werke als »fieberhafte Träume eines leichtbeweglichen kranken Gehirns«.[91] 1829 stellte er im Gespräch mit

86 Vgl. *Nowak*, Christentum, S. 67 f.; *Clark*, Politics.
87 Zitiert nach *Osinski*, Katholizismus, S. 59.
88 Zitiert nach *Schumann*, Aufnahme, S. 286.
89 *Streitschriften*, S. 5, 3. Vgl. *Schumann*, Aufnahme, S. 305; *Osinski*, Katholizismus, S. 57–67.
90 *Goethe*, Werke, Bd. 12, S. 597 f., 723. Vgl. *Benz*, Goethe, S. 118 ff.
91 Zitiert nach *Bohrer*, Kritik, S. 227 f.

Eckermann eine Maxime auf, die der Literaturgeschichtsschreibung lange als eherne Maxime galt: »Das Klassische nenne ich das Gesunde und das Romantische das Kranke. [...] Das meiste Neuere ist nicht romantisch, weil es neu, sondern weil es schwach, kränklich und krank ist«.[92] Nicht weniger einflussreich war Hegels Kritik des romantischen Subjektkonzepts in der »Phänomenologie des Geistes« 1807. Für den schwäbischen Philosophen pietistischer Provenienz litten Romantiker an ›Wirklichkeitsverlust‹ und an einem »unglücklichen Bewußtsein«, das nur »das Wissen von sich« kenne. In den »Vorlesungen über die Ästhetik« brandmarkte er die romantische Ironie als ›leere Subjektivität‹, die »krankhafte Schönseelischkeit und Sehnsüchtigkeit« erzeuge.[93]

Regelmäßig assoziierten die Kritiker der Romantik den Katholizismus mit der außereuropäischen Welt. Der protestantische Schriftsteller Johann Gleim warnte in einem Brief an Voß vor katholischen »Hottentotten«, die »das Licht des Evangeliums auslöschen wollen«.[94] Der evangelische Theologe Heinrich Gottlieb Tzschirner bezichtigte den konservativen Berner Staatstheoretiker und Publizisten Carl Ludwig Haller, der sich 1820, in Paris, als Katholik ›enthüllt‹, gezwungen sah, seine bereits 1800 erfolgte Konversion zu verteidigen, der »asiatischen Despotie« das Wort zu reden.[95]

Der ausdrückliche Vergleich von Katholizismus und Orient wurde nun zur Regel. Für Hegel lag die Verwandtschaft beider Kulturen in ihrer Statik begründet. In den »Vorlesungen über die Philosophie der Geschichte« parallelisierte er Indien und den Katholizismus so:

> Nackte Fakir's laufen ohne irgend eine Beschäftigung gleich den katholischen Bettelmönchen herum, leben von den Gaben Anderer, und haben den Zweck, die Hoheit der Abstraction zu erreichen, die vollkommene Verdumpfung des Bewußtseins, von wo aus der Uebergang zum physischen Tode nicht mehr sehr groß ist. [...] Ihm [dem Brahm, MB] sind keine Tempel geweiht, und er hat keinen Cultus. Gleichartig sind auch in der katholischen Religion die Kirchen nicht Gott zugeschrieben, sondern den Heiligen.

Wie den Romantikern galt Indien Hegel als »Wunderreich«. Allerdings erschien ihm diese »verzauberte Welt« »statarisch und fest geblieben«, »wesentlich dazu bestimmt, vermischt, bezwungen, und unterdrückt zu werden.« Indiz und Ursache indischer Geschichtslosigkeit und Knechtschaft sei der »Grundcharakter des Inders«: »List und Verschlagenheit«. »Betrügen, Stehlen, Rauben, Morden« seien feste Bestandteile indischer Sittlichkeit. In Indien sei daher »der willkürlichste, schlechteste, entehrendste Despotism zu Hause.« Da zur Geschichte nur Völker

92 *Goethe*, Gespräche, S. 300.

93 *Hegel*, Phänomenologie, S. 483; *ders.*, Ästhetik, Bd. 1, S. 96. Vgl. dazu *Bohrer*, Kritik, S. 138–181.

94 *Streitschriften*, S. 81.

95 Zitiert nach *Nowak*, Christentum, S 67.

fähig seien, die »davon ausgehen, daß die Individuen sich als für sich seiend, mit Selbstbewußtsein, erfassen«, müsse man sie bei den Indern nicht suchen.[96]

Im Katholizismus sah Hegel ähnliche Züge ausgebildet: Katholische Frömmigkeit assoziierte er mit »Aberglauben«, »Gebundenseyn an ein Sinnliches, an ein gemeines Ding«, »Sclaverei der Autorität«, »Wunderglauben der ungereimtesten und läppischen Art«, »Herrschsucht, Schwelgerei«, »Verdorbenheit der Roheit und Gemeinheit, Heuchelei, Betrug«. Das Sinnliche sei im Katholizismus nicht vom Verstand gebändigt und gebildet, sondern auf »rohe, wilde Weise« frei geworden. Die Reformation sei aus dem »Verderben« der katholischen Kirche hervorgegangen, um das Ende des katholischen Mittelalters, den Beginn einer »neuen Zeit« und die Befreiung des Subjekts einzuläuten. Dieser Impuls sei »aus dem einfachen, schlichten Herzen« des »deutschen Volkes« gekommen. Hegel schloss damit nicht nur alle übrigen Völker aus der Geschichte des Fortschritts im Bewusstsein der Freiheit aus, sondern auch die Katholiken aus der nationalen ›Meistererzählung‹. Die Historiker der protestantisch-kleindeutschen Schule sollten seinem Beispiel folgen.[97]

Während Hegels Vorlesungen Generationen deutscher Akademiker gegen die Romantik und den Katholizismus imprägnierten, wandten sich die Junghegelianer Arnold Ruge und Theodor Echtermeyer auch an die außerakademische Öffentlichkeit. 1838 gründeten sie die »Hallischen Jahrbüchern für deutsche Wissenschaft und Kunst« mit dem Ziel, den Entwicklungsgedanken zu fördern und alle Richtungen zu vernichten, die dem Untergang geweiht waren. Hierzu zählten sie auch den Katholizismus und die Romantik. Die Beiträge des Demokraten Ruge waren durch eine Vielzahl binärer Oppositionen strukturiert: Die Aufklärung war bestimmt durch Begriffe wie Protestantismus, wahres Christentum (Humanismus), Verstand, Vernunft, Rationalismus, Philosophie, Wissenschaft, Klarheit, männlicher Geist, strenge Erkenntnis, Entwicklung, Fortschritt, Aktivismus, fließende Dialektik, Liberalismus, Gegenwart, Freiheit; die Romantik hingegen durch Termini wie Katholizismus, falsches Christentum, Gefühl, Gemüt, Mystizismus, Gemütsglaube, Phantastik, weiblicher Geist, subjektive Willkür, Rückschritt (Stillstand), Indifferenz (Quietismus), Fixierung der Idee, Restauration, Absolutismus, Mittelalter, Autorität.[98]

Für Ruge galt das Gesetz des Fortschritts. Da er die »religiös-politische Romantik« auf Seiten der Reaktion verortete, schlug er sich in den Kölner Wirren auf die Seite des selben preußischen Staates, der ihn zuvor wegen Mitgliedschaft im »Bund der Jungen« fünf Jahre lang inhaftiert hatte. Wie Hegel erklärte er die romantische »Schwelgerei des genießenden Gemüthes«, »Verkennung« der

96 *Hegel*, Vorlesungen, S. 205, 213, 191, 163, 216, 219, 220 f.

97 *Ebd.*, S. 519 f., 524, 521, 528 f. Zum historiographischen Ausschluss des Katholizismus aus der deutschen Geschichte vgl. Kapitel A.I.2.d.

98 Vgl. *Rosenberg*, Denkströmungen, S. 108. Eine ähnliche Dichotomisierung vollzog 1859 der liberale Pädagoge Adolph Diesterweg. Vgl. dazu *Gross*, War, S. 102 ff.

»Welt«, »Schwärmerei« und »Ueberspanntheit« mit Zeitvergessenheit: Die Romantik setze ihr »mittelalterliches«, »nebliges« Ideal anstelle der Gegenwart. Durch »mittelalterlichen Fanatismus« suche sie die »Herrlichkeit der Vorzeit« und die Herrschaft einer »particularen« Frömmigkeit zu verwirklichen. Das notwendige Scheitern dieses ahistorischen Vorgehens produziere »ein krankes, hypochondrisch geknicktes Wesen«.[99] 1839 versprach er David Friedrich Strauß, »die Romantik vollends zu Tode zu jagen«. Das mit Echtermeyer verfasste Manifest »Der Protestantismus und die Romantik« sollte Letzterer, wie Ruge an Karl Rosenkranz schrieb, die »Nerven [...] durchschneiden«.[100]

c) ›Katholizismus‹ als transkonfessionelles Synonym religiöser Reaktion

Hegel, Echtermeyer und Ruge waren – wie Jacobi und Gleim, Tzschirner und Voß – protestantischer Konfession. Gleichwohl lässt sich ihr Antikatholizismus nicht allein konfessionell erklären. Denn sie verwendeten den Begriff ›Katholizismus‹ als Konfessionen übergreifendes Synonym für religiösen Stillstand und Reaktion, der aus ihrer Sicht auch in Protestantismus und Judentum anzutreffen war. Ruge attackierte die »Nervenaffection des weibischen Pietismus« und die »hohlen Fieberphantasien« des Erweckungstheologen Ernst Wilhelm Hengstenberg. Die Ausschließlichkeit der Pietisten sei das Katholische an ihnen. Sie wollten die Reformation rückgängig machen, um die »Tyrannei über die Gewissen der Menschen« und die »Marterkammern der Inquisition« wieder einzuführen. Zwar stehe das protestantische »Princip der freien Entfaltung des deutschen Geistes in Staat und Religion« im Kontrast zur geistigen Unfreiheit des Katholizismus. Doch auch unter Protestanten rege sich »mancherlei, was in seinem innersten Kern katholisch, geistig unfrei sei.« Ruge sah eine Konfessionen übergreifende »Opposition der Vorzeit« gegen den »neupreußischen Geist der Bildung und der freien Intelligenz«, gegen »Aufklärung und Rationalismus«, gegen »deutsche Reformation« und neueste »Geschichte« wirken. Diesem »Wurm« von Joseph Görres bis Heinrich Leo müsse man den Kopf »zertreten«.[101] Noch 1862 kritisierte der liberale evangelische Theologe Karl August von Hase, dass die »politische Reaction« und »orthodoxe Restauration der protestantischen Kirche«, den »römische[n] Katholicismus« begünstigt habe. Die konservative »Monatsschrift für die evangelisch-lutherische Kirche Preußens« etwa sei das Organ einer »halbkatholisch lutherische[n] Partei«.[102]

Auch Heinrich Heines Antikatholizismus war nicht primär konfessionell motiviert. Um, wie er später ironisch bemerkte, ein ›Entréebillet zur europäischen

99 *Ruge*, Preußen, S. 11, 15.

100 *Echtermeyer*, Protestantismus, S. VI. Zum Kontext vgl. *Rosenberg*, Denkströmungen, S. 97–114; *Bohrer*, Kritik, S. 188 f.; *Eßbach*, Junghegelianer; *Hardtwig*, Vormärz, S. 146–150; *Walter*, Ruge, S. 103 f.

101 *Ruge*, Preußen, S. 51, 70, 89, 51, 57, 40, 66, 65.

102 *Hase*, Handbuch, S. III, VII, XVI.

Kultur‹ zu erhalten, hatte er sich zwar 1825 lutherisch taufen lassen, wie sein Idol Ludwig Börne, der 1818 vom Judentum zum Protestantismus übergetreten und 1830 nach Paris gezogen war. 1835 stand er seiner Konversion zum Protestantismus jedoch bereits kritisch gegenüber. Dennoch bekannte er sich in seiner Abrechnung mit der »Romantischen Schule« noch einmal emphatisch zur protestantischen Kirche: Sie habe »die freye Forschung in der christlichen Religion erlaubt, die Geister vom Joche der Autorität befreyt« und moderne Wissenschaft damit erst ermöglicht. Protestantismus und Philosophie seien verwandt »wie Mutter und Tochter«.[103]

›Katholizismus‹ war dagegen für Heine ein Synonym überflüssiger, schädlicher Traditionen, an denen auch das Judentum litt. Er verglich die Reform des Judentums daher mit der Reformation: Mendelssohn habe den Talmud gestürzt wie einst Luther das Papsttum: indem er die Tradition verwarf, die Bibel zur Quelle der Religion erklärte und den wichtigsten Teil übersetzte, habe er »den jüdischen wie Luther den christlichen Katholizismus« zerstört. Denn der Talmud sei »der Katholizismus der Juden«, ein »gothischer Dom, der zwar mit kindischen Schnörkeleyen überladen, aber doch durch seine himmelkühne Riesenhaftigkeit uns in Erstaunen setzt«, eine »Hierarchie von Religionsgesetzen, die oft die putzigsten, lächerlichsten Subtilitäten betreffen« und die ein »grauenhaft trotziges, kolossales Ganzes« bildeten. Nach dem christlichen habe daher auch der jüdische Katholizismus untergehen müssen. Mendelssohn verdiene deshalb großes Lob, dass er ihn wenigstens in Deutschland gestürzt habe. »Denn was überflüssig ist, ist schädlich.« Heine identifizierte die Konfessionen mit politischen Parteirichtungen und ordnete sie dem Fortschritt bzw. der Reaktion zu. In der Romantik sah er den Versuch, das »katholische Wesen des Mittelalters« zu restaurieren, um den Protestantismus und den Liberalismus zu »vertilgen«[104]

Heine stellte die romantischen Neukatholiken als infantil, krank und unmännlich dar. Wie der »fabelhafte Rattenfänger die Kinder von Hameln« habe der Jesuitismus die deutsche Jugend mit »süßen Tönen« gelockt. Bei Friedrich Schlegel sei die Konversion mit Todesangst und Altersreue zu erklären, bei Ludwig Tieck – der, anders als Voß in seiner Streitschrift behauptet hatte, nicht konvertiert war – mit schwärmerischem Eifer, bei Zacharias Werner mit matrilinear vererbtem religiösen Wahnsinn. Allgemein unterstellte Heine den Romantikern mangelnde Männlichkeit: Stolbergs Vorbild habe viele »Schwächlinge« zur Konversion inspiriert.[105] Börnes Auseinandersetzung mit dem liberalen Katholiken Félicité de Lamennais erklärte er mit nahendem Wahnsinn. Als die »Vernunft zu fliehen« begann, habe »sich ein Verzagen, ein Verzweifeln an protestantischer

103 *Heine*, Schule, S. 143. Zu Heines Haltung zur Religion vgl. *Hinck*, Wunde; *Höpfner*, Romantik. Zu Heines Kritik der Romantik: *Bohrer*, Kritik, S. 97–137.

104 *Heine*, Geschichte, S. 71 f., 101 f.

105 *Heine*, Schule, S. 143, 192, 167, 182, 223 f., 146.

Vernunftautorität« offenbart und das »erkrankte Gemüt in katholische Anschauungen hinübergeschmachtet«. Nur der frühe Tod habe ihn vor der Blamage einer Konversion bewahrt. In seiner Denkschrift für Börne beschrieb Heine den Katholizismus als eine »Doktrin der Verzweiflung« und nannte als Beispiel die »Ascetik«, die »Abtötungslehre« und »Martyrsucht« der frühen Christen und den »Selbstmord der nazarenischen Religion«. Auf Basis dieses Katholizismusbildes definierte Heine die Religion als »geistiges Opium«, das den »Menschen, denen die Erde nichts mehr bietet«, »süße, einschläfernde Tropfen« in den »bittern Kelch« gieße, »einige Tropfen Liebe, Hoffnung und Glauben!« 1844 griff Karl Marx diese Metapher auf, als er die Religion in der »Kritik der Hegelschen Rechtsphilosophie« als »Opium des Volkes« definierte, dabei allerdings nicht auf ›geisteskranke‹ Intellektuelle, sondern auf verarmte Massen zielte.[106]

Angesichts der semantischen Nähe von Orient und Katholizismus lag die Verwendung der Opiummetapher für Religion nahe. Auch Heine orientalisierte den Katholizismus der Romantiker. Die gnostische Weltansicht, die das »ascetisch beschauliche Mönchsleben« geboren habe, erschien ihm »urindisch«. Als »eigentliche Idee des Christenthums« habe sie sich »wie eine ansteckende Krankheit über das ganze römische Reich verbreitet« – »wir Modernen fühlen noch immer Krämpfe und Schwäche in den Gliedern.« Friedrich Schlegels Sanskrit-Studie »Ueber die Weisheit und Sprache der Inder« sei »im Interesse des Katholicismus geschrieben: Nicht bloß die Mysterien desselben, sondern auch die ganze katholische Hierarchie und ihre Kämpfe mit der weltlichen Macht hatten diese Leute in den indischen Gedichten wiedergefunden. Im Mahabarata und im Ramayana sahen sie gleichsam ein Elephanten-Mittelalter.« Die Romantik erschien Heine als »Wiedererweckung der Poesie des Mittelalters«, die aus dem römischen Katholizismus hervorgegangen sei. Dieser habe mit der dogmatischen »Verdammniß des Fleisches« die Sünde überhaupt erst in die Welt gebracht und sei »durch die Lehre von der Verwerflichkeit aller irdischen Güter, von der auferlegten Hundedemuth und Engelsgeduld« zu einer »Stütze des Despotismus geworden«. Heine machte den Katholizismus auch für Deutschlands ›Rückständigkeit‹ verantwortlich. Während Voltaires Frankreich den Katholizismus »gründlich ekrasirt« habe, sei das Mittelalter hier noch nicht »gänzlich todt und verwest«, sondern werde »von einem bösen Gespenste belebt«, das »uns das rothe Leben aus der Brust« sauge.[107]

d) Opium und Weihrauch: Der Ausschluss des Katholizismus aus Literaturkanon und ›Kulturnation‹

Als Sinnbild politisch-religiöser Reaktion konnte die ›katholische‹ Romantik nicht in den Kanon deutscher Nationalliteratur aufgenommen werden. Georg Gottfried Gervinus schrieb 1842 in seiner »Neueren Geschichte der poetischen

106 *Heine*, Börne, S. 102 f. Vgl. *Marx*, Kritik, S. 378.
107 *Heine*, Geschichte, S. 16 f.; *ders.*, Schule, S. 167, 126 f., 241.

National-Literatur der Deutschen«, dass E. T. A. Hoffmanns Werke »fieberhafte Träume eines kranken Gehirnes« seien. Sie ähnelten jenen Einbildungen, die ein unmäßiger Opiumgenuss hervorbringe. Für Gervinus waren die Romantiker »schwach und weiblich, mehr empfangend als zeugend, in ihrer literarischen Produktion unselbständig«.[108] 1850 war Romantik, wie der Linkshegelianer Hermann Hettner klagte, bereits ein »reines Parteiwort« geworden, was ihre wissenschaftliche Analyse erschwere. Im »Interesse der Literaturgeschichte« müsse man sie daher dem politischen Kampf entziehen. Doch auch Hettner witterte im »innersten Wesen« der Romantik die »religiöse und politische Reaktion«. Bereits die »ersten Regungen des ästhetischen Katholizismus« hätten zu »Propaganda und Sektengeist« geneigt. Jetzt trete »der pure und reine Katholizismus hervor«. Dieser »romantische Katholizismus« sei nichts anderes als »Jesuitismus«.[109]

Vor allem ihre Faszination für den Katholizismus und den Orient gereichte der Romantik zum Nachteil. Hettner erklärte die romantische »Verherrlichung des Mittelalters und des Katholizismus und der orientalischen Poesie« mit der schwächlichen Natur der Romantiker: »Weiche, nicht harmonisch durchgebildete subjektive Gefühlsmenschen« fühlten sich von Orient und Mittelalter mehr angezogen als von der »Strenge des Altertums«. Hinzu kam der Vorwurf der Amoralität: Friedrich Schlegels Interesse für die »embryonisch chaotische Symbolik der orientalischen Naturreligionen« sei einer unsittlichen Lebensführung entsprungen: Während seiner Sanskritstudien in Paris sei ihm »das süße Dolce far niente«, zur »schwärmerischen Verehrung des dumpf hinbrütenden Opiumrausches geworden! […] Was fehlt da noch zu dem Verlangen nach dem orientalisch-quietistischen Weihrauchsdufte der katholischen Kirche?« Opium und Orient zeitigten hier dieselbe Wirkung wie Katholizismus und Weihrauch: Sie verwirrten die Sinne, verdarben den Verstand und gefährdeten die Bildung rationaler, bürgerlicher Subjektivität.[110]

In einer wegweisenden Studie zur »Kritik der Romantik« hat Karl Heinz Bohrer die junghegelianischen Attacken auf die Romantik mit »den sozialpsychologischen und bildungsgeschichtlichen Bedingungen einer neuen Intellektuellenschicht« erklärt, die Deutschlands akademischen Diskurs nach 1830 geprägt habe. Die ›niedere‹ soziale Herkunft dieser Gruppe habe sich von jener der Romantiker wie Novalis, Kleist, Brentano und Arnim klar unterschieden: Die »Soziologie« dieser Gruppe könne ihr »bürgerlich-kleinbürgerliches Ressentiment« gegen das ›Ästhetische‹ erklären helfen, das der eher aristokratisch-großbürgerlich geprägten romantischen Gruppe selbstverständlich gewesen sei.[111] Doch zum einen lenkt diese sozialpsychologische These die Pathologisierung der

108 Zitiert nach *Bohrer*, Kritik, S. 227; *Hohendahl*, Literarische Kultur, S. 177, 176.

109 *Hettner*, Schule, S. 55 f., 142 f.

110 *Ebd.*, S. 75, 131, 145. Vgl. *ebd.*, S. 147.

111 *Bohrer*, Kritik, S. 228. Ähnlich *Walter*, Ruge.

Romantiker lediglich auf die Junghegelianer um. Zum anderen hatten Heine, der im Pariser Exil kein kleinbürgerliches Leben führte, und Hegel, der als preußischer ›Staatsphilosoph‹ hohes Ansehen genoss, die Romantik zuvor auf ähnliche Weise kritisiert.

Den Kritikern der Romantik ging es zwar um bürgerliche Werte. Wie der Aufklärer Nicolai verknüpften sie diese jedoch mit dem Projekt der Nation. Liberal-protestantische Literaturhistoriker verstanden ihre akademische Disziplin als Medium und Motor der Nationsbildung. Literaturgeschichte sollte nicht nur die nationale Kultur definieren, sondern das Fehlen des Nationalstaates auch kompensieren und diesem den Weg bereiten. Dabei galt es ›Nützliches‹ von ›Schädlichem‹ zu trennen. Während Gervinus die deutsche Kulturnation bereits mit der Weimarer Klassik für vollendet hielt, galt ihm die Romantik als »Entartung und Nichtigkeit«. Ihre Orientierung an ›toten‹ Vorbildern der Vergangenheit wie dem katholischen Mittelalter und ›fremden‹ statischen Kulturen wie dem Orient erschien ihm für die Nationsbildung ungeeignet. Da die Romantik weder der bürgerlichen Moral noch dem Ideal autonomer Subjektivität, dem individuellen Korrelat der nationalen Souveränität, entsprach, wurde sie nicht in den Literaturkanon aufgenommen.[112] Bohrer zufolge schuf die Romantikkritik so die Basis der »romantikfeindlichen Einstellungen im 19. Jahrhundert sowohl innerhalb der fortschrittlichen Intelligenz als auch innerhalb der Literarhistorie«. Die »gewünschte Reaktion unter politisch progressiv orientierten akademischen Schicht, namentlich der Studentenschaft, stellte sich ein«.[113] Noch Treitschkes »Deutsche Geschichte« machte Anleihen bei der orientalistischen Romantikkritik. Beim zum Katholizismus konvertierten Zacharias Werner konstatierte er eine »krankhafte Lust am Spukhaften, Scheußlichen und Wilden«, dieselbe »rätselhafte Verbindung von Glaubenswut, Wollust und Blutdurst, die uns in den Naturreligionen unreifer Völker anwidert«.[114]

Der Ausschluss der ›katholischen‹ Romantik aus dem Literaturkanon verstärkte die Konfessionalisierung deutscher ›Bildung‹ und trug so zur Dichotomisierung von Katholizismus und Bürgerlichkeit bei. Denn Bildung war zentral für das Selbstverständnis vieler deutscher Bürger.[115] Literatur galt in Deutschland als zentrales Medium von Bildung. Mit der romantischen wurde auch die katholische aus der nationalen Literatur verbannt.[116] Versuche einer protestantischen Normierung des deutschen Literaturkanons hatte es seit dem 17. Jahrhundert

112 Zitiert nach *Hohendahl*, Kultur, S. 162f.

113 *Bohrer*, Kritik, S. 202. Zu den Folgen der Romantikkritik vgl. auch *Hohendahl*, Kultur; *Fohrmann*, Projekt; *Hoffmeister*, Forschungsgeschichte.

114 Treitschke, *Geschichte*, Bd. 2, S. 19.

115 Zur mystisch-pietistischen Herkunft des deutschen Bildungsbegriffs vgl. *Bollenbeck*, Bildung, S. 103–109, 216–221.

116 Vgl. *Smith*, Nationalism, 23.

gegeben.[117] Die liberal-demokratische, protestantische Literaturgeschichtsschreibung des 19. Jahrhunderts suchte die protestantische Definitionsmacht deutscher Bildung mit der Autorität akademischer Forschung zu zementieren. Auch der Sprachwissenschaftler Jacob Grimm bezeichnete das Neuhochdeutsche in seiner »Deutschen Grammatik« 1819 »als protestantischen Dialect«, »dessen freiathmende Natur längst schon, ihnen unbewußt, Dichter und Schriftsteller des katholischen Glaubens, überwältigte.«[118] Danach konnten Katholiken schon allein aufgrund ihrer Konfession keine Bildungsgüter produzieren. Folgerichtig ließ der evangelische Lexikograph Joseph Kürschner 1883 die ›literarische Richtung‹ katholischer Schriftsteller im »Allgemeinen Deutschen Literaturkalender« mit einem »K« stigmatisieren. Protestantische Literaten blieben ohne konfessionelles Merkmal. Um der Marginalisierung und Stigmatisierung katholischer Literaten entgegenzuwirken, publizierte der katholische Buchhändler und Schriftsteller Heinrich Keiter 1884 eine Studie über »Zeitgenössische katholische Dichter Deutschlands« und gründete 1891 das Rezensionsorgan »Katholischer Literaturkalender«, das jedoch außerhalb des katholischen Milieus ohne Resonanz blieb.[119]

Zum Ausschluss des Katholizismus aus der Nationalliteratur kam nach 1850 die Exklusion aus der deutschen Geschichte. Der Kieler Ordinarius und Gründervater der preußisch-kleindeutschen Schule Johann Gustav Droysen sah die katholische ›Barbarei‹ in der höheren Bildung auf dem Vormarsch. An den Direktor der preußischen Unterrichtsabteilung Johannes Schulze schrieb der erklärte Feind Österreichs, der sich 1848 massiv für eine ›kleindeutsche‹ Lösung eingesetzt hatte, dass der Wiener Beschluss zur Gründung einer katholischen Akademie ein »Selbstzeugnis der Armut« sei, das zeige, wie man »drüben« die »kritische und wissenschaftliche Fuchtel des protestantisch-norddeutschen Geistes« nicht mehr fürchte. Das Berliner »geistige Leben« müsse sich zornig aufbäumen, um »dummen, tendenziösen, unfreien, marionettenhaften Wissenschaftlern wie Jörg, Höfler usw.« den Weg zu weisen. Auch an der Bonner Universität komme »Gesindel, rheinbündnerisches, katholisches, österreichisch-bairisch-sächsisches«, auf. So lasse man die Menschen »herzensöde und schließlich Pöbel werden« und vollende »das babylonische Kulturwesen mit hinzugefügtem christlichen Aberglauben und Pfaffenautorität. Daß Gottes Zorn helfe!«[120]

Wie sein Lehrer Hegel verstand Droysen den Lauf der Geschichte als Gang der sittlichen Welt zum »Zweck der Zwecke«. Der Staat sei die »höchste sittliche Ordnung, in der der Mensch zu leben hat«, der Nationalstaat die Voraussetzung bürgerlicher Freiheit, und in der freien, nationalen Willensbildung liege

117 Vgl. *Breuer*, Normierung, S. 84–104.
118 Zitiert nach *Raab*, Lutherisch-deutsch, S. 15.
119 Vgl. *Hirschmann*, Kulturkampf, S. 11.
120 *Droysen*, Briefwechsel, Bd. 2, 182 f. Vgl. hierzu auch *Langewiesche*, Liberalismus, S. 181.

die Bedingung staatlicher Macht.[121] Zwischen 1855 und 1886 legte er eine 14bändige »Geschichte der preußischen Politik« vor, in welcher er die kleindeutsche Nationsbildung unter preußisch-protestantischer Führung legitimierte. Für den Katholizismus war in dieser ›Weltgeschichte *als* Nationalgeschichte‹ kein Platz vorgesehen. Er zählte vielmehr zum »Mist von Jahrhunderten, der die deutsche Nation zudeckte« und den Preußen »abzutragen« habe. Den Beginn des Kulturkampfs zwischen preußischem Staat und katholischer Kirche begrüßte Droysen folgerichtig als Erfüllung von ›Preußens Beruf‹ in der deutschen Geschichte.[122]

Auch jüngere Wortführer der preußisch-kleindeutschen Schule wie Sybel und Treitschke schlossen den Katholizismus als primitiv und entwicklungsunfähig aus der deutschen Geschichte aus. In Treitschkes »Deutscher Geschichte« firmierte München als »Hochburg der katholischen Magier« mit »Ausschweifungen rohen Aberglaubens«. Anlässlich des katholischen Widerstands gegen das badische Schulgesetz nannte er den Protestantismus 1864 »einer unendlichen Weiterbildung fähig«, während die römische Kirche »ewig [bleibe], was sie war«.[123] Mit staatlicher Hilfe erlangten die Repräsentanten der borussischen Schule bald die Schlüsselpositionen der deutschen Geschichtswissenschaft.[124] Obwohl ihre Auffassungen selbst unter protestantischen Historikern nicht unumstritten waren, prägten sie das Geschichtsbild protestantischer Eliten.

e) Folgen: Katholische Bildungsbürger als hybride Subjekte

Von 1829 bis 1831 unterrichtete Droysen am humanistischen Berliner Gymnasium »Graues Kloster«, benannt nach einem säkularisierten Franziskanerkloster, in dem 1832 auch ein gewisser Otto von Bismarck sein Reifezeugnis entgegennahm. Bismarcks Memoiren zufolge galt es den Schülern stets als »interessante Unterbrechung der Einförmigkeit« des Schulalltags, »wenn Jemand katholisch« war: »Ein katholischer Mitschüler wurde ohne jedes confessionelle Uebelwollen mit einer Art von Verwunderung wie eine exotische Erscheinung und nicht ohne Befriedigung darüber betrachtet, dass ihm von der Bartholomäusnacht, von Scheiterhaufen und dem dreißigjährigen Kriege nichts anzumerken war«. Der Katholizismus erschien hier als ein exotisches Phänomen und Relikt einer toten Vergangenheit.[125]

121 *Rüsen*, Konfigurationen, S. 236f.

122 *Droysen*, Briefwechsel, Bd. 2, S. 903f.

123 *Treitschke*, Geschichte, Bd. 2, S. 95, 333f. Zum kleindeutschen Ausschluss des Katholizismus aus der deutschen Geschichte vgl. *Wild*, Auseinandersetzung, S. 108ff.; *Hardtwig*, Aufgabe; *Gräf*, Reich; Lill, *Großdeutsch*; Schmidt, *Klopp*; Smith, *Nationalism*, S. 32f.; Cramer, *Lamentations*; *Marchal*, Geschichtsbaumeistern.

124 Treitschke übernahm 1866 die Herausgabe der *Preußischen Jahrbücher*, 1895 (nach Sybel) die Redaktion der *Historischen Zeitschrift*. 1886 folgte er Ranke als ›Historiograph des preußischen Staates‹ nach. Seine Vorlesungen prägten eine Generation deutscher Akademiker. Vgl. *Bußmann*, Treitschke; *Langer*, Treitschke.

125 *Bismarck*, Gedanken, Bd. 2, S. 171.

Da maßgebliche Historiker und Germanisten die deutsche Literatur und Geschichte protestantisch definierten, gerieten katholische Bildungsbürger unter ›Bekenntniszwang‹. Denn in dem Sinn von Bildung, wie ihn protestantische Bürger vertraten, konnten Katholiken keine gebildeten Bürger sein. Sie mussten sich vielmehr vom Katholizismus distanzieren und ›zwischen Klasse und Konfession‹ (Thomas Mergel) entscheiden.[126] Auch nach dem Ende der Auseinandersetzung zwischen katholischer Kirche und preußischem Staat standen gebildete Katholiken bei protestantischen Bildungsbürgern unter Verdacht.[127] Im ›akademischen Kulturkampf‹ wurde katholischen Studentenorganisationen die Existenzberechtigung abgesprochen.[128] In gelehrten Debatten über ein ›katholisches Bildungsdefizit‹ beriefen sich liberale Katholiken auf den unterschiedlichen Grad der Alphabetisierung und Schulversorgung protestantischer und katholischer Gebiete, um für eine Kirchenreform zu werben. Indem sie sich dabei auch Elemente des antikatholischen Diskurses zu eigen machten, erkannten sie die kulturelle Hegemonie des Protestantismus an.[129]

Noch die sozialhistorische Bürgertumsforschung der Bielefelder Schule war vorwiegend Protestantismusforschung[130], was nicht zuletzt auf die konfessionelle Verengung des deutschen Bildungsbegriffs zurückzuführen ist. Anstatt die ungleichen materiellen, politischen und institutionellen Voraussetzungen für die Bildungsinstitutionen katholischer und protestantischer Reichsgebiete infolge der Säkularisationen nach 1803 zu berücksichtigen – was aus strukturhistorischer Sicht eigentlich näher gelegen hätte – schrieben führende Sozialhistoriker den antikatholischen Diskurs fort und stilisierten den Katholizismus zum Anderen bürgerlicher Kultur. Dabei wurden bürgerliche meist mit protestantischen Maßstäben gleichgesetzt.[131] Das katholische Bildungsbürgertum, das trotz des doppelten Drucks von Protestanten und Ultramontanen existierte[132], geriet dabei ebenso aus dem Blick wie die bildungshistorischen Folgen der Säkularisationen.[133] Denn die Enteignung kirchlichen Besitzes und die Aufhebung katholischer Klöster zu Beginn des 19. Jahrhunderts hatte katholische Schul- und Bildungszentren gerade in dem Moment zerstört, als die Aufklärung in den intellektuellen Zentren des Katholizismus Fuß zu fassen begann. Sie betraf vor

126 Vgl. *Mergel*, Klasse.

127 Vgl. dazu *Schloßmacher*, Befremden, S. 451 Anm. 18.

128 Vgl. *Dowe*, Studenten. Für andere Bereiche des Bildungswesens vgl. *Weber*, Spahn; *Brandt*, Universität; *Zalar*, Process.

129 Vgl. *Baumeister*, Parität.

130 Zur Kritik an der Dichotomisierung von Katholizismus und Bürgerlichkeit: *Heilbronner*, Bürgertum; *Blaschke*, Jahrhundert, S. 43.

131 Vgl. *Wehler*, Gesellschaftsgeschichte, Bd. 3, S. 394f.; *Kocka*, Jahrhundert, S. 122, 125.

132 Vgl. *Langewiesche*, Bildungsbürger; *Heilbronner*, Bürgertum; *ders.*, Ghetto; *Dowe*, Bildungsbürger.

133 Als Beispiel vgl. etwa *Wehler*, Gesellschaftsgeschichte, Bd. 1, S. 363–367; Bd. 2, S. 469f.; Bd. 3, S. 394f.

allem ländliche katholische Gebiete. Aufstiegschancen armer Katholiken wurden so gemindert. Klöster verschwanden nicht nur als Bildungsinstitutionen, sondern auch als Wirtschaftsunternehmen, Sparkassen und Arbeitgeber. In den Unterschichten lebte die barocke Kultur und Frömmigkeit zwar fort. Als Hochkultur trat sie aber in den Hintergrund.[134]

Im Ergebnis stand das von Nicolai am Ende des 18. Jahrhunderts bloß postulierte hochkulturelle Gefälle zwischen Protestanten und Katholiken: Während sich die Schuldichte und der Alphabetisierungsgrad in katholischen und protestantischen Reichsgebieten im 18. Jahrhundert kaum unterschieden hatten, änderte sich dies im 19. Jahrhundert zugunsten Letzterer. Im Sinne einer *self-fulfilling prophecy* bildete sich die protestantisch-norddeutsche Kulturhegemonie am Ende tatsächlich heraus. Dies lag jedoch nicht am vermeintlich bildungsfeindlichen Wesen des Katholizismus, sondern an strukturellen Folgen der Säkularisation, an einer konfessionellen Definition deutscher Bildung – und an der wachsenden Popularität katholischer Frömmigkeitsrituale bei nichtbürgerlichen Massen.[135]

3. »Opium des Volkes«? Die Trierer Wallfahrt und der Antikatholizismus im Vormärz

Der Antikatholizismus deutscher Liberaler ist jüngst als Reaktion auf die gescheiterte Revolution von 1848 und die folgende katholische Erneuerung gedeutet worden.[136] Er formierte sich jedoch bereits während des katholischen Aufschwungs im Vormärz.[137] Diese Phase war für den modernen Antikatholizismus in mehrfacher Hinsicht wichtig. Zum einen kam es, aufgrund neuer Drucktechniken und eines prosperierenden Zeitungswesens, zur sozialen Ausweitung antikatholischer Stereotype, die neben Eliten nun auch Kleinbürger und lesefähige Arbeiter erreichte. Zum anderen verschärfte sich der zu diesem Zeitpunkt noch unentschiedene innerkonfessionelle Kulturkampf zwischen aufgeklärt-liberalen und ultramontanen Katholiken. Zugleich forderten Liberale angesichts der unerwarteten öffentlichen Expansion katholischer Massenreligiosität eine Differenzierung von Politik, Religion und Wissenschaft. Sie formulierten somit bereits eine zentrale Variante der Säkularisierungstheorie. Und schließlich brannte

134 Vgl. *Hartmann*, Kulturgeschichte, S. 436–445. Zu den kulturellen Folgen der Säkularisation siehe auch *Erlinghagen*, Bildungsdefizit, S. 18 f.; *Raab*, Auswirkungen; *Klueting*, Folgen; *Rösener*, Bildungsdefizit; *Sheehan*, History, S. 243–246; *Zalar*, Reading, S. 122.

135 Vgl. *François*, Volksbildung; *Neugebauer*, Staat; *Maurer*, Biographie, S. 580–584; *Janz*, Pfarrhaus, S. 232.

136 Vgl. *Gross*, Case; *ders.*, War, S. 22, 29–73.

137 Zum *Catholic Revival* vor 1848 vgl. *Weber*, Aufklärung; *Anderson*, Piety, S. 685–694. Zum frühliberalen Antikatholizismus und Antiklerikalismus vgl. *Sperber*, Revolutions, S. 67 (Europa); Eyck, *Liberalismus* (Deutschland); *Herzog*, Intimacy (Baden); *Björnsson*, Man (Leipzig).

sich das im Vormärz in den Medien verbreitete Bild katholischer Volksfrömmigkeit so nachhaltig ins Gedächtnis ein, dass es noch die sozialhistorische ›Entdeckung‹ der Religion in den 1970er Jahren prägte. Diese Beziehung zwischen katholischem Aufschwung, medialem Wandel, demokratisch-liberalem Antikatholizismus, Säkularisierungstheorie und Sozialgeschichte soll am Beispiel der Trierer Wallfahrt verdeutlicht werden, die als größte »organisierte Massenbewegung des deutschen Vormärz« gilt. Vom August bis zum Oktober 1844 wurde in der Trierer Domkirche, erstmals seit 1810, die Reliquie des Heiligen Rocks ausgestellt. In fünfzig Tagen strömten circa 500.000 Pilger in die Stadt, um die *Tunica Domini* zu sehen.[138]

a) »Venusdienst in Babylon«: Die Wallfahrtskritik progressiver Zeitungen

Die Trierer Wallfahrt wurde in demokratisch-liberalen Zeitungen, in Sonderdrucken, Flugschriften und Genrebildern, Spottliedern und Karikaturen thematisiert, zum Teil mit hoher Auflage und überregionaler Verbreitung.[139] Einerseits einte die Ablehnung der Wallfahrt Liberale und Radikale, Konstitutionelle und Demokraten. Sie ließ den Ultramontanismus als gemeinsamen Feind erscheinen und relativierte politische Gegensätze der ›progressiven‹ Kräfte.[140] Andererseits irritierte sie deren Fortschrittsglauben, denn sie widersprach der Annahme eines allmählichen Schwindens der Religion. Anstatt die Modernität des ›neuen Katholizismus‹ zu erkennen, griffen Demokraten und Liberale auf orientalistische Katholizismusbilder zurück. Für die liberale »Bremer Zeitung« brach der »ganze mittelalterliche Katholicismus« in die »Bildung unsrer modernen Welt« herein. Der »alte, strenggläubige, mittelalterliche Katholicismus« bemächtige sich »der Massen« und strebe eine »Rückkehr in die Zeit der alten kräftigen Glaubensenergie, oder vielmehr eine Erneuerung der letztern« an. Es sei »nur folgerichtig, wenn er auch zu den Hexenprozessen und Ketzergerichten« zurückkehre. Für die radikale »Mannheimer Abendzeitung« hatte sich der Ultramontanismus »um einige Jahrhunderte vergessen«. Im Mittelalter seien »Processionen und Rockzüge am Platze« gewesen, heute seien sie jedoch ein »unverzeihlicher politischer Fehler«, durch den man »lächerlich« werde. Auch Robert Blums radikale »Sächsischen Vaterlands-Blätter« konnten »keine günstige Meinung von der religiösen Bildungsstufe gewinnen, auf welcher sich die Menschen in dieser sonderbaren Zeit überhaupt befinden«, wollten aber »glauben, daß die angeführten Zeichen nur das letzte Aufflackern alter Reminiscenzen« seien, »um bald auf immer zu verlöschen.«[141]

138 *Schieder*, Religion und Revolution, S. 15. Vgl. ebd.; *Parent*, Rock; *Schneider*, Wallfahrt.

139 Zum Medienecho vgl. *Schieder*, Religion und Revolution, S. 92f.; *Große*, Glaßbrenner; *Jürgensmeier*, Kirche, S. 101 Anm. 144; *Embach*, Verarbeitung, S. 137–152; *Schneider*, Presse.

140 Vgl. *Koszyk*, Geschichte, S. 104. Zu den fließenden Übergängen zwischen Liberalen und Demokraten im Vormärz vgl. *Fehrenbach*, Verfassungsstaat, S. 92–104.

141 *Heil.-Rock-Album*, S. 51f., 79, 83, 82f.

Relikt, Reminiszenz oder Reaktion, Rückkehr, Erneuerung oder ›letztes Aufflackern‹ – die Trierer Wallfahrt produzierte widersprüchliche Deutungen, dementierte die Annahme einer Relativierung kirchlicher Bindungen und religiöser Überzeugungen und irritierte den Fortschrittsglauben der ›Progressiven‹. Da sie auf der Achse des Fortschritts nicht darstellbar war, wurde sie als Ausdruck des »finstern«, »crassesten« Aberglaubens mit ›barbarischen‹ Kulten außerhalb Europas verglichen: mit der Anbetung des goldenen Kalbs, mit Kinderopfern an den Moloch, mit den »Gräuelthaten der Thugs«, dem »Venusdienst in Babylon«, der mexikanischen Vitzliputzli-Verehrung und der »Krokodill- und Katzenverehrung der Aegypter«. Da diese Manifestationen »religiösen Gefühls« die Gesetze der Vernunft verletzten und die Bildung des 19. Jahrhunderts verhöhnten, seien sie zu Recht nicht »anerkannt, respectirt und geschont« worden. Diese Regel sei auch auf die Trierer Wallfahrt anzuwenden, die man ebenfalls mit den Waffen des Geistes bekämpfen müsse.[142]

Die Enthistorisierung und Exotisierung der Wallfahrt ging mit einer Entmündigung der Pilger einher. Keineswegs zufällig wurde deren ›niedere‹ Herkunft betont. Während Görres die Wallfahrt als Parteien und Klassen übergreifende Manifestation katholischer ›Einheit‹ feierte, strichen radikale und liberale Blätter die Präsenz der »untersten Volksklassen« heraus. Die meisten Pilger hätten »arm und kümmerlich« ausgesehen und aus »Unzufriedenheit mit den socialen Zuständen« teilgenommen. Die Beteiligung katholischer Adliger, die in dieses Deutungsschema nicht passte, wurde auf »geistige Unmündigkeit« zurückgeführt. Der Freiherr von Andlaw erntete den Spott der »Mannheimer Abendzeitung« für das »naive Geständniß«, »aus Ueberzeugung und gläubig rockgefahren« zu sein: Man könne nur »bedauern, daß es dem Freiherrn nicht möglich war, auf einer Culturstufe zu stehen, wo religiöse Befangenheiten, wie z. B. der Glaube an einen alten Rock, aufhören«. Wallfahrer aus dem ›Mittelstand‹ und den ›gebildeten Klassen‹, wie das Bürgertum im zeitgenössischen Sprachgebrauch genannt wurde, wurden dagegen in den Zeitungsberichten nicht erwähnt, was den Eindruck einer nichtbürgerlichen Veranstaltung vervollständigte. Da die Prozession oft von Pfarrgeistlichen oder Bischöfen angeführt wurde, erschien die Wallfahrt als »Demonstration« und »Zurschautragung« kirchlicher »Streitkräfte«, die Laien figurierten als »Marionettenpuppe in der Hand« katholischer Geistlicher.[143]

Auch die von der Wallfahrt kolportierten Wunderheilungen wurden als klerikales Täuschungsmanöver dargestellt. Die konservative protestantische »Elberfelder Zeitung« prangerte das ›Wunder von Bingen‹ als ultramontane Ausbeutung der Hoffnung minderjähriger, weiblicher und kranker Gläubiger an. Wunder-

142 *Ebd.*, S. 123 f.

143 *Ebd.*, S. 48, 83 ff., 79, 123 f. Zur katholischen Rhetorik der ›Einheit‹ vgl. *Görres*, Wallfahrt; *Frühwald*, Wallfahrt, S. 377. Zur Religiosität des westfälischen Adels vgl. *Reif*, Adel, S. 435–449. Zu den zeitgenössischen Klassenbegriffen vgl. *Schieder*, Religion und Revolution, S. 25.

kritiker hoben die Präsenz von Unterschichten, »Frauenspersonen jeden Alters« und Kindern hervor, was den Eindruck einer unmündigen ›Natur‹ der Wallfahrer verstärkte. Dass Frauen und Kinder indes auch eigensinnig mit religiösen Gesten und Symbolen umgingen, zeigte ein von der »Bremer Zeitung« zitierter Bericht der Bonner Polizei. Danach hatte eine Mutter mit ihrer elfjährigen Tochter eine »infernalische Rolle eingeübt«, damit diese »mit großer Vollkommenheit die vom Teufel Besessene« spiele und »jedesmal in gräßliche Zuckungen« verfalle, »sobald man ihr mit Medaillen zu Hülfe kommen wollte, die den heil. Rock berührt hatten.« Nachdem »viel Geld« von »gläubigen und mitleidigen Wallfahrern« geflossen war, wurde das betrügerische Duo überführt. Obwohl es mit Berechnung und Geschick agierte hatte, diente sein Handeln als weiterer Beleg der klerikalen Täuschung des leichtgläubigen ›Pöbels‹. Für die Agency katholischer Laien sprach zudem, dass sich Pilger an Geistliche *und* Ärzte wendeten. Denn es gab auch wunderfreundliche Mediziner, die vom Wunderglauben zu profitieren suchten. Während der Trierer Bischof Erlaubnisscheine zur Berührung des Heiligen Rocks für Kranke verteilen ließ, bestätigte ein Trierer Arzt 18 Wunderheilungen. Zur Kontroverse zwischen Vertretern von Religion und Wissenschaft führte allerdings die Nachricht von der Wunderheilung der Gräfin Johanna von Droste zu Vischering, einer fußlahmen Großnichte des inhaftierten Kölner Erzbischofs. Die »Elberfelder Zeitung« suchte das ›Wunder‹ medizinisch zu erklären, indem sie sich auf einen Kollegen des behandelnden Arztes der Gräfin berief: »Hätte sie blindes Vertrauen zu ihrem Arzte gehabt, und der hätte sie aufgefordert, einen kräftigen Versuch zu machen, das Bein zu strecken, so hätte der das Wunder bewirkt.« Als Beleg für die Risiken solcher »Wundermanipulation« schilderte das liberale »Frankfurter Journal« den Fall eines Bauers, der »seinen 30jährigen Sohn, der im Uebrigen ganz gesund, an den Beinen aber contract [gelähmt, MB] war, mit seinem Knechte nach Trier« geschickt hatte. Da das Wunder ausgeblieben sei, habe der Vater den Sohn selbst zur »Wunder-Kur« getragen – mit tödlichem Ausgang: »Der Sohn blieb Krüppel, den Vater aber warf die übermäßige Anstrengung auf das Krankenlager: in 8 Tagen war er todt.« Die Argumente der Kontrahenten waren also spiegelbildlich: Wallfahren heilt, behaupteten die Apologeten, Wallfahren macht krank, erwiderten die Gegner der Wallfahrt.[144]

Jenseits solcher individuellen Fälle wurde die Trierer Wallfahrt indes auch als Bedrohung der Volksgesundheit dargestellt. Von den Romantikern schien die katholische ›Geistes-Krankheit‹ auf die gläubigen Massen übergesprungen zu sein. Sie wurde nicht mehr mit der exzessiven Lebensführung exaltierter Künstler erklärt, sondern mit der Armut und Unmündigkeit frommer Unterschichten, Frauen und Kinder. Die Ausstellung des Trierer Rocks habe »Verwüstung in viele tausend Gemüther« getrieben, schrieben die »Sächsischen Vaterlands-

144 *Heil.-Rock-Album*, S. 48, 119, 62, 100 f. Zur ultramontanen Aufwertung kindlicher Frömmigkeit siehe Aspinwall, *Child*. Zur Rolle der Ärzte vgl. *Embach*, Verarbeitung, S. 86 f.

Blätter«. Die »Elberfelder Zeitung« führte »Erkrankungen« auf den Massenauflauf zurück und beschwor die Gefahr von »Durchfällen, Ruhr, Cholera usw.« Im Zuge der Verbreitung epidemiologischer Theorien sollte sich die Pathologisierung des Religiösen bald darauf mit wissenschaftlichen Argumenten verbinden. Schon 1844 riefen liberale Blätter, wie 1876 anlässlich der Marpinger Marienerscheinungen, nach geistiger ›Hygiene‹, um dem ›mittelalterlichen Spuk‹ ein Ende zu bereiten und Katholiken zur Zivilisation zu bekehren. Das »Frankfurter Journal« empfahl Bildung als Rezept gegen ansteckenden Aberglauben. Die »Bremer Zeitung« prophezeite einen Kampf »des Glaubens gegen die Aufklärung« und »der religiösen Unfreiheit gegen die Humanität der Bildung«, der »die europäische Welt in ihren Grundfesten« erschüttern werde.[145]

b) »Aberglauben« und »Götzenfest«: Die Wallfahrtskritik katholischer Geistlicher

Die Kritik der Wallfahrt blieb nicht auf die demokratisch-liberale Presse beschränkt. Sie kam auch von katholischen Geistlichen wie dem Pfarrer Peter Alois Licht aus Leiwen an der Mosel, der das Wallfahren bereits 1841 als »religiösen Unsinn« und »Ironie gegen den denkenden Katholiken« gebrandmarkt und damit eine Kontroverse mit dem Professor für Theologie am Trierer Bischöflichen Seminar Jakob Marx ausgelöst hatte, der zu den Initiatoren der Trierer Wallfahrt gehörte.[146] Als das verhasste Ereignis eingetreten war, beschrieb Licht es als Naturkatastrophe und als kollektive Erkrankung: »Gleich einem reißenden Strome oder wie ein bösartiges Fieber« habe das »heillose Wallfahren alle ergriffen und in den Strudel hineingezogen.« Wie die antiklerikale Presse hob er die niedere Herkunft, das weibliche Geschlecht und das minderjährige Alter der Pilger hervor und sah unter diesen »stupiden Pöbel«, »hochschwangere« und »säugende« Frauen sowie manche »Bürgersfrau« und »Dame aus der Stadt«. Sogar »die kleinen Kinder« habe man »mitgeschleppt«. Viele Bürger hätten über den »unaufhörlichen, ungestümen Andrang« und über Diebstähle »der bettelnden Wallfahrer« geklagt. Zahlreiche Pilger hätten dem »Müßiggange gefrönt«, ihr »Hauswesen vernachlässigt« und ihre Kinder »ohne Aufsicht zurückgelassen«. Vor allem aber empfand Licht die Wallfahrt als herben Rückschlag für die katholische Aufklärung. Der »krasse Aberglaube« habe sein »Riesenhaupt wieder erhoben und auf lange Zeit hin tiefe Wurzeln geschlagen«. Die im aufgeklärten katholischen Deutschland bereits »vergessenen Rosenkränze, traurige Reliquien einer finsteren Zeit, des Mittelalters«, seien wieder aus den alten Rüstkammern gekommen, der »wahre und würdige Begriff des Gebets« sei vom »Lippengeplärre« der Oster-

145 *Heil.-Rock-Album*, S. 81, 46 f., 53. Zur Pathologisierung des Katholizismus siehe die Kapitel A.I.4.a, B.I.3.a und C.III.4.c Zur liberalen Deutung der Marpinger Marienerscheinungen vgl. *Blackbourn*, Marienerscheinungen, S. 451–468.

146 Zitiert nach *Embach*, Verarbeitung, S. 140. Weitere Beispiele katholischer Wallfahrtskritik bei *Parent*, Rock, S. 88.

andacht verdrängt worden. Den Klerus stellte der Pfarrer als »unwissende, bigotte, mitunter hypokritische Priester« dar, das heißt als Subjekt und Objekt der Täuschung.[147]

Ähnlich vernichtend fiel das »Urtheil eines katholischen Priesters über den heiligen Rock zu Trier« aus, das 1844 in den »Sächsischen Vaterlandsblättern« erschien. Darin forderte der schlesische Priester Johannes Ronge den Trierer Bischof Wilhelm Arnoldi auf, die Ausstellung der Reliquie unverzüglich zu beenden. Der offene Brief erschien 40.000-mal als Separatdruck, 50.000-mal als Flugschrift und avancierte damit zur meistverbreiteten Schrift des deutschen Vormärz. Ronge hatte die Wallfahrt nicht mit eigenen Augen gesehen. Sein »Urtheil« basierte vielmehr auf der Zeitungslektüre und auf dem aufgeklärten »Vorurteil des vormärzlichen Bildungsbürgertums gegenüber dem unwissenden ›Volk‹«.[148]

Ronge zeichnete ein abstoßendes Bild der Pilger: Die meisten gehörten »niederen Volksklassen« an, seien »in großer Armut, gedrückt, unwissend, stumpf, abergläubisch und zum Theil entartet« und würden sich für die Reise der Feldarbeit, dem Gewerbe und der Sorge für Haus und entziehen. Sie brächten hierfür große finanzielle und gesundheitliche Opfer auf. Pilgerinnen seien nicht nur sexuellen Übergriffen ausgesetzt, sondern würden sich um der Religion willen prostituieren. Hauptopfer war indes auch für Ronge die Religion selbst. Das »Götzenfest« und »unwürdige Schauspiel der römischen Hierarchie« verleite die »leichtgläubige Menge« dazu, eine allein Gott zustehende Ehrfurcht einem menschlichen Artefakt zu erbieten. Das »unchristliche Schauspiel« habe »dem Aberglauben, der Werkheiligkeit, dem Fanatismus« und »der Lasterhaftigkeit Thor und Angel geöffnet.« Der Bischof habe die »religiösen Gefühle der leichtgläubigen, unwissenden oder der leidenden Menge« »irre[ge]leitet«. Ronge forderte Arnoldi daher auf, das »Kleidungsstück der Öffentlichkeit zu entziehen« und drohte mit einer zweiten Reformation: Die Reliquienverehrung habe einst »Deutschlands geistige und äußere Knechtschaft« herbeigeführt. Alle »deutschen Mitbürger« sollten daher jetzt gegen die »tyrannische Macht der römischen Hierarchie« kämpfen und verhindern, dass die »Lorbeerkränze eines Huß, Hutten, Luther« beschimpft würden.[149] Ronge vertrat keineswegs den geschlechtsneutralen ›Klassenstandpunkt‹ verarmter Unterschichten[150], sondern den gebildeter, männlicher Bürger. Er wandte sich an »Christen des 19. Jahrhunderts«, an »deutsche Männer«, »Volks- und Religionslehrer«.[151] Antiklerikalen Zeitungen zufolge

147 Zitiert nach *Schieder*, Religion und Revolution, S. 76–79.

148 *Schieder*, Religion und Revolution, S. 20. Zur Auflage von Ronges Schrift vgl. *ebd.*, S. 70; *Graf*, Politisierung, S. 32, 174 Anm. 28, 399; *Embach*, Tunica, S. 49.

149 *Ronge*, Urtheil, S. 64, 67. Analog zu Ronges Kritik schätzte eine anonyme Schrift den durch die Trierer Wallfahrt entstandenen Schaden für das »Nationalvermögen« auf elf Millionen Taler. *Schneider*, Presse, S. 302 Anm. 162.

150 Dies gegen *Schieder*, Religion und Revolution, S. 19 f.; *Paletschek*, Frauen, S. 20 f.

151 *Ronge*, Urtheil, S. 63.

erzielte sein Appell gerade bei dieser Zielgruppe große Wirkung: Der Mannheimer »Bürgerstand« zeigte sich »electrisirt«, in Breslau wurde Ronges Brief an den »öffentlichen Orten des mittlern Bürgerstandes« vorgelesen und diskutiert, der Verfasser als deutscher Mann und Bürger gefeiert.[152]

Als Ronge wenig später exkommuniziert worden war, rief er zur Gründung einer ›romfreien Kirche‹ auf. Ende März 1845 organisierte Robert Blum in Leipzig das erste ›deutschkatholische Konzil‹, das Fanal zur Entstehung des ›Deutschkatholizismus‹. In Anknüpfung an die Aufklärung stilisierte er die Auseinandersetzung zwischen Ronge und Arnoldi zum »Kampf zwischen Licht und Finsterniß«: Der »gesunde Menschenverstand, die Bildung der Zeit, das Licht und die Wahrheit« ringe mit der Finsternis und der »Lüge«, die mit »jesuitischem Kunstgriffe« die Gesetze »für das Pfaffentreiben in Anspruch« nähme.[153] Als Drahtzieher der Wallfahrt verdächtigte man die Jesuiten: Die »Deutsche Allgemeine Zeitung« sah den »gelehrten Mitbürger« Biester, der von der »romantischen Schule« für seine »Jesuitenriecherei« verspottet worden war, vollständig rehabilitiert.[154]

Die Deutschkatholiken attackierten das päpstliche Primat, die Verehrung von Heiligen und Reliquien, Ohrenbeichte, Zölibat und lateinische Messe. Wie die Protestanten erkannten sie als Sakramente lediglich die Taufe und die Eucharistie an; sie propagierten die Freiheit und Autonomie des religiösen Subjekts, die Symbiose von Religion, Politik und Wissenschaft in einer neuen, von Rom unabhängigen, deutschen Nationalkirche. Ihre Bewegung stand in Verbindung mit Liberalen, protestantischen Rationalisten und ›Lichtfreunden‹. Von 1845 bis 1847 entstanden 259 Gemeinden mit über 80.000 Mitgliedern. Dennoch blieb sie auf Städte und auf demokratische, kleinbürgerlich-proletarische Gruppen begrenzt. Aufgrund staatlicher und kirchlicher Repressionen konnte sie diese sozialen Grenzen letztlich nicht überwinden. Wie bei der Abspaltung der Altkatholiken nach 1870 förderten der Exodus und die Exkommunikation kirchenkritischer Bürger indirekt sogar den Prozess der Ultramontanisierung.[155]

Die Deutschkatholiken scheiterten nicht nur an äußerem Druck, sondern auch an einem paradoxen Religionsverständnis: Einerseits wollten sie den Glauben in Erkenntnis auflösen, andererseits die Religion auf alle Sphären der Gesellschaft ausdehnen; einerseits forderten sie eine Privatisierung und Individualisierung der Religion, andererseits vermengten sie Politik, Religion und Wissenschaft selbst im öffentlichen Raum.[156]

152 *Heil.-Rock-Album*, S. 77, 99. Vgl. *ebd.*, S. 140.

153 Zitiert nach *Große*, Glaßbrenner, S. 52. Vgl. ebd., S. 49.

154 *Heil.-Rock-Album*, S. 143.

155 Vgl. dazu *Eyck*, Liberalismus, S. 145; *Nipperdey*, Bürgerwelt, S. 412; *Wehler*, Gesellschaftsgeschichte, Bd. 2, S. 475; *Paletschek*, Frauen, S. 95f; *Steinruck*, Heilig-Rock-Wallfahrt; *Sperber*, Radicals, S. 128; *Holzem*, Kirchenreform, S. 443 f.; *Brederlow*, Lichtfreunde.

156 Vgl. dazu *Graf*, Politisierung, S. 172; *Paletschek*, Frauen, S. 112–115, 246.

c) *Nicht einmal die »Muhammedaner«: Die historisch-orientalistische Kritik der Reliquie*

Während die Deutschkatholiken auf die Trierer Wallfahrt mit einer neuen Fusion von Politik, Religion und Wissenschaft reagierten, nahmen zwei Bonner Privatdozenten das Ereignis zum Anlass, die Trennung eben dieser ›Sphären‹ zu fordern. 1844 publizierten der Orientalist Johannes Gildemeister und der Historiker Heinrich von Sybel eine »historische Untersuchung« der Reliquie, in der sie die Existenz zwanzig anderer ›heiliger Röcke‹ nachwiesen und die kirchliche Legende der Herkunft des Trierer Rocks als »willkürliche Mönchserfindung« des 12. Jahrhunderts entlarvten.[157] Sybel zufolge versetzte die Broschüre »das Land« in »Aufruhr«. Obwohl sie in wissenschaftlicher Form und in gelehrtem Duktus abgehalten war, wurden binnen weniger Monate drei Auflagen und 8.000 Exemplare verkauft. Einem Fackelzug für den Trierer Bischof und »bombastischen Proklamationen« am Schwarzen Brett der Bonner Universität stand eine Solidaritätserklärung von 200 Studenten für die beiden Dozenten gegenüber. Auch Satireblätter, Bänkelsänger und Karnevalisten griffen die gelehrte Kritik des Heiligen Rocks auf. Um das »Gesindel« katholischer Kritiker zum Schweigen bringen, antworteten Gildemeister und Sybel 1845 mit einer zweiten Schrift.[158]

Als Anlass der Intervention nannten sie die »Unparteilichkeit« vieler Bürger gegenüber der Echtheit der Reliquie. Es sei ihnen lange »unnütz, ja lächerlich« erschienen, »mit ernsthaften Gründen gegen die Aechtheit des Trierer Rockes zu Felde zu ziehen«, an die ein gebildeter Bürger, so die implizite Prämisse, ohnehin nicht zu glauben vermochte. Erst »Gespräche« mit »sonst ganz vernünftige[n]« Personen, welche die Echtheitsfrage für unentscheidbar oder unerheblich erklärten, hätten sie dazu bewegt, »ein öffentliches Wort in der Sache zu reden«. Die bürgerliche Gleichgültigkeit erschien den Akademikern »unsittlich«, weil sie Religion und Wissenschaft auf eine Stufe stellte. Zusätzlich herausgefordert sahen sich Gildemeister und Sybel durch eine Schrift des Theologen Jakob Marx, in der dieser die Echtheit des Rocks in einer Schrift mit wissenschaftlichen Kriterien hatte beweisen wollen, was beide als illegitime Überschreitung disziplinärer Grenzen deuteten: Hätte sich Marx »damit begnügt, auszusprechen: dieser Rock ist zu verehren, weil er, wie andere Röcke, päpstlich bestätigt und weil er früher verehrt [worden] ist, so wären zwei streng geschiedene Gebiete, das kirchliche und das historische, auch streng geschieden geblieben und von denselben Voraussetzungen aus keine Widerlegung möglich gewesen.« Stattdessen habe sich Marx jedoch auf das »Feld der historischen Kritik« begeben und an gebildete Leser gewandt. »[A]ngenagt« vom »fressenden Gift der Aufklärung«, habe er sich »aufgeklärten Raisonnements« und »rationalistischer, vom Glauben unab-

157 *Gildemeister/Sybel*, *Rock*, S. 48.
158 Zitiert nach *Dotterweich*, Sybel, S. 76f., 79. Vgl. *Embach*, Verarbeitung, S. 143 Anm. 25.

hängiger Gründe und Wahrscheinlichkeiten« bedient, um die Echtheit des Trierer Rockes »für den vernünftigen Standpunkt« zu erhärten. Die Strafe für seine Preisgabe der »kirchlichen Unfehlbarkeit« sei auf dem Fuß gefolgt, denn »auf diesem Felde« habe Marx »unfehlbar« scheitern müssen. Seine Anrufung der ›Vernunft‹ von einem religiösen Standpunkt aus erschien Gildemeister und Sybel unmöglich. Sie warfen Marx einen »Mangel an Wahrheitssinn« vor, der in der Religion erlaubt, in der Wissenschaft verboten sei. Auf dem Spiel stand also der epistemologische Monopolanspruch beider Beschreibungssysteme. Allerdings überschritt Sybel die geforderte Grenze zwischen Religion und Wissenschaft selbst, indem er den katholischen Reliquienkult pathologisierte: Das mittelalterliche »Aufblühen des Reliquienglaubens« sei aus einer krankhaften »Sehnsucht« hervorgegangen, die sich stets gewaltsam habe äußern können, weltliche Herrscher wie Kaiser Otto III. zu »religiöser Selbstquälerei« verführt und die »weltbeherrschende Hierarchie« Papst Gregors VII. vorbereitet habe. Die katholischen Gläubigen erschienen als willfähriges Werkzeug der Kirche, deren ›heiße‹ Gefühle von ›kalt‹ berechnenden Geistlichen ausgenutzt worden seien.[159]

Bereits in seiner Habilitationsschrift hatte Sybel den ersten Kreuzzug als Instrumentalisierung fanatischer Gläubiger 1841 durch eine gewissenlose Kurie dargestellt.[160] Die Trierer Wallfahrt schien hinter diese ›finsteren Zeiten‹ noch zurückzufallen: Während des »ganzen Mittelalters« hätten sich zu einem solchen »Schauspiele« »weder Stoff noch Stimmung« gefunden. Die Untersuchung schloss mit dem Hinweis des Orientalisten Gildemeister, dass nicht einmal »Muhammedaner« Reliquien anbeteten. Der Trierer Katholizismus war demnach ›sogar‹ dem Islam unterlegen.[161]

Gildemeisters und Sybels Antikatholizismus speiste sich aus historisch-orientalistischer Gelehrsamkeit, liberaler Gesinnung und einer bürgerlich-protestantischen Sozialisation: Gildemeister stammte aus einer reformierten Bremer Patrizierfamilie, hatte Theologie und orientalische Sprachen in Duisburg, Göttingen und Bonn studiert, sich 1838 in Bonn habilitiert und eine prominente Rolle in der Bremer Kirchenfehde um die rationalistische Kritik des paulinischen Anathema gespielt. Im innerprotestantischen Streit um die Hessische Kirche wandte er sich in den 1850er Jahren gegen die Lutheraner. Sybel kam aus einer altbürgerlich-evangelischen Düsseldorfer Familie. Nach Vorlesungen bei Savigny und Ranke und der Promotion an der Universität Berlin hatte er sich 1840 in Bonn als Dozent habilitiert. Beiden verhalf die Kontroverse um den Trierer Rock zum Karrieresprung. Nachdem sie zuvor bereits zu außerordentlichen Professoren ernannt worden waren, fand ihre Schrift Gefallen bei Hochschulreferent

159 *Gildemeister/Sybel*, Rock, S. V, XIII, 32. Zur Entstehung vgl. *Bailleu*, Sybel, S. 649.

160 Vgl. *Sybel*, Geschichte, S. 145–187. Ausführlich zu Sybels Habilitationsschrift vgl. *Dotterweich*, Sybel, S. 45–48.

161 *Gildemeister/Sybel*, Rock, S. VII, 50 f., 97 f.

Johannes Schulze, Ministerialdirigent Adalbert von Ladenberg, Kultusminister Karl von Altenstein und König Friedrich Wilhelm IV. Der hessische Kurfürst berief die Gelehrten an die Universität Marburg. Das Bündnis von Staat und Wissenschaft späterer Kulturkämpfe deutete sich hier bereits an.[162]

d) Religion statt Revolution: Zum Katholizismusbild der frühen deutschen Sozialgeschichte

Das im Vormärz verbreitete Bild des Katholizismus prägte noch die sozialhistorische Entdeckung der Religion in der Mitte der 1970er Jahre. Anhand der Trierer Wallfahrt verdeutlichte Wolfgang Schieder in einem einflussreichen Aufsatz die soziale und politische Relevanz religiöser Phänomene, um im säkularistischen Umfeld der Bielefelder Schule für eine Sozialgeschichte der Religion zu werben. Indem er dabei jedoch das frühliberale Bild katholischer Massen übernahm, mit Marx' Sicht der Religion als ›Opium des Volkes‹ kombinierte und die Wallfahrt indirekt für das ›Scheitern‹ der Revolution von 1848 mit verantwortlich machte, bestätigte er das unter deutschen Sozialhistorikern ohnehin vorherrschende Bild von der (katholischen) Religion als Modernisierungshemmnis.[163]

Schieder zufolge war die Trierer Wallfahrt von der Kirchenführung »in gegenrevolutionärer Absicht« und »planmäßig von oben gesteuert« worden, um »durch religiöse Mobilisierung breite Schichten der katholischen Bevölkerung von dem Einfluß revolutionärer Ideen fernzuhalten«. Da dieser Versuch »weitgehend gelungen« sei, habe die Wallfahrt »Signalwirkung für die deutsche Revolution von 1848/49« gehabt. Sie habe den »antirevolutionären, konservativ-traditionalistischen« Standpunkt des Trierer Bischofs Arnoldi und des ultramontanen Theologen Jakob Marx auf die Wallfahrer übertragen. Infolgedessen sei das »Bewusstsein der Pilger« »einheitlich von einer gruppenspezifischen Mentalität geprägt« worden. Vor allem »zwölf preiswerte Andachtsbüchlein« hätten das »geistige Reservoir« der »Mentalität des Wallfahrtskollektivs gespeist«. Die eigens für die Wallfahrt angefertigten Texte hätten die Echtheit der Reliquie suggeriert, »naiven Wunderglauben« genährt und ein religiöses Angebot zur Kompensation drängender sozialer Nöte geliefert. Mit diesem »Ablenkungscharakter« sei die durch die Wallfahrt aktivierte Religiosität »eindeutig« »als Immunisierungsmittel gegen den aufkommenden ›Kommunismus‹« propagiert worden.[164]

Zugespitzt lautete die These also: Religion statt Revolution. Sie erntete viel Widerspruch. Bestritten wurde nicht nur die soziale Homogenität der Pilger[165], son-

162 Vgl. *Dotterweich*, Sybel, S. 29 f., 36, 51; *Jacobi*, Gildemeister; *Wenig*, Rationalismus, S. 266.

163 Zur Überbetonung des ›Scheiterns‹ der Revolution von 1848 durch kleindeutsche staatsnahe Liberale und zum politischen Einfluss von Liberalen und Demokraten nach 1850 vgl. *Jansen*, Einheit. Zu Marx' Definition der Religion als »Opium des Volkes« siehe Kapitel A.I.2.c.

164 *Schieder*, Religion und Revolution, S. 15, 13, 42, 58 f., 63 f. Ähnlich zuvor *ders.*, Kirche.

165 Die soziale Herkunft wurde von Staat und Kirche nicht erfasst und kann daher nur geschätzt werden. Schieder zufolge kamen die meisten Wallfahrer aus Dörfern und Kleinstädten

dern auch die Gleichsetzung von sozialer Lage und politischer Gesinnung. Denn antirevolutionäres Gedankengut war auch unter wallfahrtsabstinenten Bürgern verbreitet. Man musste weder arm sein noch an einer Wallfahrt teilgenommen haben, um die Revolution abzulehnen.[166] Nicht weniger problematisch war, dass Schieder die 500.000 Wallfahrer als monolithischen Block und leeren, passiven Behälter behandelte, der durch ultramontane Kleriker mit reaktionärer Ideologie gefüllt und in eine konterrevolutionäre Manövriermasse verwandelt worden sei.[167] Anstatt die religiöse Dimension der Wallfahrt ernstzunehmen, wurde das kollektive Ritual lediglich als Kompensation sozialer Not und Vehikel politischer Reaktion gedeutet. Ein funktionalistisches Religionsverständnis führte dazu, die Polyvalenz und religiöse Eigendynamik des Ereignisses zu übersehen.

Dennoch setzte sich das Bild klerikal ferngesteuerter katholischer Laien auf breiter Ebene durch. Es blieb weder auf die Trierer Wallfahrt noch auf die sozialhistorische Forschung beschränkt, sondern beeinflusste auch empirisch-kulturwissenschaftliche, landes- und politikhistorische Studien.[168] Vor diesem Hintergrund konstatierte Wolfgang Altgeld »erstaunliche Kontinuitäten von der liberalen Auffassung katholischer Frömmigkeit im Konflikt des 19. Jahrhunderts zu den Interpretationen moderner sozialhistorischer Volksfrömmigkeitsforschung«. Margaret Lavinia Anderson warnte deutsche Katholizismusforscher zudem vor der Annahme, »daß die Dinge so abliefen, wie sie es taten, weil die Kirche (das heißt, der Klerus) wollte, daß sie so abliefen«. Viele Studien stellten das katholische »Volk« so dar, »als ob es Wachs in den Händen der klugen Geistlichen wäre, zu dumm, um zu wissen, was gut für es sei.« Dies sei jedoch eine »allzu intentionalistische, sogar eine höchst klerikale Auffassung von Kausalität, von historischer ›Agency‹«. Sie bleibe letztlich dem liberalen Antiklerikalismus verhaftet – im Unterschied zur neuen Sozialgeschichte der Religion in Frankreich, Großbritannien und Nordamerika.[169]

Der religionshistorische Sonderweg deutscher Sozialhistoriker resultierte nicht nur aus der Übernahme des demokratisch-liberalen Katholizismusbildes aus dem Vormärz, sondern auch aus der engen Beziehung der historischen Sozial-

der direkten Umgebung (Eifel, Moseltal, Hunsrück), wozu er allerdings nicht nur Bauern und Winzer, sondern auch Handwerker und Gewerbetreibende zählte, das heißt auch Kleinbürger. Von einer Abstinenz des Bürgertums kann insofern nur eingeschränkt die Rede sein. Vgl. *Schieder*, Religion und Revolution, S. 21 f. Die soziale Heterogenität der Wallfahrer betont daher *Schneider*, Wallfahrt.

166 So bereits *Anderson*, Piety, S. 688 f.

167 Vgl. *Lichter*, Wallfahrt, S. 89. Dagegen spricht die von Schieder selbst dargestellte Vielfalt der Intentionen und Interessen der Wallfahrer. Vgl. *Schieder*, Religion und Revolution, S. 60 f.

168 Vgl. *Korff*, Formierung, S. 354 f. *Dülmen*, Religionsgeschichte, S. 51; *Sperber*, Catholicism, S. 70 f.; *ders.*, Counterrevolutions; *Wehler*, Gesellschaftsgeschichte, Bd. 2, S. 473 f.; *Keinemann*, Ereignis, Bd. 1, S. 8 Anm. 46.

169 *Altgeld*, Katholizismus, S. 196 Anm. 3; *Anderson*, Grenzen, S. 199. Zur Kritik der deutschen Katholizismusforschung siehe auch *dies.*, Piety.

wissenschaften zur Säkularisierungstheorie. Katholische Historiker haben daher zu Recht auf die Ähnlichkeit der Deutung Schieders mit der Säkularisierungstheorie hingewiesen.[170] Ähnlich wie Demokraten und Frühliberale hielten Sozialhistoriker die Entzauberung der Welt und die Differenzierung von Politik, Religion und Wissenschaft für ein zentrales Element von Modernisierung, an der es in Deutschland gefehlt habe. Ausgehend von der These eines deutschen Sonderwegs, die das angelsächsische Modell parlamentarischer Demokratie idealisierte und als universell gültige Norm verabsolutierte, durchsuchten sie die deutsche Geschichte nach modernisierungsfördernden und -hemmenden Elementen. Als religiöses Hindernis politischer Modernisierung erschien ihnen der Katholizismus, der zu einem abgeschlossenen, straff von oben organisierten und klerikal kontrollierten ›Milieu‹ stilisiert wurde.[171] Religionssoziologische Studien katholischer ›Volksfrömmigkeit‹ beglaubigten dieses Bild.[172] In Kontinuität zum Antikatholizismus des Vormärz führten deutsche Sozialhistoriker die Popularität des neuen Katholizismus auf eine klerikale Manipulation unmündiger Laien zurück, anstatt, was dem sozialhistorischen Ansatz eigentlich näher gelegen hätte, auf die kirchliche Thematisierung der sozialen Frage oder auf die lebensweltliche Nähe katholischer Priester zu den Unterschichten. Die für Trier postulierte Autoritätsbeziehung klerikaler Führer und gläubiger Massen wurde dabei auf das ›lange‹ 19. Jahrhundert extrapoliert, die radikale Religionskritik übernommen und die Dichotomisierung von Katholizismus und Moderne fortgeschrieben. Dass der ›neue‹ Katholizismus selbst eine Variante der Moderne darstellte, war mit diesem Narrativ unvereinbar. Seine Modernität wurde erst mit dem Verblassen der Säkularisierungstheorie und der großen Erzählung vom ›deutschen Sonderweg‹ erkennbar.

4. Ägyptische »Fellahs«: Virchows »Mitteilungen« über Oberschlesien 1848

1846 brach in Oberschlesien eine Typhusepidemie aus, die innerhalb eines Jahres etwa 16.000 Todesopfer forderte. Die preußischen Behörden verharmlosten die Katastrophe zunächst, sahen sich aber bald so heftiger Kritik ausgesetzt, dass Kultusminister Eichhorn eine Untersuchungskommission einsetzte. Im Februar 1848 reisten der Geheime Obermedizinalrat Stephan Barez und der 27jährige Prosektor der Berliner Charité Rudolf Virchow per Eisenbahn und Kutsche ins

170 Vgl. *Lill*, Kirche, S. 574; *Holzem*, Kirchenreform, S. 15f.

171 Vgl. *Lepsius*, Parteiensystem; *Blaschke*, Religion in Geschichte und Gesellschaft. Zur Kritik an der Milieutheorie: *Smith/Clark*, Fate, S. 10. Zum deutschen Sonderweg als ›historischer Meistererzählung‹: *Welskopp*, Grenzüberschreitungen.

172 Vgl. *Ebertz*, Organisierung; *ders.*, Volksfrömmigkeit; *Korff*, Heiligenverehrung; *ders.*, Kulturkampf.

Katastrophengebiet. Unmittelbar vor Ausbruch der Berliner Märzrevolution präsentierte Virchow der »Gesellschaft für wissenschaftliche Medicin« die Ergebnisse der Untersuchung; im Juli berichtete er der Medizinalabteilung des Kultusministeriums.[173] Kurz darauf erschienen seine »Mitteilungen über die in Oberschlesien herrschende Typhus-Epidemie« im »Archiv für pathologische Anatomie und Physiologie und für klinische Medizin«. Der Medizinhistoriker Christian Andrée hat den Text als »Geburtsdokument der modernen Sozialmedizin« gefeiert. Paul Weindling zufolge hatte er hingegen »weniger mit der Realität von Gesundheit und sozialen Verhältnissen in Oberschlesien zu tun«, als mit den »Forderungen des gemäßigten Flügels der Medizinalreformbewegung in Berlin«. Ute Frevert kritisierte die Ausgrenzung verarmender Unterschichten, mit der Virchow dem Staat das Instrument präventiver Sozialpolitik mit dem Versprechen angeboten habe, um durch eine Medikalisierung und Disziplinierung verarmter Massen soziale Desintegrationsprozesse aufzuhalten bzw. zu steuern. Constantin Goschler wies auf den Antikatholizismus in Virchows »Mitteilungen« hin, fasste den Text jedoch primär als politisches Programm, das demokratische Weltanschauung und ärztlichen Autoritätsanspruch miteinander verband.[174]

Kaum untersucht wurde bislang Virchows Verknüpfung von Antipolonismus und Antikatholizismus. Wie im Folgenden gezeigt werden soll, konvergierten für den Arzt im Südosten Preußens zwei ›innere Kolonien‹ Deutschlands: Polen und der Katholizismus – eine Vorstellung, die noch den preußisch-deutschen Kulturkampf der 1870er Jahre prägen sollte. Die »Mitteilungen« eignen sich deshalb nicht nur dazu, den Beitrag liberaler Naturwissenschaftler zu den frühen Kulturkämpfen und die Verknüpfung der Kategorien Ethnie/Nation/Rasse, Klasse und Konfession im antikatholischen Diskurs zu beleuchten. Sie demonstrieren auch die Kontinuität des Antikatholizismus zwischen Revolution und Reichsgründung.[175]

a) »Keine Entwicklung, keine Cultur«: Virchows Oberschlesien

Für Virchow war die preußische › Zivilisierung‹ Oberschlesiens gescheitert: Während Schlesien durch die »deutsche Colonisation« und die »Macht deutscher Cultur« weitgehend germanisiert worden sei, hätten hier 700 Jahre nicht genügt, um den Bewohnern das »nationalpolnische Gepräge« zu nehmen. »Ganz Oberschlesien« sei »polnisch«. Analog zu ethnographischen Beschreibungen außereuropäischer Kolonialvölker stellte Virchow die Oberschlesier als »faule, indo-

173 Vgl. *Goschler*, Virchow, S. 61 f.

174 Zitiert nach *Stüben*, Slawen, S. 255 f.; *Weindling*, Medicine, S. 15 f.; *Frevert*, Krankheit, S. 140–145; *Goschler*, Virchow, S. 59–64. Zum Antikatholizismus in Virchows »Mitteilungen« vgl. bereits *Anderson*, Kulturkampf, S. 116; *Blackbourn*, Marienerscheinungen, S. 461.

175 Zu Polen als ›innerer Kolonie‹ im Kaiserreich vgl. *Conrad*, Globalisierung, S. 139–144. Zum negativen Bild Oberschlesiens im deutschsprachigen Raum seit der Aufklärung vgl. *Franzke*, Industriearbeiter, S. 88–92.

lente Bevölkerung« dar. Dass einem hier »schreckliche Jammergestalten« voller »Unterwürfigkeit« »Arm, Rockzipfel, Knie« küssten, sei »scheußlich«. Die Unreinlichkeit und Indolenz der Bewohner erinnere »an den eigentlichen Polen«. Der Oberschlesier wasche sich im Allgemeinen nicht, sondern überlasse es der »Fürsorge des Himmels, seinen Leib zuweilen durch einen tüchtigen Regenguß von den darauf angehäuften Schmutzkrusten zu befreien. Ungeziefer aller Art, insbesondere Läuse«, seien auf seinem Körper »fast stehende Gäste«. Ebenso groß sei seine »Abneigung gegen geistige und körperliche Anstrengungen«, die Neigung zu Müßiggang und »Müßigliegen, die in Verbindung mit einer vollkommen hündischen Unterwürfigkeit« einen so »widerwärtigen Eindruck auf jeden freien, an Arbeit gewöhnten Menschen« mache, dass man sich »eher zum Ekel, als zum Mitleid getrieben« fühle. Virchows »Mitteilungen« verschmolzen antipolnische Stereotype mit bildungsbürgerlichen Vorurteilen gegen Unterschichten. Die Oberschlesier verkörperten darin das Gegenteil bürgerlicher Werte und nationaler Tugenden wie Hygiene, Fleiß und Selbständigkeit.[176]

Virchow erklärte die humanitäre Katastrophe aber nicht nur mit dem ›Wesen‹ der Oberschlesier, sondern auch mit äußeren Faktoren wie unwürdigen Wohnverhältnissen, schlechter Ernährung und mangelnden Deutschkenntnissen, repressiver Junkerherrschaft und bürokratischer Bevormundung. Vor allem die katholische Hierarchie trage »schwere Schuld« daran, dass das Volk hier in »Unwissenheit, Aberglauben und Faulheit« versunken sei. Der Geistliche sei der »unumschränkte Herr dieses Volkes«, das ihm »wie eine Schar Leibeigener« zur Verfügung stehe. Eine »so mächtige Hierarchie, der das Volk so blind gehorcht«, hätte es zu einer »gewissen geistigen Entwicklung« bringen können. Allerdings liege es im »Interesse der Mutter Kirche, die Völker bigott, dumm und unfrei zu erhalten«. Nur in Irland und Spanien habe der katholische Klerus eine »absolutere Knechtung des Volkes« erwirkt. Da ihm lediglich Gebetbücher zugänglich seien, habe das Volk »keine Entwicklung, keine Cultur«. Auch die katholische Religion machte Virchow für das Massensterben verantwortlich: Die Oberschlesier hätten den Tod »mit einer gewissen Zuversicht« erwartet, weil dieser »Ersatz in den himmlischen Freuden« garantiert hätte. »Wurde jemand krank, so suchte er nicht den Arzt, sondern den Priester; hülfen die heiligen Sacramente nichts, was sollte dann die armselige Arznei wirken?« Seine Abneigung gegen katholische Geistliche brachte Virchow auch in Briefen an seinen Vater zum Ausdruck. In Oberschlesien sehe man deutlich, was eine »durch katholische Hierarchie und preußische Bürokratie geknechtete Masse« werden könne. »Diese Stumpfheit, diese thierische Knechtschaft« sei »Schrecken erregend«. Die viel gepriesene

176 Virchow, *Mitteilungen*, S. 64 f.; ders., *Briefe*, S. 322. Zum ›kolonialen‹ Blick Virchows vgl. auch Goschler, Virchow, S. 61 f. Zum deutschen Antipolonismus vgl. *Orlowski*, Wirtschaft. Zum Verbot des Ekelhaften in der modernen Ästhetik vgl. *Menninghaus*, Ekel, S. 145. Zu den »Ekelschranken« deutscher Katholiken und Protestanten vgl. *Langewiesche*, Volksbildung, S. 110.

»Wirksamkeit der barmherzigen Brüder« in der Krankenpflege werde überbewertet. Denn es sei »Interesse der katholischen Partei, davon so viel Geschrei als möglich zu machen«. Diese Partei arbeite »sogar dahin, die ganze Angelegenheit in ihre Hände zu bekommen«.[177]

Virchows Antikatholizismus resultierte nicht aus dem ›Trauma‹ eines gescheiterten Revolutionärs.[178] Als er die »Mitteilungen« verfasste, erzielte die Revolution vielmehr ihre ersten Erfolge. Nach der Rückkehr aus Oberschlesien beteiligte sich Virchow an Barrikadenbau, Wahlkämpfen, Versammlungen und Komitees, an der Bildung politischer Organisationen und der Planung einer demokratischen Partei. Im März 1849 wurde er auf konservativen Druck hin vom Kultusminister entlassen. Mit Unterstützung der Berliner Ärztevereine konnte er zwar eine teilweise Rücknahme der Entlassung erwirken, sollte jedoch Privilegienverluste hinnehmen, weshalb er einem Ruf an die Universität Würzburg folgte. Erst 1856 wurde er als Leiter des pathologischen Instituts an die Berliner Charité zurückberufen.[179]

Verantwortlich für Virchows Antikatholizismus waren bürgerliche Werte und liberal-demokratische Prinzipien wie der Glaube an Fortschritt und Wissenschaft sowie eine große lebensweltliche Distanz zum Katholizismus. Geboren 1821 im protestantischen Schivelbein in Pommern als Sohn eines kirchenfernen Landwirts und Stadtkämmerers und einer gläubigen Protestantin, lernte der junge Virchow den Katholizismus eher aus lokalhistorischen Studien als aus eigener Anschauung kennen, denn eine katholische Kirche wurde in Schivelbein erst 1857 errichtet. 1843 verfasste er eine Geschichte des vor der Stadt gelegenen ehemaligen Kartäuserklosters, in der er die Mönche träger Faulheit und üppiger Genusssucht zieh. Wegen ihrer »Unbrauchbarkeit« zu »Kulturzwecken« könne man froh sein, dass die Reformation den »faulen Krebsschaden aus dem gesunden Staatsleben« entfernt und die »toten Schätze weniger Faullenzer« in die »befruchtenden Kanäle der Volkswirtschaft« zurückgeführt habe. Begeistert schilderte er das Abtragen der Klosterruine und die Rückerstattung des Klosterterrains an die Natur.[180]

1848 verglich Virchow den oberschlesischen Katholizismus nicht nur mit ›klerikal-katholisch‹ beherrschten Ländern wie Irland, Spanien und Mexiko, sondern auch mit dem Orient. Unter Berufung auf Justus Heckers »Geschichte der neueren Heilkunde« mahnte er, dass die Pest regelmäßig an den Nil wiederkehre, weil sich die politischen Verhältnisse dort nicht änderten. Deshalb sei Ägypten »nicht mehr das schöne Land der Pharaonen und Ptolemäer«, sondern werde

177 *Virchow*, Mitteilungen, S. 67 ff.; *ders.*, Briefe, S. 317, 319.

178 Dies gegen *Gross*, War, S. 22, 167, der den Antikatholizismus deutscher Liberaler mit dem ›Trauma‹ der gescheiterten Revolution von 1848 erklärt.

179 *Virchow*, Briefe, S. 59. Vgl. *Goschler*, Virchow, S. 64–87.

180 Vgl. *Virchow*, Karthaus, S. 11, 13 f., 21 f. Zu Virchows antikatholischer (protestantisch-neohumanistischer) Sozialisation in Schivelbein vgl. *Goschler*, Virchow, S. 24, 28, 34 f.

beherrscht von »habsüchtigen und grausamen Barbaren«. »Sklaverei und thierische Trägheit« seien »an die Stelle einsichtigen Kunstfleißes und ausdauernder Betriebsamkeit getreten«. Um »die Analogie der ägyptischen Fellahs mit dem oberschlesischen Landvolk noch zu steigern«, zitierte Virchow eine Studie über »Krankheiten des Orients«, welche die primitive Ernährung und die fehlende Hygiene der Fellachen anprangerte.[181] Der Orient diente hier als Metapher für zivilisatorischen Verfall infolge politischer Stagnation, die Oberschlesier figurierten als Fellachen Preußens.

b) Volkserziehung: Säkularisierung als Trennung von Schule und Kirche

Virchow argumentierte in den »Mitteilungen« nicht kohärent, sondern widersprüchlich: In Kontrast zu seiner essentialistischen Darstellung der Oberschlesier als minderwertiger Spezies warnte der Mediziner davor, die »Arbeitsscheu« der Bevölkerung nur einem »nationalen Hange zum Nichtsthun« zuzuschreiben. Man solle sie vielmehr zu gesunder, sittlicher Lebensführung erziehen. Die »Cultur von 1 ½ Millionen unserer Mitbürger, die sich auf der untersten Stufe moralischer und physischer Gesunkenheit« befänden, sei »unsere« Aufgabe geworden. Da das Volk körperlich und geistig schwach sei, bedürfe es »vormundschaftlicher Leitung«; deshalb solle man ihm »durch Beispiel und eigene Erfahrung« zeigen, »wie der Wohlstand aus der Arbeit hervorgeht«, »den Genuß leiblicher und geistiger Güter« gewähren und es »an der Kultur, an der großen Bewegung der Völker« teilnehmen lassen. Dann werde dieses Volk nicht zögern, aus dem »Zustande der Unfreiheit, der Knechtschaft, der Indolenz hervorzutreten und ein neues Beispiel von der Kraft und Erhebung des Menschengeistes zu liefern«. Virchows Rhetorik kultureller Hebung speiste sich aus einer emanzipatorischen Vision: Es müsse ein »erhebender Anblick« sein, wenn dieses Jahrhunderte hindurch gefesselte Volk zum ersten Mal aufstehe, »wie ein junger Riese, sein Haupt aufrichtet und die kräftigen Glieder rührt«. In Kontinuität zur frühliberalen Polenbegeisterung beschwor Virchow das Potential einer »hochherzigen und jeder Aufopferung fähigen« Nation und verwies auf die »Verhältnisse«, unter denen das »unglückliche Volk« gelitten habe. Beseitige man diese, würde auch der epidemische Typhus für immer verschwinden.[182]

Um den ›schlafenden Riesen‹ zu wecken, forderte Virchow eine »nationale Reorganisation« Oberschlesiens: Demokratie und Selbstverwaltung, Steuergleichheit und Abschaffung feudaler Privilegien sowie das »Recht des Einzelnen auf eine gesundheitsmäßige Existenz«. Eine Schlüsselrolle schrieb er dem Schulwesen zu. Nirgends sei die »absolute Trennung der Schule von der Kirche« nötiger als in Oberschlesien: »Der religiöse Zwang, die krasse Bigotterie, die Richtung

181 *Virchow*, Mitteilungen, S. 221 ff.

182 *Ebd.*, S. 66, 223, 75 f., 221. Zum deutschen Polenbild vor 1848 vgl. *Kolb*, Polenbild; *Ehlen*, Freiheitskampf; *Hoffmann*, Wandel.

auf das Transcendentale« seien hier besonders stark ausgeprägt. Anstelle »pfäffischer Überlieferung« solle »freisinniger Unterricht« treten, um das »dogmatische Flitterwerk« durch »naturwissenschaftliche Einsicht« zu ersetzen. Nur so könne man »festen und vernünftigen Principien« zum Durchbruch verhelfen, die »das Wohl aller durch die Begründung des Wohles jedes Einzelnen« ermöglichen.[183]

Im Gegensatz zum Kulturkampf nach der Reichsgründung argumentierte Virchow hier nicht nationalistisch. Sein universalistischer Kulturbegriff transzendierte vielmehr nationale Grenzen. Für eine Germanisierung Oberschlesiens erschien es ihm 1848 bereits »zu spät«. Ungeachtet des aufkommenden Panslawismus, der eine Chance für den Fortschritt sei, solle der preußische Staat, der sein »Ungeschick im Germanisieren« mit dem Scheitern der Primärschulen bereits bewiesen habe, »deutschen Geist und deutsche Gesittung« durch polnischsprachige Erziehung »heimisch« machen. Wichtiger als die Germanisierung war dem Arzt die Vermittlung naturwissenschaftlichen Wissens: Die Schulen seien mit »verständigen Lehrern« zu besetzen, die nicht das »Interesse der katholischen Hierarchie« vertreten, sondern das »allgemein menschliche Interesse«.[184]

Virchows Antikatholizismus bildete unter den Demokraten der Zeit keine Ausnahme. Neben wissenschaftlichen Fachzeitschriften zitierte er den Deutschkatholiken Ronge und den badischen Revolutionär Gustav von Struve.[185] Auch das »Volks- und Erinnerungsbuch« von Ignaz Julius Lasker und Friedrich Gerhard über »Des deutschen Volkes Erhebung im Jahr 1848« stellte die Oberschlesier als Opfer des katholischen Glaubens dar. Es prangerte die Verteilung einer »Fluchschrift des finstersten Aberglaubens und rasendsten Fanatismus« an, welche die Missernte mit mangelnder Frömmigkeit erklärt habe. Auch Lasker und Gerhard machten den katholischen Klerus für das Elend mit verantwortlich, weil dieser das Volk nicht »von der geringsten Stufe geistlicher und sittlicher Bildung erhoben«, sondern zu »Dummheit und hündischer Kriecherei erzogen« habe. Der Arzt und der Schriftsteller stellten die geistliche Volksbildung als gezielte Verschwörung von Thron und Altar dar. Zu »hierarchischen Zwecken« habe der Staat die Schule in »blinder willenloser Abhängigkeit von der Kirche« gehalten, um »das Volk in politisch-dummer Abhängigkeit am Gängelbande und Narrenseil zu leiten.« Im Ergebnis stehe eine

> Knechtische Verehrung des Geistlichen, abgöttische Anbetung der Heiligenbilder, ohne den entferntesten Begriff von der ihr zu Grunde liegenden höhern Idee, geistloseste Uebung der religiösen Gebräuche, materielle Furcht vor den Strafen des Fegefeuers und der Hölle, ohne Sehnsucht nach einem Himmel, ohne Ahnung eines ewigen Lebens.

183 *Ebd.*, S. 224, 228 f.

184 *Ebd.*, S. 225. Zur Germanisierungspolitik im Kaiserreich als Prozess innerer Kolonisierung vgl. *Ther*, Geschichte; *Smith*, Welt; *Conrad*, Globalisierung, S. 139 ff. Zu den rivalisierenden Nationsbildungsprozessen in Oberschlesien: *Struve/Ther*, Grenzen.

185 Vgl. *Virchow*, Mitteilungen, S. 67–75

Der einzelne Gläubige sei daher kaum von der Viehherde zu unterscheiden, die ihn umgebe. Auch hier ging die Entmenschlichung katholischer Laien mit der Forderung nach Emanzipation durch Säkularisierung einher: Um eine Wiederholung ähnlicher Desaster zu verhindern, forderten Lasker und Gerhard politisch-religiöse Aufklärung des Volkes und Trennung von Schule und Kirche.[186]

c) *Wider »gelehrte Missionare«: Oberschlesiens katholische Apologie*

Verteidigt wurden die Oberschlesier nur in der katholischen Presse. Aus München spotteten die »Historisch-politischen Blätter für das katholische Deutschland«, dass Virchow mit dem anatomischen Skalpell »aus den Leichen herauspräpariert« habe, »wie sehr die katholische Hierarchie das Volk« verdummt habe.[187] Eher verbittert als ironisch protestierte dagegen das »Schlesische Kirchenblatt« wider die »irrigen Ansichten solcher gelehrten Missionare« über »die Ursachen der Armut und der Not, so wie der mangelhaften Bildung des Volkes«. Die Schulen seien so überfüllt, dass katholische Lehrer über 150 Schüler in kleinen, dunklen Schulstuben unterrichten müssten. Für Schulen in entlegenen Dörfern fehle das Geld, und die Staatsbehörden seien gleichgültig. Landpfarrer Braschke wandte sich daher gegen die »Verunglimpfung des katholischen Volkes und Klerus von Oberschlesien«. Die slawischen Bewohner gälten als ein »in Aberglauben und Unwissenheit tief versunkenes Volk, voll Liebe zum Trunk, mit angeborner Faulheit« und Hang zum Diebstahl, »als müsse Alles, was katholisch heißt, schlecht sein«. Dagegen stünden »Fleiß, Ausdauer, Kühnheit, Entschlossenheit und Erfindungsgabe« der oberschlesischen Landmänner, der heroische Kampf der Geistlichkeit gegen den Branntweinkonsum sowie ihr mit zahlreichen Todesopfern bezahlter Einsatz während der Typhusepidemie. Laskers und Gerhards »protestantische Flugschrift« zeichne dagegen ein Bild, das »jeden Gebildeten mit Grauen« erfüllen müsse und mache den Klerus zu Unrecht für »das gräßliche Elend« verantwortlich. Seit Johann Anton Theiners »Freimüthigen Aeußerungen über den sittlichen und kirchlichen Zustand Oberschlesiens« habe es »kein oberflächlicheres und ungerechteres Urtheil« gegeben. Braschke bezweifelte sogar, dass die Autoren überhaupt in Oberschlesien gewesen seien und unterstellte ihnen eine »gewissenlose Verleumdung« des Klerus und eine »gemeine Schmähung« und Täuschung des Volkes.[188]

Wie im Kulturkampf nach der Reichsgründung konnten sich antiliberale katholische Geistliche und Journalisten als Fürsprecher des Volkes gerieren. Das negative Bild, das die bürgerliche Öffentlichkeit Preußens von der Region gewonnen hatte, wurde dadurch allerdings nicht verändert. Wegen mangelnder

186 *Lasker/Gerhard*, Erhebung, S. 137–140, 142 f.

187 Vgl. Historisch-Politische Blätter 23 (1849) S. 29–32.

188 Schlesisches Kirchenblatt 30.9.1848, 24.3.1849. Ich danke Stephan Scholz für den Hinweis auf diese Quelle. Vgl. *Theiner*, Aeußerungen.

Deutschkenntnisse wären Oberschlesiens polnischsprachige Abgeordnete, Bauern und Dorfschulzen, 1848 fast aus der Preußischen Nationalversammlung ausgeschlossen worden.[189]

5. »Ruhe des Kirchhofs«: Die Ästhetik der Entzauberung im Nachmärz

Im Nachmärz setzte sich der katholische Aufschwung, zumal in Preußen, fort. Begünstigt durch die Artikel zur Religionsfreiheit in der preußischen Verfassung von 1850, zogen die Volksmissionen von Jesuiten und Redemptoristen Tausende von Menschen an. Gleichzeitig wurden neue Klöster, Kongregationen und katholische Vereine gegründet. Und auch die Kirchenbänke füllten sich allmählich wieder.[190] Evangelische Kirchenführer, die vor allem in Städten einen Niedergang protestantischer Kirchlichkeit beklagten, kommentierten die Prosperität des konfessionellen Rivalen alarmistisch.[191] Vor diesem Hintergrund wurde zuletzt die These vertreten, dass die Liberalen im Nachmärz den konservativen Antikatholizismus kirchennaher Protestanten genutzt hätten, um ihr eigenes Reformprogramm zu rehabilitieren.[192] In kirchen*fernen* Medien der liberal-protestantischen bürgerlichen Gesellschaft wurde der katholische Aufschwung jedoch, wie im Folgenden gezeigt werden soll, ausgeblendet. Hier erschien der Katholizismus als anachronistisches, transitorisches Relikt. Es kam zu einer Ästhetisierung und Musealisierung des Katholizismus, die mit der wachsenden Distanz männlicher Bürger zu Kirche und Religion zusammenhing. Der Katholizismus wurde zum religiösen Anderen eines weltlichen bürgerlich-männlichen Selbstentwurfs stilisiert. Angedeutet war darin bereits jener *grand récit*, mit dem Sozialwissenschaftler im 20. Jahrhundert die Entstehung der Moderne erzählten: die ›Entzauberung der Welt‹. Gleichzeitig gab es jedoch, als antithetisches, kompensatorisches Pendant, auch eine konträre Tendenz: nostalgische Inszenierungen religiöser Authentizität.

In der 1853 gegründeten illustrierten Familienzeitschrift »Die Gartenlaube« glänzte der katholische Aufschwung der fünfziger Jahre durch Abwesenheit.

189 Vgl. *Herzig*, Provinz, S. 540; *Gerber*, Geschichte, S. 42 f. Siehe Kapitel C.II.

190 Zusammenfassend vgl. *Nowak*, Christentum, S. 130–137; *Lönne*, Katholizismus-Forschung, S. 145–156. Zu den Volksmissionen vgl. *Duhr*, Aktenstücke; *Gatz*, Volksmission; *Jockwig*, Volksmission; *Weiß*, Redemptoristen, S. 976–1018; *Dietrich*, Christentum, S. 336–378, 418f; *Gross*, War, S. 33–48. Zum Wachstum der Klöster und Kongregationen vgl. *ebd.*, S. 130–136; *Meiwes*, Arbeiterinnen, S. 74–88.

191 Vgl. *Kißling*, Geschichte, Bd. 1, S. 301 f.; *ders.*, War, S. 74–96. Zur protestantischen Kirchlichkeit und ihrer statistischen Erfassung im 19. Jahrhundert vgl. *Hölscher*, Datenatlas, Bd. 1; *ders.*, Geschichte, S. 181–207. Zum quantitativen Verhältnis der Konfessionen in Preußen vgl. *Besier*, Religion, S. 63.

192 Vgl. *Gross*, War, S. 96–116.

Noch 1864 hieß es hier, dass Klöster ohne »Bestimmung und Bedeutung« seien, weil die Wissenschaft »über die klösterliche Pflege und Zucht längst hinausgewachsen« sei, Bildung »unaufhaltsam in immer weitere Kreise« dränge und der Unterricht »in allen civilisirten Ländern« als staatliche Aufgabe angesehen werde.[193]

Häufig zu sehen waren dagegen materielle Überreste mittelalterlicher Kirchen und Klöster, die an Caspar David Friedrichs romantische Ruinenbilder erinnerten: verwunschen und schaurig schön, aber stets verfallen und menschenleer.[194] In diesem Sinne beschrieb die Schriftstellerin Malvina von Humbracht unter dem Pseudonym Louise Ernesti ihre Reise zur Gruft der Sopranistin Henriette Sontag im sächsischen Zisterzienserkloster St. Marienthal 1860: Je tiefer man in das reizende Neißethal eindringe, »desto stiller und einsamer« werde es. Auf der gesamten Strecke sei kein »lebendes Wesen« zu sehen, kein Geräusch zu hören. Die Natur stehe in völligem Einklang mit der »friedlichen« Lage des Klosters: »Marienthal – Mariae vallis – eins der wenigen noch übrig gebliebenen Denkmale mittelalterlicher Frömmigkeit« mache einen »grenzenlos melancholischen Eindruck.« Außer einigen zerlumpten Bettlern zeige sich hier »kein lebendes Wesen«. Was die Verfasserin verschwieg, war, dass das Kloster St. Marienthal zu jener Zeit in vollem Betrieb war. Nach der Reformation hatten sich die Nonnen erfolgreich gegen die Umwandlung in ein weltliches Damenstift gewehrt. Das sächsische Königshaus hatte sie vor der Aufhebung bewahrt. 1838 waren ein Waisenhaus und eine Schule gegründet worden. Auf dem Klosterhof wurden selbst hergestellte Waren verkauft. Ungeachtet dieser regen Tätigkeit zeichnete Humbracht ein Bild des »tiefsten heiligsten Friedens«, der »Ruhe und Abgeschlossenheit«. Zugleich erschien das Kloster als *locus terribilis*, über dem »namenlose Trauer« und »unaussprechliche Wehmut« lagen. Vor allem die Gruft der Sängerin löste Unbehagen aus: »Der Ort hat etwas zu Düsteres – nichts feierlich Erhebendes. Vielleicht muß man«, spekulierte die Protestantin, »um dieses Gefühl dort zu empfinden, Katholikin sein oder eine Vorliebe für die Beisetzung in Grabgewölben haben. Ich bin nicht Katholikin, und eine Todtengruft ist mir etwas Entsetzliches!« Das »verlassene, verödete Aussehen der Kapelle, die bestäubten Betstühle, die verblichenen Altardecken, die welken Blumen, vor allem die Luft, der Mangel an Licht« erhöhten den schauderhaften Eindruck. Unerklärlich sei, warum man Henriette Sontag, die »so froh und heiter gewesen,

193 GL 1864, S. 407 f. Im Unterschied dazu liest Michael Gross die frühe »Gartenlaube« als »antimonastic map«, die ihre Leser angesichts des katholischen Aufschwungs und des dramatischen Wachstums katholischer Klöster in postrevolutionärer Zeit ›alarmiert‹ habe. Vgl. *ders.*, War, S. 136 ff. Dies trifft allenfalls für die Zeit seit der Mitte der 1860er Jahre zu. Zuvor – und zum Teil auch danach – tauchten Klöster in der »Gartenlaube« vorwiegend als romantische Ruinen auf, als tote Relikte einer vergangenen Zeit, aber kaum als Quellen einer lebendigen religiösen Praxis.

194 Neben den folgenden Beispielen vgl. etwa GL 1860, S. 308 ff.; 1861, S. 605.

die so leicht und glücklich durch's dunkle Leben gegangen, nicht ein Grab unter Gottes freiem Himmel gegeben« hatte. Wehmütig erinnerte die Besucherin daran, »daß die strengen Ordensregeln die Nonnen fest an's Kloster binden und ihnen nie einen alleinigen Spaziergang in Gottes freier Natur erlauben«. Natur und Ordensregeln, Welt und Kloster waren hier mit einer Armada binärer Oppositionen (Licht/Dunkel, Frischluft/Modergeruch, Leben/Tod, Geräusch/Totenstille, Glück/Wehmut) gegeneinander in Stellung gebracht. Nur Katholiken schienen an solchen Orten der Misanthropie und Nekrophilie Gefallen zu finden.[195]

Regelrecht mumifiziert wurden in der »Gartenlaube« auch die Beginen, eine im 12. Jahrhundert in Belgien entstandene Frauengemeinschaft, die unter einer Vorsteherin ohne Klostergelübde in den Beginenhöfen lebte. Ludwig Storch zählte sie zu den »wunderlichen Exuvien des Mittelalters« und zu »den auffallenden Gegensätzen«, die sich in konstitutionellen katholischen Staaten herausbildeten und den »Kampf einer untergegangenen Zeit mit der Gegenwart und der Zukunft« führten. Belgien sei ein »Januskopf, dessen jugendliches, vorwärtsschauendes Antlitz von den großartigen Fortschritten der Neuzeit, von Preßfreiheit, Redefreiheit, Eisenbahnen und von einem auf republikanische Grundlagen erbauten Königsthron« erzähle, dessen »gealtertes, rückwärtsgewandtes Gesicht« aber auch von einer Vielzahl »mittelalterlicher matt und schwach gewordener Lebenseinrichtungen« wisse: von »conservirten und restaurirten Institutionen, Mumien und Versteinerungen aus längst vergangener Zeit, denen nur noch ein Scheinleben« innewohne. Solch ein »versteinerter Zug im Greisenantlitz des Landes« sei das Beginentum. Ein Maler, der einen Blick in die »alten seltsamen Wohnsitze dieser Körperschaft« geworfen habe und dessen Zeichnungen den Artikel illustrierten, habe bei den Beginen eine »Todtenstadt« gefunden, in der das »Gespenst des Mittelalters, verbleichend im Sonnenstrahl der Neuzeit, umherschlich oder sich vielmehr scheu verkroch.« Die »Ruhe des Kirchhofs« habe über der »seltsamen kleinen Stadt« gelagert, die, als »Schöpfung längst vergangener Zeit«, »so fremdartig in unsre Tage« hineinrage, dass sich ein »Künstler der Gegenwart« darin »wie in einem räthselhaften Irrgarten der religiösen Romantik« bewege, die »uns ›ein Buch mit sieben Siegeln‹ geworden« sei.[196] Im Unterschied zu Humbracht unterschlug Storch zwar nicht die religiöse Geschäftigkeit des Ortes, stilisierte die Beginen aber ebenfalls zu einem kuriosen Relikt der Vergangenheit.

Die »Gartenlaube« ließ ihre Leser mit der Entzifferung der materiellen Überreste dieser fremd gewordenen Welten nicht allein. Im Bericht über einen Ausflug von Bildungsbürgern beiderlei Geschlechts zum säkularisierten Zisterzienserkloster Maulbronn, das seit 1557 evangelisch und seit 1806 säkularisiert war,

195 GL 1860, S. 92ff.
196 GL 1863, S. 396ff., 412ff.

Abb. 1: »Kloster Maulbronn. Originalzeichnung von Theodor Pixis in München«, in: Die Gartenlaube 1864, S. 757.

führte sie auf exemplarische Weise ästhetische und wissenschaftliche Distanzierungsverfahren vor: malerische Dokumentation und kunsthistorisches Wissen korrigieren und ›entzaubern‹ hier die religiösen Legenden eines einfältigen Kirchendieners, der der Ausflugsgesellschaft die »Geißelkammern« des »Gespensterklosters« zeigt und sie in der »Geister- und Gespenster-Sphäre und Atmosphäre« mit Schauergeschichten unterhält. Theodor Pixis' Illustration (*Abb. 1*) zeigt die Gruppe in entspannter Körperhaltung beim Rauchen, Plaudern und Lesen. Für diese Bürgerinnen und Bürger hat das Kloster keine religiöse Bedeutung mehr. Sie nehmen es nur noch ästhetisch oder kunsthistorisch wahr, ergötzen sich am Niedergang einer unzeitgemäßen Lebensform, huldigen der pittoresken Schönheit und entfliehen ihrer gepflegten Langeweile, indem sie Gespenstergeschichten lauschen. Das Kloster dient nur mehr als Hintergrundkulisse für das Abspielen gruseliger Mittelalter-›Filme im Kopf‹, die eine willkommene Abwechslung vom bürgerlichen Alltag bieten.[197]

Es ist methodisch unentscheidbar, ob solche Texte und Bilder eine Haltung eher abbildeten oder empfahlen. Die frühe »Gartenlaube« war ein Seismograph und ein Motor kultureller Veränderungen im liberal-protestantischen Bürgertum. Über Leseranzeigen und -zuschriften hielt sie engen Kontakt zu ihren Lesern, welche die Zeitschrift so indirekt beeinflussen konnten. Zugleich vermittelte sie liberale Positionen und materialistische Anschauungen, beteiligte sich an der Popularisierung der Wissenschaft und am Kampf gegen den ›Aberglauben‹. Sie zelebrierte den industriellen Kapitalismus und den säkularen Identitätsentwurf ungläubiger, kirchenferner Bürger.[198]

In den Klosterruinen der »Gartenlaube« manifestierte sich gleichwohl eine ambivalente Haltung gegenüber dem alten religiösen Zauber. Bruno Latour zufolge neigen Modernisten dazu, die Vormoderne als Anderes zu konstruieren und von der Gegenwart abzulösen: »Die Modernen haben die Eigenart, den Lauf der Zeit so zu verstehen, daß er tatsächlich die Vergangenheit hinter sich abschafft. Sie halten sich alle für Attila, hinter dem kein Gras mehr wächst.«[199] Allerdings riss das moderne Bürgertum die ›Denkmale der mittelalterlichen Frömmigkeit‹ nicht ab, sondern pflegte sie behutsam: In Württemberg wurden neben Maulbronn auch andere säkularisierte Klöster konserviert.[200] Die Illustratoren der »Gartenlaube« ließen über die katholischen Kirchen und Klöster, wie Caspar David Friedrichs Gemälde, buchstäblich Gras wachsen. Darunter ruhte, so die implizite Botschaft, der Katholizismus selbst. Dass zeitgleich zur Entkirchlichung auch eine bürgerliche Hinwendung zur Religion stattfand, dass Bürgerlichkeit und Religion also koexistieren oder sich auf neue Weise verbinden konnten, war dagegen in der frühen »Gartenlaube« nicht zu sehen. Ihre Ästhetik der Entzauberung beruhte auf einem blinden Fleck. Sie zeigte nur den kleinen kirchenfernen Ausschnitt der bürgerlichen Gesellschaft.

Der Gestus der Repräsentation changierte allerdings: Mal erhob er sich über einen grotesk anachronistisch anmutenden Glauben, mal offenbarte er Spuren der Trauer und Melancholie angesichts der vermeintlichen Unumkehrbarkeit der Entzauberung. Denn im linearen, teleologischen Fortschrittsverständnis der »Gartenlaube« gab es für den modernen Bürger kein Zurück hinter Ratio und Reflexivität. Die Ästhetisierung sollte das Religiöse daher nicht nur depoten-

197 GL 1864/5, S. 4–8.

198 Von den Artikeln gegen den Aberglauben vgl. etwa GL 1860, S. 601 ff. Zum materialistisch-liberalen Weltbild der »Gartenlaube«: *Zang*, Gartenlaube, S. 36–49; *Barsch*, Unterhaltungsliteratur, S. 377 f. Zur positiven Darstellung der industriellen Arbeitswelt vgl. *Wildmeister*, Bildwelt, S. 124–127; *Gross*, War, S. 142–147. Zum Zusammenhang zwischen der Konstruktion liberaler Identität und der Industrialisierung vgl. allgemein *Hübinger*, Hochindustrialisierung.

199 *Latour*, Wir, S. 93.

200 Für Württemberg vgl. *Stober*, Denkmalpflege.

Abb. 2: »Die Fronleichnamsprocession in Brannenburg. Nach der Natur gezeichnet von Theodor Pixis«, in: Die Gartenlaube 1864/3, S. 21.

zieren; sie lieferte auch eine Strategie, mit der eigenen Entfremdung gegenüber religiösen Artefakten und Phänomenen kreativ umzugehen. Visualisiert wurde die Distanz männlicher Bürger zur populären Frömmigkeit etwa 1864 in einer Zeichnung von Theodor Pixis (*Abb. 2*). Sie zeigt einen bürgerlichen Wanderer und Maler am Rande einer Fronleichnamsprozession im oberbayerischen Brannenburg. Der Bürger ist vom religiösen Ritual durch den Mauervorsprung räumlich getrennt. Aufrechte Körperhaltung, scharfer Blick und Kleidung (Hut und Vollbart als Kennzeichen liberal-demokratischer Gesinnung) unterscheiden ihn von der devot knienden, vorwiegend weiblichen Pilgerschar. Wie in Nicolais voyeuristischer Szene begegnen sich die Blicke des männlich-bürgerlichen Subjekts und der frommen Frau nicht. Als doppeltes – religiöses und geschlechtliches – Anderes wird Letztere vielmehr zum Objekt eines unerfüllbaren Begehrens. Die männliche Kritzelei im Skizzenbuch erscheint als bloße Kompensation einer unwiederbringlich verlorenen religiösen Leidenschaft und Naivität.[201]

Nostalgische Inszenierungen des Religiösen kennzeichneten auch die Oberammergauer Passionsspiele. Der Theaterregisseur Eduard Devrient feierte sie 1851 als »Seelentrost inmitten des Zersetzungsprocesses, den der moderne Geist mit allem Alten und Ueberkommenen vornimmt«. Umgeben von den »haltungslosen Trümmern des bisherigen Lebens« wirke »dieser Ueberrest der geistlichen Schauspiele des Mittelalters so altdeutsch kerngesund und jugendfrisch«, als wäre er »gestern erst entstanden.« Gebildete Besucher sollten ihren »erlesenen und eleganten« Geschmack jedoch »zu Hause« lassen, denn dieser habe hier »gar keine Berechtigung«. Wer aber eine »Kunstleistung von Landleuten für Landleute« suche, ein »gottesdienstähnliches Schauspiel, ernst und eifrig gemeynt, von innigem aber beschränktem Kunstsinn geleitet, von Menschen aufgeführt, die, ehe sie das Kostüm angelegt, erst ihren Garten gossen, ihr Vieh gefüttert haben«, werde die »schönsten und erhebendsten Wirkungen an sich erleben« und für die »Treue und Kindlichkeit, die »ungeschminkte gerade Natur«, die »Züge des innigsten und zartesten Gefühls, gar manches Ungehobelte, Alltägliche und Drollige mit in Kauf nehmen.« Das »eigene Lächeln über diesen und jenen Mißgriff« werde die »Rührung und Erbauung« nicht beeinträchtigen.[202]

Oberammergau war nicht nur ein ›deutscher Erinnerungsort‹, sondern auch, wie Etienne François bemerkt hat, eine »Projektionsfläche nostalgischer Erwartungen und Vorstellungen. Getrieben von der Sehnsucht nach der Urwüchsigkeit patriarchalischer Lebensformen und der monumentalen Zeitlosigkeit religiöser Einfalt« suchten Adlige und Bürger, Fremde und Ausländer hier Urszenen gläubiger Unschuld; einen Naturzustand, dem sie sich selbst entwachsen wähnten; ein kindlich-naives religiöses Schauspiel unverbildeter Landleute in einem von der Moderne scheinbar unberührten Ort. Die Suggestion von Authentizität und vormoderner Aura ließ das Dorf so sehr vom kulturtouristischen Geschäft profitieren, dass Oberammergau bewusst auf Ansiedlung von Industrie verzichtete. Um den modernitätsmüden Besuchern die Fiktion einer statischen Welt zu vermitteln, musealisierten sich die Indigenen selbst und verdienten gut daran.[203]

201 Zum Künstlerbild der »Gartenlaube« vgl. *Wildmeister*, Bilderwelt, S. 78–81.
202 Zitiert nach *François*, Oberammergau, S. 287; *Günzler*, Oberammergau, S. 35.
203 *François*, Oberammergau, S. 287.

6. »Kinder des Orients«: Liberalismus und Ultramontanismus im Kulturkampf

In der liberalen Ära ›erhitzte‹ sich der antikatholische Diskurs erneut. Dies hatte mehrere Gründe. Zum einen intensivierte die römische Kurie, bedrängt durch den Angriff Piemonts und Italiens auf den Kirchenstaat, ihre dogmatischen und medialen Attacken auf das liberale Projekt der Moderne. Zum anderen verschärfte sich im Zuge der Einigungskriege mit angeblich ›katholischen‹ Mächten wie Österreich und Frankreich und der europaweiten Kampagne liberaler Katholiken gegen das Unfehlbarkeitsdogma die Nationalisierung religiös-weltanschaulicher Gegensätze: Der ultramontane Katholizismus wurde daher bereits vor 1871 zu einem inneren ›Reichsfeind‹ erklärt. Und schließlich legitimierten die diskursiven Strategien der Enthistorisierung und Exotisierung des katholischen Anderen den Kampf gegen jesuitische und ultramontane Reichsfeinde, indem sie der staatlichen Repression gegen katholische Geistliche und Laien im Kulturkampf einen emanzipatorischen Zweck verliehen. Diese drei Elemente – ultramontaner Antimodernismus, kleindeutsch-protestantischer Nationalismus und liberale Zivilisierungsmission – prägten den Antikatholizismus der liberalen Ära und gaben dem Kulturkampf dieser Zeit seine besondere Dynamik.

a) Dogma statt Geschichte: Die Enthistorisierung des Katholizismus

Im Zuge der Ultramontanisierung stilisierte die Kurie den Katholizismus zu einem Bollwerk religiöser Tradition. 1862 sagte Pius IX. dem Gesandten des Herzogs von Montebello Marquis Lavalette: »Glauben Sie mir und denken Sie daran, hier sind wir unbeweglich, zurückgehalten durch das Interesse des Glaubens, des Rechts, der Ehre, das heißt alles dessen, was die Welt ehrt. Dort [in Turin, MB] herrschen Bewegung, Fortschritt und die Grundsätze, welche alles erlauben, was der Ehrgeiz wünscht, der Durst nach Geld und Macht.« Als die Gegner des Infallibilitätsdogmas auf dem Vatikanischen Konzil geschlagen waren, triumphierte der ultramontane Erzbischof von Westminster Henry Edward Manning »Le dogme a vaincu l'histoire«.[204]

Bruno Latour hat die ›Komplizenschaft‹ von Modernisten und Antimodernisten in einem anderen Zusammenhang so beschrieben: »[D]a es tatsächlich Antimoderne gibt, die ausgesprochen gerne die im modernen Drehbuch vorgesehene Rolle der Reaktionäre spielen, können die großen Dramen des leuchtenden Fortschritts im Kampf gegen den Obskurantismus [...] zum großen Vergnügen der Zuschauer aufgeführt werden. Damit die moderne Zeitlichkeit jedoch weiterhin funktioniert, muss der Eindruck einer geordneten Front von Entitäten, die zur selben Zeit gehören, glaubwürdig bleiben«. Im Verbund mit den Liberalen halfen

204 Zitiert nach *Bastgen*, Frage, Bd. 2, S. 235; *Conzemius*, Döllinger, S. 65. Zum Ersten Vaticanum und zur Entstehung des Unfehlbarkeitsdogmas vgl. *Schatz*, Vaticanum; *Hasler*, Pius IX.

die Ultramontanen, die Fronten geordnet zu halten. Der Wandel des Katholizismus wurde dabei von beiden ausgeblendet.[205]

Mit dem Syllabus errorum, einem Verzeichnis der »hauptsächlichsten Irrtümer unserer Zeit«, das die Bischöfe 1864 mit der päpstlichen Enzyklika Quanta Cura erhielten, reagierte die Kurie einerseits auf die risorgimentale Bedrohung des Kirchenstaats. Sie suchte den Katholizismus in Frontstellung gegen die Moderne zu bringen, um liberale Katholiken und katholische Liberale unter Druck zu setzen. Der Syllabus bestand aus achtzig Thesen zu zehn geistigen Strömungen, die Pius IX. zum Teil bereits zuvor verurteilt hatte. Sein letzter Satz lautete, dass sich der Papst »mit dem Fortschritt, mit dem Liberalismus und mit der modernen Kultur« nicht versöhnen dürfe.[206]

Als transnationales Medienereignis wurde der Syllabus in ganz Europa aufmerksam registriert.[207] Die deutschen Liberalen sahen ihr Bild vom Katholizismus als einer mit der Moderne unvereinbaren Religion von der Kurie bestätigt. Für die »Wochenschrift des Nationalvereins« stand der Syllabus »in schreiendem Widerspruch« zum »Wissen« und »Gewissen der Zeit«. Die »Grenzboten« nannten ihn das »Vermächtnis des letzten Papst-Königs«: »Mit Staunen vernahm die Welt die Stimme eines vergangenen Zeitalters und ging ruhig wieder ihren Geschäften nach.« Ranke schrieb, dass der Syllabus jene »modernen Anschauungen und Lehren« verurteile, die bereits »Überzeugung des lebenden Menschengeschlechts« geworden seien.[208] Für den Rom-Korrespondenten der linksliberalen »Nationalzeitung« verdiente er nur »Aufmerksamkeit« als »zeitgeschichtliches Dokument vom Wesen des Papstthums«, das im »heutigen Kampf des religiösen Dogmas gegen den Weltgeist und die Arbeit menschlicher Kultur noch denselben unwandelbaren Standpunkt« vertrete wie im »tiefsten Mittelalter«. Aus Sicht der »Volks-Zeitung« sollte die päpstliche Bulle bloß »zeigen, daß der Papst noch in Rom lebt, wenn auch Viktor Emanuel bereits bis Florenz vorgedrungen ist. Aber Florenz ist nur eine Station – und auch die Geschichte fährt in unserer Zeit mit Dampf.«[209]

Optimistische Liberale stellten den Syllabus als lächerlichen Versuch dar, die ›Naturgewalt‹ des Fortschritts aufzuhalten. Die »Nationalzeitung« schrieb, dass »die Strömung der Zeit, die Stimmung der Menschen« den Päpsten im Mittelalter über weitaus »gefährlichere Klippen« geholfen habe. Aber diese Stimmung existiere nicht mehr, die Strömung trage »die Barke der Heiligen nicht« mehr, sondern wolle sie verschlingen. Die »Volks-Zeitung« versicherte, dass kein

205 *Latour*, Wir, S. 100.

206 *Denzinger*, Kompendium, S. 809. Zum Syllabus vgl. *Martina*, Pio IX, S. 289–356; *Schatz*, Vaticanum, S. 29–35; *Wolf*, Syllabus.

207 Vgl. *MacElrath*, Syllabus (England); *Port*, Reaktion (deutschsprachiger Raum); *Papa*, Sillabo (England, Frankreich, Italien); *Cárcel Orti*, Publicación (Spanien).

208 Zitiert nach Wolf, *Syllabus*, S. 128; *Weber*, Konzil, S. 36.

209 Nationalzeitung 4.1.1865; Volkszeitung 11.1.1865.

Abb. 3: »Der Strom der Zeit. / Ein reisender Handwerksbursche steckte einst einen Stein in die Quelle eines gewaltigen Stromes und freute sich sehr, denn er glaubte, dadurch unfehlbar dem Lande das Wasser abgeschnitten zu haben. Ei verflucht! Sagte der Papst und versuchte dasselbe Kunststück.«, in: Berliner Wespen 13.2.1870.

»Naturgesetz« sicherer »festgestellt« sei als das »Gesetz der Entwickelung des menschlichen Geistes«; ihm gehorche die Weltgeschichte, »so alt sie« auch sei.[210] Die »Berliner Wespen« zeichneten Pius IX. 1870 als Wiedergänger Don Quichottes, der versuchte, mit dem Syllabus (als Schriftzug auf der Tiara) den reißenden »Strom der Zeit« aufzuhalten, der auf seinem Weg ins Tal Luther, Lessing, Kant, Goethe und Humboldt als Etappen der kulturellen Nationsbildung passierte. Die Bildunterschrift stilisierte den Syllabus zum Bubenstück eines tumben Tors (*Abb. 3*).

210 Nationalzeitung 1.1.1865; Volkszeitung 1.1.1865.

Doch es gab auch weniger siegesgewisse Stimmen. Während Berlins liberale Presse den Syllabus als ausschließliches Problem katholischer Länder wie Frankreich und Italien darstellte, fiel die Reaktion liberaler Zeitungen in katholisch dominierten deutschen Staaten weniger triumphal aus: Die Augsburger »Allgemeine Zeitung« verzeichnete einen »Schlag, dem Jahrhundert ins Gesicht gegeben«. Die »Münchner Neuesten Nachrichten« fassten den Syllabus als »Fehdehandschuh an den modernen Staat und die moderne Gesellschaft« auf, als »Fluch gegen alles, was Vernunft, Bildung und Freiheit heißt«, mit dem die Welt »um fünf Jahrhunderte zurückversetzt werden« solle.[211] Der Rom-Korrespondent der »Nationalzeitung« äußerte die Befürchtung, dass die »Kriegserklärung der römischen Kirche gegen den Zeitgeist« und gegen gemäßigte Richtungen der »fortschreitenden Zeit« die »aufgeklärte katholische Kirche und Wissenschaft Deutschlands« empfindlich verletzen werde. Der Breslauer Korrespondent der »Volks-Zeitung« machte die Rezeption der Enzyklika von den jeweiligen konfessionellen Verhältnissen abhängig: Für protestantische Länder sei sie bedeutungslos. In katholischen Ländern müsse hingegen »die Ueberzeugung reifen, daß das römische Papsttum eine Ruine ist, die der Entwicklung des gesunden Volkslebens im Wege steht.« Er rief deshalb das Ende der Ruinenromantik aus: Zwar könne auch eine Ruine »viel Anziehendes« haben. Wo einem aber das »Ruinenhafte« in »unverschleierter Nacktheit« entgegentrete, höre »aller Reiz, alle Anmuth auf, weil es nur noch ein Bild des Todes und der Verwesung ist«.[212]

Die Enthistorisierung des Katholizismus war nicht nur ein diskursives, sondern auch ein mediales Phänomen. Liberale Karikaturisten zeichneten katholische Geistliche und Politiker als ›komische Vögel‹ (Kauz, Rabe, Krähe, Kuckuck)[213], als unheimliche Wiedergänger (Drache, Ungeheuer, Gespenst, Zombie)[214] und bei lächerlichen Versuchen, die Zeit anzuhalten. Die »Berliner Wespen« stellten Bismarck 1873 als Engel dar, der einen Jesuiten, einen Pastor und einen Junker mit einer Sense daran hindert, den Zeiger einer Uhr, die fünf vor Zwölf anzeigt, festzuhalten. Der Untertitel lautet: »Narrenhände nur halten zurück den Zeiger der Weltuhr, – Vorwärts dreht sich das Rad, Junkern und Pfaffen zum Trotz!« (*Abb. 4*). Hier hatte die ›letzte Stunde‹ der Reaktion geschlagen, und Bismarck war ihr Todesengel. Er wurde von den Liberalen zum Exekutor der linearen, mechanischen Zeit stilisiert. Auch in der Kulturkampflyrik arbeitete die Zeit »Gegen Rom«. In Ernst Scherenbergs gleichnamiger Gedichtanthologie reklamierte Ernst Eckstein den »Geist der Geschichte« 1874 für die Partei des Kaisers. Anton Brücks Zuversicht speiste sich aus dem technischen Fortschritt: »Zwar krächzen manche Raben noch tausendjähr'gen Wahn – Doch

211 Zitiert nach *Wolf*, Syllabus, S. 128, 115.

212 Nationalzeitung 4.1.1865; Volkszeitung 11.1.1865.

213 Vgl. BW 2.1.1870, 21.6.1872, 4.9.1874; K 21.11.1869, 14.3.1875. Das Motiv war auch in Italien verbreitet. Vgl. etwa Il Lampione 18.10.1860, 6.9.1861.

214 Vgl. BW 14.4.1871, 16.2.1872; K 16.2.1873, 19.12.1875.

Abb. 4: »Ein Bild zur Zeit. / Narrenhände nur halten zurück den Zeiger der Weltuhr, – Vorwärts dreht sich das Rad, Junkern und Pfaffen zum Trotz!«, in: Berliner Wespen 3.1.1873.

nach Canossa bringt uns wohl keine Eisenbahn!« Hermann Kletke versicherte, dass sich eine nationale »Schmach« wie der Bußgang eines deutschen Königs zum römischen Papst nicht wiederholen werde. Letzterer erschien als »altersschwacher Greis«, dem die letzte Stunde geschlagen hatte. Herman Lingg erwartete von Wissenschaft und Kunst die Befreiung aus den »rost'gen Kettenringen« des Mittelalters. Ernst Ziel vertraute den »deutschen Naturforschern«: »Wissen, wissen will die Zeit, nicht glauben [...] Vorwärts, vorwärts, edle Forscherschaaren!« Julius Grosse schilderte eine »Wallfahrt nach Rom« als »Todtenreise«. Victor Blüthgen rief dem Vatikan zu: »Bau' deinen Sarg, du stolzes Rom, Und murmle die Sterbelieder«. Rudolf Löwenstein unterschied das »todte« römische vom »lebend'gen« Deutschen Reich. Und W. Tangermann warf »Den Ultramontanen« vor: »Ihr klebt am Starren, hängt am Todten, Und seht die innre Fäulniß nicht«.[215]

b) Römisch oder deutsch? Die Nationalisierung der Gegensätze

Die Auseinandersetzung mit den Ultramontanen um die Moderne wurde von Liberalen unterschiedlicher Konfession, Profession und Gesinnung indes auch als Teil der Einigungskriege gedeutet. Im Reichsgründungsjahr schrieb der jüdische Nationalliberale Ludwig Bamberger, dass die Kriege gegen Österreich und Frankreich »in letzter Instanz« gegen die ultramontane Herrschaft gerichtet gewesen seien. 1866 und 1870 hätten »der romanischen Welt« zwei »verhängnisvolle Jahre« geschenkt.[216] Für Kardinalstaatssekretär Giacomo Antonelli, den Architekt der päpstlichen Außenpolitik, brach in der Schlacht von Königgrätz tatsächlich eine Welt zusammen (»Casca il mondo«): »die katholische Welt Mitteleuropas, im Deutschen Bund, in Italien. Die Vormacht des Katholizismus und der Legitimität, das habsburgische Österreich, hatte ihre führende Stellung im mitteleuropäischen Raum, ihr Ansehen als erste katholische Macht verloren«.[217] Analog dazu feierten protestantische Theologen den preußischen Triumph über Österreich als »Sieg über das ultramontane Verdummungssystem jesuitischer Herrschaft«. Da der Katholizismus »fremdländischen Ursprungs« sei, träumte das Organ des liberalen »Deutschen Protestantenvereins« von Massenbekehrungen. Der liberalprotestantische Historiker Treitschke interpretierte den ›Bruderkrieg‹ von 1866 sogar als deutschen ›Racenkrieg‹ gegen Jesuiten, Ultramontane und Slawen.[218]

Liberale Katholiken wie Ignaz von Döllinger trugen zur Nationalisierung der Gegensätze maßgeblich bei. Unter dem Eindruck einer Romreise, die er rückblickend als »emancipation« bezeichnete, hatte sich der Theologe in den 1850er Jahren vom Ultramontanismus distanziert. Fortan zeichnete er ein düsteres Bild der weltlichen Herrschaft des Papstes, prangerte die römische »Verdorbenheit der mittleren und hohen Stände und der daraus hervorgegangenen Beamtenwelt« sowie die »Unwissenheit und Geistesrohheit« des Klerus an und forderte eine Verweltlichung des Kirchenstaats. In Aufsätzen, Zeitungsartikeln und Vorträgen stellte Döllinger den Konflikt liberaler und ultramontaner Katholiken zugleich als national und rassisch motivierte Auseinandersetzung dar. 1861 schrieb er vom »romanischen Element«, das der »deutschen katholischen Wissenschaft prinzipiell feindlich« gesonnen sei. Auf dem Münchner Kongress zeichnete er 1863 ein »düsteres, kirchhofartiges« (Otto Weiß) Bild der italienischen Theo-

215 *Scherenberg*, Rom, S. 10f., 15, 21, 27f., 36, 60ff., 91, 109f. Ähnlich die Darstellung des kranken, altersschwachen Papstes in: Il Lampione 9.8.1861.

216 *Bamberger*, Sitzungsperiode, S. 179f.

217 *Franz*, Kulturkampf, S. 89.

218 Zitiert nach *Kißling*, Geschichte, Bd. 1, S. 304, 306. Zur konfessionalistischen Deutung des Kriegs von 1866 vgl. Historisch-politische Blätter 58 (1866) S. 654–680; *Winkler*, Weg, Bd. 1, S. 180f., 199; *Hirschmann*, Kulturkampf, S. 167–173; *Buschmann*, Einkreisung, S. 293ff.

logie, das dem Katholizismusbild der »Gartenlaube« aus dem Nachmärz ähnelte. Im 18. Jahrhundert habe südlich der Alpen ein »tiefer Verfall der klerikalen Studien begonnen«. Im 19. Jahrhundert sei der »Leuchter der theologischen Wissenschaft« endgültig an die »Deutsche Nation« übergegangen. Seit dem Syllabus herrschten im »undeutschen System« romanischer Länder »Routine« und »Mechanismus« vor. Den »südlichen Romanen« sei die deutsche Nationalität und Wissenschaft »unverständlich und ungeheuerlich«, dem »Römer« erscheine das »deutsche Wesen fremd, rätselhaft und daher, wie jede unverstandene Kraft, unheimlich«. Teilweise verwendeten Döllingers italienische Kontrahenten identische Feindbilder mit inversen Vorzeichen. So prophezeite der kuriale »Osservatore Romano« 1867 einen Endkampf zwischen dem katholischem Romanismus und der antilateinischen, rationalistischen Kultur des Deutschtums.[219]

Das Vatikanische Konzil verstärkte die Dichotomisierung ›römischer‹ und ›deutscher‹ Kräfte und führte zu einer Militarisierung der Rhetorik. Als die »Civiltà Cattolica« 1869 die Dogmatisierung der päpstlichen Unfehlbarkeit forderte und die »Liberalkatholiken« von den »eigentlichen Katholiken«, der »großen Mehrheit der Gläubigen«, unterschied, warnte Döllinger, dass die Kurie der Kirche eine »klerikal-italienische Denkungs- und Empfindungsart« oktroyieren wolle. 1870 hieß es in den von ihm redigierten »Römischen Briefen vom Konzil«, dass die »jesuitische und antigermanische Partei« eine Dogmatisierung der romanischen Hegemonie anstrebe. 1871 stellte er die Verkündung des Unfehlbarkeitsdogmas auf eine Stufe mit der französischen Kriegserklärung: Damit sei eine »zweite Kriegserklärung« gegen Deutschland gerichtet worden, »aus der anderen Metropole des Romanenthums«. Jene aus Paris habe dem deutschen Boden gegolten, jene aus Rom dem deutschen Geist und der deutschen Wissenschaft.[220]

Nach dieser Logik musste den äußeren Einigungskriegen ein innerer Feldzug gegen den Ultramontanismus folgen. 1869 warnte Döllinger den bayerischen Ministerpräsidenten Chlodwig von Hohenlohe vor einer Dogmatisierung des Syllabus: Es sei ein »Akt des Wahnsinns«, Glaubensartikel aufzustellen, die »mehrhundertjähriger Bildung« ins Gesicht schlagen und der »Welt, wie sie jetzt ist, den Krieg erklären«. Zugleich sei der Syllabus eine »Kriegserklärung der römischen Kirche gegen den Staat«, welche »die große ungebildete Masse des katholischen Landvolkes« zu »activem Widerstande« verführen könne. Denn als »willenlose Werkzeuge der Curie« hätten die Bischöfe die »gesammte untere Geistlichkeit unter ihre Füße gebracht«. Der niedere Klerus sei »fanatisirt« oder willfährig und wirke »in höchst aufregender Weise auf die Masse der katholischen Bevölkerung« ein. Den Regierungen moderner Staaten drohe große Gefahr, wenn sie über »ungebildete und fanatische« Katholiken herrschten. Sie

219 Zitiert nach *Weiß*, Döllinger, S. 223, 229 f., 236. Vgl. *ebd.*, S. 240; *Schwedt*, Döllinger, S. 117.

220 Zitiert nach *Buchheim*, Ultramontanismus, S. 201; *Weiß*, Döllinger, S. 243, 245, 248.

würden abhängig »von einem vielleicht fanatischen, unwissenden oder einfältigen italienischen Priester« und sollten daher der »Einmischung in weltliche Dinge«, der Verletzung staatlicher Souveränität und individueller Glaubensfreiheit widerstehen. Beigelegt hatte Döllinger seinem Brief den Entwurf einer Zirkulardepesche, die Hohenlohe an die europäischen Kabinette versandte. Doch einzig Italien unterstützte die Initiative. Die anderen Regierungen beriefen sich auf die Wahrung der Ruhe in der katholischen Bevölkerung oder auf die Trennung von Politik und Religion, die eine Einmischung in kirchliche Angelegenheiten verbiete. 1871 wurde Döllinger exkommuniziert und setzte seinen Kampf in der altkatholischen Bewegung fort.[221]

Auch wenn es nicht zur konzertierten Aktion europäischer Regierungen gegen Rom kam, war die Verknüpfung innerer und äußerer ›Reichsfeinde‹ in Deutschland damit bereits vor der Reichsgründung vollzogen. Sie war also keine Erfindung Bismarcks, sondern die eines katholischen Theologen. 1873 stellte auch der atheistische Mediziner Virchow die Italianisierung des Katholizismus und das Unfehlbarkeitsdogma als Kriegsgrund dar: Die römische Hierarchie habe das Kardinalskollegium immer ausschließlicher mit Italienern besetzt, die Päpste immer mehr aus italienischen Bischöfen ausgewählt und das Papsttum so in eine »italienische Kirchengewalt« verwandelt. Man befinde sich »gegenwärtig im offenen Kriege«. Kriegsgrund sei die Formulierung des italienisch-päpstlichen Staats-Gedankens in der Infallibilität.[222]

c) »Wilde Weiße«: Die liberale Zivilisierungsmission im Kulturkampf

Der Katholizismus wurde nicht nur mit Rom gleichgesetzt, sondern auch mit dem Orient. Liberale Journalisten und Künstler, Politiker und Wissenschaftler griffen dabei orientalistische Stereotype der ersten beiden Drittel des 19. Jahrhunderts auf und beschrieben den Katholizismus als eine ›innere Kolonie‹, die es zu zivilisieren galt, um den universellen Fortschritt zu garantieren und die kulturelle Nationsbildung Deutschlands zu vollenden. 1870 hob die »Gartenlaube« in einer Mischung aus Herablassung und Empörung die Präsenz ›orientalischer‹ Bischöfe auf dem Vatikanischen Konzil hervor:

> Da fahren nun diese Kinder des Orients, Syrer, Armenier, Chaldäer, Griechen, Bulgaren, Maroniten – dies sind die sechs orientalischen Riten –, phlegmatisch sich die Schnupftabaksdose reichend und wenig sprechend, mit ihren prächtigen tiefschwarzen oder schlohweißen Bärten und apathisch in die Welt schauenden Gesichtern nach der Sitzungshalle hin, wo sie über die Irrthümer der deutschen Philosophie, über die gesammte europäische Civilisation ihr Urtheil fällen werden.

In Rom schienen sich rückständige Orientalen über die europäische Zivilisation zu erheben. Der freikonservative Reichstagsabgeordnete Wilhelm von Kardorff

221 Vgl. *Weber*, Konzil, S. 50–78; *Huber/Huber*, Staat, Bd. 2, S. 415–419.
222 SBHA 17.1.1873, S. 631, 634.

Abb. 5: »Andere Völker, andere Sitten. / Wie man bei den verschiedenen Völkern dem Himmel ›frommen Zwang anthut‹.«, in: Kladderadatsch 21.9.1873.

beklagte die »Ueberzahl orientalischer, südamerikanischer und anderer Bischöfe«, die »an wahrer Frömmigkeit und wissenschaftlicher Bildung weit hinter« den deutschen Kirchenfürsten – die das Infallibilitätsdogma mehrheitlich ablehnten – gestanden hätten. Für Bamberger trat Rom die Natur selbst mit Füßen. Der »Persische König [Xerxes], welcher das Meer peitschen ließ, um den Elementen Gehorsam zu befehlen«, sei »ein Lamm der Demut verglichen mit denen, welche die Lehre aufstellen, das Weltall solle sein Denken in die Gewalt eines einzigen Sterblichen geben.« Und auch Treitschke nannte die »politischen Herrschaftsansprüche der römischen Kirche« »todt und abgethan« und die Weltanschauung des Vatikans »orientalisch«.[223] 1873 zeichnete der »Kladderadatsch« neben einer asiatisch anmutenden religiösen Handlung eine Reihe barfuß kniender Mönche beim Beten von Rosenkränzen (*Abb. 5*). Der Katholizismus wurde so mit Kulten des vermeintlich primitiven Orients auf eine Stufe gestellt.[224]

Erneut diente der Vergleich mit orientalischen Religionen und Völkern zum Ausschluss des Katholizismus aus der okzidentalen Geschichte und Zivilisation. Dies war kein bloßes Propagandainstrument, sondern brachte zum Aus-

223 GL 1870, S. 127; SBDR 25.11.1871, S. 532 (Kardorff); *Bamberger*, Briefe, S. 145; *Treitschke*, Maigesetze, S. 703.
224 K 21.9.1873.

druck, wie primitiv und rückständig der Katholizismus vielen Liberalen erschien. Wie der Aufklärer Nicolai betrachteten sie den Katholizismus als ›innere Kolonie‹. Neben einer langen diskursiven Tradition gab es hierfür auch strukturelle Gründe. Vor der Reichseinigung war das ›katholische Deutschland‹ auf vielen Ebenen ins Hintertreffen geraten: kulturell durch die Aufhebung katholischer Bildungsinstitutionen infolge der Säkularisationen, sozial durch den antibürgerlichen Ultramontanismus, demographisch durch Preußens Sieg über Österreich 1866, politisch-medial durch die Hegemonie liberaler Parteien und Zeitungen. Wenngleich der Katholizismus diese Unterlegenheit im Bereich der Parteien, der Vereine und der Presse bald mehr als wettmachte, wurde er von Bildungsbürgern dennoch als unterlegen wahrgenommen. Im Kontrast zum Protestantismus erschien er rückständig oder sogar entwicklungsunfähig.[225]

Die Liberalen verfolgten daher im Kulturkampf eine Zivilisierungsmission. Um am Fortschritt teilzuhaben, sollten Katholiken den politischen Primat des Staates, die moralische Autonomie der bürgerlichen Gesellschaft und das epistemologische Monopol der Wissenschaft anerkennen. In Arbeiterbildungsvereinen, Kindergärten, Waisenhäusern und Schulen sollten sie zu mündigen Bürgern gebildet werden, die bürgerliche Lebensführung kennen lernen und so an die moderne Kultur herangeführt werden. Gleichzeitig arbeiteten ultramontane Geistliche jedoch an einer »Kolonialisierung der Laienwelt«. In der liberalen Ära prallten diese beiden universalistischen Bewegungen aufeinander, und mit ihnen Staat und katholische Kirche. Aus diesem Dreiecksverhältnis liberaler Erzieher, ultramontaner Missionare und katholischer Laien bezogen die Kulturkämpfe der liberalen Ära ihre besondere Dynamik.[226]

Die Verbindung des Erziehungs- und Fortschrittsgedankens zeigte sich etwa beim liberalen Staatsrechtler Bluntschli. Im »Deutschen Staats-Wörterbuch« definierte er den Ultramontanismus 1867 als »kirchliche Partei«, die den Staat »religiös-kirchlichen Zielen unterwerfen« wolle: »mittelalterlich durch und durch, und eben deßhalb unverträglich mit dem Fortschritte der Neuzeit«, erstrebe sie die »Erhebung des Papstthums über das Kaiserthum«, wie unter Gregor VII. und Innozenz III. Als »Todfeindin des heutigen Kulturstaates« stehe sie im »schroffen und unversöhnlichen Widerspruch mit dem Lebensprincip«, der »Existenz und Richtung des modernen Staates«. Ein langwieriger Krieg »mit der ultramontanen Partei und der katholischen Kirche« sei daher »unvermeidlich«. Bluntschli verstand die »weltgeschichtliche Entwicklung« als »Emancipation des modernen Staates von der kirchlichen Vormundschaft«, die der Ultramontanismus aufhalten wolle. Dabei unterstützten ihn die von der Moderne Ausgeschlossenen:

225 Zur Beziehung von Protestanten und Katholiken in Deutschland im 19. Jahrhundert vgl. *Nowak*, Geschichte; *Haupt/Langewiesche*, Nation; *Smith*, Protestants; *Blaschke*, Konfessionen.

226 Zur katholischen Mission in Europa vgl. *Weichlein*, Mission. Zur »Kolonialisierung der Laienwelt« vgl. *Blaschke*, Kolonialisierung. Zur liberalen Volkserziehung vgl. *Birker*, Arbeiterbildungsvereine; *Trapp*, Volksschulreform; *Goltermann*, Körper; *Björnsson*, Making.

»Trotz ihrer Unnatur« habe die ultramontane Partei »noch eine nicht zu unterschätzende Macht«, denn sie wisse »das religiöse Gefühl der Menschen, und besonders der Frauen, künstlich aufzuregen und in ihrem Sinne zu stimmen«, sie treibe »die Wurzeln ihrer Macht in die Tiefe der Menschenseele« und ziehe hieraus »eine Fülle von Kräften und von Leidenschaften«. Sie wirke »bald insgeheim durch die bethörten Frauen auf die schwachen Männer, bald offen durch die fanatisirten Massen.« Deshalb bekämpfe der Ultramontanismus die Emanzipation der Unmündigen. So weit seine Macht reiche, werde

der Geist der Nation verdüstert, die allgemeine Volksbildung gehemmt, die Bildung der höhern Klassen zu einer geistlichen Abrichtung verdorben, aller wirthschaftliche und technische Fortschritt untergraben und gebunden, in den Familien Unfrieden und Mißtrauen, Beängstigung ausgesäet, das Selbstvertrauen der Völker geknickt und gedemüthigt, jede freie Regung des Geistes unterdrückt, die Wissenschaft von der Kirche geknechtet, der Staat entmannt und entwürdigt, das moderne Leben versumpft und erstickt.

Bluntschli forderte daher, die Führer der ultramontanen Partei ebenso zu verbieten wie die »notorisch« »staatsfeindliche Macht« der Jesuiten. Dem »Kulturstaate« sei nicht zuzumuten, diesen »offenbaren Feind« zu dulden. Ultramontane Laien seien von hohen politischen Ämtern auszuschließen. Als »geistige Knechte des Klerus« müssten sie zum »modernen Staate«, »der ihnen noch als etwas Fremdes, Unverstandenes« gegenüberstehe, erst »erzogen werden«. Mit »der strengen, strammen Rechtszucht des modernen Staates« müsse man sie zum Gesetzesgehorsam zwingen und ihnen »die Ueberlegenheit des männlichen Staatsgeistes über den weiblichen Kirchengeist klar« machen.[227]

Im Jahr des Syllabus hatte Bluntschli im »Deutschen Staats-Wörterbuch« den Einfluss des Islams und der christlichen Konfessionen auf den Charakter der Bevölkerung und auf den Staat miteinander verglichen. Da »die Mohammedaner« erst spät gelernt hätten, Politik unabhängig von Religion zu verstehen, habe sich der »selbstbewußte Staat« in christlichen Ländern früher entwickelt. Eine Nation, die, in »Aberglauben versunken«, »nicht denken gelernt« habe, sei »unfähig zur politischen Freiheit« und bevorzuge »despotische Gewalt«. Da die kirchliche Autorität im Katholizismus mächtiger sei als im Protestantismus, setze Letzterer der »freien Entwicklung des Geistes und Wissens geringere Hindernisse entgegen«.[228] Zwanzig Jahre zuvor hatte Bluntschli in den »Psychologischen Studien« die Zeit der asiatischen Hochkulturen zur »Kinderzeit des Menschengeschlechtes« gerechnet. Nun aber mache der »thatkräftige männliche Geist Europas reißende Fortschritte«. Aus Bluntschlis Sicht standen die Katholiken den infantilen Asiaten und den unmännlichen Muslimen näher als der männlich-erwachsenen Zivilisation des Okzidents. Sie mussten durch Erziehung an die euro-

227 *Bluntschli*, Ultramontanismus, S. 640–644. Zu Bluntschli siehe ausführlich Kapitel C.I.2.
228 *Bluntschli*, Religion, S. 581.

päische Kultur herangeführt werden.[229] In diesem Sinne zeichneten liberale Karikaturisten katholische Geistliche als schwer erziehbare Kinder, die durch die Kulturkampfgesetze zu ihrem ›Glück‹ gezwungen werden mussten.[230]

Auch Virchows oft zitierte, aber nur selten analysierte Definition des Kulturkampfes kreiste um den Zusammenhang von Fortschritt, Erziehung und Kultur. 1873 begründete er seine Zustimmung zum verfassungswidrigen preußischen Gesetz über die »Vorbildung und Anstellung der Geistlichen«, das die Erlangung geistlicher Ämter an die deutsche Staatsangehörigkeit und an eine staatliche Prüfung in Philosophie, Geschichte und deutscher Literatur – das sogenannte ›Kulturexamen‹ – knüpfte, mit einer »lange[n] Geschichte«. Von Anfang an sei der »päpstliche Gedanke« mit dem »deutschen Gedanken« in Konflikt getreten. Im Mittelalter seien die Hohenstaufen der »Hierarchie« in »blutigsten Kämpfen unterlegen«. Die vergangenen kulturellen Verdienste der Kirche, als sie »die alten Heiden« – Aristoteles, Platon und Galen – »gelehrt« habe, seien zwar unbestreitbar. Nun aber sei sie nicht mehr Trägerin der »allgemeinen Kultur« und der »ganzen humanen Entwickelung«, sondern habe sich in einen »spezifisch dogmatischen Styl hineingelebt« und den »absonderlichen Charakter des Ultramontanismus angenommen«. In diesem Sinne handele es sich »um einen großen Kulturkampf«. Daher sei das ›Kulturexamen‹ als »Gesetz aus der großen Entwickelung der Jahrtausende« zu verstehen.[231] Auch wenn Virchow im Unterschied zu 1848 auf den expliziten Vergleich mit dem Orient verzichtete, griff seine Definition des Kulturkampfes doch die Exotisierung und Enthistorisierung des Katholizismus seit der Aufklärung auf.

Zivilisierungsideen motivierten auch die bayerischen Liberalen. Sie hatten das staatliche Bündnis mit der katholischen Kirche im Vormärz als »ägyptische Finsternis« empfunden.[232] Nach ihrer Regierungsübernahme kämpften sie in Bayern gegen Rom für die Moderne. Im Februar 1869 erklärte der katholische Fortschrittsliberale Marquard Barth den »Waffenstillstand« mit der Kurie für beendet, weil Rom alles verleugne, was der »deutsche Geist« und die »deutsche Wissenschaft« seit vier Jahrhunderten, das heißt: seit der Reformation, »Großes und Herrliches« geschaffen habe. Im April prophezeite sein Parteifreund Franz Völk, der sich nach der Verkündigung des Unfehlbarkeitsdogmas den Altkatholiken anschließen sollte, dass von man nicht von einer »Entwicklung Deutschlands« sprechen könne, »solange Rom obenan« stehe. Es handle sich daher »um einen Riesenkampf, um einen Kampf auf Leben und Tod«, in dem das Volk, das die Reformation über die Welt verbreitet habe, keinesfalls untergehen werde. Im folgenden Landtagswahlkampf stilisierte der »Hofer Anzeiger« das Vatikanische

229 *Bluntschli*, Studien, S. 43, 55.
230 Vgl. BW 20.9., 4.10.1872; 24.10.1873.
231 SBHA, 17.1.1873, S. 630f.
232 *Weiß*, Redemptoristen, S. 78.

Konzil zum »Fanal eines Endkampfes zwischen geistiger Freiheit und ›ultramontaner‹ Knechtschaft«.[233]

Um die geistliche Wahlpropaganda und die Wahlerfolge der katholischen »Patriotenpartei« zu unterbinden, brachte die bayerische Regierung den Kanzelparagraphen in den Bundesrat ein. Der katholische Advokat, Bankdirektor und nationalliberale Abgeordnete Friedrich von Schauß pries das Gesetz als »Kern einer deutschen Kulturbestrebung« und beschwor die Klärung der Stellung des Staates zur Kirche als »civilisatorische Aufgabe« des Reiches. Dass Bayern im Reichstag ein Viertel der Zentrumsabgeordneten stellte, zeige, dass es »leider noch in einzelnen Landestheilen auf einer niederen Kulturstufe« stehe, was mit den Folgen des »klerikalen Regiments« zu erklären sei, das noch immer die »große Masse der ländlichen Bevölkerung unter seiner Knute« habe. Der »übermäßige klerikale Einfluß« sei dafür verantwortlich, dass es »mit dem Civilisationsprozeß« in Bayern »langsamer vorwärts gehe«. »Bist du denn ein Wilder?«, fragte sich daraufhin, »ohne diesen Antrag erzogen«, der Zentrumsabgeordnete Ludwig Windthorst. Fraktionskollege Greil nannte Schauß' Äußerung »ehrenrührig« und wurde vom Reichstagsvizepräsidenten, dem ehemaligen bayerischen Ministerpräsidenten Hohenlohe, zur Ordnung gerufen. Schauß blieb unbehelligt. Selbst der Fortschrittsliberale Eugen Richter, der sich in der Debatte als einziger liberaler Reichstagsabgeordneter gegen den Kanzelparagraphen aussprach, beklagte die »kulturfeindliche Richtung, welche die römische Hierarchie« eingeschlagen habe.[234] Im preußischen Osten des Reichs verband sich die antikatholische Zivilisierungsmission der Liberalen – im Kontext der staatlichen Politik zur ›Germanisierung‹ von Polen und slawophonen Minderheiten – noch stärker mit nationalen und rassischen Kategorien.[235]

Wie gesehen, schöpften fortschrittsfreundliche Antikatholiken aber nicht nur aus innerdeutschen Kolonisierungsprojekten, sondern auch aus dem Imaginarium des überseeischen Kolonialismus. Bereits im Vormärz war der Katholizismus, etwa in der Kritik der romantischen Konversionen, neben dem Orient auch mit Afrika assoziiert worden. Im Zuge der kolonialen Expansion des Deutschen Reiches verdrängte der ›schwarze Kontinent‹ den Orient allmählich als Synonym katholischer Exotik. In der liberalen Ära wurden Zivilisierungsprojekte inner- und außerhalb Europas dabei mitunter noch als konkurrierende, austauschbare Projekte gehandelt. 1869 forderten die »Berliner Wespen« evangelische »Heidenbekehrer« in Afrika zur Rückkehr nach Norddeutschland auf, wo für »wilde Weiße« und »norddeutsche Kaffern« noch genug Kulturarbeit zu verrichten sei. Auch für den »Kladderadatsch« war die »Bildung Ost-Africa's und

233 Zitiert nach *Stache*, Liberalismus, S. 141, 115; *Schieder*, Partei, S. 207. Zum bayerischen Kulturkampf vgl. Kapitel C.II.3.a.

234 SBDR 25.11.1871, S. 519ff. (Schauß) 527 (L. Windthorst), 543 (Greil), S. 518 (Richter).

235 Siehe Kapitel C.II.4.

Das Missionsgebiet Afrikas soll nach dem Antrage Stöckers unter die Katholiken und Protestanten vertheilt werden.

Abb. 6: »Das Missionsgebiet Afrikas soll nach dem Antrage Stöckers unter die Katholiken und Protestanten vertheilt werden.«, in: Kladderadatsch 25.5.1890.

Hinterindiens« keineswegs vordringlich: »Würden diese stillen, geistigen Wirkungen nicht billiger und nutzbringender etwa in Ost-Preußen und Hinter-Pommern zu verwenden sein?« 1875 beklagte sich das Bonner »Correspondenzblatt des Deutschen Vereins für die Rheinprovinz« über den »dicken Aberglauben«, in dem die Geistlichen das katholische Volk »geflissentlich« hielten. Den Handel mit »abergläubische[m] heidnischen[m] Kram« wie »wunderthätigen Amuletten, Medaillen, Benediktuspfennigen, Skapuliren, dem Ignatiuswasser, den Ignatiusbrödchen, Hubertusriemchen« führte sie auf einen »Köhlerglauben« zurück, der »höchstens beim Zulukaffer noch anständig« sei.[236]

Nach dem Kulturkampf verschoben sich die Prioritäten: Das koloniale Projekt wurde von ›wilden Weißen‹ auf ›wilde Schwarze‹ umgelenkt (unter anderem auch von Kulturkämpfern wie Schauß, der sich 1886 an der Gründung der Münchener Filiale des »Deutschen Kolonialvereins« beteiligte). Einigen Liberalen erschien der ›irrationale‹ Katholizismus zur Missionierung der afrikanischen Wilden geeigneter als der ›rationale‹ Protestantismus. 1890 malte der »Kladderadatsch« die möglichen Folgen eines Gesetzesantrags des konservativen Protestanten Adolf Stöcker aus, der die afrikanischen Missionsgebiete konfessionell paritätisch aufteilen wollte (*Abb. 6*). Während sich die Eingeborenen auf das

236 Correspondenzblatt 6.1.1875; Berliner Wespen 12.12.1869; Kladderadatsch 19.12.1869. Zum Konnex von innerer und äußerer evangelischer Mission: *Conrad*, Eingeborenenpolitik.

Angebot des katholischen Missionars (Rosenkränze, Heiligenbilder) geradezu stürzten, blieb die protestantische Missionsware (›Traktätchen‹) unberührt.[237]

Der Erfolg der katholischen Mission in Afrika blieb noch lange Zielscheibe des Spotts. 1904 zeichnete Paul Rieth in der Münchener Wochenzeitschrift »Jugend« einen Jesuiten neben sich tierhaft gebärdenden Schülern. Das katholische Zivilisierungsprojekt erschien hier als *mission impossible*.[238] Ungeachtet solcher rassistischen Darstellungen trug die koloniale Expansion – neben dem Aufkommen des Sozialismus als neuem, gemeinsamem Gegner – aber auch zur Befriedung des Kulturkampfes bei. Im Zuge des Abbaus der Kulturkampfgesetze wurde die Zentrumsfraktion Ende der 1880er zur Stütze der deutschen Kolonialpolitik. Die koloniale Expansion erleichterte die Annäherung zwischen Staat und katholischer Kirche, die mit der Zivilisierung Afrikas nun ein gemeinsames Ziel verfolgten; auch der Universalismus von Liberalen und Katholiken konvergierte partiell. Es folgte der bis dahin größte Aufschwung der katholischen Mission in Deutschland. 1909 forderte das preußische Kultusministerium die katholische theologische Fakultät in Münster auf, missionswissenschaftliche Vorlesungen anzubieten. Allerdings blieb die Allianz fragil. Nachdem das Zentrum den Nachtragshaushalt für die ›Schutzgebiete‹ wegen der genozidalen Kriegführung in Deutsch-Südwestafrika abgelehnt hatte, wurde der latente Antikatholizismus im Vorfeld der ›Hottentottenwahlen‹ 1907 wieder manifest – als sei der Kulturkampf noch im Gange und als regierte das Zentrum nicht seit über einem Jahrzehnt faktisch mit. Auch außerhalb der Medien wirkten die Stereotype lange fort. Noch in den 1920er Jahren nannten protestantische Schulkinder im Ruhrgebiet katholische Straßenzüge mit vorwiegend »schwarzem« Stimmenanteil »Negerdörfer«.[239]

7. »Protestantische Ethik«: Der soziologische Ausschluss des Katholizismus aus der Moderne

Die Dichotomisierung von Katholizismus und Moderne wirkte auch nach dem Kulturkampf lange fort, nicht nur im Kaiserreich. »Gegenüber den in ganz Europa täglich sich mehrenden Angriffen« gegen die katholische Kirche prognostizierte der katholische Kirchenhistoriker Albert Ehrhard 1902, dass der Katholizismus kein »hinsterbendes Gebilde verklungener Zeiten« sei, sondern sich auch im zwanzigsten Jahrhundert als »lebenskräftiger Kulturfaktor« erweisen werde. Dieser Nachweis erschien umso nötiger, als viele europäische Intellektuelle den Katholizismus für unvereinbar mit der Moderne hielten. Der liberale evangelische

237 Für frühere Beispiele vgl. K 12.12., 26.12.1869.

238 Vgl. Jugend 15.12.1904.

239 Vgl. *Nettmann*, Witten, S. 104; *Gründer*, Missionsgesellschaften, S. 80; *Loth*, Zentrum und Kolonialpolitik; *Becker*, Kulturkampf als Vorwand, S. 102f.

Theologe Ernst Troeltsch lobte zwar die Reformbestrebungen im Katholizismus, schloss dessen Versöhnung mit der modernen Kultur aber aus und betonte stattdessen »Die Bedeutung des Protestantismus für die Entstehung der modernen Welt«. Reformkatholiken nutzten derweil das orientalistische Katholizismusbild, um für ihre Ideen zu werben. Sie bekannten sich zu Fortschritt und Moderne und kritisierten die ›Rückständigkeit‹ der eigenen Konfession. Für die Dekadenzbewegung des Fin de siècle wurde der Katholizismus hingegen gerade aufgrund seiner vermeintlichen Abwesenheit von Modernität attraktiv. Der Protestantismus schien seine Entwicklungsfähigkeit hingegen bereits mit der Reformation bewiesen zu haben. Dem »Antichrist« Friedrich Nietzsche galt er darum als bloß »halbseitige Lähmung« des Christentums.[240]

Mit Max Webers religionssoziologischen Studien prägte der Ausschluss des Katholizismus schließlich auch die sozialwissenschaftliche Konstruktion westlicher Modernität. In dem Aufsatz »Die Protestantische Ethik und der Geist des Kapitalismus« entwickelte er die These, dass es zwischen dem kapitalistischen Geist und der calvinistischen Prädestinationslehre eine Wahlverwandtschaft gegeben habe. Im Unterschied zu Buddhismus, Hinduismus und Taoismus prüfte Weber den Katholizismus nicht systematisch auf seine Kapitalismusfähigkeit – trotz gewichtiger Einwände renommierter Kollegen und augenfälliger historisch-zeitgenössischer Gegenbeispiele wie dem Kapitalismus des frühneuzeitlichen Italiens und katholische Großindustriellen des 19. Jahrhunderts wie August Thyssen. Die Inkompatibilität von Katholizismus und Kapitalismus war für Weber nicht Gegenstand, sondern Prämisse der Untersuchung. Katholiken zeigten aus seiner Sicht eine geringere »Neigung zum ökonomischen Rationalismus« als Protestanten, was an der »dauernden inneren Eigenart und nicht nur in der jeweiligen äußeren historisch-politischen Lage der Konfessionen« liege. Er stützte diese Annahme auf eine Studie seines Schülers Martin Offenbacher über die wirtschaftliche Lage badischer Katholiken und Protestanten und projizierte deren Ergebnisse auf die Frühe Neuzeit und auf die ganze Welt.[241]

Über die ›Weber-These‹ ist seither in den Sozialwissenschaften kontrovers diskutiert worden. Obwohl ihr empirischer Gehalt von Frühneuzeithistorikern stark bezweifelt wird, dient sie in Disziplinen wie der Wirtschaftswissenschaft noch immer dazu, Europas vermeintliche ›Einzigartigkeit‹ zu belegen, wobei stets das protestantische Europa gemeint ist. Auf diese Weise wird der Katholizismus bis heute aus dem Okzident ausgeschlossen.[242] Dabei mutet Webers Gedanken-

240 *Ehrhard*, Katholizismus, S. VI. Vgl. *Troeltsch*, Ehrhard; *ders.*, Bedeutung; *Nietzsche*, Antichrist, S. 176. Zu Nietzsches Kritik des Christentums vgl. *Gross*, Jesus, S. 62 f. Zur reformkatholischen Übernahme antikatholischer Topoi vgl. *Baumeister*, Parität. Zur Aufwertung des Katholizismus in der Dekadenzbewegung vgl. *Sasso*, Tramonto; *Hanson*, Decadence.

241 *Weber*, Ethik, S. 23. Zu den zeitgenössischen Kontroversen vgl. *Weber*, Kritiken. Zur Kritik von Offenbachers Methodik vgl. *Dietrich*, Gegnerschaft, S. 188–191.

242 Vgl. etwa *Zilibotti*, Weber. Für die Historiker vgl. *Wehler*, Herausforderung, S. 96–115.

führung in Bezug auf die christlichen Konfessionen kontraintuitiv an, wie Joachim Radkau bemerkt hat: Dass »ausgerechnet der calvinistische Glaube an eine göttliche Prädestination, die der Mensch nicht beeinflussen kann, die unermüdliche Arbeitswut hervorgebracht haben soll«, erscheint unlogisch: »da hätte die katholische Werkgerechtigkeit als Ursprung besser gepaßt, während der Prädestinationsglaube einen passiven Fatalismus hätte fördern müssen.«[243]

Dass der Katholizismus in Webers vergleichender Religionssoziologie dennoch eine »auffällige Lücke«[244] blieb, ist mit der Orientalisierung des Katholizismus seit der Aufklärung zu erklären. Weber stand in einer langen Tradition.[245] Selbst ein so unorthodoxer und origineller Denker wie er konnte das orientalistische Katholizismusbild nicht überwinden. Dies hatte auch biographische Gründe. 1904 nannte sich Weber einen »Sohn der modernen europäischen Kulturwelt«.[246] Er war jedoch auch ein Kind seiner antikatholischen Umgebung. Sein Vater saß für die Nationalliberalen im Parlament, er war ein enger Verbündeter Adalbert Falks und rief 1872 in seinem Wahlkreis zum »Kampf wider die kulturfeindlichen Mächte des Ultramontanismus und Jesuitismus« auf. Webers reformierte Mutter las Gervinus, David Friedrich Strauß und Carl Zittel. Liberale Politiker und Wissenschaftler gingen im Elternhaus ein und aus. In Berlin studierte Weber bei Antikatholiken wie Mommsen, Treitschke und Gneist. Er lernte auch prominente Juden und Freidenker kennen, aber kaum Katholiken.[247]

Webers Briefe und die von ihm überlieferten mündlichen Äußerungen erweisen ihn als Antikatholiken. In jungen Jahren bedauerte er ›Bismarcks‹ Abbruch des Kulturkampfes. Später sah er im wachsenden politischen Einfluss der

243 *Radkau*, Weber, S. 329. Zur Auseinandersetzung von Frühneuzeit-Historikern mit der ›Weber-These‹ vgl. *Münch*, Zusammenhang; ders., Ordnung; *Lutz*, Reformation, S. 157–160.

244 *Radkau*, Weber, S. 318. Zum Katholizismus als blindem Fleck der Weberschen Religionssoziologie siehe ferner *Löwy*, Ethics; *Tyrell*, Katholizismus, 197 Anm. 13.

245 Wie der Aufklärer Nicolai deutete Weber das vermeintliche Fehlen einer katholischen Wirtschaftsethik konfessionell. Auch Romantiker und Rationalisten, Demokraten und Liberale hatten den Katholizismus zuvor aus der Geschichte und Zivilisation des Okzidents ausgeschlossen. Diese Exklusion erfolgte auf europäischer Ebene in diversen wissenschaftlichen Disziplinen. Seit 1869 hatte der belgische Nationalökonom und liberal-katholische Kulturkämpfer Émile de Laveleye eine wirtschaftliche, kulturelle und moralische Unterlegenheit katholischer Völker behauptet. 1873 gründete er mit Bluntschli das Genter Institut für Völkerrecht, der Laveleyes Thesen im deutschsprachigen Raum verbreitete. Virchow berief sich im Preußischen Abgeordnetenhaus darauf, um die Verweltlichung der Schulaufsicht zu begründen, 1875 wurden sie im »Correspondenzblatt des Deutschen Vereins für die Rheinprovinz« referiert, 1904 und 1911 schließlich auch in den einflussreichen Aufsätzen von Weber und Troeltsch. Vgl. Correspondenzblatt 22.4.1875; *Weber*, Ethik, S. 28 Anm. 3; *Troeltsch*, Bedeutung, S. 269. Zu Virchow vgl. Kapitel C.II.4.c. Zu den Debatten um Laveleye: *Baumeister*, Parität, S. 75–78, 82, 85, 102, 112.

246 *Weber*, Ethik, S. 1.

247 Zitiert nach *Roth*, Familiengeschichte, S. 386. Zu Webers Mutter vgl. *ebd.*, S. 262 f. Zum Einfluss von Webers Lebenswelt auf die protestantische Ethik vgl. *Lehmann*, Protestantismus, S. 532–536; *Hersche*, Weber, S. 370 f.

Zentrumspartei ein nationales Unglück. Die Wallfahrer von Lourdes trieben ihm 1897 »kalte[n] Schweiß auf die Stirne«. Seine Beschreibung der »Priesterphysiognomien« erinnerte an Nicolais ›Religions-Physiognomie‹: »neben höchst behaglichen alten dicken Falstaffs und direkt gemeinen pfäffischen Fratzen junge bleiche großäugige Fanatiker, deren herber Mund von Kämpfen zur Abtötung des Fleisches spricht«. Émile Zolas antikatholischen »Lourdes«-Roman pries Weber für die Schilderung der »infernalischen Hierarchie« der »schwarzen Bande«. Den katholischen Konversionen von »Neu-Romantikern« wie Max Scheler begegnete er mit Unverständnis. Die reformkatholischen Bemühungen der Brüder Theiner zur Aufhebung des Priesterzölibats und zur Einschränkung des Herz-Jesu-Kultes kommentierte er wohlwollend, hielt den Katholizismus aber für unreformierbar. In einem Brief an die ebenfalls konvertierte Frauenrechtlerin Elisabeth Gnauck-Kühne verurteilte er 1906 alle Versuche, das katholische ans staatliche Eherecht anzupassen, als fatales Symptom einer »Umwandlung der alten katholischen Frömmigkeit in eine ganz moderne Anpassungs-Technik«. Der Katholizismus sollte so bleiben, wie er war. Die »virtuose Maschinerie der katholischen Kirche« erschien Weber gleichwohl als bedrohliche Macht, die »mit aller Kraft zu bekämpfen« ein Gebot der Menschenwürde sei. Er unterzeichnete ein Manifest des Neukantianers Paul Natorp gegen die Konfessionsschule, damit der »religiöse Partikularismus« nicht die »Nationalkultur« zerstöre.[248]

»Max Weber was an imperialist, a racist, and a Social Darwinistic nationalist, and these political positions fundamentally shaped his social scientific work«, hat Andrew Zimmerman zuletzt pointiert zusammengefasst, ohne zu unterschlagen, dass diese Ansichten unter Webers Zeitgenossen weit verbreitet und insofern wenig originell waren. Während Webers Nationalismus und Imperialismus, sein Antipolonismus und Eurozentrismus schon oft kritisiert worden sind[249], wurde sein Antikatholizismus bislang kaum als solcher benannt. Eher spät und zaghaft wurde der Kontext des Kulturkampfes zur Erklärung der ›Weber-These‹ herangezogen, die lange diskursive Tradition, in der Webers Antikatholizismus stand, wurde jedoch übersehen. Noch immer suchen Sozialwissenschaftler Webers Religionssoziologie vom Vorwurf der Parteilichkeit in Schutz zu nehmen. Teils erfolgen solche Rettungsversuche aus der Verehrung eines Idols, teils, weil Webers Antikatholizismus als berechtigte Katholizismuskritik verstanden wird.[250] Hinzu kommt der sachlich-nüchterne Stil der »Protestantischen Ethik«: Der Ausschluss des Katholizismus aus der Moderne erfolgt hier nicht aggressiv oder polemisch, sondern implizit und indirekt. Der Antikatholizismus ist darin gleichsam ›er-

248 Zitiert nach *Radkau*, Weber, S. 318, 892 Anm. 425; *Hübinger*, Kirchen, S. 19f., 21. Vgl. *Honigsheim*, Erinnerungen, S. 180f., 252. Zu Webers Haltung pro Kulturkampf vgl. *Tyrell*, Weber.

249 *Zimmerman*, Weber, S. 53. Zum Imperialismus vgl. *Mommsen*, Weber; zum Antipolonismus vgl. *Radkau*, Weber, S. 131, 142f. Zu Webers Eurozentrismus siehe zuletzt *Hobson*, Weber.

250 Vgl. etwa *Tyrell*, Katholizismus. Zum sozialwissenschaftlichen Weber-Kult vgl. *Joas*, Versuch, S. 63f.

kaltet‹, seine kulturkämpferische Herkunft unsichtbar geworden. Nicht zuletzt dieser objektivistische Stil trug dazu bei, dass Webers Katholizismusbild in den 1960er und 1970er Jahren in Deutschland übernommen und auf die kirchliche Religion insgesamt übertragen wurde.[251] Gerade deutsche Sozialhistoriker begreifen den Katholizismus des 19. Jahrhunderts daher unter dem Einfluss Max Webers und der Säkularisierungstheorie noch immer nicht als Teil der Moderne. Als intraokzidentaler Orientalismus hat der Antikatholizismus maßgeblich zu diesem monolithischen Bild westlicher Modernität beigetragen.

II. Die europäische und italienische Orientalisierung Roms

Als die italienischen Parlamentarier 1861 Rom zur künftigen Hauptstadt bestimmten, gaben sie dem Risorgimento endgültig eine antikatholische Wende. Italien und der Vatikan befanden danach sich erst diplomatisch, dann auch militärisch in einer Art Kriegszustand. Nach Roms Annexion im Jahre 1870 erklärte sich der Papst zum ›Gefangenen im Vatikan‹, vier Jahre später untersagte er den italienischen Katholiken, an den nationalen Wahlen aktiv oder passiv teilzunehmen. Die Hauptstadtfrage spaltete das Land in Klerikale und Antiklerikale und schwächte die Legitimität des jungen Nationalstaates, den der Vatikan offiziell erst 1929 anerkannte. Die Liberalen waren sich der Tragweite der Römischen Frage bewusst. Sie ist »nicht bloß eine italienische Frage«, sagte Ministerpräsident Camillo Benso Conte di Cavour im Turiner Abgeordnetenhaus, »sie berührt 200 Millionen Katholiken, und ich möchte sagen: die ganze Welt.« Doch ungeachtet des Konfliktpotentials und der föderalistischen Neigungen prominenter Demokraten und Liberaler im Land der ›hundert Städte‹ galt Rom im Risorgimento als ›unausweichliche Hauptstadt‹.[252]

Die risorgimentale Romfixierung, die im 20. Jahrhundert unter imperialen Vorzeichen von den Faschisten aufgegriffen wurde, ist in der älteren Forschung oft mit einem Epochen übergreifenden Rom-Mythos erklärt und, ideen- und nationalhistorisch verengt, auf teleologische Weise bis ins Mittelalter zurückverfolgt worden.[253] Sie war jedoch, wie im Folgenden gezeigt werden soll, moderner und transnationaler Natur. Der risorgimentale Rom-Mythos war eine »erfundene Tradition« (Hobsbawm/Ranger) in Reaktion auf die europäische Orienta-

251 So die Kritik bei *Sperber*, Kirchengeschichte.

252 Zitiert nach *Bastgen*, Frage, Bd. 2, S.114. Zur Hauptstadtentscheidung vgl. *Galasso*, Capitale; *Chabod*, Storia, S. 315–323; *Ghisalberti*, Idea, S. 659–675; *Seibt*, Rom, S. 283–295. Zu Italiens kommunalen Traditionen: *Janz/Schiera/Siegrist*, Centralismo; *Levy*, Regionalism. Zur antikatholischen Wende des Risorgimento: *Banti*, Risorgimento, S. 121 f.

253 Vgl. etwa *Valsecchi*, Geistesgeschichte, S. 93–105; *Treves*, Idea; *Goez*, Hauptstadtproblem; *Giardina/Vauchez*, Mito.

lisierung Italiens. Denn seit der Aufklärung wurde Rom in Schriften gebildeter Europäer als eine Art Museum dargestellt, dessen Monumente sich zwar zur Schulung der ästhetischen Wahrnehmung eigneten, das aber an der modernen Geschichte und Zivilisation nicht teilzunehmen schien. Die Stadt galt als statisch, ihre Bewohner als faul, servil und träge. Als pars pro toto wurde dieses Bild auf ganz Italien übertragen. Die ›Fremdherrschaft‹ der Päpste, Habsburger und Bourbonen bestätigte den subalternen Status der Nation. Auch unter napoleonischer Herrschaft waren Italiener wie koloniale Subjekte beschrieben worden.[254]

Um in Europa als Nation anerkannt zu werden, musste sich Italien daher selbst befreien. »Italien wird es aus eigener Kraft schaffen«, prophezeite der sardische König Carlo Alberto 1848 in einem öffentlichen Appell, der Monarchisten und Republikaner im Feldzug gegen Österreich einte.[255] Allerdings verfügten die Führer des Risorgimento im nationalen Unabhängigkeitskampf nicht über eine ›Meistererzählung‹, denn in Italien hatte es weder eine Reformation noch eine große Revolution gegeben, und die Renaissance besaß keine Massen mobilisierende Kraft. Um das Volk in Italien für die Nation zu begeistern, musste deshalb ein neues Narrativ her. In diesem Zusammenhang gewann Rom seine überragende Bedeutung. Da Italien von Europa in Rom für tot erklärt worden war, musste die Agency der Nation hier unter Beweis gestellt werden. So wurde aus der europäischen Diagnose »Roma è morta« der risorgimentale Schlachtruf: »Roma o morte!« Diese für den italienischen Kulturkampf charakteristische Beziehung nationaler und transnationaler Faktoren wird im Folgenden herausgearbeitet. Zunächst gilt es, die europäische Orientalisierung Roms zwischen Aufklärung und Revolution zu beleuchten, um dann die risorgimentale Aneignung und Umdeutung des europäischen Romdiskurses zu betrachten, die in der Stilisierung der Eroberung Roms zum Beginn der Moderne gipfelte. Schließlich ist zu untersuchen, auf welchen Ebenen der Kulturkampf nach 1870 in der Stadt selbst geführt wurde. Neben der transnationalen Dimension wird die antikatholische Stoßrichtung des Kampfes um Rom herausgearbeitet, in dem Antikurialismus, Antiklerikalismus und Antikatholizismus oft fließend ineinander übergingen.

1. »Roma morta«: Die europäische Orientalisierung Roms zwischen Aufklärung und Revolution

Zwischen dem 18. Jahrhundert und der Revolution von 1848 wurde Rom in Reiseberichten und Briefen, Gedichten und Gemälden gebildeter Europäer auf doppelte Weise aus der Geschichte ausgeschlossen: Während Aufklärer und Rationalisten das päpstliche Regime als unzeitgemäß kritisierten und eine Reform

254 Zur europäischen Orientalisierung Italiens vgl. *Schneider*, Question; *Broers*, Empire.
255 Vgl. *Soldani*, Annäherung, S. 145.

oder Auflösung des Kirchenstaats forderten, feierten Romantiker und Modernitätsmüde den römischen Stillstand als Gleichzeitigkeit des Ungleichzeitigen. Beide teilten dieselbe Prämisse: Roms Eigenart, insbesondere die Einheit von Kirche und Staat, wurde als Abweichung vom normalen europäischen Modernisierungspfad gedeutet. Das angeblich träge, servile Wesen der Römer, die sich in der päpstlichen Despotie scheinbar eingerichtet hatten, wurde auf den Katholizismus zurückgeführt, Rom und Italien die Fähigkeit zum historischen Handeln abgesprochen.[256]

a) Despotie und Trägheit: Die Kirchenstaatskritik der Aufklärung

Die europäische Aufklärung kritisierte am Kirchenstaat Aberglauben und Pomp, Verschwendung und Faulheit, Bettelei, Promiskuität und Malaria. Sie machte die päpstliche Herrschaft und das Wesen der Römer für die Defizite verantwortlich. Als Charles de Montesquieu 1748 in der Abhandlung »Über den Geist der Gesetze« für die Gewaltenteilung als Prinzip der Herrschaft warb, stellte er einen Zusammenhang zwischen Despotismus und sozialen Missständen her. »Das Prinzip der despotischen Regierung entartet unaufhörlich, weil es von Natur aus verdorben ist«. Nach einer Reise durch den Kirchenstaat hatte Montesquieu 1729 festgestellt, dass das Verbrechen nirgends so offen geherrscht habe wie hier. Neben dem Handel mit geistlichen Ämtern stünden auch Morde auf der Tagesordnung. Kirchen dienten zur Ausführung krimineller Handlungen oder zum Versteck der Täter. Die fehlende Strafverfolgung lade zu weiteren Verbrechen ein. Der Papst werde von den Römern gehasst. Hinzu kämen, etwa in der Romagna, zahllose kleine Tyrannen und herrschsüchtige Priester. In Rom sei es wegen der päpstlichen Allmacht nutzlos, etwas aufzubauen. Der Mangel an Handel, Industrie und Landwirtschaft werde den Kirchenstaat entvölkern. Das römische Volk bestehe vorwiegend aus Huren und Knechten. Seine Armut werde nur von seiner Verschlagenheit übertroffen. Der Römer nutze seinen Esprit allenfalls zum Betteln und Stehlen und vernachlässige die Devotion. Die Laxheit und Faulheit der Orden passe kongenial zu seiner Trägheit. Unerträglich sei das Fehlen jeder Ambition. Dem Architekt Louis-François Petit-Radel zufolge hatte die theokratische Regierung geborene Untertanen unterjocht, die sich willig einer Macht unterwarfen, die sie nährte. Für Charles Dupaty resultierte das Glück der Römer aus ihrer Versklavung: Es seien mediokre, friedfertige Menschen, die weder Schaden noch Nutzen brächten. Im Sinne einer Wahlverwandtschaft von Despotie und Servilität schienen sich im Kirchenstaat Herren und Knechte gefunden zu haben.[257]

256 Zur weltlichen Romreise und zum europäischen Romdiskurs vgl. *Garms/Garms*, Mito, S. 624–662; *Rehm*, Romdichtung, S. 167 f.; *Venturi*, Italia; *Maurer*, Reisen, S. 365–379; *Brilli*, Viaggio.

257 *Montesquieu*, Geist, S. 165. Vgl. *ders.*, Voyage, S. 735–779 ; *Petit-Radel*, Voyage, Bd. 2, S. 507; *Dupaty*, Lettres, Bd. 2, S. 35–62. Vgl. *Garms/Garms*, Mito, S. 647 f., 655 f.; *Reinhardt*, Anachronismus, S. 11 f., 21 f.

Die Kirchenstaatskritik der Aufklärung hatte eine antikatholische Stoßrichtung. Viele Aufklärer stellten den Protestantismus als dynamisch und den Katholizismus als statisch dar. Michael Maurer zufolge war dieses Deutungsmuster Ende des 17. Jahrhunderts in England entstanden, wo ein »protestantisches, im konfessionellen Zeitalter verwurzeltes« Italienbild vorgeformt und im Zuge der »protestantischen Kulturhegemonie« des 18. Jahrhunderts universalisiert worden sei: Das »protestantische Weltverständnis der Engländer« sei so »zum allgemeinen der Aufklärung« geworden. Inwiefern für das 18. Jahrhundert von einer ›protestantischen Kulturhegemonie‹ in Europa gesprochen werden kann, sei dahingestellt. Da sich aber gerade französische Aufklärer mit katholischer Sozialisation an der Kirchenstaatskritik beteiligten, wurde diese ein Konfessionen übergreifendes Phänomen. Wie Volker Reinhardt bemerkt hat, resultierte der Konflikt zwischen Aufklärung und Kurie aus konträren Subjektmodellen, Geschichtsbildern und Zeitkonzepten. Während Erstere von einer »nach rational-empirischen Prinzipien perfektionierbaren, in einen ausgeglichenen, konfliktlosen Staat kanalisierbaren Gesellschaft« ausging, »in der natürliche und positive Gerechtigkeit, Natürliches und Soziales am Ende zusammenfallen und die Eudämonie des einzelnen wie des Ganzen verschmelzen musste«, vertrat Letztere die Auffassung, dass es anthropologisch konstante Defizite gebe, die nur durch unveränderliche Hierarchien korrigierbar seien. Hierauf gründete sich ihr seit der Renaissance als unteilbar und überzeitlich begriffener Führungsanspruch. Die dem päpstlichen Primat entspringenden geistlichen Eingriffe in die politische Sphäre erschienen so als unverzichtbares Regulativ menschlicher Schwächen. Die Aufklärer bestritten den umfassenden Führungsanspruch des Papstes und erklärten seine weltliche Herrschaft zum Anachronismus. Die Missstände im Kirchenstaat dienten hierfür als Beleg. Ihre Kritik ließ die weltliche Herrschaft als rückständig und losgelöst vom Fortschritt erscheinen. Sie stellte auch die spirituelle Autorität des Papsttums infrage.[258]

Der Anachronismus-Topos war indes kein bloß propagandistisches Mittel, sondern auch ein Movens der Kirchenstaatskritik. Aus Sicht vieler Aufklärer verkörperte das päpstliche Rom das Andere der Moderne. Montesquieu sah im Kirchenstaat nicht nur einen Idealtyp des »despotischen Verfallsstaats«, sondern auch einen »›Vorposten‹ der asiatischen Autokratie« und verglich ihn daher explizit mit orientalischen ›Despotien‹.[259] Bereits 1739 hatte der Jurist und Philologe Charles de Brosses festgestellt, dass die Römer beinahe so karitativ wie die Mohammedaner seien. Zu den Sünden der päpstlichen Regierung gehöre, mit der Wohltätigkeit auch Trägheit und Bettelei zu fördern. 1785 resümierte Dupaty, dass sich der Kirchenstaat zwar auf europäischem Territorium befinde,

258 *Maurer*, Italienbild, S. 330 f.; *Reinhardt*, Anachronismus, S. 11 f.

259 *Elm*, Moderne, S. 34 f. Anm. 9. Zu Montesquieus Orientbild vgl. *Osterhammel*, Entzauberung, S. 68 ff.

aber nicht zur europäischen Gesellschaft gehöre.[260] Im Zuge der Entstehung des Eurozentrismus und der Verbreitung des Fortschrittsglaubens wurden solche Vergleiche existenzgefährdend. Denn im 19. Jahrhundert galt der Orient in Europa nicht mehr als gleichrangig, sondern als kulturell unterlegen. Soziale und politische Ordnungen, die der orientalischen Kultur ähnelten, erschienen zum Untergang verurteilt.[261] Vor diesem Hintergrund forderten aufgeklärte Kritiker, den Kirchenstaat entweder radikal zu reformieren oder aufzulösen.

b) Grab, Museum, Ruine: Die romantische Ästhetisierung Roms

Im offenem Gegensatz dazu nahm die europäische Romantik ein ästhetisches Verhältnis zur ›ewigen Stadt‹ ein und machte deren Stillstand zum Ausgangspunkt ihrer künstlerisch-wissenschaftlichen Praktiken: Materielle Überreste römischer Vergangenheit wurden zu Studienobjekten für Schriftsteller, Maler, Altertumskundler, Archäologen und Kunsthistoriker, die jeden Wandel der Stadt ablehnten. In einem Brief an Goethe drohte Preußens Gesandter am Heiligen Stuhl Wilhelm von Humboldt mit Rückzug für den Fall, dass »je ein ordentlicher Papst« komme: »Nur wenn in Rom eine so göttliche Anarchie und um Rom eine so himmlische Wüstenei ist, bleibt für die Schatten Platz, deren einer mehr wert ist, als dies ganze Geschlecht.« Mit Letzterem waren die Indigenen gemeint.[262] Noch im Jahre 1846 plante der Schweizer Kulturhistoriker Jacob Burckhardt seine Romreise als Flucht aus der Moderne und vor der Geschichte. Der »schöne faule Süden« erschien ihm als verlockendes Jenseits moderner Reflexion und geistiger Bewegung, als »stilles, wunderbares Grabmonument«, dessen »altertümliche[r] Schauer« rein ästhetisch wahrgenommen werden könne.[263]

Wie Italien insgesamt diente Rom gebildeten Nordeuropäern zum Erleben eines lang ersehnten *déja vu*. Bereits in Mittelalter und Renaissance hatten Franzosen, Niederländer und Deutsche die römische Ruinenromantik entdeckt. Im 18. Jahrhundert wurde ihre Sehnsucht durch Gemälde der Norditaliener Giovanni Paolo Pannini und Giovanni Battista Piranesi genährt. Unter dem Eindruck dieser mächtigen Bildtradition nahm die Schriftstellerin Elisa von der Recke Rom als eine einzige »große Ruine« wahr.[264] Der Kunstkritiker Wilhelm Heinse ergötzte sich am »Theater der Zerstörung« und an der »Pracht der Verwüstung«. Der Poet Karl Philipp Moritz hörte die »Sterbeglocke der Vergangenheit« läuten, August Wilhelm Schlegel rief der Stadt feierlich zu: »Friedlicher mögen sie nun hinsinken, die letzten Ruinen, / Längst zu verschwistertem Schutt neiget sich Säul' und Gebälk«. Wilhelm von Humboldt fasste die Ruinen

260 Zitiert nach *Garms/Garms*, Mito, S. 656. Vgl. *ebd.*, S. 654f. Zu Voltaires geschichtsphilosophischem Abgesang auf Kirchenstaat und Katholizismus vgl. *Elm*, Moderne, S. 35–42.

261 Vgl. *Osterhammel*, Entzauberung.

262 Zitiert nach *Rehm*, Romdichtung, S. 196.

263 *Burckhardt*, Briefe, Bd. 2, S. 208.

264 Zitiert nach *Garms/Garms*, Mito, S. 647.

in einem Brief an Goethe 1804 als »Ort, in dem sich für unsere Ansicht das Altertum in eins zusammenzieht« – als erhabene Verschmelzung von Natur und Kultur. Das moderne Subjekt formierte sich angesichts der antiken Monumente.[265]

Zugleich evozierte die römische Trümmerlandschaft aber auch Gefühle der Tristesse und Melancholie; Empfindungen der Einsamkeit und Ewigkeit sowie Ahnungen von Verfall und Untergang. Lord Byron pries Rom 1817 als »Lone mother of dead empires«. Alphonse de Lamartine trösteten die Ruinen 1821 über seine Vergänglichkeit hinweg. In einer Mischung aus Anziehung und Abstoßung wurde Rom zur Projektionsfläche neoklassizistischer und romantischer Todesphantasien, zur Stadt »derjenigen, die nicht sterben können«, wie Percy Bysshe Shelley schrieb. Wie 4.000 andere Nichtkatholiken ließ sich der englische Poet auf dem »Friedhof der Nichtkatholiken« bei der Cestius-Pyramide bestatten.[266]

Roms Gegenwart wurde dagegen von den gebildeten Besuchern ausgeblendet. Dies galt auch für religiöse Praktiken. Burckhardt erwartete hier nur Jesuiten und Absolutisten anzutreffen – als Zeugen einer toten Vergangenheit. Selbst die philokatholischen Nazarener schätzten allenfalls »die Anschauung biblisch-patriarchalischer Zustände, das Ambiente einer Zeit enthobenen Krippenkunst.« Halb ironisch erwogen sie, Ludwig I. von Bayern zum römischen König zu erklären und die Römer aus dem Tempel zu vertreiben. Chateaubriand notierte, dass das christliche Rom in die Katakomben zurückkehre, aus denen es einst hervorgetreten sei. Die Einheimischen wurden, wenn überhaupt, eher als störend wahrgenommen. Römerinnen erhielten anzügliche, Römer mitleidige oder verächtliche Kommentare. Die Stadt schien vom Wandel abgeschnitten zu sein. Genau hierin lag ihr Reiz.[267]

c) ›Barbarenländer‹: Progressive Italien-Verachtung im Vormärz

Fortschrittsfreunde konnten dem römischen Stillstand nichts abgewinnen. Als »Warnungsstimme für Alle«, welche sich nach den »hesperischen Gefilden« sehnen, verfasste Gustav Nicolai 1834 einen Reisebericht über »Italien, wie es wirklich ist«, um die »krankhafte Sehnsucht nach dem Süden« zu beenden. »Verfaulte Herrlichkeit im Schlamm schmutziger Kloaken«, zudringliche Bettler und hässliche Frauen, scheußliche Speisen, Ungeziefer und Schmutz machten den Aufenthalt in Italien zur Pein. Vom alten Rom seien nur »Ueberbleibsel aus den Zeiten der Finsterniß und des Mönchsthums« übrig.[268] 1839 klagte der italophile Victor Hehn, dass Italiener in der deutschsprachigen Presse stets als

265 Zitiert nach *Rehm*, Romdichtung, S. 172, 188, 195. Zur römischen Ruinenromantik vgl. *Waetzoldt*, Land, S. 99–127; *Garms/Garms*, Mito, S. 624, 644–647.

266 *Byron*, Pilgrimage, S. 163 f.; *Lamartine*, Méditations, S. 215; Shelley zitiert nach *Giardina*, Mito, S. 168. Zum »nichtkatholischen Friedhof«: *Krogel*, Ombra.

267 *Burckhardt*, Briefe, Bd. 2, S. 208; *Metken*, Rom, S. 27; *Chateaubriand*, Mémoires, S. 500.

268 *Nicolai*, Italien, S. 6, 8, 12.

»verschmitzte, tückische, geld- und rachgierige, zu fauler Bettelei geneigte, abergläubische, schmutzige, indolente, tief gesunkene Rasse« dargestellt würden. Für den evangelischen Sprachforscher und Kulturhistoriker war der Nationalcharakter, wie für Montesquieu, abhängig von der Regierung. Was man für den »italienischen Volkscharakter« halte, sei oft nur die »unglückliche Folge elender Regierung und eines von Knechtschaft durchdrungenen gesellschaftlichen Zustandes«. In einem Land, wo »die Geistlichkeit in fauler Üppigkeit das Einkommen des Volkes« verzehre, sei »gewerbsame Tätigkeit« nicht zu finden.[269]

Die Verachtung Roms war keine deutsche Besonderheit. 1817 klagte Stendhal: »Hier ist alles Verfall, alles Erinnerung, alles Tod. Tätiges Leben gibt es nur in London und Paris.« Aus Bologna schrieb er: »Ich kehre in die Zivilisation zurück und bin darüber so entzückt, als kehrte ich aus der Provinz nach Paris zurück.« Die Lombardei sei »mindestens dreißig Jahre voraus«. Rom erschien im Vergleich dazu als Hort der Barbarei. Stendhal verglich die Römer mal mit überseeischen, mal mit orientalischen ›Wilden‹: Von allen nicht am Meer gelegenen Städten, habe »Rom nächst Smolensk die hübscheste Lage.« Die Römer selbst seien aber das »unzivilisierteste Volk«, weshalb es leichter sei, »die Wilden vom Eriesee zu einem zivilisierten Volk zu machen als die Bewohner des Patrimoniums Petri.« Warum wolle man nicht einsehen, fragte Stendhal, »daß die Zivilisation in Florenz aufhört?« Rom und Neapel seien nichts weiter als »europäisch ausstaffierte Barbarenländer. Man sollte dorthin reisen, wie man nach Griechenland oder Kleinasien reisen würde, nur mit mehr Vorsichtsmaßnahmen, da die Türken sehr viel redlicher« seien »als die Europäer von Neapel.«[270] Europas Südgrenze war hier als Grenze der Zivilisation gedacht, und Rom lag jenseits dieser Grenze.

2. »Roma o morte«: Die risorgimentale Aneignung des europäischen Rombildes

Im Risorgimento eigneten sich italienische Nationalisten Europas orientalistisches Rombild an, um die Legitimität des Kirchenstaats zu bestreiten und die Agency der Nation in der totgesagten Stadt unter Beweis zu stellen. Bis 1848 betraf die europäische Orientalisierung ganz Italien. Danach wurde sie innerhalb Italiens auf den Mezzogiorno[271] und den Kirchenstaat umgelenkt, und zwar auf doppelte Weise: Einerseits nutzten Demokraten und Liberale den orientalistischen Romdiskurs, um den Kirchenstaat in Europa als Schandfleck und

269 Zitiert nach *Petersen*, Italienbild, S. 203. Zum Italienbild deutscher Frühliberaler vgl. *ebd.*

270 *Stendhal*, Rom, S. 44, 110, 113, 102, 104.

271 Vgl. *Schneider*, Question; *Petrusewicz*, Meridione.

Unruheherd darzustellen. Andererseits suchten sie Roms statisches Image zu ›widerlegen‹, indem sie die Stadt zum Ausgangspunkt einer universalistischen Mission stilisierten. Dies geschah auch in Reaktion auf Italienbilder, denen die Exilanten des Risorgimento vor allem in England und Frankreich begegnet waren. 1848 fasste der lombardische Demokrat Carlo Cattaneo die Ansichten seiner Pariser Gesprächspartner über Italien so zusammen: Einerseits sei das Land von einigen wenigen Vertretern einer »weißen Rasse« bewohnt, die aufgrund ihrer kosmopolitischen Kultur und Auslandsreisen begonnen hätten, eine matte Sehnsucht nach Nationalität und Freiheit zu entwickeln; andererseits von den eingeborenen Repräsentanten einer »braunen Rasse« von »Halunken«, die bereit seien, zu morden, zu stehlen und zu plündern. Etwa zeitgleich stellte der gemäßigt-liberale Marchese Cosimo Ridolfi in London fest, dass man hier viel zu sehr vom »Land der Toten« fasziniert seien, um sich für Italiens Gegenwart und Zukunft zu interessieren.[272] 1844 resümierte der neoguelfische Historiker Cesare Balbo die beiden Varianten des nordeuropäischen Rom- und Italiendiskurses so: »Von außen wurden wir mit zwei extremen Forderungen konfrontiert: alles zu ändern und alles zu bewahren«.[273] Wie gingen Italiens Nationalisten mit dieser paradoxen Anweisung um? Wie suchten sie die Deutungshoheit über die Vergangenheit, Gegenwart und Zukunft der Nation zurückzugewinnen?

Eine literarische Antwort lieferte 1860 Giuseppe Garibaldis Roman »Clelia«, in dem eine gebildete Engländerin klagt: »›Italien, einst die Wohnstätte des Ruhmes, ist jetzt der Pfuhl alles Verworfenen. Italien, der Garten der Welt, ist ein Unrathhaufen geworden!‹«. Ein italienischer Patriot entgegnet ihr: »›[E]in entehrtes Volk ist ein todtes Volk. Ich – selbst ich – verzweifle beinahe an der Zukunft einer solchen Nation.‹« In einer Rede greift er das Bild der toten Nation wenig später auf, um es gegen die ›Totengräber‹ zu wenden:

> Tod den Priestern! [...] Wer verdient den Tod eher als jene üble Sekte, die aus Italien ein Land der Toten, einen Friedhof gemacht hat? [...] Blutvergießen widert mich an! Aber ich weiß nicht, ob sich Italien von seinen Tyrannen der Seele und des Körpers befreien wird, ohne diese zu vernichten, ohne sie bis zum letzten Sproß zu vernichten![274]

Garibaldis Roman zeigt den kreativen Umgang des Risorgimento mit dem europäischen Rom- und Italienbild exemplarisch. Auch Cesare Balbo und Cavour griffen Europas Bild von Italien als toter Nation auf, als sie 1847 die Zeitschrift »Risorgimento« (*risorgere*: dt. auferstehen, wieder aufgehen) gründeten, nach der zunächst die Nationalbewegung benannt wurde und dann die gesamte Epoche

272 Zitiert nach *Soldani*, Annäherung, S. 158f.

273 *Balbo*, Speranze, S. 10. Zur Zentralität des Exils für das Risorgimento vgl. *Galante Garrone*, Emigrazione; *Venturi*, Circolazione; *Gabaccia*, Diasporas, S. 35–57. Zur Mythisierung des Exils italienischer Nationalisten in der Konstruktion nationaler Identität vgl. *Isabella*, Exile.

274 *Garibaldi*, Herrschaft, Bd. 2, S. 39f.; *ders.*, Clelia, S. 229.

der Nationalstaatsbildung.[275] Wie aber stellten sich Demokraten und Liberale Italiens Zukunft vor? Um Europas orientalistisches Italien-Bild zu widerlegen, schufen sie einen eigenen Rom-Mythos und wiesen der Stadt eine universalistische Mission zu. Dabei lassen sich neoguelfische, neo-ghibellinische und mazzinianische Varianten unterscheiden, in denen die katholische Kirche und Religion jeweils eine sehr unterschiedliche Rolle spielte.

a) Katholizismus als Moderne: Giobertis »Primato« und die Neoguelfen

Die italienischen Romantiker und Neoguelfen, benannt nach der propäpstlichen Partei in Mittelalter und Renaissance, wollten das Papsttum reformieren und als moderne Symbiose von Nation und Katholizismus zum Ausgangspunkt einer nationalen und universellen Erneuerung machen. Wie die deutschen Romantiker schwärmten sie für das Mittelalter und für den Katholizismus.[276] Einer ihrer Wortführer war der liberale Theologe und Turiner Hofkaplan Vincenzo Gioberti. 1833 hatte er Piemont wegen seiner Mitarbeit in Mazzinis Geheimbund »Giovine Italia« verlassen müssen, zunächst in Richtung Paris, dann nach Brüssel, wo er 1843 das Buch »Del primato morale e civile degli italiani« veröffentlichte. In diesem Schlüsseltext des Risorgimento postulierte Gioberti einen kulturellen Primat Italiens, der bereits in Antike, und Renaissance zum Ausdruck gekommen sei. Die gegenwärtige Misere des Landes deutete er als Zeichen einer von der Vorsehung zugedachten Opferrolle. Die Italiener seien Gottes auserwähltes Volk. Immunisiert gegen die Irrlehren des Protestantismus und der Aufklärung hätten sie den Katholizismus in seiner reinen, ursprünglichen Form bewahrt. Hieraus resultiere Italiens Mission zur Erneuerung Europas. Da das Land dem Papst unterstehe, sei es prädestiniert, den Niedergang der Religion umzukehren. Da die päpstliche Politik das Ideal katholischer Christlichkeit verkörpere, sollten sich Italien und Europa an ihren Institutionen orientieren. Als Zentrum eines künftigen Nationalstaates kam für Gioberti nur Rom infrage.[277]

Die neoguelfische Vision einer Versöhnung von Nation, Katholizismus und Moderne wurde in Italien begeistert aufgenommen.[278] Mit dem neuen, als liberal geltenden Papst Pius IX. schien sie 1846 Gestalt anzunehmen. Zu Beginn seiner Amtszeit öffnete er das jüdische Ghetto, erließ eine Amnestie für politische Gefangene und Exilanten, setzte einen Verfassungsrat ein, berief Laien in die Regierung und verfügte den Bau von Eisenbahnen im Kirchenstaat. In Festbanketten

275 Die Bedeutung des Begriffs *Risorgimento* säkularisierte sich im 19. vom Jahrhundert vom religiös geprägten Wortfeld Wiederauferstehung, Wiederaufleben, Wiedergeburt (*Risurrezione*) zur weltlichen Erneuerung (*Rigenerazione*). Vgl. *Banti*, Risorgimento, S. VIII–XI.

276 Vgl. *Herde*, Guelfen; *Giovagnoli*, Neoguelfismo; *Wolfzettel/Ihring*, Katholizismus, S. 404; *dies.*, Traum, S. 481.

277 Vgl. *Gioberti*, Primato.

278 Vgl. *Chabod*, Storia, S. 199; *Wolfzettel/Ihring*, Katholizismus, S. 409–413; *dies.*, Traum, S. 482; *Elm*, Moderne, S. 83–88; *Rumi*, Gioberti; *Del Rio*, Gesuiti, S. 175f.

und Fackelzügen, Andachten und Dankgottesdiensten, Gedichten und Liedern wurde der Papst daraufhin in Italien als Erneuerer gefeiert. Patriotische Geistliche trugen die Begeisterung ins Land. Als Projektionsfläche kollektiver Sehnsüchte nach Reform und Veränderung trug Pius IX. so zur sozialen Erweiterung der Nationalbewegung bei. Ähnlich wie die deutsch-katholische Bewegung beförderte die »theokratisch-liberale Aufwallung« in Italien eine Radikalisierung politischer Forderungen. Als die Kardinäle 1848 die Januar-Verfassung gebilligt hatten, schien die Vereinbarkeit von Prinzipien wie Freiheit, Fortschritt und Nationalität mit der Treue zur katholischen Religion erwiesen und Rom gleichsam in der Moderne ›angekommen‹ zu sein. Auch ausländische Rombesucher registrierten einen jähen Stimmungswechsel. Der Lyriker Heinrich Stieglitz sah Rom und den Kirchenstaat 1848 »im ersten Jahre seiner Verjüngung«.[279]

Der neoguelfische Traum endete am 29. April 1848, als Pius IX. den Krieg gegen Österreich, die liberale Lesart des päpstlichen Statuts und die ihm darin zugedachte Rolle eines konstitutionellen Monarchen ablehnte. Nach der Ermordung seines Premierministers Pellegrino Rossi floh er Ende November nach Gaeta und bat den französischen König um Hilfe. Am 9. Februar 1849 proklamierte die römische Parlamentsversammlung das Ende der weltlichen Herrschaft des Papstes. Am 12. April 1850, nach der militärischen Niederlage der römischen Republik, kehrte Pius IX. in Begleitung französischer Truppen nach Rom zurück, stellte das *dominium temporale* wieder her und machte die eigenen Reformen rückgängig.[280]

Die Utopie einer Versöhnung von Katholizismus, Nation und Moderne war damit zerstört, der Bruch zwischen Papst und Nationalbewegung vollzogen. Das Vorhaben einer Reform des Katholizismus bewegte zwar auch danach noch viele Italiener. Angesichts einer neuen Generation antiliberaler Geistlicher und der Zuspitzung des Konflikts zwischen Staat und Kirche erhielt das Risorgimento jedoch einen antikatholischen Charakter. Die Turiner »Gazzetta del Popolo« etwa, die Pius IX. noch im Juli 1848 als Italiens »ersten Erlöser« gepriesen hatte, vollzog eine antiklerikale, antipäpstliche, antikatholische Wende. Die Begriffe ›liberal‹ und ›katholisch‹ wurden zunehmend dichotomisiert, der liberale Katholizismus im Zuge der Polarisierung ebenso marginalisiert wie sein Beitrag zum Risorgimento. Gioberti reagierte auf die Wende des Papstes, indem er 1851 die Abschaffung der weltlichen Herrschaft und eine führende Rolle Piemonts bei der nationalen Einigung forderte. Ein Jahr später wurden seine Schriften indiziert.[281]

279 *Soldani*, Annäherung, S. 132 f.; *Stieglitz*, Erinnerungen, S. 6. Vgl. *Martina*, Pio IX, Bd. 1; *Ara*, Fase; *Seibt*, Rom, S. 121 f.; *Banti*, Risorgimento, S. 92.

280 Vgl. *Martina*, Pio IX, Bd. 1; *Seibt*, Rom, S. 116–128; *Banti*, Risorgimento, S. 82, 198 f.

281 Zitiert nach *Talamo*, Stampa, S. 543. Vgl. *Gioberti*, Rinnovamento; *Bastgen*, Frage, Bd. 1, S. 234 f.; *Rumi*, Gioberti, S. 61–78; *Romeo*, Vita, S. 293. Zur Ultramontanisierung des Klerus vgl. *Guasco*, Storia; *Rosa*, Clero. Zur Dichotomisierung der Begriffe »liberal«/»katholisch« vgl. *Leonhard*, Italia; *Clark*, Catholicism, S. 30 f. Zum Reformkatholizismus: *Traniello*, Cattolicesimo.

b) Papsttum oder Moderne: Sismondis »Histoire« und die Neoghibellinen

Im Gegensatz zu den Neoguelfen hatten die Neoghibellinen, benannt nach der antipäpstlichen Partei in Mittelalter und Renaissance, im Papsttum schon immer ein Hindernis der italienischen Nationsbildung gesehen. Sie beriefen sich dabei auf Machiavellis These, wonach das Papsttum und der Katholizismus stets Italiens Einheit und Unabhängigkeit geschadet hätten.[282] Diese Position wurde vor allem vom Schweizer Historiker und Ökonom Jean Charles de Sismondi vertreten. In einer Synthese seiner 16-bändigen »Histoire des républiques italiennes du moyen-âge«, die 1832/3 auf Englisch, Französisch und Italienisch erschien, stellte er ebenfalls einen Zusammenhang zwischen den politischen Institutionen und dem Charakter eines Volkes her. Italien verdanke seine Bedeutung im Mittelalter den republikanischen Verfassungen, seinen Niedergang hingegen dem kasuistischen Katholizismus, dessen laxe Moral die Italiener entmännlicht und entsittlicht habe. Der Sohn eines kalvinistischen Predigers empfahl den Italienern daher, an die Reformation anzuknüpfen.[283]

Sismondis »Histoire« wurde im Risorgimento kontrovers diskutiert.[284] Während liberale Katholiken die konfessionalistische These zu widerlegen suchten[285], wurde sie von Neoghibellinen dankbar aufgegriffen. Der Turiner Arzt Carlo Botta machte 1824 in seiner »Storia d'Italia dal 1789 al 1814« die Gegenreformation für Italiens Niedergang verantwortlich. Zwar habe sich das Papsttum durch äußere Prachtentfaltung Respekt verschafft, auf Dauer könne es den zivilisatorischen Fortschritt Europas aber nicht aufhalten, sondern werde den Kampf gegen die Wahrheit verlieren und zugrunde gehen. Wie die Aufklärer konstruierte Botta einen Gegensatz zwischen »dunklem Mittelalter und fortschrittlicher Neuzeit« und stellte die Aufklärung als Gipfel der Moderne dar. Er forderte Reformen von oben, eine Trennung von Politik und Religion und das Ende des Kirchenstaates. Dennoch verstand er sich nicht als Antikatholik: Vernünftige Reformen und nationaler Fortschritt seien mit dem Katholizismus vereinbar, nicht aber priesterliche Eigenstaatlichkeit.[286]

c) Katholizismus oder Moderne: Mazzinis »Terza Roma«

Noch radikaler als die Neoghibellinen argumentierte der demokratische Revolutionär Giuseppe Mazzini. In einem offenen Brief an Pius IX. kritisierte er die kirchliche Hierarchie 1847 dafür, dass der Glaube gestorben sei. Eine Renaissance

282 Vgl. *Machiavelli*, Principe, S. 156–166. Zu den Neoghibellinen vgl. *Verucci*, Italia, S. 9–12. Zur Rezeption von Machiavellis These im 19. Jahrhundert: *Giovagnoli*, Neoguelfismo, S. 43 f.; *Pellicciari*, Risorgimento, S. 106.

283 Vgl. *Sismondi*, Storia; *Herde*, Guelfen, S. 87 f.; *Passerin d'Entrèves*, Religione; *Viallet*, Anticléricalisme en Italie, S. 81; *Schiera*, Presentazione, S. LVff.

284 Zur Rezeption vgl. *Banti*, Nazione, S. 49 Anm. 127.

285 Vgl. *Wolfzettel/Ihring*, Katholizismus, S. 397 ff.

286 Vgl. *Maturi*, Interpretazioni, S. 36–91; *Elm*, Moderne, S. 64–76, 98.

erhoffte sich Mazzini von der Nation. Im Londoner Exil bat er den Papst 1847 in einem offenen Brief um Unterstützung der nationalen Einigung, stellte jedoch klar, dass die »Vereinigung Italiens« »Gottes Sache« sei und sich auch ohne päpstliches Zutun vollziehen werde.[287] Mazzini war antikatholisch, aber nicht antireligiös. In seinen Reden und Schriften verschmolzen christliche Metaphern und Symbole vielmehr zu einer neuen, ›politischen Religion‹. Durch schwarze Kleidung und asketische Lebensführung inszenierte er sich als ›Prophet Italiens‹.[288]

Regelrecht elektrisierend auf das Risorgimento wirkte Mazzinis Vision der *Terza Roma* (›Drittes Rom‹). Wie Gioberti leitete er aus Roms universaler Vergangenheit eine italienische Mission zur Erlösung der Menschheit ab, verweltlichte das heilsgeschichtliche Modell jedoch, indem er die Idee christlicher Transzendenz durch einen romantischen Volksbegriff ersetzte und ein triadisches Modell einander ablösender historischer Phasen entwickelte: Auf das antike Rom der Cäsaren, das die Welt durch seine zivilen Institutionen geeint habe, und das mittelalterliche Rom der Päpste, das die Welt durch das Christentum geeint habe, sollte, als Symbiose der vorangegangenen Epochen, das moderne Rom des Volkes folgen.[289]

Mit der christlichen Idee der Wiederauferstehung resakralisierte Mazzini den europäischen Romdiskurs. 1859 zeichnete er Rom in einem Appell an die italienische Jugend als Grab einer glorreichen Vergangenheit, in dem ihm die Vision einer Wiederauferstehung der toten Nation erschienen sei. Bei seiner ersten Begegnung habe er Rom und die Campagna als still, einsam und trist wie einen Friedhof empfunden. Als historisch Gebildeter, der die Geschichte Roms als Mutter der Zivilisation, die aus Barbaren Kulturmenschen gemacht habe, vor Augen hatte, habe er darunter das unbestimmte Gemurmel gärenden Lebens vernommen, das wie ein Gewimmel der Generationen auf das *Fiat* eines mächtigen Wortes warte, um jene Orte wiederzubeleben, die wie geschaffen seien für ein Konzil der Völker. Mazzini schilderte seine Eingebung als religiöses Erweckungserlebnis: »Und ich vernahm jenen Schauder und sank auf die Knie, weil es mir wie ein prophetischer Ton der Zukunft vorkam.« Er forderte Italiens Jugend auf, es ihm gleichzutun und auf jenen Ort zu blicken, der sich inmitten eines Ozeans wie ein Zeichen enormer Größe erhebe, um demütig niederzuknien und ehrfürchtig zu staunen: nach Rom. Hier schlage Italiens Herz, hier liege das Kapitol der christlichen Welt, St. Peter, nur wenige Schritte entfernt vom Kapitol der heidnischen Welt, dem Kapitol. Beide Welten erwarteten eine dritte Welt, die

287 *Bastgen*, Frage, Bd. 1, S. 99, 102. Vgl. *Seibt*, Rom, S. 124. Zu Mazzinis Antiklerikalismus vgl. *Pepe/Themelly*, Anticlericalismo, S. LXXXVff.

288 Vgl. *Hibbert*, Rom, S. 280f. *Pick*, Roma, S. 6f. Zum Verhältnis von Politik und Religion im Mazzinianismus vgl. *Verucci*, Italia, S. 8; *Camaiani*, Valori; *Sarti*, Mazzini; *Ridolfi*, Mazzini.

289 Vgl. *Chabod*, Storia, S. 195f.; *Wolfzettel/Ihring*, Katholizismus, S. 421.

noch umfassender und erhabener aus den mächtigen Ruinen hervorgehen werde. »Und es ist die Dreieinigkeit der Geschichte, deren Gotteswort in Rom liegt.« Wie auf das Rom der Cäsaren, das mit der ›Tat‹ weite Teile Europas geeint habe, das Rom der Päpste gefolgt sei, das mit dem ›Gedanken‹ Europa und Amerika geeint habe, so werde das Rom des Volkes die Erde im Glauben an die Tat und den Gedanken einen.[290]

Mazzini propagierte seine chiliastische Rom-Idee vom englischen Exil aus auf allen verfügbaren medialen und institutionellen Kanälen. Als Triumvir der römischen Republik von 1848 war er mit verantwortlich für die militärisch aussichtslose und verlustreiche Verteidigung der Stadt gegen die überlegenen französischen Truppen. Er rechtfertigte die Opferung der etwa tausend Gefallenen damit, dass es darum gegangen sei, dem auch in Italien verbreiteten Bild von Rom als Grab etwas entgegenzusetzen:

> Die Italiener hatten die Religion von Rom schon fast verloren, sie begannen es Grab zu nennen, und so schien es auch. [...] Zum Untergang verdammt, mussten wir, an die Zukunft denkend, unser *morituri te salutant* Italien von Rom aus darbringen.[291]

Das kalkulierte Opfer verfehlte seine Wirkung nicht: Die heroisierte Niederlage machte Rom zum bevorzugten Objekt nationalen Begehrens. Die Verteidiger der römischen Republik wurden als Märtyrer verehrt, die Idee der *Terza Roma* entwickelte sich zum Movens des Risorgimento, das zerstrittene politische Lager einte und neben Adligen und Bürgern auch Arbeiter und Bauern für den nationalen ›Befreiungskampf‹ mobilisierte.[292]

d) Reformunfähig: Der Kirchenstaat als europäisches Sicherheitsrisiko

Auch die gemäßigten Liberalen griffen Europas orientalistisches Rombild im diplomatisch-publizistischen Kampf um den Kirchenstaat auf. Seit Mitte der 1850er Jahre stellten sie das päpstliche Regime als reformunfähig und revolutionsanfällig dar, um für einen italienischen Nationalstaat inklusive des Patrimonium Petri zu werben. 1856 nutzte Piemont das durch die Teilnahme am Krimkrieg bei den Großmächten gewonnene Ansehen auf dem Pariser Kongress dazu, den »traurige[n] Zustand der dem Heiligen Vater unterworfenen Provinzen« auf die Agenda zu setzen. Cavour forderte eine Teilung des Kirchenstaates in ein religiöses und ein säkularisiertes Gebiet. Er begründete dies damit, dass die päpstliche Regierung aufgrund ihrer Unbeliebtheit eine »fortdauernde Gefahr der Unordnung und Anarchie im Zentrum Italiens« und eine stete »Quelle diplomatischer Verwicklungen und Störungen im politischen Gleichgewicht Europas« darstelle. Da eine »wahrhafte Reform« der päpstlichen Regierung nach den »Forderungen

290 Zitiert nach *Vidotto*, Roma, S. 9 f.

291 Zitiert nach *Seibt*, Rom, S. 128 f. Zur Verteidigung der römischen Republik vgl. *Hibbert*, Rom, S. 284–296.

292 Vgl. *Chabod*, Storia, S. 209.

der Zeit und den vernünftigen Forderungen der Bevölkerung« unmöglich sei, solle diese Reform zumindest in dem Teil erfolgen, der das »klerikale Joch mit weniger Resignation« ertrage. Cavour schlug vor, ihn von Rom abzulösen und vollständig zu verweltlichen.[293]

Damit war die Existenz des Kirchenstaats erstmals nach 1848 wieder zur Disposition gestellt, diesmal jedoch nicht durch demokratische Revolutionäre, sondern am Verhandlungstisch der europäischen Regierungen. Durch die Affäre Mortara sank sein ohnehin geringes Ansehen weiter. 1858 hatte die päpstliche Polizei in Bologna den sechsjährigen Edgardo Mortara, der von einer christlichen Magd getauft worden war, aus seinem jüdischen Elternhaus entführt. Nach dem Kirchenstaatsrecht galten getaufte Kinder von Juden als Christen und durften nicht von ihren Eltern erzogen werden. Italiens jüdische Gemeinschaften machten den Fall in Paris und London publik. Als Edgardo von Pius IX. adoptiert und in Rom zum Priester erzogen wurde, war der Skandal komplett. Indem der Vatikan die elterliche Liebe zum Kind ignorierte und eine Familie zerstörte, lieferte er der liberalen Forderung nach einer Trennung von Politik und Religion ein emotionales Argument. Detailreich berichteten liberale Zeitungen über die vergeblichen Versuche der Eltern, den Sohn zurückzubekommen, gaben tiefe Einblicke in ein unbarmherziges Priesterregime, das sich gegenüber der Verzweiflung der Eltern und dem Unglück der seelisch kollabierenden Mutter ungerührt zeigte. Eine Welle der Empörung erfasste Juden und Liberale in Europa und in den USA. Auch die Schutzmacht Frankreich ging nun auf Distanz zum Papst: Napoleon III. begann Geheimverhandlungen mit dem Königreich Sardinien über einen Rückzug aus dem Kirchenstaat.[294]

Vor allem französische Pamphletisten stellten die Legitimität des *dominium temporale* danach massiv infrage. Der Pariser Publizist Edmond About erklärte die Missstände im Kirchenstaat 1859 mit dem autoritären Regime einer überalterten Priesterkaste, die am wirtschaftlich-moralischen Leben der Bevölkerung keinen Anteil nehme. Drei Millionen päpstlicher Untertanen würden stellvertretend für 139 Millionen Katholiken in aller Welt gefangen gehalten. Rom sei ein Pharaonengrab, das alles unter sich ersticke. Der Papst solle sich darum auf Rom beschränken, »eingesargt in einem Freilichtmuseum, geschützt vom Respekt der Gläubigen aller Welt wie von einer chinesischen Mauer«, wie Gustav Seibt pointiert zusammengefasst hat. Ähnlich polemisierte der französische Staatsrat Louis de La Guéronnière in einer mit dem katholischen Journalisten Eugène Rendu verfassten Flugschrift, die dem Papst eine »Regierung der Ruhe und der Sammlung« ohne Nationalvertretung, Armee, Presse, Justiz und öffentliches Leben empfahl, »eine Art von Oasis, welche die Leidenschaften der Politik

293 *Bastgen*, Frage, Bd. 1, S. S. 245. Zum Pariser Kongress vgl. *Romeo*, Cavour, Bd. 3, S. 151–250, sowie, zusammenfassend, *Seibt*, Rom, S. 135.

294 Vgl. zuletzt *Kertzer*, Kidnapping; *Seibt*, Rom, S. 140 ff.

nicht erreichen können« und in der sich das Volk dem »Kultus der Ruinen« und dem Gebet widmen könne. Guéronnière begründete die Reformunfähigkeit des Kirchenstaats mit der Starrheit katholischer Dogmen: Ein großer Staat müsse sich am »allgemeinen Gang der Ideen« beteiligen und Vorteil aus dem Fortschritt des menschlichen Geistes ziehen. Der päpstliche Staat läge jedoch in den »Fesseln des Dogmas«, werde durch Tradition gelähmt und müsse sich daher »entweder zur Unbeweglichkeit verstehen oder bis zur Empörung vorgehen.« Die Welt aber werde »vorwärtsgehen und ihn hinter sich zurücklassen.« Beide Schriften wurden in viele Sprachen übersetzt und fanden ein kontroverses Echo in Europa und Übersee. Sie prägten das Bild der liberalen Öffentlichkeit vom päpstlichen Rom als Hort der Bewegungslosigkeit.[295]

Der diskursive Ausschluss Roms aus der Geschichte erfolgte indes auch durch intransigente Katholiken. 1858 zeichnete der Geistliche Giacomo Margotti, Herausgeber der Turiner Zeitung »Armonia della religione con la civiltà«, Rom als »gute alte Welt« im Kontrast zu London, wo die »schreckliche moderne Zivilisation« zu Hause sei.[296] War der Kirchenstaat also tatsächlich unfähig zum Wandel? Bereits die Reformen vor 1848 hatten das Gegenteil bewiesen. Zwar erschien ihre Wiederaufnahme auf lange Sicht undenkbar, weil die Kurie den Kirchenstaat zur antimodernen Festung ausbauen wollte. Gleichzeitig gingen aber von Rom vielfältige Veränderungen aus: die Zentralisierung der Kirche, die Uniformierung des Klerus und der religiösen Symbole und Rituale, neue Impulse zur Inneren und Äußeren Mission. Auch im Kirchenstaat selbst gab es Wandel und Innovation. Seine karitativen Einrichtungen erwiesen sich als anpassungsfähig. Die Einwohnerzahl stieg von 175.000 (1852) auf 226.000 (1870). Und während Gregor XVI. die Eisenbahn noch als ›Erfindung des Teufels‹ verdammt hatte, wurde sie unter Pius IX. gebaut.[297] Das päpstliche Rom veränderte sich zwar auf andere Weise als westliche Staaten. Es bewegte sich jedoch entgegen eigener Bekundungen und fremder Bezichtigungen keineswegs ›zurück‹ in ein mythisch verklärtes Mittelalter, sondern entwickelte eine eigene Form der Modernität, die indes von den Zeitgenossen nicht als solche anerkannt wurde, weil sie die Moderne im liberalen Singular verstanden.

e) Papst vs. Eisenbahn: Der unaufhaltsame Fortschritt

Es war daher kein Zufall, dass antiklerikale Karikaturisten vor allem die Fortschrittsfeindlichkeit des Papstes ins Visier nahmen. 1855 zeichnete die Satirezeitschrift »Il Fischietto« Pius IX. als eine wild gewordene Hummel, die auf die

295 *Seibt*, Rom, S. 137 f.; *Bastgen*, Frage, Bd. 1, S. 422, 420. Zum europäischen Presseecho vgl. auch *Jemolo*, Chiesa, S. 165 f.; *Scoppola*, Questione, S. 204 ff.; *Seibt*, Rom, S. 159–163.

296 Zitiert nach *Seibt*, Rom, S. 138. Zur ultramontanen Orientalisierung des Katholizismus vgl. Kapitel A.I.6.

297 Vgl. *Monsagrati*, Roma; *Groppi*, Conservatori; *Saurer*, Säkularisierung, S. 190; *Kruft/Völkel*, Einführung, S. 26.

Abb. 7: »Levita, togliti di costì, chè io non posso deviare il convoglio«, in: Lo Spirito Folletto n. 381 (1868), aus: Spadolini, Rome, Abb. 31.

Flamme des Fortschritts zusteuert und sich dabei, so die Prognose, »mindestens einen ihrer Flügel verbrennen werde«: den der »weltlichen Herrschaft« (*potere temporale*).[298]

Häufiger jedoch war ein anderes Motiv. Regelmäßig wurden der Papst und seine Getreuen beim Versuch gezeigt, Lokomotiven, die Symbole des Fortschritts, aufzuhalten. Eine Karikatur zeigte den geistlichen Herausgeber der intransigenten Zeitung »Armonia« Giacomo Margotti als altes Weib, das sich mit einem Adligen und einem Jesuiten, allesamt mit überdimensionierten Schreibfedern bewaffnet, dem fahrenden Zug des von einem Soldaten gelenkten »Statuto« entgegenstellt. Der klerikale Widerstand gegen Piemonts liberale Verfassung von 1848 glich hier einem Kampf gegen Windmühlen.[299]

Das Eisenbahnmotiv war ideal, um die Unaufhaltsamkeit des Fortschritts und die Aussichtslosigkeit der klerikalen Reaktion zu suggerieren: 1868 zeichnete Giulio Gonin im »Spirito Folletto« einen Zug, der auf einen quer zu den Gleisen stehenden Eselskarren zurast (*Abb. 7*). Der Esel als Symbol des Volkes trägt Scheuklappen, der Karren ist von einer Schafsherde, den Gläubigen, umgeben. Auf dem Karren sucht eine Gestalt mit päpstlichen Insignien (Kreuzstab, Tiara)

298 Zitiert nach *Spadolini*, Rome, Abb. 5.
299 Vgl. *Spadolini*, Opposizione, Bd. 1, Abb. 4.

und mit dem Banner des »Ökumenischen Konzils« in der Hand den Zug zu stoppen. An der Spitze der Lok steht ein Arbeiter, in seinem Rücken eine weibliche Allegorie der Wissenschaft. Der Arbeiter hält das Banner »Wissenschaft, Fortschritt, Zukunft« hoch und ruft dem Hindernis zu: »Verschwinde, denn ich kann den Wagen nicht umlenken!« Während das päpstliche Banner still steht, flattert seine Fahne im vorwärtstreibenden Fahrtwind. Der vermeintliche Papst erweist sich bei näherem Hinsehen als Strohpuppe, hinter der sich Jesuiten verbergen. Der Topos einer jesuitischen Verschwörung dient hier dazu, die antiliberale Wende von Pius IX. visuell zu erklären. Im Vergleich zur vorigen Karikatur wird die Eisenbahn nun von einem Arbeiter gelenkt, ein Indiz für die – erwünschte oder tatsächliche – soziale Erweiterung des Antiklerikalismus. 1869 wurde die Karikatur ins Deutsche ›übersetzt‹ und lieferte so ein Exempel der wechselseitigen Beobachtung der Kulturkämpfer und des medialen Transfers antiklerikaler Bilder. Das Eisenbahnmotiv erfreute sich nicht nur transnationaler Verbreitung, sondern auch langer Dauer. Noch der Streit zwischen katholischen Modernisten und Antimodernisten wurde 1907 auf diese Weise dargestellt: Auf einer Karikatur von Domenico Gaido im »Pasquino« sucht der Papst den Modernismus in Gestalt einer dynamischen, durch Mund und Augen vermenschlichten Lokomotive zu stoppen, indem er seinen Krummstab in die Speichen hält und ihren Weg mit Bullen und Enzykliken pflastert – ein weiterer lächerlicher Versuch, den Fortschritt aufzuhalten.[300] Die ›echte‹ päpstliche Eisenbahn, die im Kirchenstaat seit 1856 unterwegs war, glänzte dagegen in antiklerikalen Medien durch Abwesenheit. Ihre Existenz war mit dem orientalistischen Bild des päpstlichen Rom unvereinbar.

f) Kannibalen, Despoten, Zuaven: Die Exotisierung des Ultramontanismus

Der Ultramontanismus wurde nicht nur als lächerlicher, Feind des Fortschritts dargestellt, sondern auch als existentielle Bedrohung der westlichen Zivilisation. In Abwandlung des Mythos von Odysseus und Polyphem zeichnete das New Yorker Magazin »Harper's Weekly« das Vatikanische Konzil 1869 als dunkle Höhle (»No discussion allowed«), vor der Papst Pius IX. als riesiger Menschenfresser sitzt. Daneben stapeln sich Skelette gehenkter Häretiker, zwischen dem Papst und dem Pilgerzug des Fortschritts, darunter: Vittorio Emanuele II, Napoleon III. und Garibaldi, klafft ein tiefer Graben (*Abb. 8*).[301]

Erneut diente die Analogie mit dem Orient als antiultramontanes Argument. Der englische Ministerpräsident William Gladstone, der in engem Kontakt zu

300 Vgl. *Fuchs*, Karikatur, S. 200; *Spadolini*, Rome, Abb. 67.

301 Auf einer anderen Karikatur präsentiert ein moderner Galileo dem Papst stolz sein neues Weltbild (»modern civilization – human progress – liberalism«), wird jedoch von Zuaven am Zugang zum Ökumenischen Konzil gehindert und exkommuniziert. Trotzig entgegnet er: »But Nevertheless it does move.« Harper's Weekly 25.12.1869.

Abb. 8: »Pilgrim's Progress in the 19th Century«,
in: Harper's Weekly 7.11.1869.

den katholischen Anti-Infallibilisten Döllinger und Lord Acton stand, befürchtete von der Dogmatisierung der päpstlichen Unfehlbarkeit eine Regression Kontinentaleuropas auf das Niveau der mohammedanisch-orientalischen Kultur: »Nothing can compensate a people for the loss of what we may term civic individuality. Without it, the European type becomes politically debased to the Mahometan and Oriental model«. 1874 appellierte Gladstone an die britischen Katholiken, sich gegen das Dogma genauso energisch zu wehren wie 1588 gegen die Spanische Armada. Um die römisch-katholische Verschwörung zerschlagen, signalisierte er gegenüber seinem Außenminister die Bereitschaft: »to direct European war to the re-establishment of the temporal power; or even to bring about such a war for that purpose.« In einer öffentlichen Erwiderung auf die 21 Gegenschriften, die sein Pamphlet provozierte, bezeichnete Gladstone die katholische

Kirche 1875 als »Asian monarchy: nothing but one giddy height of despotism, and one dead level of religious subservience«.[302]

In Italien verglich man den Kirchenstaat ebenfalls mit dem ›Morgenland‹. Unter dem Einfluss der Romantik war der Orient hier bis zur Mitte des 19. Jahrhunderts eher positiv konnotiert gewesen. Einige Gelehrte hatten ihn sogar als Ursprung der italienischen Nation dargestellt. Im Vormärz wurde er jedoch zunehmend als Hort der Despotie dargestellt, so in Giuseppe Verdis Oper »Nabucco« (ursprünglich: »Nabucodonosor«) über die babylonische Gefangenschaft der Israeliten, die bei der Mailänder Uraufführung 1842 sofort als Allegorie italienischer Verhältnisse verstanden wurde. Das Publikum identifizierte sich mit dem unterdrückten, gefangenen jüdischen Volk. Der Gefangenenchor aus »Nabucco« wurde Italiens heimliche Nationalhymne, Verdi zum gefeierten Helden des Risorgimento.[303] Auch wenn die Mailänder Opernfreunde unter der babylonischen Tyrannei vermutlich eher Österreichs ›Fremdherrschaft‹ verstanden, hielten viele italienische Liberale das päpstliche Regime für ähnlich inhuman. Bereits 1846 hatte Massimo D'Azeglio nach der blutigen Unterdrückung eines Aufstands in Rimini die Behandlung politischer Gefangener durch die kirchliche Justiz angeprangert und zur Diagnose eines Regimes ausgeweitet, das seine Untertanen zu geistiger Zurückgebliebenheit und wirtschaftlicher Verarmung verdamme. Im selben Jahr reimte Goffredo Mameli, Dichter der offiziellen italienischen Nationalhymne, über Rom: »Wo die Cäsaren einst ein Imperium über die Welt hatten und die Priester den menschlichen Gedanken versklavten.« Auch Cavour stellte das Leben im Kirchenstaat in der Hauptstadtdebatte als Menschenopfer und Martyrium dar und verglich die päpstliche Personalunion geistlich-weltlicher Herrschaft mit der Konstantinopels.[304] Noch 1902 zeichnete der Pasquino den Papst (rechts) mit erstaunlicher physiognomischer Ähnlichkeit zum persischen Schah (links) (*Abb. 9*).

Die Selbstdarstellung vatikanischer Institutionen leistete der Orientalisierung ebenfalls Vorschub. Nach dem Vorbild französischer Kabylen-Corps, die sich im Krimkrieg bewährt hatten und nach 1860 auch in der päpstlichen Armee gebildet worden waren, trugen die päpstlichen Zuaven osmanische Uniformen. Als Synonym einer offenkundig fremden Macht wurden sie zur Zielscheibe verbaler Schmähungen und zum Ausgangspunkt von Analogieschlüssen zwischen

302 Zitiert nach *Matthew*, Gladstone, S. 182; *Magnus*, Gladstone, S. 235 f. Auch im deutschsprachigen Raum wurde der Kirchenstaat regelmäßig mit dem Orient gleichgesetzt. Vgl. etwa *Petersen*, Italienbild, S. 193; GL (1860) S. 78; *Jürgensmeier*, Kirche, S. 107.

303 Zur positiven Konnotation des Orients vor 1848 vgl. *Wolfzettel/Ihring*, Katholizismus, S. 444, 451, 478. Zu Verdis Bedeutung für das Risorgimento vgl. *Pauls*, Verdi. Zur Orientalisierung Ägyptens in Verdis Oper *Aida* siehe *Said*, Kultur, S. 165–190.

304 Zitiert nach *Chabod*, Storia, S. 197 Anm. 1. Vgl. *D'Azeglio*, Casi; *Amato*, Stato, Bd. 2, S. 559 f., 563; *Jürgensmeier*, Kirche, S. 107; Il Libero Pensiero 10.10.1867, S. 643; La Rana 6.11. 1868. Zur risorgimentalen Konstruktion barbarischer Fremdherrscher vgl. *Banti*, Invasioni.

Abb. 9: »Lo Scia visita il povero prigioniero. / Santo padre, costoro sono i vostri carcerieri?«, in: Il Pasquino 25.5.1902.

Islam und Katholizismus.[305] 1855 zitierte »Il Fischietto« den fiktiven Dialog zweier piemontesischer Soldaten, wonach verschleierte »Türkinnen, wenn man ihre Kleidung betrachte, alle Nonnen seien, jedoch weniger bigott «.[306] Die Botschaft dieser Texte und Bilder war eindeutig: Im Herzen Italiens herrschte ein unzeitgemäßes, dem Okzident und der Nation fremdes und feindliches Wesen, das zu beseitigen war. Roms Befreiung von päpstlicher Herrschaft wurde daher im Risorgimento zum gemeinsamen Ziel politischer Feinde und Gegner.

Legitimiert durch einen orientalistischen Diskurs, der die päpstliche Herrschaft als Anachronismus fasste, und beflügelt von der Vision der *Terza Roma*, sorgten diplomatische und militärische Aktionen dafür, dass der Kirchenstaat bis 1870 auf die Vatikanstadt zusammenschmolz. Außenminister Visconti Venosta begründete den Gewaltverzicht in der Römischen Frage, auf den sich die Regierung in der Septemberkonvention zum Unwillen der Radikalen festgelegt hatte, mit dem Vertrauen in die »Macht der Zivilisation und der fortschreitenden Entwicklung«. Die Kurie beantwortete diesen Fortschrittsoptimismus 1864 mit dem Syllabus errorum, ihrer Kriegserklärung an das liberale Projekt der Moderne.[307]

305 Vgl. etwa Il Lampione 27.9.1860; *Garibaldi*, Herrschaft, S. 9–12.

306 Il Fischietto 14.6.1855, S. 3.

307 *Bastgen*, Frage, Bd. 2, S. 471. Zur Septemberkonvention vgl. *ebd.*, S. 303 ff.; *Miko*, Ende, Bd. 1, S. 41 f. Zum Syllabus vgl. Kapitel A.I.6.a.

Militante Antikatholiken forderten daher, den Kampf um Rom auch militärisch zu führen. Für den Freidenker und Republikaner Alberto Mario war der Katholizismus ein unversöhnlicher Feind der Moderne, den es in Rom zu »enthaupten« galt, um den liberalen Prinzipien der Freiheit, Vernunft und Wissenschaft zum Durchbruch zu verhelfen und die Zivilisation in Italien und in der Welt zu mehren. Unter Berufung auf die gemeinsamen universalistischen Werte von Demokraten und Liberalen erklärte er der katholischen Kirche und Religion den Krieg:

> Die entwaffnete Kirche ist keine tote Kirche. Es geht darum, sie in Rom zu enthaupten. Also: Gewissensfreiheit und Krieg dem Feind. Permanenter, unversöhnlicher, tödlicher Krieg – für die Zivilisation Italiens, für die Zivilisation der Welt.[308]

Gleichsam zur Bestätigung dieses martialischen Antikatholizismus erhob das Vatikanische Konzil die päpstliche Unfehlbarkeit in Glaubensfragen zum Dogma. Während die Kurie in ihrem Feldzug gegen die Moderne alle medialen Register zog, hatte der Vatikan Italien militärisch nur wenig entgegenzusetzen. Als sich die französische Schutzmacht aufgrund des Krieges mit Deutschland im August 1870 aus Rom zurückgezogen hatte, brachten sich italienische Truppen an den Grenzen des Kirchenstaates in Stellung. Nach der französischen Niederlage kündigte Visconti Venosta am 7. September Roms Besetzung an. Fünf Tage später marschierten italienische Truppen in den Kirchenstaat ein. Der Widerstand war gering.

3. »Roma capitale«: Der Beginn der Moderne und die Last der Tradition

Die Einnahme Roms am 20. September 1870 wurde von vielen Zeitgenossen als universelle Zeitenwende gedeutet. General Nino Bixio glaubte einem der größten Ereignisse der »neuzeitlichen Geschichte« beizuwohnen.[309] Das faktische Ende der weltlichen Herrschaft des Papstes wurde als epochale Zäsur empfunden. Denn sowohl die Eroberer als auch die Verteidiger Roms hatten die Erwartung an dieses Ereignis zuvor ins Unermessliche gesteigert. Als italienische Truppen unter großem Jubel in die Stadt einzogen, zelebrierte man das Ende der weltlichen Herrschaft des Papsttums, wie Preußens Gesandter Harry von Arnim meldete, als »revolutionären Karneval«. Als klassisches »Fest der allvernichtenden und allerneuernden Zeit« schien der Karneval mit seinem »Pathos des Wechsels« prädestiniert, der kollektiven Empfindung rituelle Form zu geben. Liberale Zeitungen feierten das Ende der päpstlichen Herrschaft als Beginn der Moderne.[310]

308 *Mario*, Questione, S. 49. Zu Mario: *Verucci*, Italia, S. 283.

309 Zitiert nach *Ghisalberti*, Idea, S. 661.

310 *Miko*, Ende, Bd. 2, S. 507. Vgl. *Chabod*, Storia, S. 198 ff.; *Bauer*, Roma, S. 159 ff.; *Verucci*, XX settembre; *Martina*, Roma, S. 1059–1065; *Sanfilippo*, Masse. Zur deutschen Wahrnehmung vgl. *Gregorovius*, Tagebücher, S. 298, 301, 308; *Altgeld*, Ende; *ders.*, Italienbild; *Petersen*, Italien-

a) Historische Mission, morbide Materie: Das erste Jahrzehnt

Bei der architektonischen und städtebaulichen Transformation Roms zur Hauptstadt Italiens sollte sich die päpstliche Tradition jedoch als mächtig erweisen. Rom war nach Neapel Italiens zweitgrößte Stadt, genügte den Anforderungen einer modernen Hauptstadt 1870 aber kaum. Das historische Stadtzentrum umfasste nur 400 Hektar und bestand zum Teil aus Parkanlagen, Weidefläche oder Brachland. Ein Fünftel der Gebäude gehörte kirchlich-religiösen Institutionen, über die Hälfte der Einwohner lebte auf engem Raum ohne Wasser und sanitäre Anlagen. Die Infrastruktur war mangelhaft, die Kanalisation veraltet. Regelmäßige Überschwemmungen des Tibers sorgten für ein modriges, ungesundes Klima. In der Campagna herrschte Malariagefahr. »Ganz Rom ist so verrottet wie das Papsttum«, stellte Ferdinand Gregorovius 1871 fest. »Man müßte es völlig umbauen, um es als eine moderne Residenz wohnlich zu machen«. Die Einziehung kirchlicher Güter und die provisorische Unterbringung von Ministerien in ehemaligen Klöstern und Konventen reichte hierzu nicht aus, wie Ugo Pesci befand: Das neue Italien dürfe sich nicht damit begnügen, bereits bestehende und errichtete Gebäude zu neuen Zwecken zu nutzen. »Es musste etwas völlig Neues bauen, um feierlich zu demonstrieren, dass es sich im eigenen Hause befand.«[311]

Genau dies versuchten die Liberalen nach 1870. Sie folgten dabei nicht nur funktionalen Erwägungen, sondern auch der Idee, den Epochenwechsel vom Mittelalter zur Moderne und die zivilisatorische Überlegenheit der Nation über das Papsttum zum Ausdruck bringen.[312] Die Architekten der *Roma Capitale* konnten allerdings nicht aus freien Stücken handeln, wie Bürgermeister Luigi Pianciani 1874 befand:

> Rom ist nicht irgendeine Stadt, die man einfach verwaltet; hier ist die bedeutendste Metropole der Antike zu respektieren und zugleich eine moderne Metropole zu schaffen. So, wie wir in unserer Stadt die Zeugnisse der kosmopolitischen Größe der alten Römer und der Päpste bewahren müssen, die uns die vergangenen Generationen hinterlassen haben, so müssen wir den künftigen Generationen hier die Spur unserer wiedererrungenen nationalen Einheit hinterlassen.[313]

Bereits zehn Jahre zuvor hatte der Genfer Publizist Rodolphe Rey vor der mit historischen Erinnerungen überladenen Materie der Stadt gewarnt, die jede Regierung Europas erdrücken könne, umso mehr die Regierung eines noch kaum geordneten und zu Konzessionen gezwungenen Staates. Rom sei eine »schwer-

bild. Zu den Symbolen und Ritualen des *XX Settembre 1870* vgl. *Borutta*, Kultur; *ders.*, Repräsentation. Zur Definition des Karnevals: *Bachtin*, Literatur, S. 47–60.

311 *Gregorovius*, Tagebücher, S. 303; *Pesci*, Anni, S. 97. Vgl. zum Folgenden *Insolera*, Roma; *Petersen*, Rom; *Bauer*, Roma; *Lahusen*, Hauptstädte; *Tobia*, Patria; *Vidotto*, Roma Capitale. Ich danke Cornelia Lahusen dafür, dass sie mir ein Exemplar ihrer Magisterarbeit zur Verfügung gestellt hat.

312 Vgl. *Chabod*, Storia, S. 232, 227.

313 Zitiert nach *Bauer*, Roma, S. 165.

wiegende Erbschaft«, die Italien nicht schultern könne.[314] In den ersten Hauptstadtjahren waren die Zuzügler, wie Aristide Gabelli kritisierte, zudem damit beschäftigt, »sich umzuschauen und zu staunen«. Im Bann materieller Zeugnisse vergangener Imperien und des risorgimentalen Rom-Mythos setzten sie sich die ehrgeizige Aufgabe, die universalistische Tradition der Stadt nicht bloß fortzusetzen, sondern zu übertreffen. Erschwerend hinzu kamen die Besitzansprüche intransigenter Katholiken. Denn in der Stadt lebten noch immer viele Papsttreue, auf welche die Regierung – unter den kritischen Augen der internationalen Öffentlichkeit – Rücksicht nahm, was immer wieder Konflikte mit radikalen Antiklerikalen schuf. Doch auch gebildete Europäer begegneten den Hauptstadtplänen skeptisch. Dass das »moralische Zentrum der Welt«, eine kosmopolitische Stadt, Sitz eines Könighofes werden solle, hatte Gregorovius schon bei der Hauptstadtentscheidung nicht einleuchten wollen. Zehn Jahre danach erklärte er die Italiener für unfähig, sich durch »geistige Anstrengung« vom »Götzenkultus ihrer Heiligen und Dogmen« zu befreien.[315]

Auch der liberale Politiker Quintino Sella musste sich gegenüber dem Altertumsforscher Theodor Mommsen für die Hauptstadtwahl rechtfertigen, wie er später im Parlament verriet: In der »Hitze des Gesprächs« habe sich »der stolze Teutone« erhoben, um »in erregtem Ton« zu fragen: »Aber was habt ihr denn in Rom vor? Das beunruhigt uns alle: Man kann nicht in Rom sein ohne kosmopolitische Absichten. Was habt ihr vor?« Erneut maßte sich ein ›Fremder‹ Deutungshoheit über Rom an. Doch Sella gab ihm Recht und warb für sein eigenes kosmopolitisches Ziel: die Wissenschaft.[316] Für den studierten Hydrologen und Ingenieur lag Roms universelle Mission darin, ein »wissenschaftliches Gegengewicht« zum Papsttum zu bilden. Als Finanzminister forderte er neue Universitätsbauten, um die Stadt in ein »wissenschaftliches Zentrum des Lichts« zu verwandeln. 1882 rief er in der Abgeordnetenkammer:

> Heraus die Lichter! Vor allem elektrische Lichter müssen es sein; denn wir haben es mit Leuten zu tun, welche die Augen verschließen und sich die Ohren zuhalten; wir haben es mit Leuten zu tun, die junge Menschen von Beginn an prügeln, auf entsprechende Schulen schicken und ihnen dann die höchsten Ämter geben wollen, die man der Menschheit anvertrauen kann wie die Seelenführung und die Erziehung der Jugend. […] Darum sage ich: heraus die Lichter! Das muss unser Ansinnen sein, nicht bloß in Rom, sondern im ganzen Land.

Wie die meisten Liberalen war Sella keineswegs antireligiös eingestellt. Er unterschied vielmehr ›wahre‹ Religion von religiöser »Tyrannei« und »Gewalt«, wel-

314 Zitiert nach *Petersen*, Rom, S. 261.

315 *Gabelli*, Rom, S. 103 f.; *Gregorovius*, Tagebücher, S. 129, 303. Zu Roms intransigenten Katholiken vgl. *Caracciolo*, Roma, S. 6–72. Zur Sozialstruktur um 1870 vgl. *Talamo*, Gesellschaft. Zu den Zusammenstößen zwischen Klerikalen und Antiklerikalen siehe Kapitel C.III.3.

316 Zitiert nach *Lahusen*, Hauptstädte, S. 40.

che die Entwicklung der Wissenschaft »verkrüppelt« habe, und wandte sich gegen eine Kirche, die am Primat der Religion über die Wissenschaft festhielt, um die Wissenschaft vom Transzendenten abzugrenzen: Da Gott, das Unendliche und die Unsterblichkeit der Seele weder unter einen Winkelmesser noch unter ein Teleskop passten, könnten sie auch nicht Gegenstand naturwissenschaftlicher Forschung sein.[317]

Das »neue Rom« sollte außerhalb des historischen Zentrums in repräsentativen, funktionalen Regierungsbauten und neuen, transparenten Wohnvierteln entstehen. Aufgrund des Haushaltsdefizits ließen sich die ehrgeizigen Pläne indes kaum verwirklichen. Abgesehen vom neu errichteten Finanzministerium residierten die übrigen Ressorts deshalb lange in päpstlichen Gebäuden.[318] Dafür ergriff die Kommune jedoch eine Fülle gesundheits-, sozial- und verkehrspolitischer Maßnahmen mit kulturkämpferischer Stoßrichtung. Vor allem die enge, dunkle, unübersichtliche Altstadt erschien den Stadtverwaltern ungesund. Statistiker machten das päpstliche Regime aber auch für andere Missstände verantwortlich. 1881 wurde die größere Verbreitung von Geschlechtskrankheiten unter römischen Soldaten in einem statistischen Jahrbuch auf die Nachlässigkeit der theokratischen Regierung in der öffentlichen Hygiene zurückgeführt. ›Hygiene‹ stieg zum schillernden Leitbegriff einer neuen Urbanistik auf, die von der Krankheits- und Seuchenbekämpfung über die Abwasserregulierung und Straßenreinigung bis hin zum Abriss mittelalterlicher Viertel reichte. Die Modernisierung der Infrastruktur, die Anlage neuer Wohnviertel wurde, wie Jens Petersen bemerkt hat, vom Gefühl einer »politisch-kulturellen und zivilisatorischen Überlegenheit der ›Moderne‹ über die Geistesfeindlichkeit und den Obskurantismus des Papsttums« getragen. Dies galt zumal für Garibaldis Projekt der Tiberbefestigung. Bei seiner Ankunft in Frascati 1875 hatte der mittlerweile 68 Jahre alte Revolutionsveteran gefordert, in Rom nach der antiken und christlichen eine dritte Periode der menschlichen Zivilisation einzuläuten – durch die Stiftung einer »wahren Religion« ohne Priester, die auf Vernunft und Wissenschaft gegründet sei: Denn die Priester hätten einen barbarischen Einfluss auf die Völker ausgeübt.[319]

Während progressive Italiener die neuen Stadtviertel stolz begrüßten[320], reagierten europäische Romliebhaber gleichgültig oder melancholisch. Gregorovius fühlte sich um ›sein‹ Rom betrogen. Seit 1854 hatte er an einer »Geschichte der Stadt Rom im Mittelalter« gearbeitet und sich die Metropole »zu einem Objekt« gemacht. Nun sah er durch die »Umwühlung der Stadt« »jahrhundertealte Schleier des Geheimnisses« »hinweggezogen und alles Mysterium zerstört.«

317 *Sella*, Discorsi, Bd. 1, S. 220f., 303, 827, 299. Vgl. *Jemolo*, Chiesa, S. 317–322; *Quazza*, Utopia; *Lahusen*, Hauptstädte, S. 39–46; *Seibt*, Rom, S. 258–261; *Martina*, Roma, S. 1075–1081.

318 Vgl. *Petersen*, Rom; *Lahusen*, Hauptstädte, S. 41–50.

319 *Petersen*, Rom, S. 276; *Garibaldi*, Scritti, Bd. 3, S. 153f. Vgl. *Pick*, Roma; *Varnier*, Aspekte, S. 165.

320 Vgl. *Lahusen*, Hauptstädte, S. 48.

1874 kehrte er der Stadt den Rücken zu und ging nach München.[321] Die meisten auswärtigen Besucher identifizierten Rom indes weiter mit der Vergangenheit und sahen über die modernen Errungenschaften einfach hinweg. Max Weber etwa hielt sich in den Jahren vor der Niederschrift der »Protestantischen Ethik« einige Monate in Rom auf, um sich von seinem gesundheitlichen Zusammenbruch zu erholen. »Kein Platz der Welt«, schreibt Eduard Baumgarten, wäre angemessener gewesen, »dem Kranken und langsam Genesenden zu helfen, sich von der ›National-Ökonomie‹ zu lösen und das Auge auf die Weltreligionen zu richten«. Doch Weber nahm Rom wie viele Deutsche vor und nach ihm ästhetisch wahr. Zunächst empfand er die Stadt als anstrengendes, forderndes »Mekka der Geschichte und der Religion«. Dann lernte er sie als Ort schätzen, »wo man ungestört vor sich hin leben kann«. Es war die Sehnsucht nach Sonne und Wärme und die Natur, die Weber immer wieder in den Süden zog.[322]

Nordeuropa bewahrte sein orientalistisches Bild von Rom. Im Kontrast zu den Führern des Risorgimento, denen dieses als Ansporn und Waffe gedient hatte, wurde es den Architekten des liberalen Italien zur lästigen Hypothek. Es war »die beständige und mit Empfindlichkeit gepflegte Sorge vieler gebildeter Italiener, ihr Land könnte von den Angehörigen der anderen Nationen, die es so zahlreich aufsuchten, allein wegen der Zeugnisse seiner großen Vergangenheit bewundert und in seiner Gegenwärtigkeit nur als ›pittoresk‹ wahrgenommen werden.«[323] Auch am Wettbewerb westlicher Metropolen um die Repräsentation von Modernität, der seit Mitte des 19. Jahrhunderts auf regionalen, nationalen und internationalen Expositionen ausgetragen wurde, nahm Rom kaum teil.

b) Wettbewerb um Modernität: Die Repräsentation Roms auf der Pariser Weltausstellung von 1878

Auf der Pariser Weltausstellung von 1878 präsentierte sich Italien als Wiege der Künste. Als nationaler Stil wurde die Renaissance zelebriert, das 19. Jahrhundert und Rom blieben dagegen nahezu unsichtbar. Um die Stadt dennoch als modern zu erweisen, präsentierte Agrar-, Industrie- und Handelsminister Aristide Gabelli, einer der führenden Positivisten Italiens, ein zweibändiges Werk mit Aufsätzen italienischer Wissenschaftler über Klima und Boden, Infra- und Sozialstruktur, Gewerbe und Handel, Wissenschaft und Kunst. Einerseits manifestierte sich darin ein scharfes Bewusstsein für die Probleme der Modernisierung Roms, andererseits das Leiden an Europas orientalistischem Rombild. Das Ausland schenke dem neuen Rom kaum Aufmerksamkeit, weil es nur antike Obelisken, Tempel und Statuen sehen wolle. Die Wahlrömer der päpstlichen Zeit

321 *Gregorovius*, Tagebücher, S. 349f. Vgl. *ebd.*, S. 298; *Kruft/Völkel*, Einführung, S. 9ff.
322 Zitiert nach *Radkau*, Weber, S. 329, 357f. Vgl. *ebd.*, S. 360.
323 *Bauer*, Roma, S. 167.

seien für die Rückständigkeit der Stadt mit verantwortlich. »Glücklich, den vom Fieber des Fortschritts geschüttelten Ländern entronnen zu sein«, hätten sie es sich behaglich gemacht und Dinge als »zum Wesen Roms gehörig« geduldet, die ihnen in der Heimat unerträglich gewesen wären. Dagegen wollte Gabelli das moderne Rom ins Licht rücken. Er pries die Fortschritte im Kampf gegen Bettelei und Verbrechen, dementierte Gerüchte über Malaria und Fiebermiasmen, lobte die Besserung der gesundheitlichen und kulturell-religiösen Verhältnisse: Die Jugend wechsle von den Mönchs- und Nonnenschulen auf städtische Schulen. Protestantische Kirchen, früher »in kläglichen Nestern ausserhalb der Mauern«, lägen nun im Stadtzentrum. Leichenbegräbnisse mit »Begleitung psalmensingender Mönche und Bruderschaften«, stünden gleichberechtigt neben neumodischen »mit einem Priester, dem städtischen Leichenwagen und einem Musikcorps« und solchen »der allerneuesten Art, ohne Geistliche, ohne Musik, ohne Kerzen«. Wie »durch Zauberei« habe die Diskriminierung der Juden aufgehört, die nun als Volksvertreter in Stadtverwaltung und Parlament eingezogen seien. Trotz aller Fortschritte sei Rom allerdings noch immer durch ein irritierendes Nebeneinander der Epochen geprägt. »Auf Schritt und Tritt stoßen drei verschiedene Zeitalter zusammen, schieben sich in einander, verflechten sich und erzeugen so die wunderbarsten und seltsamsten Bildungen«. Als Beispiel nannte er die »Scharen von Mönchen, die mit gesenktem Kopf melancholisch ihre Psalmen absingen, mitten unter dem Gehen und Kommen der Omnibusse und Pferdebahnen«[324]

Gabelli stammte aus Norditalien, aus den Dolomiten. Obwohl er das europäische Rombild widerlegen wollte, charakterisierte er die Stadt ähnlich, pries die Erhabenheit der Landschaft, die »Natürlichkeit und Einfachheit« der Römerinnen, beklagte den Schlendrian und die Schauspielerei der Römer, bemängelte das Fehlen von Bürgerlichkeit und Unternehmergeist, Gewerbe und Industrie, monierte die Schwäche des Mittelstands und das aristokratische Grundbesitzmonopol. Zudem seien die Einheimischen an »die moderne Art zu arbeiten noch nicht gewöhnt«, sie hätten noch nicht »den Wert der Zeit kennen gelernt«.[325]

Verantwortlich für diese Missstände machte Gabelli die Päpste. Ihre Herrschaft habe die Stadt Jahrhunderte lang von jeder Entwicklung ausgeschlossen. »Überlieferungen einer theokratischen Regierung«, die vom Katholizismus »den Geist des starren Festhaltens am Hergebrachten« entnommen habe, hätten »alte Meinungen, Gewohnheiten und Gebräuche« länger konserviert als anderswo. Insbesondere die Jesuiten hätten das Volk mit alten Lehren der Grammatik, Rhetorik und Theologie abgespeist, anstatt ihm neues Wissen aus Geschichte, Che-

324 *Gabelli*, Rom, S. IVf., 10, 9, 2f., 61, 80, 85, 100ff., 16f. Vgl. *ebd.*, S. 34–37, 61f., 85f. Zu Gabelli vgl. *Verucci*, Italia, S. 149–154. Zur Repräsentation Italiens auf der Weltausstellung vgl. *Buscioni*, Esposizioni, S. 58–68.

325 *Ebd.*, S. 72f., 47, 103f.

mie und Physiologie zu vermitteln. Anstatt »den Trieb zur Thätigkeit und zur Sparsamkeit zu stärken« und dem Volk höhere Bildung und bessere Sitten beizubringen, habe man Almosen, Ämterpfründe und Prasserei gefördert. Die Willkür und Grausamkeit der Strafjustiz sei »einer wilden und theatralischen Barbarei« gleichgekommen. Spionage, Inquisition und Folter hätten »Ausbrüche völlig ungebildeter, phantastischer, aufgeregter, stolzer und bezähmbarer Geister« befördert. Dies erkläre die »Roheit und Wildheit« der »niedrigsten Bevölkerung«, die jedoch ›zivilisierbar‹ sei: »Befreit sie von den Vorurteilen und Irrtümern«, appellierte Gabelli, »und ihr werdet aus Mördern Helden machen.« Das sei die Aufgabe der »zahllosen Beamten mit ihrem Anhang von Handwerkern, Kaufleuten und Industriellen«, die seit 1870 nach Rom geströmt waren.[326]

Den Kulturkampf verstand Gabelli – wie sein deutscher Kollege Virchow – als Höhepunkt eines Jahrhunderte währenden Konflikts zwischen Papst- und Königtum als Kräften der Beharrung und des Fortschritts. Während Letzteres Neuerungen und Fortschritten von Natur aus zugeneigt sei, halte der Papst am Bestehenden fest und vertrete einen Glauben, der unverändert bleiben solle. Der »gewaltige Streit«, der vor langer Zeit in weiter Ferne begonnen habe, sei nun auch »in unsrer Heimat und in uns selbst« angelangt. Mit dem Untergang des Papsttums werde der Widerstand des Alten in Rom gebrochen. Allein der materielle Körper der Stadt stehe dem entgegen: Wie ein »Gerippe aus seinem Grabe« erhebe sich das alte Rom immer wieder feindlich gegen das neue. Sein morscher, doppelter Boden – die unterirdischen Wasserleitungen, Katakomben, Höhlen, Kloaken, Thermen, Theater und Tempel – untergrabe alle Versuche, Neubauten zu errichten oder mache diese überaus kostspielig. Unter dem heutigen Rom ziehe sich eine »Riesen-Mumie« hin. Angesichts dieser Herausforderungen erflehte der Minister Roms Wiederauferstehung vom Himmel:

Mag es immerhin ein Friedhof sein, wie einige es nennen: gerade die Friedhöfe sind es, wo die Toten auferstehen. O möchte der Himmel das geben! Möchte er es uns gönnen, dass unser Italien wieder groß wird und dass Rom ihm Ehrgeiz und Vertrauen auf die Zukunft einhaucht.

Unfreiwillig demonstrierte Gabelli, wie schwer es selbst fortschrittsgläubigen Positivisten fiel, in Rom die Moderne zu denken.[327]

c) Moderner Monozentrismus: Der nationale Bebauungsplan von 1880

Der italienische Rom-Mythos und das europäische Bild der Stadt zwangen die Liberalen zu immer monumentaleren Versuchen einer Überbietung der päpstlichen Tradition. Mit der Präsentation eines nationalen Bebauungsplans zog die Regierung 1880 die Stadtplanung an sich. Er sah neben repräsentativen Neubau-

326 *Ebd.*, S. 7f., 52, 45f., 58, 46, 49f.

327 *Gabelli*, Rom, S. 18f., 104f. Gabellis Darstellung der Campagna und des Forum Romanum weist große Ähnlichkeiten zu der Mazzinis auf. Vgl. *ebd.*, S. 92f., 107.

ten von Ministerien, Akademien und Ausstellungspalästen, einer Verbesserung der Hygiene und der Kanalisation auch eine Neuordnung des historischen Stadtzentrums vor. Die polyzentrische Struktur des päpstlichen Roms sollte einem modernen Monozentrismus weichen, um der kulturellen Überlegenheit der Moderne über das Mittelalter auch städtebaulich Ausdruck zu verleihen.[328]

Der Gesetzentwurf wurde im Parlament kontrovers diskutiert. Die Fronten verliefen quer zu den politischen Lagern. Die Befürworter knüpften chiliastische Hoffnungen an die Verwirklichung des Plans. Für den Radikalen Guido Bacelli war das moderne »Werk der Erlösung« noch unvollendet, weshalb man »dem Rom der dritten Epoche« endlich einen neuen Charakter geben müsse. Aber auch Sella erinnerte an den historischen Auftrag der Stadt und erklärte die Förderung der Wissenschaft hier zur ›obersten Pflicht‹. Benedetto Cairoli sah in ihr ebenfalls ein Gegengewicht zum kirchlichen Dogmatismus: Gerade da, wo die Kirche ihre Dogmen lehre und »nichts außer dem Glauben« verlange, gelte es die Wissenschaft zu schützen, die mit der Kraft der Vernunft zur Vervollkommnung schreite. Konservative und Radikale kritisierten den Plan als autoritär und zentralistisch. Sie beschworen die Gefahr einer Wiederkehr der kaiserlich-päpstlichen Prachtentfaltung und unterstellten der Regierung, aus Rom ein »korruptes, goldenes Babylon« machen und mit dem Palazzo delle Esposizioni einen großen »Basar« errichten zu wollen. Viele Kritiker gehörten einer jüngeren Generation an, die dem Rom-Mythos distanzierter gegenüberstand, die Größe der Stadt eher in der Vergangenheit sah und für eine gleichberechtigte Entwicklung des Italiens der ›hundert Städte‹ eintrat.[329]

Trotz politischer Widerstände und finanzieller Probleme wurde der nationale Bebauungsplan in Rom beinahe vollständig verwirklicht. Einerseits wurden dabei, wie in Venedig und Genua, viele Bauten des christlichen Mittelalters zerstört. Stadtplaner und Ingenieure legten frische ›Arterien‹ durch den ›kranken‹ Stadtkörper und ersetzten das mittelalterliche Häuser- und Straßengewirr vielerorts durch axiale Straßenzüge und moderne Bauten. Zum neuen Fluchtpunkt wurde das Kapitol, der antike Königssitz.[330] Andererseits bildete sich im Zuge archäologischer Funde auch ein Verantwortungsbewusstsein gegenüber vormodernem Baubestand heraus, eine gleichberechtigte Sicht der verschiedenen Zeitalter, von denen Gabelli geschrieben hatte. Die Musealisierung Roms wurde fortgesetzt, zentrale Stadtgebiete unter Denkmalsschutz gestellt. Italienische Archäologen, Architekten und Restauratoren machten Rom damit ansatzweise selbst

328 Vgl. *Goez*, Hauptstadtproblem, S. 74; *Insolera*, Roma, S. 38–51; *Lahusen*, Hauptstädte, S. 75–101.

329 Zitiert nach *Lahusen*, Hauptstädte, S. 81–84. Vgl. *Chabod*, Storia, S. 203; *Tobia*, Patria, S. 22f. Zum mittelalterlichen Konzept der ›Hundert Städte‹ vgl. *Porciani*, Medioevo.

330 Vgl. *Tobia*, Patria, S. 28–45; *Bertelli*, Piazza. Zur Zerstörung mittelalterlich-kirchlicher Bauten in Venedig und Genua vgl. *Varnier*, Aspekte, S. 147.

zu einer Exklave der Modernität.[331] Zudem wirkten Roms kirchliche Monumentalbauten, allen voran die Peterskirche selbst, nach wie vor als übermächtige optische Konkurrenz. 1870 hatte der Florentiner Historiker und gemäßigte Liberale Gino Capponi die Senatoren genau hiervor gewarnt: »In der Stadt der Paläste seid ihr gezwungen, Paläste zu suchen, aber alle werden niedriger sein als der Vatikan, der sich in Jahrhunderten mit jenem mächtigen Antrieb über alle anderen erhoben hat, mit der Religion nämlich.«[332] Capponi sollte lange Recht behalten. Erst nach der Machtübernahme der Linksliberalen und dem Tod von Italiens erstem König sollte sich das Stadtbild entscheidend ändern.

d) Die Monumentalisierung der »Terza Roma«: Das Vittoriano

Unmittelbar nach dem Tod von Vittorio Emanuele II 1878 präsentierte Innenminister Zanardelli einen Gesetzentwurf zur Errichtung eines Denkmals zur Ehrung des Königs, der »Geschichte des befreiten Vaterlandes und der eroberten Einheit«. Im »Nationaldenkmal für Vittorio Emanuele II«, dem sogenannten Vittoriano, kam es zur Monumentalisierung von Mazzinis Idee der *Terza Roma*. Die Genese des vermutlich größten und teuersten europäischen Nationaldenkmals im 19. Jahrhundert zeigt noch einmal die Aporien des italienischen Kampfes um Rom. Bereits der erste Wettbewerb begann mit einem Eklat, weil mit Paul Nénot ein Franzose gewann, was empörte Reaktionen italienischer Journalisten und Künstler auslöste. Denn erneut beanspruchte ein Fremder die Deutungshoheit über Rom. Nénots Entwurf wurde nicht realisiert. Stattdessen schrieb man einen neuen Wettbewerb aus. Zuvor bestimmte Ministerpräsident Agostino Depretis das Kapitol zum Standort. Als zukunftsorientierte Alternative hatte der Bahnhofsplatz Termini prominente Fürsprecher gehabt. Doch die Kapitolsidee hatte von den Regierenden Besitz ergriffen. Das moderne Italien sollte an das antike Imperium Romanum anknüpfen.[333] Da am Kapitolshügel ein geschlossenes mittelalterliches Stadtviertel mit vielen Wohnhäusern und wertvollen Kunstwerken lag, provozierte die Wahl des Standorts heftige Proteste. Depretis erklärte die Bauten jedoch für historisch und ästhetisch bedeutungslos und berief sich zudem auf die Seuchengefahr. Im Zuge der Abrissarbeiten verschwanden unter anderem der Konvent der Kirche Ara Coeli und der Turm Pauls III. Allein der Palazzetto Venezia, der die Sicht von der nördlich gelegenen Piazza del Popolo auf das Monument verdeckte und die symbolische Achse zwischen König und Volk unterbrach, wurde Stein für Stein abgetragen und, einige Meter versetzt, wieder aufgebaut.[334] Die zweite Ausschreibung sah ein Reiterstandbild des Königs

331 Vgl. *Gregorovius*, Tagebücher, S. 299; *Lahusen*, Hauptstädte, S. 93.

332 Zitiert nach *Jemolo*, Chiesa, S. 256.

333 Zitiert nach Rodiek, *Monumento*, S. 54. Vgl. *ebd.*, S. 51 ff.; *Lahusen*, Hauptstädte, 151–156; *Brice*, Monumentalité. Zu anderen römischen Nationaldenkmälern vgl. *Berggren/Sjöstedt*, Ombra.

334 Vgl. *Rodiek*, Monumento, S. 255 Anm. 128; *Lahusen*, Hauptstädte, S. 157.

vor einer Treppenanlage vor. 1884 kürte man Giuseppe Sacconis Entwurf zum Sieger. Er beinhaltete zunächst die Kombination einer Akropolis mit einem Wandaltar, der direkt in den Tuff des Kapitols gemeißelt werden sollte. Als Probebohrungen indes ergaben, dass der Hügel nicht aus massivem Fels bestand, sondern für Gänge und Gräber ausgehöhlt worden war, musste ein künstliches Fundament gebaut werden. Aus der ursprünglich geplanten hoch gemauerten Arx wurde eine nach vorne hin offene Treppenanlage, ein mehrstufiges Forum.[335]

Das Bildprogramm enthielt anfangs viele antiklerikale Elemente. So konzipierte Sacconi den Unterbau der geplanten Reiterstatue als »Altar des Vaterlands«, in dem antiklerikale Helden wie Dante und Machiavelli, Cola di Rienzo und Galilei, Cavour und Garibaldi, aber auch Ereignisse wie die Eroberung Roms gewürdigt wurden. Im Zuge der Annäherung von Liberalen und Katholiken unter Giolitti verschwanden diese Elemente jedoch vor der Einweihung 1911. Mit der Beilegung des unbekannten Soldaten in einer eigens angefertigten Krypta im Inneren des Denkmals kam es 1921 sogar zu einer partiellen Christianisierung des Monuments. Nationale und katholische Religion vermischten sich: Im Museo Centrale del Risorgimento Italiano, ebenfalls im Innern des Vittoriano untergebracht, wurden ›Reliquien‹ (Kleider, Waffen und Medaillen) von Helden des Risorgimento ausgestellt. Als antiklerikale Geste blieb allein der strenge Blick des Königs in Richtung Petersdom.[336] Zwar bildete das Vittoriano im neuen Stadtzentrum an der Piazza Venezia einen sichtbaren Kontrapunkt zum Vatikan. Als hoch gelegener Flanierraum ermöglichte es den Bürgern, die Geschichte und Ideale der Nation zu reflektieren. Es bot eine panoptische Perspektive auf die Stadt, von der sich das antike und mittelalterliche Rom wie ein erhebendes historisches Schauspiel darbot, als glanzvolle Vorgeschichte italienischer Einheit und Freiheit. Zugleich wirkte das Denkmal aufgrund seiner Form, Größe und Farbe (der Botticino-Marmor aus Brescia blieb schneeweiß, anstatt, wie der in Rom traditionell verwendete Travertin aus Tivoli, eine Honigfarbe anzunehmen) aber auch wie ein Fremdkörper im Stadtbild. Reiseführer bedachten es mit Spott oder brandmarkten es als ästhetisches Verbrechen. Intendiert als ultimative Überbietung der päpstlichen Tradition und Widerlegung des orientalistischen Rom- und Italienbildes manifestierte sich im Vittoriano vor allem der übersteigerte Anspruch der italienischen Liberalen im Bann der römischen Tradition und des risorgimentalen Rom-Mythos. Trotz seiner gigantischen Ausmaße war das Vittoriano ein Monument der Schwäche. Allein die lange Baugeschichte machte es bald selbst zum Anachronismus: zu einem aufgrund der komplexen, überladenen Symbolik weitgehend unverständlichen »staatlichen Ausrufezeichen«.[337]

335 Vgl. *Lahusen*, Hauptstädte, S. 159; *Seibt*, Rom, S. 265.

336 Vgl. *Rodiek*, Monumento, S. 120 f.; *Lahusen*, Hauptstädte, S. 161 ff.

337 *Rodiek*, Monumento, S. 208. Zu *Roma aeterna* als »Aura, Geschichtsschwere, Erblast« vgl. auch *Dipper*, Deutschland, S. 15.

Die nationale Symbolik bewährte sich allerdings bereits wenige Jahre später auf eine von den Liberalen nicht intendierte Weise: Die Faschisten nutzten die Piazza Venezia nach 1922 als Aufmarschplatz und vereinnahmten das Vittoriano als Kultort ihrer politischen Religion. Um Italiens imperiale Ansprüche zu untermauern, ließen sie die antiken Kaiserforen um die Via dei Fori degli Imperiali ausgraben. Im Gestus einer imperialen Symbolik setzten sie die Musealisierung Roms somit auf ihre Weise fort.[338]

III. Zusammenfassung

Seit der Aufklärung wurde der Katholizismus in Europa ›orientalisiert‹, das heißt als rückständig oder entwicklungsunfähig, primitiv oder barbarisch aus Geschichte und Zivilisation ausgeschlossen. Zugleich identifizierte, assoziierte und verglich man ihn mit fernen Ländern und fremden Kulturen Amerikas, Afrikas und Asiens. Einerseits sollte so sein vermeintlich absonderlicher, unzeitgemäßer Charakter zum Ausdruck gebracht werden. Zugleich manifestierte sich darin jedoch auch das Überlegenheitsgefühl aufgeklärt-liberaler Bürger. Analog zu kolonisierten Völkern in Übersee stellten sie Katholiken wie Wilde oder Kinder dar, die sich weder selbst entwickeln noch eigenständig handeln konnten, sondern hierzu fremder – nordeuropäischer, protestantischer, liberal-bürgerlicher – Hilfe bedurften. Oft wurde Katholiken eine minderwertige Natur zugeschrieben. Die Grenze zum Rassismus wurde dabei oft überschritten.

Die Orientalisierung des Katholizismus erfolgte in Deutschland und Italien unter verschiedenen Voraussetzungen und auf unterschiedliche Weise. Im ›Mutterland‹ der Reformation war das ›reale‹ und ›imaginäre‹ Verhältnis christlicher Konfessionen von großer Bedeutung. Die divergierende ökonomische, soziale, kulturelle und politische Entwicklung katholischer und protestantischer Gebiete wurde monokausal auf das ›Wesen‹ beider Konfessionen zurückgeführt. Während der Protestantismus seine Entwicklungsfähigkeit bereits in der Reformation unter Beweis gestellt zu haben schien und als Ursprung der Moderne und der deutschen Nation figurierte, galt der Katholizismus als statisch und unvereinbar mit dem Fortschritt.

An der Verfestigung dieses Bildes waren nicht nur Protestanten beteiligt, sondern auch aufgeklärt-liberale Katholiken und Juden, die ihre Konfession als rückständig ansahen. Seit Hegels Kritik der Romantik galt der Katholizismus in Deutschland als transkonfessionelles Synonym religiöser Reaktion und Stagnation. Wie gesehen, waren sowohl die Verzeitlichung des Protestantismus zu einer Kraft historischer Dynamik als auch die Verräumlichung des Katholizis-

338 Zur faschistischen Nutzung des Vittoriano vgl. *Brice*, Vittoriano, S. 301–365.

mus zu etwas Statischem europäische Phänomene. Für die Konstruktion antikatholischer Identität und Differenz war Konfession daher selbst im mehrkonfessionellen Deutschland nur eine Kategorie neben anderen wie Klasse, Geschlecht, Nation und Rasse. Wie in anderen Ländern Europas speiste sich der Antikatholizismus auch hier primär aus universalistischen Werten und Prinzipien der Aufklärung, des Liberalismus und der bürgerlichen Gesellschaft: Freiheit, Vernunft, Arbeit und Fortschritt.

Allerdings war der deutsche Antikatholizismus in besonderem Maße mit nationalen Kolonisierungsphantasien verbunden. In der Debatte über transnationale Aspekte der modernen deutschen Geschichte sind Polen und Mitteleuropa zuletzt als eigentliche deutsche Kolonien und deutsches Gegenstück zu Indien und Algerien gefasst worden.[339] Mit Blick auf das lange 19. Jahrhundert erscheint indes vor allem der Katholizismus als innere Kolonie, die es aus progressiver Sicht zu zivilisieren galt, um die Nationsbildung zu vollenden. Dies betraf zumal die agrarischen Gebiete im Osten und Süden des Reiches, die als rückständig und primitiv wahrgenommen wurden. Die Befreiung der Bewohner dieser ›finsteren‹ Gegenden aus Aberglauben und klerikalem Joch war ein zentrales Anliegen liberaler Kulturkämpfer. Ihre Zivilisierungsmission war an das Projekt der Nationsbildung geknüpft. Denn seit der Aufklärung war der Katholizismus auch aus der deutschen Geschichte und Kultur ausgeschlossen worden. Germanisierung, Entkatholisierung und Zivilisierung waren daher aus progressiver Sicht miteinander verbunden. Besonders anstößig erschienen die gefühlsbetonten, öffentlichen Manifestationen katholischer Volksfrömmigkeit, die sich seit dem Vormärz wachsender Beliebtheit erfreuten – wider säkularistische Prognosen eines Erlöschens der Religion. Infolge der Exklusion des Katholizismus aus der deutschen Kulturnation wurden katholische Bürger ebenfalls niederen Kulturstufen zugerechnet. Allein die Religiosität katholischer Frauen erschien in milderem Licht, da sie als Ausdruck anziehender, erotisch aufgeladener Sinnlichkeit empfunden wurde. Sie konnte aber auch als Quelle ansteckenden religiösen Wahns dämonisiert werden.

In Italien betraf die Orientalisierung des Katholizismus vor allem das Papsttum und den Kirchenstaat. Dies lag nicht nur an der Jahrhunderte alten Tradition päpstlicher Herrschaft und der nahezu monokonfessionellen Bevölkerungsstruktur des Landes, in dem der Katholizismus nominell stets dominante Konfession und offizielle Staatsreligion blieb, sondern auch an der unterschiedlichen Verortung beider Nationen auf Europas geistiger Landkarte. Der italienische Kulturkampf war stärker transnational geprägt als der deutsche. Im 18. Jahrhundert wurde Italien – und Rom als *pars pro toto* – in Europa selbst ein Objekt orientalistischer Beschreibung, negativ konnotiert in der Aufklärung, als Hort von Despotie und Trägheit, positiv in der Romantik, als ästhetische Kulisse und idyllischer

339 Vgl. *Blackbourn*, Kaiserreich, S. 322; *Ther*, Geschichte; *Conrad*, Globalisierung, S. 141.

Zufluchtsort vor der Moderne. Aus Sicht gebildeter Europäer besaßen Rom und Italien zwar eine glorreiche Vergangenheit, aber keine relevante Gegenwart oder Zukunft. Sie galten nicht als historische Subjekte.

Einerseits gelang es den Führern der italienischen Nationalbewegung nach 1850, dieses orientalistische Italien-Bild, mit dem sie im europäischen Exil konfrontiert worden waren, auf das päpstliche Rom und den Kirchenstaat umzulenken. Im universalistischen Rom-Mythos der *Terza Roma* fand die Aneignung und Umdeutung des europäischen Rom- und Italienbildes als toter Stadt und Nation sogar Massen mobilisierende Kraft. Da Italien von Europa in Rom für tot erklärt worden war, sollte die Nation hier wiederauferstehen. Um Italiens Agency zu beweisen, wurde aus der europäischen Diagnose *Roma è morta* der risorgimentale Schlachtruf *Roma o morte*. Er machte Rom auch in den Augen gemäßigter Liberaler zur ›unausweichlichen‹ Hauptstadt Italiens.

Andererseits kehrte die Orientalisierung des Kirchenstaats als Bumerang zurück. Zum einen führte die Römische Frage zum Dauerkonflikt zwischen Staat und Kirche, der die Legitimität des Nationalstaats infrage stellte. Zum anderen wirkte sich der Rom-Mythos negativ auf das laizistische Projekt aus, denn in seinem Bann suchten die Hauptstadtarchitekten die päpstliche Tradition durch teure, symbol- und prestigeträchtige Großbauten zu übertreffen. Strukturelle Maßnahmen zur Verweltlichung der Gesellschaft wurden dagegen vernachlässigt. Die »Rückkehr der verdrängten Religion« nach 1880 in der Malerei und in den bürgerlichen Massenmedien zeigte, dass selbst Laizisten die Landbevölkerung an die katholische Kirche und Religion verloren gaben. Ähnlich wie in Deutschland, ging die Ästhetisierung der katholischen Volksreligion mit einer Essentialisierung einher.[340]

Die Orientalisierung des Katholizismus war also ein transnationales Phänomen. Sie erfolgte weder synchron noch linear. Der antikatholische Diskurs formierte sich zwar bereits in der Aufklärung, wurde aber danach durch neue Elemente angereichert: In der Romantik kam die explizite Analogisierung von Katholizismus und Orient hinzu; seit dem Vormärz wurde er um Vorformen der Säkularisierungstheorie wie Sybels Differenzierung von Religion und Wissenschaft oder die Ästhetik der Entzauberung in der »Gartenlaube« ergänzt. Die Revolution von 1848/9 markierte mehr noch in Italien als in Deutschland eine Zäsur, denn erst nach der antinationalen Wende Pius' IX. wurde das Risorgimento antikatholisch. Es verschärfte indirekt die antimoderne Modernisierung des Katholizismus und somit auch die übrigen Kulturkämpfe in Europa. Im Nachmärz wurde der Katholizismus trotz seines umfassenden Wandels zunächst in beiden Ländern als stagnierend dargestellt. Erst mit dem Syllabus nahmen ihn die Liberalen wieder als Gefahr für ihr Projekt der Moderne wahr. Im Zuge

340 Vgl. *Zimmermann*, Industrialisierung, S. 185–204; *Spadolini*, Opposizione, Bd. 2, Abb. 4, 483, 671. Siehe hierzu Kapitel C.IV.2.d.

der Einigungskriege erhielt diese Bedrohung eine nationale Konnotation. Da der Katholizismus sowohl in Deutschland als auch in Italien als zentrales Hindernis auf dem Weg der Nation in die Moderne erschien, galt der Kulturkampf in beiden Ländern als entscheidende Etappe der Nationsbildung, die den Durchbruch des Fortschrittsprinzips im Bereich der Religion verhieß.

Vergleicht man den Antikatholizismus mit dem Orientalismus, ergeben sich Ähnlichkeiten und Unterschiede. Der Antikatholizismus mündete nicht in eine der Orientalistik vergleichbare Disziplin, umspannte aber ebenfalls unterschiedliche Medien (Briefe, Reiseberichte, Pamphlete, wissenschaftliche Studien, Wörterbucher, Gedichte, Karikaturen, Gemälde, Genrebilder), Konfessionen (Protestanten, Katholiken, Juden, Atheisten), Disziplinen (Geschichte, Literaturwissenschaft, Medizin, Theologie, Philosophie, Soziologie, Volkskunde) und politische Lager (Demokraten, Liberale, Radikale, Gemäßigte). Er basierte auf analogen Strategien der Enthistorisierung, Exotisierung und Essentialisierung. Wie der Orientalismus den Orient, konstruierte der Antikatholizismus den Katholizismus als Objekt, um katholische Akteure und Institutionen auch jenseits des Diskurses zu unterwerfen und zu beherrschen. Im Kontrast zu Saids Bild des Orientalismus entstand er nicht monologisch, sondern unter Mitwirkung katholizismusfreundlicher Romantiker, ultramontaner und liberaler Katholiken. Der Antimodernismus der Ultramontanen trug dazu bei, dass die Modernität des neuen Katholizismus auch von Historikern lange ausgeblendet wurde.

Den zentralen Unterschied zum Orientalismus bildete der nichtdiskursive Kontext. Er lässt sich mit der Unterscheidung von ›äußerem‹ und ›innerem‹ Kolonialismus fassen. »Sendungsideologische Rechtfertigungsdoktrinen« kennzeichneten zwar auch den Antikatholizismus.[341] Eine fundamentale Veränderung der katholischen Lebensführung erreichte er jedoch nur sehr langsam. Das Recht der Gläubigen auf Religionsausübung blieb meist unangetastet.[342] Katholische Gebiete wurden nur selten militärisch erobert, politisch unterworfen und ökonomisch ausgebeutet, auch wenn die Liberalen auf eine Entmachtung und partielle Enteignung der katholischen Kirche zielten, was im Falle Italiens sogar in einen, wenn auch weitgehend unblutigen Krieg mündete. Die regelmäßige, brutale Gewalt, die den Kolonialismus außerhalb Europas ausmachte, fehlte im Kulturkampf, anders als in den Religionskriegen der Frühen Neuzeit. Diese

341 Jürgen Osterhammel zufolge bezeichnet ›Kolonialismus‹ eine »Herrschaftsbeziehung zwischen Kollektiven, bei welcher die fundamentalen Entscheidungen über die Lebensführung der Kolonisierten durch eine kulturell andersartige und kaum anpassungswillige Minderheit von Kolonialherren unter vorrangiger Berücksichtigung externer Interessen getroffen und tatsächlich durchgesetzt werden. Damit verbinden sich in der Neuzeit in der Regel sendungsideologische Rechtfertigungsdoktrinen, die auf der Überzeugung der Kolonialherren von ihrer eigenen kulturellen Höherwertigkeit beruhen.« *Osterhammel*, Kolonialismus, S. 21.

342 Ausnahmen bildeten die klerikale Lebensführung und öffentliche katholische Rituale. Siehe hierzu Kapitel B und C.

Kluft zwischen diskursiven Analogien und unterschiedlichen nichtdiskursiven Folgen ist ernstzunehmen. Der Antikatholizismus war in erster Linie ein ›kultureller‹ Kolonialismus. Seine Wirkung war vor allem mentaler und intellektueller Natur. Allerdings zog die Konstruktion einer kulturellen Unterlegenheit des Katholizismus gegenüber dem Protestantismus bzw. dem Laizismus auch Praktiken sozialer Marginalisierung und Diskriminierung nach sich[343]; sie motivierte und legitimierte antikatholische Maßnahmen und Gesetze; vor allem bürgerliche Katholiken erkannten die Überlegenheit der protestantischen bzw. laizistischen Kultur an. Konfessionen übergreifend sahen europäische Intellektuelle um 1900 im Katholizismus ein dem Okzident fremdes Wesen. Im 20. Jahrhundert sollten vor allem deutsche Historiker dieser Einschätzung lange Zeit folgen.

343 Vgl. dazu *Anderson/Barkin*, Myth; *Schloßmacher*, Befremden.

B. Sex Crimes: Antiklerikale Medien und Gewalt von der Aufklärung bis zum Zeitalter der Kulturkämpfe

Kulturkämpfe bewegten im 19. Jahrhundert nicht nur Eliten, sondern auch Massen, denn sie berührten neben abstrakten weltanschaulichen Problemen auch konkrete Angelegenheiten persönlicher Lebensführung: Beichte, Seelsorge, Kindererziehung, Heirat und Bestattung. Jahrhunderte lang waren hierfür im katholischen Europa katholische Geistliche zuständig gewesen. Seit der Aufklärung suchten antiklerikale Medien die Autorität der Kleriker zu zerstören, indem sie diese als Heuchler, Faulenzer und Lüstlinge darstellten, die selbst auferlegte Regeln bewusst verletzten oder aufgrund ihres verdorbenen Charakters außerstande waren, sittlich zu leben.

Diese stereotype Repräsentation war nicht bloß ein propagandistisches Mittel zum Zweck. Aus Sicht antiklerikaler Gelehrter, Journalisten, Dichter, Maler und Zeichner lebten katholische Geistliche tatsächlich falsch: Die Gelübde des Gehorsams, der Armut und der Keuschheit, die Praktiken der Askese und der Kontemplation oder die Regeln klösterlicher Klausur erschienen unvereinbar mit bürgerlichen Werten und Prinzipien wie Freiheit und Selbständigkeit, Arbeit und Konsum, Ehe und Familie, Intimität und Fortpflanzung, Trennung von Öffentlichem und Privatem.[1]

Obwohl sich gerade die ultramontane Kirche um eine Disziplinierung des Klerus bemühte[2], und obgleich es in der Lebensführung von Bürgern und katholischen Geistlichen auch bemerkenswerte Ähnlichkeiten und historische Beziehungen gab – etwa die von Max Weber beobachtete methodische Lebensführung mittelalterlicher Mönche –, wurde dem Klerus in den meisten Medien eine andere – deformierte oder abweichende – Natur zugeschrieben.

Die mediale Essentialisierung des Klerus trug maßgeblich zur Moralisierung, Emotionalisierung und sozialen Ausweitung der Kulturkämpfe bei; sie machte

1 Zur moralischen Dimension der Kulturkämpfe vgl. *Blackbourn*, Progress, S. 65; *Gross*, War. Zur bürgerlichen Kultur vgl. *Sheehan*, Wie bürgerlich; *Kocka*, Bürger; *Hettling/Hofmann*, Wertehimmel (Deutschland); *Verucci*, Italia; *Lyttelton*, Anticlericalism; *Lanaro*, Nazione; *Meriggi*, Milano; *Banti*, Storia; *Wanrooij*, Storia (Italien).

2 So wurde Weltgeistlichen die Seelsorge in Kneipen verboten. Uniforme schwarze Kleidung und das Verbot jeglicher Barttracht sollte fortan ihre moralische Sonderstellung gegenüber dem Kirchenvolk markieren. Vgl. *Anderson*, Democracy, S. 80 sowie ausführlich *Götz von Olenhusen*, Klerus, S. 181–206.

daraus ›totale‹ Konflikte, die nahezu sämtliche Gruppen und Sphären der Gesellschaft erfassten. Obgleich Medien hierfür konstitutiv waren, wurden sie von der historischen Forschung bislang kaum als Movens und Akteur der Kulturkämpfe ernstgenommen.[3] Literatur- und Kunsthistoriker nahmen zwar einzelne Medien in den Blick.[4] Einige Studien verdeutlichten nachdrücklich die Relevanz antiklerikaler Medien für die Kulturkämpfe der liberalen Ära. Eine systematische Analyse medialer Genealogien antiklerikaler Topoi steht indes aus.[5]

Da antiklerikale Medien nationale Grenzen transzendierten, lassen sie sich nur transnational untersuchen. Im Sinne einer Genealogie moderner antiklerikaler Medien wird daher im Folgenden *erstens* die Darstellung katholischer Geistlicher im europäischen Kontext rekonstruiert. Im Unterschied zu Vilém Flussers oder Marshall McLuhans universalhistorischen Mediengenealogien beschränken sich die folgenden Ausführungen auf die Zeit zwischen Aufklärung und liberaler Ära. Anhand der ›Leitmedien‹[6] spezifischer Phasen, deren Übergänge fließend waren, werden die Kontinuität und der Wandel antiklerikaler Medien untersucht, aber auch ihre Spezifik und Intermedialität sowie jene diskursiven und visuellen Strategien, mit denen dem katholischen Klerus eine andere Natur zugeschrieben wurde. Zugleich geht es darum, die Zusammenhänge zwischen antiklerikaler Repräsentation und bürgerlicher Lebensführung zu erhellen. Im Anschluss an diese diachron und transnational angelegte Medienanalyse wird *zweitens* das synchrone Zusammenspiel antiklerikaler Medien bei der Genese physischer, exekutiver und legislativer antiklerikaler Gewalt in nationalen, regionalen, lokalen Kontexten beleuchtet: bei der Vertreibung der Jesuiten aus Italien 1848 und des Moabiter Klostersturms 1869, bei der Entstehung gesetzlicher Ordensverbote in Piemont 1855 und Preußen 1875.

3 Als Beispiel eines rein illustrativen Umgangs mit antiklerikalen Bildern: *Spadolini*, Coscienza; Rome; Opposizione.

4 Zu Romanen vgl. *Keiter*, Brunnenvergiftung; *Hirschmann*, Kulturkampf; *Sprengel*, Luther. Zu Karikaturen vgl. *Jürgensmeier*, Kirche; *Koch*, Teufel. Zu Genrebildern vgl. *Brückner*, Trivialisierungsprozesse. Zu Wilhelm Buschs Bildergeschichten vgl. *Just*, Busch. Für Italien vgl. die Anthologien antiklerikaler Karikaturen und Lieder von *Pepe/Themelly*, Anticlericalismo; *Settimelli/Favalotti*, Canti; *Neri*, Galantara; *Podrecca/Galantara*, Asino; sowie *Candeloro*, Temi.

5 Kißling und Gross konzentrieren sich auf die liberale Ära: *Kißling*, Geschichte; *Gross*, War. Zangs Analyse des Antikatholizismus der »Gartenlaube« leidet unter ihrem Antisemitismus: *Zang*, Gartenlaube. Zur antijesuitischen Literatur bzw. österreichischen Kulturkampfliteratur im ›langen‹ 19. Jahrhundert: *Healy*, Jesuit; *Horwath*, Kampf. Als kunsthistorische Pionierstudie vorwiegend visueller Medien des Kulturkampfes: *Gross*, Jesus. Für Italien liegt außer Vialllets unveröffentlichter Studie keine systematische Untersuchung antiklerikaler Repräsentationen vor. Vgl. *Lyttelton*, Church, S. 245. *Viallet*, Anticléricalisme en Italie.

6 Der Begriff ›Leitmedium‹ bezeichnet in ein einzelnes Medium, dem in einer bestimmten historischen Phase eine Hauptfunktion in der Konstitution gesellschaftlicher Kommunikation und Öffentlichkeit zukam. Als Leitmedium des 19. Jahrhunderts gilt die Zeitung. Mit Blick auf den modernen Antiklerikalismus ist diese Kategorisierung jedoch, wie zu sehen sein wird, zu grob.

I. Antiklerikale Medien

Antiklerikale Medien trugen maßgeblich zur Moralisierung, Emotionalisierung und sozialen Ausweitung der Kulturkämpfe bei. Obgleich sie in der Regel noch keine ›Massenmedien‹ im engeren Sinn waren, da sie sich nicht an ein ›disperses Publikum‹, sondern an präzise bestimmbare Gruppen, Lager und Milieus richteten, prägten sie das Image katholischer Geistlicher nachhaltig. Sie überschritten nationale, politische und soziale Grenzen: In der Parteipresse deutscher und italienischer Liberaler und Demokraten bildete der Antiklerikalismus einen gemeinsamen Nenner. Da die Medienlandschaft beider Länder vor 1880 liberaldemokratisch dominiert war, prägten antiklerikale Repräsentationen auch Medien, die nicht explizit oder primär antiklerikal waren. Sie definierten das öffentliche Bild des Klerus, der nur noch in klerikalen Medien in freundlichem Licht erschien. Entscheidend für die »Naturalisierung« antiklerikaler Annahmen war die »Multimedialität« antiklerikaler Repräsentationen, das heißt ihre Verfüg- und Rezipierbarkeit in unterschiedlichen Medien: Sie bevölkerten neben der Presse auch theologische, wissenschaftliche, literarische Schriften sowie diverse Bildmedien und drangen auch in außermediale Räume ein: Gemälde und Genrebilder hingen in Privatgemächern, Wirtshäusern und öffentlichen Gebäuden. Karikaturen, Romane und Gedichte wurden nicht nur in Zeitungen, Zeitschriften und Anthologien abgedruckt, sondern auch im Lehnstuhl konsumiert sowie auf Straßen verteilt, verkauft und rezitiert. Auf diese Weise plausibilisierten sich die unterschiedlichen Medien wechselseitig.[7]

Die mediale Allgegenwart antiklerikaler Repräsentationen kompensierte organisatorische Defizite. Denn der Antiklerikalismus erreichte im 19. Jahrhundert zwar die meisten Bürger und immer mehr Arbeiter, aber nie die Mehrheit der Bevölkerung. Institutionell hatte er der Kirche vor allem in Italien wenig entgegenzusetzen. Selbst im zahlenmäßig kleinen Bürgertum trat er nur selten organisiert auf – und bildete doch einen Parteien, in Ansätzen sogar Klassen übergreifenden Konsens.[8] Die Apologeten des Klerus waren sich der medialen Übermacht ihrer Gegner bewusst. 1864 schrieb der Paderborner Bischof Konrad Martin:

> Man kann die Kirche nicht mehr tot schweigen, also will man sie durchaus tot reden. Wer zählt die Massen kirchlicher Traktätchen, die man Tag für Tag selbst in rein katholische Orte und bis in die untersten katholischen Hütten und Werkstätten hineinwirft

7 Zum Beginn der Massenpresse seit den 1880er Jahren: *Wilke*, Grundzüge, S. 266ff. Zum ›dispersen Publikum‹ als Definiens von Massenmedien: *Maletzke*, Psychologie. Zur »Naturalisierung« von Diskursen vgl. *Landwehr*, Geschichte, S. 132. Zum Zusammenspiel antikatholischer Medien vgl. *Kißling*, Geschichte; *Zang*, Gartenlaube; *Gross*, Jesus, 38–64; *Healy*, Jesuit; *Gross*, War, S. 136–184. Als europäischer Überblick vgl. *Kaiser*, Clericalism, S. 64–74.

8 Nach *Kocka*, Bürgertum, Bd. 1, S. 11, umfasste das Bürgertum im 19. Jahrhundert, je nach Definition, zwischen 5 und 15% der Bevölkerung.

und öfter auch hineinschmuggelt; wer zählt das Heer der Literatur- und Tagesblätter, die gegen uns im Solde stehen?[9]

1872 kritisierte der Zentrumsabgeordnete August Reichensperger die liberale Presse als »Großmacht des neunzehnten Jahrhunderts«. Anlässlich der Verabschiedung des reichsweiten Verbots der Societas Jesu stellte er das virtuose Zusammenspiel der antiklerikalen Medien heraus:

[D]ie Presse [...] ruht und rastet nicht in ihrem Kampfe, ich sage in ihrer Verfolgung der katholischen Kirche, ihrer Diener, Alles dessen, was uns Katholiken heilig ist. Vom Kladderadatsch und ähnlichen Blättern an, die in 40 bis 50,000 Exemplaren bis in hohe Preßregionen hinauf in das deutsche Volk hineingeschleudert werden, wird alles förmlich durch den Koth gezogen, was wir verehren, und damit nährt man das Volk. Nehmen Sie die Theater dazu, namentlich die Theater in den aufgeklärten, glaubenstreuen, ›frommen‹ Städten des deutschen Reiches [...], sehen Sie Klosterskandale, Nonnengeschichten und Alles, was man nur an Unrath zusammenkehren kann, das wird immerfort vor der großen Masse des Volkes aufgeführt.[10]

1896 klagte der katholische Publizist Heinrich Keiter, dass die katholische Kirche in der Unterhaltungsliteratur »immer nur eine total verfinsterte, von der Sonne der Menschlichkeit und Bildung niemals bestrahlte Seite« zeige; Priester würden als »minderwertige, geistig und sittlich tiefstehende Wesen« dargestellt, Jesuiten nicht einmal als Menschen. »Von unseren Bischöfen, Seelsorgern und Ordensgeistlichen werden Dinge erzählt, die, wenn einer wagen sollte, sie Offizieren oder Beamten zur Last zu legen, den Urheber unbedingt vor den Strafrichter bringen würden«. Aus Keiters Sicht übten vor allem Romane eine verheerende Wirkung aus:

In tausenden von Exemplaren verkauft, mindestens aber in jeder Leihbibliothek zu haben, gehen diese Bücher von Hand zu Hand und werden so Gemeingut. Und wenn solche Romane in weit verbreiteten Zeitschriften erscheinen, wenn die Bühne durch konfessionelle Hetze mißbraucht wird, dann geht das Gift über das ganze Land.[11]

Noch 1913 verzichtete der katholische Historiker Johannes B. Kißling in seiner Geschichte des Kulturkampfes darauf, in »die Tiefen der polemischen Traktätchen- und Kolportageliteratur« hinabzusteigen, »so lehrreiche Erkenntnisse von dort zu holen sein würden.« Er wollte keine alten Wunden aufreißen und die diskriminierenden Sprechakte des Kulturkampfes nicht wiederholen.[12]

Vor dem Hintergrund dieser Aussagen katholischer Zeitgenossen wird im Folgenden nach den Leitmedien gefragt, welche die Darstellung katholischer Geistlicher in bestimmten Phasen zwischen Aufklärung und liberaler Ära prägten:

9 Zitiert nach *Kißling*, Geschichte, Bd. 1, S. 297.

10 SBDR 19.6.1872, S. 1131.

11 *Keiter*, Brunnenvergiftung, S. 5f., 3f. Der Titel von Keiters Schrift lenkte den antisemitischen Topos der »Brunnenvergiftung« auf den Antikatholizismus um.

12 *Kißling*, Geschichte, Bd. 1, S. 297.

Wodurch unterschied sich ihre Darstellung des Klerus von der anderer Medien, inwiefern ergänzte sie diese, bzw. lassen sich Transfers und Bezüge ausmachen? In welcher Beziehung stand die Repräsentation katholischer Geistlicher zum kulturellen und medialen Wandel des 19. Jahrhunderts, wie lässt sich der Zusammenhang zwischen Kulturkampf, bürgerlicher Gesellschaft und medialem Wandel beschreiben? Die Untersuchung dieser Aspekte soll neben den kulturellen Wurzeln auch die Medialität des Kulturkampfes herausarbeiten, denn Medien waren für den Konflikt ebenso wichtig wie Weltanschauungen oder das Verhältnis von Staat oder Kirche. Zunächst und vor allem wurden Kulturkämpfe medial ausgefochten.

1. ›Psychogramme‹ geistlicher Perversion: Romane

Das erste Leitmedium des modernen Antiklerikalismus war der Roman. Er war dem bürgerlichen Bildungsroman auf negative, inverse Art verbunden: Anstelle der Entwicklung zur ausgereiften Persönlichkeit schilderte er den seelisch-körperlichen Verfall klerikaler Individuen infolge kirchlicher Regeln und Institutionen. Dies galt vor allem für den Klosterroman. Wie Elisabeth Frenzel anhand eines breiten Textkorpus gezeigt hat, stand in diesem Genre meist das Keuschheitsgelübde im Zentrum. Seit der zweiten Hälfte des 18. Jahrhunderts demonstrierte es die vermeintlich widernatürlichen Folgen der Ordensgelübde am Beispiel der Mönche und Nonnen. Die »Verbreitung des Motivkomplexes« ging von Frankreich aus.[13] Seit seiner Einführung war das Zölibat immer wieder Gegenstand heftiger Kontroversen gewesen. Seit 1750 diente es zur Reflexion spezifischer Prozesse in der sich formierenden bürgerlichen Gesellschaft: des Aufstiegs der Kleinfamilie zur universellen Norm, der Aufwertung der Sexualität zum Kern subjektiver Identität, der Entstehung einer Wissenschaft von der Sexualität und einer staatlichen ›Biopolitik‹.[14]

Paradigmatisch für diesen Zusammenhang von Literatur, Gesellschaft und Wissenschaft ist Denis Diderots Klosterroman »La Religieuse« von 1760. Von Jesuiten erzogen, hatte sich Diderot der Theologie ab- und der Wissenschaft zugewandt und vertrat radikal antiklerikale Auffassungen. Seine Haltung zur Religion war vom englischen Deismus und Empirismus, von Bayles Skeptizismus und d'Holbachs materialistisch-atheistischen Positionen beeinflusst. Seit 1751 leitete er das lexikalische Großprojekt der »Encyclopédie«. Als Teil von Diderots Erforschung der menschlichen Natur stand der Roman »La Religieuse« in enger Verbindung mit dieser wissenschaftlichen Praxis. Wider das Postulat der Willens-

13 *Frenzel*, Keuschheitsgelübde, S. 427. Vgl. *ebd.*, S. 425 f.; *Proß*, Mönch, S. 35. Zum Bildungsroman: *Selbmann*, Bildungsroman.

14 Vgl. *Foucault*, Wille; *ders.*, Geschichte.

freiheit suchte er darin die Beeinflussung des Menschen durch äußere Faktoren zu demonstrieren, und zwar am Beispiel des Klosters.[15]

a) Erforschung der menschlichen Natur: Diderots »La Religieuse«

Der Briefroman »La Religieuse« beginnt mit einem Versagen der bürgerlichen Ehe und Familie: Die Heldin Suzanne Simonin, Ergebnis eines mütterlichen Fehltritts, wird von ihren wohlhabenden Eltern und einer Oberin, die ihr als eine »heilige«, »ehrwürdige« Frau erscheint, zum Noviziat überredet. Nach dem Tod der Eltern und der Oberin sieht sie sich deren sadistischer Nachfolgerin ausgesetzt. Als Suzanne deren Verhältnis mit einem jungen Geistlichen und die »Intimität einiger Favoritinnen« anprangert, wird sie gequält. Als sie einen Prozess zur Aufhebung ihrer Gelübde anstrengt, steigert sich die Grausamkeit zur Folter. Suzanne verliert den Prozess und wird in ein anderes Kloster versetzt, wo sie einer lesbischen Oberin untersteht, die sie zu verführen sucht. Als Suzanne die Oberin meidet, verfällt diese in »Schwermut«, »Frömmigkeit« und »Wahnsinn« und stirbt. Mithilfe des Beichtvaters gelingt Suzanne zwar die Flucht aus dem Kloster, bald jedoch sieht sie sich dessen Zudringlichkeiten ausgesetzt, landet zunächst in einem Bordell und arbeitet dann als Wäscherin. Ihr Bericht schließt mit einem Appell an den Marquis de Croismare, ihr eine Stelle als Kammerjungfer, Haushälterin oder Magd zu besorgen, auf dem Land, in der Provinz, »bei ehrbaren Leuten.« Sie stirbt an Verletzungen, die sie sich bei einem Sturz während der Flucht aus dem Kloster zugezogen hatte.[16]

Als Quelle der klösterlichen Perversion erscheinen in »La Religieuse« die Ordensgelübde. Sie lassen die »Keime der Leidenschaften« verdorren, verstoßen gegen »die natürlichen Triebe«, heben diese aber nicht auf, sondern lassen sie »in der Stille, in Zwang und Müßiggang« mit einer »unbekannten Gewalt« erwachen. Sie ›pervertieren‹ (verdrehen, verkehren, verstellen, verkrümmen, entarten) die menschliche Natur im buchstäblichen Sinne des Wortes. Ähnlich wie in Nicolais ›religionsphysiognomischen‹ Beschreibungen schreibt sich die Lebensfeindlichkeit des Klosters in die Gesichter der Insassen ein, die blass, hohlwangig und verhärmt wirken. Noch gravierender sind die seelischen Deformationen. Das Klosterleben stürzt die Ordensfrauen in Trauer und Melancholie, verwirrt ihren Seelenhaushalt und erzeugt destruktive Aggressionen. Den positiven Gegenentwurf bildet die bürgerliche Gesellschaft. Als Suzanne für die Aufhebung ihrer Gelübde prozessiert, treten »Menschen jeden Standes, jeden Ranges, jeden Geschlechts« für sie ein. Zivilgesellschaft und Rechtsstaat bieten dem Kloster die Stirn. Weltliche und klösterliche Ordnung werden durch binäre

15 Vgl. *Duhr*, Jesuiten-Fabeln, S. 409; *Fetscher*, Denken; *Monier*, Diderot/Foucault: *Sarasin*, Maschinen, S. 61.

16 *Diderot*, Nonne, S. 41, 39, 44. Zu Diderots Darstellung ›unnatürlicher‹ Sexualität vgl. *Mylne*, Suzanne; *Undank*, Acts.

Oppositionen wie Gesundheit und Krankheit, Freiheit und Zwang, Sklaverei und Despotismus, Arbeit und Müßiggang, Zeremonien und Zerstreuungen sowie Familie, Verwandtschaft, Geselligkeit und Freundschaft vs. Grausamkeit und Feindschaft dichotomisiert.[17]

»La Religieuse« gilt zwar als Modell für das Genre des Klosterromans, stand jedoch in der Aufklärung keineswegs allein. 1776 beispielsweise erschien mit Johann Martin Millers »Siegwart« das erste deutschsprachige Pendant, das anfangs sogar mehr Erfolg hatte. Der Roman des ehemaligen Kapuziner- und Piaristenschülers changierte zwischen dem positiven Klosterbild der Empfindsamkeit und Romantik und dem negativen der Aufklärung. Einerseits demonstrierte er »eine neue, empfindsam romantisierende Einstellung zum Klosterleben und zu Weltflucht und Askese«, andererseits stellte er das Kloster als tödliche Alternative zur Ehe dar. »Siegwart« entfachte eine ähnliche Euphorie wie Goethes »Werther«. Bis 1783 erschienen diverse Neuauflagen, Raubdrucke, Nachahmungen und Übersetzungen. Im deutschen Sprachraum bereitete Millers »Siegwart« der Rezeption ausländischer Klosterromane den Boden.[18]

Gleichzeitig wurde das geistliche Leiden am Zölibat aber auch in Liedern und Dramen, Erzählungen und Memoiren thematisiert. Im Nonnenlied konnten Ordensfrauen ihre Geliebten trotz unzähliger Gebete und Kasteiungen nicht vergessen. Prosatexte ließen den seelischen Konflikt meist mit der Flucht oder Entführung aus dem Kloster enden. Andere Klosterkarrieren mündeten in Wahnsinn und Selbstmord. Zur Beglaubigung dieser Geschichten erschienen Biographien ehemaliger Klosterinsassen, die die Grenze zwischen Fiktion und Realität weiter verwischten.[19]

Was faszinierte die Leser an der Sexualität katholischer Geistlicher? Wolfgang Frühwald hat die prominente Stellung des Klosters in der Literatur um 1800 mit dem Aufstieg der bürgerlichen Gesellschaft und der ›Polarisierung der Geschlechtscharaktere‹ (Karin Hausen) erklärt: Der Übergang von der großen Haushaltsfamilie zur bürgerlichen Kleinfamilie habe die Entfaltung neuer personaler und sexueller Beziehungen ermöglicht. Das Kloster sei als deren störende Antithese erschienen.[20] Allerdings galt die ›Befreiung‹ der Sexualität im Klosterroman allenfalls für die auf Fortpflanzung zielende Sexualität in der bürgerlichen Institution der Ehe. Homosexualität, Masturbation und andere Formen nicht-generativer Heterosexualität wie Inzest, Pädophilie und Sodomie

17 *Ebd.*, S. 105. Zur Etymologie von ›Perversion‹ vgl. *Beisel*, Anspruch, S. 88 Anm. 171. Zur Physiognomie der Romanfiguren vgl. *Goodden*, Diderot. Zum Sexualitätsdiskurs der Aufklärung vgl. *Eder*, Kultur, S. 129–150.

18 *Frenzel*, Keuschheitsgelübde, S. 427. Vgl. *Strauß*, Klosterroman; *Greiner*, Entstehung; *Frühwald*, Mönch, S. 109; *Faure*, Nachwort; *Horwath*, Kampf, S. 32.

19 Etliche Beispiele bei *Frenzel*, Keuschheitsgelübde.

20 Vgl. *Frühwald*, Mönch, S. 111 f. Zur These einer Polarisierung der Geschlechtscharaktere: *Hausen*, Polarisierung. Zur Kritik der These vgl. zuletzt *Eder*, Kultur, S. 129–150.

wurden dagegen als krankhaftes Resultat der Unterdrückung ›natürlicher‹ Neigungen dargestellt. Innerhalb der Grenzen des Sagbaren malte der Klosterroman zwar ein breites Spektrum verbotener sexueller Praktiken aus, warnte aber stets eindringlich vor den schrecklichen Folgen solcher Grenzüberschreitungen.[21]

Die literarische Arbeit am Keuschheitsgelübde ist daher eher als Teil der von Michel Foucault beobachteten »›Diskursivierung‹ des Sexes« zu verstehen, in deren Folge die Sexualität zum Kern neuzeitlicher Subjektivität aufstieg, um schließlich wissenschaftlich analysiert zu werden. Nach Foucault war die ›bürgerliche Gesellschaft‹ des 19. Jahrhunderts nicht prüde, sondern gehorchte der »blühendsten Perversion«: Anstatt das diskursive Objekt ›Sexualität‹ zu unterdrücken, brachte sie es ständig neu hervor. Dieser Prozess richtete sich anfangs ironischerweise keineswegs gegen die katholische Kirche, sondern ging, Foucault zufolge, sogar umgekehrt von asketisch-klösterlichen Strömungen des Mittelalters aus. Im 18. Jahrhundert sei dann »ein politischer, ökonomischer und technischer Anreiz« entstanden, vom Sex zu sprechen, der zur »Staatssache« wurde und zur Überwachung der Gesellschaft und ihrer Individuen führte. Die wissenschaftlichen Disziplinen der Pädagogik, Medizin und Demographie schufen Figuren wie »die hysterische Frau, das masturbierende Kind, das familienplanende Paar und de[n] perverse[n] Erwachsene[n]«, die Objekte vielfältiger Machttechniken wurden.[22] Vor allem die hysterische Frau und der perverse Erwachsene bevölkerten den Klosterroman, in Gestalt von Nonne und Mönch. Das familienplanende Ehepaar bildete die positive Kontrastfolie der ›fehlgeleiteten‹ geistlichen Sexualität. Auf diese Weise beteiligte sich der Klosterroman an der Normierung der heterosexuellen Matrix, die um die bürgerliche Kernfamilienzelle zentriert war. Stellvertretend für das Bürgertum vollzog er eine Diskursivierung und Klassifikation des klerikalen Sexes.

Ein für das Zeitalter der Kulturkämpfe folgenreicher Nebeneffekt der Diskursivierung des klerikalen Sexes war die Sexualisierung des Klerus. Im Klosterroman kämpfte die Natur der Geistlichen gegen das Zölibat. Gegenläufige literarische Strömungen, die sich aus der Faszination für das klösterliche Andere speisten, änderten hieran nichts. Im Zuge des *Catholic Turn* der Romantik wurde das Kloster zwar zwischenzeitlich aufgewertet. Wilhelm Heinrich Wackenroder pries es in den »Herzensergießungen eines kunstliebenden Klosterbruders« 1796 als Königsweg aus der Entfremdung. Die Klosterkultur erschien als Inbegriff der »Verschwisterung von Kunst und Religion« – positiv konnotiert, jedoch, wie der Katholizismus insgesamt, als faszinierende ›Nachtseite‹ der Vernunft. Letztlich schrieb die Romantik damit den Klosterdiskurs der Aufklärung fort. Sie benutzte

21 Vgl. etwa *Diderot*, Nonne, S. 129f., 146–9, 151, 156f., 159, 162, 175, 179, 183, 188, 201–4.
22 *Foucault*, Wille, S. 23, 34f., 63, 127.

das Kloster als Kulisse des Horrors und stilisierte es zur Keimzelle gefährlicher Begierden und Leidenschaften.[23]

b) Fiktion als Geschichte: Manzonis »I Promessi Sposi«

Die Wirkung des Klosterromans speiste sich auch aus seiner Vermischung von Fiktion und Geschichte.[24] Dies gilt zumal für Alessandros Manzonis Roman »I Promessi Sposi«. 1827 veröffentlicht, bildete die zweite Fassung von 1840 die Basis der modernen italienischen Sprache. Manzoni gehörte neben Gioberti und Rosmini zu den prominentesten liberalen Katholiken in Italien. Nach dem Vorbild Walter Scotts stilisierte er seinen historischen Roman zur bloßen Nacherzählung der »Tatsachen und Ereignisse« einer Mailänder Handschrift des 17. Jahrhunderts. In der Folge kam es zur Verselbständigung einer Romanfigur, welche die italienische Kunst, Politik und Wissenschaft fortan als ›reale‹ historische Person heimsuchte: Fürstin Gertrude, genannt die ›Nonne von Monza‹. Im Roman nimmt sie die Heldin Lucia zunächst auf, um sie dann zu verraten. Bereits Gertrudes Physiognomie weist ambivalente Züge auf: Zeichen von Melancholie und Verfall, von dunkler Leidenschaft und unterdrückten Trieben. Der Erzähler verweist auf das »Seltsame, das sowohl in ihrer Erscheinung wie in ihrem Benehmen« liege. In der Mailänder Ausgabe von 1840 wird dieser Eindruck durch Francesco Gonins Illustrationen verstärkt, die Details von Manzonis Porträt aufnehmen: die tiefschwarzen Augen, den unsteten Blick, das aus dem Schleier hervortretende Haar. Die Gesten und Kleider der Nonne verraten ein mondänes Wesen, das sich mit den Gelübden nicht verträgt. Sie empfindet das Kloster als Gefängnis. Um das »Geheimnisvolle« der »Unglücklichen« zu verstehen, enthüllt der Erzähler ihre Vorgeschichte: Ähnlich wie Diderots »La Religieuse« ist Gertrude allein auf Willen ihres Vaters, eines wohlhabenden Adligen, ins Kloster gegangen. Um den Erstgeborenen zu begünstigen, hat dieser sie zur Äbtissin ausbilden lassen. Den Nonnen kommt sie als »Unterpfand« adliger Protektion gelegen. Da die Statuten ihr Einverständnis erfordern, wird Gertrude mit ausgefeilten Techniken der Manipulation auf ihre künftige Rolle vorbereitet. Als ihr Mitschülerinnen indes »von Hochzeiten, Gastmählern, Unterhaltungen, Festlichkeiten, Sommerfrischen, prächtigen Kleidern und Karossen« vorschwärmen, bäumt sie sich noch einmal auf, folgt aber letztlich dem väterlichen Befehl. Danach

23 Vgl. *Frühwald*, Mönch, S. 112. Ein weiteres klassisches Beispiel ist E. T. A. Hoffmanns Roman »Die Elixiere des Teufels. Nachgelassene Papiere des Bruders Medardus« (1815/16). Vgl. dazu *ebd.*, S. 113; *Frenzel*, Keuschheitsgelübde, S. 428; *Proß*, Mönch, S. 38 f.

24 Dies galt bereits für Diderots »La Religieuse«, der 1796 erstmals als Buch veröffentlicht wurde. Während Herder und die Romantiker »das Moment bewußter Konstruktion« kritisierten, deuteten andere den Roman als »Denkmal dessen, was ehemals die Klöster gewesen«. *Fontius*, Nachwort, S. 260, 250. In dieser Linie versteht ihn noch *Busemann*, Jesuit, S. 13, als zeitlose Darstellung psychischer Zwänge und moralischer Verwerfungen des Klosterlebens.

ergreift die »kalte und tote Düsternis des Klosters« endgültig Besitz von Gertrude. »Unaufhörliches Klagen über ihre verlorene Freiheit« wird ihr zur »Hauptbeschäftigung«. Sie beneidet »jede Frau«, die sich »frei in der Welt erfreuen« kann und wird zu einer »Zuchtmeisterin« von »wilder, unbeherrschter Gemütsart«, voller »Groll«, »Rachsucht« und »Verachtung« für andere; ihr Gelächter macht »nicht fröhlich«, sie quält ihre Zöglinge. Als sie eines Tages der »berufsmäßige Übeltäter« Egidio anspricht, nimmt das Unheil seinen Lauf: »La sventurata rispose« (dt. Die Unglückselige antwortete). Während in der Urfassung an dieser Stelle auf über hundert Seiten die Geschichte der Beziehung von Gertrude und Egidio folgt, beschränkt sich Manzoni in den publizierten Fassungen auf Andeutungen: Eine Laienschwester droht das Verhältnis aufzudecken und verschwindet auf mysteriöse Weise. Zunächst vermutet man, sie sei ins protestantische Holland geflohen, der Erzähler gibt jedoch zu bedenken, dass vielleicht mehr zu erfahren gewesen wäre, wenn man »in der Nähe gegraben« hätte, denn Egidio hat die Schwester ermordet. Als man Gertrude befiehlt, auch Lucia zu verraten, weigert sie sich erst, um letztlich doch zu gehorchen. Quelle des Verbrechens ist erneut das Kloster: Es bricht den Willen des Individuums, vernichtet seine Persönlichkeit und treibt es in Melancholie, Sadismus, Verbrechen, Lüge und Heuchelei.[25]

Über Manzonis Verzicht, die *liaison dangereuse* zwischen der Nonne und dem Verbrecher ausführlich zu schildern, ist in der literaturwissenschaftlichen Forschung kontrovers diskutiert worden. Angeführt wurden erzählökonomische wie biographische Motive. Der Popularität der Figur schadete die Auslassung nicht: Obgleich die Nonne von Monza in den im 19. Jahrhundert veröffentlichten Fassungen nur eine Nebenfigur ist, wurde sie beim Publikum rasch zur heimlichen Romanheldin, »La sventurata rispose« zum geflügelten Wort der italienischen Sprache und zu einem der meistinterpretierten Sätze der italienischen Literaturwissenschaft. Denn nichts, schrieb Guido Bezzola, »könnte besser als diese drei Wörter zeigen, in welchen Abgrund die Unglückselige gestürzt war, und die suggerierten Dinge sind von bedeutend größerer Wirkkraft, als wenn er sie ausführlich beschrieben hätte.[26] Manzoni traute den Lesern offenbar zu, sich das Ende der Geschichte selber ausmalen zu können. Die von ihm selbst geschaffene Leerstelle rief indes auch literarische Trittbrettfahrer auf den Plan: Zur Befriedigung des allgemeinen ›Willens zum Wissen‹ (»desiderio del sapere«) über Gertrudes Beziehung zu Egidio publizierte Giovanni Rosini 1829 eine fast tausendseitige, an Reminiszenzen und antiklerikalen Invektiven reiche Liebesgeschichte mit dem Titel »La Monaca di Monza. Storia del Secolo XVII«, auf Basis eines Manu-

25 *Manzoni*, Brautleute, S. 10, 436, 191 f., 197–202, 205, 207, 231 ff., 426. Zu Manzoni vgl. *Pepe/Themelly*, L'anticlericalismo, S. LIII; *Viallet*, Anticléricalisme en Italie, S. 86 f. Zu Geschichte und Fiktion bei Manzoni: *Schlüter*, Historiographie, S. 119 ff.

26 Zitiert nach Burkhart Kroebers Anmerkungen in: *Manzoni*, Brautleute, S. 878 f.

skripts aus dem 17. Jahrhundert, das ihm »zufällig« in die Hände gefallen war.[27] Drei Jahre später ›enthüllte‹ der Historiker und Lyriker Cesare Cantù Gertrudes historisches Vorbild – eine Spur, die Manzonis Zitat der Mailänder Chronik von Giuseppe Ripamonti selbst gelegt hatte: Suor Virginia Maria alias Marianna de Leyva. 1835 veröffentlichte Pietro Custodi in der Mailänder Zeitung »L'Eco« Auszüge ihrer Prozessakten aus dem Archivio Borromeo. Das Rätsel der Nonne von Monza schien gelöst.[28] Allerdings hatte Manzonis »Psychogramm« nur ein Detail von Ripamontis »Pandämonium« von Mord, und Verführung herangezogen: die Bemerkung, dass Virginia de Leyva von den Eltern zum Eintritt ins Kloster gezwungen worden sei. Nachdem er die Prozessakten selber eingesehen hatte, enttäuschte er die Erwartungen kundiger Leser, als er in der zweiten Romanfassung bloß einen Ortsnamen korrigierte. Virginia war nur ein Vorbild für Gertrude. Zum einen kannte Manzoni das soziale Phänomen des erzwungenen Ordenseintritts (*monacazione forzata*) aus seinem eigenen Umfeld, zum anderen orientierte er sich an literarischen Modellen wie Diderots »La Religieuse« und Anne Radcliffe's *Gothic novel* »The Italian or the Confessional of the Black Penitents«.[29]

Obwohl die Nonne von Monza gleichzeitig literarisches Produkt, historiographische Fiktion und sozialpsychologischer Idealtypus war, wurde sie als Abbild einer seit dem 16. Jahrhundert unveränderten Klosterwelt gedeutet. Der ›Wille zum Wissen‹, auf den sich bereits der Epigone Rosini berufen hatte, führte dazu, dass Manzoni die Deutungshoheit über seine Figur verlor. Sie beschäftigte nicht nur Künstler, sondern auch Archivare, Historiker, Literaturwissenschaftler und Kriminalpsychologen, wurde zum Objekt wissenschaftlicher Studien und politisch-religiöser Auseinandersetzungen: Klosterfreunde und -feinde warfen Manzoni vor, nicht die ›wahre‹ Geschichte der Nonne erzählt zu haben. Als Tullio Dandolo 1855 eine Abschrift von Virginias Prozessakten publizierte, tadelte er Manzonis Versäumnis und lobte Rosinis Phantasie. Anderen Autoren diente Gertrude zur Bestätigung misogyner Weiblichkeitsbilder: Der Pariser Konservator Mazarin Philarète Chasles stilisierte sie auf Basis eines Porträts von Daniele Crespi zur von Natur aus unmoralischen mediterranen »maîtresse femme«. Giuseppe Molteni und Mosè Bianchi porträtierten die Nonne von Monza mehrfach, um ihr Wesen und ihren Seelenzustand zu erfassen. Während Ersterer sie 1855 als Melancholikerin malte, legte ihr Letzterer 1867 die Zornesfalten der Hysterikerin auf die Stirn. Kriminalanthropologen wie Scipio Sighele widmeten sich der Beziehung des kriminellen Paares Egidio und Gertrude oder zogen Manzonis Analyse, wie Giuseppe Sergi, zur Bestätigung eigener Forschungsergebnisse heran. Raffaele Maggi unterzog die Nonne von Monza noch 1960 einer Psychoanalyse

27 *Rosini*, Monaca, Bd. 1, S. 3, 6. Zu Rosini vgl. *Mazza Tonucci*, Virginia-Gertrude.
28 Zu Virginia vgl. *Mazza Tonucci*, Virginia-Gertrude; *Farinelli*, Monaca.
29 *Proß*, Mönch, S. 39f. Zu den literarischen Vorbildern vgl. *Jones*, Ladies, S. 103ff.

Abb. 10: »Spontaneità di certe Monacazioni«, in: La Maga 21.7.1853.

und kam zur Diagnose: »dämonische Obsession«, begleitet von Hysterie und Epilepsie. Die historische Person Virginia und die literarische Figur Gertrude waren miteinander verschmolzen.[30]

Auch Journalisten und Politiker beschäftigten sich mit ›unglücklichen‹ Nonnen. Bereits im piemontesischen Kulturkampf spielte der Topos des erzwungenen Klostereintritts eine prominente Rolle. 1853 zeigte das genuesische Satiremagazin »La Maga« unter dem ironischen Motto »Spontaneität gewisser Ordenseintritte« eine junge Frau, die von ihrer unbarmherzigen Familie – erkennbar am kalten, bösen Blick der Mutter und am feisten Lächeln der bevorzugten Brüder – unter Tränen gezwungen wird, den Schleier zu nehmen (*Abb. 10*).

In der Debatte über das Ordensverbot beriefen sich piemontesische Abgeordnete wiederholt auf Romanfiguren aus »I Promessi Sposi«, um für oder gegen das Gesetz zu argumentieren. Als sich der linksradikale Priester Giuseppe Robecchi im Plädoyer für die Aufhebung der Frauenklöster auf die »Verräterin von Monza« berief, blieb unklar, ob er die ›echte‹ Virginia oder die ›fiktive‹ Gertrude meinte. Es war für seine Argumentation auch nicht entscheidend, denn das

30 Vgl. *Mazza Tonucci*, Virginia-Gertrude, S. 884, 891, 874. Zur dramatischen Bearbeitung des Virginia-Stoffs vgl. *ebd.*, S. 882 f. Die Gemälde bei *Calabrese*, Iconologia, S. 302 f.

Schicksal beider Figuren erschien den Deputierten gleichermaßen abschreckend wie real, weshalb die Mehrheit in der Bekämpfung unfreiwilliger Ordenseintritte ein moralisches Gebot und eine dringende politische Aufgabe sah.[31] Die ›weiche‹ Fiktion hatte die ›harte‹ Welt der politischen Entscheidungen durchdrungen und die Imagination der Abgeordneten erobert. Denn auch sie lasen Romane.

c) Vom zum Psychogramm zum Stereotyp: Der Feuilletonroman

In der Aufklärung und der Romantik wurden Erzählmuster geschaffen, die sich variieren und rekombinieren, kaum jedoch ersetzen oder überwinden ließen. Als Beispiel seien die Kapitelüberschriften der »Enthüllungen aus dem Nonnenleben. Aus den Papieren der aufgehobenen bayerischen Klöster« von »Professor Burghard Assmus« aus dem Jahre 1902 genannt:

»Die Betten der Nonnen und die Bussübungen am entblößten Körper – Der verliebte Beichtvater und das Rutenpeitschen – Die Ränke des Paters Olympus und Magdalenas Qualen – Die missglückte Flucht und der Franziskanermönch – Die Schrecken des Kerkers – Schwester Magdalena und der Schornsteinfeger – Die Errettung.«

Der Verlag warb damit, dass der Inhalt nicht »auf freier Erfindung des Autors« beruhte, sondern »auf historischem und kulturgeschichtlichem Quellenmaterial, das in den Bücherschätzen der Königlichen Bibliothek in Berlin durch emsiges Studium aufgefunden« geworden sei.[32] Auch hier gab sich die Dichtung den Anschein historischer Authentizität. Mitunter wurden dabei Passagen älterer Werke einfach übernommen. So zählte Eugen Briffaults Roman »Die Geheimnisse Roms im 19. Jahrhundert« (dt. 1875) antimonastische Stereotype auf, die der Denkschrift des Anwalts in Diderots »La Religieuse« erstaunlich ähnelten. Er berief sich auf einen französischen Schriftsteller des 18. Jahrhunderts.[33]

Im Gegensatz zu ihren Vorbildern erreichten die Epigonen allerdings deutlich mehr Leser: aufgrund der höheren Alphabetisierung, neuer Drucktechniken, eines größeren Buchmarkts und der Reklame. Der erfolgreichste Mönchsroman deutscher Sprache war daher auch nicht Millers »Siegwart«, sondern Joseph Victor von Scheffels »Ekkehard« (1855), die Liebesgeschichte eines jungen Mönchs und einer schönen Herzogin, in der das Gefühl über das Keuschheitsgelübde obsiegt. Bis 1886 erlebte »Ekkehard« 90, bis 1918 sogar 284 Auflagen. Verweise auf eine mittelalterliche St. Gallener Klosterchronik aus dem 10. Jahrhundert und kulturhistorische Anmerkungen suggerierten die Echtheit des Stoffes. Das Vorwort plädierte für die »innige Freundschaft« und »gemeinsame Arbeit« von Geschichts-

31 APS Discussioni, 22.2.1855, 2941 (Ribecchi: Gertrude); 9.1.1855, S. 2593 (G. Cavour: Padre Cristoforo); S. 2601 (Brofferio: Padre Cristoforo); S. 2921 (Cadorna: Padre Cristoforo, Don Rodrigo, l'Innominato).

32 *Assmus*, Enthüllungen.

33 Vgl. *Diderot*, Nonne, S. 106; *Hirschmann*, Kulturkampf, S. 122. Zum Klosterroman des 19. Jahrhunderts vgl. *ebd.*, S. 119–130; *Horwath*, Kampf, S. 169–172.

schreibung und Poesie: Da die Vergangenheit nicht allein durch das Wiedergeben historischer Tatsachen zu vergegenwärtigen sei, müsse man ihr durch schöpferische »Phantasie« den »Atemzug einer lebendigen Seele« einhauchen. Diesem Prinzip folgten viele Klosterromanciers.[34]

Letztlich wirkte sich der mediale Wandel aber auch auf die Struktur der Romane aus. Seit dem Vormärz erschienen sie zumeist als Fortsetzungsromane in Zeitungen. Der Feuilletonroman war ebenfalls eine französische Erfindung, die im Zuge der Kommerzialisierung der Presse und der sozialen Ausweitung des Publikums entstand. Erneut fungierte ein französisches Produkt als Vorbild: 1842/3 landete Eugène Sue mit »Les Mystères de Paris« im Pariser »Journal des Débats« einen Sensationserfolg. Für sein zweites Werk erhielt er von der Zeitung »Le Constitutionnel« einen Vorschuss von 100.000 Francs. »Le juif errant«, eine antijesuitische Bearbeitung des Ahasver-Stoffes, steigerte die Auflage des Blatts binnen Jahresfrist von 3.600 auf 25.000 und wurde bis 1927 zehnmal ins Deutsche übersetzt.[35] Damit hatte Sue das Genre des Kolportage- oder Sensationsromans geprägt. In Italien wurden seine Werke zwischen 1852 und 1915 350 Mal übersetzt und fanden viele Nachahmer. Sehr erfolgreich waren »I Misteri di Napoli« (1870) von Francesco Mastriani, einem Vertreter des ›basso Romanticismo‹, der ein soziales Christentum propagierte und die klerikale Manipulation des Volkes anprangerte. Wie Gramsci bemerkt hat, stellten antiklerikale Romane in Italien neben den Biographien von Briganten eines der wenigen populären Romangenres nationaler Produktion dar. Auch der Mitbegründer des italienischen Verismus Giovanni Verga landete 1870 mit der Veröffentlichung des antiklerikalen Briefromans »Storia di una capinera« über eine unglückliche Nonne im »Corriere delle Dame« seinen ersten publizistischen Erfolg. Die römische Tageszeitung »La Capitale« publizierte dagegen in den 1870er Jahren vorwiegend antiklerikale Fortsetzungsromane französischer Autoren.[36]

In Deutschland verbreiteten vor allem die »Gartenlaube«-Romane antiklerikale, antikatholische Klischees. Die erfolgreichsten Werke entstammten weiblicher Feder. Neben Elisabeth Bürstenbinder[37] erreichte vor allem Eugenie Marlitt (eigentlich: Friederike John) ein Massenpublikum. Geboren 1825 in einer protestantischen Kaufmannsfamilie in Thüringen, arbeitete sie als freie Schriftstellerin. Der Roman »Goldelse« machte sie 1866 finanziell unabhängig. Nicht zuletzt

34 *Scheffel*, Ekkehard, S. 1. Vgl. *Keiter*, Brunnenvergiftung, S. 157, 170; *Hirschmann*, Kulturkampf, S. 130.

35 Vgl. *Sue*, Juif; *Gross*, Jesus, S. 58.

36 Vgl. *Gramsci*, Quaderni, Bd. 3, S. 2109; *Verucci*, Italia, S. 304 f. Allgemein zum *romanzo d'appendice* vgl. *Romano*, Mitologia; *Zaccaria*, Romanzo. Zum Modellcharakter von Sues »Mystères« vgl. *Ghidetti*, Aspetto; *Viallet*, Anticléricalisme en Italie, S. 509–515; *Reim*, Italia. Zu Vergas »Storia di una capinera« vgl. *Hardt*, Literatur, S. 597.

37 Zu Bürstenbinders antikatholischen und antipolnischen »Gartenlaube«-Romanen vgl. *Zang*, Gartenlaube, S. 118–123.

die Popularität von Marlitts Erzählungen und Romanen verhalf der »Gartenlaube« binnen eines Jahrzehnts zur Verdoppelung der Auflage. Die Zeitschrift revanchierte sich mit der Inszenierung eines Starkults um die Autorin. Marlitt war antiklerikal und demokratisch, jedoch nicht antireligiös orientiert. In einem 1872 von der »Gartenlaube« gedruckten Brief bekannte sie, dass sie sich schon als Kind in der Kirche »entsetzlich« gelangweilt habe. Ihre »ersten Eindrücke vom Gottesdienst« seien geeignet gewesen, »allen Aufschwung« zu »ersticken« und »gegen das Widerstand einzuflößen«, was ihr später gleichwohl »Halt« und »Stütze« gewesen sei. Religion und Kirche erschienen demnach einerseits als notwendige Basis weiblicher Moral, andererseits als Einschränkung der persönlichen Freiheit. Diese antiklerikal-religionskritische Haltung manifestierte sich auch in Marlitts Romanen: Das »Geheimnis der alten Mamsell« zielte 1868 gegen »strenggläubige« Pietisten. »Reichsgräfin Gisela« enthielt 1869 antiklösterliche Invektiven. In »Heideprinzeßchen« wurden 1871 mystisch-orthodoxe Lehren und antijüdische Einstellungen im Christentum kritisiert. »Im Schillingshof« erinnerte 1879 an »das dunkle Treiben der Mönche«.[38] Auf dem Höhepunkt des preußisch-deutschen Kulturkampfes erschien 1874 Marlitts »Die zweite Frau« in der »Gartenlaube«. Der Roman schildert das Schicksal der verarmten protestantischen Adligen Liane, die vom katholischen, freisinnigen Baron Mainau aus Rache an einer Jugendfreundin geheiratet wird. Lianes gefährlichste Gegenspieler sind der adlige katholische Schwiegervater in der Rolle des »aalglatten Höflings«, sowie der jesuitische Hofprediger, »der alles belauscht und überall seine Hand im Spiele hat«, Liane »glühend liebt und seine geistliche Stellung dazu benützt, seine Begierde zu stillen«. Als Letzterer sein Spiel verloren glaubt, sucht er Liane zu ertränken, sie wird jedoch gerettet und kehrt zu ihrem Mann zurück. Zeitgenössischen Schätzungen zufolge erreichte »Die Zweite Frau« ungefähr eine Million Leser. »Aus aller Welt kamen begeisterte Briefe an die Redaktion, man taufte die Kinder nach den Namen ihrer Romangestalten, der Roman wurde in viele Fremdsprachen übersetzt«; in einer portugiesischen Übersetzung wurde er sogar »in ultramontaner Tendenz umgemodelt«. Dieser Erfolg ist mit der stereotypen, auf Psychologisierung verzichtenden Figurenzeichnung erklärt worden. Wie Marlitts übrige antikatholisch-antiklerikale Werke rekurrierte der Roman auf Klischees, die auch nichtdeutsche Leser kannten.[39]

d) Fortleben des Psychogramms in der geistlichen Autobiographie

Am ehesten lebte die psychologische Tradition des Klosterromans in Autobiographien ehemaliger Geistlicher fort, welche die Widernatürlichkeit des Ordenslebens mit der Evidenz eigener Erfahrungen zu belegen suchten, dabei aber eben-

38 Vgl. *Zang*, Gartenlaube, S. 107–118; *Barsch*, Unterhaltungsliteratur.

39 *Zang*, Gartenlaube, S. 113f., 116f. Vgl. *Marlitt*, Frau; *Kißling*, Geschichte, Bd. 2, S. 294. Vgl. GL (1875) S. 68, 70; GL (1878) S. 354, 422; *Keiter*, Brunnenvergiftung, S. 118.

falls etablierte literarische Erzählmuster nutzten. Vielfach übersetzt wurde der skandalträchtige Titel des kanadischen Ex-Priesters Charles Chiniquy »The Priest, the Woman and the Confessional« von 1874. 1909 veröffentlichte der ehemalige Jesuit Paul Graf von Hoensbroech, ein zentraler Akteur der antiultramontanen Bewegung im Wilhelminischen Kaiserreich, seine persönliche Abrechnung mit der Societas Jesu.[40]

In Italien sorgten 1864 die Erinnerungen der ehemaligen Benediktinerin Enrichetta Caracciolo für Aufsehen. Sie entstammte einer altehrwürdigen neapolitanischen Adelsfamilie, musste nach dem Tod ihres Vaters in einen Benediktinerkonvent, unternahm bis zum Zusammenbruch der Bourbonenmonarchie diverse Fluchtversuche, legte das Ordenskleid schließlich ab und wurde von Garibaldi zur Erziehungsinspektorin Neapels berufen. Sie heiratete einen Nichtkatholiken, engagierte sich in der Frauenbewegung und veröffentlichte ihre Erinnerungen »I misteri del Chiostro napoletano«, von denen noch im selben Jahr drei Auflagen und nur ein Jahr später eine deutsche Übersetzung erschienen.[41] Obwohl bereits der Titel auf das von Sue geprägte Genre verwies, werden Caracciolos Memoiren bis heute als ›Abbild‹ klösterlicher Realität und als antiklerikal-feministisches Epos weiblicher Selbstbefreiung aus kirchlicher Bevormundung gedeutet.[42] Literaturwissenschaftler haben indes auf die Eingriffe des Verlegers und auf die Fiktionalisierung biographischer Details nach dem Vorbild literarischer Muster hingewiesen. Auch Caracciolos Autobiographie war demnach eng mit dem europäischen Genre des Klosterromans verwoben.[43]

2. ›Belege-Reservoirs‹: Theologische Polemiken

Auch wenn sich Verfasser antiklerikaler Romane auf historische Quellen beriefen und die Grenzen außerliterarischer und literarischer Realität zu verwischen suchten, konnten sie den fiktionalen Charakter ihrer Werke nie vollends leugnen. Im Gegensatz dazu suchten theologische Polemiken den irreligiösen Charakter der geistlichen Lebensführung zu belegen. Dabei ging es um die Definition ›wahren‹ Glaubens. Stein des Anstoßes war auch hier das Zölibat. In Deutschland war das Keuschheitsgelübde seit Luthers mythisierter Familiengründung ein steter Quell konfessioneller Polemik gewesen. Im 19. Jahrhundert knüpften kirchennahe Protestanten an diese reiche Tradition an, um dem katholischen Aufschwung entgegenzuwirken. So wollte der liberale Jenaer Theologe Hase mit seinem »Hand-

40 Vgl. *Chiniquy*, Priest; *Hoensbroech*, Jesuit. Zu Hoensbroech vgl. *Schloßmacher*, Antiultramontanismus.

41 Vgl. *Caracciolo*, Misteri; *dies.*, Geheimnisse.

42 Vgl. etwa *Cutrufelli*, Mura.

43 Vgl. *Briganti*, Caracciolo; *Viallet*, Anticléricalisme en Italie, S. 513f. Zur Genese siehe *Barbera*, Memorie, S. 279–282.

buch der protestantischen Polemik gegen die römisch-katholische Kirche« 1862 den »Übermuth« der katholischen Literatur dämpfen und das Ringen der katholischen Kirche um »Alleinherrschaft« unterbinden. Er bezeichnete sein Kompendium als »Beitrag zum kirchlichen Frieden«, denn in der »offnen Polemik, im ehrlichen angesagten Kriege« liege eine irenische Dimension: die Verständigung darüber, »wie weit man sich anerkennen und einander aufrichtig nähern dürfe«. Allerdings schilderte Hase die »katholische Lehre und Sitte« einseitig. Unter Rekurs auf die »Einführung« der Gebrüder Theiner, Möhlers »Symbolik«, die Schriften der Jesuiten Roberto Bellarmino und Giovanni Perrone, des katholischen Dogmatikers Heinrich Klee sowie Ignaz von Döllingers »Kirche und Kirchen, Papstthum und Kirchenstaat« von 1861, stellte er das Zölibat als Quelle »der Unnatur und des Verbrechens« dar, als »Gelübde gegen die Natur«, das katholische Geistliche in Knechte ihrer »natürlichen Bedürfnisse« verwandle. Da sich die Unterdrückung des Sexualtriebs als mächtigstem »Naturtrieb« stets räche, solle man katholischen Klerikern einen Keuschheitsgürtel anlegen. Im Gegensatz zum Zölibat pries Hase die Liebe und die Ehe als »Erhebung des bloßen Naturtriebes zur sittlichen Gemeinschaft«, als »gottgesegnete Ergänzung des einzelnen Menschen, der sich niemand« entziehen solle. Hases Handbuch wurde bis 1900 sieben Mal aufgelegt und 1906 sogar in die englische Sprache übersetzt, die an antikatholischen Werken nicht gerade arm war. Es provozierte eine Vielzahl katholischer Gegenschriften und schlug dem »konfessionellen Frieden«, wie Kißling klagte, »schwere Wunden«. Seine soziale Reichweite blieb indes begrenzt. Lateinischsprachige Fußnoten und der gelehrte Ton engten den Leserkreis ein. Hase hatte, wie er einräumte, »kein Volksbuch« verfasst. Allerdings stand sein Handbuch bald »in der Bibliothek fast eines jeden evangelischen Pfarrers«.[44]

Kirchenferne Protestanten diskutierten das Zölibat als biopolitisches Problem. Der Pfarrersenkel Leopold von Ranke beschrieb es als »Einrichtung der Hierarchie«, die »wegen der natürlichen Neigung der Deutschen zu einem traulichen Familienleben« im deutschen Klerus von Anfang an auf Widerspruch gestoßen sei und deren Folgen die »Moral der Nation« tief verletzt hätten. Unter Berufung auf Justus Möser behauptete er, dass der Verfall der Klöster ein immenses Bevölkerungswachstum ausgelöst habe, so dass »bis 15 Millionen Menschen in allen Ländern und Erdteilen Luther und seinem Beispiel das Dasein« verdankten. Auch Gustav Freytags »Bilder aus der deutschen Vergangenheit«, die »nationalliberale Standarderzählung für den Hausgebrauch« (Oliver Janz), feierte Luthers Abschaffung des Zölibats 1859 als »Fortschritt«, der »protestantischen Landschaften« ein Übergewicht gesichert habe.[45] Noch 1910 sah der Theologe Ernst Troeltsch die »Bedeutung des Protestantismus für die Entstehung der

44 *Hase*, Handbuch, S. 111f., 115f., XIV; *Kißling*, Geschichte, 1, S. 300; *Heyer*, Jesuitengespenst, S. 278.
45 Zitiert nach *Janz*, Pfarrhaus, S. 222ff.

modernen Welt« nicht zuletzt darin, dass dieser »die mönchische und klerikale Betrachtung des Geschlechtslebens aufgehoben« und »die dem entstehenden modernen Staat so wichtige Population gesteigert« habe.[46]

Zölibatskritik blieb nicht auf protestantische Kreise beschränkt. Sie kam auch von aufgeklärt-liberalen Katholiken.[47] Als Steinbruch diente Zölibatsgegnern aller Konfessionen seit 1828 »Die Einführung der erzwungenen Ehelosigkeit bei den christlichen Geistlichen und ihre Folgen«, ein dreibändiges, über 1600 Seiten starkes Werk, welches das Keuschheitsgelübde als »offenbare Verhöhnung des gesunden Menschenverstandes, gewaltsame Unterdrückung natürlicher Regungen, empörende Ausschweifung thierischer Lust und grausames Verfahren gegen Andersdenkende mit ebenso wahren wie abschreckenden Zeugnissen« darstellte, wie die Verlagsanzeige warb. Es war die bis dahin größte Materialsammlung gegen das Zölibat, eine »riesige Kompilation« (Paul Picard), die ihr Argument mit seitenlangen übersetzten Zitaten patristischer Schriften, kanonischer Sammlungen, kirchenhistorischer Werke sowie mit Sittenschilderungen, Eingaben, Beschwerden und Spottgedichten über den Klerus belegte. Klerikale Katholiken verunglimpften die »Einführung« als »aus der schmutzigsten Pfütze geschöpfte Skandalchronik«, als »Kloake, worin alle Widerlichkeiten und Saloperien« der geistlichen Würdenträger zusammengeflossen seien.[48] Bei den Verfassern handelte es sich weder um Antikatholiken noch um Atheisten, sondern um den Breslauer Priester, Kirchenrechtler und Pastoraltheologen Johann Anton Theiner und seinen Bruder Augustin: Ersterer hatte bereits 1826 in einer anonymen Schrift Missstände in Schlesiens katholischer Kirche angeprangert und neben der Abschaffung des Zölibats das Ende von Wallfahrt, Heiligenverehrung und lateinischsprachiger Messe gefordert. Nachdem man ihn als Verfasser der »Einführung« identifiziert hatte, verlor er seinen Lehrstuhl und wurde Pfarrer. Um Ronges deutschkatholische Bewegung zu unterstützen, veröffentlichte er 1845 eine zweite Auflage, gab seine Predigerstelle indes bald wieder auf, weil er sich mit Ronge entzweit hatte. In den innerkatholischen Kulturkämpfen der Jahrhundertwende galt er als »Vorläufer« des Modernismus. Sein Bruder Augustin näherte sich der Kirche dagegen wieder an.[49] Auch in Italien war der Vormärz durch Kontroversen um religiöse Fragen gekennzeichnet, die in theologischen Schriften und Gegenschriften ausgetragen wurden, wie am Beispiel von Giobertis antijesuitischer Kampagne noch zu zeigen sein wird.[50]

46 Zitiert nach *Gross*, Jesus, S. 104. Zur Darstellung Luthers als Ehemann und Familienvater in historischen Gemälden des 19. Jahrhunderts vgl. *ebd.*, S. 100–104; *Zang*, Gartenlaube, S. 64.

47 Zur Zölibatskritik katholischer Aufklärer vgl. *Picard*, Zölibatsdiskussion; *Denzler*, Geschichte, S. 122–145. Zur Anti-Zölibatskampagne reformkatholischer Kräfte in Baden von 1828: *Franzen*, Zölibatsfrage; *Herzog*, Intimacy, S. 24–35.

48 *Brück*, Geschichte, S. 542. Vgl. *Theiner*, Einführung. Zu dieser Schrift siehe *Picard*, Zölibatsdiskussion, S. 336f. Apologetisch: *Nippold*, Handbuch, Bd. 2, S. 599, 620f.

49 Vgl. *Theiner*, Kirche; *Schwedt*, Urteil, S. 17 Anm. 57.

50 Siehe Kapitel B.II.1.

3. ›Naturgeschichten‹: Populärwissenschaftliche Schriften

Im Zuge der Entkirchlichung bürgerlicher Männer verloren theologische Polemiken in der zweiten Hälfte des 19. Jahrhunderts an Bedeutung. Angeregt durch bürgerliche Massenmedien wie die »Gartenlaube« oder ›vulgärmaterialistische‹ Bestseller wie Ludwig Büchners »Kraft und Stoff« interessierten sich männliche, bürgerliche Leser zunehmend für technische und wissenschaftliche Innovationen. Naturwissenschaftliches Wissen erlebte eine ungekannte Verbreitung und Popularisierung.[51] Dieser Trend manifestierte sich auch in »populärwissenschaftlichen« Schriften gegen katholische Geistliche, von denen ein katholischer Historiker »aus Gründen der Schicklichkeit« nur die Titel nennen wollte, während sich ein anderer katholischer Publizist damit brüstete, »diese Dinge« ohne Scheu wiederzugeben, weil sein Buch nicht für Frauen und Kinder geschrieben sei. Aufgrund ihrer sexuellen Inhalte wurde die so umschriebene Literatur auch von nichtkatholischen Historikern lange ausgeblendet.[52]

Im Unterschied zur Pornographie und zur Kolportage verzichteten populärwissenschaftliche Schriften weitgehend auf sensationelle Enthüllungen und explizite Darstellungen sexueller Handlungen. Stattdessen belegten, klassifizierten und analysierten sie den klerikalen Sex auf minutiöse Weise. Die Essentialisierung des Klerus und der postulierte Konflikt zwischen Zölibat und Natur klang oft schon im Titel (›getreu der Natur‹, ›Naturgeschichte‹) an. In vielen dieser Schriften, die wegen drohender staatlich-kirchlicher Repression meist anonym oder pseudonym erschienen, wurde die Aufhebung der Klöster und die Abschaffung des Zölibats unter Berufung auf die Naturrechte gefordert. Sie standen mithin in Tradition zur ›Naturgeschichte‹ der Aufklärung, argumentierten meist religionskritisch oder antireligiös, richteten sich an ein breites Publikum und trugen so zur Klassen übergreifenden Delegitimation von Klerus und Religion bei.[53]

a) »Befriedigung des Geschlechtstriebes«: Corvins »Pfaffenspiegel«

Ein Bestseller des Genres waren die »Historischen Denkmale des christlichen Fanatismus«, die Otto von Corvin 1845 zur Unterstützung der Deutschkatholiken geschrieben und veröffentlicht hatte. Aufgrund des reißenden Absatzes lieferte er 1846 den Fortsetzungsband »Die Geißler«, 1847 dann eine Volksausgabe

51 Vgl. *Büchner*, Kraft. Zur ›Wissenschaftspopularisierung‹ vgl. *Daum*, Wissenschaftspopularisierung; *Schwarz*, Schlüssel; *Sarasin*, Maschinen, S. 124–136.

52 Vgl. jedoch *Blackbourn*, Marienerscheinungen, S. 457, 465f.; *Gross*, Case; *ders.*, War, S. 160–164; *Borutta*, Andere; *ders.*, Gefühle.

53 *Kißling*, Geschichte, Bd. 2, S. 285f.; *Keiter*, Brunnenvergiftung, S. 6. Zur ›Naturgeschichte‹ der Aufklärung vgl. *Geulen*, Geschichte, S. 50: »Naturgeschichte wurde als die das Naturrecht begründende und herleitende Wissenschaft verstanden und war umgekehrt in ihrer Annahme von Gesetzen und Regelmechanismen der wissenschaftliche Spiegel des zeitgenössischen Denkens.«

und 1868 eine erweiterte Edition des ersten Bandes unter dem heute geläufigen Titel »Pfaffenspiegel«. Bis 1891 erlebte das Werk sieben, bis 1935 sogar 45 Auflagen mit etwa 1¼ Millionen bzw. 330.000 (Band 1 bzw. 2) verkauften Exemplaren. Der volkstümliche Erzählton in der Tradition der Volksaufklärung zielte auf ein breites Publikum. Neben klerikaler Doppelmoral wollte Corvin auch die »unreinen Quellen der Glaubenssätze« enthüllen und das Christentum als Aberglauben entlarven. Er berief sich auf »Erfahrung«, »Vernunft«, »Tatsachen« und »Wissenschaft« als »Todfeind des unvernünftigen Glaubens«, argumentierte also antichristlich. Seine Attacken richteten sich allerdings, wie der Begriff »Pfaffe«, fast ausschließlich gegen katholische Geistliche.[54] Wie Theiners »Einführung« war der »Pfaffenspiegel« ein »Belege-Reservoir« (Ludwig Fränkel), ohne Anspruch auf literarische Qualität oder Originalität. Allerdings versprach Corvin seinen Lesern »äußerste Vorsicht in Angabe von Tatsachen« und den Bericht allein solcher Fälle, die »historisch so klar bewiesen sind, daß eine Widerlegung unmöglich« sei. Er ermunterte sie, die einzelnen Fälle selbst nachzulesen. Ein Anmerkungsapparat scheiterte Corvins Angaben zufolge am Verleger, einige Quellen wurden aber dennoch genannt, meist literarische Werke, die Corvins wissenschaftlichen Anspruch konterkarierten.[55]

In Kontinuität zur Aufklärung stellte Corvin das Christentum als ›Priestertrug‹ dar: Schon Jesus habe die Erlösungssehnsucht der »geknechteten Völker des Orients« durch »Taschenspielerkünste« befriedigt. Diese Urszene der Täuschung habe sich im Christentum stetig fortgesetzt und gesteigert, etwa im »Ablaßschwindel« und »Reliquienhandel«. Vor allem das Papsttum sei auf »gröbsten Betrug gegründet«. Durch das Aneinanderreihen zahlloser ›Fälle‹ wollte Corvin beweisen, dass der hohe Klerus das Keuschheitsgelübde stets ignoriert habe, um auf monströse Weise der Bigotterie zu frönen. Seine Geschichte des Papsttums war eine einzige Skandalchronik. Weder die römischen Kaiser und die »asiatischen Despoten« noch die »Schreckenskammer der Madame Toussaut[!]« hätten in ihren Reihen solche »moralischen Ungeheuer« wie die Nachfolger Petri.[56]

Das andere Extrem klerikaler Alterität bildeten Geistliche, die sich an die Gelübde hielten, asketisch und zölibatär lebten – und gerade hierüber den Verstand verloren. Die Entstehung der Askese etwa sei auf den angeborenen oder an-

54 *Corvin*, Pfaffenspiegel, S. 22. Der Sohn einer adlig-polnisch-protestantischen Familie im ostpreußischen Gumbinnen wurde preußischer Leutnant, schied 1835 aus dem Militärdienst aus und arbeitete danach als freier Autor. Vgl. *Corvin*, Erinnerungen, Bd. 2, S. 220 f.; *Fränkel*, Corvin; Gross, *Jesus*, S. 57; *Groschopp*, Dissidenten, S. 112, 206, 356. Der Begriff »Pfaffe« hatte im deutschen Sprachraum zunächst alle Geistlichen bezeichnet und war dann in der Reformation auf katholische Kleriker verengt worden. Vgl. *Grimm/Grimm*, Wörterbuch, Bd. 13, Sp. 1584 ff.

55 Zitiert werden etwa *Weber*, Möncherey; *Ammann*, Augen; *Ciocci*, Ungerechtigkeiten. Vgl. *Corvin*, Pfaffenspiegel, S. 78, 93, 113, 256, 265 f., 275, 296.

56 *Corvin*, Pfaffenspiegel, S. 29, 34, 103, 88, 113, 119. Zum Reliquienbetrug zählte Corvin selbstverständlich auch die Ausstellung des Trierer Rocks 1844. Vgl. *ebd.*, S. 10, 103–112.

erzogenen Wahnsinn Einzelner zurückzuführen, der in einem endlosen Kreislauf immer neuen Wahnsinn erzeugt habe. Die frühen Christen hätten sich im permanenten Krieg gegen den eigenen Körper befunden. Heilige seien durch »Religion wahnsinnig gemachte Menschen«, die man heute in »Narrenhäuser« sperren würde. Einige seien bereits im Mutterleib »am Gehirn – verschnitten und von Natur ein Narr« gewesen, andere seien es durch Bibellektüre geworden. Als besonders anfällig erschien Corvin das weibliche Geschlecht, weil es »weit mehr zur Schwärmerei« neige und »leichter überschnapp[e]«. Die meisten »heiligen Mädchen« seien »Somnambulen« gewesen. Karl Julius Weber habe die Heiligen daher »derb, aber richtig« charakterisiert: »›Bei weiblichen Mystikern sitzt der Jammer gewöhnlich auf dem Fleckchen, das man nicht gerne nennt, und bei den männlichen hat den Fleck Hudribas getroffen.‹« Mönche waren demnach Kastraten oder Impotente, Nonnen hingegen Frigide.[57]

Corvins Zölibatskritik verband wissenschaftliche Erklärungsmuster mit antiklerikalen Verschwörungstheorien. So behauptet er, dass die Kirche die Geistlichen mithilfe des Zölibats von Familie und Vaterland isolieren und in Untertanen habe verwandeln wollen. Das keusche Klosterleben verletze jedoch die »ewigen Naturgesetze«. Denn die »Befriedigung des Geschlechtstriebes« sei eine »Naturpflicht«, deren gewaltsame Unterdrückung die Menschen zu »Narren« mache. Da die Natur einen »geweihten Pfaffenleib« ebenso wenig respektiere wie den »irgendeines anderen tierischen Organismus«, ende der Kampf »bei gewissenhaften Geistlichen« mit »Selbstmord oder Wahnsinn oder mit unnatürlicher Befriedigung des Geschlechtstriebes oder mit freiwilliger Verstümmelung«. Der »schlechtere Theil der Geistlichen« kehre den unterdrückten Sexualtrieb auf aggressive Weise nach außen. Die Sittenlosigkeit der Klöster übertreffe daher die »kühnste Phantasie«. Um ihre Folgen zu verbergen, sei es massenhaft zu Abtreibung, Mord und Kindsmord gekommen.[58]

Die Nähe des »Pfaffenspiegels« zur Naturwissenschaft zeigte sich auch in der differenzierten Klassifizierung sexueller Praktiken. Noch gefährlicher als das heterosexuelle Begehren des Klerus waren für Corvin »Knabenschändungen und Sodomiterei mit Tieren«, »Unzucht mit Jünglingen und Knaben«, »der Pfaffen und Mönche untereinander, mit ihren Beichtkindern.« Diese Handlungen schädigten die »Moralität des Volkes« nachhaltiger als die Doppelmoral priesterlicher Konkubinate, »das allerunschuldigste Ergebnis des Zölibatsgesetzes«. Ein Treibhaus der Perversion sei das Kloster: Hier zeigten sich die Folgen des Zölibats auf »noch widerlichere Weise« als bei Weltgeistlichen, die durch ihren menschlichen Verkehr meist Gelegenheit fänden, den »mächtigen Geschlechtstrieb auf natürliche Weise zu befriedigen.« Gegenüber Diderots psychosozialen Analysen geistlicher Perversion bevorzugte Corvin eine Ökonomie sexueller Triebe, die mit

57 *Ebd.*, S. 53 f., 73, 78.
58 *Ebd.*, S. 63, 201 ff., 278.

hydraulischen Begriffen wie Abfuhr und Umlenkung operierte. Um die Allgemeinheit vor der kriminellen Energie geistlicher Triebtäter zu schützen, schlug er die präventive Kastration der Novizen vor: »Dann würden sie Ruhe haben und nicht durch fleischliche Anfechtungen in ihren frommen Betrachtungen gestört werden und das Familienleben durch ihre Unsittlichkeit verpesten.«[59]

Die Sexualisierung des Klerus ging mit einer Pathologisierung der Religion einher. Corvin stellte das Christentum als geistige Epidemie dar, die sich vom Orient ausgebreitet habe, um sich in den Klöstern zu institutionalisieren und Europa in ein »trübseliges Narrenhaus« zu verwandeln. Die Askese habe »Millionen von Schlachtopfern« zur »Tollheit« getrieben. Mit »Mystizismus vereinigte Dummheit und daraus entstehende Schwärmerei« hätten sich »wie Pest und Cholera« verbreitet.[60]

Einerseits schrieb Corvin damit die Orientalisierung des Katholizismus fort. Bereits 1780 hatte der ehemalige Benediktiner-Novize und radikal antiklerikale katholische Aufklärer Johann Pezzl in seinen »Briefen aus dem Noviziat« gegen das Mönchtum dessen orientalische Herkunft betont: Es wäre besser gewesen, schrieb er, wenn Ägypten anstelle der Mönche Krokodile geschickt hätte, derer man sich leichter hätte erwehren können. In der Linie dieses Arguments deutete Ludwig Storch das Begardentum 1863 in der »Gartenlaube« als Antwort des »deutschen Geistes« auf das »Eindringen des Orientalismus in die germanische Bevölkerung des Abendlandes in Gestalt des Klosterwesens«.[61]

Anderseits bezog sich Corvin auf epidemiologische Theorien: Es sei ein von der Wissenschaft ungelöstes »Problem, wodurch Epidemien entstehen, wie Pest, Cholera und dergleichen gräßliche Übel«. Noch unerklärlicher seien »Epidemien des Geistes«.[62] Zwei Jahre nach dem Erscheinen des »Pfaffenspiegels« stellte Rudolf Virchow in den »Mitteilungen über den Hungertyphus in Oberschlesien« einen kausalen Nexus zwischen klerikaler Macht, religiösem Aberglauben, rassischer Minderwertigkeit, fehlender Bildung und der Genese lebensbedrohlicher ansteckender Krankheiten her. Beim Erscheinen der zweiten Auflage des »Pfaffenspiegels« waren aufmerksame Leser der »Gartenlaube« mit solchen Deutungsmustern vertraut. 1863 hatte die Zeitschrift Hermann Reimers Vortrag über »Geistesepidemien« gedruckt, der neben Kreuzzügen auch »Convulsionen der Jansenisten« und die »Predigt-Krankheit in den Lappmarken« behandelte. 1868 berichtete sie über einen »Besuch im Kloster«, in dem der deutsch-schweizerische Naturforscher Carl Vogt Forschungsergebnisse über »Affenmenschen oder Mikrocephalen (Kleinköpfe)« auf zwei Mitglieder eines Klosters anwandte und illustrierte. Anders als Corvin stellte er zwar keinen expliziten Zusammenhang

59 *Ebd.*, S. 222, 229, 240, 277.

60 *Ebd.*, S. 52, 59.

61 GL 1863, S. 414. Zu Pezzl vgl. *Horwath*, Kampf, S. 35.

62 *Corvin*, Pfaffenspiegel, S. 52.

zwischen dem Kloster und der Krankheit seiner Insassen her. Doch das Bild ›irrer Klosterbrüder‹ war im Umlauf und wurde von antiklerikalen Karikaturisten bald dankbar aufgegriffen.[63]

Die Konstruktion eines Zusammenhangs zwischen perverser Sexualität und religiösem Wahn war Ausdruck einer allgemeinen Pathologisierung religiöser Phänomene, die in der europäischen Aufklärung begonnen und sich im 19. Jahrhundert durch die Konkurrenz von Religion und Wissenschaft verschärft hatte. So stellte der Chefredakteur des Freidenkerorgans »Libero Pensiero« Luigi Stefanoni christliche Ekstatiker in seiner »kritischen Geschichte des Aberglaubens«, die es 1869 auf den *Index librorum prohibitorum* schaffte, als Opfer eines erotischen Wahns dar, der aus zu viel Askese entstanden sei. Positivisten wie Cesare Lombroso, Enrico Morselli, Paolo Mantegazza und Giuseppe Sergi versahen den Konnex Religion – Sexualität – Wahnsinn nach 1870 mit akademischen Weihen. Er erwies sich vor allem für fromme Frauen ländlicher Unterschichten als verhängnisvoll, denn Ekstatikerinnen, Stigmatisierte und Visionärinnen konnten fortan zu Hysterikerinnen erklärt, isoliert und untersucht werden.[64]

4. Skandalchroniken: Periodika

a) Kulturkämpfe, medialer Wandel und ›Medialisierung‹ nach 1850

Bereits die säkular-katholischen Konflikte des Vormärz hatten im Zeichen medialer Veränderungen gestanden. Nach 1850 verstärkte sich die Wechselwirkung zwischen Medien und Kulturkämpfen. Technische Innovationen ermöglichten eine raschere Berichterstattung. Binnen weniger Tage und Stunden war es nun möglich, von klerikalen Verfehlungen in fernen Orten zu erfahren. Mit der Erfindung der Telegraphie und der Rollrotationsmaschine erfolgten antiklerikale Angriffe in steigender Auflage, schnellerem Takt, größerer medialer Vielfalt und mit weiterem räumlich-sozialen Radius.[65] Sie erreichten so eine in Europa seit der Reformation ungekannte Wucht.

Die Kulturkämpfe trieben den medialen Wandel indes auch selbst voran. Entlang der Fronten des Konflikts formierten sich überregionale Mediennetzwerke, die sich aufmerksam beobachteten und aufeinander bezogen: verfeindete europäische Öffentlichkeiten. Katholische Zeitungen wurden eigens für den Konflikt gegründet. Die 1850 gegründete »Civiltà Cattolica«, die bereits nach sechs Monaten eine Auflage von 12.000 erreichte, etablierte sich rasch als Sprachrohr der Kurie. Nach 1870 versorgte die »Correspondance de Genève« die internationale

63 Vgl. GL 1863, S. 350ff., 378ff., 472f. GL 1868, S. 203–7. Zu Vogts Artikel vgl. *Gross*, War, S. 154–7.

64 Vgl. *Stefanoni*, Storia; Il Libero Pensatore 25.12.1869, S. 672; *Gallini*, Sonnambula, S. 369. Zur wissenschaftlichen Pathologisierung religiöser Phänomene vgl. Kapitel C.III.4.c.

65 Zur Bedeutung dieser technischen Innovationen siehe zuletzt *Faulstich*, Medienwandel.

katholische Presse mit Nachrichten. Solche Zentralorgane fanden zwar auf antiklerikaler Seite kein Pendant, doch auch hier gab es konzertierte Aktionen: So gründeten liberale Bürger nach dem Erfolg der katholischen Zentrumspartei bei der Reichstagswahl 1874 den »Deutschen Verein für die Rheinprovinz« zur »Einwirkung« auf die Presse im Kampf gegen den ›reichsfeindlichen‹ Ultramontanismus. In sechs Monaten wurden 300.000 Exemplare 13 verschiedener Flugschriften und Broschüren verteilt. Ein »Correspondenzblatt« informierte wöchentlich 106 rheinische Zeitungsredaktionen über ›klerikale Umtriebe‹.[66] Nach 1848 gewann das liberal-demokratische Zeitungswesen in Europa insgesamt Verbreitung und Vielfalt. Bürgerliche Massenmedien wie die Familienzeitschrift »Gartenlaube« oder das Satiremagazin »Kladderadatsch« erzielten besonders hohe Auflagen.[67]

Die wachsende Relevanz antiklerikaler Periodika lässt sich indes nicht allein mit dem medialen Wandel und den steigenden Auflagen erklären. »National-Zeitung«, »Süddeutsche Zeitung« oder »Vossische Zeitung« etwa erreichten weniger Leser als die genannten Massenblätter, sie informierten diese jedoch täglich.[68] Die neue, tägliche Regelmäßigkeit der Zeitungslektüre war folgenreich. Hegel hat Letztere einmal das Morgengebet der bürgerlichen Gesellschaft genannt. Im Zuge der ›Medialisierung‹, der »Beeinflussung von immer mehr Lebensbereichen durch die Medien« infolge der »täglichen, umfassenden Einbindung des Menschen durch unterschiedliche Medien«, verstetigte und veralltäglichte sich der Konsum antiklerikaler Nachrichten – zunächst im Bürgertum, dann auch darüber hinaus.[69]

Der Prozess der Medialisierung veränderte nicht nur die Produktion und Diffusion, sondern auch die Rezeption antiklerikaler Medien. Spezielle Rubriken und beiläufige Meldungen informierten die Leser zu Hause, im Café oder Club über geistliche Verfehlungen in aller Welt. Um die Macht solcher täglichen ›Informationen‹ zu illustrieren, zeigte der »Kladderadatsch« 1872, »[w]eshalb die Geistlichkeit am Rhein und in Schlesien den Bauern« das Lesen liberaler Zeitungen verbot: weil deren Spalten voll waren mit Berichten über »Verbrechen der Geistlichkeit gegen die Sittlichkeit«.[70] Auf solche Skandalchroniken berief sich Virchow 1873, als er das verfassungswidrige staatliche ›Kulturexamen‹ mit dem Argument verteidigte, dass es in Priesterseminaren ständig zu unsittlichen Handlungen komme:

66 *Schloßmacher*, Düsseldorf, S. 87. Zu katholischen Medien vgl. *Clark*, Catholicism, S. 23–35. Zu antiklerikalen Medienlandschaft: *Kaiser*, Clericalism, S. 64–74.

67 Die Auflage der »Gartenlaube« stieg von 5.000 (1853) auf 382.000 (1875), die des »Kladderadatsch« von 2.000 (1848) auf 50.000 (1875). Vgl. *Stöber*, Pressegeschichte, S. 267, 277.

68 Vgl. *Wilke*, Grundzüge, S. 216–251, 296–302. Zu Italien: *Castronovo*, Storia. Zu Auflagen liberaler Tageszeitungen vgl. *Koszyk*, Geschichte, S. 139–159. Zur deutschen Parteipresse im 19. Jahrhundert vgl. *Stöber*, Pressegeschichte, S. 227–247; *Wilke*, Grundzüge, S. 225–238, 259–262.

69 *Hickethier*, Einführung, S. 18 f.; *Bösch/Borutta*, Massen, S. 9.

70 K 31.3.1872. Allerdings musste sich die antiklerikale Presse auch mit der Gegenpropaganda klerikaler Blätter auseinandersetzen. So suchte die »Gazzetta« die kulturpessimistische »Chronik der grassierenden Unsittlichkeit« der katholischen Zeitung »Moschino« zu widerlegen. Vgl. etwa GdP 17.3., 9.7.1854.

wie sich dieses Verhältniß sittlich macht, darüber haben die Gerichtsverhandlungen der letzten Jahre leider nur allzu häufig Aufschlüsse geliefert. (Oho! im Centrum.) Ja, meine Herren, ist Ihnen das noch nicht häufig genug? Ich muß sagen, ich bin schon entsetzt darüber, daß es so häufig geschieht. Zuerst habe ich es auch für solitäre Erscheinungen gehalten, aber wenn sich das von Jahr zu Jahr in steigendem Maße wiederholt, in dem Maße, als die öffentliche Aufmerksamkeit sich diesen Dingen zuwendet, so muß man sich sagen, das kann doch unmöglich eine sittliche Form sein, wenn immer wieder Lehrer an diesen Schulen genöthigt sind, sich bei Nacht und Nebel aufzumachen und aus dem Lande zu wandern, um sich den Verfolgungen zu entziehen, dann, meine Herren, werden sie zugestehen müssen, diese Knaben-Seminare dienen häufig anderen Zwecken, als dem Zweck einer eigentlich religiösen Erziehung. (Oho! Pfui! Rufe: In einzelnen Fällen!) Es sind einzelne Fälle vorgekommen, aber diese Fälle liegen in der Natur dieser Organisation.

Dies war der generalisierende Effekt der antiklerikalen Skandalchroniken: Einzelne ›Fälle‹ wurden auf die ›Natur‹ der Organisation zurückgeführt. Ausgehend von diesem Beispiel forderte Virchow die »Emanzipation des Staates« von der Kirche und die »Verweltlichung des Staates«.[71]

b) Die Tageszeitung »La Gazzetta del Popolo« in Piemont nach 1848

Die Medialisierung ermöglichte auch Zeitungen mit relativ niedriger Auflage effektive Kampagnen, zumal in sozial exklusiven politischen Systemen wie in Piemont, wo es der strikte Wahlzensus einer Handvoll radikaler antiklerikaler Blätter ermöglichte, die liberale Kirchenpolitik zu beeinflussen: Denn um antiklerikale Maßnahmen und Gesetze zu erzwingen, mussten sie nicht das Volk für sich gewinnen, sondern ›nur‹ die städtisch-bürgerlich-männlichen Eliten der liberalen Führungsschicht. Da das Bürgertum zahlenmäßig klein war, gelang dies auch mit vergleichsweise geringer Blattzahl. Nach Einführung der Pressefreiheit starteten liberal-demokratische Zeitungen eine antiklerikale Kampagne, allen voran das erste italienische Massenblatt, die 1848 in Turin gegründete »La Gazzetta del Popolo«. Im politischen Spektrum zwischen Gemäßigten und Radikalen angesiedelt, zielte sie im Unterschied zu anderen Zeitungen weniger auf adlig-bürgerliche Leser, als auf das ›Volk‹, worunter vornehmlich städtische Kleinbürger, Handwerker und Arbeiter verstanden wurden.[72]

71 SBHA 17.1.1873, S. 634.

72 Der Kaufpreis (5 Centesimi) entsprach 1/25 vom durchschnittlichen Tageslohn eines Arbeiters und lag damit deutlich unter dem des moderaten »Risorgimento« (40) und der demokratischen »Concordia« (25). Da sich die »Gazzetta« als Dienstleisterin der Armen sah, pflegte sie einen schlichten Stil. 1850 zählte sie 10.000 Abonnenten, während des Krimkriegs sogar 14.000 und erreichte so etwa 15% der rund 91.000 piemontesischen Wahlberechtigten (bei circa 4,3 Millionen Einwohnern), denn es ist davon auszugehen, dass nur diese sich ein Abonnement leisten konnten. Vgl. *Gariglio*, Gazzetta; *Verucci*, Italia, S. 23–26; *Talamo*, Stampa, S. 542–560; *Bricchetto*, Gazzetta. 1852 verbot der Episkopat den Gläubigen die Lektüre der Zeitung. Vgl. Ferrari, *Legislazione*, S. 72 Anm. 124.

Die »Gazzetta« lieferte täglich neue Belege geistlicher Unsittlichkeit. In der Rubrik »Schwarzer Haufen« berichtete sie von klerikalen Verfehlungen in Turin, Piemont, Italien, Europa und der Welt: über den französischen Ultramontanismus, den spanisch-mexikanischen Klerikalismus und das Schweizer Jesuitenverbot.[73] Das klerikale Straf- und Sündenregister war lang und vielfältig: 1854 reichte es von Wunderschwindel[74], Gewalt[75] und Repression gegen Gläubige, Anders- und Ungläubige[76], Hetzkampagnen gegen staatliche Repräsentanten und Institutionen[77], über Diebstahl[78], sexuelle Ausschweifungen[79] bis hin zu Kapitalverbrechen wie Aussetzung, Missbrauch und Ermordung von Kindern.[80] Die »Gazzetta« nannte mutmaßliche Delinquenten beim Namen, meldete Gerüchte, Anklagen, Verhaftungen, Strafverfahren und Verurteilungen, niemals Freisprüche. Ihre Denunziationen dienten antiklerikalen Gruppen vor Ort zur Koordination von Schmähungen, Störungen und Protesten. Zugleich wurden sie, als ›Spitze‹ eines ›Eisbergs‹, auf den gesamten Klerus hochgerechnet. Denn die »Gazzetta« attackierte nicht nur einzelne Geistliche, sondern bestritt die geistliche Moral in Gänze. »Klerikale Sittlichkeit« war für sie ein Oxymoron.[81]

Genuas radikale Satireblätter »La Strega«, »La Maga«, »Fra Burlone«, »L'Inferno« oder »Il Diavolo Zoppo« beteiligten sich ebenfalls an der moralischen Delegitimation des Klerus und an der Stigmatisierung einzelner Geistlicher. So nahm »Fra Burlone« den Priester von Quezzi ins Visier, dessen umfangreiches Sündenregister über mehrere Ausgaben hinweg wie ein Fortsetzungsroman ausgebreitet wurde. Auch in diesen Blättern war der Übergang vom Antiklerikalismus zum Antikatholizismus fließend. Öffentliche, gefühlsbetonte Frömmigkeitsformen wie Prozessionen, Wunder oder Marienerscheinungen wurden als Ausdruck von Aberglauben und Fanatismus angeprangert.[82]

Die Behörden reagierten auf die Skandalchroniken und Karikaturen der antiklerikalen Presse mit Anklagen, Beschlagnahmungen und Verboten, die meist durch Fusionen, Neugründungen und Umbenennungen umgangen wurden. Besonders virtuos wurde das Versteckspiel in Genua betrieben: Hier existierte das

73 GdP 23.3.; 6.7., 9.7.1854.
74 GdP 4.3., 17.3., 11.5., 9.7.1854.
75 GdP 18.5., 21.5., 7.9.1854.
76 GdP 26.1., 18.6., 30.6.1854.
77 GdP 7.3., 9.7.1854.
78 GdP 29.3.1854.
79 GdP 15.2., 10.4., 21.4., 28.4., 2.7., 7.7.1854.
80 GdP 27.3., 31.3., 8.5., 24.6.1854.
81 Vgl. etwa GdP 26.5.1854.
82 Vgl. Fra Burlone 29.3., 5.4., 15.4., 19.4., 22.4.1850. Vgl. ferner La Strega 6.10.1849, 20.4., 6.6., 27.6., 16.7., 25.7., 27.7., 10.9., 8.10., 12.10., 5.11., 28.11.1850; La Maga 26.2., 13.3., 25.3., 13.4., 19.6., 5.8., 11.8., 13.11., 20.11., 16.12.1852, 27.1., 3.3., 31.5., 16.6., 19.7., 8.4., 11.4., 13.4., 20.6., 23.6.1853, 27.6., 6.7., 11.7., 15.7., 22.7.1854; Fra Burlone 29.3., 5.4., 15.4., 19.4., 22.4., 26.4., 29.4., 9.5.1850; Il Diavolo Zoppo 17.5.1850; L'Inferno 12.6., 14.6., 19.6., 21.6., 21.7.1850.

Satireblatt »La Strega« von August 1849 bis Juli 1851, wurde 1850 und 1851 verklagt, wurde »La Maga« und lebte zwischen Mai und Juni 1871 wieder auf. »Il Diavolo Zoppo« erschien im Mai 1850 in Genua, Turin, Alessandria und Chiavari und fusionierte mit »Fra Burlone« zu »L'Inferno«. Der Geschäftsführer von »Fra Burlone« (Dezember 1849 bis Mai 1850) war zuvor wegen Angriffs auf die Religion in zwei Karikaturen zu einer Haft- und Geldstrafe verurteilt worden. Nach der Fusion mit »Il Diavolo Zoppo« wurde er im Juli 1850 erneut verurteilt, worauf sich das Blatt zunächst auflöste, 1867 jedoch wiederkehrte und später dann als »La Mascherina« erschien.[83]

b) Das Freidenkerorgan »Il Libero Pensiero« in Italien 1866–1877

Eine stärker nationale Reichweite erlangte dagegen die 1866 in Mailand gegründete und von Luigi Stefanoni geleitete Wochenzeitschrift »Il Libero Pensiero. Giornale dei Razionalisti«, das Organ der italienischen Freidenker, die sich 1864 zusammengeschlossen hatten. Die Freidenkerbewegung rekrutierte sich vornehmlich aus Klein- und Bildungsbürgern. »Il Libero Pensiero« war ein Blatt für gebildete Leser, das ausführliche religionskritische und philosophische Abhandlungen enthielt, die den Rationalismus als Weltanschauung begründen und propagieren sollten. Es stand der sozialen Frage aufgeschlossen gegenüber und hatte Kontakt zur Arbeiterbewegung. In politischer Hinsicht war »Il Libero Pensiero« am linken Rand des liberal-demokratischen Spektrums angesiedelt. Herausgeber, Mitarbeiter und Autoren kritisierten die liberale Kirchenpolitik als lasch und zögerlich. In religiöser Hinsicht war die Zeitschrift Konfessionen übergreifend antiklerikal: Als Giuseppe Ricciardi und Mauro Macchi 1867 vorschlugen, mit den Waldensern zu kooperieren, lehnte die Mehrheit der Redaktion dies ab. Ricciardi und Macchi gründeten daraufhin eine eigene Zeitschrift, »Il Libero Pensatore«, deren Antikatholizismus sich indes kaum vom ›Mutterorgan‹ unterschied. Beide Zeitschriften waren keineswegs antireligiös. Im Zentrum vieler Artikel stand vielmehr die Frage nach der wahren Religion.[84]

Als wichtigstes Hindernis einer religiösen, geistigen und moralischen Erneuerung Italiens erschien in »Il Libero Pensiero« der katholische Klerus, der regelmäßig mit Sexualdelikten und Kapitalverbrechen in Verbindung gebracht wurde. Pro Ausgabe wurde mindestens eine geistliche Verfehlung gemeldet.[85] Die

83 Vgl. *Beccaria*, Periodici, Nr. 432 ff., 565, 751 f., 862–865, 1278 f.

84 Il Libero Pensiero 11.2.1869, S. 80; 10.6.1869, S. 351; 14.10.1869, S. 252 ff.; 5.12.1869, S. 366; 9.6.1870, S. 381 f., 30.6.1870, S. 389–392; 21.7.1870, S. 44 ff.; 15.9.1870, S. 161–164; 15.9.1870, S. 164–167; 22.9.1870, S. 182–185; 29.9.1870, S. 197–202; 6.10.1870, S. 219–223; 3.8.1871, S. 80; 1.2.1872, S. 78; 15.2.1872, S. 128; 1.4.1874, S. 96. Umfassend zur Freidenkerbewegung vgl. *Verucci*, Italia, S. 179–356. Zur Zeitschrift siehe auch *Ippoliti*, La rivista.

85 Il Libero Pensiero 18.7., 19.9., 10.10.1867; 5.3., 16.4., 21.5.1868; 14.1., 25.2., 4.3., 18.3., 29.4., 6.5., 1.7., 9.9.1869, 7.4.1870, 21.4., 19.5., 9.6., 16.6., 14.7., 11.8., 18.8., 25.8., 1.9., 15.9., 22.9., 29.9., 13.10.1870; 16.2., 16.3., 23.3., 20.4., 15.6., 6.7., 13.7., 10.8.1871; 21.3., 25.4., 2.5.1872; 1.1., 1.2., 16.4., 1.6., 1.7., 1.8.1874; 15.3., 16.4., 1.5.1875; 15.4., 1.5., 16.6.1876.

Skandalchronik hatte einen überregionalen, transnationalen Fokus: Der Mord einer Nonne in Neapel war ebenso eine Meldung wert wie der einer Nonne in Mexiko. Die Zwangstaufe des Freidenkerkindes Giuseppe Coen, die man wie die Affäre Mortara von 1858 zu skandalisieren suchte, wurde genauso ernstgenommen wie das numerische Wachstum der Klöster in Belgien oder Pädophilie-Klagen gegen einen Dominikaner in Düsseldorf und einen Mönch in Beauvais. 1867 publizierte das Blatt eine französische Moralstatistik religiöser Institute zum Beweis, dass geistliche Lehrer öfter straffällig würden als weltliche Pädagogen. 1869 widmeten sich mehrere Ausgaben der Affäre Ubryk um eine gleichnamige Krakauer Karmeliterin. Beide Periodika fütterten Lokal- und Regionalblätter mit antiklerikalen Nachrichten aus aller Welt, die wiederum aus anderen Zeitungen stammten. Gemeldet wurden ausschließlich Gerüchte, Anklagen und Verurteilungen von Geistlichen, kaum Prozessberichte, niemals Freisprüche. Individuelle Verfehlungen wurden stets als Beweis der generellen Verdorbenheit des Klerus gedeutet.[86]

Angesichts der volkspädagogischen Intention der Freidenker läge es nahe, in der Skandalisierung klerikaler Unsittlichkeit eine Konzession an die Masse zu vermuten.[87] Doch zum einen war das Thema ein Dauerbrenner. Zum anderen erschöpfte sich die Zeitschrift nicht in Denunziationen, sondern lieferte, anders als die zuweilen lapidaren Meldungen der Tagespresse, ausführliche, gleichsam wissenschaftliche Erklärungen, welche die klerikale Delinquenz als logische Folge des Zölibats erscheinen ließen. Wie die antiklerikalen Romane der Aufklärung zielten diese Analysen nicht nur nach außen, gegen den Klerus, sondern auch nach innen, auf die bürgerliche Gesellschaft. Denn zur Vergewisserung ihrer Normalität war diese auf eine »endlose Vermehrung sexueller Verhaltenstypen« angewiesen – und auf das Konzept der ›Perversion‹. Im Zuge des Aufstiegs der bürgerlichen Familie und der »Erfindung der Heterosexualität« (Jonathan Ned Katz) als universeller Norm erschien die keusche Lebensweise als Abweichung, deren katastrophale Folgen die eigene geschlechtliche und sexuelle Identität sichern sollten.[88] Jeder Geistliche, der dem Zölibat zu entkommen suchte, legitimierte die bürgerliche Lebensführung: Fortpflanzung im Rahmen von Ehe und Familie.[89] Bei einigen Geistlichen zeitigten die Appelle offenbar Wirkung: Als die

86 Il Libero Pensiero 15.8.1867, S. 528; 2.9.1869, S. 158; 20.10.1870, S. 241–244, 252–255; 9.3.1871, S. 160; 5.8.1869, S. 89–95, 12.8.1869, S. 106–111; 19.8.1869, S. 127f.; 2.9., 16.9.1869, S. 192; 26.9.1867, S. 623f.

87 Zu dieser Deutung neigt auch *Verucci*, Italia, S. 304f.

88 *Marti*, Foucault, S. 99. Vgl. *Foucault*, Wille, S. 63; *Barbagli/Kertzer*, Storia.

89 In diesem Sinne zeigte *La Rana* 1873 eine Karikatur, auf der das Parlament (als Mann mit Zylinder) mit dem Gesetz (als Lanze) zur Aufhebung der Orden in Rom einen Mönch *in flagranti* auf der Flucht aus einem Nonnenkloster stellte, ihm jedoch mit der Säkularisierung die Möglichkeit bot, sein sexuelles Verhältnis in einer bürgerlichen Ehe zu legalisieren. Vgl. *Spadolini*, Opposizione, Bd. 2, Abb. 399.

Kirche zwei Augustiner bestrafen wollte, die den Habit abgelegt und zivil geheiratet hatten, setzte sich der Staat für sie ein.[90] In Girgenti wurde die Hochzeit eines ehemaligen Priesters von Liberalen in ein Fest des Fortschritts verwandelt.[91]

5. Visualisierung des Anderen: Bilder

a) Krieg der Bilder: Zur ›Visual History‹ des Kulturkampfes

Als Teil der Medialisierung begann 1850 in Europa eine »Bildrevolution«, eine Visualisierung der Alltagskultur, die tiefgreifende Veränderungen der menschlichen Kommunikation mit sich brachte.[92] Auch der Kulturkampf wurde mit Bildern geführt. Während die katholische Kirche die neuen Druckmaschinen nutzte, um Illustrationen von Maria, dem Papst und den Heiligen unter das Kirchenvolk zu bringen, mobilisierten ihre Gegner ein Arsenal visueller Medien, das mit verschiedenen Modi unterschiedliche Adressaten und Räume erreichte. Antiklerikale Bilder erschienen nicht nur in Zeitungen und Illustrierten, sondern auch als Wandschmuck in Rathäusern, Kneipen und privaten Haushalten, sie ragten in öffentliche und private Räume hinein und wurden im Alltag rezipiert.[93] Dennoch sind sie von der Forschung bislang vorwiegend illustrativ genutzt worden. Die Interpretation antiklerikaler Gemälde und Genrebilder blieb eine kunsthistorische Domäne. Karikaturen wurden meist als Spiegel gesellschaftlicher Empörung oder als Mittel zur Manipulation der öffentlichen Meinung gedeutet, nicht jedoch als Akteure des Konflikts.[94] Und selbst dann blieb ihre mediale Spezifik, Einbettung und Vernetzung in der Regel unterbelichtet. Die *Visual History* des Kulturkampfes ist daher in weiten Teilen erst noch zu schreiben.[95]

Wider verschiedene Versuche, den *Visual Turn* gegen den *Linguistic Turn* auszuspielen und einen Primat des Visuellen über die Sprache zu behaupten, spricht mit Blick auf die Kulturkämpfe, dass antiklerikale Bilder meist in sprachliche Zusammenhänge eingebettet und durch Texte (Titel, Untertitel, nebenstehende Artikel) eingerahmt waren.

90 Vgl. *Fiorentino*, Stato, S. 220 Anm. 175.

91 Vgl. *Chabod*, Storia, S. 233f. Anm. 1.

92 Als Einführung in die kulturwissenschaftliche Debatte zum Visual Turn: *Bachmann-Medick*, Turns, S. 329–380. Als Bestandsaufnahmen historischer Bildforschung: *Bruhn/Borgmann*, Sichtbarkeit; *Paul*, History. Der Begriff »Bildrevolution« bei *Brandt*, Bilderfahrungen, S. 53.

93 Vgl. Zang, *Gartenlaube*, S. 69; *Brückner*, Trivialisierungsprozesse, S. 235.

94 Vgl. etwa *Jürgensmeier*, Kirche, S. 8f., 21. Aus kunsthistorischer Perspektive: *Gross*, Jesus.

95 Interessant wäre etwa die Frage, ob Katholiken und Protestanten, Liberale und Ultramontane distinkte ›visuelle Kulturen‹ besaßen und wann diese Unterschiede durch den Konsum feindlicher Medien eingeebnet wurden. Denn Satire und Karikatur waren keine katholischen Medien: Zwischen 1848 und 1900 gab es im deutschsprachigen Raum nur zwei katholische Witzblätter. Vgl. *Jürgensmeier*, Kirche, S. 56f. Zu den konfessionellen Bildkulturen der Frühen Neuzeit vgl. *Burke*, Augenzeugenschaft, S. 63–66; *Roeck*, Auge, S. 137–144.

Das gilt zumal für die »Gartenlaube«, eines der »populärsten und wirkungsvollsten Medien der Text/Bild-Vermittlung«, das weite Leserkreise an »regelmäßigen Umgang mit Bildern« gewöhnte und so zur »Demokratisierung des Bildgebrauchs« und zur Visualisierung der Alltagskultur beitrug.[96]

Bereits Ernst Keils Gründungskonzept hatte die Kombination von Bild und Text zum zentralen Gestaltungsprinzip der »Gartenlaube« erhoben. Gedichte, Novellen und populärwissenschaftliche Abhandlungen wurden illustriert. Standen die Bilder selbst im Vordergrund, wurden sie von Artikeln oder Gedichten begleitet, die den Bildbetrachtern schriftliche Deutungsangebote lieferten.[97] Die Kombination und Konvergenz antiklerikaler Texte und Bilder kennzeichnete aber auch Satiremagazine, Wilhelm Buschs Bildergeschichten und das italienische Pendant der »Gartenlaube«, die »Illustrazione Italiana«. Wer diese Medien zur Hand nahm, konsumierte antiklerikale Texte und Bilder nahezu gleichzeitig. Daher sind Bildmedien des Kulturkampfes nicht isoliert, sondern in ihren jeweiligen sprachlichen Zusammenhängen und medialen Kontexten zu untersuchen. Um ihre visuelle Vielfalt zu ermessen, gilt es dabei auch spezifische Merkmale einzelner Bildmedien herauszuarbeiten.

b) Geschichte als Gegenwart: Historiengemälde

Historische Gemälde stellten Schlüsselmomente kirchlicher Repression als repräsentativ für die gesamte Geschichte und Gegenwart der katholischen Kirche dar. Sie setzten historisches Wissen voraus, wählten einen hohen Ton und einen erhabenen Gestus und erreichten vornehmlich Gebildete.[98] In Deutschland erregte 1869 ein Gemälde des Münchener Akademiedirektors Wilhelm von Kaulbach Aufsehen: »Peter Arbuës von Epila verurtheilt eine Ketzerfamilie zum Tod.« Es zeigt den 1484 zu Saragossas Inquisitor berufenen Arbuës, der 1867 von Pius IX. heilig gesprochen worden war, als blinden Greis bei der Verurteilung einer Familie. Kaulbach stellte das Bild zu wohltätigen Zwecken aus, musste es nach Drohbriefen jedoch wieder zurückziehen. 1872 reproduzierte die »Gartenlaube« einen Carton, auf dem Arbuës' hartherzige Gesichtszüge hervorstechen, die seinen ›blinden‹ Fanatismus offenbaren (*Abb. 11*). Über seinem Haupt schwebt der Heiligenschein von 1867. Zu seinen Füßen, von Mönchen bewacht, Frauen und Kinder mit verzweifelten Gesten und angststarrendem Blick, die zum Tode verurteilte Familie, dahinter ziehen Mönche mit Fackeln zur Richtstätte, wo einige an Martersäulen gefesselte Ketzer schon auf dem Scheiterhaufen

96 *Schöberl*, Abbildungen, S. 209, 233. Zu den antiklerikalen Illustrationen der »Gartenlaube« vgl. auch *Gross*, War, S. 140–157.

97 Erst gegen Ende des Kulturkampfes verselbständigten sich die Bilder in der »Gartenlaube«. Vgl. *Schöberl*, Abbildungen, S. 228, 232; *Brückner*, Trivialisierungsprozesse, S. 235. Keils Gründungskonzept in: *Barth*, Zeitschrift, Sp. 175 f.

98 Zu historischen Kulturkampf-Gemälden vgl. *Zang*, Gartenlaube, S. 61–69; *Gross*, Jesus.

Peter Arbues verurtheilt eine Ketzerfamilie zum Feuertode. Carton von Wilhelm v. Kaulbach.

Abb. 11: »Peter Arbues verurtheilt eine Ketzerfamilie zum Feuertode. Carton von Wilhelm v. Kaulbach«, in: Die Gartenlaube 1872, S. 180 f.

brennen, während unten rechts ein Mönch mit Tonsur die Besitztümer der Enteigneten zusammenrafft.[99]

Die liberale Publizistik feierte Kaulbachs Gemälde als kulturkämpferische Tat. Die »Gartenlaube« bezifferte die Opfer der spanischen Inquisition im Bildkommentar mit »[f]ünfhunderttausend Familien, zusammen wohl zwei Millionen Menschen« und nannte Arbuës' Heiligsprechung einen Bruch mit dem »Geiste des Christentums« und dem »Bildungsberuf der Menschheit«. Pius IX. habe das »schändlichste Verbrechen mit der höchsten Tugend belohnt«. Im »rechten Augenblick« sei nun jedoch die bildende Kunst »bewaffnet auf den Kampfplatz« getreten. »[W]eltgeschichtlich wie das Konzil, Krieg und Volksvertretung« habe Kaulbachs Bild in den »Kampf der Zeit« eingegriffen, »grell das Furchtbarste beleuchtend, das ein Papst des 19. Jahrhunderts der gesamten Christenheit, der Bildung und dem Gewissen desselben geboten« habe.[100] Ein Jahr später stellte der

99 Vgl. *Ostini*, Kaulbach, S. 105; *Zang*, Gartenlaube, S. 67 f.
100 GL 1872 S. 180 f.

Künstler die Entstehung des Gemäldes in einem Brief an die »Gartenlaube« als spontane Reaktion auf Arbuës' Kanonisation und auf Ludwig Steubs Enthüllung des Deggendorfer Judenpogroms von 1338 dar: »Indignation und Zorn« habe ihn dazu getrieben, »an die Wand meines Ateliers im Saale des früheren Jesuitenkollegiums diesen heiligen Henkersknecht der Kirche zu brandmarken.« Für Kaulbach resultierten das Deggendorfer Judenpogrom, die Autodafés der spanischen Inquisition und die päpstlichen Heiligsprechungen aus derselben Quelle: dem Hass gegen Andersgläubige. Auf ähnliche Weise nannte eine zur »Erläuterung« des Bildes erschienene »Historische Skizze« als Wesensmerkmale der Inquisition »Habsucht, Blutgier, Gefühllosigkeit, religiöser Mechanismus und Fanatismus«. Die »religiösen und sittlichen Begriffe« seien »allenfalls aus dem Koran, aber sicherlich nicht aus der Lehre Christi und der Apostel« gekommen. Sie erschien so als eine dem Christentum fremde Einrichtung mit muslimischen Wurzeln.[101] Die Produktion und Rezeption des Gemäldes identifizierte katholische Vergangenheit und Gegenwart.

Zugleich plausibilisierten sich antiklerikale Texte und Bilder gegenseitig: Während Kaulbach beim Malen unter dem Eindruck von Zeitungsberichten gestanden hatte, wurden liberale Publizisten durch sein Gemälde in ihrem antikatholischen Geschichtsbild bestärkt. Indem Kaulbach das Todesurteil eines Augustiners gegen eine Familie darstellte, kontrastierte er nicht nur klerikalen Fanatismus mit christlicher Nächstenliebe und menschlicher Vernunft, sondern auch weltliche und mönchische Lebensform.[102] Als protestantisches Gegenmodell der Versöhnung religiöser und bürgerlicher Existenz fungierten Bilder von Luther als Ehemann und Familienvater.[103]

c) Zwischen Mitleid und Empörung: Genrebilder

Die Lebensführung katholischer Geistlicher wurde vor allem auf Genrebildern problematisiert, auf scheinbar unpolitische Weise. Im Gegensatz zu Historienmalern zeichneten Genremaler ›niedere‹ Sujets: vermeintlich typische Szenen des geistlichen Alltags, mal mit aggressivem, mal mit dokumentarischem Gestus. Ihre Bilder zielten auf unmittelbare, allgemeine Verständlichkeit und erforderten wenig Vorwissen.[104] Sie zeigten Szenen klerikaler Ausbeutung und Unter-

101 GL 1873, S. 36. *Arbues*, S. 41 f., 50. Zur Rezeption siehe BW 6.2.1870; *Kißling*, Geschichte, Bd. 2, S. 294 f., *Zang*, Gartenlaube, S. 67 f. Zum Deggendorfer Pogrom vgl. auch K 13.10.1872.

102 Zu anderen Kulturkampfgemälden Kaulbachs vgl. *Gross*, Jesus, S. 38, 52 f.; *Goyau*, Bismarck, Bd. 1, S. XIf.; GL 1862, S. 687; 1863, S. 437; 1865, S. 315; 1868, S. 304.

103 1867 präsentierte die »Gartenlaube« Gustav Spangenbergs Ölgemälde von »Dr. Martin Luther's ›Cantorei im Hause‹« als erstes »Bild einer deutschen Pfarrerfamilie, nach welcher Tausende in Deutschland als stille Pflanzstätten züchtigen und frommen Familienlebens, edler Bildung und reiner Lebensfreude gegründet worden« seien. GL 1867, S. 260. Vgl. *Zang*, Gartenlaube, S. 64. Zu historischen Gemälden des 19. Jahrhunderts mit Luther als Ehemann und Familienvater vgl. *Gross*, Jesus, S. 100–104.

104 Vgl. *Zang*, Gartenlaube, S. 69.

Abb. 12: »Am Klostergarten. Originalzeichnung von L[udwig] Sckell in München.«, in: Die Gartenlaube 1874, S. 398.

drückung[105], exzessiver oder parasitärer geistlicher Lebensführung[106] sowie die fatalen Folgen des Zölibats.[107] 1874 druckte die »Gartenlaube« die Zeichnung »Am Klostergarten« von Ludwig Sckell, einem Mitglied der Schule Karl von Pilotys, Kaulbachs Nachfolger als Leiter der Münchener Akademie (*Abb. 12*). Sie zeigt eine junge Ordensfrau mit trauriger, hell erleuchteter Miene an der Spitze einer

105 Vgl. etwa Mathias Schmids Zeichnungen in: GL 1873, S. 619; 1874, S. 175. Vgl. dazu *Wildmeister*, Bilderwelt, S. 277 f.; *Gross*, War, S. 151.

106 Siehe unten die Analyse der Mönchsgenrebilder Eduard Grützners.

107 Nach dem Kulturkampf brachte die »Gartenlaube« drei Genrebilder von Kaulbachs Bruder Hermann, auf denen Ehe und Familie mit dem mönchischen Zölibat kontrastiert wurden. Vgl. GL 1885, S. 29; 1906, S. 337, 1083. Siehe dazu *Brückner*, Trivialisierungsprozesse, S. 246 f.

»Nonnenschar« vor einer Klosterkirche. In der rechten Hand hält sie einen Rosenkranz, mit der Linken umfasst sie gedankenverloren eine Rose. Dahinter folgen eine ältere Ordensfrau mit verhärmten Zügen und grimmigem Blick sowie, demütig niederblickend ins Gebet vertieft, weitere Nonnen.

Dargestellt ist der Moment, in dem eine Nonne beim Berühren einer Rose ihr trauriges Schicksal begreift und ihre ›verwelkende‹ Jugend betrauert. Diese Interpretation legt zumindest Ernst Ziels als Bildkommentar daneben abgedrucktes Gedicht nahe. Sein Modus changiert zwischen Anklage und Empathie. Die Szene wird aus der Sicht des auf dem Bild dargestellten Wanderers geschildert. Der durch die Klostermauer vom Geschehen getrennte Mann fühlt sich stellvertretend für den Betrachter in die traurige Nonne ein. Das lebensfeindliche Kloster verwandelt die »wunderholde«, »engelmilde«, »liebliche«, »unschuldige« Jungfrau in ein »bleiche[s] Mädchenbild« mit »himmelsruhiger« Miene, dessen »Klagehauche« ungehört verhallen. Selbst »Frühlingsduft« und »Morgenluft« als Sendboten der erwachenden Natur können den »schattenreichen Garten« nicht durchdringen. Nur der männliche Beobachter könnte die Nonne aus ihrem Gefängnis befreien. Seine um den Wanderstab geballte Faust suggeriert die Fähigkeit zu machtvoller Intervention. Er ist mit allen Insignien liberaler, bürgerlicher Männlichkeit ausgestattet. Bart und Physiognomie erinnern an Preußens nationalliberalen Kultusminister Adalbert Falk, unter dessen Ägide die Klöster und Orden ein Jahr darauf verboten wurden. Bei näherem Hinsehen erweist sich die romantische Klosteridylle mithin als kämpferischer Appell an deutsche Bürger und liberale Politiker, dem Leid katholischer Ordensfrauen nicht länger tatenlos zuzusehen, sondern die »alten« Klostermauern niederzureißen.[108]

Dass das Klosterleben aus liberaler Sicht auch mit der männlichen Natur unvereinbar war, zeigte die »Gartenlaube« 1877 mit dem Holzstich eines Ölgemäldes des Deutschamerikaners Toby Edward Rosenthal. Zu sehen ist ein niedergeschlagener junger Mönch im Arbeitszimmer (*Abb. 13*). Durchs Fenster ragen blühende Äste, Schmetterlinge flattern als Boten des Frühlings und der Fruchtbarkeit hinein. Auch hier wirkt das Kloster lebensfeindlich. Als Bildunterschrift dienen die Schlusszeilen des Gedichts »Trauer« von Nikolaus Lenau (1833): »›Mahnt mich nicht, daß ich alleine / Bin vom Frühling ausgeschlossen.‹« Die psychologische Tradition des Klosterromans, für deren subtile Charakterstudien in antiklerikalen Zeitungsromanen kaum noch Platz war, wurde hier, ins Bildliche transformiert, fortgesetzt.[109]

Eher komisch-distanzierend als traurig-einfühlsam wirkten dagegen Eduard Grützners Genrebilder. 1868 hatte der Piloty-Schüler mit dem Gemälde »Im Klosterkeller« das Motiv geschaffen, das ihm kommerziellen Erfolg und internationalen Ruhm einbrachte, und das er fortan in unzähligen Variationen wieder-

108 GL 1874, S. 398. Zu Sckell vgl. Wildmeister, *Bilderwelt*, S. 276.
109 GL 1877, S. 260 f.

„Mahnt mich nicht, daß ich alleine
Bin vom Frühling ausgeschlossen."
Nach seinem Oelgemälde auf Holz übertragen von Toby E. Rosenthal.

Abb. 13: »Trauer / ›Mahnt mich nicht, daß ich alleine / Bin vom Frühling ausgeschlossen.‹ Nach seinem Oelgemälde auf Holz übertragen von Toby E. Rosenthal.«, in: Die Gartenlaube 1877, S. 261.

holte: Fettleibige, zechende Mönche. Mit einer gewissen Verachtung der Populärkultur sind seine Mönchsbilder als »harmlos-humorvolle Ausschnitte aus dem Klosterleben« (Hermann Zang) für das Entspannungsbedürfnis der Massen gedeutet worden. Als Wandschmuck wurden sie im Kaiserreich »unveräußerlicher Teil gastronomischer Grundausstattungen« (Wolfgang Brückner). Abgewandelt sind sie heute noch auf vielen Etiketten deutscher Biermarken zu sehen. Grützners Mönchsbilder waren indes keineswegs unpolitisch. Indem er das Zechen als ausschließliche Beschäftigung der Mönche darstellte, bezichtigte er sie der Völlerei und des Alkoholismus. Zugleich veranschaulichten seine Bilder das antimonastische Argument der Aufklärung, dass Ordensgelübde widernatürlich seien und die Körper der Ordensgeistlichen deformierten. Denn Grützner setzte Nico-

Abb. 14 : »In einer baierischen Klosterbräustube. Originalzeichnung von Eduard Grützner.«, in: Die Gartenlaube 1870, S. 413.

lais Methode der ›Religions-Physiognomik‹ malerisch um und fort: Seine Mönche verkörperten die maßlose Lebensweise der Männerorden durch voluminöse Leiber und verquollene Nasen. Die »Gartenlaube«, die Grützners Mönchsbilder reproduzierte, betonte stets, dass es sich nicht um Gestalten handle, wie die »lose Phantasie sie schafft, sondern wie das Leben sie darbietet«. Der Maler zeichne den Klerus ›nach der Natur‹.[110]

In diesem Sinne wurde 1870 Grützners Originalzeichnung »In einer baierischen Klosterbräustube« als »wahre, charakteristische« Darstellung des Klosterlebens präsentiert. Sie zeigt die mönchische Produktion und Konsumtion von Bier (*Abb. 14*). Der Begleitartikel stellt das Bild als zufälliges Ergebnis des Ausflugs dreier Bildungsbürger dar. Neben Grützner als einem »jungen, talentvollen Maler, der schon mehrere Klöster besucht« habe, »um Typen für seine originellen Charakterköpfe zu erjagen«, wird der Erzähler von einem humanistischen Philologen und Schriftgelehrten begleitet. Beim Eintritt in die Braustube bietet sich den Emissären bürgerlicher Modernität (Journalist, Maler und

110 *Zang*, Gartenlaube, S. 69; *Brückner*, Trivialisierungsprozesse, S. 240. Vgl. GL 1871, S. 77; 1873, S. 695; 1877, S. 145; 1878, S. 659; 1882, S. 684f., 692; 1889, S. 224; 1896, S. 33, 769; 1897, S. 204f.; 1902, S. 268; 1906, S. 447; 1907, S. 763; 1908, S. 507; *Brückner*, Trivialisierungsprozesse, S. 239, 245f., 248; *Wildmeister*, Bilderwelt, S. 258; *Gross*, War, S. 140. Zu Nicolais Religions-Physiognomie siehe Kapitel A.I.1.c.

Gelehrter) das »regste und lärmendste Leben«: »Robuste Laienbrüder« tummeln sich »geschäftig zwischen den Bierfässern« und werden von einem Braumeister mit der »Miene eines Feldherrn am Tage der Schlacht« überwacht und herumkommandiert. Während die Laien demütig und gehetzt wirken, atmen die Geistlichen, die sich »bei kühlem Gerstensaft von den Strapazen des Bittganges« erholen, »Beschaulichkeit und Ruhe«. Über ihren Köpfen hängt als Mahnung ein »verblichenes Gemälde« des Ordensgründers, der sich »für sündhafte Gelüste« noch geißelt. Zur Generalisierung verweist der Erzähler auf ein Aargauer Kloster, bei dessen Aufhebung 1841 bekannt worden sei, dass die Patres und Fratres jährlich exorbitante Summen für »Eier, Fische, Geflügel, Schnecken und dergleichen« berechnet hätten, für wissenschaftliche Bedürfnisse und Schreibmaterialien hingegen wenig. Dies sei keine Ausnahme, sondern die Regel »klösterlichen Treibens«. Die Beziehung von Wort und Bild ist spannungsreich: Grützners Genrebild und der Text, der einen Augenzeugenbericht und einen historischen Exkurs enthält, stellen das Kloster zwar übereinstimmend als amoralisch dar. Das Bild visualisiert die klösterliche Ausbeutung der Laien und die mönchische Inversion monastischer Ideale; der Text sucht dies durch historische Fakten zu erhärten, fördert indes auch Widersprüche und Ambivalenzen hervor: Einerseits wird die Zufälligkeit der Begegnung betont, andererseits darauf hingewiesen, dass Grützner schon viele Klöster für physiognomische Studien aufgesucht habe und also nicht spontan, sondern mit präzisen Absichten und Vorstellungen angereist sei; einerseits sucht der Text den Leser auf launige Weise zu unterhalten (über den Gelehrten heißt es, er verkehre »mehr mit den alten Hellenen, als mit den Zeitgenossen«), andererseits einer behaglich-belustigenden, ›unpolitischen‹ Wahrnehmung vorzubeugen. Schließlich nennt er auch die »widersprechenden Gefühle«, die das Wort »Klosterbräustube« bei den Bildungsbürgern auslöst: »Abneigung, Neugierde und höchste Befriedigung«. Die emotionale Haltung des Bürgers zum Kloster changiert zwischen Faszination, Ekel und Lust.[111]

d) Visuelle Strategien antiklerikaler Karikaturen

Das in quantitativer Hinsicht bedeutendste Bildmedium des Kulturkampfes war die Karikatur. Im Gegensatz zu Genrebild und Gemälde war es seriell, zielte nicht auf Individualität oder Originalität, sondern auf rasche Wiedererkennbarkeit. Entstanden aus dem »Schandbild« der Renaissance, auf denen der Verurteilte ›in effigie‹ hingerichtet wurde, indem man das Urteil an einem Bildwerk, etwa einer Puppe, vollzog, war die Karikatur »Schaustellung und Bloßstellung«, »Ankläger und Richter« in einem. Im Gegensatz zum historischen Vorbild veränderte sie den symbolischen Modus der Hinrichtung: Der »Akt des Karikierens« ersetzte die »physische Verletzung des Angegriffenen«. Die Karikatur zeigte keine Tötung eines Feindes, sondern vergriff sich an seinem Bild, indem sie es ›belud‹

111 GL 1870, S. 413 ff.

und ›übersteigerte‹ (*caricare*). Durch das Zeichnen von »Mißbildungen« suchte sie »der Natur gleichsam nachzuhelfen«, ohne dabei »das Prinzip der Ähnlichkeit außer acht zu lassen«. Auf diese Weise gewährte sie dem Betrachter das »Vergnügen am ›Wiedererkennen‹ vertrauter Dinge«.[112] Allerdings stellten antiklerikale Karikaturen nur selten identifizierbare Zeitgenossen dar. Ihre Ähnlichkeit bezog sich meist auf ›innere Bilder‹ katholischer Geistlicher, die bereits im Gedächtnis der Produzenten und Konsumenten gespeichert waren und damit abgeglichen werden konnten. Die moderne Karikatur war ein hybrides Medium, das nicht nur der Politik, dem Journalismus oder der Kunst angehörte, sondern auch mit wissenschaftlichen Methoden und Theorien in Verbindung stand, vor allem mit der Physiognomik der Aufklärung und mit dem modernen Rassismus.[113] Wie zu sehen sein wird, wiesen antiklerikale Karikaturen zum Teil große Ähnlichkeiten mit antisemitischen Karikaturen auf. Dies gilt zumal für die Darstellung von Jesuiten. Allerdings repräsentierten Juden im Kontrast zu den Patres in der Regel nicht die Feinde der Moderne, sondern die (liberale, kapitalistische) Moderne selbst.[114]

Medialer Kontext: ›Politische Witzblätter‹ und Satiremagazine nach 1848

Antiklerikale Karikaturen erschienen meist in Satiremagazinen. Glanzzeit der ›politischen Witzblätter‹, wie sie im deutschen Sprachraum genannt wurden, war die liberale Ära, als zumindest Preußens Satiremarkt von einem linksliberalen Berliner Triumvirat dominiert wurde: »Kladderadatsch«, »Berliner Wespen« und »Ulk«. Das Leitmedium mit der längsten Tradition und der höchsten Auflage war der »Kladderadatsch«. Er wurde 1848 von dem Dichter David Kalisch und dem Buchhändler Heinrich Hofmann als humoristisch-satirisches Wochenblatt gegründet. Die Redaktion leitete seit 1849 der Schriftsteller Ernst Dohm, wie Kalisch in Breslau geboren und vom Judentum zum Protestantismus konvertiert. Als Vorbilder dienten »Le Charivari« (Paris 1832), »Punch« (London 1841) und die »Fliegenden Blätter« (München 1847). Der »Kladderadatsch« startete mit einer Auflage von 4.000 und wurde rasch zum Organ der demokratisch-linksliberalen Opposition. Bis in die 1860er Jahre litt er unter Repressalien der Behörden, konnte seinen »interkontinentalen Siegeszug« aber fortsetzen. 1859 erreichte die Auflage 26.000, 1870 40.000 und 1875 sogar 50.000 Exemplare.[115]

112 *Hofmann*, Karikatur, S. 373, 369.

113 Vgl. *Gombrich*, Arsenal, S. 391 f., 398; *Neri*, Galantara, S. 103; *Plum*, Karikatur, S. 87.

114 Vgl. *Hödl*, Pathologisierung; *Haibl*, Zerrbild. Ein systematischer Vergleich antisemitischer und antijesuitischer Repräsentationen steht noch aus. Weiterführende Überlegungen hierzu bei *Sagarra*, Intertextualität; *Pellicciari*, Risorgimento, S. 22 f.; *Hoffmann*, Politik, S. 174 f., *Healy*, Antijesuitism, S. 4 f., 12 f.

115 Vgl. *Fuchs*, Karikatur, S. 24–35; *Heinrich-Jost*, Kladderadatsch; *Schulz*, Kladderadatsch; *Koch*, Opinion, S. 401–404; *Jürgensmeier*, Kirche, S. 31–36. Allgemein zu den politischen Witzblättern in Deutschland siehe *Koch*, Teufel. Zur Zensurpraxis der Reaktionszeit: *Siemann*, Gesellschaft, S. 65–77. Zu den italienischen Satiremagazinen siehe Kapitel B.I.4.a.

Während der liberalen Ära wurde der »Kladderadatsch« ein kritischer Partner der Regierung. Obwohl sich die Zeitschrift als »Verwalter der Massen« sah, war ihr Publikum liberal, gebildet, städtisch, bürgerlich, denn das Blatt war nicht leicht zu verstehen: Einige Artikel erschienen auf Französisch, Lateinisch und Griechisch, im Berliner Dialekt oder in verballhorntem Jiddisch. Hinzu kamen gelehrte Anspielungen auf Bibel und Talmud, auf Homer, Dante, Goethe, Schiller, die Gebrüder Grimm, Heine, Mozart, Voltaire, Molière und Shakespeare; ferner eine verwirrende Vielzahl satirischer Formen und Gattungen: Monologe, Dialoge, Predigten, Fabeln, Volks- und Trinklieder, illustrierte Sprichwörter und Bilderrätsel. Der Witz des »Kladderadatsch« galt als ›jüdisch‹ und ›berlinisch‹. 1868 erhielt er innerstädtische Konkurrenz mit den vom Schriftsteller Julius Stettenheim gegründeten »Berliner Wespen, die zunächst als »Illustrirtes humoristisches Sonntagsblatt« für Abonnenten der liberalen »Tribüne« erschienen, seit 1886 dann als Wochenbeilage der »Freisinnigen Zeitung«. Auch die »Berliner Wespen« erzielten hohe Auflagen (1868: 10.000, 1871: 32.000). Auf dem Titelblatt war stets eine Karikatur mit Titel und Bildunterschrift abgebildet, umrahmt von der Rubrik »Denkzettelchen«, die sich, meist in Form eines Gedichts, auf aktuelle Begebenheiten bezog. Darunter befand sich ein fiktiver Dialog oder ein Beitrag zum »Parlaments-Feuilleton«. Die folgenden Seiten enthielten Lieder, Gedichte, ›Enthüllungen‹, Bilderrätsel und weitere Karikaturen, meist angefertigt von dem Genremaler und Illustrator Gustav Heil. 1872 kam der »Ulk« hinzu, von Rudolf Mosse verlegt und im Abonnement mit dem »Berliner Tageblatt« zu beziehen. Obwohl die drei Blätter auf ähnliche Lesergruppen zielten, waren sie politisch ›befreundet‹. So erschienen im »Kladderadatsch« wiederholt Anzeigen für die »Berliner Wespen«, und in Letzteren wurde für den »Ulk« geworben.[116]

Von 1872 bis 1875 druckten allein diese drei Magazine circa 500 antiklerikale Karikaturen, bei einer Gesamtauflage von 110.000. Friedhelm Jürgensmeier zählt zwischen 1848 und 1900 in achtzig deutschsprachigen Satirezeitschriften fast 2.000 Karikaturen mit religiös-kirchenpolitischer Thematik, davon 717 im »Kladderadatsch«. Die Zahl stieg in der liberalen Ära signifikant an, erreichte ihren Höhepunkt im preußischen Kulturkampf und sank danach wieder: Der »Kladderadatsch« druckte von 1858 bis 1866 72 antiklerikale Karikaturen, bis 1882 dann 407 (1871–1878: 300) und bis 1900 237 (»Berliner Wespen«: 335 von 1868 bis 1883, »Ulk« 197 von 1873 bis 1900).[117]

Die folgende Analyse der visuellen Strategien antiklerikaler Karikaturen beruht auf einer systematischen Auswertung des »Kladderadatsch« und der »Berliner Wespen« in der liberalen Ära (1866–1877) sowie der bereits erwähnten Genueser Blätter zwischen den 1850er und 1870er Jahren. Für andere Satire-

116 Vgl. etwa K 15.9.1872; BW 27.10.1872. Zu den »Berliner Wespen« und zum »Ulk« vgl. *Jürgensmeier*, Kirche, S. 53 ff.; *Koch*, Ridendo; *dies.*, Opinion, S. 408.

117 Vgl. *Jürgensmeier*, Kirche, S. IVf., 32 f., 35, 53 f., 170, 55; *Koch*, Teufel, S. 519.

Abb. 15: La Rana 4.12.1868.

magazine Italiens wie »L'Asino«, »La Rana«, »Il Pasquino«, »Il Lampione«, »La Cicala Politica« wurden Stichproben erhoben sowie Anthologien und Bildapparate herangezogen.[118]

Logik der Inversion: Die Profanation geistlicher Würdenträger

Ein klassisches Mittel antiklerikaler Bildsprache war die Profanation, das heißt die Entweihung und Entwürdigung katholischer Geistlicher. Sie folgte einer Logik der Inversion: Geistliche Würdenträger wurden beim Gegenteil dessen gezeigt, was sie predigten und sich als Regel auferlegt hatten. Sie wurden der Doppelmoral überführt und als gewöhnliche Menschen entlarvt, die trotz sakraler Ämter weltlichen Leidenschaften frönten und sich zu Unrecht über die Laien erhoben. Die Profanation blieb dem Christentum auf negative Weise verhaftet. Einzelne Gruppen des Klerus wurden mit jeweils unterschiedlichen Lastern in Verbindung gebracht. Priester und Mönche waren bei opulenten Mahlzeiten oder exzessiven Trinkgelagen (mit direkter Infusion vom Weinfass) zu sehen[119], und zwar auch anlässlich von Ereignissen ohne kirchenpolitischen Bezug. So nutzte »La Rana« die öffentliche Debatte um die Schweinesteuer 1868 dazu, Mönche beim Völlern, Zechen und Tabakschnupfen wie/als Schweine zu zeichnen. Von

118 Vgl. *Podrecca/Galantara*, Asino; *Mojetta*, Satira; *Chiesa*, Storia; *Spadolini*, Coscienza; Rome; Opposizione.

119 Vgl. Il Fischietto 12.7., 23.8., 23.10.1855; BW 7.2.1873; K 18.4.1875; L'Asino 4.2.1906. Siehe auch die Darstellung des völlernden Papstes im Kontrast zum ersten Vikar Christi in: La Cicala Politica 8.1.1860. Weitere Beispiele bei *Jürgensmeier*, Kirche, S. 106, 184f., 209.

Abb. 16: »Scoperchiate il nuovo vaso di Pandora, e ne usciranno i sette peccati capitali.«, in: Il Fischietto n. 104 (1862), aus: Spadolini, Rome, Abb. 23.

solchen Mensch-Tier-Vergleichen war es oft nur ein kleiner Schritt zur Entmenschlichung (*Abb. 15*).

Derartige Bilder sollten nicht nur Neid und Abscheu beim armen arbeitenden Volk schüren, sondern auch bürgerliche und christliche Werte wie Fleiß und Maßhalten vermitteln. Mitunter wurden die monastischen Exzesse ausdrücklich mit den Tugenden rechtschaffener Bürger kontrastiert. So zeigte »Don Pirlone« 1863 unter Cavours Motto »Freie Kirche im freien Staat« (*Libera Chiesa in libero Stato*), wie ein grobschlächtiger Mönch vor der Klosterpforte den Obolus eines frommen Ehepaars einsackt, den die Ordensbrüder sogleich mit Wein, Weib und Gesang verjubeln.[120] 1862 ging die Turiner Zeitschrift »Il Fischietto«

120 Vgl. Don Pirlone 3.10.1863.

noch einen Schritt weiter und zeichnete den Klerus als Quelle der Übel, die dieser selbst anprangerte (*Abb. 16*). Aus einer Tiara in Form eines Fabergé-Eis als »neue[r] Büchse der Pandora« entweichen »die sieben Todsünden« in Gestalt verschiedener Geistlicher: Zorn (»Ira«), Neid (»Invidia«), Geiz (»Avarizia«), Völlerei (»Gola«), Hochmut (»Superbia«), Trägheit (»Accidia«) und Wollust (»Lussuria«). Das Symbol der weltlichen Papstherrschaft (»potere temporale«) erscheint als Wurzel des Bösen, der Klerus als dessen Überträger.

Von der Heuchelei zur Perversion: Die Sexualisierung des Klerus
Während die geistliche Arbeitsmoral graduell skandalisierbar war (von der relativen Faulheit bis zur totalen Untätigkeit), stellte klerikale Sexualität stets ein absolutes Skandalon dar: Da sie sowohl gegen kanonisches Recht als auch gegen die weltliche Moral verstieß, war sie illegitim und illegal. Bereits die reformatorische Bildsatire hatte den Zölibatsbruch thematisiert.[121] In der zweiten Hälfte des 19. Jahrhunderts wurde das Motiv von liberal-demokratischen Karikaturisten dankbar aufgegriffen. 1848/49 gaben Satiremagazine dem Publikum intime »›Einblicke‹« ins »›scheinheilige Verhalten der Pfaffen, Mönche und Nonnen‹«, oft kombiniert mit Spottversen. Der Hamburger »Mephistopheles« und die Münchener »Leuchtkugeln« berichteten von »›Mönch-Nonnen-Skandalen« und vom »›guten Verhältnis des Herrn Pfarrer zu seiner drallen Haushälterin‹.« Geistliche figurierten als »›Verführer verheirateter Frauen und Zerstörer der Ehen‹« Auch das klerikale »Lasterleben mit vollem Bauch und netten Damen« wurde facettenreich gezeigt.[122] In der liberalen Ära bebilderten und besangen politische Witzblätter dann die Skandalchroniken der liberalen Zeitungen. Sie zeichneten promiskuitive Geistliche, vergnügte Reisegesellschaften von Priestern und Pilgerinnen nach Lourdes, heimliche Zusammenkünfte von Mönchen und Nonnen in unterirdischen Klostergängen, sexuelle Ausschweifungen von Bischöfen und Priestern mit Huren, die Prostitution der braunen Schwestern in Augsburg und die Affäre um den Domherrn Koźmian, dem sittliche Vergehen gegen eine Schwester vom Guten Hirten vorgeworfen wurden.[123]

Ungeachtet ihrer propagandistischen Intention trugen diese Bilder zur ›Diskursivierung des Sexes‹ bei, denn sie stellten den klerikalen Sex überaus differenziert dar: Das Spektrum reichte von ›normalen‹, heterosexuellen bis zu ›perversen‹, nicht-generativen Praktiken wie Onanie, Voyeurismus, Homoerotik, Sodomie, Sadismus, Masochismus oder Pädophilie.[124] Im Unterschied zu Frankreich gab es in Deutschland und Italien allerdings kaum pornographische Bilder.

121 Vgl. etwa *Goertz*, Antiklerikalismus, S. 75–102.

122 Zitiert nach *Jürgensmeier*, Kirche, S. 112 f.

123 BW 14.6., 4.10.1872; K 12.12. (Beibl.), 26.12.1869; 21.1., 10.3., 31.3., 27.10.1872; 9.5., 27.5., 29.8.1875 2. Beibl.

124 Vgl. etwa L'Asino 2.6., 11.8., 25.8., 1.9., 3.11.1907; 9.1.1909.

Man verzichtete auf die Darstellung genitaler Zonen, die sexuellen Handlungen selbst wurden lediglich angedeutet.[125]

Selbstverständlich ist nicht auszuschließen, dass die Betrachter dieser Bilder neben Abscheu, Empörung und Angst auch Vergnügen oder Lust empfanden. Unabhängig davon untergrub die Visualisierung geistlicher Sexualität jedoch die moralische Autorität des Klerus. Denn die Geistlichen erschienen besessen von ihren Begierden und deshalb jederzeit bereit zur Überschreitung moralischer Tabus und natürlicher Grenzen. Sakristeien, Seminare, Klöster und Beichtstühle glichen Stätten ungezügelter Lust.

Als ›normale‹ Variante geistlicher Sexualität firmierten Konkubinate von Weltgeistlichen und Haushälterinnen sowie heterosexuelle Beziehungen zwischen Weltgeistlichen und Prostituierten oder zwischen Mönchen und Nonnen. Die Komik dieser Karikaturen speiste sich daraus, dass die zur Ehelosigkeit verpflichteten Geistlichen eheähnlich lebten. Sie folgten einer Logik der Inversion, die der Profanation ähnelte.[126] Sie dienten auch zur Werbung für antiklerikale Produkte. So schaltete ein Chemnitzer Verlag 1875 im »Kladderadatsch« eine Anzeige für »Cölibat und Haushälterin (oder: Heirathen is nich!). Cultur-historisch-humoristisch-satyrischer Beitrag zur Sitten-Geschichte des katholischen Clerus« mit einer »Illustrations-Probe« (»Wie's Bärbchen Unterricht im Sterngucken bekommt.«). Zu sehen ist ein korpulenter, Pfeife rauchender Priester, der sich seiner Magd von hinten nähert. In derselben Ausgabe wird die Forderung nach einer Kasernierung renitenter Bischöfe, Pröpste und Pfarrer mit dem Hinweis verbunden, dass »Pfarrersköchinnen, Haushälterinnen und barmherzigen Cousinen« nur tagsüber Einlass zu gewähren sei.[127]

In den 1870er Jahren bewarb der Buchversand Gustav Schulze seine Erzeugnisse im »Kladderadatsch« und in den »Berliner Wespen« wiederholt mit einer Zeichnung, auf der ein Mönch und eine Nonne vor einer Klosterpforte Cancan tanzen (*Abb. 17*). Das Kloster gleicht einem Bordell. Die Heilige Schrift liegt am Boden und wird von den Geistlichen mit Füßen getreten.[128] Beworben werden die vier Werke »Pfaffenunwesen, Mönchsscandale und Nonnenspuk«, »Geheime Aufzeichnungen des Pater Clemens, Beichtvater eines deutschen Hofes«, die »Memoiren der Schwester Angelika, einer entlaufenen Nonne des Klosters zu

125 So auch *Jürgensmeier*, Kirche, S. 113. Zur pornographischen Repräsentation katholischer Geistlicher im Ancien Regime vgl. die Beiträge in: *Hunt*, Erfindung.

126 Vgl. Il Fischietto 13.10.1855 (Mönch und Nonne beim Küssen), 23.10.1855 (Mönch und schwangere Nonne); Il Lampione 16.7.1871 (Schwangere und Priester); L'Asino 1.9.1907 (schwangere Nonne und Priester).

127 K 4.4.1875 1. Beibl. Vgl. auch La Strega 12.10.1850; Don Pirloncino 23.8.1871; Il Gatto 21.2., 3.4.1875; L'Asino Nr. 50 (1893) S. 11. Ferner *Jürgensmeier*, Kirche, S. 112 f. Anm. 195 f.

128 Vgl. auch die Karikaturen in: Il Fischietto 12.4.1855; L'Asino 1.4.1906, 28.4., 13.10.1907, die tanzende Mönche und Nonnen zeigen. Im »Asino« klagen Huren 1905 über die Konkurrenz der Konvente, die den Bordellen das Geschäft vermiesen: *Podrecca/Galantara*, Asino, S. 140.

Abb. 17: »Interessante und pikante Lectüre«, in: Kladderadatsch 3.11.1872, 1. Beiblatt.

Cork« sowie »Der Teufel im Beichstuhl oder Jesuitenschliche«. Sie sind als Paket zu einem günstigeren Preis zu erwerben und werden per Nachnahme oder gegen Einsendung des Betrags postalisch versandt.[129]

Bedrohlicher mussten Karikaturen wirken, auf denen Geistliche verheiratete Frauen begehrten, die sich der klerikalen Verführungskunst nicht erwehren konnten. Der Topos geistlicher Seelenführung wurde hier ins Körperlich-Sexuelle übertragen. Der Priester schien über ein unerschöpfliches Reservoir sexueller Möglichkeiten zu verfügen. Zugleich wurde an die Ehre männlicher Betrachter appelliert, dem infamen Treiben der Geistlichen ein Ende zu bereiten. In Italien

129 K 3.11.1872. In anderen Varianten der Anzeige wird dem Leser versichert, dass die Titel »nicht obscön« seien. Sie werden so von pornographischen Produkten abgegrenzt. Vgl. K 26.11.1871, 30.6., 17.11.1872; BW 22.11.1872.

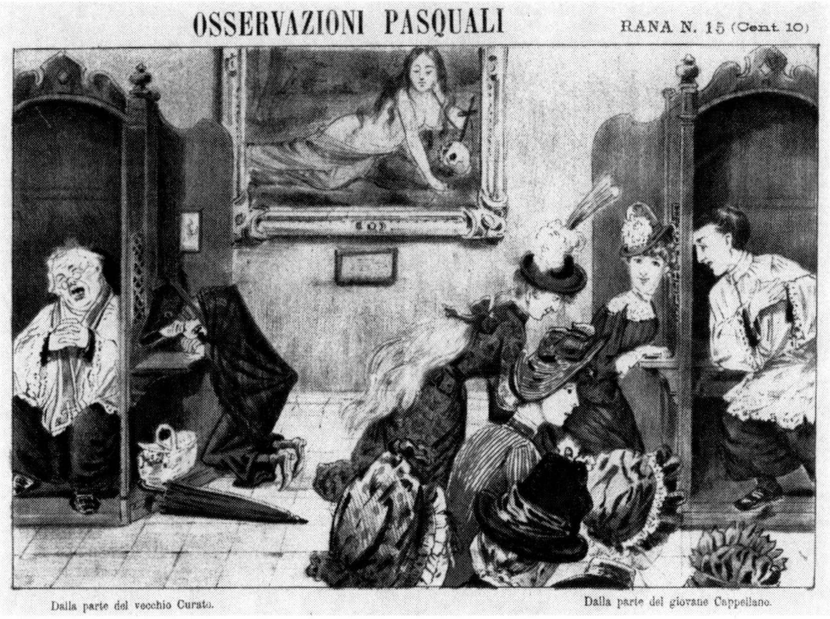

Abb. 18: »Osservazioni Pasquali«, in: La Rana 11.4.1890.

erschienen vor allem Beichtväter als lästige Rivalen abwesender, arbeitender Gatten, etwa 1890 in »La Rana«. Während ein alter Pfarrer bei der Beichte eines alten Betweibs einschläft, drängen junge Damen zum Beichtstuhl des jungen Kaplans, um dessen betörender Stimme zu lauschen. Im Hintergrund hängt das Gemälde einer halbnackten barocken Frauengestalt mit einem Totenschädel und einem Kreuz – Sex, Tod und Religion sind als Warnung auf unheimliche Weise vereint (*Abb. 18*).[130]

1908 zeigte »L'Asino«, wie schamlos Geistliche die vermeintliche weibliche Naivität ausnutzen wussten. Zu sehen ist ein Priester, der eine »Signora« in die Sakristei lockt, um sie zu entkleiden und zu berühren.[131] Gleichwohl bewegten sich antiklerikale Karikaturen stets auf dem schmalen Grat des Zeigbaren: Nackte Körper und genitale Zonen waren nicht zu sehen. Aufgrund des Pornographieverbots musste der klerikale Sex indirekt dargestellt werden. 1853 demonstrierte das genuesische Blatt »La Maga«, wie nah religiöse Rituale und sexuelle Leidenschaften lagen. Während der Ordensgeistliche vorn die Demutskundgebungen alter Betweiber entgegennimmt, werfen die Mönche hinten den jungen Frauen, darunter auch eine Schwangere, lüsterne, tierische, sentimentale Blicke zu.[132]

130 Als weitere Beispiele vgl. Il Lampione 3.3.1871; L'Asino 11.3.1906.
131 *Podrecca/Galantara*, Asino, S. 189. Vgl. auch L'Asino 27.10.1907.
132 La Maga 23.6.1853.

Abb. 19: »La soppressione dei conventi / Sai che ho letto in questo giornale, Suor Cecilia? che vogliono chiudere il convento e mandarci a casa. Ah! se fosse vero!«, in: La Caricatura 1865, aus: Spadolini, Opposizione, Bd. 1, Abb. 76.

Nonnen wurden dagegen eher selten als aktive sexuelle Wesen dargestellt und wenn, dann meist in Form von Anspielungen auf lesbische Liebe. 1865 illustrierte »La Caricatura« anlässlich der Pläne zur nationalen Aufhebung der Klöster den fiktiven Dialog zweier Ordensfrauen: »Weißt Du, was ich in der Zeitung gelesen habe, Schwester Cecilia? Dass sie den Konvent schließen und uns nach Hause schicken wollen. Ach, wenn es doch nur wahr wäre!«. Die gleichgeschlechtliche Beziehung ist durch zärtlich-intime Umarmungen angedeutet (*Abb. 19*).[133]

133 Ähnlich die Darstellung lesbischer Nonnen in: La Maga 28.9.1854. Vgl. dagegen L'Asino 12.5.1907, wo zwei Nonnen einen geistlichen Beichtvater wohlwollend beäugen.

Abnorme Physiognomien: Stereotypologie geistlicher Körper

Die schädlichen Effekte geistlicher Lebensführung wurden in abnormen Physiognomien karikierter Kleriker zum Ausdruck gebracht. Einzelne Gruppen des Klerus wurden dabei meist auf stereotype Weise dargestellt.[134]

Jesuiten erschienen hager und langgliedrig, mit scharfen Zügen, spitzen Nasen, langen Ohren und Fingern, in geduckter Körperhaltung und schleichendem Gang, schwarz gewandet und mit Kalabreser, mitunter bewaffnet mit Dolch oder Pistole.[135] Ihr Gesichtsausdruck (zuweilen auch der von Priestern[136]) wirkte grimmig oder verstohlen.[137] Die bekannteste deutsche Karikatur eines Jesuiten schuf Wilhelm Busch mit dem »Pater Filucius« 1872 zum Reichsverbot des Ordens. Sie vereint die Merkmale eines Raubvogels (Hakennase, spitzes Kinn, scharfe Gesichtszüge, stechender Blick) und der Figur des Teufels (lange Ohren, geduckter Körper, Buckel). Auf einem besonders bedrohlich anmutenden Bild starrt Filucius den Betrachter, unter der Krempe seines Kalabresers hervor, mit dunklen, bösen Augen an; mit grimmigen Mundwinkeln und verschränkten Armen, den Körper geduckt und sprungbereit (*Abb. 20*).

Im Gegensatz dazu waren der *Papst*[138] (als altersschwacher Greis[139]), die *Bischöfe*[140] und *Mönche*[141] (mit Tonsur in grauer Kutte, oft mit Trinkernase[142]) meist fettleibig gezeichnet[143], Letztere zuweilen auch grobschlächtig und kantig[144] oder monströs.[145] Ihr Antlitz wirkte dumpf-behäbig, ausgelassen-frivol[146] oder brutal-gewaltbereit.[147] *Priester*-Physiognomien wurden – je nach dominanter Eigenschaft – wie die von Jesuiten oder Mönchen dargestellt.[148]

134 Ähnlich für die Zeit zwischen 1848 und 1851: *Jürgensmeier*, Kirche, S. 107–116.

135 K 17.10.1869, 19.12.1869, 19.11.1871, 30.6.1872, 8.8.1872, 26.10.1873; BW 26.9., 19.12. 1869; 2.1., 9.1.1870; 17.3., 4.8., 6.10.1871; 11.6.1875. Bereits im Vormärz greifen Jesuiten auf Karikaturen zu Gift und Dolch. Vgl. *Jürgensmeier*, Kirche, S. 114f. Anm. 200.

136 K 3.12.1871; 31.3., 21.4.1872; 27.4., 29.6., 28.12.1873.

137 K 19.8.1869; 27.7.1873. Siehe auch den schreienden Papst in: K 20.2.1870.

138 Vgl. BW 12.12., 26.12.1869; 9.1., 13.2., 1870; 7.4.1871; 23.8.1872; 28.8.1874.

139 Vgl. K 14.11.1869.

140 Vgl. K 12.12.1869; 9.1.1870; 18.5., 26.10.1873; 5.10.1875; BW 12.4., 14.6., 28.6., 5.7. 1872.

141 Vgl. La Maga 20.1.1855; Il Fischietto 22.5.1855; BW 12.12.1869; 4.8.1871; 28.8.1874; K 20.7.1873.

142 Vgl. BW 15.8., 26.8., 5.9.1869; 2.1.1870; 7.4., 25.8., 17.11.1871; 7.2.1873; 28.8.1874. K 18.4.1875. Vgl. auch den trunkenen Papst mit leuchtender Nase in: BW 25.6.1875.

143 Zur Bildtradition dicker Bäuche: *Langemeyer*, Mittel, S. 43–48.

144 Vgl. K 19.12.1869, 23.2.1873, 6.7.1873.

145 Vgl. K 14.9.1873. Siehe auch die janusköpfigen Bischöfe in: K 22.8.1875, davon der linke mit gespaltener Unterlippe und überdimensionierter Nase.

146 Vgl. K 29.12.1872; 3.1.1875.

147 Vgl. K 15.8.1869; 31.10.1869; 10.1.1875.

148 Vgl. BW 17.3.1871; K 28.3.1875.

Abb. 20: »Pater Luzi aber schleichet / Heimlich lauschend um das Haus. / Ein pechschwarzes Ei der Rache / Brütet seine Seele aus.«, in: Wilhelm Busch, Pater Filucius, Heidelberg 1872, S. 25.

Als wandelndes Panoptikum kurioser klerikaler Körper zeigte »La Maga« 1871 »die Prozession und ihre Typen«. Zu sehen ist ein Bischof mit einem Krummstab, umringt von Mönchen, Messdienern und Priestern. Die Gesichter der singenden Geistlichen sind zu grotesken Fratzen verzerrt, ihre Physiognomien changieren innerhalb des skizzierten Spektrums.[149]
Die extremen Pole männlicher Kleriker-Physiognomien Jesuit und Mönch zeigte »Il Lampione« 1864 im Zuge der parlamentarischen Debatten um die Aufhebung der Orden (*Abb. 21*). Ein Vertreter der Staatsgewalt fordert drei Mönche auf, »nach Hause« zu gehen und bietet ihnen zur Entschädigung ein kleines Geld-

149 La Maga 8.6.1871.

Abb. 21: »Attualità. La Soppressione dei Conventi«,
in: Il Lampione 2.3.1864.

stück. In der Bildmitte stiert ihn ein über ein opulentes Mahl gebeugter dicker Mönch mit stumpfen Augen an, im Hintergrund gebärdet sich, wild gestikulierend, ein dürrer Ordensgeistlicher hysterisch, rechts stutzt, mit offenem Mund, ein hagerer, buckliger, schwerhöriger Greis.

Im Gegensatz zu den Mönchen waren Nonnen – je nach Alter und klösterlicher Verweildauer – entweder schlank und liebreizend dargestellt oder grimmig-verhärmt (vor allem Oberinnen) bzw. melancholisch-hysterisch, mit tonnenförmigen, unsinnlichen Körpern.[150]

150 Vgl. etwa La Maga 16.7.1853; 28.9.1854; 22.5., 7.7., 24.7.1855; La Rana 30.12.1865; 5.10.1866; La Caricatura 1865, in: Spadolini, *Opposizione*, Bd. 1, Abb. 76.

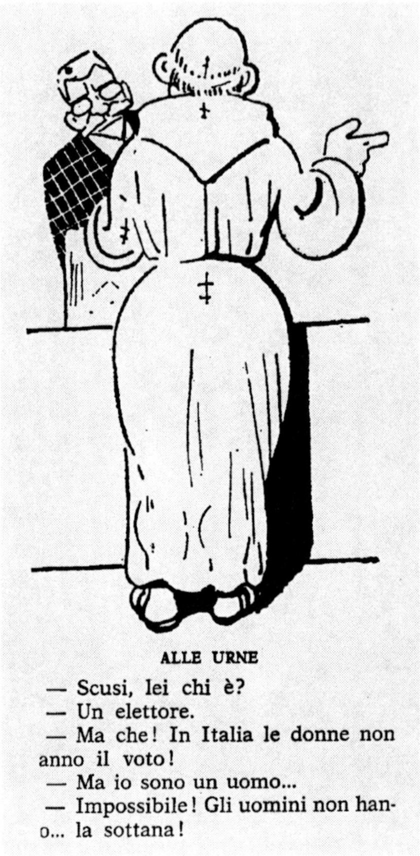

Abb. 22: »Alle Urne. / – Scusi, Lei chi è? / – Un elettore. / – Ma che! In Italia le donne non hanno il voto! / – Ma io sono un uomo… / – Impossibile! Gli uomini non hanno… la sottana!«, in: L'Asino 2.3.1909.

Androgynie und Effemination: Das unklare Geschlecht der Geistlichen

Viele Karikaturen ließen das Geschlecht der Geistlichen offen oder stellten es ›verkehrt‹ dar: Männliche Kleriker wurden effeminiert oder als Hermaphroditen dargestellt, Jesuiten als androgyn, Nonnen oft vermännlicht.[151] Wallende Kleider, runde Körper- und weiche Gesichtsformen verliehen männlichen Geistlichen weibliche Züge. Hierzu passend zeigte »L'Asino« 1909 eine fiktive Szene

151 Il Lampione 31.7.1860 (effeminierte Kurie auf dem Krankenbett, Garibaldi fühlt den Puls), 17.2.1871 (effeminierter Papst); L'Asino 5.8.1906 (Priester als Hermaphrodit). Vgl. auch Il Pasquino 17.11.1907, wo ein Jesuit in Frauenkleidern vor einem Spiegel für einen Schönheitswettbewerb posiert. Zur Repräsentation von Jesuiten als androgyn vgl. *Healy*, Anti-Jesuitism.

aus einem Wahllokal: Einem Geistlichen wird die Stimmabgabe mit dem Hinweis verweigert, dass Frauen in Italien kein Wahlrecht hätten. Als er bemerkt, dass er ein Mann sei, entgegnet ihm der Wahlhelfer, dass Männer keine Soutane trügen (*Abb. 22*).

Weniger komisch als dramatisch wirkte 1873 im »Kladderadatsch«, wie der Papst und die Jesuiten als »schwarze Sirenen« mit Harfenspiel und Gesang die europäischen Nationen anlocken, um diese auf dem Meeresgrund zu versenken: Während die »Hispania« schon fast gesunken ist, nähert sich die »France« mit Napoleon III. voll falscher Hoffnungen. Bismarck hat sich hingegen auf der »Borussia« wie einst Odysseus an einen Mast fesseln lassen, die ›Pickelhauben‹ der preußischen Armee halten ungerührt Kurs.[152]

Zuweilen wurden katholische Kleriker, Politiker und Journalisten auch eindeutig weiblich dargestellt: der Papst als korpulente Frau, Jesuiten als Ammen (eine Anspielung auf den Einfluss des Ordens im Bildungswesen), Windthorst als Weib, das einen ›schwarzen‹ Jesuiten ›weiß‹ zu waschen sucht, ein europäisches Damenorchester unter päpstlicher Leitung, unter anderem mit dem Chefredakteur der »Germania« Majunke.[153]

Durch dieses visuelle *Gendering* wurde der Kulturkampf als Kampf ›deutscher Männer‹ gegen ›weibische‹ Katholiken inszeniert. Die Männlichkeit geistlicher Kulturkämpfer wurde infrage gestellt. Nonnen (vor allem Oberinnen) zeigten im Gegensatz dazu harte männliche Gesichtszüge und Körperformen. Sie standen für die klösterliche Pervertierung des schwachen Geschlechts.[154]

Irre, Triebtäter, Monster: Die Pathologisierung des Klerus

Noch bedrohlicher als das antiklerikale *Gender Crossing* wirkten Bilder geistlicher Fanatiker, Verbrecher und Wahnsinniger: 1855 zeigte »La Maga« einen geifernden Kanzelprediger, der auf eine Gruppe von Kindern einredet: seine raubtierähnlichen Zähne sind gefletscht, sein Blick ist voll des Zorns, sein Redeschwall wirkt ohrenbetäubend. Diesem Lehrer war mit Vernunft nicht beizukommen. Er vergewaltigte die Kinderseelen verbal.[155]

Lebensgefährliche Varianten klerikaler Sexualität visualisierten Karikaturen ›perverser‹ Geistlicher. 1869 zeigte der »Kladderadatsch«, wie die geistig verwirrte Krakauer Karmeliterin Barbara Ubryk, die sonst in der liberalen Presse als Opfer klerikaler Gewalt dargestellt wurde, den Düsseldorfer Dominikaner Jordanus Kuchem »zum Café« empfing (*Abb. 23*). Kuchem wurde wegen Unzucht mit Minderjährigen steckbrieflich gesucht, was, wie zu sehen sein wird, eine wichtige Rolle in der Genese des Moabiter Klostersturms spielte. Auf dem Schoß der

152 K 17.8.1873.

153 K 20.3.1870; 23.6.1872 Beibl.; 28.11.1875; BW 10.10.1873. Vgl. auch die weiblich-laszive Kirche in: K 17.12.1871 und die feminine Darstellung eines Bischofs *ebd.*, 13.7.1873.

154 Vgl. etwa La Maga 28.9.1854.

155 La Maga 6.12.1855.

Abb. 23: »Den übertriebenen Berichten über das Auffinden der Barbara Ubryk in Krakau gegenüber, geben wir die Copie einer katholischen Photographie, darstellend: Pater Cuchem zum Café bei Barbara Ubryk.«, in: Kladderadatsch 26.9.1869.

Nonne sitzt eine Katze, ein Symbol der Liebe und der Fruchtbarkeit; der Blick des Paters ist durchdringend und böse; das unselige Paar lächelt sich in unheimlichem Einvernehmen an.

Unter dem Titel »Juste Milieu« zeigte das Blatt 1872 den Linzer Karmeliterpater Gabriel, der wegen versuchter Verführung der minderjährigen Anna Dunzinger im Beichtstuhl angeklagt war, beim Hören der Beichte einer Frau. Sein unheimliches Lachen lässt Vorfreude auf das nächste Opfer erahnen. Vom Beichtstuhl führt ein unterirdischer Gang in ein Irrenhaus, in das ein aufgelöstes, verzweifeltes Mädchen flieht (*Abb. 24*).[156]

156 Weitere Karikaturen Pater Gabriels in: K 10.3., 31.3., 29.9.1872; BW 9.8., 30.8., 22.11.1872; 7.2.1873. Als italienisches Pendant des Motivs vgl. L'Asino 16.6.1907.

Abb. 24: »Juste milieu. Ehren-Gabriel in Linz steht gerade in der Mitte zwischen Unfehlbarkeit und Irrenhaus«, in: Beiblatt zum Kladderadatsch 21.1.1872.

Auch in Italien wurden Priester und Mönche als Wahnsinnige, Triebtäter und Monster dargestellt, zumal in der 1892 in Rom von dem Journalisten Guido Podrecca und dem Zeichner Gabriele Galantara gegründeten sozialistischen Wochenzeitschrift »L'Asino«, die sich besonders drastischer Motive und Darstellungsformen bediente. 1907 zeigte das Blatt eine mönchische Bestie in einem Käfig mit dem »Sicherheitshinweis: Es ist gefährlich, sich ohne Panzer oder Keuschheitsgürtel zu nähern« (*Abb. 25*). Hintergrund war eine Zeitungsmeldung, wonach Schüler eines geistlichen Instituts in Pallanza von Lehrern vergewaltigt und mit Geschlechtskrankheiten angesteckt worden waren. Das Institut wurde geschlossen, die Lehrer angeklagt und verurteilt. Danach benutzte »L'Asino« das Epitheton »pallanzeschi« zur Bezeichnung pädophiler Geistlicher. Die Nachricht erschien wie eine Bestätigung einer Karikatur von 1905, die einen Säugling in den Händen einer – frei herumlaufenden – mönchischen Bestie gezeigt hatte. Der Titel lautete: »Italien ist geschaffen«, der Untertitel: »Und sie liegt in guten Händen, die Erziehung der Kinder!« (*Abb. 26*).

Die drastischen Sex & Crime-Darstellungen machten »L'Asino« zum auflagestärksten italienischen Satiremagazin. 1904 wurden 60.000, in den folgenden Jahren 100.000 Exemplare gedruckt. Die Neugier des Publikums, immer neue Varianten perverser Geistlicher zu sehen und zu lesen, war offenbar groß. Zwar fiel das Blatt zwischenzeitlich einer ›antipornographischen‹ Kampagne zum Opfer. Als »L'Asino« 1921 den Betrieb wieder aufnahm, ironisierte er die Anklage, indem er rückblickend über sich selbst schrieb: Das Blatt »wurde gelesen von jungen Erotikern und alten, lasterhaften Männern. Es diente als Anreiz zur Masturbation.«[157]

157 Zitiert nach *Podrecca/Galantara*, Asino, S. 173. Zur Geschichte des »Asino« siehe auch *Neri*, Galantara; *Andreucci*, Raglio; *Chiesa*, Storia; *Wanrooij*, Storia, S. 46.

Abb. 25: »Avviso di sicurezza: È pericoloso avvicinarsi senza corazza o mutande di sicurezza«, in: L'Asino 15.9.1907.

Von diesem als vulgär verachteten Antiklerikalismus sollten sich laizistische Intellektuelle wie Filippo Turati, Croce und Salvemini und einflussreiche Historiker des italienischen Kulturkampfes wie Arturo Carlo Jemolo und Giovanni Spadolini später distanzieren. Dabei geriet jedoch in Vergessenheit, dass die Wurzeln des populären, vulgären Antiklerikalismus im Menschenbild der Aufklärung lagen. »L'Asino« nutzte die angeblich perverse Sexualität katholischer Geistlicher, um für die Verweltlichung der Schulen zu werben. Er fühlte sich dem Projekt der Moderne ebenfalls verpflichtet.[158]

158 Zur Kampagne für die Verweltlichung des Schulwesens vgl. *Neri*, Galantara, S. 121. Zur klerikalen Sexualität im »Asino« vgl. bereits *Candeloro*, Temi, der indes die Kontinuität zum bürgerlichen, liberalen und demokratischen Antiklerikalismus übersieht. Zur Distanzierung

Abb. 26: »L'Italia è fatta. / Ed è in buone mani l'educazione dei figli!«, in: L'Asino 8.1.1905.

Tiere, Pflanzen, Schädlinge: Die Entmenschlichung des Klerus

Antiklerikale Karikaturen vollzogen oft auch eine Entmenschlichung des Klerus. Sie stellten katholische Geistliche als Teufel[159], Vampire[160], Tiere und Pflanzen dar, als Reptilien (Hydra, Schlangen, Mäuse, Ratten)[161], Amphibien (Molche,

vom populären Antiklerikalismus vgl. *ebd.*, S. VII Anm. 1, IX, XIII, XV Anm. 20; *Neri*, Galantara, S. 123, 127. Vgl. dagegen *Lyttelton*, Anticlericalism, der das Sexualitätsdispositiv als integrales Element des italienischen Antiklerikalismus ernstnimmt.

159 BW 21.6.1872.

160 Vgl. *Jürgensmeier*, Kirche, S. 101, 110, 125, 162.

161 Vgl. Il Lampione 11.9.1860; 14.9.1861; K 12.3.1871; 31.3.1872; 28.2.1875; BW 7.4., 10.11.1871; 14.6.1872; 2.4.1875; L'Asino 6.1., 30.6.1907.

Unken)[162], Insekten (Ameisen, Fliegen, Heuschrecken, Käfer, Läuse, Raupen, Schmetterlinge, Würmer, Schnecken, Spinnen)[163], Krebse[164] und giftige Pilze.[165] Die Bilder waren von entsprechenden Texten umgeben. Wie im Vormärz wurden katholische Orden, Dogmen oder Klöster darin als Seuchen und Epidemien bezeichnet, Jesuiten als »Landplage«, das Unfehlbarkeitsdogma als »Epidemie«, Klöster als Verpestung der Luft.[166]

Häufig wurden Geistliche mit schädlichen Insekten assoziiert. Bereits 1850 hatte die »Deutsche Reichsbremse« vor »Priesterungeziefer« gewarnt. Im Zuge der Reichsgründung wurde die Gefährdung des ›Körpers‹ der Nation durch klerikale ›Schädlinge‹ in liberalen Satiremagazinen zum bildlichen und sprachlichen Topos. 1875 zeigte der »Kladderadatsch« auf seinem Titelblatt, »Was in Deutschland zu holen ist. / Reichs-Ungeziefer. / Die Trichinen im Milliardenschwein, / Die Phylloxera in unserem Wein / Und der schwarze Wurm im Reichsäpflein, / Mögen dem +++ empfohlen sein!« Zu sehen waren ein Schwein mit der Aufschrift »KRACH« (Börsenkrach), ein zerfledderter Weinstock (Reblausplage) sowie ein von Mönchen und Jesuiten zerfressener Reichsapfel. Nach dem preußischen Ordensverbot präsentierte das Blatt 1875 anlässlich einer Heuschreckenplage eine Karikatur mit der Legende: »Als ob wir nicht schon Ungeziefer genug hätten, gesellt sich im vergangenen Sommer zu Reblaus, Coloradokäfer u.a.m. noch als Dritte oder Vierte im Bunde die Heuschrecke.« Zu sehen war – neben Heuschrecke, Reblaus und Kartoffelkäfer – ein Mönch, der sich aus dem Bild abwendet und dem Reich bereits den Rücken zukehrt. Im »Lied vom neuesten Schrecken« war der Ordensklerus zuvor mit »Milliardenschwärmen« von Schädlingen verglichen worden, welche die ›Ernte‹ des Reichs bedrohten.[167]

Die Gleichsetzung katholischer Geistlicher mit Schädlingen hatte eine lange Tradition. Schon der Botaniker Carl von Linné hatte einen Forstschädling *Lymantria monacha* (dt. Nonne) genannt. 1860 meldete die »Gartenlaube«, dass diese »verderbliche Nonne« dem Staat und Privatpersonen in nur drei Jahren millionenfachen Schaden zugefügt habe.[168] 1783 hatte der Wiener Freimaurer Ignaz von Born Linnés botanisches System auf die Orden übertragen, Benediktiner, Dominikaner, Kamaldulenser, Franziskaner, Kapuziner, Serviten, Augus-

162 Vgl. *Jürgensmeier*, Kirche, S. 128.

163 Vgl. Il Fischietto 9.6., 21.6.1855; Il Lampione 21.1.1864; 8.9.1860; K 1.8.1869, 29.1.1871; 30.6.1872; 14.2., 4.4.1875; BW 4.8.1871.

164 Vgl. BW 29.8.1869; 1.8.1873.

165 Vgl. BW 11.7., 17.7.1874.

166 *Jürgensmeier*, Kirche, S. 114, 136, 128.

167 *Jürgensmeier*, Kirche, S. 116 (»Deutsche Reichsbremse«); K 14.2., 26.9., 8.8.1875 2. Beibl. Für Italien: L'Asino 1.4.1906; 23.8.1907. Zur Geschichte der Begriffe »Schädling« und »Phylloxera« vgl. *Jansen*, »Schädling«, S. 194–230.

168 GL 1860, S. 56–59. Vgl. GL 1890, S. 588ff.

tiner, Paulaner, Trinitarier, Karmeliter und Trappisten in Fleisch-, Fisch- und Früchtefresser eingeteilt und die Ähnlichkeiten zwischen Insekten und Mönchen betont.[169]

Mit der Produktion von Insektiziden änderte sich der Kontext solcher Aussagen. In den 1870er Jahren warb die Breslauer Firma Stoermer & Mohr im »Kladderadatsch« für das Insektenvernichtungsmittel »Tincol«, und Franz Hoffmann aus Leipzig empfahl eine »K.K. österreich[isch] patentirte Insecten-Vertilgungs-Dampfmaschine«, deren »Äther augenblicklich die größte Zahl Fliegen, Wanzen, Flöhe, Schaben, Schwaben sic. ausrottet«. Die neuen Methoden der Insektenbekämpfung gaben der Schädlingsmetapher eine neue Bedeutung.[170] Liberale Satiriker sehnten die Vernichtung ›römischen Ungeziefers‹ nun mit chemischen Mitteln herbei: Der Hamburger »Industrielle Humorist« warnte nach dem Ende des Kirchenstaats 1870 vor den aus Rom fliehenden Mönchen: Es handele sich um »Raupen, die der neue Besen aus Rom gefegt hat und die nun an der deutschen Eiche neue Futterplätze suchen«. Als Belohnung für »ein probates Gift gegen die Jesuiten-Schädlinge« wurden zwanzig Dukaten ausgelobt.[171] 1871 forderte der »Kladderadatsch« in einem »Den Baiern« gewidmeten Gedicht, nach dem Sieg über Frankreich nun die »gift'ge Brut« in Angriff zu nehmen, die an Deutschlands »Friedensbeeten« nage: die »schwarze Sipp' im Schafsfellkleid«, »Der heil'gen Roma Narren«. Das »giftgeschwoll'ne Haupt« des römischen Wurms, der an »Deutschlands Eiche« frisst, müsse zertreten werden.[172] Auch die »Berliner Montags-Zeitung« warnte: »Nun gilt's, des Reiches Leib zu schützen / Vor miasmat'schen, faulen Winden; / Von Würmern, die in tausend Ritzen, / In Schlössern und in Kutten sitzen, / Germania, Dich zu entbinden.«[173] Diesem Aufruf folgend, veröffentlichte der »Kladderadatsch« 1872 den fingierten Brief eines Kammerjägers, der ausrief »Nieder mit der schwarzen Brut!«:

> An der Wurzel und mit derselben müsst ihr das Uebel vertilgen, indem ihr die Brutstätten der schwarzen Schaaren zerstört, zu welchem Zwecke wir uns allein ächtes – Persisches Insectenpulver einem hohen Adel und verehrten Publicum auf das angelegentlichste zu empfehlen uns hierdurch ergebenst beehren.

Während im Anzeigenteil für persisches Insektenpulver geworben wurde, empfahl das Blatt auf der Karikatur »Radikal nicht palliativ«, (*Abb. 27*), die Jesuitenfrage an der Wurzel zu packen: Bismarck und der »Kladderadatsch« stehen unter der mächtigen Eiche »Germania« im Teutoburger Wald. Im Hintergrund

169 Vgl. *Horwath*, Kulturkampfliteratur, S. 34, 39 f.

170 K 17.4.1870. Zur Geschichte chemischer Insektenbekämpfungsmittel vgl. *Jansen*, »Schädling«, S. 65–73.

171 Zitiert nach *Jürgensmeier*, Kirche, S. 138.

172 K 29.1.1871.

173 Zitiert nach *Koch*, Teufel, S. 512.

Abb. 27: »Radical, nicht palliativ. / Das Aufstöbern hilft nichts, sie werden nur noch bissiger dadurch. Man muß sie entweder ganz in Ruhe lassen oder vollständig ausrotten; einen Mittelweg gibt's nicht.«, in: Kladderadatsch 30.6.1872.

erinnert Hermann der Cherusker mit erhobenem Schwert an den Sieg der Germanen über die Römer. Der Reichskanzler stochert mit dem Gehstock in einem Haufen insektenförmiger Jesuiten herum, die am Baumstamm nagen. Der »Kladderadatsch« rät: »Das Aufstöbern hilft nichts, sie werden nur noch bissiger dadurch. Man muß sie entweder ganz in Ruhe lassen oder vollständig ausrotten; einen Mittelweg gibt's nicht.«[174]

174 K 19.5.1872; 28.6.1872 1. Beibl.; 30.6.1872. Zum Jesuitenverbot vgl. *Anderson*, Windthorst, S. 168 f.; *Huber*, Dokumente, Bd. 2, S. 363 f.; *Huber*, Verfassungsgeschichte, Bd. 4, S. 704–707; *Für und wider die Jesuiten*; *Moufang*, Aktenstücke; *Healy*, Jesuit, S. 51–83; *Gross*, War, S. 258–280.

Die Aufgabe des »Kladderadatsch« war hier gleichsam als militärische Aufklärung dargestellt: Sie bestand darin, den Kanzler auf ›Reichsfeinde‹ aufmerksam zu machen und ihm wirksame Gegenmittel zu empfehlen. Um die Nation von römischem ›Ungeziefer‹ zu reinigen, musste dieses zunächst sichtbar gemacht werden. Hierzu benötigte man Vergrößerungsverfahren, wie sie die »kleinen Taschen-Mikroskope« versprachen, die im »Kladderadatsch« unter dem Motto »Das Unsichtbare wird sichtbar« beworben wurden: »Mit Hülfe eines solchen Taschen-Mikroskopes«, versprach die Anzeige, »sieht man in einem halben Tropfen Wasser Hunderte von Infusions-Thierchen [...] Einzelne Theile von kleinen Insecten, Würmern, Pflanzen etc.«[175] Antiklerikale Karikaturen verfolgten ein ähnliches Ziel: unsichtbare Feinde sichtbar zu machen. Mitunter reflektierten sie diese Funktion selbst. Unter dem Titel »Die Heilige Desinfektion« brachte der »L'Asino« 1910 eine Bildserie mit Begleittext. Sie zeigt Papst Pius X., der durch ein Mikroskop auf einem geistlichen Kleidungsstück »die Mikrobe der erzwungenen Ehelosigkeit« erblickt: verkörpert durch einen Geistlichen, der ein schreiendes Kind verfolgt. Auch das »heilige Wasser« aus Lourdes, heißt es weiter, gebäre »Bestien«. Diese ›Bazillen‹ galt es aus antiklerikaler Sicht auszumerzen, um die Gesundheit der Nation zu sichern. Der Kampf gegen katholische Geistliche und ihre Gelübde war aus dieser Perspektive auch ein Beitrag zur geistigen, kulturellen und moralischen Hygiene des Landes.[176]

6. Zusammenfassung

Antiklerikale Medien hatten einen transnationalen Charakter. Sie beeinflussten sich durch grenzüberschreitende Transfers, Übersetzungen und Importe spezifischer Formate, Inhalte und Werke wechselseitig. Dies galt für Narrative, Motive, Topoi, Klischees und Stereotype ebenso wie für Techniken der Psychologisierung und der Visualisierung. Auch wenn die Urheber oft ungenannt blieben, prägten einzelne Werke die Produktion in ganz Europa. Modellartige Erzeugnisse kamen vor allem aus Frankreich: Denis Diderots Klosterroman »La Religieuse« und Eugène Sues Zeitungsromane, Satiremagazine wie »Le Charivari« oder die Karikaturen von Grandville (=Jean Ignace Isidore Gérard). Aber auch deutsche Medien wie die »Gartenlaube« und der »Kladderadatsch« oder Wilhelm Buschs Bildergeschichten schufen internationale Standards.

Im ›langen‹ 19. Jahrhundert wechselten sich antiklerikale *Leitmedien* ab: Während Aufklärung und Romantik im Zeichen des Romans standen, war der Vormärz durch Flugschriften geprägt. 1850 begann mit der täglich konsumierten

175 K 8.6.1873.

176 L'Asino 9.1.1910. Zu bakteriologischen Visualisierungstechniken aus wissenschaftshistorischer Perspektive vgl. *Sarasin*, Visualisierung.

Zeitung, der regelmäßig erscheinenden Illustrierten und dem politischen Witzblatt das Zeitalter der *Medialisierung*, das den Konsum antiklerikaler Repräsentationen verstetigte. Die liberale Ära gehörte der Satire und der Karikatur.

In all diesen Medien zeigte sich ein schleichender Übergang von der *Psychologisierung* zur *Stereotypisierung* und *Visualisierung*. Bereits im Vormärz wurden antiklerikale Repräsentationen katholischer Geistlicher ein Nationen, Klassen und Lager übergreifendes Gut. Die Medialisierung beeinflusste nicht nur die Produktion, Diffusion und Rezeption antiklerikaler Romane, sondern auch deren Erzählformen: Komplexe Psychogramme katholischer Geistlicher wurden zu antiklerikalen *Stereotypen* trivialisiert. Dies hing nicht nur mit den anderen Lesegewohnheiten eines zunehmend nichtbürgerlichen Publikums zusammen, das weniger Bildung und Muße hatte. Es erschien auch nicht mehr nötig, die Degeneration klerikaler Individuen in allen qualvollen Stufen zu schildern. Ihr Verlauf wurde nun als bekannt vorausgesetzt, mit groben Strichen gezeichnet und durch Anspielungen oder Zitate rasch in Erinnerung gerufen. Lüsterne Priester, faule Mönche, intrigante Jesuiten und unglückliche Nonnen bevölkerten daher auch Romane und Erzählungen ohne antiklerikale Stoßrichtung: als sinistere Nebenfiguren, die der Handlung eine unheilvolle Wendung gaben oder dem Leser einen kalten Schauder über den Rücken jagten. Gerade deshalb sollte man die Wirkung dieser Literatur nicht unterschätzen. Sie schmuggelte ihren Antiklerikalismus gleichsam ein und bereitete der Akzeptanz antiklerikaler Gesetze und Maßnahmen so den Boden, indem sie beiläufig zeigte, wie anormal die geistliche Lebensweise war. Parallel dazu liefen etablierte Formate aber auch einfach weiter. Argumentationsstränge wurden in andere Medien überführt und veränderten sich. Insgesamt gab es auch in Textmedien eine Tendenz zur Verbildlichung, die mit den neuen Möglichkeiten technischer Reproduzierbarkeit zusammenhing.[177] Komplexe sprachliche Botschaften wurden visualisiert, ohne dass der Text an Bedeutung verlor. Vielmehr gab es in Illustrierten wie der »Gartenlaube« und Satireblättern wie »La Maga« oder »Kladderadatsch« auch ganz neue Kombinationen und Konvergenzen antiklerikaler Bilder und Texte.

Ein gemeinsames Merkmal antiklerikaler Schrift- und Bildmedien war die *Essentialisierung des Klerus*. Gedichte, Romane, theologische und populärwissenschaftliche Schriften, Zeitungen, Zeitschriften, Gemälde, Genrebilder, Karikaturen und Bildergeschichten schrieben katholischen Geistlichen eine *andere Natur* zu. Diese abweichende, deformierte, perverse oder inhumane Natur wurde Medien übergreifend ähnlich dargestellt: Die Geistlichen erschienen als *körperlich und seelisch verdorbene Subjekte*, oder sie wurden, als Parasiten, Ungeziefer und Schädlinge, *aus der menschlichen Spezies ausgeschlossen*. Verknüpft mit dieser

177 Keineswegs zufällig stammt der Begriff ›Stereotyp‹ aus der Sprache der Buchdrucker. Er bezeichnete ursprünglich die nach dem Schriftsatz gegossene Druckplatte, das heißt etwas Hartes, Festes, Unabänderliches.

Repräsentation waren bestimmte Ideen zur Behandlung des klerikalen ›Übels‹: Sie reichten von Ausweisungs- und Verbotsempfehlungen bis hin zu Phantasien physischer und chemischer Vernichtung. Die Grenze zum biologischen Rassismus wurde dabei oft überschritten, auch wenn es in der Regel nicht, wie im Antisemitismus, zur Konstruktion rassischer Differenz kam.

Als *Quelle klerikaler Alterität* galten nicht die Charaktere einzelner Geistlicher, sondern die ihnen auferlegten Regeln und Gelübde. Hierin lag das *universalistische Moment* antiklerikaler Repräsentationen, die sie von der massenmedialen Skandalisierung spektakulärer ›Fälle‹ abhob: Antiklerikale Medien suchten allgemein gültige Aussagen über die Wirkung kirchlicher Institutionen zu treffen. Das *Zölibat* wurde als Vergewaltigung der menschlichen Natur dargestellt, das den Geistlichen körperliche und seelische Qualen bereitete, sie in den Wahnsinn trieb oder zu ›perversen‹ Sexualpraktiken wie Onanie und Homosexualität, Pädophilie und Sodomie verleitete. Die *Kontemplation* wurde als Deckmantel einer parasitären, von Faulheit und Trägheit geprägten Existenz ›entlarvt‹. Die *Askese* erschien als lebensfernes Ideal, das in der – durch Völlerei, Zecherei und Spielsucht geprägten – Praxis nicht eingehalten wurde oder ebenfalls in den Wahnsinn führte. Die *Klausur* firmierte als illegitime Einschränkung der persönlichen Freiheit, das *Kloster* als Gefängnis für Körper und Seele und als totalitäre Institution, die den Einzelnen, unabhängig von seinem Charakter und seinen individuellen Anlagen, in ein Opfer oder Scheusal verwandelte. Von Grund auf verdorben durch unnatürliche Regeln, erschienen so selbst die gemeingefährlichsten geistlichen Triebtäter letztlich als Opfer ihrer Kirche.

Als Resultat dieser vermeintlich anormalen, nicht- oder antibürgerlichen Lebensführung wurde katholischen Geistlichen eine andere Natur und eine anormale sexuelle Orientierung zugeschrieben. Einzelne Gruppen des Klerus wurden auf stereotype Weise repräsentiert: *Jesuiten* traten als unheimliche, androgyne, hyperrationale Wesen auf, die aufgrund ihrer maschinenartigen Gefühllosigkeit zur Ausführung besonders anspruchsvoller Befehle und zur perfekten Manipulation menschlicher Körper und Seelen prädestiniert erschienen. Auch die katholische Kirche selbst wurde als eine jesuitisch unterwanderte Organisation dargestellt, in Italien zuweilen auch, um die antinationale Wende des Papstes zu erklären. *Priester* traten im Gegensatz dazu als hartherzige Unterjocher von Frauen und Armen auf, als heterosexuelle Verführer des weiblichen Geschlechts oder als fanatische Demagogen, welche die Gläubigen von der Kanzel aus gegen aufgeklärt-liberale Ideen aufhetzten. *Mönche* erschienen entweder als asexuelle oder effeminierte, weltfremde Asketen, als faule, gefräßige Müßiggänger und Alkoholiker oder als Onanisten, Homosexuelle, Pädophile und Sodomiten, das heißt als Perverse und Monster. Junge Mönche wurden mitunter als melancholische, verhinderte Heterosexuelle dargestellt, das heißt als bemitleidenswerte Geschöpfe und zu verbessernde, zu befreiende Individuen. In der Regel blieb diese Opferrolle jedoch *Nonnen* vorbehalten. Insbesondere die Novizinnen erschienen als melancholische Heterosexuelle, die ihre natürlichen Triebe wegen des Keuschheitsgelübdes unterdrücken mussten, im Kloster seelischer Qual und sexueller Gewalt ausgesetzt waren und hierüber, wenn sie nicht durch männliche Intervention von außen errettet wurden, frigide, hysterisch oder wahnsinnig wurden. Aber auch Nonnen verübten ›perverse‹ Handlungen, indem sie der Masturbation oder der lesbischen Liebe frönten. Oberinnen traten oft als Lesbierinnen oder sadistische Dominas in Erscheinung. Insgesamt malten antiklerikale Medien das ganze Spektrum verbotener Sexualpraktiken aus (sie waren, im Sinne Foucaults, keineswegs ›prüde‹, sondern ›pervers‹), jedoch nicht ohne stets vor den katastrophalen Folgen solcher sexuellen Grenzüberschreitungen zu warnen.

Antiklerikale Medien trafen damit *Aussagen über die menschliche Natur*, im Geiste der ›Naturgeschichte‹ der Aufklärung definierten sie das *humanum* gleichsam. Die Sexualisierung des Klerus war dabei Teil einer Diskursivierung des Sexes, die bereits in der Vormoderne eingesetzt und sich seit dem 18. Jahrhundert verwissenschaftlicht hatte. Antiklerikale Medien vermischten literarische Formen und ästhetische Techniken (Charakter- und Körperstudie) mit wissenschaftlichen Methoden und Theorien (historische Quellenkunde, Physiognomik und Phrenologie, Psychologie, Epidemiologie, Bakteriologie) sowie mit Foren und Genres der Politik (Parlamentsrede, Gesetzesvorlage, Petition), Religion (Polemik) und des Journalismus (Skandalchronik). Fiktion, Imagination und Empirie plausibilisierten sich wechselseitig und durchdrangen sich bis zur Ununterscheidbarkeit.

In der *virtuosen Verbindung und Vermischung heterogener Disziplinen, Genres und Systeme* lag eine zentrale Funktion antiklerikaler Medien. Auf den so erzeugten ›Realitätseffekten‹ (Roland Barthes) basierte ihre soziale Macht und politische Wirkung. Sie prägten das negative Image katholischer Geistlicher außerhalb der Kirche, legitimierten und motivierten antiklerikale Maßnahmen und Gesetze in Gesellschaften mit katholischer Mehrheit (Frankreich, Italien) oder großer katholischer Minderheit (Deutschland, Schweiz).

Zugleich lieferten antiklerikale Medien positive Entwürfe humaner Subjektivität, ziviler Gesellschaft und gesunder Lebensführung. Sie propagierten eine bürgerliche Lebensführung, die durch Freiheit, Selbständigkeit, Arbeit, Konsum, maßvolles Leben und generative Heterosexualität in Ehe und Familie definiert war, sowie durch die Trennung von Öffentlichem und Privatem. Geistliche Institutionen und Formen der Lebensführung erschienen als negative Kontrastfolie dieses Modells. Insofern zielten antiklerikale Medien auf eine *Universalisierung der bürgerlichen Lebensführung*.

Zugleich waren sie in den biopolitischen Diskurs der Nation eingebettet, der die Optimierung der biologischen Reproduktionsfähigkeit und ökonomischen Leistungskraft der Bevölkerung anstrebte. In dem sich anbahnenden Wettbewerb der Nationen um Modernität galt es, Fortschrittshindernisse zu beseitigen, verborgene Ressourcen an Land, Gebärfähigkeit und Arbeitskraft zu nutzen und unnütze Besitz- und Lebensformen, die dem Allgemeinwohl angeblich schadeten, auszumerzen. Wie im folgenden Kapitel zu sehen sein wird, wurde so vor allem die Aufhebung katholischer Orden und Klöster begründet. Die Diskurse der Nation, der Wissenschaft und der bürgerlichen Gesellschaft teilten sich die Mikro- und Makroebene als Konfliktfelder des Kulturkampfes auf und arbeiteten auf komplementäre Weise gegen das klerikale Andere.

Vor dem Hintergrund dieser auf komplexe Weise miteinander verwobenen Deutungsmuster erweisen sich die Materialismus-, Propaganda- und Verschwörungsvorwürfe klerikaler Medien und intransigenter katholischer Historiker gegen Produzenten antiklerikaler Medien und Repräsentationen als reduktionistisch. Auch wenn materielle Motive bei einzelnen Künstlern (Grützner, Sue) eine Rolle gespielt haben mögen und obwohl es gezielte Kampagnen (etwa im Vormärz, von belgischen Freimaurern gegen die Jesuiten) gab, kann die Regelmäßigkeit und Kohärenz des Systems antiklerikaler Repräsentationen jenseits tagespolitischer Ereignisse und persönlicher Opportunitäten so nicht erklärt werden. Den Erzeugern und Gestaltern antiklerikaler Medien ging es um mehr als um Profit und Prestige. Es ist davon auszugehen, dass sie ernstmeinten, was sie schrieben, druckten, malten und zeichneten. Denn viele äußerten sich, wie gesehen, in privaten Medien (Briefen und Tagebüchern) gleichlautend. Ihre öffentlichen Äußerungen waren also nicht nur taktisch oder strategisch motiviert. Einige gingen, zumal in Italien, im Vormärz und in der Reaktionszeit, hohe persönliche Risiken ein und nahmen Verbote, Zensurmaßnahmen, Geld- und Haftstrafen, zum Teil sogar Ausweisungen in Kauf. All diese Widrigkeiten konnten sie nicht an der Verfertigung und Verbreitung antiklerikaler Repräsentationen hindern.

Vor diesem Hintergrund stellt sich die Frage nach den Antriebskräften der Akteure. Woraus speiste sich ihre antiklerikale Emotion und Energie? Abgesehen von lebensweltlichen Bezügen und einschneidenden persönlichen Erfahrungen wird man zur Beantwortung dieser Frage erneut auf Medien verwiesen. Denn auch die Produzenten antiklerikaler Medien waren Nutzer antiklerikaler Medien. In den privaten und öffentlichen Räumen der bürgerlichen Gesellschaft und den Instanzen ihrer Sozialisation wurde es im 19. Jahrhundert zunehmend schwer, antiklerikalen Repräsentationen katholischer Geistlicher zu entkommen. Außerhalb der Kirche wurden sie omnipräsent. Sie prägten auch Medien, die nicht primär, explizit und intentional antiklerikal waren, wie eingangs dargelegt am Beispiel der geistlichen Nebenfiguren in Romanen. Die tägliche Verfügbarkeit antiklerikaler Repräsentationen in unterschiedlichen Medien verschaffte ihnen ein Monopol. Sie führte zu einer Überblendung von Fiktion und Realität und zu einer Fiktionalisierung der Politik. Sie erschwerte die vorurteilsfreie persönliche Begegnung mit realen Geistlichen im Alltag, die nicht mehr unbeeindruckt von medialen Repräsentationen erfolgen konnte, weil antiklerikale Stereotype tief ins Bildgedächtnis der Laien eingebrannt waren. Diese mediale Wirkung in spezifischen politischen, sozialen und kulturellen Kontexten wird im Folgenden anhand nationaler, regionaler und lokaler Fallbeispiele untersucht.

II. Antiklerikale Gewalt

Antiklerikale Repräsentationen bevölkerten im 19. Jahrhundert nicht nur Medien. Sie provozierten auch handgreifliche Ausschreitungen, staatliche Handlungen und Gesetze gegen katholische Geistliche. Der Zusammenhang dieser medialen und physischen Aggression mit der Genese legislativer und exekutiver Akte ist in der Forschung bislang nicht systematisch analysiert worden. Im Folgenden wird die Wechselwirkung dieser Ebenen beleuchtet: Wie wurde mediale in physische und staatliche Gewalt transformiert?[178] Exemplarisch behandelt wird diese Frage am Beispiel der Entstehung der Ordensverbote in Piemont (1848, 1855) und Preußen (1875) sowie des Moabiter Klostersturms 1869. Denn in all diesen Fällen trugen antiklerikale Medien – so die These – zur Genese exekutiver, legislativer und zum Teil auch physischer Gewalt gegen katholische Geistliche bei.

1. Ewige Feinde der Nation: Der italienische Antijesuitismus zwischen Vormärz und Revolution

a) Die Patres »zerquetschen«: Giobertis antijesuitische Kampagne 1846–49

1846 publizierte der Turiner Priester und Hofkaplan Vincenzo Gioberti das fünfbändige, beinahe 3.000seitige Werk »Il Gesuita moderno«, in dem er das Schreckbild einer »austrojesuitischen Faktion« beschwor: Die Jesuiten seien Österreichs »leibliche Schwestern«, als innere Feinde Piemonts und Italiens jedoch weit gefährlicher. Der moderne Jesuitismus hasse Vernunft, Fortschritt und Wissenschaft; er liebe das Gefühl, den Rückschritt, die Barbarei und die Unmündigen: die Jugend, weil sie noch nicht im Stadium der Vernunft angelangt, den weiblichen Geist, weil in ihm die Vernunft schwächer als das Gefühl (Frauen werden als ›jesuitierendes‹ Geschlecht, männliche Jesuitenfreunde als weich und weibisch dargestellt) und den Greis, weil er senil sei. Die jesuitische ›Barbarei‹ sei ein mittelalterliches Relikt. Da die moderne Zivilisation den Jesuiten fremd bleibe, käme ihre Herrschaft jener der wildesten Stämme aus den ödesten Gegenden

178 Für Historiker der Späten Neuzeit bezeichnet Gewalt meist physische oder politische Gewalt (Legislative, Exekutive, Judikative). Mediale Gewalt wurde bislang kaum theoretisiert. Wenig überzeugend ist der Versuch von *Hausmanninger/Bohrmann*, Gewalt, S. 25–32.

Afrikas oder Amerikas gleich. Um den »römischen, italienischen, europäischen, universalen Katholizismus« von der »Herrschaft des Barbaren« zu befreien, gelte es, den Jesuitismus auf ›männliche‹ Art zu bekämpfen.[179]

Die Societas Jesu galt in Europa als Speerspitze der Gegenaufklärung. 1773 war der Orden von Papst Clemens XIV. auf Druck europäischer Regierungen aufgehoben worden. Nach ihrer Wiederzulassung 1814 nahmen die Jesuiten jedoch bald erneut eine führende Stellung in Kirche, Kurie und Bildung ein. Sie wirkten maßgeblich an der ultramontanen, neothomistischen Wende Roms mit.[180]

Obwohl die Jesuiten keineswegs durchgehend antinational eingestellt waren, galten sie im Risorgimento als Drahtzieher einer Verschwörung gegen die Nation. Bereits im Manuskript des »Primato« hatte Gioberti sie als Feinde Italiens dargestellt, jedoch zunächst auf eine Publikation der Passagen verzichtet, um die integrative Wirkung des Werks nicht zu gefährden. Als der »Primato« öffentlich von Jesuiten kritisiert wurde, definierte Gioberti den ›Jesuitismus‹ in der zweiten Auflage 1845 als irdische Quelle des Bösen, die nicht nur bürgerliche Werte und männliche Tugenden wie Freiheit, Mut, Fleiß, Bildung, Disziplin und Sittlichkeit verneine, sondern als Antithese von Freundschaft, Ehe, Familie und Vaterland auch eine Vernichtung der menschlichen Spezies anstrebe. Jesuiten seien unfähig zu einer normalen menschlichen Existenz. Einige Ordensmitglieder reagierten auf diese Attacken mit heftigen Gegenangriffen. Carlo Maria Curci, späterer Schriftleiter der »Civiltà Cattolica«, attackierte den »Primato«, den er selbst verlegt hatte, mit dem liberalen Argument, dass Gioberti die Religion zu politischen Zwecke instrumentalisiere. Pater Francesco Pellico, ein Bruder des Freiheitskämpfers Silvio Pellico, bestritt, dass die Jesuiten in Italien »stranieri« (dt.: Fremde, Ausländer, Feinde) seien. Für Gioberti nahm der antijesuitische Kampf damit gleichsam existentielle Züge an: Neben der Zukunft Italiens und des Katholizismus schien auch die Geltung seines theologischen Werks und kirchlichen Einflusses auf dem Spiel zu stehen: »Ich hoffe«, schrieb er 1846 an seinen Turiner Verleger, den späteren piemontesischen Innenminister Pier Dionigi Pinelli, »dass wir die Patres auf jede erdenkliche Weise zerquetschen werden. Diese Hoffnung hält mich am Leben. Ich hasse die Jesuiten (auf politische Weise) so, wie Hannibal die Römer hasste.«[181]

Der publizistische Erfolg des »Gesuita« übertraf den des »Primato«. Von der zweiten Auflage wurden 1847 12.000 Exemplare gedruckt. Das Werk spaltete die italienischen Katholiken, weil es antijesuitisch, aber nicht antiklerikal war, was eine pauschale Ablehnung erschwerte. Gioberti, der ja selbst zum Klerus

179 *Gioberti*, Gesuita, Bd. 3, S. 588, 526; Bd. 4, S. 318. Auch in einem Brief an Valerio warnte Gioberti 1847 vor einer austrojesuitischen Verschwörung. Vgl. *Candeloro*, Storia, Bd. 3, S. 113.

180 Vgl. *Martina*, Storia, S. 19 ff. Zum Antijesuitismus der Aufklärung siehe Kapitel A.I.1.b. Zur Haltung der Jesuiten in der Revolution von 1848 vgl. *Menozzi*, Gesuiti.

181 *Monti*, Compagnia, Bd. 5, S. 78 f., 41. Vgl. *Gioberti*, Prolegomena, S. 143; *Del Rio*, Gesuiti, S. 175, 180; *Traniello*, Gioberti, S. 43–62. Zu Giobertis *Primato* siehe Kapitel A.II.2.a.

gehörte, unterschied zwischen guten und schlechten Geistlichen, lobte die Kapuziner, den »guten Landpfarrer« und die »andere ideale Figur«, den Missionar. Er versandte den »Gesuita« auch an Kardinäle und fuhr 1848 dreimal zum Papst, um ihn von der Gefährlichkeit des Ordens zu überzeugen.[182] Im Mai 1849 endete sein Feldzug gegen die Jesuiten mit der Indizierung des »Gesuita«. Auch die Schriften der Reformtheologen Antonio Rosmini und Gioacchino Ventura wurden verboten. Der liberale Katholizismus war fortan in der Kurie marginalisiert. Gioberti hatte die Kirche nicht mit dem Liberalismus versöhnen können, im Gegenteil.[183]

b) Der »Krieg« gegen die Jesuiten und ihre Vertreibung aus Italien 1848

Außerhalb der Kurie hatte Giobertis antijesuitische Kampagne positive Resonanz. Bei der Rückkehr aus dem Exil nach Turin wurde ihm im April 1848 ein triumphaler Empfang bereitet, man wählte ihn zum Deputierten und zum Präsidenten der Abgeordnetenkammer. Zwischen Dezember 1848 und Februar 1849 amtierte er sogar als Ministerpräsident.

Vor allem aber löste Giobertis »Gesuita« in Italien einen medialen »Krieg« gegen die Jesuiten aus, wie Padre Pellico im Januar 1848 in einem Brief an den König klagte.[184] Nach Ausweitung der Pressefreiheit in vielen italienischen Staaten stimmten Journalisten, Verleger und Romanciers in die Kampagne ein und stellten den Orden in Bildern und Texten als Feind der Nation, des Fortschritts, der bürgerlichen Gesellschaft und der menschlichen Spezies dar.[185]

Die Kampagne zeigte rasch Wirkung. Bereits im November 1847 gab es im Königreich Sardinien und im Großherzogtum Toskana massenhafte Demonstrationen. Im Januar 1848 suchte eine Delegation genuesischer Demokraten dem König eine Petition zum Ausschluss der Societas Jesu zu überreichen, doch Carlo Alberto verweigerte den Empfang. Im Februar 1849 wurden die Jesuiten aus Cagliari und Sassari vertrieben. In Genua griffen Demonstranten das Ordenshaus an, verwüsteten das Kolleg am Palazzo Doria Tursi und plünderten die Kirche Sant'Ambrogio. Einige Ordensbrüder fanden Schutz bei Familien, andere flohen mithilfe des Königs. Der portugiesische Pater Jourdan, den man auf der Piazza San Domenico *in effigie* gehängt hatte, starb kurz darauf. In den folgenden Tagen wurden die Jesuiten aus ihren Niederlassungen in Novara, Chambéry, Aosta, Chieri und Voghera vertrieben. Giobertis detaillierte Beschreibung der Ordensniederlassungen diente den Anführern der Tumulte zur Orientierung. Auch im

182 *Gioberti*, Gesuita, Bd. 4, S. 104 ff. Zur Auflage und Rezeption vgl. *Stella*, Cultura, S. 513

183 Vgl. *Candeloro*, Storia, Bd. 3, S. 95 f.; *Monti*, Compagnia, Bd. 5, S. 46–61; *Martina*, Pio IX, S. 180–189.

184 Zitiert nach *Monti*, Compagnia, Bd. 5, S. 78 f.

185 Vgl. etwa L'Alba, 5.7.1847; 13.9.; 24.11., 14.12.1847; 15.1., 5.2., 15.3.1848. Vgl. dazu *Verucci*, Italia, S. 13 f.; *Stella*, Cultura, S. 512. Ich danke Jan Pieter Forßmann für den Hinweis auf diese Kampagne.

Königreich Neapel kam es zu antijesuitischen Ausschreitungen. In der Hauptstadt skandierte die Menge am Abend des 9. März 1848 vor der Chiesa nuova »Jesuiten raus, Tod den Jesuiten!« Und: »Es lebe Italien, es lebe Gioberti, Tod den Verrätern!« Tags darauf steckte an der Kirchentür ein Schild mit der Drohung: »Verschwindet, oder es wird Blut fließen.« Auf dem Platz wurde ein Flugblatt verlesen, in dem ›das Volk‹ den Jesuiten befahl, ihre Häuser zu verlassen, sonst gebe es Brände und Blutbäder. Eine Delegation selbsternannter Volksvertreter suchte die Jesuiten zum Verlassen der Stadt zu bewegen. Vornehme Eltern ließen ihre Kinder aus dem Jesuitenkolleg Convitto dei Nobili abholen, kurz darauf wurde es geplündert. Als einige Patres nachts zu fliehen suchten, wurden sie gefasst und einem ›Volksgericht‹ unterstellt. Tags darauf verließen sie die Stadt vor den Augen vieler Soldaten und Zivilisten in einer königlichen Fregatte nach Malta. Neapels Zeitungen feierten das Ende des ›Jesuitismus‹. Auch aus Salerno, L'Aquila, Lecce und den Herzogtümern Modena, Parma und Piacenza wurden die Patres vertrieben. Selbst in Städten des Kirchenstaats kam es zu Demonstrationen und Schmährufen, Drohungen, Tumulten und Vertreibungen. In Rom spitzte sich die Lage derart zu, dass der holländische Ordensgeneral Jean Roothaan inkognito nach Marseille fahren musste. Als sein Schiff in Livorno und Genua anlegte, wurde es mit Verwünschungen bedacht.[186]

c) *»Spione Österreichs«: Das piemontesische Jesuitenverbot 1848*

Als König Carlo Alberto im März 1848 die Verfassungsurkunde unterzeichnete, wurde das Königreich Sardinien eine konstitutionelle Monarchie. Der erste Artikel der albertinischen Verfassung, die nach 1860 auf das Königreich Italien ausgedehnt wurde, erklärte den Katholizismus zur Staatsreligion, erlaubte indes auch die Duldung anderer Kulte. Bereits im Juni 1848 wurden Piemonts Bürger bezüglich ihres Glaubens gesetzlich gleichgestellt. Nichtkatholiken waren damit erstmals Bürger *pleno jure*.[187]

Die neuen Freiheiten und Rechte galten allerdings nicht für die Jesuiten. Die Konvergenz national-religiöser Emotionen, staatlichen Ordnungsdenkens und liberaler Überzeugungen wurde ihnen im Krieg gegen Österreich zum Verhängnis. Im Juni beantragte der Genueser Anwalt Cesare Leopoldo Bixio, Ex-Carbonaio, Freund Mazzinis und Abgeordneter der extremen Linken, in der Turiner Abgeordnetenkammer ein Verbot des Ordens. Obwohl sein Gesetzentwurf gegen

186 *Del Rio*, Gesuiti, S. 194f. Vgl. ebd., S. 196–199; *Monti*, Compagnia, Bd. 5, S. 92–198; *Rinieri*, Gesuita; *Candeloro*, Storia, Bd. 3, S. 100–103, 138f.; *Griseri*, Soppressioni 1848.

187 Zu Artikel 1 der Verfassung und den widersprüchlichen zeitgenössischen Interpretationen vgl. *Broglio*, Legislazione, S. 111; *Candeloro*, Storia, Bd. 3, S. 135ff.; *Briacca*, Rossi, S. 21–36. Zum piemontesischen Verfassungswandel vgl. *Kirsch*, Monarch, S. 129ff. Zur Emanzipation der Juden und Waldenser in Piemont und Italien vgl. *Varnier*, Aspekte, S. 146; *Stella*, Cultura, S. 514; *Comba*, Valdesi; *Vinay*, Spiritualità; *Broglio*, Legislazione, S. 111 Anm. 13; *Sofia*, Emancipazione; *Romagnani*, Protestants; *Voghera*, Jews; *Wyrwa*, Juden.

die Verfassungsgrundsätze der Religionsfreiheit und der Unverletzlichkeit des Eigentums verstieß, wurde er mit großer Mehrheit angenommen. Da die Regierung von Ministerpräsident Gabrio Casati für den Krieg mit außerordentlichen Vollmachten ausgestattet worden war, konnte auf eine Diskussion im Senat verzichtet werden. Im August unterzeichnete Prinz Eugenio das Dekret für den Ausschluss der Societas Jesu vom Staatsgebiet und die Auflösung ihrer Niederlassungen und Kollegien. Besitz und Vermögen des Ordens wurden eingezogen. Die zwanzig der 238 ausländischen Jesuiten, die trotz der Ausschreitungen geblieben waren, wurden aufgefordert, das Königreich binnen 15 Tagen zu verlassen. Die 160 einheimischen Ordensbrüder mussten ihren Aufenthaltsort binnen acht Tagen polizeilich melden und die Entlassung aus dem Orden beantragen, andernfalls drohte strafrechtliche Verfolgung wegen Bildung einer unrechtmäßigen Vereinigung. Ein Antrag der Brüder Cavour auf Verschonung von sieben polnischen Jesuiten, die nicht in ihr Heimatland zurückkehren konnten, weil es nicht mehr existierte, wurde abgelehnt.[188]

Wie ist das verfassungswidrige Verhalten der piemontesischen Liberalen, das die antijesuitische Gewalt gleichsam nachträglich legitimierte, zu erklären? Warum traten sie gleichzeitig für die Gleichstellung religiöser Minderheiten und für die Auflösung des Jesuitenordens ein? Der liberale katholische Kirchenhistoriker Arturo Carlo Jemolo hat Letzteres als »notwendige Konzession an den Volkszorn« und »unentbehrliches Ausnahmegesetz für eine Ausnahmesituation« gedeutet. Angesichts der gewalttätigen Ausschreitungen des Volkes hätten die liberalen Volksvertreter der Moral den Vorrang gegeben und ihre politischen Prinzipien vergessen.[189]

Dagegen spricht, dass viele Abgeordnete die Vernichtung des Ordens geradezu herbeisehnten. Bixio prophezeite, dass es keinen Frieden geben werde, solange sich dieser Keim der Zwietracht im Staate befinde. Daher solle man es den Bauern nachmachen, die beim Töten der Wespen auch den Wespenstock vernichteten. Alessandro Bottone rief dazu auf, alle Verästelungen und Wurzeln der tödlichen Pflanze, deren Schatten lang genug Verderben gebracht habe, aus Italiens Boden zu reißen. Lorenzo Valerio, Volksbildungsaktivist und Redaktionsleiter der linksliberalen »Concordia«, warnte vor der »verderblichen Erziehung« und »schädlichen Einflüssen« des Ordens. Die Societas Jesu sei kein religiöser, sondern ein politischer Orden, der eine »Mission zur Versklavung der Völker« verfolge und zarten Kinderseelen Vorurteile wider die Freiheit einpflanze. Der linksliberale Verfassungsrechtler Francesco Sulis machte den Orden für den Absolutismus der Staaten und die Unmündigkeit der Völker verantwortlich und

188 Vgl. *Monti*, Compagnia, Bd. 5, S. 199–227; *D'Amelio*, Stato, S. 17–24; *Griseri*, Soppressioni 1848; *Pellicciari*, Risorgimento, S. 16, 223 Anm. 14. Zur Bedeutung Österreichs als Feindbild Italiens: *Soldani*, Annäherung, S. 127.

189 Vgl. *Jemolo*, Chiesa, S. 53 f.

stellte seine Aufhebung als Erlösung der Geistlichen dar: Befreit vom »magischen Zirkel« der Gesellschaft könnten sie nun, »Reue« vorausgesetzt, Geist und Herz verbessern.[190] Als Pater Pellico 1848 in einem offenen Brief an die Turiner Abgeordneten gegen eine Vorverurteilung und Überwachung seines Ordens protestierte, konterte der Ex-Seminarist Aurelio Bianchi-Giovini in der liberalen Zeitung »Opinione« mit einem Mensch-Tier-Vergleich. Da die Jesuiten ihren Oberen zu »blindem Gehorsam« verpflichtet seien, seien unter ihnen weder Individuen noch Unschuldige. Sie gehörten vielmehr einer anderen Art an. Ähnlich den »Polypen« sei bei ihnen alles Körper und Seele zugleich. »Ihr kennt weder Vater, Mutter, Eltern, noch Freunde, Vaterland oder Mitbürger; [...] ihr werdet immer Ränkeschmieder, Intriganten, Verschwörer, Sektierer sein; ihr werdet auf ewig Spione Österreichs und unsere Feinde sein.« Von den gewaltsamen Ausschreitungen distanzierte er sich nur insofern, als er gesetzliche Regelungen für effektiver hielt.[191]

Das piemontesische Jesuitenverbot stellte also keine Konzession an den Volkszorn dar, sondern eine liberale Herzensangelegenheit.[192] Der Antijesuitismus bildete ein zentrales Merkmal ›progressiver‹ Identität und Politik in Piemont, einen gemeinsamen Nenner von Demokraten und Liberalen, von rechten und linken Liberalen. Die unterschiedlichen Lager sahen in dem Orden einen gefährlichen Fremdkörper, den es auszusondern galt. Obwohl verfassungswidrig, war das Ordensverbot nicht ›illiberal‹, es wurde einfach nur mit anderen liberalen Prinzipien und bürgerlichen Werten begründet: der Trennung von Politik und Religion, der Freiheit des Individuums, Fortschritt, Wohlstand und Bildung, mit liberalen Definitionen katholischen Glaubens. Selbst extreme Antijesuiten wie Bianchi-Giovini schwankten zwischen essentialistischen und konstruktivistischen Positionen und hielten eine Besserung einzelner Jesuiten für möglich. Nicht alle Mitglieder des Ordens seien »böse«, als Jesuiten nützten sie aber weder der bürgerlichen Gesellschaft noch sich selbst. Nach der Auflösung des Ordens könnten sie wieder in die »Ordnung der Individualität« eintreten, sich als Priester, Prediger, Professoren oder Missionare nützlich machen und in menschliche Gesellschaft begeben, ohne zu erröten, Verdacht, Misstrauen oder Ekel zu erregen: »Sie wären dann keine Jesuiten mehr, sondern Menschen.«[193]

190 APS Discussioni 8.6.1848, S. 125 (Bixio), 17.7.1848, S. 372f. (Bottone), 18.7.1848, S. 378 (Sulis), 20.7.1848, S. 410 (Valerio). Vgl. *Pellicciari*, Risorgimento, S. 16–20.

191 *Bianchi-Giovini*, Prediche, Bd. 1, S. 22. Auch Bianchi-Giovinis Antijesuitismus wurde in der Schweiz geprägt. Vgl. *Verucci*, Italia, S. 34ff.

192 Ähnlich *Pellicciari*, Risorgimento, S. 18.

193 *Bianchi-Giovini*, Prediche, Bd. 1, S. 14.

d) Ausblick: Antijesuitische Medien, Gewalt und Gesetzgebung nach 1848

Da den Jesuiten ein negativer Einfluss auf den Papst, die römische Kurie und die katholische Kirche unterstellt wurde, lebten die während des Vormärz und der Revolution etablierten antijesuitischen Topoi lange fort. Dies galt auch für Giobertis Theorie einer austrojesuitischen Verschwörung. 1850 zeigte das radikale genuesische Satiremagazin »Fra Burlone« Mailänder Szenen von der österreichischen Wiedereinnahme des Lombardisch-Venezianischen Königreichs. Zu sehen sind Österreicher und Jesuiten bei der körperlichen Züchtigung entblößter Männer und Frauen. Aufständische werden gehängt, Jesuiten halten das Feuer der Reaktion am Brennen und tanzen Ringelreihen um ihre Beute. Die Patres erscheinen hier buchstäblich als ›Geißel‹ des Volkes, als Folterknechte und Henker.[194] Der Kampf wurde aber auch mit Argumenten geführt. Vor allem der ehemalige Priester und überzeugte Hegelianer Bertrando Spaventa griff die Ordensstatuten und die Äußerungen führender Jesuiten nach 1851 immer wieder öffentlich an.[195] Auch nach der Nationalstaatsgründung wurde der Antijesuitismus in historischen Romanen, theologischen und populärwissenschaftlichen Traktaten wachgehalten.[196] Im Zuge der nationalen Ausweitung des piemontesischen Ordensverbots wurde die Societas Jesu 1866 zunächst in Italien verboten, 1873 dann auch in Rom. Theoretisch blieb ihr damit auf dem Apennin nur noch der Vatikan als Zuflucht. Allerdings wurde das Gesetz nicht streng umgesetzt, so dass Justizminister Villa 1880 ein Rundschreiben zu seiner Befolgung versenden musste. In der römischen Mutterkirche des Ordens kam es nach 1870 wiederholt zu studentischen Störaktionen.[197] Auch nach der Milderung des Konflikts zwischen Staat und Kirche um 1900 blieb der Antijesuitismus in Texten und Bildern präsent. Bis weit ins 20. Jahrhundert hinein wurden Jesuiten auf antiklerikalen Karikaturen als ›Vaterlandsfresser‹ und sinistere Einflüsterer der Päpste dargestellt, die Zwietracht zwischen Staat und Kirche, Nation und Katholizismus säten.[198]

e) Die europäischen Quellen des italienischen Antijesuitismus

Der italienische Antijesuitismus speiste sich auch aus europäischen Quellen. Gioberti zitierte im »Gesuita« neben Dante, Machiavelli und Botta auch Rankes »Geschichte der Päpste« und Michelets »Du prêtre, de la femme, de la famille« und ging ausführlich auf Ereignisse und Phänomene außerhalb Italiens ein: auf den Konflikt zwischen Jesuiten und Jansenisten, die jesuitische Mission in Lateinamerika und Asien und den politischen Katholizismus in Europa. In

194 Fra Burlone 20.1.1850.

195 Vgl. *Spaventa*, Politica; *ders.*, Polemiche.

196 Vgl. etwa *Gay*, Privilegi; *Cavagnari*, Gesuiti; *Stefanoni*, Clemente XIV.

197 Vgl. *Gregorovius*, Tagebücher, S. 303 sowie zuletzt *Fiorentino*, Chiesa, S. 226 f.

198 Vgl. etwa Il Marteletto 8.11.1863; L'Inferno 26.1.1868; Il Matto 7.11.1869; La Maga 29.6.1871; Il Gatto 18.11.1874, 3.1., 24.1., 4.3.1875; L'Asino 15.1.1899; *Podrecca/Galantara*, Asino, S. 80, 91, 103.

seinem fünfzehnjährigen Exil hatte Gioberti erfolgreiche antijesuitische Kampagnen erlebt. In Brüssel, wo er von 1833 bis 1843 lebte, agitierten antiklerikale Freimaurerlogen und liberale Wahlvereinigungen gegen den Einfluss der Jesuiten auf das belgische Bildungswesen. In Paris, wo er den »Gesuita« niederschrieb, hielten zwischen 1843 und 1845 die protestantischen Historiker Jules Michelet und Edgar Quinet am Collège de France Aufsehen erregende Vorlesungen gegen die Jesuiten, während Eugène Sue die Zeitungsleser mit dem antijesuitischen Sensationsroman »Le juif errant« in Atem hielt. 1845 wurden die französischen Häuser der Societas Jesu geschlossen. In der Schweiz, wo der »Gesuita« verlegt wurde, führte die Berufung von sieben Jesuiten ans Priesterseminar und an die theologische Fakultät von Luzern 1844 zum »Jesuitenkampf« (Bluntschli), der in die »Freischarenzüge« und in den Sonderbundskrieg mündete. Er wurde auch »Jesuitenkrieg« genannt und endete mit der Vertreibung des Ordens. Gioberti stellte sein Werk als Reaktion auf diese Ereignisse dar. Auch seine Anhänger sahen den Kampf gegen die Jesuiten als europäische Sache. Nach dem liberalen Sieg im Sonderbundskrieg zogen sie zum Schweizer Konsulat in Rom und riefen »Viva Gioberti! Tod den Jesuiten!«.[199] Umgekehrt regte Gioberti die Produktion ausländischer Antijesuitica an. 1848 brachte Robert Blums Leipziger Verlag eine fingierte Autobiographie Giobertis von H. Bertholdi, die eine Mischung aus autobiographischem Enthüllungsroman und theologisch-politischem Traktat darstellte. Zunächst schildert sie die Entwicklung des Protagonisten vom begeisterten Jesuitenzögling zum erklärten Ordensgegner, der die Weltherrschaftspläne und Manipulationstechniken der Jesuiten enthüllt. Danach folgt eine Abhandlung über die jesuitische Theorie und Praxis vom Hochmittelalter bis zur Gegenwart. Der europäische Antijesuitismus nährte sich aus vielen solcher Kompilationen.[200] Die italienischen Antijesuiten konnten sich demnach als Teil einer europäischen Bewegung verstehen. Sie beobachteten die analogen Auseinandersetzungen in anderen Ländern aufmerksam. Anlässlich des Jesuitenverbots im Deutschen Reich zeigte das Bologneser Satiremagazin »La Rana« 1872, wie die Patres – in Gestalt von Schlangen und Drachen – ins »Refugium Peccatorum« der Donaumonarchie krochen. 1875 konnte das Blatt dann die Vertreibung des Ordens aus Österreich, der Schweiz, Deutschland und Italien feiern.[201]

199 Zitiert nach *Candeloro*, Storia, Bd. 3, S. 96. Vgl. *Gioberti*, Gesuita, Bd. 1, S. 371–417, Bd. 4, S. 317, 402, 534; Bd. 5, S. 80–90; *Michelet/Quinet*, Des jésuites; *ders.*, Prêtre. Zu den antijesuitischen Kampagnen Europas im Vormärz vgl. *Candeloro*, Storia, Bd. 2, S. 387 ff.; Bd. 3, S. 93 ff.; *Witte*, Battle, S. 107 (Belgien); *Cubitt*, Jesuit, S. 133–140 (Frankreich); *Bluntschli*, Geschichte; *Rocca*, Meyer (Schweiz); *Healy*, Jesuit, S. 35–42 (Deutschland).

200 Bertholdi verfasste Flugschriften zur Unterstützung der Deutschkatholiken, zur Entkirchlichung der Schule und wirkte nach 1848 als Romancier. Vgl. G., *Plane*. Als späteres Beispiel umgekehrter Transfers von Deutschland nach Italien vgl. *Il Gesuitismo*.

201 La Rana 16.8.1872, in: Spadolini, *Opposizione*, Bd. 2, Abb. 395. Zum deutschen Jesuitenverbot vgl. *Stoltenberg*, Reichstag, S. 144–152; *Healy*, Jesuit, S. 51–83; *Gross*, Kulturkampf.

2. Die Klöster in den Zeiten der Cholera: Das piemontesische Ordensverbot 1855

a) Verwandtschaft, Verzweigung, Verseuchung: Das piemontesische Verbot ›jesuitischer‹ Orden 1848

Es entsprach der Logik des antijesuitischen Diskurses, das Verbot auf andere Orden auszuweiten. Denn zum einen war der Begriff ›Jesuitismus‹ so vage, dass er sich auf alle religiösen Einrichtungen und Strömungen münzen ließ. Zum anderen gingen Verschwörungstheoretiker von einer jesuitischen Unterwanderung der katholischen Kirche aus. Und schließlich legten die Metaphern der Wucherung und Ansteckung eine Ausweitung des Verbots nahe. Nach der antiliberalen Wende des Papstes und der Ultramontanisierung des Klerus wurde kaum mehr zwischen guten Geistlichen und bösen Jesuiten unterschieden. Da die Herz-Jesu-Schwestern als ›geistesverwandt‹ mit den Jesuiten galten, wurden sie 1848 in Piemont ebenfalls verboten. Bereits Gioberti hatte sie im »Gesuita« als Inkarnation eines »weiblichen Jesuitismus« gefasst: Wie »monözische und hermaphroditische Pflanzen« trete der Jesuitismus stets »bisexuell« auf. Die »jesuitische Pest« infiziere Individuen und Institutionen gleichermaßen. Als ansteckende Krankheit sei sie nur mit Beharrlichkeit »auszurotten«. Da der Klerus bereits »jesuitiert« sei, reiche eine Vertreibung der Patres nicht aus. In der »Opinione« schrieb Bianchi-Giovini, dass die Jesuiten nur körperlich aus Italien verschwunden seien, nicht aber geistig; sie hätten ausreichend »Jesuitikeln und Jesuitikelinnen« zurückgelassen. Und so wie bereits eine einzige »Wanze« genüge, um ein ganzes Zimmer zu verpesten, reiche hierzu eine »Jesuitin«, denn sie berge »in ihrem Schoß eine Vielzahl von Kunstgriffen, Intrigen, Kabalen, Doppelzüngigkeiten, Vorspiegelungen, Schmeicheleien, Heucheleien« und schlage »unsichtbare Wurzeln, die äußerst schwer auszureißen sind!«.[202] Die Turiner Abgeordneten verwendeten ähnliche Metaphern. Cesare Dalmazzi wollte die »böse jesuitische Sequenz« an keinem Ort des Staates dulden, sonst würde sie sich wie eine »Quecke« ausbreiten. Der Terminus passte kongenial zur antijesuitischen Verschwörungstheorie, denn das Süßgras Quecke bildet unterirdische Rhizome, die an jedem Knoten wurzeln können, so dass auch kleinste Teilstücke in der Lage sind, neue Pflanzen hervorzubringen. Für Giovanni Lorenzo Martinet war alles, was mit den Jesuiten in Berührung gekommen war, durch »perniziösen Kontakt kontaminiert«. Bottone nannte die Herz-Jesu-Schwestern »mysteriöse Affiliationen« der Jesuiten und »Verzweigungen« derselben »schädlichen und tödlichen Pflanze«.[203]

202 Gioberti, *Gesuita*, Bd. 4, S. 378f., 380, 385; *Bianchi-Giovini*, Prediche, Bd. 1, S. 7f.
203 Zitiert nach *Pellicciari*, Risorgimento, S. 30, 38. Zum Verbot ›jesuitischer‹ Orden vgl. *ebd.*, S. 29–49.

b) »Unnützes« Leben: Der Antimonastismus der 1850er Jahre

Da Justiz- und Kultusminister Giuseppe Siccardi bereits im Februar 1850 eine Kommission zur Inventarisierung der kirchlichen Güter gebildet hatte, erschien ein Verbot weiterer Orden unmittelbar bevorzustehen. Im Oktober schlug »La Strega« vor, »tabula rasa mit den ganzen Dormitorien, Refektorien und Purgatorien« zu machen und die Klöster zu öffnen. Hinter den Klosterpforten beteten Jungfrauen um Erlösung von einem »unnützen« Leben, das durch schlechte Träume und sündige Handlungen geprägt sei: Diese »Tauben« wünschten nichts sehnlicher, als ihre Heimat wiederzusehen und ein Kind zu gebären. Alle Ordensgeistlichen sollten daher »nach Hause« gehen und sich einen Ehemann bzw. eine Ehefrau suchen. Dann »hätten wir mehr Mütter und also mehr Söhne für das Vaterland; mehr Arme auf dem Land und also mehr Korn auf dem Markt; und zu guter Letzt [...] WENIGER PRIESTER!!!«. Das Klosterleben erschien doppelt ›unnütz‹: Es hemmte das demographische und wirtschaftliche Wachstum, denn die Geistlichen vermehrten sich nicht noch arbeiteten sie – im bürgerlichen Sinne. Je nach Geschlecht wurden sie als Opfer oder Täter dargestellt: Nonnen als Opfer klösterlicher Gewalt, Mönche als gefräßige Nichtsnutze.[204] Zwischen November 1852 und Januar 1853 gingen im Parlament antiklerikale Petitionen mit über 20.000 Unterschriften ein. Sie forderten die Aufhebung der Klöster und die Einziehung der Kirchengüter, die Reduktion der Diözesen und die Rekrutierung der Geistlichen zum Militärdienst. Der Berichterstatter der Petitionskommission, Luigi Amadeo Melegari, Exilant von 1831, nun Verfassungsrechtler in Turin, beklagte die im europäischen Vergleich hohe Zahl von Klerikern. Nach seiner Rechnung kamen in Piemont auf einen Geistlichen 222 Einwohner gegenüber 610 in Österreich, 600 in Deutschland und Belgien sowie 570 in Großbritannien. Er prophezeite, dass es bald zur Aufhebung der Orden kommen werde, da diese für die »moderne Gesellschaft« nicht mehr von Nutzen seien.[205] Der biopolitische Antimonastismus verknüpfte die Schädlingsmetaphorik mit Forderungen nach sozialer Gerechtigkeit. 1853 publizierte »La Maga« ein Verzeichnis der dreißig Konvente Genuas, deren Raumfülle mit der Not der kleinen Leute und der Soldaten kontrastiert wurde. Sie forderte ein Ende der »Überschwemmung« durch Mönche und Nonnen und stellte diese als Ungeziefer dar: Das Volk müsse »wissen, von wie vielen parasitären Pflanzen es zerfressen« werde. Zugleich besang das Blatt die Jugend, Tugend und Schönheit der Mädchen hinter den schweigenden Klostermauern.[206]

204 La Strega 8.10.1850.
205 *Griseri*, Soppressioni 1855, Sp. 1866. Der Bericht in: *D'Amelio*, Stato, S. 56–69.
206 La Maga 10.3.1853.

c) Moral und Hygiene: Die Folgen der Choleraepidemie 1854/55

Mit dem Ausbruch der Cholera in Genua im Juli 1854 verschärfte sich die Stimmung gegen den Klerus. Ärzte, Geistliche und Journalisten stritten über Ursachen der Epidemie und über die Methoden ihrer Bekämpfung. 1835 war Genua schon einmal von der Seuche heimgesucht worden. Von den rund 4.250 Erkrankten war damals mehr als die Hälfte gestorben. Danach hatten die Behörden Impfungen organisiert und eine Quarantäne-Ordnung in Kraft gesetzt. Aufgrund des unzureichenden medizinischen Wissens besaßen diese Maßnahmen indes eher tentativen, experimentellen Charakter. Sie konnten nicht verhindern, dass die Bilanz mit etwa 6.500 Erkrankten und circa 3.500 Toten noch verlustreicher ausfiel. In einer Studie machten die Mediziner Angelo Bo und Emanuele Ramorino den Schmutz, Hunger und das Elend der Armenviertel für das Massensterben verantwortlich. Doch die am stärksten unter der Cholera Leidenden misstrauten den Ärzten. Gerüchten zufolge hatten Giftmischer die Cholera mittels »chemischer Manipulationen« erzeugt. Ärzte wurden als Urheber der Seuche verdächtigt und tätlich angegriffen. Katholische Geistliche und Journalisten werteten die Cholera als Strafe Gottes für das Erlöschen des Glaubens im Volk und für die kirchenfeindliche Regierungspolitik.[207]

Im Deutungskampf ging es nicht nur um die staatliche oder kirchliche Verantwortung für die Cholera und um die epistemologische Autorität von Wissenschaft und Religion, sondern auch um Menschenleben. Im Zentrum stand die Frage, welche Maßnahmen gegen die Cholera zu ergreifen seien: Gebete, Wallfahrten und eine kirchenfreundliche Politik oder Medikation, Desinfektion und Quarantäne? Die »Gazzetta del Popolo« suchte das Misstrauen gegen die Ärzte zu zerstreuen und das Vertrauen in den Klerus zu erschüttern. Sie wies die Deutung der Epidemie als »Geißel Gottes« zurück und drohte klerikalen Blättern wie der »Armonia« mit einer Umkehr der Verleumdungen: »Was würde aus Euch, wenn die Liberalen, wie Ihr, lügen und nach Belieben sagen würden: Sieh', oh Volk; die Cholera, das sind die Priester, die bis zum Überfluss Vermächtnisse und Begräbnisse wollen.« Welche Folgen solche Vorwürfe haben konnten, hatte sich 1834 in Madrid gezeigt, als im Zuge der Cholera auf das Gerücht hin, dass Jesuiten und Mönche einen Brunnen vergiftet hätten, Kirchen und Konvente angezündet, Priester und Mönche getötet worden waren. Ein Jahr darauf wurden der Jesuitenorden verboten und zahlreiche Klöster aufgelöst. In Piemont gab man dem Klerus ebenfalls die Schuld, wenn auch indirekter. Die »Gazzetta« erklärte den Kampf gegen die »Irrtümer« des Volkes über die Seuche zum »heiligen Werk«. Viele Cholerakranke würden aus »Unwissenheit« auf ärztliche

207 Vgl. GdP 9.7., 21.7., 1.8.1854. Die Zahlen nach *Montale*, Mito, S. 125f. Zum Misstrauen gegen Ärzte vgl. *Stolberg*, Cholera, S. 82–94; *Mühlauer*, Gast, S. 53ff. Zum Konflikt zwischen Ärzten und Priestern bei der Deutung anderer Epidemien vgl. *Stolberg*, Cholera; *Briese*, Angst. Zum Anteil der Ärzte an der Verbreitung bürgerlicher Werte: *Marino*, Formazione, S. 115–122.

Heilung verzichten. Das »Gift« stecke daher nicht nur in »Schmutz«, »Unordnung« und mangelnder Hygiene, sondern auch in der »Ignoranz«. Zugleich insinuierte man – wie Virchow 1848 beim oberschlesischen Hungertyphus – einen kausalen Nexus zwischen dem Katholizismus und der Epidemie: »Freie und protestantische Länder« seien vom »Schatten der Cholera« verschont geblieben. Das Blatt warnte vor kirchlichen Zusammenkünften, da sich die Krankheit durch Kontakt, Hitze und »unreine Luft« vermehre. Den Gläubigen in Neapel, die Prozessionen veranstalteten und sich barfuß geißelten, anstatt hygienische Maßnahmen zu ergreifen, wurde Aberglauben vorgehalten.[208] Die Redakteure Alessandro Borella und Giovanni Battista Bottero waren selbst Mediziner. Sie vermischten in ihren Artikeln die Theorien von ›Kontagionisten‹ und ›Miasmatikern‹. Seit der ersten europäischen Cholera-Pandemie von 1831 war in Europa kontrovers über die Verbreitungsform der Krankheit gestritten worden. Während die Miasmatiker annahmen, dass die Seuche durch Erreger aus Luft und Boden in die Körper eindringe, gingen die Kontagionisten von Ansteckungsstoffen aus, die sich im Körper reproduzierten. Fließende Übergänge zwischen beiden Ansätzen waren die Regel.[209] Der Epidemiologe Pietro Betti, der die Seuchenabwehr in Livorno koordinierte, stützte 1856 die Version der »Gazzetta«: In seiner Analyse der toskanischen Cholera stellte er einen Zusammenhang zwischen kirchlichen Veranstaltungen und dem Anstieg der Cholera her und empfahl die Einschränkung religiöser Rituale.[210] Die antiklerikale Presse hatte fortan ein epidemiologisches Argument gegen die öffentliche Religionsausübung.

Die Cholera führte nicht nur zu einer Verwissenschaftlichung, sondern auch zu einer Moralisierung des antiklerikalen Diskurses. Geistliche und weltliche Despoten wurden als Nutznießer der Cholera dargestellt. Ausgehend von der orientalischen Herkunft der Epidemie zeichnete »La Maga« chinesische und russische Herrscher – Russland war Piemonts Gegner im Krimkrieg – beim Feiern: »Die Cholera macht die Völker gefügiger. Es lebe also die Cholera!«. Daneben war das Markenzeichen des Blattes im Disput mit einem Mönch zu sehen, der die Cholera als göttliche Prüfung darstellte. »La Maga« entgegnete, dass die protestantische Schweiz im Gegensatz zum katholischen Genua von der Seuche verschont geblieben sei. Der Kampf antiklerikaler Medien gegen die geistlichen

208 GdP 1.8., 5.8., 24.8., 26.8.1854. Zur Cholera in Madrid 1834 vgl. *Vilar*, Bürgerkrieg, S. 32.

209 Tatsächlich verbreitet sich die Cholera bakteriell. Zur Cholera in Deutschland und Italien im 19. Jahrhundert vgl. *Fort Messina*, Italia; *Sorcinelli*, Epidemie; *Stolberg*, Cholera; *Evans*, Tod; *Mühlauer*, Gast; *Briese*, Angst.

210 Vgl. *Betti*, Colera, Bd. 5, S. 87f., 91, 117f., 141, 217f., 219, 705. Der Arzt Pietro Studati hatte den Gläubigen bereits während der Cholera von 1831 empfohlen, lieber zu Hause zu beten als in der Kirche. Zur Bedeutung religiöser Rituale während der Epidemien in der Toskana 1831 und in München 1854 vgl. *Stolberg*, Cholera, S. 117–123; *Mühlauer*, Gast, S. 102–111. Zur Öffnung der Gazzetta für Mediziner vgl. *Gariglio*, Gazzetta, S. 10, 19f.

Abb. 28: La Maga 28.9.1854.

›Volksverdummer‹ wurde ebenso thematisiert wie die Überlegenheit der Wissenschaft über die Religion.[211] In einer anderen Bildserie (*Abb. 28*) suchte »La Maga« die klerikale Deutung der Cholera als »Geißel Gottes« zu widerlegen, hier vorgetragen durch einen geifernden jesuitischen Redakteur von »Il Cattolico di Genova«. Daneben war Ministerpräsident Cavour zu sehen, der sich allerdings mehr für die Wasserqualität der Thermalbäder interessierte, als für die des Trinkwassers; Nonnen, die der lesbischen Liebe frönten; Mönche beim Faulenzen, Zechen und Zocken.

Die Cholera bot auch die Gelegenheit zur Erprobung von Säkularisationsplänen. Bereits vor dem Ausbruch der Epidemie hatte die »Gazzetta« »zur Erbauung der Gläubigen« die aus ihrer Sicht überhöhte Zahl kirchlicher Einrich-

211 La Maga 2.12.1854.

Abb. 29: »La Casa del Povero / I Monasteri«, in: La Maga 16.8.1854.

tungen und Mitglieder im Königreich Sardinien veröffentlicht. Nach Ausbruch der Seuche schlug sie vor, Genuas Konvente in Krankenhäuser umzuwandeln. Und tatsächlich ließ der linksliberale Justiz- und Kultusminister Urbano Rattazzi im Sommer 1854 einige Ordenshäuser evakuieren.[212] Gezielt nahm die Presse bestimmte Konvente ins Visier. Borella schrieb, dass den Turiner Kapuzinerinnen 172 m^2 pro Person zur Verfügung stünden, dem Mitglied einer der 7.428 armen, im Schnitt siebenköpfigen Familien hingegen nur ein Quadratmeter.[213] Passend dazu kontrastierte »La Maga« das elende »Haus des Armen« mit dem klösterlichen Wohlleben (*Abb. 29*). Während sich der Familienvater verzweifelt die Haare rauft, die aussätzige Großmutter und die darbende Mutter mit dem Neu-

212 GdP 24.7.1854. Vgl. *Griseri*, Soppressoni 1855, Sp. 1866.
213 GdP 9.7., 24.7., 28.8., 2.9.1854.

geborenen darniederliegen und die übrigen Kinder bangen und weinen, widmen sich Mönche und Nonnen der Völlerei und dem Müßiggang.

Nach dem ersten Abklingen der Cholera zog die »Gazzetta« folgende »Lehren«: Epidemiologen aller wissenschaftlichen Richtungen seien sich einig, dass zur langfristigen Bekämpfung der Seuche eine Verbesserung der Wohnsituation der Armen nötig sei. In Genua liege die Lösung daher in der Enteignung der 46 Konvente, deren Boden von »unnützen Bewohnern zum Schaden nützlicher Bewohner usurpiert« worden sei.[214]

d) »Unnütz oder schädlich«: Das piemontesische Ordensverbot 1855

Im November 1854 präsentierten Rattazzi und Cavour einen Gesetzentwurf zur Aufhebung der katholischen Orden und zur Verteilung ihres Vermögens an den Weltklerus.[215] Erwartungsgemäß provozierte der Antrag erbitterten Widerstand. Die extreme Linke kritisierte die Ausnahmen von dem Verbot, etwa für die Barmherzigen Schwestern und für Orden, die sich dem Unterricht und der Krankenpflege widmeten; die Konservativen lehnten ihn als verfassungswidrigen, ›kommunistischen‹ und ›revolutionären‹ Eingriff in kirchliche Strukturen ab. Die folgende zweimonatige Beratung brachte die bis dahin heftigsten Auseinandersetzungen der jungen piemontesischen Parlamentsgeschichte. Sitzungen wurden durch Ordnungsrufe unterbrochen. Auf den Tribünen des konservativen Senats lösten antiklerikale Zuschauer Tumulte aus. In den Kirchen beteten derweil Tausende von Gläubigen für den Fortbestand der Orden. Der Turiner Erzbischof Luigi Fransoni warf der Regierung aus dem französischen Exil »Hass« auf den Klerus vor. Im Januar 1855 drohte Papst Pius IX. denjenigen, die sich an der Verabschiedung und Umsetzung des Gesetzes beteiligten, mit Exkommunikation.[216] Die Kammer wurde mit Petitionen überschwemmt. Allein in der ersten Aprilwoche unterschrieben knapp 69.000 (darunter 6.071 Geistliche) gegen das Ordensverbot, über 12.600 dafür. Im Laufe des Gesetzgebungsverfahrens wurden circa 100.000 Unterschriften gegen das Gesetz gesammelt. An der Wahl zur fünften Legislaturperiode hatten im Vergleich dazu nur rund 54.000 der fast 91.000 Wahlberechtigten teilgenommen. Die Verbotsgegner hatten also eine Mehrheit organisiert. Aus Cavours Sicht waren die Unterzeichner der Petitionen allerdings keine mündigen Bürger, sondern »Personen, Massen«, die legal weder repräsentiert noch repräsentierbar waren. Er setzte voraus, dass es sich nicht um Wahlberechtigte handelte, sondern um klerikal beeinflusste Besitzlose. Analog dazu zeigte der »Fischietto« eine Karikatur, auf der ein Jesuit Kinderhände nahm, um

214 GdP 13.9., 20.12.1854.

215 APS Documenti, Bd. 3, S. 1631–1640. Zum Folgenden vgl. auch *Jemolo*, Chiesa, S. 154–158; *ders.*, Partito; *Romeo*, Cavour, Bd. 2/2, S. 788–799; *ders.*, Vita, S. 292 ff.; *Verucci*, Italia, S. 27 Anm. 56; *Briacca*, Cattolici, S. 319–471; *Pellicciari*, Risorgimento, S. 93–128; *Stadler*, Cavour, S. 98.

216 Zitiert nach *Romeo*, Vita, S. 293.

eine Petition zu unterzeichnen.[217] Trotz verfassungsrechtlicher Bedenken und höfischen Widerstands nahm die Kammer den Entwurf im März 1855 an.[218]

Die Liberalen gingen als Sieger aus dem Konflikt hervor, jedoch zu einem hohen Preis: Denn Pius IX. machte seine Ankündigung wahr und exkommunizierte alle am Gesetzgebungsverfahren Beteiligten, darunter auch den König. Die Kluft zwischen der gemäßigt-liberalen Regierung und den Konservativen vertiefte sich. Die Oppositionsbewegung mündete in eine ›katholische Partei‹, die 1857 bei den Wahlen auf Anhieb reüssierte. Ende April musste das Kabinett Cavour sogar zurücktreten. Erst nach mehrtägigen Demonstrationen in Turin setzte es der König wieder ein.[219] Vor dem Hintergrund der heftigen Auseinandersetzungen stellt sich die Frage, warum die liberale Regierung nach den Konflikten um die Siccardi-Gesetze und der gescheiterten Einführung der Zivilehe erneut die Machtprobe mit dem König und den Konservativen suchte.

Die Forschung hat die Genese des piemontesischen Ordensverbots auf unterschiedliche Weise erklärt: *Erstens* mit dem staatlichen Finanzbedarf, im Gesetzentwurf an erster Stelle genannt. Durch die Versorgungskrise und die Teilnahme am Krimkrieg hatte das Haushaltsdefizit astronomische Ausmaße erreicht. Der Verkauf der Ordensgüter sollte die staatlichen Aufwendungen für Weltgeistliche ausgleichen.[220] Als die Bischöfe jedoch eine entsprechende jährliche Zahlung anboten, lehnte die Regierung ab. Finanzielle Erwägungen waren demnach nicht allein ausschlaggebend. Auch das *zweite* oft genannte Motiv des Wunsches nach rechtlicher Vereinheitlichung war nicht entscheidend.[221] Die Rechtsstandpunkte der Verbotsbefürworter waren inkohärent. Ihr Gesetzentwurf stand in Widerspruch zu Artikel 1 (Staatsreligion, Religionsfreiheit) und 29 (Unverletzlichkeit des Eigentums) der Verfassung. Dennoch erklärte ihn Kommissionsberichterstatter Carlo Cadorna für verfassungskonform. Da die Orden keine »kollektive Repräsentation individueller und natürlicher Rechte«, sondern eine Schöpfung zivilen Rechts seien, liege keine staatliche Einmischung in geistliche Dinge vor. Cadorna verknüpfte den Jurisdiktionalismus des aufgeklärten Absolutismus und der Französischen Revolution, der dem Staat Hoheitsrechte über die Kirche und ihre Güter einräumte, mit Auffassungen der Historischen Schule Savignys. Danach hätten indes nicht nur die Orden, sondern sämtliche kirchlichen Einrichtungen enteignet werden müssen. Auch die geplanten Ausnahmen vom Verbot ließen sich so nicht begründen. Im Parlament berief sich Cadorna zudem auf das konträre Prinzip einer Trennung »ziviler« und »kirchlicher Gewalt«. Auch Kabinettsmitglieder vertraten widersprüchliche Positionen. Während sich Rattazzi auf die französischen und piemontesischen Jesuitenverbote als Vorbild

217 Vgl. *Pellicciari*, Risorgimento, S. 161; *Il Fischietto* 17.3.1855.
218 Text in: *D'Amelio*, Stato, S. 100–106.
219 Vgl. *Ferroglio*, Storia.
220 Vgl. *Stadler*, Cavour, S. 97 f.
221 Als Vertreter dieser Forschungsposition vgl. etwa *D'Amelio*, Stato.

berief, sagte Cavour in Anlehnung an den liberalen Kirchenrechtler Pier Carlo Boggio, dass die Aufhebung der Orden keine Enteignung darstelle, sondern nur eine Umverteilung und Reorganisation kirchlichen Besitzes.[222] Den Eingriff in kirchliche Angelegenheiten konnten allerdings auch solche Sophismen nicht verbergen. *Drittens* wurden machtpolitische Erwägungen Cavours als Motiv vermutet: Rosario Romeo deutete das Ordensverbot als Resultat einer Mischung von »politischer Notwendigkeit« und Kalkül. Der Ministerpräsident habe es zur Organisation eines gesellschaftlichen Konsenses und zur Einbindung der Linken genutzt.[223] Gegen diese ›machiavellistische‹ Deutung spricht, dass der Ministerpräsident das Tempo der kirchenpolitischen Reformen nicht selbst bestimmte, sondern in der Klosterfrage unter Zugzwang der Linken und ihrer Medien war.[224] Vor allem aber war Cavour hinsichtlich des Klerus keineswegs jener rationale, pragmatische ›Realpolitiker‹, zu dem ihn Zeitgenossen und Historiker – ähnlich wie Bismarck – stilisiert haben. Der massenhafte Widerstand gegen die Siccardi-Gesetze, das Scheitern der Zivilehe, die akute Versorgungskrise – all dies hätte einen Politiker, dem Klöster gleichgültig waren, von der Machtprobe mit Kirche, Krone und dem konservativen Adel abgehalten. Cavour empfand jedoch selbst eine tiefe Abneigung gegen die Orden. In seiner Jugend hatte er in Ventimiglia erlebt, wie sich ein des Mordes angeklagter Mönch in einem Konvent versteckt hatte, nach einmonatiger Belagerung verhaftet worden war, aufgrund eines Formfehlers aber wieder freigelassen werden musste und unbehelligt ins Kloster zurückkehren konnte. Cavour notierte dies 1828 in seinem Tagebuch zu der Zeit, als er zum Rationalismus ›konvertierte‹. Fortan sammelte er Zeitungsberichte über klerikale Verfehlungen, prangerte die hohe Zahl der Klöster an und nannte das Mönchstum eine »Quelle der Ignoranz, des Aberglaubens und der Armut«. In seiner ersten großen Parlamentsrede führte er die Episode von Ventimiglia als Argument für die gesetzliche Aufhebung der kirchlichen Gerichtsautonomie und des Kirchenasyls an. Noch im Jahre 1860 bezeichnete er das Mönchtum als »Lepra«.[225]

Der Antimonastismus war für Cavour demnach kein taktisches ›Mittel‹, sondern ein ›Zweck‹. Als Anhänger des englischen Freihandels und des Manchesterkapitalismus wollte er Piemont durch Reformen in eine moderne Industriegesellschaft verwandeln. Die Orden schienen diesem Ziel im Weg zu stehen. Im

222 APS Documenti, 27.12.1854, S. 164; APS Discussioni, 11.1.1855, S. 2631, 2633; 20.2.1855, S. 2901–2929. Vgl. ebd., S. 2822 f. Zu Cavour vgl. *Verucci*, Italia, S. 22; *Stadler*, Cavour, S. 92. Zu Boggio, Savigny und der Historischen Schule vgl. *Romeo*, Cavour, Bd. 2/2, S. 794–9; *Pellicciari*, Risorgimento, S. 260 f. Anm. 233.

223 Vgl. *Romeo*, Cavour, Bd. 2/2, S. 792.

224 So auch *Verucci*, Italia, S. 22.

225 Zitiert nach *Romeo*, Cavour, Bd. 1, S. 302 f., *Pellicciari*, Risorgimento, S. 108. Vgl. *Berti*, Conte, S. 103 f.; *D'Amelio*, Stato, S. 45 f. Zu Cavours Antimonastismus siehe auch *Romeo*, Cavour, Bd. 2/2, S. 788.

Parlament sagte Cavour, dass sie zwar aus einem gesellschaftlichen Bedürfnis entstanden, seither aber »unbeweglich« geblieben seien. Unter den »gewandelten Bedingungen« hätten sie ihre Daseinsberechtigung verloren und seien »unnütz oder schädlich« geworden. Die monastische Lebensführung hemme den »gleichmäßigen und kontinuierlichen Fortschritt« in Wissenschaft und Kunst, Industrie und Landwirtschaft. Besonders die Bettelorden entzögen sich der Produktivität, indem sie der Arbeit entsagten und ihren Wert bestritten. Anstatt die Verbreitung von Bildung zu fördern, bewahrten sie »alte Traditionen« und verbreiteten »Legenden«. Um die Bettelei als »verhängnisvolle Angewohnheit« der Armen zu bekämpfen, müsse man die Bettelorden verbieten. Cavour verwies auf andere Staaten: Während in Spanien und im Königreich Neapel, wo keine Ordensreform stattgefunden habe, »Rückschritt« herrsche, gebe es in Staaten mit »reformierten« Orden wie England, Preußen oder Frankreich »Fortschritt«. Mit Blick auf die Schweizer Kantone und die rheinischen Städte stellte Cavour die »mathematische Formel« auf, dass wirtschaftliche Prosperität umgekehrt proportional zur jeweiligen Menge der Mönche sei.[226]

Cavour war mit seiner Abneigung gegen die Mönche nicht allein. Jedes Jahrhundert, hieß es im Gesetzentwurf, gehorche seiner eigenen Tendenz. Während die Orden im Mittelalter Träger der Zivilisation gewesen seien, hätten sie heute keinen »moralischen Nutzen« mehr. Deshalb könne das »tätige« »Wesen des Jahrhunderts« die vielen Klöster, in denen asketisch und kontemplativ gelebt werde, nicht mehr dulden. Indem sich die Liberalen zu Exekutoren der Zeit stilisierten, gaben sie ihrem Eingriff, der aus dem Gesetz des Fortschritts selbst abgeleitet war, den Anschein historischer Notwendigkeit.[227]

Kritik kam von Cavours älterem Bruder Gustavo, der das Ordensverbot als illiberal ablehnte und zum Gegner der liberalen Kirchenpolitik wurde: »Wahrer Liberalismus« zeige sich darin, Lebensformen zu dulden, die man selbst ablehne. Bei den piemontesischen Liberalen hingegen gehöre die »Priesterphobie« zum guten Ton. Doch mit diesem Plädoyer für Toleranz isolierte sich Gustavo Cavour im liberalen Lager.[228]

Denn die überwältigende Mehrheit der Liberalen sah das Ordensverbot in Einklang mit liberalen Prinzipien und bürgerlichen Werten, ja sie verstand die Aufhebung der Klöster sogar als Befreiung der Ordensgeistlichen. Der Chefredakteur der »Gazzetta« Borella stellte das Keuschheitsgelübde als widernatürlich dar und nannte den »blinden Gehorsam« die »Beerdigung des freien Wil-

226 APS Discussioni, 17.2.1855, S. 2574 ff., S. 2864 ff. Vgl. *ebd.*, 21.2.1855, S. 2921 (Rattazzi), 23.2.1855, S. 2953 (Valerio).

227 APS Documenti, S. 1631. Ähnlich argumentierten die Abgeordneten Giorgio Pallavicini, Melegari, Robecchi und Federico Barbier in: APS Discussioni 10.1.1855, S. 2609 f.; 19.2.1855, S. 2890; 22.2.1855, S. 2936, 2938; 23.2.1855, S. 2964, 2966.

228 APS Discussioni, 9.1.1855, S. 2590 f. Zu Gustavo Cavour vgl. Romeo, *Cavour*, Bd. 2/2, S. 794 Anm. 170.

lens«. Mönche würden zu Recht als »Sklaven Roms« und »Heloten Spartas« bezeichnet, da sie den päpstlichen Weltherrschaftsplänen zur Errichtung einer universalen Theokratie dienten. Viele Abgeordnete stellten das Ordensverbot als Rückkehr zur natürlichen Lebensweise, als Eingang in die Mündigkeit und in den Prozess der Geschichte dar. Valerio erklärte die Orden zu »Reliquien der Vergangenheit«, deren Mitglieder lediglich »Schatten« seien. Er gab an, im Besitz einer Vielzahl von Briefen zu sein, in denen Mönche und Nonnen den Gesetzgeber um Erlösung baten, und beschwor seine Parlamentskollegen: »Macht sie zu Menschen, macht sie zu Staatsbürgern!«.[229]

e) Fazit und Ausblick: Die Wirkung antiklerikaler Medien

Antiklerikale Medien waren von zentraler Bedeutung für die Begründung und Verabschiedung des Ordensverbots. Sie stilisierten Nonnen zu Opfern klösterlicher Gewalt, Mönche zu Parasiten und Verbrechern. Auf Basis ihrer Kampagnen wuchs der Antiklerikalismus in Piemont in den 1850er Jahren zu einer Massenbewegung.[230] Wichtigster Effekt war die Herstellung eines antiklerikalen Konsenses innerhalb der bürgerlichen Gesellschaft. Nach Romeo kristallisierte sich im Kampf gegen den katholischen Klerus 1854/5 ein »Laizismus und Antiklerikalismus« heraus, der städtischen Mittelschichten eine »neue kulturelle und politische Physiognomie« gab.[231] Ohne diesen antiklerikalen Konsens der städtisch-bürgerlichen ›Mitte‹ wären weder Siccardis Gesetz noch das Ordensverbot möglich gewesen.

Gustavo Cavour zufolge beruhte der Antimonastismus der Liberalen auf »Invektiven, Sarkasmen und Verleumdungen« der Presse gegen die »friedfertigen, stillen Bewohner der Klöster«. Der Konservative Carlo De Spine bezeichnete die Zeitungen »Risorgimento«, »Opinione«, »Unione«, »Voce«, »Diritto«, »Espero« und die »Gazzetta del Popolo« sogar als »neue Machthaber« des Königreichs. Die Wirkung antiklerikaler Medien lässt sich bis in einzelne Parlamentsreden hinein nachweisen. Als Robecchi seine Forderung nach einem Ordensverbot mit den »Verbrechen, die ihr kennt«, begründete, setzte er das geistliche Kriminalitätsregister als bekannt voraus. Selbst seine Gegner fragten nicht, worauf er anspielte. Denn alle wussten, dass er die Skandalchroniken der antiklerikalen Presse meinte. Als Robecchi die Nonnen als armselige Geschöpfe und »lebendig Begrabene« darstellte, die nichts sehnlicher wünschten als ihre »Wiederauferstehung« in Gesellschaft und Familie, berief er sich explizit auf die »Verräterin von Monza« in Manzonis Roman »I Promessi Sposi«. Die Gegenpetitionen von Ordensfrauen galten ihm lediglich als Beweis der »moralischen Gewalt«, der diese »armseligen« Geschöpfe ausgesetzt seien. Für ihn hatten Nonnen

229 APS Discussioni, 22.2.1855, S. 2944 (Borella); 23.2.1855, S. 2952 ff. (Valerio).
230 Vgl. *Romeo*, Cavour, Bd. 2/2, S. 440 f.; *Verucci*, Italia, S. 37.
231 *Romeo*, Vita, S. 293.

keinen eigenen Willen. Als sich Gustavo Cavour zur Apologie der Orden ebenfalls auf Manzonis Roman bezog und die positive Figur des Padre Cristoforo als Beispiel eines guten Mönchs stellvertretend für die Verdienste der Ordensgeistlichen während der Cholera rühmte, konterte Angelo Brofferio, Chefredakteur des »Messaggiere torinese«, dieses ›fiktive‹ Ideal mit dem ›realen‹ Verbrecher Padre Marengo, dessen »grausame Missetaten« in Piemont hinlänglich bekannt seien. »Einzelne Akte« klerikaler Tugend seien nichts gegen all die »unanständigen und infamen Handlungen«. Auch die klerikale Erziehung sei »Gift«, weil sie sich gegen Fortschritt, Vaterland und Freiheit wende, weshalb man die »böse, infizierte Pflanze« »bei der Wurzel packen« müsse. Brofferio kritisierte die geplanten Ausnahmen daher als gefährliche Inkonsequenz, nannte die Klöster ewige Feinde des »Fortschritts der italienischen Freiheit«, das Papsttum, das sich auf fremde Mächte stütze, ein Hindernis der italienischen Einheit, brandmarkte die Nutzung des Forum Romanum als Weidefläche, zitierte den Spottvers »quod non fecerunt barbari, fecerunt Barberini (Heiterkeit)« und forderte die Enteignung der Kirche.[232] Brofferios Rede synthetisierte die diskursiven Strategien des antikatholischen *Othering*. Die Sexualisierung und Entmenschlichung des Klerus verband sich hier noch einmal mit dem Ausschluss des päpstlichen Katholizismus aus der europäischen Zivilisation und aus der italienischen Nation.

Die antiklerikale Presse war sich ihrer Bedeutung im Kulturkampf bewusst. Unter dem Titel »Die Auferstehung der Maga« 1852 präsentierte sich das gleichnamige radikale genuesische Satiremagazin (»La Maga«, dt. Zauberin) auf einer Karikatur bei der Abwehr von Österreichern und jesuitischen ›Meuchelmördern‹ – in der Rechten den Zauberstab, in der Linken das Banner der Verfassung (*Abb. 30*).[233]

Die linksliberale Presse verschonte auch die Regierenden nicht mit Spott, wenn die antiklerikalen Gesetze nicht den hoch gesteckten Erwartungen entsprachen. Im April zeichnete »Il Fischietto« Cavour und Rattazzi als Jesuiten mit Kalabreser und nannte sie »Verteidiger der Mönche«. Im Mai zeigte »La Maga« Mönche in freudiger Erwartung der Abstimmung im konservativ dominierten Senat. Zum Leidwesen des durch weinende Esel symbolisierten Volkes trugen Rattazzi und Cavour mit hängenden Köpfen ihren Gesetzentwurf zu Grabe und wurden von einem Mönch als »reuige Söhne« herzlich empfangen. Auf einer anderen Karikatur trieben Mönche Cavour und Rattazzi wie Tanzbären durchs Parlament. Die Bildunterschrift lautete: »Letzte Szene der Komödie über das Ordensgesetz«. Das Kompromiss-Amendement des Senators Des Ambrois, das den Geistlichen erlaubte, bis zum Erlöschen des Ordens im Kloster zu bleiben, wurde im Senat mit knapper Mehrheit angenommen. Nach Inkrafttreten des Gesetzes sah man feiste

232 APS Discussioni, 9.1.1855, S. 2590f., 2594 (G. Cavour); 11.1855, S. 2616 (De Spine); 22.2.1855, S. 2940ff. (Robecchi); 10.1.1855, S. 2598–2601 (Brofferio). Zur Figur des Padre Cristoforo vgl. *Proß*, Mönch, S. 41.

233 Kurz darauf wurde das Blatt konfisziert. Vgl. La Maga 1.4.1852; *Romeo*, Vita, S. 246.

Abb. 30 : »La Risurrezione della Maga. / La Maga e i suoi nemici«, in: La Maga 24.1.1852.

Mönche und Nonnen rauchen, trinken und speisen; Cavour wurde von einem mönchischen Herakles zerquetscht und ging mit Rattazzi auf Knien nach Rom, um beim (körperlich übermächtig scheinenden) Papst Abbitte zu leisten. Sie glichen ›Betweibern‹. Die Kritik appellierte an die ›männliche Ehre‹ der Regierenden, sich nicht zu unterwerfen oder vorführen zu lassen, sondern die antiklerikale Sache kompromisslos zu vertreten. Rattazzis Kabinettsberufung hatte in der »Gazzetta« 1853 die Hoffnung auf eine weniger »eunuchische« Kirchengesetzgebung geweckt. Nun stellte sie die Männlichkeit des Hoffnungsträgers infrage.[234]

Vielleicht auch angesichts solch harscher Kritik hat die italienische Historiographie den radikalen Antiklerikalismus allzu scharf von der liberalen Kirchenpolitik geschieden und dabei die personelle Verflechtung und die heimliche Komplizenschaft der Kontrahenten sowie die fließenden Übergänge ihrer Positionen unterschätzt. Die kategoriale politikhistorische Unterscheidung von

234 Il Fischietto, 17.4.1855; La Maga 31.3., 1.5., 22.5.1855, 7.7.1855; GdP 27.10.1853. Zum Kompromiss im Senat vgl. *Romeo*, Vita, S. 297, 299 f. Männliche Tugenden waren Cavour wichtig: »Feigheit« war, wie er 1854 an Joseph Ginet schrieb, im »Kampf« für die »liberalen Ideen« zu vermeiden; denn sie stehe im Widerspruch zur männlichen »Ehre«. Zitiert nach *Romeo*, Cavour, Bd. 2/2, S. 791.

Liberalen und Demokraten, Gemäßigten und Radikalen, Regierung und Opposition wird dem kirchenpolitischen Zusammenspiel dieser Kräfte jedoch nicht gerecht. Zum einen war der Antiklerikalismus auch für gemäßigte Liberale konstitutiv. Nachdem sich Gustavo Cavour für den Klerus ausgesprochen hatte, galt er nicht mehr als Liberaler, sondern als Konservativer. Zum anderen einte der Antiklerikalismus Regierung und Opposition, Liberale und Demokraten, Monarchisten und Republikaner, Gemäßigte und Radikale. Im katholischen Klerus sahen sie einen gemeinsamen Gegner oder Feind. Im Kulturkampf agierten sie – bewusst oder unbewusst – als Komplizen: Da es eine Opposition gab, die radikale Maßnahmen gegen den Klerus forderte, konnte sich die Regierung als neutraler Moderator partikularer Interessen gerieren. Zwar wurden so die inneren Widersprüche der liberalen Kirchenpolitik (Trennung von Staat und Kirche vs. staatlicher Interventionismus) noch deutlicher. Dennoch konnten die Regierenden gegenüber den Konservativen zur Warnung stets auf die Pläne der extremen Linken verweisen. Umgekehrt setzten radikale Gruppen antiklerikaler Studenten, Journalisten und Politiker die Regierung unter Druck. Insbesondere Journalisten gingen dabei persönliche Risiken ein, was spätere Kooperationen mit den Regierenden aber nicht ausschloss. 1851 wurde Bianchi-Giovini wegen »Angriffs auf die Religion des Staates« in der »Opinione« zu Haft- und Geldstrafen verurteilt. Zwei Jahre darauf übernahm er auf Cavours Anregung die Leitung der Zeitung »Unione«, um die antiklerikale Gesetzgebung der Regierung publizistisch zu flankieren.[235]

Im Zuge der nationalen Einigung wurden die piemontesischen Gesetze sukzessive auf Italien ausgedehnt, 1866 mit gewissen Modifikationen auch das Ordensverbot. In der Folge sank die Zahl der Ordensleute in Italien von 30.632 (1861) auf 9.163 (1871).[236] 1873 folgte die Ausweitung des Gesetzes auf Rom. Wie Carlo M. Fiorentino gezeigt hat, wiederholte sich in den römischen Auseinandersetzungen auf lokaler Ebene das Zusammenspiel legislativer, physischer und medialer Gewalt, das bereits den piemontesischen Kulturkampf bestimmt hatte.[237]

3. Eingemauerte Nonnen, unzüchtige Mönche: Der Moabiter Klostersturm 1869

Im August 1869 kam es im Berliner Arbeiterviertel Moabit zu Angriffen auf eine Dominikaner-Kapelle und ein von Franziskanern geführtes Waisenhaus. Unter dem Eindruck dieses Ereignisses gründeten katholische Politiker im Dezember

235 Vgl. *Talamo*, Stampa, S. 534, 540 ff., 570.

236 Vgl. *Aubert*, Säkularisationspolitik, S. 710 Anm. 10; *Martina*, Soppressioni 1866; *Riccardi*, Soppressione.

237 Vgl. *Fiorentino*, Chiesa, S. 173–245. Zur antiklerikalen Gewalt in Rom siehe Kapitel C.III.3.b.

1870 die Zentrumspartei. Der folgende ›Petitionskrieg‹ zur Klosterfrage lieferte zentrale Argumente für und gegen das preußische Verbot katholischer Orden und Kongregationen 1875. Der Moabiter Klostersturm spielte damit eine Schlüsselrolle für den Kulturkampf in Preußen und im Deutschen Reich. Wie ist er zu erklären? Inwiefern trugen antiklerikale Medien zu seiner Genese bei?[238]

a) Mission impossible? Die Rückkehr der Dominikaner nach Berlin

Als der belgische Dominikaner Pater Ceslaus, Alfred Graf de Robiano, ein Enkel des Konvertiten Stolberg, 1866 auf einer Bettelreise die preußische Hauptstadt erreichte, zeigte er sich begeistert:

> Blühende Vereinigungen, Gesellenvereine, acht bis neun Vinzenzkonferenzen, Hospitäler, katholische Schulen, neue Kapellen, alles dies entstand und gedeiht; und dahinter stehen eifrige, entschlossene Katholiken jeden Ranges und Standes, deren Beziehungen einen lebhaft an die ersten Christen erinnern.

Verantwortlich für die Blüte war der ultramontane Missionsvikar und Geistliche Rat Eduard Müller. Seit seiner Ankunft 1852 hatte der »zweiter Bonifatius« und »Apostel Berlins« genannte Schlesier neben der Wiederbelebung traditioneller Rituale wie der Spandauer Fronleichnamsprozession, der Gründung von Vereinen und Zeitungen wie »Märkisches Kirchenblatt« und »Berliner St. Bonifacius-Kalender« auch die Ansiedlung weiblicher Orden betrieben: Die Breslauer Ursulinen leiteten seither eine Schule und ein Waisenhaus für Mädchen, die Schwestern vom Guten Hirten ein Heim für ›gefallene und gefährdete‹ Mädchen, die Grauen Schwestern von der hl. Elisabeth aus Neiße widmeten sich der Krankenpflege. Bereits seit 1846 arbeiteten Borromäerinnen aus Trier am katholischen Krankenhaus St. Hedwig.[239] Während führende Protestanten wie der Leiter der Inneren Mission, Johann Hinrich Wichern, diese Expansion öffentlich kritisierten, wurde sie von den preußischen Behörden geduldet und von der preußischen Königin Augusta gefördert.

Doch trotz des Aufschwungs waren die seelsorgerischen Kapazitäten in der Diaspora Berlin überlastet. Durch Zuwanderung von Arbeitern aus Schlesien, Posen und Westpreußen war die Zahl der Katholiken in knapp fünfzig Jahren von etwa 7.800 (1821) auf rund 56.200 (1868) gestiegen. Die Seelsorge konnte mit der Entwicklung nicht mithalten. 1862 standen elf Priester circa 33.600 Laien gegenüber. Angesichts des Missverhältnisses schlug Robiano seinem Ordensmeister auf Drängen Müllers und des Leiters der katholischen Abteilung im Kultus-

238 Zum Moabiter Klostersturm vgl. zuletzt *Lohrum*, Wiederanfänge, S. 167–175; *Wernicke*, Klostersturm; *Borutta*, Enemies; *Gross*, War, S. 170–184. Zum Einfluss des Klostersturms auf die Gründung der Zentrumspartei vgl. *Bachem*, Vorgeschichte, Bd. 3, S. 38–41; *Windell*, Catholics, 235–239; *Anderson*, Windthorst, S. 123f., 128, 135, sowie Kapitel C.II.1.

239 Zitiert nach *Wilms*, Robiano, S. 179. Vgl. *Thrasolt*, Müller; *Höhle*, Gründung, S. 36f.

ministerium Adalbert Krätzig vor, in der preußischen Hauptstadt ein »Zentralhaus für die Mission« und alle »Posten des Bonifatiusvereins in Deutschland« zu errichten. »Einen Augenblick, der günstiger wäre, um nach Berlin vorzudringen« gebe es nicht. Schlesien habe »Überfluß an religiösen Berufen. Die jungen Leute wenden sich überall hin, um sich ihm zu weihen.« Hier wäre man am Eingangstor.[240] Als der Präses der Düsseldorfer Dominikaner von Robianos Plan hörte, antwortete er: »Die Idee ist schön, verführerisch und schmeichelt der Einbildungskraft, aber wir werden die Zeche zu unserem Schaden und zu teuer bezahlen, ganz sicher in diesem Augenblick.« Die Skepsis war begründet: Infolge der Säkularisationen waren 1825 in Preußen sämtliche Konvente der Dominikaner aufgehoben worden. Nach einem erfolglosen Intermezzo in Materborn war 1860 eine Neugründung in Düsseldorf erfolgt. Obwohl der Ordensgeneral das Projekt einer Berliner Ordensmission für illusorisch hielt, befürwortete er mit dem Breslauer Fürstbischof Heinrich Förster eine Niederlassung in der preußischen Hauptstadt. 1866 kehrte Robiano als Militärseelsorger zurück. Auf Vermittlung Königin Augustas erhielt der gebürtige Belgier das preußische Staatsbürgerrecht und eine Anstellung im Garnisonslazarett Scharnhorststraße. Schon bald war auf Müllers Vermittlung in Moabit ein potentielles Wirkungsfeld für die Dominikaner gefunden, das Robiano seinem Ordensgeneral enthusiastisch beschrieb:

Ein Stadtviertel, das von den Kirchen sehr entfernt und mit Fabriken übersät ist. Ein tüchtiger Fabrikant [der zu diesem Zeitpunkt bereits verstorbene August Borsig, MB] beschäftigt 4000 Arbeiter [...] Die Katholiken dort werden 800 an der Zahl sein. Es gibt dort eine Schule, aber die Kinder haben in der Woche gar keine Messe. Die Mütter sind zu einem großen Teil Berlinerinnen und daher protestantisch. Dagegen sind die Männer, wegen ihrer Kenntnis der Hüttenverarbeitung vom Rhein herangezogen, katholisch. [...] Man kann dort viel Gutes tun, und es ist leicht anzufangen.[241]

Im April 1867 las Robiano in Moabit seine erste Messe. Als ihm der »Frauenverein zu St. Hedwig in Berlin zur Verpflegung katholischer Waisen« die Leitung eines Waisenhauses anbot, griff er zu: Hinter dem Rücken der Waisen, versprach er dem Ordensmeister, könne man eine große Kommunität errichten, ohne die öffentliche Meinung zu fürchten. Auch Frau von Wangenheim, ein Vorstand des Frauenvereins, sah die Waisenpflege nur als Vorbereitung anderer Tätigkeiten: »Mit dieser Aufgabe betraut könnte der Orden mit einer gewissen Neutralität von Seiten der protestantischen Öffentlichkeit und mit mehr Wohlwollen der Regierung rechnen; Verwunderung und Kuriosität wären bei-

240 Zitiert nach *Wilms*, Robiano, S. 180. Vgl. *Lohrum*, Wiederanfänge, S. 138f., 144, 156. Die Zahlen nach *Jablonski*, Geschichte, Bd. 1, S. 207–218. Zu Wicherns Kritik: BK 1871, S. 88. Zur Bedeutung der Bonifatiustradition für die ultramontane Diasporamission vgl. *Weichlein*, Apostel.

241 Zitiert nach *Lohrum*, Wiederanfänge, S. 142, 145f. Vgl. *ebd.*, S. 5, 137.

gelegt.« Offenbar rechnete man damit, dass der Orden Anstoß erregen würde. Eine soziale Tätigkeit erschien jedoch tolerierbar. Die liberale Trennung des Politischen vom Religiösen wurde aus Vorsicht bereits antizipiert. Für die Waisenerziehung gewann Robiano zwei Franziskaner aus Aachen. Im Sommer 1869 stießen noch zwei weitere Dominikaner dazu, darunter der französische Pater Rouard de Card, der vom Breslauer Erzbischof zum Prior ernannt wurde. Das seelsorgerische Angebot der Mönche fand zunächst wenig Anklang. Messe und Beichte wurden nur schwach besucht. Robiano beklagte die Gleichgültigkeit der Moabiter Katholiken. Viele würden die Kirche meiden, ihre Kinder in protestantische Schulen schicken und Mischehen eingehen, ohne auf einer katholischen Erziehung zu bestehen – ein Problem, das im Rheinland des Vormärz noch schwere Konflikte hervorgerufen hatte, sich dagegen im Berlin der liberalen Ära stillschweigend zugunsten der Mehrheitskonfession entschied. Um dieser Indolenz entgegenzuwirken fasste Robiano den Plan zur Gründung einer eigenen Pfarrei.[242]

b) Ultramontaner Triumphalismus: Die Festpredigt des Missionsvikars

Da die Dominikaner ohne Korporationsrechte kein Eigentum erwerben durften, kaufte der Frauenverein das anliegende Grundstück des Waisenhauses. Robiano ließ darauf eine Kapelle für 400 Personen errichten, die am 4. August 1869 eingeweiht wurde. Die Zeremonie war gut besucht. Anwesend waren die Pfarrer von St. Sebastian, St. Matthias und St. Bonifatius in Charlottenburg, die Franziskaner, der Stettiner Erzpriester Voigt, Fürst Karl Radziwill, der Geheime Oberjustizrat Wilhelm von und zur Mühlen, der Vorstand des Frauenvereins von Wangenheim samt Töchtern sowie die Witwe August Borsigs. Die Gesandten Österreichs und Russlands hatten Köche für das anschließende Fest zur Verfügung gestellt. Am Nachmittag segnete der preußische Armeebischof Franz Namszanowski die Kapelle.[243]

Gestört wurde die Idylle tags darauf durch einen Zeitungsbericht der regierungsnahen »Norddeutschen Allgemeinen Zeitung«, der die Königin als »Protektorin« des Berliner Katholizismus bezeichnete und die Präsenz hoher »Staatsbeamte, Offiziere und Bürger« beim Festakt hervorhob, namentlich des Direktors der katholischen Abteilung Krätzig. Wörtliche Zitate und Paraphrasen aus Müllers Festrede, in denen dieser für Erleichterungen »höchsten Ortes« in der Tradition Friedrichs des Großen dankte, erweckten den Eindruck einer staatlichen Förderung der Niederlassung. Einige Blätter verwechselten den Geistlichen Rat Müller mit dem Geheimrat Krätzig. Obwohl Kultusminister Heinrich von Mühler die Teilnahme seines Ministerialdirektors und jede Verbindung zu seinem Ministerium dementieren ließ, stand er fortan unter dem Verdacht, ein Förderer

242 *Ebd.*, S. 152. Vgl. *ebd.*, S. 151–159. Zu den Kölner Wirren siehe Kapitel C.I.1.
243 Vgl. *Lohrum*, Wiederanfänge, S. 161 f., 165.

des Katholizismus zu sein. Die liberale Presse erhöhte den Druck auf seine konservative Kirchenpolitik.[244]

Noch mehr Aufregung löste die Festpredigt des Missionsvikars aus. In Anlehnung an das Buch Kohelet hatte Müller die Dominikanerniederlassung mit dem Kampf Davids gegen Goliath verglichen. Die Berliner Intelligenz wolle »nicht bloß den Glauben an einen persönlichen Schöpfer ersetzen«, sondern auch die »Weltregierung Gottes« verhöhnen. Moabit sei ein Symbol »für den herrschenden Geist der Selbstsucht und der Sinnlichkeit«. Die Dominikanergründung erfolge in der »Blüthezeit des Heidenthums« inmitten eines »gottlosen Communismus und Socialismus«. »Wie aber«, fragte Müller, »wenn gerade hier es Gott gefiele, sein Bethlehem der Neuzeit zu gründen«?[245] Die »Norddeutsche Allgemeine Zeitung« spitzte diese Worte zu. Der Geistliche Rat habe Moabit als Symbol für »Genußsucht, Haschen nach materiellem Erfolge«, für eine »moderne, mit Dampfkraft arbeitende Industrie« bezeichnet, die allein irdischen Zwecken diene. Um »den wilden Riesen des Unglaubens zu erlegen«, solle »hier, in ›Jerusalem‹[!] [..]›ein neues Rom‹[!]« entstehen. Die »Volkszeitung« lobte dagegen die arbeitsame »norddeutsche Bevölkerung«, deren »Bildung und Gesittung« in der »Gleichgiltigkeit des schaffenden und arbeitenden Unglaubens gegenüber den Kindermärchen des müßigen Betens und Betrachtens« zum Ausdruck komme. Obgleich die Kontrastierung von Arbeit und Kontemplation vermutlich aus der Feder eines Journalisten stammte, bekräftigte sie der Redner kurz darauf in der »Märkischen Kirchenzeitung«. Hinsichtlich der Unvereinbarkeit von Katholizismus und Kapitalismus waren sich Ultramontane und Liberale einig.[246]

Dies galt jedoch nicht für die konfessionelle Lesart der Predigt: Die »Vossische Zeitung« monierte die »Siegeszuversicht«, mit der »die Römlinge der einstigen Rückkehr der protestantischen Stadt unter Roms Joch entgegensehen.« Die »Nationalzeitung« dämonisierte die Dominikanerniederlassung als Auftakt einer zweiten Gegenreformation und pries die Auflehnung gegen Johannes Tetzel, den »entarteten Dominikaner« und »Boten der entarteten römischen Kirche«, als »sittlichste That des deutschen Volkes«. Im »Märkischen Kirchenblatt« bestritt Müller die Angriffe auf den Protestantismus. Und tatsächlich fehlte in der veröffentlichten Version seiner Predigt jeder Bezug auf »Confessionelles« und auf Rom. Dies erscheint insofern glaubwürdig, als die von Müller redigierten Blätter statt konfessioneller Polemik eher die christliche Solidarität beschworen. Doch seine Gegendarstellung kam zu spät. Die Dominikaner standen bereits im Zentrum der medialen Aufmerksamkeit – und mit ihr sämtliche Orden und Klöster Preußens.[247]

244 Vgl. NAZ 5.8.1869; BK 1883, S. 31; Nationalzeitung 28.8.1869. Zu Mühlers Kirchenpolitik vgl. *Reichle*, Staat; *Besier*, Kirchenpolitik.

245 MK 21.8.1869.

246 NAZ 5.8.1869; Volkszeitung 11.8.1869. Vgl. MK 28.8.1869.

247 Vossische Zeitung 6.8.1869; Nationalzeitung 8.8.1869; MK 21.8.1869.

c) ›Klostergeschichten‹: Die Affäre Ubryk und der Düsseldorfer Skandal

Eine Woche vor der Einweihung der Moabiter Kapelle war aus Krakau ein »schauderhaftes Verbrechen« gemeldet worden. Auf eine anonyme Anzeige hin, dass bei den Karmeliterinnen seit 21 Jahren eine Nonne »lebendig vermauert« sei, war das Kloster mit bischöflicher Genehmigung von der Polizei untersucht worden. Der »National-Zeitung« zufolge kam in einem »finstern, verpesteten, als Kloake dienenden Loche« ein »fürchterliches Wesen zum Vorscheine, wie es selbst Dante in seiner stärksten Einbildungskraft nicht zeichnen konnte«: ein »nacktes, verwildertes, halb wahnsinniges Weib«. Auf die Frage nach dem Grund ihrer Inhaftierung antwortete die Frau gemäß der »Volkszeitung«: »Ich habe das Keuschheitsgelübde gebrochen, aber diese da«, an die Adresse der Nonnen gerichtet, »sind auch nicht rein, sind auch keine Engel.« Den Beichtvater beschimpfte die verwahrloste Nonne als »Bestie«.[248] Wie eine gerichtliche Untersuchung ergab, handelte es sich um die 1817 in Warschau geborene Barbara Ubryk, die im Alter von 22 Jahren in dem Krakauer Konvent aufgenommen worden war. Seit 1848 hatte sie »Symptome einer geistigen Krankheit« gezeigt, die ein Arzt als »Erotomanie« bezeichnete. Ihre Überweisung an eine Heilanstalt war 1860 per Verordnung eines päpstlichen Generalsekretärs untersagt worden. Als Barbara Ubryk randaliert, um sich geschlagen und ihre Kleider zerrissen habe, sei sie in eine Zelle gesperrt worden. Um zu verhindern, dass sie nackt an das Fenster trete und Passanten anspreche, habe man ihr Fenster zur Hälfte vermauert.[249]

Die liberale Presse verwandelte den Fall sogleich in eine typische Klostergeschichte. Das einst schöne Mädchen sei ins Kloster gegangen, weil die Eltern ihr die Heirat eines Studenten verboten hätten. Um zu dem Geliebten zurückzukehren, habe sie 1848 einen erfolglosen Fluchtversuch unternommen, über dessen Scheitern sie wahnsinnig geworden sei. Familiäre Kontaktversuche seien von den Nonnen unterbunden worden. In der Folge sei Barbara Ubryk körperlich misshandelt worden.[250] Die Story verbreitete sich in Windeseile in Europa und den USA in zum Teil mehrbändigen Werken, die zwischen den Genres Klosterroman und populärwissenschaftlicher Schrift changierten. Mithilfe eines wissenschaftlichen Apparats von Anmerkungen, Quellen- und Literaturverzeichnissen und durch gezieltes Parallelisieren historischer und aktueller Fälle suchten sie ihren fiktionalen Charakter zu verschleiern.[251] Die angeblichen Augen-

248 Nationalzeitung 27.7.1869; Volkszeitung 27.7.1869. Vgl. National Zeitung 26.7.1869; Vossische Zeitung 29.–30.7.1869. Zur Affäre Ubryk vgl. zuletzt *Gross*, War, S. 164–167.

249 Volkszeitung 1.8.1869. Die biographischen Angaben nach Germania 31.5.1871.

250 Nationalzeitung 31.7.1869; Vossische Zeitung 31.7.1869; Volkszeitung 5.8.1869.

251 Vgl. etwa Charles W. Alexander, The Convent Horror: or the True Narrative of Barbara Ubryk […], Philadelphia 1869; Adolf Söndermann, Klostergeheimnisse oder Die lebendig begrabene Barbara Ubryk […], 2 Bde., Dresden 1869; C. Gross, Eine erschütternde Kunde ist die Klostergeschichte von der Nonne Barbara Ubryk […], Potsdam 1869; A. Rode, Barbara Ubryk und die Geheimnisse des Karmeliter-Klosters in Krakau, München 1869; Louis Lurine, Barbara

zeugenberichte der Presse speisten sich auch aus dem literarischen Gedächtnis. Einige wiesen große Ähnlichkeit mit Diderots »La Religieuse« auf.[252] Man sollte den Autoren dennoch nicht vorschnell bewusste Fälschungsabsicht unterstellen. Vermutlich rief die Meldung von der Entdeckung der Nonne Erinnerungen an antiklerikale Texte und Bilder wach. Gedächtnisstützen lieferte der Stuttgarter Verlag Vogler & Beinhauer. Zum »Beweis, daß der Krakauer Klosterskandal nichts Neues« sei, warb er im »Kladderadatsch« mit passenden Titeln seines Programms, darunter Corvins »Pfaffenspiegel«. Zwei Spalten weiter rechts war eine Buchanzeige zu lesen: »Bei Carl Minde in Leipzig erschien soeben: Die Krakauer Nonne und andere Klostergeschichten. Enthüllungen über das Treiben in Klöstern, von Louis d'Indiscret. Zweite Auflage. 5 Sgr.« Die Affäre Ubryk rief so viele Trittbrettfahrer auf den Plan, dass ein Wiener Zeitungsredakteur »Klostergeschichten-Verfassern« den Zutritt verbat, wie das »Märkische Kirchenblatt« berichtete. Der »Kladderadatsch« bedankte sich bei dem Krakauer Pater, der den Hinweis auf die eingesperrte Nonne gegeben hatte: »Denn nie wär ohne Deinen Soff, Enthüllt die Arglist mancher Schurken, Und nicht gefüllt mit heitrem Stoff, Mein Blatt zur Zeit der Sauren Gurken.«[253]

Auch wenn bei der Herstellung und Verbreitung der Klostergeschichten kommerzielle Interessen im Spiel waren und ihr unterhaltender Aspekt nicht unterschätzt werden sollte, bestätigten sie das Bild vom Kloster als einer Institution, welche die individuelle Freiheit unterdrückte, die menschliche Natur vergewaltigte und so Perversion und Wahnsinn erzeugte. Plausibilisiert wurde dieses Bild durch tägliche Schreckensmeldungen aus Klöstern in ganz Europa: über Selbstmorde schwangerer Ordensfrauen, unterirdische Gänge zwischen Mönchs- und Nonnenklöstern und Skelette lebendig vermauerter Nonnen in Prag, Lemberg, Spanien, Posen, Conitz in Westpreußen und der Oberlausitz – je ferner der Ort, desto abscheulicher erschien die Tat. Verbittert erstellte das »Märkische Kirchenblatt« im Oktober 1869 ein »Lügenregister«, wonach liberale Blätter in fünf Wochen acht der »beliebten Klostergeschichten« »erdichtet« und »erlogen« hätten.[254] Keineswegs erfunden war jedoch, dass die Polizei am 6. August den Düsseldorfer Dominikanerkonvent umstellt hatte, weil der 29jährige Pater Jordanus Kuchem wegen ›Unzucht‹ mit minderjährigen Mädchen angezeigt worden war. Der Pater konnte zwar trotz steckbrieflicher Verfolgung nach England fliehen, kam jedoch im Oktober vor ein Ordensgericht in Lyon, das die Straftat fest-

Ubryk und die Klöster der Christenheit, Brünn 1870; Carl von der Boeck, Die Furien des Klosters [...], 2 Bde. Berlin: Koeppen 1870. Spätere Versionen: Barbara Ubryk [...], Preßburg 1901; Edmund O. Ehrenfreund, Barbara Ubryk [...], Leipzig 1915 (=Berühmte Kriminalfälle, Bd. 9, Reclam Universal-Bibliothek Nr. 5786). Zu diesen Genres siehe Kapitel B.I.

252 Vgl. *Diderot*, Nonne, S. 13, 82 f., 88 f., 201 ff.; Nationalzeitung 27.7.1869.

253 K 15.8.1869; MK 16.10.1869; K 8.8.1869.

254 MK 2.10.1869. Vgl. *ebd.*, 7.8. (zu ähnlichen Fällen in Bayern und Paris); 14.8., 27.11.1869; Volkszeitung 6.8.1869.

stellte. Kuchem büßte seine Strafe (Suspension, Ausgangsverbot) im französischen St. Maximin ab und ging nach Argentinien.[255] Vor dem Hintergrund solcher Fälle erschien die Affäre Ubryk als Spitze eines Eisbergs. Weder kirchliche Sanktionen noch Gegendarstellungen katholischer Zeitungen konnten verhindern, dass fortan alle Klöster ins Blickfeld der Medien gerieten und zu Projektionsflächen von Gewalt- und Sexualphantasien wurden. Blieben polizeiliche Ermittlungen aus, wurden die Behörden in der Presse der Komplizenschaft mit dem Klerus bezichtigt. Kam es zur Einstellung eines Verfahrens oder zum Freispruch, wurde dies verschwiegen oder als Beleg klerikaler Verschleierungskunst gedeutet. Erst als bekannt wurde, dass Barbara Ubryks Symptome bereits vor dem Krakauer Aufenthalt aufgetreten waren, sich der Zustand der Nonne auch im »Irrenhaus« nicht besserte und sie schließlich zu den Karmeliterinnen zurückkehrte, wo sie bis an ihr Lebensende 1891 blieb, ebbte die Aufmerksamkeit für den Skandal ab.[256]

Die liberale Presse stellte jedoch nun alle Klöster als potentielle Keimzellen des Verbrechens dar, die es im Sinne des Fortbestands der Nation zu beseitigen galt. Dabei kamen auch Schädlings- und Seuchenmetaphern zum Einsatz. Der »Kladderadatsch« brachte eine »Karte von Deutschland«, auf der Mönche aus Bayern und Tirol nach Preußen krochen, das bereits mit Weltgeistlichen bevölkert war, als Warnung: »Seid auf eurer Hut! Die Processions-Raupe nimmt mehr als je überhand in Deutschland« (*Abb. 31*).Die »Dresdener Seifenblasen« nahmen das Ergebnis der geplanten österreichischen »Klosterrevision« vorweg: »Durchforschen nur wollt ihr die alten Bronnen, / in denen träg' sich Molch und Unken mästen!? / Damit ist wenig oder nichts gewonnen. / Verschüttet sie! / Damit sie nicht die Luft verpesten.«[257] Für den Deutschen Journalistentag in Wien waren die Klöster schlicht unzeitgemäß. Am 31. Juli 1869 forderte er ihre Aufhebung, die Ausweisung der Jesuiten und die Lösung der Konkordate mit Rom. Da die Wiederherstellung der Klöster den religiösen Frieden störe, solle die preußische Volksvertretung ebenfalls »ihre Schuldigkeit« tun. Im Sinne des bereits dargestellten Enthistorisierung und Exotisierung des Katholizismus wurde das Mönchswesen einer »längst vergangenen«, »uns nicht mehr verständlichen Zeit« zugerechnet. Gelübde und Klosterleben stünden im Widerspruch »mit dem Geiste unserer Zeit, dem Geiste der Freiheit und der Arbeitsamkeit«.[258]

255 *Lohrum*, Wiederanfänge, S. 117. Es war nicht der erste Skandal bei den Düsseldorfer Dominikanern: Ein Jahr zuvor hatte der italienische Pater Luigi Germano das Kloster verlassen müssen, nachdem man ihn einer Liaison überführt hatte. 1869 wurde er aus dem Orden entlassen. Vgl. *ebd.*, S. 71 Anm. 115, 215.

256 Vgl. Germania 31.5.1891; *Hammann*, Mittheilungen, S. 4. Als Beispiel der Generalisierung einzelner Fälle vgl. Volkszeitung 30.7.1869.

257 Zitiert nach *Jürgensmeier*, Kirche, S. 128.

258 BK 1883, S. 33. Zum österreichischen Antimonastismus vgl. *Vocelka*, Verfassung; *Horwath*, Kampf; *Cole*, Austria.

Abb. 31: »Warnung ! / Seid auf eurer Hut! Die Processions-Raupe nimmt jetzt mehr als je überhand in Deutschland.«, in: Kladderadatsch 1.8.1869.

d) Von Krakau nach Moabit: Transfer eines Klosterskandals

Die Affäre Ubryk war ein transnationales Medienereignis, das die Presse wochenlang beschäftigte und erregte.[259] In Berlin verbreiteten sich die Klosterskandale auch über andere Kanäle städtischer Öffentlichkeit: »Theater namentlich halfen und Drehorgeln zum Einüben von Gassenhauern. In Berlin kamen die unverschämtesten Gedichte, Gesänge u.s.w. an den Tag«. Als ein »arger Bube« im Haus eines Freimaurers »zotige Lieder wider die Klöster« anstimmte und »die schamloseste Erzählung mit dem unanständigsten Bilde von der Krakauer Nonne« feilbot, kam es zur Performance einer Logenschwester, die von den Hofbewohnern begeistert aufgenommen wurde und deren »Moral« die »Vossische Zeitung« so zusammenfasste: »Mädchen, laßt euch ja nicht vom Klosterwahne bethören!« Die Stimmung gegen örtliche katholische Einrichtungen wurde nun aggressiver. Direkt nach der Einweihung der Moabiter Kapelle hatte die »Norddeutsche Allgemeine Zeitung« sie mit den Klosterskandalen in Verbindung gebracht:

Berlin und Umgebung hat jetzt Ursulinerinnen, graue Schwestern von der hl. Elisabeth, Töchter des h. Karolus Borromäus, Frauen vom guten Hirten, Dominikaner, Franziskaner. Fehlen nur noch die barfüßigen Karmeliterinnen. Der geistliche Rath Müller soll aber begründete Hoffnung haben, dieselben, falls das Karmeliterkloster in Krakau auf-

259 Vgl. Nationalzeitung 10.8.1869 (Belgien); Il Libero Pensiero, 5.8., 12.8., 19.8.1869 (Italien). Auch über den Düsseldorfer Skandal berichtete Europas antiklerikale Presse. Vgl. etwa Libero Pensiero 2.9.1869, S. 160; *Lohrum*, Wiederanfänge, S. 205.

gehoben werden sollte, hierher überzusiedeln. In Posen ist diesem Bedürfniß schon abgeholfen.[260]

In Posen waren beim Bau eines Krankenhauses auf dem Gelände eines aufgehobenen Karmeliterinnenklosters »weibliche Skelette« gefunden worden. Für die liberale Presse handelte es sich zweifelsfrei um lebendig eingemauerte oder verscharrte Nonnen. Sie vermutete einen unterirdischen Gang zum benachbarten Franziskanerkloster. Im Folgenden kursierten Gerüchte über unterirdische »Nachtdroschken« von den Dominikanern zu den Ursulinen, die Einmauerung eines Knaben im Kloster, Zwangstaufen und »Leichengeruch« in der Lindenstraße. Politische Witzblätter lieferten entsprechende Bilder. Unter dem Titel »Eine Landpartie aus Oesterreich« zeichnete Wilhelm Scholz im »Kladderadatsch« einen Moabiter Umzug österreichischer Mönche, ausgestattet mit Folterwerkzeugen der Inquisition, Alkohol, ausgelassen tanzend, in intimer Umarmung mit einer Nonne, die den Kalk zu ihrer eigenen Einmauerung auf einer Schubkarre heranfährt (*Abb. 32*).[261]

Auf dem Titelblatt erschien ein »Bettelbrüderlied. Zu singen nach der lustigen Studentenweis«. Am selben Tag publizierten die »Berliner Wespen« eine »Zukunfts-Ansicht« von Berlin als »Anno Dominicano«, auf der die verheerenden Folgen einer Invasion der Dominikaner ausgemalt waren. Abgebildet waren Mönche, die einer wehrlosen Frau vor einer Moabiter Brauerei zusetzen, Cancan tanzende, sich geißelnde und feilbietende »Sœurs aimables noires«, Müßiggänger der »Mutter-Grün-Bruderschaft« im Tiergarten, Rosenkranzgebete in der Universität, ein zertrümmertes Unterrichtsministerium, Judenghettos und Pogrome, Autodafés und ein »Ketzer-Feuerwerk« in Treptow, das Ende der astronomischen Forschung sowie eine »Haasenheidenbekehrung« durch die »Ecclesia militans«. Die Dominikaner wurden mit mittelalterlichen Judenverfolgungen, mit der Inquisition, mit religiöser Intoleranz und Zwangsbekehrungen in Verbindung gebracht, die Nonnen mit perversen Formen der Sexualität. Als katholische Heilige waren protestantische Geistliche dargestellt, die den Berliner Liberalen ebenfalls ein Dorn im Auge waren: St. Knak, St. Fournier, St. Steffan. Auch die Moabiter Dominikaner wurden Ziel symbolischer Angriffe: In den »Berliner Wespen« war der »böse Traum eines Dominikaners in Moabit« zu sehen, der vor der Ohrfeige eines Moabiter Arbeiters in Deckung ging. Der Untertitel lautete: »Jesses, *die* Ohrenbeichte!« Ohrfeigen für die Dominikaner anstelle von Ohrenbeichten für die Arbeiter – hier wurde der Plan einer gewaltsamen Vertreibung der Dominikaner bereits vorweggenommen. »In neuer Auflage« druckte die Zeitschrift »Ein altes Klosterlied«. Darin förderte die Durchsuchung des

260 BK 1871, S. 86; 1883, S. 42 (Vossische Zeitung); MK 14.8.1869 (NAZ. 5.8.1869).

261 Volkszeitung 6.8.1869; BW 15.8.1869; K 15.8.1869. Als Gastgeber steht rechts im Frack entweder Adalbert Krätzig oder Heinrich von Mühler, was durch den Vergleich mit anderen Karikaturen zu prüfen wäre. Vgl. MK 4.9.1869.

Abb. 32: »Je länger der Tag (?) je schöner die Leute. / Eine Landpartie aus Oesterreich«, in: Volkszeitung 6.8.1869.

Karmeliterinnenklosters auf dem Prager Hradschin Kellertüren hervor, die zu einem Weinkeller und zu dem benachbarten Kapuzinerkloster führten, beides Hinweise auf nächtliche Ausschweifungen: »Bei Nachte, fein sachte, / Was sie machen können, thun sie machen. [...] Möcht' ich nur Capuziner sein, / Nach Plage bei Tage / Ich bei Nachte allen Freuden wachte / Bei verschlossenen Thüren!«[262]

e) Physische Gewalt: Der Moabiter Klostersturm

Die Neugier der Berliner war nun geweckt. Um zu erfahren, was sich hinter den verschlossenen Türen verbarg, wurde das Moabiter Kloster in den folgenden Tagen und Nächten belagert. Ein von den Dominikanern beherbergter katholischer Lehrer klagte: »Die massenhaften, oft sehr entstellten Zeitungsnachrichten wegen der Moabiter Kirche locken Hunderte von Menschen an.« Alles frage »nach den unterirdischen Gängen, nach den Nonnen, nach den Klostergeheimnissen [...] man schätzt die Zahl der am vergangenen Sonntag Dagewesenen auf 10 bis 12,000.« Auch wenn diese Zahlen vermutlich stark übertrieben waren, hatte die Fiktion offenbar von der Masse Besitz ergriffen. Wie die »Volkszeitung« bemerkte, kam es zu Pöbeleien von »minderjährigen Jüngern Gambrinus'«: Durch

262 K 15.8.1869; BW 15.8.1869.

»ihre profanen Redensarten, durch ihr unanständiges Benehmen, das sie in der Kirche durch die brennende Cigarre und ihr bedecktes Haupt vielfach bewiesen« hätten, sei es schließlich zum Ausschluss des Publikums gekommen.[263] Am 8. August 1869 drangen Besucher in den Garten ein. »Einer warf Steine gegen die Kirche und zertrümmerte ein Fenster. Die Polizei intervenierte«. Bereits kurz nach Bekanntwerden des Düsseldorfer Skandals heißt es in der Ordenschronik: »Täglich wächst der Zulauf von Besuchern an und auch die Feindseligkeiten.« Am 15. August, Mariä Himmelfahrt, »kam es nach der Predigt und dem feierlichen Segen zu einem Tumult in der Kirche.«[264]

Ihren Höhepunkt erreichte die Aggression am 16. August. Auf der Moabiter Festwiese, einem beliebten Ausflugsziel, war der Seiltanz eines Radfahrers angekündigt. Gleichzeitig traf sich der 1862 von Hermann Schulze-Delitzsch gegründete Berliner Arbeiter- und Bildungsverein zur Erörterung der kirchlich-religiösen Frage. Als der »Luftvelocipedist« sein Publikum versetzt hatte, ertönte der Ruf zum Klostersturm. »Es wurde geschimpft auf die Mönche und es war die Sache eines Augenblickes, daß die ganze Menge über die Turmstraße sich zum Kloster zuwendete.« In diesem Moment kamen »zwei große Wagen mit Schlacken aus den Eisenwerken herbeigefahren; die Wagen wurden sofort abgeladen, die Menge bewaffnete sich mit diesen Schlacken.«[265] »[U]ngeheure Menschenmassen«, erinnerte sich Polizeikommissar Lück – zeitgenössische Schätzungen reichen von 3.000 bis 10.000 – zogen »in unabsehbaren Trupps, mit Knüppeln, Pfählen und anderen Geräthschaften bewaffnet«, zur Niederlassung der Dominikaner. Bis zur Dämmerung konnten Schutzmänner die Menge in Schach halten. Danach, schrieb Lück, »wurde die Haltung immer gefährlicher, zuerst die Straßenlaternen durch Würfe mit Pflastersteinen zertrümmert, dann die Candelaber über der Erde abgebrochen, Zäune, um Material zu gewinnen, niedergerissen und ich wie auch die übrigen Beamten mit einem wahren Hagel von Steinen, Pfählen und Holzstücken überschüttet.« In weltlicher Kleidung flohen die Mönche, wie Pater Augustinus Keller sich erinnerte, mit den Waisenknaben durch den Klostergarten. Nach dem Rückzug der Polizei riss die Menge den Zaun nieder, drang in den Hof ein, demolierte Fenster und Türen und konnte erst durch berittene Schutzpolizisten zurückgedrängt werden.[266] Im Zuge der Ausschreitungen wurden 17 Personen verhaftet, vorwiegend Arbeiter und Handwerkergesellen sowie ein Gymnasiast. Der Berliner Polizeipräsident empfahl den

263 Volkszeitung 17.8.1869.

264 Zitiert nach *Lohrum*, Wiederanfänge, S. 168.

265 *Keller*, Gründung, S. 20f. Vgl. Vossische Zeitung 18.8.1869. Zum Berliner Arbeiter- und Bildungsverein: *Birker*, Arbeiterbildungsvereine, S. 91; *Offermann*, Arbeiterbewegung, S. 304.

266 Bericht des Polizeikommissars Lück 14.9.1877 an P. Robiano. Vgl. *Keller*, Gründung, S. 23.

Direktoren der höheren Lehranstalten, alle beteiligten Schüler abzumahnen. Es war Schülern fortan verboten, abends nach Moabit zu gehen. Als sich am nächsten Abend dennoch Hunderte vor dem Kloster einfanden, war die Polizei vorbereitet und reagierte bereits auf erste Steinwürfe äußerst brutal. 24 Personen wurden verhaftet, sieben verletzt in das Krankenhaus Charité eingeliefert.[267]

Wie ist der Gewaltausbruch zu erklären? Der Berliner Magistrat führte ihn, wie die »Nationalzeitung« meldete, auf die Mentalität der Bevölkerung zurück, der bei jedem religiösen Zwang die Zornesader schwelle. Auch die »Vossische Zeitung« stellte den Klostersturm als spontane Tat des ›Pöbels‹ dar, der sich aus Enttäuschung über das Ausbleiben des Seilradfahrers am Kloster abreagiert habe. Die »Volkszeitung« äußerte Verständnis für die »Abneigung der protestantischen Bevölkerung des arbeitenden Berlins gegen die Errichtung solcher nur der Beschaulichkeit gewidmeten Stätten«. Der Klostersturm erschien als legitime Empörung der Masse über die faule Lebensführung der Mönche. Die Dichotomisierung von Kapitalismus und Katholizismus, von Arbeit und Kontemplation setzte sich fort.[268]

Ob und in welchem Maße die Gewalt geplant war, ist schwer zu sagen. Sie richtete sich aber weder zufällig noch spontan gegen das Kloster. Die verhafteten Klosterstürmer gaben im Polizeiverhör als Motiv die Suche nach dem flüchtigen Düsseldorfer Dominikaner Kuchem zu Protokoll. Vielleicht war dies eine Schutzbehauptung. Bezeichnenderweise stellten die Verhafteten zur Rechtfertigung ihrer Tat jedoch einen Zusammenhang zwischen den Konventen in Düsseldorf und Berlin her. Nach dieser Logik steckten alle Dominikaner ›unter einer Decke‹. Der Klostersturm erschien so als Beitrag zur Rechtshilfe und als präventive Intervention, um Schaden vom eigenen Stadtviertel abzuwenden. Die plausibelste zeitgenössische Erklärung für den Moabiter Klostersturm lieferte daher der französische Prior des Klosters, Pater Rouard de Card, der deutschen Sprache selbst kaum mächtig. Er machte die »Publicity, die der Einsegnung der Kapelle gegeben wurde, de[n] Skandal von Düsseldorf und vor allem die Hetze« verantwortlich. Im Anschluss hieran erscheint der Klostersturm als Resultat einer sukzessiven Emotionalisierung gegen ein in mehrfacher (politisch, konfessionell, moralisch und sexuell) Hinsicht Anderes, die sich in wenigen Wochen vollzog: hervorgerufen durch die Analogisierung einer beliebig fortsetzbaren Reihe schauriger Klostergeschichten und -skandale, die in Zeitungen und Romanen, populärwissenschaftlichen Schriften, Karikaturen, Gerüchten, Liedern und Witzen verbreitet wurden. Für die Klosterstürmer stand in erster Linie die Definition richtigen, guten Lebens auf dem Spiel. Das Leben der Mönche erschien ihnen unzumutbar, das Kloster infolge der antimonastischen Kampagne als potentielle Quelle künftiger Sexual- und Gewaltverbrechen. Hinzu kam die Agitation liberaler Politiker –

267 Vgl. Vossische Zeitung 18.8.1869; *Wernicke*, Klostersturm, S. 10.
268 Nationalzeitung 24.8.1869; Vossische Zeitung 18.8.1869; Volkszeitung 19.8.1869.

vielleicht auch freireligiöser Prediger – vor Ort sowie ein gewisses Maß an Kontingenz: das Ausbleiben des Luftvelocipedisten.[269]

f) Zwischen Ghetto und Panoptikum: Der Klostersturm als Kulturkampf

Der deutschkonservative Landtagsabgeordnete Karl Strosser nannte den Moabiter Klostersturm 1880 das »Ei«, aus dem sich später »der ganze Kulturkampf entwickelt« habe.[270] Wie der Kulturkampf resultierte der Klostersturm aus dem Zusammenprall und der Dichotomisierung liberal-bürgerlicher und geistlich-ultramontaner Konzepte der Lebensführung. In beiden Fällen war das Zusammenspiel antiklerikaler Medien konstitutiv für die Genese antiklerikaler Gewalt. In Moabit wurde der Kampf physisch geführt, was später die Ausnahme blieb. Die Klosterstürmer verfolgten jedoch ähnliche Ziele wie die Kulturkämpfer: die Zurückdrängung einer bestimmten Form geistlicher Lebensführung aus dem öffentlichen Raum. Insofern war der Klostersturm ein lokal begrenzter Kulturkampf, in dem es um den Ort und die Bedeutung der Religion ging. Auch die Folgen waren ähnlich: Wie der Kulturkampf führte er zur Ghettoisierung der klerikalen Lebensform: Da die Belagerung anhielt, schützte die Polizei die Dominikaner bis Ende Oktober 1869. Auf Drängen der Behörden umzäunten sie ihr Grundstück. Am Eingangstor wurde ein Blockhaus für die wachhabenden Schutzleute errichtet. Besucher wurden kontrolliert.[271]

Die symbolischen Angriffe hörten indes nicht auf. Im Berliner Panoptikum wurde eine Wachsfigurengruppe aufgestellt, die das Leben der Mönche auf stereotype Weise (Alkoholismus, Völlerei, Hurerei) repräsentierte.[272] Das Panoptikum war 1869 von den Gebrüdern Castan eröffnet worden. Als ›ethnologischer Entrepeneur‹ gehörte Louis Castan, wie Virchow und Carl Hagenbeck, zur Berliner anthropologischen Gesellschaft, die Völkerschauen und Vorführungen menschlicher Monstrositäten veranstaltete, auf denen ›exotische Wilde‹ und anatomische Kuriositäten wie Haar- und Schwanzmenschen, Riesen und Zwerge in ihrer ›natürlichen‹ Umgebung gezeigt wurden.[273] Im Sommer 1869 wurden vor allem die Dominikaner bestaunt, und zwar nicht nur als Wachsfiguren im Panoptikum, sondern auch ›in echt‹: Der »Besuch fremder Leute« nach Moabit,

269 Zitiert nach *Lohrum*, Wiederanfänge, S. 170. Vgl. *Keller*, Gründung, S. 28; *Wernicke*, Klostersturm, S. 10. Todd Weir hat zuletzt in einem Kapitel seiner Dissertation, für dessen Zurverfügungstellung ich ihm danke, die Freireligiösen G.S. Schaefer und Ludwig May für die »Aufhetzung« der Klosterstürmer verantwortlich gemacht. *Ders.*, Politics, Kapitel 5. Doch selbst dann bliebe zu klären, weshalb sich so viele Arbeiter, Jugendliche und Schüler ›aufhetzen‹ ließen. Sie waren durch Zeitungsberichte und Gerüchte gegenüber den Dominikanern voreingenommen.

270 SBHA 1879/80, Bd. 3, S. 2181.

271 Vgl. *Keller*, Gründung, S. 25.

272 Vgl. *ebd.*, S. 30.

273 Vgl. *Letkemann*, Panoptikum; *Oettermann*, Alles-Schau; *Penny*, Objects, S. 294–302; *Goschler*, Virchow, S. 183f.

»meistens Protestanten«, riss nicht ab. In der Kapelle erlaubten sich Besucher »neugieriges Umherschauen und Beobachtung der Beichtenden.« Zuweilen waren sie »so frech, die Gardine aufzumachen und dem Beichtvater ins Gesicht zu schauen.« Abends umzingelten Jugendliche das Grundstück und machten »jämmerliche Katzenmusik« auf den Palisaden. Dass damit ausgerechnet eine Protestform aktualisiert wurde, die sonst gegen Frauen gerichtet war, denen sexuelle Tabuverletzungen vorgeworfen wurden, ist ein weiterer Indikator dafür, dass die monastische Lebensweise als unsittlich wahrgenommen wurde. Auch die Grauen Schwestern wurden nun attackiert.[274]

Die öffentliche Präsenz dieser anderen Lebensweise wirkte aufreizend. Pater Keller zufolge war aus »Salons der [B]erliner Geheimräte« schon vor dem Klostersturm kolportiert worden, »daß das Kleid der Dominikaner, welches sich an verschiedenen Gegenden Berlins gezeigt hätte, der Landeshauptstadt und Metropole des Protestantismus das Ansehen einer katholischen Stadt gäbe«. Bei der morgendlichen Sammlung zur Fronleichnamsprozession nach Spandau fand sich in Moabit 1869 nach Vorankündigungen in einer liberalen Zeitung auch eine »Schar neugieriger Andersgläubiger« ein. Pater Augustinus legte sein Ornat daher erst Pfarrhaus an. »Bei der Rückkehr nach Berlin gegen Abend, wurde er in der Droschke von einigen Menschen attackiert, die einen dicken Knüppel in den Wagen warfen; kam aber glücklich unverwundet davon.«[275] Der Habit wurde als Symbol einer devianten Lebensform empfunden und löste tätliche Angriffe aus. Nach dem Klostersturm untersagte der Ordensgeneral den Brüdern daher beim Ausgang das Anlegen der Ordenstracht. Sie sollten sie danach in Berlin nicht mehr öffentlich tragen. Damit hatten die Berliner Liberalen bereits vor dem Kulturkampf ein wichtiges Ziel erreicht: die Verbannung einer bestimmten klerikalen Lebensweise aus dem öffentlichen Raum. Dem Volkszorn tat dies keinen Abbruch. »Trotzdem«, schrieb Pater Keller, »erkannten uns die Leute als Moabiter Mönche und drohten uns häufig in der verschiedensten Weise. Zuweilen hörte man: Du wirst auch bald an der Laterne baumeln; zuweilen wurden uns Steine nachgeworfen. Protestantische Mädchen, die aus der Schule kamen, blieben vor uns stehen und spuckten vor uns aus.«[276]

Ende August 1869 erklärte der Polizeipräsident den Dominikanern, dass er ihren Schutz nicht mehr garantieren könne. Unter Berufung auf ein Dekret von 1810, das Klöster als einzuziehende Staatsgüter definiert hatte, bezweifelte er ihr Niederlassungsrecht, kündigte eine parlamentarische Untersuchung an und legte den Brüdern nahe, die Stadt zu verlassen. Auch die liberale Presse machte weiterhin Druck. Unter dem Titel »Fromme Architektur« zeigte der »Kladderadatsch«

274 *Keller*, Gründung, S. 26f. Vgl. BW 29.8.1869. Zum Ritual der Katzenmusik vgl. *Sperber*, Radicals, S. 86f.

275 BK 1871, 83f.; *Keller*, Gründung, S. 28f. Vgl. BK 1883, S. 39.

276 *Keller*, Gründung, S. 28. Vgl. *Lohrum*, Wiederanfänge, S. 176–179.

einen »Tunnel im gemischten Klosterstyl«: einen unterirdischen Gang zwischen einem Mönchs- und einem Nonnenkloster, der heimliche sexuelle Verbindungen zwischen den Mitgliedern beider Institutionen insinuierte. Die »Berliner Wespen« empörten sich darüber, dass »die feisten Ablaßmönche«, die »beiden Esel P. Francisco und P. Domino«, in Moabit Kinder unterrichteten. Auf dem Titelblatt sah man einen Krebs im Ornat und mit Rosenkranz in Moabit. Darunter stand: »Wer an diesem Krebs leidet, wird ihn *nie* los!« Auf einer anderen Karikatur waren Dominikaner als »Tezel's Erben« zu sehen, die »Täglich Frischen Ablass« feilbieten, »en gros et en detail.« Über das Kinderasyl der Grauen Schwestern hieß es: »Graue Schwestern sollen dich drillen schön, / sie sollen in Zukunft dir Mutter sein, / sie geißeln und beten und mauern dich ein.« Die Dominikaner richteten sich auf weitere Angriffe ein und organisierten eine katholische Wache. Doch die Auseinandersetzung hatte sich bereits auf die rechtlich-politische Ebene verlagert.[277]

g) »Herren«, »Giftmischer« und »Semiten«: Zum Wandel ultramontaner Verschwörungstheorien

1869, 1871 und 1883 erschienen im »Märkischen Kirchenblatt« und im »Berliner St. Bonifacius-Kalender« umfassende Analysen des Moabiter Klostersturms. Sie stammten vermutlich von Eduard Müller, der beide Blätter gegründet hatte und leitete. Er musste ein persönliches Interesse haben, seine eigene Rolle im Klostersturm zu rechtfertigen, denn durch die auftrumpfende Festpredigt zur Einweihung der Moabiter Kapelle hatte er die mediale Aufmerksamkeit selbst auf die Dominikanerniederlassung gelenkt.[278]

Die erste Deutung erschien eine Woche nach dem Klostersturm im »Märkischen Kirchenblatt«. Sie sprach das Volk frei von Schuld, vielleicht auch um die intern umstrittene Niederlassung in Berlin nicht nachträglich unvorsichtig erscheinen zu lassen: Die Gewalttat sei ein bezahltes Auftragswerk gewesen. Einige Tage zuvor seien vor Moabiter Kneipen »graubärtige Herren« in »Chaisen« vorgefahren. »Bald darauf bemerkte man Burschen in 3 Abtheilungen mit Stangen, welche vom Platze des sogen. Seiltanzes, der diesen Tag wieder angekündigt war, aber nicht kam, herausgerissen waren.« Im Klosterhof seien »angetrunkene Männer erschienen, welche daselbst Bier verlangten«. Alarmierte Schutzleute hätten nachrückende »Buben« zwar entfernen und den Torweg zum Kloster blockieren können. Dann jedoch habe »ein Herr in seiner Chaise seinen weißen Hut« geschwenkt, Steine seien geflogen »und plötzlich wirft sich die Masse auf den niedrigen morschen Zaun, der bald zusammenbricht. Unter Hurrah steigt man in

277 K 22.8.1869; BW 29.8.1869. Vgl. *Lohrum*, Wiederanfänge, S. 172f. Zum Fortgang siehe Kapitel B.II.1.a und C.II.1.a.

278 Wichtige Angaben zu Eduard Müller entnehme ich einem unveröffentlichten Manuskript von Margaret Lavinia Anderson zu den Reichstagswahlen von Pleß-Rybnik der Jahre 1871 und 1872, für dessen Zurverfügungstellung ich der Autorin danke. Vgl. *dies.*, Chancel, S. 96–102.

den Garten, auf das Gebäude zu, wo bisher die Kapelle war.« Inzwischen sei auf dem nahe gelegenen Turnplatz der Unterricht beendet gewesen. Danach »hieß es: ›jetzt gehen wir's Kloster stürmen.‹« Als die Schüler »ankamen, fuhr eine Chaise auf dem Grundstück vor dem Kloster bis zum Garten hinauf, die Masse schritt hinein und warf nun vom Garten des Nachbars Steine nach den Fenster der Kapelle, bis auch hier die Polizei Ruhe geschaffen.« »Man rief wiederholt: ›das haben nicht die Moabiter gemacht – sondern Fremde‹« Am folgenden Abend »kamen 3 fein gekleidete Herren« in die Nähe des Waisenhauses, sprachen mit zwei Schutzleuten und bemerkten, dass keine Vorkehrungen gegen einen neuen Angriff getroffen seien. Sie kamen mit einer »Menge von Studenten (– in der Ferienzeit sind meist Ausländer hier –)« zurück. »Es wurde ein neuer Anlauf versucht, wobei jene 3 Herren gefangen genommen wurden, die sich als Russen bezeichneten, einer als Graf.« Die Herkunft der fremden Auftraggeber blieb unklar. Klar schien nur, dass es sich um »Herren« handelte. Sie wurden auch für den Krakauer Klostersturm verantwortlich gemacht. Obwohl der Ultramontanismus nur spät und spärlich mit eigenen Karikaturen auf die antiklerikale Bilderflut reagierte, hatte er eine präzise Vorstellung von der äußeren Gestalt seiner Feinde: Fein gekleidete, graubärtige Herren mit weißen Hüten. Bart und Wirtshausbesuch standen für liberale Gesinnung, bürgerliche Geselligkeit und eine zum tridentinischen Priesterideal konträre Männlichkeitsnorm. Denn Kneipenbesuche waren Priestern im Zuge der Ultramontanisierung untersagt worden, die Kneipe verwandelte sich für die Priester so in einen unheimlichen, unkontrollierbaren Ort der Verrohung und Verschwörung. Gleichzeitig beruhte das antiliberale Feindbild auf ›klassenkämpferischen‹ Polaritäten, die auch die ultramontanen Deutungen des Kulturkampfes wie ein roter Faden durchzogen: arme Katholiken vs. reiche Eliten. Der ultramontane Zorn richtete sich nicht gegen Protestanten, sondern gegen den »Antichristianismus«.[279]

1871 wurden die »Giftmischer« der linksliberalen »Volkszeitung«, die Redner im Bezirksverein Alt-Kölln, die »Logen« und »Geheimbünde mit ihren Winkelpressen« für den »Haß« gegen die Klöster verantwortlich gemacht. Wie bei der Revolution von 1848/49 hätten sich im Klostersturm »Studirende« unmündiger Werkzeuge bedient: »bethörte[r] Turner«. Unter den elf bestraften »turnenden Gymnasiasten« seien sieben »jüdische Knaben« gewesen. Die ultramontane Erklärung des Klostersturms verschmolz mit jener der Revolution. Das Volk erschien ›verführt‹ durch fremde Betrüger. Primär wurde jedoch die Presse für die Gewalt verantwortlich gemacht.[280]

Die Analyse von 1883 war offen antisemitisch. Die zuvor bereits erwähnten jüdischen Schüler verwandelten sich darin von Objekten zu Subjekten der Mani-

279 MK 21.8.1869, S. 269 ff., 267. Zur antiklerikalen Bilderflut nach 1850 siehe Kapitel B.I.5.a und B.I.5.d. Zur Uniformierung des Klerus vgl. *Götz von Olenhusen*, Klerus, 181–206.

280 BK 1871, S. 55–115, hier S. 56, 82 f., 89, 99 f., 103.

pulation: »Zwei jüdische Knaben« hätten ihre Mitschüler aufgefordert, »›zum Klostersturm anzurücken‹«. Die antimonastische Kampagne und der Kulturkampf wurden als Teil einer Verschwörung jüdischer Kapitalisten und liberaler Atheisten zum »Ausbeuten und Entchristlichen des Volkes« gedeutet. Analog zum rassistischen Antisemitismus war nicht mehr nur von ›Israeliten‹ und ›Juden‹ die Rede, sondern auch von ›Semiten‹.[281]

Nach Angaben seines Hagiographen Ernst Thrasolt hatte Müller im Glogauer Gymnasium in den 1830er Jahren einen jüdischen Mitschüler namens Cohn gehabt, von dem er Nachhilfe erhielt. In Berlin habe sich dieser unentgeltlich in den Dienst der von Müller 1876 gegründeten Krankenkasse des Gesellenvereins gestellt. Doch offenbar konnte selbst diese Freundschaft den Antisemitismus des Missionsvikars nicht mäßigen. Auf den ersten Blick scheint sein Beispiel vielmehr Olaf Blaschkes These zu bestätigen, dass der traditionelle katholische Antijudaismus in Deutschland an der Wende vom 19. zum 20. Jahrhundert in einen modernen rassistischen Antisemitismus umgeschlagen sei. Dass man Müllers Exempel indes nicht leicht generalisieren kann, zeigen die Dominikaner, die auf antijüdische/antisemitische Aussagen verzichteten. Dennoch steht das Beispiel für allgemeine Trends: zum einen für die Bedeutung von Verschwörungstheorien: Ultramontane und Jesuiten, Juden, Sozialisten und Freimaurer wurden im 19. Jahrhundert auf zum Teil sehr ähnliche Weise zu geheim und transnational operierenden Feinden europäischer Nationen stilisiert. Diese Konspirationstheorien waren eng aufeinander bezogen, sie wiesen analoge Stereotype und spiegelbildliche Strukturen auf.[282] Zum anderen scheinen sich progressiver Antikatholizismus und katholischer Antijudaismus bzw. Antisemitismus in den Kulturkämpfen wechselseitig verstärkt zu haben. Als die Polizei im September 1869 eine Volksversammlung zur Klosterfrage auflöste, wurden Klosterfreunde beim Verlassen des Saals als ›Jesuiten‹ beschimpft, Klostergegner dagegen als ›Juden‹.[283] Während die Ablehnung des römischen Katholizismus liberale und demokratische Protestanten, Juden und – als Antiultramontanismus – auch Katholiken verband, äußerten sich ultramontane Katholiken über gläubige Protestanten eher zurückhaltend, über Atheisten und Juden hingegen aggressiv, was wiederum die Feindseligkeit der progressiven Kräfte verstärkte usw.[284] Die Suche nach dem Ursprung dieser Kette konfessioneller Aggressionen erscheint müßig,

281 BK 1883, S. 30–117, hier S. 59, S. 41. Vgl. ebd., S. 52, 54, 66ff.

282 Vgl. dazu *Bieberstein*, Verschwörung; *Cubitt*, Jesuit Myth; *Blaschke*, Katholizismus; *Smith*, Discourse; *Gross*, War; *Healy*, Jesuit; *Hoffmann*, Politik. Zur Freundschaft von Cohn und Müller vgl. *Thrasolt*, Müller, S. 33.

283 Vgl. BK 1883, S. 77.

284 Jonathan Sperber zufolge richtete sich die katholische Gewalt im Kulturkampf in Rheinland und Westfalen in rein katholischen Gegenden gegen antiklerikale Beamte, in gemischtkonfessionellen Städten gegen Freimaurer und Altkatholiken und damit meist gegen liberale Bürger, nicht aber gegen Protestanten *als* Protestanten. Vgl. *Sperber*, Catholicism, S. 229–233.

aber die Juden erwiesen sich darin langfristig als schwächstes Glied. Konservative Protestanten wie Strosser, einer der schärfsten Kritiker des Kulturkampfes, schlugen sich nicht zuletzt deshalb auf die katholische Seite, weil sie gemeinsame Feinde zu haben glaubten: Juden, Liberale und Atheisten.

4. »Pflanzstätten des Aberglaubens, der Dummheit und des Verbrechens«: Das preußische Ordensverbot 1875

Physische Gewalt bildete im preußisch-deutschen Kulturkampf die Ausnahme. Die Liberalen kämpften in der Regel mit gesetzlichen Mitteln. Wie die Moabiter Klosterstürmer standen sie dabei unter dem Eindruck antiklerikaler Repräsentationen, wie sich anhand der Genese des preußischen Ordensverbots von 1875 zeigen lässt.

a) Klöster anzweifeln: Die Verrechtlichung der Klosterfrage

Nach dem Klostersturm verlagerte sich die Auseinandersetzung um die Klosterfrage von der Straße in die Volksversammlungen, Kabinette und Parlamente. Neben der Legitimität stellten liberale Zeitungen wie die »Vossische Zeitung« nun auch die Legalität der Dominikanerniederlassung infrage. Zum einen sei keine Baugenehmigung erteilt worden. Zum anderen habe das Edikt von 1810 die Einziehung geistlicher Klostergüter verfügt. Gegen Letzteres sprach Artikel 15 der preußischen Verfassung von 1850, der Religionsgesellschaften das Selbstverwaltungsrecht eingeräumt hatte. Die fehlende Baugenehmigung erklärte Friedrich von Kehler als Bevollmächtigter des Grundstückseigners damit, dass die Dominikanerniederlassung de jure gar kein Kloster sei. Tatsächlich konstituierte sich dieses offiziell erst am 2. Oktober 1869. De facto handelte es sich indes bereits zuvor um eine klösterliche Einrichtung, die auch als solche bezeichnet wurde.[285]

Infolge der Debatte um die Moabiter Dominikaner standen plötzlich sämtliche Klöster Preußens auf dem Prüfstand. Kultusminister Heinrich von Mühler suchte die Lage durch den Hinweis zu entschärfen, dass ein Kloster, das auf öffentliche Dinge einwirke, dem Vereinsgesetz unterliege. Die Krone forderte, dieses härter zu handhaben, ausländische Ordensmitglieder auszuweisen und die Angelegenheit später erneut zu beraten.[286] Die Berliner Liberalen sahen dagegen Gefahr im Verzug. Wegen der »Hartnäckigkeit der Dominikaner«, ihr »Terrain zu vertheidigen«, das sie »mit Zustimmung« der Behörden errungen hätten, luden der Arbeiterverein und die liberalen Bezirksvereine zur Volksversammlung

285 Vgl. Vossische Zeitung 24.8.1869. Das Edikt von 1810 und Artikel 15 der Verfassung von 1850 in: *Huber/Huber*, Staat, Bd. 1, S. 58; Bd. 2, S. 37. Belege für die zeitgenössische Rede vom Moabiter ›Kloster‹ bei *Lohrum*, Wiederanfänge, S. 174f.

286 Vgl. PSM Bd. 6/1, S. 153; *Siegfried*, Actenstücke, S. 4ff.; Nationalzeitung 28.8.1869.

am 29. August 1869 in die Tonhalle. Etwa 2.000 Menschen kamen. Zum Auftakt nannte Hauptreferent Waldow, Vorsitzender des Tischler-Ortsvereins, die Klöster »Pflanzstätten des Aberglaubens, der Dummheit und des Verbrechens«, gegen die man energisch Front machen müsse, sonst werde »nach 20 Jahren der Ruf der deutschen Civilisation nur noch wie in grauer Nebelstreif über dem niedergetretenen und mit Blut gedüngten deutschen Vaterlande schweben.« Zunächst werde man »ein freies, einiges, glückliches Vaterland erringen, und dann fort mit der ganzen Gesellschaft. (Stürmisches Bravo.)« Offenbar hatte Waldow die Resolution des Deutschen Journalistentags in Wien übernommen, denn er forderte neben dem Verbot der Klöster und der Jesuiten auch die Aufhebung eines Konkordats von 1821, das in Preußen nicht existierte. Als zudem ein Redner einwandte, dass die Moabiter Mönche unbescholten seien und man »keine Faullenzerei darin erblicken [könne], daß 4 Patres 41 Waisenkinder erziehen, unterrichteten«, musste Waldow die Tribüne unter »Lärm« verlassen, die Versammlung wurde vertagt. Nachdem die Katholiken den Saal verlassen hatten, wurde die Resolution einstimmig angenommen.[287] Auf den folgenden Volksversammlungen wurden die Liberalen von den Katholiken überstimmt. Im Abgeordnetenhaus gingen indes bald darauf elf Eingaben zur Aufhebung der Klöster ein, darunter auch eine der liberalen Arbeiter- und Bezirksvereine. Sie berief sich nicht mehr auf das österreichische Konkordat, sondern, wie zuvor bereits die »Vossische Zeitung«, auf das preußische Edikt von 1810, das Klöster als »sukzessive einzuziehende« Staatsgüter definiert habe, deren »Zwecke theils mit den Ansichten und Bedürfnissen der Zeit nicht vereinbar seien, theils auf veränderte Weise besser erreicht werden können«.[288]

b) Klöster zählen: Gneists Kommissionsbericht 1869/70

Die Petitionskommission des Landtags unter Vorsitz des nationalliberalen Juristen Rudolf Gneist konstatierte, dass die meisten dem Kultusministerium bekannten 826 katholischen Einrichtungen ohne Korporationsrechte seien, konnte sich jedoch nicht einigen, ob es sich um »private« Vereine oder um staatlich genehmigungspflichtige Klöster handle. Während Regierungsvertreter Ersteres annahmen, sprach die liberale Kommissionsmehrheit von »organisierte[n] Körperschaften«, die vom Ausland gesteuert und ihren jeweiligen Oberen eidlich verpflichtet seien. »Öffentlicher« Zweck der Jesuiten und der anderen Orden sei der Kampf gegen den Protestantismus. Im Dezember 1869 empfahl die Kommission der Regierung, alle verfügbaren gesetzlichen Mittel der Strafverfolgung, der Konzessionserteilung und des Aufsichtsrechts anzuwenden. Einrichtungen, die der Regierung verheimlicht worden seien, sollten verboten, Privatunterrichts-,

287 Vgl. Nationalzeitung 30.8.1869; *Lohrum*, Wiederanfänge, S. 161. Zu den Mitgliedern des Komitees vgl. MK 2.10.1869, S. 316; BK 1883, S. 64.

288 *Huber/Huber*, Staat, Bd. 1, S. 58.

und Erziehungsanstalten, Waisen- und Krankenhäuser, an denen Ordensmitglieder mitwirkten, aufgelöst oder überwacht werden.[289] Die katholische Reaktion ließ nicht lange auf sich warten: Nach Bekanntgabe der Kommissionsempfehlung gingen im Abgeordnetenhaus 82 Gegenpetitionen für den Fortbestand der Korporationen ein. Um den Liberalen eine Blamage zu ersparen und die süddeutschen Katholiken nicht zu provozieren, wurde die parlamentarische Diskussion des Kommissionsberichts unterdrückt.[290]

c) Klöster verbieten: Der Gesetzentwurf zum Ordensverbot 1875

Es sollte fast sechs Jahre dauern, bis die preußischen Liberalen eine erneute Verbotsinitiative starteten. Nach dem reichsweiten Verbot der Jesuiten 1872 und auf dem Höhepunkt des preußischen Kulturkampfes war ihnen nun nicht nur Bismarcks Unterstützung sicher, sondern auch die des nationalliberalen Kultusministers Adalbert Falk. Im Mai 1875 präsentierte er dem Landtag mit Innenminister Friedrich zu Eulenburg einen Gesetzentwurf zum Verbot der katholischen Orden und Kongregationen. Als Motive wurden deren Organisationsformen und Zwecke genannt: Sie seien von der Theorie des »jesuitischen Gehorsams« geprägt, welcher die »geistige Persönlichkeit« vernichte. Die »Loslösung« der Ordensmitglieder von »Familienbanden«, ihre »hermetische Abschließung« gegenüber äußeren Einflüssen, die »geisttödtenden Uebungen« und »vermögensrechtliche Unselbstständigkeit« machten sie zu »willenlosen Werkzeugen in der Hand der sie dirigirenden Oberen und Geistlichen«. Unter Leitung auswärtiger Oberer, »theils in Rom, theils in Frankreich«, könnten sie »staatsgefährlichen Zwecken« des höheren katholischen Klerus dienen. Da die »Macht der Oberen« unbegrenzt sei, könne der »Apparat« leicht zur »Bekämpfung des Staates« dienen. Denn über Seelsorge und Erziehung übten die Orden großen »Einfluß auf die katholische Bevölkerung« aus. Darum sei zu verhindern, dass dieses »Personal zu einer staatsfeindlichen Einwirkung« auf die »Masse der katholischen Bevölkerung« benutzt werde.[291]

Der Gesetzentwurf stützte sich auf eine Studie von Paul Hinschius über die »Orden und Kongregationen der katholischen Kirche in Preußen«, die das Kultusministerium 1873 in Auftrag gegeben hatte. Zuvor war der evangelische Kirchenrechtler und nationalliberale Parlamentarier bereits an der Ausarbeitung der Maigesetze und der Zivilstandsgesetze beteiligt gewesen. Durch seine kommentierten Ausgaben der preußischen Kirchengesetze prägte er auch die historiographische Deutung des Kulturkampfes. In der Schrift über die Orden kritisierte Hinschius die preußische Regierungspraxis als verfassungswidrig. Ar-

289 SBHA 1869/1870, Bd. 2, Aktenstück 221, S. 990–1007.

290 Zu den Gegenpetitionen vgl. SBHA 8.2.1870, S. 2010. Zur Unterdrückung der Diskussion des Berichts vgl. Kapitel C.II.1.a.

291 SBHA 1875, Anlagen, Aktenstück 305, S. 1837 f.

tikel 13, wonach geistliche Gesellschaften Korporationsrechte und Vermögen nur per Gesetz erlangen durften, sei missachtet worden. Falks Vorgänger Mühler und die 1871 aufgehobene katholische Abteilung hätten sogar die »Verbreitung und Vermehrung« von Orden gefördert, indem sie Anstalten, die von Mitgliedern religiöser Genossenschaften geleitet wurden, Korporationsrechte erteilt hätten. Zum Teil seien Korporationsrechte auch durch »Kabinets-Ordres« vergeben worden. Nicht weniger wichtig als diese rechtlichen Argumente war Hinschius' moralische Delegitimation der Orden. Es handle sich um perfekte Instrumente zur Manipulation der menschlichen Seele, »so fein ersonnen, daß der Scharfsinn ihrer Urheber die vollste Bewunderung verdiente, wenn sie nicht dem ethisch verwerflichen Zwecke der geistigen Entmündigung Tausender Personen dienten.«[292]

d) Klöster delegitimieren: Die Parlamentsdebatte zum Ordensverbot 1875

In der parlamentarischen Debatte über das Ordensverbot wurden die seit der Aufklärung verbreiteten antimonastischen Topoi brennglasartig gebündelt. Um die verfassungswidrige Verletzung der kirchlichen Autonomie zu legitimieren, mobilisierten liberale Abgeordnete zum einen nationale Feindbilder und kriegerische Metaphern. Die Altkatholiken Eduard Windthorst und Wilhelm Petri bezeichneten die Orden als »Leibgarde des römischen Papstes« und warnten davor, das »hierarchische Kontingent« der 16.900 Weltgeistlichen, das einen »erbitterten Kampf« gegen »unseren Staat« führe, »noch durch Orden zu vermehren«, deren Obere sich »in Rom oder Frankreich« befänden.[293]

Zum anderen wurde das Ideal einer Autonomie des Subjekts gegen die Orden ins Feld geführt. Der Nationalliberale Gregor Jung zitierte aus Hinschius' Schrift Statuten mit »gräulichsten Bestimmungen über den Gehorsam«. Sie sähen vor, »auf dem Boden zu essen, Wasser und Brodt bei gemeinschaftlicher Mahlzeit, das Aufgeben des Willens und des Verstandes«. Insbesondere Nonnen sollten »sich halten gleich als ob sie ein todter Leib wären, der sich hin und wieder wälzen und legen läßt, oder als ob sie eines alten Menschen Stab wären, der sich allenthalben und auf allerlei Weise gebrauchen läßt, wie es dem, der ihn in der Hand hat, gefällig ist.« In der Manier des Schauerromans wurden die Geistlichen als Zombies dargestellt: als Tote, die auf Wink der Oberen zum Leben erweckt und als willenlose Truppen jederzeit in Stellung gebracht werden konnten. Aus liberaler Sicht besaß das Ordensverbot daher auch eine emanzipatorische Dimension. Für Sybel und den Linksliberalen Eduard Windthorst befreite es den Klerus aus »Sclaverei« und »Leibeigenschaft«. Dass viele Geistliche Petitionen für den Fortbestand ihrer

292 *Hinschius*, Orden, S. 140, 142 f., 132 f. Zur Bedeutung dieser Schrift für das Ordensgesetz vgl. SBHA 1875, Anlagen, Aktenstück 305, S. 1836; SBHA 7.5.1875, S. 1756; 8.5.1875, S. 1790, 1797; 10.5.1875, S. 1827.

293 SBHA 10.5.1875, S. 1836 (E. Windthorst); 8.5.1875, S. 1789 (Petri).

Klöster unterzeichnet hatten, schien lediglich das Vorurteil zu bestätigen, dass es sich um hörige Subjekte handle. Das mediale Bild der Klöster machte die Liberalen empirieresistent.[294]

Ferner wurden die Orden als kulturfeindlich dargestellt. Jung zitierte »Stimmen der gebildeten Welt«, die den Klöstern schon immer feindselig gesonnen gewesen seien. Friedrich II. habe die mathematische Formel aufgestellt: »Da, wo die meisten Klöster sind, ist das Volk am dümmsten«. Selbst die »katholische Autorität« Augustin Theiner habe den schädlichen Einfluss der Jesuiten auf die Bildung deutscher Katholiken beklagt. Reichenspergers Einwand, dass Klöster im Mittelalter eine »Wiege« der Wissenschaft gewesen seien, zählte für die gegenwartsorientierten Liberalen nicht. Für Petri verkörperten Klöster vielmehr die Negation aller »Einrichtungen, auf welchen die Kultur« beruhe: weil sie die Familie, die Gemeinde, den Staat und das Vaterland ablehnten. Virchow datierte den Beginn des Wandels der Orden von Trägern zu Feinden der Kultur mit der Gründung des »mit Spanischem Geist« erfüllten Dominikanerordens, der als »Vorläufer des Jesuitismus« nebst Zensur und Inquisition die »fatale Entwicklung« des Papsttums eingeleitet habe.[295]

Folgerichtig knüpften viele Redner an die Enthistorisierung und Exotisierung des Katholizismus an. Für Eduard Windthorst standen die Orden »in absolutem Widerspruche« mit den »Anschauungen unserer Zeit«, auf denen »die moderne Entwicklung des Staats« beruhe. Das Klosterwesen sei ein »Anachronismus«, sagte Petri. Reichensperger suchte auf Zeit zu spielen, indem er ein »allmähliches Erlöschen« empfahl und die Orden so, im Einklang mit der liberalen Praxis des Nachmärz, zu einem transitorischen Relikt stilisierte. Doch in der Hitze des Kulturkampfes fand dieser Vorschlag kein Gehör, der Fortschritt duldete keinen Aufschub. Dass es sich bei vielen Klöstern und Kongregationen um Neugründungen handelte, ging in der Debatte unter.[296] Jung erinnerten ihre asketischen Regeln an die »indischen Büßergeschichten«. Er zitierte einen westpreußischen Kreisrichter, wonach die Franziskaner bei einer Ablassfeier im Lonker Bettelkloster ihr »Stück Mittelalter« gespielt hätten. Unter den Pilgern aus Polen, Deutschland und Russland seien neben Bauern auch viele Bettler gewesen, die an Wilde erinnert hätten: »Lange struppige Haare, lange Bärte, lange Röcke mit tausend Lappen! Der reine Urwaldtypus. (Heiterkeit.)«. In Richtung Zentrumsfraktion sagte Jung: »Ja, meine Herren, Sie haben wirklich Unglück mit der Civilisation (Heiterkeit.) und es ist also sehr natürlich, daß der Papst ihr den Fehdehandschuh hingeworfen«. Die ultramontane Verdammung der Moderne und die Pflege katholischer

294 SBHA 7.5.1875, S. 1764 (Jung); 10.5.1875, S. 1829, 1831 (Sybel), 1836 (E. Windthorst).

295 SBHA 7.5.1875, S. 1765 (Jung); S. 1750 (Reichensperger); 8.5.1875, S. 1789f. (Petri); S. 1798 (Virchow). Zu Theiner vgl. Kapitel B.I.2.

296 SBHA 10.5.1875, S. 1836 (E. Windthorst); 8.5.1875, S. 1789 (Petri); 7.5.1875, S. 1762 (Reichensperger).

Rituale erschienen als exotische, anachronistische Verirrungen eines primitiven Pöbels mit undeutscher Gesinnung.[297]

Die liberale Ablehnung des Ordenslebens speiste sich aber auch aus ästhetischen – sozial und konfessionell bedingten – Motiven. Jung zufolge widersprach das »Offenzurschautragen der Religion« dem »modernen Gefühl der Schamhaftigkeit«, das »sein Inneres nicht auf den Marktplatz« trage. Selbst der Zentrumsabgeordnete Franz distanzierte sich von den Gelübden: »Ja, meine Herren, das ist Geschmacksache, ob das Jemandem gefällt, (Sehr wahr! links.) es steht sogar die Frage, ob es mir gefällt, (Hört! links.) denn sonst würde ich ja ins Kloster gehen«. Die liberal-protestantische Auffassung der Religion als Privat- und Gewissenssache verband sich in diesen Aussagen mit bürgerlichen Geschmacksurteilen.[298]

Hinzu kamen moralische Argumente. Sybel sprach von der »Nichtsnutzigkeit« der Orden, Eduard Windthorst nannte sie »gemeinschädlich«. Jung untermauerte seine »moralische Beurtheilung« mit wissenschaftlicher Expertise. Schon 1869 seien die Klöster auf einem statistischen Kongress in Den Haag als »sittlich, moralisch und volkswirthschaftlich-staatsschädlich« gebrandmarkt worden. Zur Bekräftigung fügte er hinzu, dass der Löbauer Kreisrichter nach der Lonker Ablassfeier aufgrund von »dunklen Vorgängen« hinter den Kulissen der Beichtstühle die »Vormundschaft über 8 uneheliche Kinder« habe einleiten müssen. Auch Sybel drohte mit der Erörterung von »Materialien«, die den Klosterverbotsgegnern zum »Aergerniß gereichen würden«: geistliche Sittlichkeitsskandale. Jung erwähnte den »Fall« eines Neußer Klosters, wo »durch straflose Verwahrlosung ein Kind getötet« worden sei, weil die Oberin den Fehltritt einer Schwester habe verbergen wollen und die Nonnen ihr gehorcht hätten. Wie in der Berliner Volksversammlung 1869 galten die Klöster im Preußischen Abgeordnetenhaus 1875 als Pflanzstätten des Aberglaubens, der Unzucht und des Verbrechens. Die Ordensgelübde des Gehorsams, der Askese, Kontemplation und Keuschheit erschienen mit dem Wertehimmel der bürgerlichen Gesellschaft unvereinbar. Sie widersprachen den Geboten der Nation, der bürgerlichen Gesellschaft und der Biopolitik.[299]

Schließlich wurde das Ordensverbot als hygienische Maßnahme dargestellt. Falk zitierte eine »Klage der Medizinalbehörde, wonach viele Anstalten die »sanitätischen« Forderungen nur mangelhaft erfüllten. Virchow berief sich auf eigene »Spezialuntersuchungen« zur Geschichte der Krankenhäuser, in denen er die »Missbräuche« krankenpflegender Orden zweifelsfrei belegt habe. Eine »gedeihliche Entwicklung des Krankenpflegewesens« sei »nur auf dem Gebiete der bürgerlichen Entwicklung möglich«. Aus Virchows Sicht war die Gesetzgebung nun

297 SBHA 7.5.1875, S. 1767, 1764f. (Jung)
298 SBHA 7.5.1875, S. 1768 (Jung); 8.5.1875, S. 1795 (Franz).
299 SBHA 10.5.1875, S. 1831 (Sybel), 1836 (E. Windthorst); 7.5.1875, S. 1765f. (Jung).

endlich an dem Punkt angelangt, wo sie »am meisten einschneidet«. Das »Messer der Gesetzgebung« sei »an einen wunden Fleck gekommen«. Als Zentrumsführer Windthorst einwarf: »Lebendiger Körper! Vivisektion!«, antwortete Virchow: »Das wilde Fleisch ist auch lebendiges Fleisch«. Aus Sicht des Zellularpathologen musste das krebsartig wuchernde Fleisch der Orden aus dem Körper von Staat und Nation entfernt werden. Er sah das Verbot als vorbeugende Maßnahme wider die »infektiöse Natur« des modernen Ordenswesens.[300] In seinem Schlussplädoyer bündelte Jung noch einmal die zentralen Strategien des antimonastischen Diskurses (Enthistorisierung, Exotisierung, Entmündigung der Ordensgeistlichen, Exklusion aus der Nation):

> Meine Herren, wer heutzutage glaubt, seine Religion umher tragen zu müssen, und einen besondern Rock dafür nothwendig hält, wer die groteskesten Gelübde ablegt, heerdenweise sich zusammen schaart und zuletzt einen Kadavergehorsam nach Rom schwört, dem ärgsten Feind unserer jungen Deutschen und Preußischen Herrlichkeit, den können wir in unserem Staate nicht brauchen. Darum sage ich: weg mit ihm so schnell wie möglich! (Lebhaftes Bravo).[301]

5. Zusammenfassung

In Bezug auf das Verbot katholischer Orden war das katholische Piemont dem mehrheitlich protestantischen Preußen zwei Jahrzehnte voraus. Mit Blick auf den staatlichen Antijesuitismus und Antimonastismus war das sardische Königreich ein Pionier, das preußische hingegen ein Nachzügler. Dieses unterschiedliche Timing ist vor allem mit der früheren Regierungsbeteiligung und stärkeren Stellung der piemontesischen Liberalen zu erklären, die es diesen erlaubte, ihr antiklerikales Programm deutlich eher gegen die alten Eliten durchzusetzen, als dies in Preußen möglich war.

Abgesehen davon überwiegen jedoch die Gemeinsamkeiten der beiden Fälle. Sie betreffen *erstens* den Zusammenhang der antiklerikalen Handlungsfelder Medien, Straße, Kabinett und Parlament, die sich wechselseitig beeinflussten und verstärkten. In Piemont und Preußen wurde die physische, exekutive und legislative Gewalt gegen katholische Geistliche medial generiert. Den antijesuitischen Ausschreitungen, Vertreibungen und Verboten in Italien von 1848 ging Giobertis medialer Feldzug gegen die Jesuiten voraus, an dem sich Intellektuelle, Journalisten und Karikaturisten beteiligten. Bei der Genese des piemontesischen Ordensverbots spielten Skandalchroniken antiklerikaler Zeitungen wie

300 SBHA 7.5.1875, S. 1763 (Falk); 8.5.1875, 1798f. (L. Windthorst); S. 1800 (Virchow). Reichensperger beklagte sich über die »sogenannte staatsgefährliche, gemeinschädliche Infektion, welche von den Orden und Kongregationen ausgehen soll«. 7.5.1875, S. 1751 (Reichensperger).

301 SBHA 7.5.1875, S. 1768. Zur Umsetzung des Ordensverbots siehe Kapitel C.IV.3.c.

der »Gazzetta del Popolo« und visuelle Repräsentationen katholischer Geistlicher in Satirezeitschriften wie »La Maga« eine entscheidende Rolle. Die Rezeption antiklerikaler Medien wie Giobertis »Gesuita« oder Manzonis »I Promessi Sposi« reichte bis hinein in einzelne Parlamentsreden. Auch der Moabiter Klostersturm wurde 1869 durch Klostergeschichten und -skandale in Zeitungen, politischen Witzblättern und populärwissenschaftlichen Schriften genährt, welche die monastische Lebensweise als unsittlich und gemeingefährlich darstellten. In der Genese des preußischen Ordensverbots bündelten sich die vielfältigen Elemente des modernen antimonastischen Diskurses 1875 brennglasartig.

Trotz der unterschiedlichen Struktur ihrer Medienlandschaften ist für Piemont und Preußen *zweitens* übereinstimmend die Medialität des Kulturkampfes und die Tendenz zur Fiktionalisierung der Politik zu betonen. Repräsentationen katholischer Ordensgeistlicher und Narrative klösterlicher Pervertierung delegitimierten die Klöster und Orden; sie beeinflussten die öffentliche Meinung, sie ergriffen Besitz von den politischen Entscheidungsträgern, sie motivierten Ausschreitungen gegen Ordenshäuser, und sie trugen zur Formulierung und Verabschiedung verfassungswidriger antiklerikaler Gesetze bei, die von Teilen der Monarchie, der alten Eliten und der kirchentreuen katholischen Bevölkerung abgelehnt wurden. Die Medien ermöglichten es den Antiklerikalen, in der bürgerlichen Gesellschaft Piemonts und Preußens einen Konsens für die Ordensverbote zu organisieren. Voraussetzung hierfür war allerdings die soziale Exklusivität der politischen Systeme (Zensus- bzw. Dreiklassenwahlrecht), denn immer wenn die Liberalen für Ordensverbote eintraten, kam es zu massenhaften Protesten und Petitionen katholischer Geistlicher und Laien.

Entgegen einer konventionellen politikhistorischen Perspektive war die mediale Moralisierung des Konflikts *drittens* nicht bloß propagandistisch, denn sie brachte ein gemeinsames Ziel von Demokraten und Liberalen zum Ausdruck: Die Universalisierung der bürgerlichen Lebensführung. Im Zeichen von Nationalismus, bürgerlicher Gesellschaft und Biopolitik sollten sich Jesuiten, Mönche und Nonnen assimilieren. Sie sollten ihre Ordenshäuser verlassen, zivile Berufe ergreifen, heiraten und Familien gründen. Diese Anpassung wurde in Zeitungen, Volksversammlungen, Petitionen, Gesetzen und Parlamentsreden als ›Rückkehr zur Natur‹ dargestellt, als Befreiung aus dem Gefängnis ›widernatürlicher‹ Gelübde und Regeln. Der liberale Antijesuitismus und Antimonastismus war insofern nicht ›illiberal‹. Er resultierte vielmehr aus liberalen Idealen wie der Autonomie des Subjekts und aus der Verabsolutierung generativer Heterosexualität zur natürlichen Lebensform. Die mediale Repräsentation des Ordensklerus erweist den Kulturkampf so als moralischen Konflikt, in dem konträre Konzepte der Lebensführung auf dem Spiel standen. Die kulturellen Quellen des Antijesuitismus und des Antimonastismus unterschieden sich dabei in Piemont und Preußen trotz großer konfessioneller Unterschiede kaum.

Bei der medialen Essentialisierung des Klerus lassen sich *viertens* verschiedene Varianten unterscheiden: Die Sexualisierung unterstellte Mönchen und Nonnen perverse Neigungen und Praktiken. Die Pathologisierung und Entmenschlichung generierte Ansteckungs- und Schädlingsmetaphern, die Verbote dringend nahelegten. Hinzu kamen spezifische Darstellungsweisen einzelner Gruppen des Klerus. Jesuiten wurden als transnationale Feinde der Nation dargestellt, Mönche als unnütze, schädliche Parasiten, Nonnen als Opfer sexueller Gewalt. In der Essentialisierung des Klerus, die sowohl die Motivation als auch die Legitimation antiklerikaler Gewalt prägte, zeigte sich der seit der Aufklärung verstärkt zu beobachtende Wunsch nach einer Assimilation, Exklusion und Vernichtung klerikaler Alterität.

Fünftens weisen die hier untersuchten Fälle antiklerikaler Gewalt neben lokalen, regionalen und nationalen Besonderheiten auch transnationale Aspekte auf: So nährte die Nationen übergreifende Organisation und Steuerung katholischer Orden aus Rom und dem ›verfeindeten‹ Ausland (Österreich bzw. Frankreich) den Verdacht der Illoyalität und des Verrats. Auch transnationale Prozesse der Wahrnehmung, Beobachtung und des Transfers waren für die Genese antiklerikaler Gewalt bedeutsam. Giobertis »Gesuita« speiste sich aus der Erfahrung antijesuitischer Kampagnen in Belgien, Frankreich und der Schweiz; piemontesische und preußische Liberale beriefen sich zur Begründung der Ordensverbote auf internationale Studien und Gesetze. Für den Ausbruch des Moabiter Klostersturms spielten die Krakauer Affäre Ubryk und der Düsseldorfer Skandal eine wichtige Rolle. Sie wurden als Beleg für den Zusammenhang der monastischen Lebensweise mit der Genese von Sexualverbrechen gedeutet und mit lokalen katholischen Einrichtungen in Verbindung gebracht. Antiklerikale Medien generalisierten nicht nur einzelne Fälle klerikaler Verfehlungen, sie stellten auch Zusammenhänge zwischen räumlich weit entfernten Ereignissen her und trugen auf diese Weise zur Synchronisierung antiklerikaler Gewalt im liberalen Europa bei. Im Kampf gegen den katholischen Klerus erfuhren sich die europäischen Antiklerikalen allen nationalen Rivalitäten und Unterschieden zum Trotz als Teil einer transnationalen Bewegung.

C. Der männliche Staat: Genealogie der Säkularisierungstheorie im Zeitalter der europäischen Kulturkämpfe

»Die Sonderung«, schrieb Johann Caspar Bluntschli 1861 in der »Historischen Zeitschrift« in Bezug auf das Verhältnis von Staat und Kirche, »ist das Streben unsers Jahrhunderts«. Wie die meisten liberalen Politiker und Wissenschaftler des 19. Jahrhunderts stilisierte der Staatsrechtler die Trennung von Politik und Religion zu einem Naturgesetz des Fortschritts, dem sich nach 1850 vor allem der Katholizismus zu widersetzen schien, weil er auf der politischen, öffentlichen Dimension von Religion insistierte.[1] In Kontinuität zu dieser Auffassung haben viele Historiker die Säkularisierungstheorie zur Analyse des Kulturkampfes herangezogen: Der Konflikt wurde als Resultat einer funktionalen, in der Logik der Geschichte angelegten Differenzierung von Politik und Religion gedeutet. Er erschien so als ein zwar repressiv und intolerant geführter, vom Ergebnis her aber gerechtfertigter und zudem unvermeidlicher Modernisierungskonflikt. Indirekt und implizit legitimierte die Säkularisierungstheorie so nachträglich den Kulturkampf.[2]

Abgesehen davon, dass diese Sichtweise zutiefst teleologisch ist, verdeckt sie den historischen Zusammenhang beider Phänomene: Denn das Explanans ›Säkularisierungstheorie‹ war mit dem ›Explanandum ›Kulturkampf‹ eng verknüpft. Es eignet sich nur bedingt zur Erklärung, weil es selbst Teil des Phänomens war. Die Säkularisierungstheorie war, wie im Folgenden gezeigt werden soll, ein Effekt und ein Movens der Kulturkämpfe des 19. Jahrhunderts. Der Religionssoziologie José Casanova hat zuletzt in einer einflussreichen Studie drei Varianten der Säkularisierungstheorie unterschieden: die Entzauberung der Welt, die Privatisierung der Religion und die Differenzierung von Politik und Religion. Während die ersten beiden Varianten empirisch widerlegt seien, sollten die Sozialwissenschaften an der dritten festhalten, da sie den Kern ihres Selbstverständnisses bilde. Im Gegensatz dazu hat der Anthropologe Talal Asad jüngst dafür plädiert, auch diese Variante zu verabschieden und sich stattdessen der Genealogie des ›Säkularen‹ zuzuwenden: als binärer Opposition des ›Religiösen‹ und als einer epistemologischen Kategorie, die der Doktrin des ›Säkularismus‹ vorgängig war.[3]

1 *Bluntschli*, Kirchenfreiheit, S. 87.

2 Vgl. etwa *Chabod*, Storia, S. 244 f. Anm. 2; *Wehler*, Gesellschaftsgeschichte, Bd. 3, S. 892; *Lill/Traniello*, Kulturkampf, S. 8; *Winkler*, Weg, Bd. 1, S. 222; *Stadler*, Cavour, S. 92.

3 Vgl. *Casanova*, Religions, S. 19–49; *Asad*, Formation, S. 182 f. Zur postkolonialen Kritik des westlichen Säkularismus: *Nandy*, Doubles; *Bhargava*, Secularism.

Einem genealogischen Ansatz sind auch die folgenden Ausführungen verpflichtet. Untersucht wird die Herkunft und Entstehung der Säkularisierungstheorie in den deutsch-italienischen Kulturkämpfen des 19. Jahrhunderts, insbesondere die Idee einer Differenzierung von Politik und Religion in der Moderne, die entlang der Linie des Öffentlichen und des Privaten verläuft. Zunächst soll es darum gehen, wie sich das liberale Prinzip der Trennung von Politik und Religion in den Kulturkämpfen des Vormärz formierte. Dann wird analysiert, wie Liberale Politik und Religion nach 1850 in Deutschland und Italien praktisch zu trennen suchten und dadurch neue Vermischungen von Politik und Religion provozierten, die zur Relativierung liberaler Macht führten. Dabei wird auch untersucht, wie die Trennung von Politik und Religion zum Definiens ›moderner‹ Gesellschaften, zur ›Natur‹ der Moderne stilisiert und deshalb später auch zur geschichtswissenschaftlichen Analyse des Kulturkampfes herangezogen wurde. Abschließend werden, im Rahmen eines vergleichenden Ausblicks auf die Entwicklung beider Länder, religiöse, soziale und geschlechtliche Grenzen der Säkularisierung beleuchtet.[4]

I. Die Entstehung der Säkularisierungstheorie

Als Element der Konstruktion ›okzidentaler‹ Modernität formierte sich die Säkularisierungstheorie bereits in den europäischen Kulturkämpfen des Vormärz.[5] Angesichts kontroverser Auseinandersetzungen über konfessionelle Mischehen und theologische Lehren forderten Demokraten und Liberale eine Trennung von Politik und Religion entlang der Grenzlinie des Öffentlichen und des Privaten. Sie stilisierten ihr Vorhaben zu einem historisch notwendigen, gleichsam natürlichen Element von Modernisierung. Im Folgenden wird die Genese dieser Säkularisierungstheorie am Beispiel dreier Politiker rekonstruiert, die in unterschiedlichen Kontexten wirkungsmächtige Modelle des Verhältnisses von Politik und Religion, von Staat und Kirche entwarfen, an denen sich deutsche und italienische Liberale nach 1850 orientierten: die Differenzierung von Politik und Religion, das Modell der ›Ehe‹ von Staat und Kirche sowie das Prinzip der ›freien Kirche im freien Staat‹. In welchen gesellschaftlichen Zusammenhängen entstanden diese Modelle? Inwiefern stellten sie bereits Vorformen oder Varianten der Säkularisierungstheorie dar? Welche Rolle spielten darin Konfession und Klasse, Geschlecht und Alter? Und wodurch gaben sie der Vorstellung einer

4 Zur Herkunft und Entstehung der Säkularisierungstheorie in den Kulturkämpfen des 19. Jahrhunderts vgl. bereits die Überlegungen von *Lübbe*, Säkularisierung.

5 Zu vormodernen Begriffsverwendungen vgl. *Conze/Strätz/Zabel*, Säkularisation, S. 789–809. Zur Kritik eurozentrischer Konzeptionen der Moderne siehe die Einleitung zu Kapitel A.

Differenzierung von Politik und Religion in der Moderne jenen Anschein von Natürlichkeit, der diese bis heute als Wesensmerkmal moderner Gesellschaften erscheinen lässt?

1. Die Kölner Wirren und Sybels Differenzierung von Politik und Religion

Ein zentraler Schauplatz des preußischen Kulturkampfes der 1870er Jahre war das Rheinland. In den ›Kölner Wirren‹ prallten preußischer Staat und katholische Kirche schon 1837 aufeinander. Inwiefern war dieser Konflikt bereits ein ›Kulturkampf‹? Worin bestanden seine Ursachen und Folgen? Und welche Schlüsse zogen die Liberalen daraus?[6]

a) Hermesianer, Litauer, Mischehen: Die Genese der Kölner Wirren

Mit dem Rheinland erhielt Preußen 1815 auf dem Wiener Kongress eine zu drei Vierteln katholische und, wie eine offiziöse Stimme missmutig anmerkte, »halbfranzösierte Provinz«. Bis zur Annexion Schlesiens 1763 hatten im preußischen Königreich kaum Katholiken gelebt. Aus Sicht seiner führenden Repräsentanten blieb es auch danach ein protestantischer Staat. Folgerichtig trat König Friedrich Wilhelm III. im Rheinland als *summus episcopus* der Preußischen Union, als Schirmherr der evangelischen Kirche und der protestantischen Diasporagemeinden auf.[7] Auch in der höheren Bildung wurde der Protestantismus vom Staat bevorzugt.[8]

Folgenreich für das Verhältnis der christlichen Konfessionen war die Entsendung protestantischer Beamter aus den agrarisch geprägten Ostgebieten des Königreichs in die Rheinprovinz, die von vielen Einheimischen abfällig ›Litauer‹ genannt wurden. Dennoch mussten katholische Geistliche mit ansehen, »wie die unbemittelten Offiziere und Beamten aus dem Osten sich mit den reichen Töchtern des westfälischen Adels und des rheinischen Bürgertums vermählten«, so dass sich der Protestantismus gerade in den wohlhabenden Schichten verbreitete.[9]

Über die Frage, welcher Konfession die Kinder dieser ›Mischehen‹ angehören sollten, kam es zum Konflikt. Nach preußischem Recht erhielten Mischehen-

6 Grundlegend zu den Kölner Wirren: *Schrörs*, Wirren; *Lill*, Beilegung; *Keinemann*, Ereignis; *Hegel*, Erzbistum, S. 461–488.

7 Zitiert nach *Schnabel*, Geschichte, Bd. 4, S. 116. Vgl. *Kißling*, Geschichte, Bd. 1, S. 185 ff.; *Wendland*, Religiosität, S. 166 ff. Allgemein zur Beziehung von Preußen und Rheinländern nach 1815 vgl. *Behr*, Rheinland; *Clark*, Preußen, S. 467 f.

8 Vgl. *Lademacher*, Rheinlande, S. 527; *Hübinger*, Seminar; *Düwell*, Hochschulwesen.

9 *Schnabel*, Geschichte, Bd. 4, S. 125. Zur Beamtenrekrutierung vgl. *Romeyk*, Verwaltungsbeamten. Zum Verhältnis der Konfessionen in den städtischen Eliten des Rheinlands: *Sperber*, Rhineland, S. 50 f.; *Mettele*, Bürgertum, S. 238 Anm. 556.

kinder die Konfession des Vaters.[10] Nach katholischer Lehre war die Heirat nichtkatholischer Partner nur erlaubt, wenn die Eltern zusagten, ihre Kinder katholisch taufen zu lassen und zu erziehen. 1830 untersagte Papst Pius VIII. Mischehen. Um einer patrilinearen Protestantisierung der rheinischen Eliten entgegenzuwirken, befahlen die Bischöfe den Priestern, Mischehen nicht zu trauen, sofern die Braut nicht versprach, die Kinder katholisch zu erziehen. 1834 konnte die Regierung zwar in einer Geheimkonvention mit den Bischöfen eine weite Auslegung der päpstlichen Anweisung vereinbaren. 1835 endete dieses kooperative Klima jedoch, als auf den mit den preußischen Behörden gut vernetzten Kölner Erzbischof Graf Ferdinand August von Spiegel der Ultramontane Clemens August Freiherr Droste zu Vischering folgte. Er entzog den Hermesianern an der theologischen Fakultät in Bonn die Approbation und bezog in der Mischehenfrage eine unversöhnliche Position.[11] Nach dem Scheitern aller Bemühungen, den Erzbischof zum Einlenken zu bewegen, ordnete Friedrich Wilhelm III. dessen Verhaftung an, um die »königliche Machtvollkommenheit« zu demonstrieren, wie ein Minister sagte. Am 20. November 1837 wurde Droste zu Vischering in die westfälische Festung Minden gebracht, wo er 1845 starb, ohne Köln wiedergesehen zu haben.[12]

b) Die Kölner Wirren als Preußens erster Kulturkampf

Das ›Kölner Ereignis‹ provozierte publizistische Kritik, öffentlichen Protest und gewalttätige Ausschreitungen. In den Medien, auf der Straße, in der adlig-bürgerlichen Öffentlichkeit und im Parlament wurden Politik und Religion dabei auf vielfältige Weise vermischt. Die Motive der Kritiker waren unterschiedlich. Ultramontane Geistliche stilisierten Droste zu Vischering zu einem christlichen Märtyrer. Auf Plakaten und in Flugschriften wurde seine Verhaftung ohne Gerichtsverfahren als willkürlicher Akt einer fremden Besatzungsmacht kritisiert. Flugschriften beriefen sich auf die ›öffentliche Meinung‹. Joseph Görres' Protestschrift »Athanasius« erzielte trotz Zensur eine Auflage von 7.000 Stück. Wenig später gründete er in München die »Historisch-Politischen Blätter für das katholische Deutschland« und leitete damit die Konfessionalisierung der deutschen Presselandschaft ein.[13]

Als Papst Gregor XVI. im Dezember 1837 die Verhaftung des Erzbischofs verurteilte, kam es in Münster zum Aufruhr, der von Husaren niedergeschlagen

10 Der preußische König kannte das Mischehenproblem auch aus seiner eigenen Familie. Vgl. *Schnabel*, Geschichte, Bd. 4, S. 120 f.; *Lill*, Beilegung, S. 18 Anm. 10.

11 Zur Rechtslage und zum Hermesianismus-Streit vgl. *Huber/Huber*, Staat, Bd. 1, S. 309–333, 364–370; *Schrörs*, Wirren, S. 336–434; *Weber*, Aufklärung, S. 79–87; *Schwedt*, Urteil; *Mergel*, Klasse, S. 82 f., 87–94.

12 Zitiert nach *Clark*, Preußen, S. 484. Vgl. *Huber/Huber*, Staat, Bd. 1, S. 352–364, 371–390.

13 Vgl. *Görres*, Athanasius; *Schrörs*, *Wirren*, S. 557–575; *Frühwald*, Anfänge; *Keinemann*, Ereignis, Bd. 1, S. 8 f.; *Stöber*, Pressegeschichte, S. 242.

wurde. In Kleve wurden aus Erregung über ein Drama mit dem Titel »Luther«, das im Ruf stand, die Messe als Komödie und die Geistlichen als Affen darzustellen, Häuser belagert und gestürmt, Steine geworfen und Hetzjagden veranstaltet. Auch das Kölner Ursulafest zog Ausschreitungen und Truppeneinsätze nach sich. Vor allem Schüler, Gymnasiasten, Studenten und Angehörige der Unterschicht beteiligten sich an den Tumulten. Während sich die Bischöfe mit öffentlichen Erklärungen zurückhielten, agierten die Priester als Wortführer.[14] Der Protest wurde auch vom westfälischen Adel, vom Mittelstand und von vielen Frauen gestützt. Aus Aachen kolportierte man die Gründung eines Vereins lediger katholischer Frauen zur Organisation eines antiprotestantischen Heiratsboykotts.[15] Als auch der Erzbischof von Gnesen-Posen Martin von Dunin verhaftet wurde, nachdem er Geistliche seiner Diözese in der Mischehenfrage auf die Einhaltung kirchlichen Rechts verpflichtet hatte, drohte der Konflikt auf Preußens Ostprovinzen mit polnischsprachiger Bevölkerung überzugreifen.[16] Bereits im Januar 1838 leitete Berlin den Rückzug ein. Nach dem Thronwechsel 1840 kam es zum Ausgleich mit der Kirche. Der neue, von Pietismus und Romantik geprägte König Friedrich Wilhelm IV. trat für eine Verbindung von Kirche und Monarchie in einem ›christlichen Staat‹ ein. Nach Verhandlungen mit der Kurie konnte der Konflikt 1841 offiziell beigelegt werden. Im zentralen Streitpunkt setzte sich Rom durch: Der Staat verzichtete in der Mischehenfrage fortan auf jede Intervention. Zugleich wurde im Kultusministerium eine »Katholische Abteilung« eingerichtet – als »Bürgschaft für die gründliche und vielseitige Beratung der katholischen Kirchenfragen«. Zudem finanzierte der Staat die Vollendung des Kölner Doms, der zu einem Symbol der Annäherung zwischen Preußen und den rheinischen Katholiken wurde.[17]

Die Kölner Wirren sind als Preußens erster Kulturkampf gedeutet worden.[18] Die Streitfrage, ob Staat oder Kirche über Ehe und Erziehung bestimmen sollten, kehrte nach der Reichsgründung im Konflikt um die Schulaufsicht und die Zivilehe wieder. Auch die Folgen waren ähnlich: Die staatliche Repression provozierte eine Klassen übergreifende Mobilisierung katholischen Protests, der sich der Staat letztlich fügen musste. An den westlichen und östlichen Rändern Preußens entfaltete sich eine ähnliche mediale und soziale Dynamik wie im Kulturkampf der 1870er Jahre. Der Konflikt trug zur Konfessionalisierung der Politik

14 Vgl. *Schrörs*, Wirren, S. 600–608; *Keinemann*, Ereignis, Bd. 1.

15 Vgl. *Keinemann*, Ereignis, Bd. 1, S. 102 f. Anm. 8, 119; *Mettele*, Bürgertum, S. 242. Zum westfälischen Adel: *Reif*, Adel.

16 Vgl. *Huber/Huber*, Staat, Bd. 1, S. 406–433.

17 *Conzemius*, Briefe, S. 7. Vgl. *Huber/Huber*, Staat, Bd. 1, S. 434–455; *Lill*, Beilegung; *Klevinghaus*, Vollendung, S. 130 ff.; *Mettele*, Bürgertum, S. 250–255.

18 Vgl. *Schrörs*, Wirren, S. 16 ff.; *Schnabel*, Geschichte, Bd. 4, S. 151; *Wehler*, Gesellschaftsgeschichte, Bd. 2, S. 473; *Dotterweich*, Sybel, S. 62. Zur zeitgenössischen Rezeption vgl. GL 1867, S. 23 ff., 71–74, 135 ff.

bei und festigte die Kirchenbindung vieler Katholiken. Ein wichtiger Unterschied war jedoch, dass die Regierung 1837 keine Trennung von Politik und Religion anstrebte, sondern nur auf der Hoheit des Staates bestand. Die Liberalen gehörten noch nicht zum Regierungslager und blieben notgedrungen Beobachter und Kommentatoren. Die Behörden verdächtigten sie sogar eines Bündnises mit den Ultramontanen nach belgischem Vorbild.[19]

Dennoch ergriffen Liberale und vor allem Demokraten die Partei des Staates. Heinrich Schrörs zufolge wurden anlässlich der Kölner Wirren 300 Flugschriften publiziert, die meisten davon waren antiklerikal. Kirchengegner unterschiedlichster Gesinnung meldeten sich zu Wort: »Anhänger des Staatsabsolutismus und Posaunenbläser des jungen Deutschland, Hegel'sche Philosophen und seichte Journalisten, steife Bürokraten und protestantische Theologen, Professoren und bezahlte Tagesschreiber, liberale Katholiken und febronianische Staatskirchler, hochkonservative Politiker und Rufer kulturellen Umsturzes«. Inhaftierte »preußische Demagogen« wie Arnold Ruge, der wegen Mitgliedschaft im »Bund der Jungen« fünf Jahre in der Festung Kolberg verbracht hatte, ergriffen, wie Heinrich Laube schrieb, »die Fahne derselben Regierung«, die sie zuvor ins Gefängnis geworfen hatte.[20] Auch gemäßigte Liberale sahen im Protest gegen die Verhaftung des Erzbischofs ein Ergebnis klerikaler Manipulation. Der Freiburger Carl von Rotteck kritisierte Droste zu Vischering, »das Volk zum blinden Köhlerglauben und dadurch zur gedanken- und willenlosen Unterwerfung unter den Krummstab zurückzubringen«. Die »Leipziger Allgemeine Zeitung« warf den Ultramontanen vor, die Masse »im Stillen« zu bearbeiten, »Pöbelverhetzungen« zu betreiben und auf diese Weise »Haß und Zwietracht« zu säen und »religiösen Fanatismus« zu schüren.[21] Auch Demokraten und Jungdeutsche stellten sich auf die Seite des preußischen Staates, weil sie in ihm einen Motor des Fortschritts und der Nationsbildung sahen. Heine zeigte Unverständnis über »deutsche Patrioten«, die »mit der katholischen Parthey gemeinschaftliche Sache treiben«. Der Schriftsteller Karl Ferdinand Gutzkow forderte die Trennung von Staat und Kirche.[22] Kaum ein Liberaler kritisierte das Vorgehen des Staates öffentlich. In einem Brief an seinen Vater verurteilte Heinrich von Gagern, als »indifferenter Protestant« selbst aus einer Mischehe stammend, die »Gewalttat«, forderte ein Ende des Staatskirchenrechts und bezichtigte die »protestantische Gelehrtenklasse« der Einmischung in die Religion: Die »aufgeklärte öffentliche protestantische Meinung« solle anerkennen, »daß es des politischen Stoffs zur Verständigung hinreichend ist und daß sie nicht auch noch religiösen hineinmischen sollen.« Es sei »nicht an der Zeit, die katholische Religion in Glaubenssachen zu

19 Vgl. *Keinemann*, Ereignis, Bd. 1, S. 456–473.
20 Zitiert nach *Schrörs*, Wirren, S. 575f. Vgl. *ebd.*, S. 1, 575–600.
21 Zitiert nach *Keinemann*, Ereignis, Bd. 1, 465f., Bd. 2, S. 235.
22 *Heine*, Börne, S. 103f. Vgl. *Gutzkow*, Mütze, S. 753f.; *ders.*, Geschichte, S. 40–155.

modifizieren«.[23] In den Kölner Wirren zeichneten sich also ansatzweise bereits die Fronten späterer Kulturkämpfe ab. Dies gilt auch für die Konfessionalisierung des Wahlverhaltens, der politischen Lager und der Presse im Rheinland, wo sich neben katholischen Zeitungen und Vereinen auch eine ›katholische Partei‹ formierte. Vor den Landtagswahlen 1839 vereinbarten adlig-katholische Gutsbesitzer und protestantisch-bürgerliche Grundbesitzer, Kandidaten der eigenen Konfession zu wählen. Delegierte begannen ihre Konfession zu betonen. Obwohl die rheinischen Liberalen mehrheitlich katholisch waren, kam es zur Dichotomisierung der Begriffe liberal/bürgerlich, protestantisch/ultramontan bzw. katholisch. Infolgedessen wandten sich katholische Liberale wie die Brüder August und Peter Reichensperger dem ›politischen Katholizismus‹ zu.[24]

c) Sybels Säkularisierungstheorie

Vor dem Hintergrund dieser Konfessionalisierung publizierte der Heinrich von Sybel 1847 eine Studie über »Die politischen Parteien der Rheinprovinz in ihrem Verhältniß zur preußischen Verfassung«. Der in Düsseldorf geborene Historiker, seit 1845 Professor in Marburg, entwarf darin eine Theorie der Modernisierung als Differenzierung von Politik, Religion, Kunst und Wissenschaft, die bereits eine Variante der Säkularisierungstheorie darstellte. Sybel schrieb dem Staat eine säkulare, männliche Natur zu und stellte die ultramontane ›Vermischung‹ von Religion und Politik als unnatürlich und mittelalterlich dar.[25]

Sybels Erzählung der Modernisierung als funktionaler Differenzierung von Politik und Religion ließ den ultramontanen Katholizismus als gegen die Natur der Moderne und die Logik der Geschichte gerichtete Bewegung erscheinen, die nur durch die Rückständigkeit unmündiger Massen ermöglicht wurde. Er unterteilte den Landtag in eine konstitutionell-liberale und in eine feudalistisch-ultramontane Partei. Letztere gehöre nicht »der Gegenwart« an, sondern stehe »der Zeit« in »Feindseligkeit« gegenüber. Zum einen sei sie vom »Haß« auf Arbeit und Kapitalismus geprägt. Durch die »heutige Entwicklung von Cultur und Besitz« sei die Bourgeoisie daher ein »natürlicher Gegner« des Ultramontanismus. Zum anderen ziele die ultramontane Partei auf eine kirchliche »Unterwerfung« des Staates. Da es zu dessen »Wesen« gehöre, souverän zu sein, wolle der Ultramontanismus eine »Vernichtung des Staates zu Gunsten der Kirche«. Dagegen forderte

23 Zitiert nach *Wentzcke/Klötzer*, Liberalismus, S. 189 ff., 193. Zu kirchenpolitischen Positionen und kirchlichen Bindungen der Liberalen im Vormärz vgl. *Sheehan*, Liberalismus, S. 51; *Schieder*, Religion, S. 38; *Eyck*, Liberalismus; *Langewiesche*, Liberalismus in Deutschland, S. 11–19.

24 Vgl. *Croon*, Provinziallandtag, S. 170–180; *Lönne*, Katholizismus, S. 79 ff.; *Stephan*, Provinziallandtag, S. 86–89; *Eyck*, Liberalismus, S. 143. Zur katholischen Selbstorganisation vgl. *Pesch*, Presse; *Heinen*, Katholizismus; *Herres*, Gesellschaft.

25 Zu anderen Aspekten der Schrift vgl. *Koselleck*, Preußen, S. 375 f.; *Dotterweich*, Sybel, S. 63–72. Zum »organischen Entwicklungsdenken« der Historischen Schule vgl. *Böckenförde*, Staat, S. 14; *Faßbender-Ilge*, Liberalismus, S. 138–148.

Sybel die »Einschränkung der Kirche auf das Gebiet des religiösen Glaubens« so wie die »Autonomie der Politik in allen Verhältnissen der bürgerlichen Gesellschaft.« Der Historiker beschrieb den historischen Prozess dabei als eine fortschreitende Differenzierung von Politik, Religion, Wissenschaft und Kunst. Staat und Kirche seien »Zweige eines Stammes«, die – so die Logik der Allegorie – mit der Zeit auseinanderwachsen würden. Wie bei Ästhetik und Moral handele es sich um »getrennte aber verwandte Gebiete«, zwischen denen es Widersprüche gebe, die sich aber auflösten, wenn »ein jeder auf seinem Gebiete, eine reine Behandlung und Durchführung« erfahre.

> Dann mag der Staat nach seinen politischen, die Wissenschaft und Kunst nach ihren intellectuellen und ästhetischen Gesetzen unabhängig sich fortbilden, die Kirche ist sicher, durch die göttliche Kraft ihres Geistes die Welt allmälig von innen heraus zu durchdringen.

Dies sei bereits der Standpunkt der »urchristlichen Zeit« gewesen. Im Mittelalter habe die Kirche jedoch einen Irrweg eingeschlagen und die »äußerliche Herrschaft über Staat, Sitte und Bildung« ergriffen. Erst die Reformation habe den Staat wieder »auf eigene Füße gestellt« und den »Irrglauben«, dass »Sitte, Recht und Bildung zusammenexistiren«, beendet. Hierin liege ihr »weltgeschichtliche[s] Verdienst«: »die Kirche auf ihre geistige Sphäre beschränkt, und den Staat in seinen äußerlichen Kreisen befreit zu haben.« Die ultramontane Vermischung beider Sphären widerspreche daher »der modernen Natur«. Ihre »Einmischung der Religion in die Politik« sei ein »Zeichen von Unmündigkeit«. Gelänge es den Ultramontanen, »die Masse des Volkes oder das Gewicht der Staatsgewalt« zu erobern, käme dies einer »Vernichtung aller politischen Intelligenz« gleich – einer »Barbarei«, die »den mittelalterlichen Zustand« an »Schlechtigkeit« weit übertreffe. Der Gläubige solle »dem Staate in äußerlichen Dingen gehorchen, aus der Litteratur sich in das Heiligthum eines gotterfüllten Herzens zurückziehn und beiden ohne Unterlaß das Bild einer demüthigen, festen und durch innerliche Kraft heranwachsenden Gemeinde entgegenstellen.« Politik und Religion wurden in öffentliche und private Sphären geschieden. Die Privatisierung der Religion ging zugleich mit einem *Gendering* von Staat und Kirche einher. Im Unterschied zu den Religionskriegen des 17. Jahrhunderts gehe es heute nicht mehr um die Herrschaft einer Konfession, sondern darum, ob der Staat »Herr im eigenen Hause« sei. Auf dieses häusliche, vergeschlechtlichte Bild von Staat und Kirche als Mann und Frau, das Bluntschli etwa zeitgleich systematisch ausgeführt hatte, sollten sich im Kulturkampf vor allem die Nationalliberalen beziehen. Bei Sybel stand es 1847 noch gleichberechtigt neben einer organizistischen Allegorie der Modernisierung als Verästelung eines Baumes.[26]

26 *Sybel*, Parteien, S. 19, 34, 83, 5, 87, 31, 6, 8f., 32, 31, 57, 56f., 85, 32, 5, 11f., 85. Zu Bluntschlis *Gendering* von Staat und Kirche siehe Kapitel C.I.2.

Sybels Theorie war teleologisch. Sie essentialisierte Staat, Kirche und Modernisierung. Und sie war voller Widersprüche. Während er einerseits eine Trennung von Religion, Politik und Wissenschaft forderte, definierte er die Religion andererseits und konterkarierte die geforderte Trennung somit selbst.[27] Sybels Religionsverständnis war bürgerlich-protestantischer Herkunft. Er stammte aus einer liberalen Beamten- und Pastorenfamilie, sein Düsseldorfer Elternhaus stand im »Mittelpunkt der gebildeten städtischen Gesellschaft«. In diesem »aufgeklärt-protestantischen«, »dogmatisch indifferentem Milieu« wurde Sybel sozialisiert.[28] Man kann seine Genealogie der Moderne als Differenzierung von Politik und Religion daher auch als Selbstbeschreibung der eigenen kulturprotestantischen Familie verstehen, deren patrilineare Geschichte durch Entkirchlichung gekennzeichnet war. Emanzipation von Religion und Kirche durch Bildung und Fortschritt – so lassen sich Sybels private Familiengeschichte wie seine Säkularisierungstheorie zusammenfassen. Religion und Kirche blieben darin stets den ›anderen‹ vorbehalten: Unmündigen, Frauen, Unterschichten. Sie wurden nicht nur aus dem Öffentlichen und aus dem Politischen ausgeschlossen, sondern auch aus der ›Geschichte‹, die den liberal-bürgerlichen, kirchenfernen, männlichen Politikern und Wissenschaftlern vorbehalten blieb. Verbunden damit war ein reduktives Katholizismus-Bild, das die Agency der Laien, wie schon 1844 in der Kritik der Trierer Wallfahrt, unterschätzte. Es verleitete dazu, die Modernität des ›neuen Katholizismus‹ und die religiöse Dynamik der Moderne zu verkennen und die Popularität katholischer Symbole, Rituale und Institutionen nur als Ergebnis einer klerikalen Manipulation rückständiger Massen zu deuten, und nicht als Ausdruck einer – den parallelen Prozessen der Entkirchlichung und Entzauberung gegenläufigen – Hinwendung zu Kirche und Religion. Anstatt die Bedeutung und Dynamik der Religion als Teil der Moderne anzuerkennen, sah Sybel in ihr bloß ein weiteres Argument für die Trennung von Politik und Religion in eine öffentliche Sphäre der Vernunft und in ein privates Reich religiöser Gefühle. Implizit ging er dabei vom eigenen, kulturprotestantischen Religionsverständnis aus, das heißt er argumentierte keineswegs konfessionsneutral. Explizit berief er sich auf das komplementär-hierarchische Geschlechtermodell der bürgerlichen Gesellschaft, das die feministische Theorie zu Recht als patriarchalisch kritisiert hat und das die Realität bürgerlichen Lebens im 19. Jahrhundert nur äußerst unzureichend beschreibt.

27 Sybel war in dieser Beziehung kein Einzelfall. An der Entstehung der liberalen Säkularisierungstheorie des Vormärz waren Vertreter verschiedener wissenschaftlicher Disziplinen beteiligt: Historiker, Orientalisten, Staatswissenschaftler und Mediziner. Zur Rolle ›politischer‹ Wissenschaftler im Kaiserreich vgl. *Nipperdey*, Geschichte, Bd. 1, S. 595 f.

28 *Schloßmacher*, Entkirchlichung, S. 475. Zu Sybels Familienhistorie, Religionsverständnis und Antiklerikalismus vgl. *Dotterweich*, Sybel, 21 f., 29 f., 36; *Haferkorn*, Vorstellungen, S. 65–71.

2. Der Züriputsch und Bluntschlis Modell der »Ehe« von Staat und Kirche

Auch Bluntschlis Modell einer »Ehe« von Staat und Kirche, das in den Kulturkämpfen der liberalen Ära ebenfalls eine wichtige Rolle spielte, berief sich auf die Natur. Bluntschli war ein europäischer Liberaler. 1808 in Zürich geboren, studierte er zunächst in seiner Heimatstadt, dann in Berlin bei Savigny und Schleiermacher, schließlich in Bonn bei Niebuhr. 1830 kehrte er an die Universität Zürich zurück, wo er 1836 einen Lehrstuhl für Römisches Recht erhielt. Nach dem gescheiterten Einsatz gegen den Sonderbundskrieg nahm er 1848 eine Professur für deutsches Privat- und Staatsrecht in München an und gehörte mit Sybel und Hermann Baumgarten zum liberalen Beraterkreis um König Maximilian II. Zwischen 1857 und 1870 edierte er mit dem Fortschrittsliberalen Karl Brater das »Deutsche Staats-Wörterbuch«, die »Enzyklopädie des konstitutionellen deutschen Hochliberalismus« (Theodor Schieder), die das »Staats-Lexicon« von Rotteck und Welcker aus dem Vormärz als verbindliches Werk ablöste. 1859 beteiligte er sich an der Gründung der »Süddeutschen Zeitung«. Sein »Allgemeines Staatsrecht« von 1852 wurde vielfach aufgelegt und übersetzt. 1861 folgte er einem Ruf des badischen Ministerpräsidenten Franz von Roggenbach auf den Lehrstuhl für Staatswissenschaften an die Universität Heidelberg. In Baden wirkte er als Mitglied der Kammer, Architekt der liberalen Reformgesetzgebung, Präsident der evangelischen Landessynode, Mitbegründer des »Deutschen Protestantenvereins« und Mitglied und Meister diverser Freimaurerlogen. 1873 beteiligte er sich an der Gründung des Genter Instituts für Völkerrecht.[29]

Bluntschli war ein ›Experte‹ des Verhältnisses von Staat und Kirche, der zu diesem Thema kontinuierlich publizierte.[30] In den »Psychologischen Studien über Staat und Kirche« entwickelte er 1844 sein Modell der ›Ehe‹ von Staat und Kirche, für das er auch in den Kulturkämpfen der 1870er Jahre vehement warb. Den Ausgangspunkt bildete ein organizistisches, anthropomorphes, maskulines Staatsverständnis: Der Staat sei ein »Abbild des menschlichen Organismus«. Da die Menschheit gespalten sei »in die große Zweiheit des Mannes und des Weibes«, könne der Staat »nicht Mann und Weib zugleich sein«, sondern müsse entweder »den Mann oder das Weib wiederbilden«. Bluntschli definierte den Mann als ›staatliches Wesen‹ und berief sich dabei auf die polare Natur der Geschlechter:

> Des Mannes höchstes männliches Leben, in dem er sich fühlt in seinem eigensten Sein, in seiner vollen menschlichen Freiheit, seiner geistigen Herrschaft, ist im Staate. Das

29 Vgl. *Wild*, Auseinandersetzung, S. 79f. Anm. 1; *Vontobel*, Staatslehre, S. 41–58; *Lepp*, Aufbruch; *Hoffmann*, Politik; *Becker*, Staat; *Faßbender-Ilge*, Liberalismus.

30 Vgl. etwa *Bluntschli*, Rede; *ders.*, Studien; *ders.*, Meinungsäußerung; *ders.*, Papstthum; *ders.*, Verhältnis; *ders.*, Freiheit; *ders.*, Jesuiten; *ders.*, Rom; *ders.*, Unverantwortlichkeit; *ders.*, Das römische Papstthum.

Weib dagegen lebt nur selten, nur ausnahmsweise, im Ganzen mehr berichtigend und durch edle Sitte mässigend, als wirkend und schaffend im Staate. Es hat eine gewisse natürliche Scheu vor der Politik und politischer Thätigkeit. Die Männer bilden und leiten den Staat. Er ist das Bild ihres eigenen Wesens.[31]

Der »ursprüngliche Gegensatz« der Geschlechter entspreche dem »Gegensatz von Staat und Kirche«. Beide seien die »einzigen Gestaltungen in der Weltgeschichte«, die den Anspruch hätten, »in ihrer höchsten Vollendung die ganze Menschheit zu umfassen.« Hieraus resultiere »die Natur des Staates und der Kirche und ihr wechselseitiges Verhältniß zu einander«:

Staat und Kirche bilden beide den Organismus der Menschheit nach, aber wiederum in verschiedener Art und Richtung; der Staat die Mannheit, die Kirche die Weibheit. Der innere Grund, weßhalb die Männer vorzugsweise vor den Weibern in dem politischen Leben des Staates Befriedigung suchen und finden, und hinwieder die Weiber gewöhnlich inniger als die Männer sich durch die Kirche angezogen fühlen, liegt hierin.[32]

Bluntschlis Argumentation war tautologisch: Er definierte Staat und Kirche als Abbild von Mann und Frau und bestimmte Mann und Frau als staatliche bzw. kirchliche Wesen. In Kontrast dazu standen auch bei ihm nichtpolare Bestimmungen der Geschlechtscharaktere.[33] Dass Jesus Christus gleichwohl männlichen Geschlechts gewesen war, erklärte Bluntschli mit der Unterscheidung von ›Religion‹ und ›Kirche‹:

Die Religion gehört dem Manne an wie dem Weibe: wie auch das Gemüth von Gott in die Seele des Mannes und des Weibes gelegt worden ist. Die höchsten Gemüthskräfte sind auch nicht bloß aufnehmend, passiv, sondern in der That eingreifend, reinigend, strafend, befruchtend. Die lebenschaffende Zeugungskraft der Liebe ist eine männliche Gemüthskraft, und keine andere ist gottähnlicher als diese; keine andere aber auch männlicher als sie. Und so ist denn auch die höchste Religion von einem Manne geoffenbart worden.

In diesem Sinne war der »ganze Mann« (Martina Kessel) *auch* religiös und emotional, während Frauen ausschließlich über diese Eigenschaften definiert wurden. Einen dynamisierenden Faktor schuf Bluntschli durch die Integration der Kategorie Alter. In Anknüpfung an die organizistisch-psychologische Lehre seines Freundes Friedrich Rohmer formulierte er ein universalhistorisches Entwicklungsmodell, in dem die Verwirklichung des Geschlechterdualismus das Niveau einer Kultur anzeigte. Von den asiatischen Religionen als ›Kindheitsstufen‹ der Menschheit habe sich das staatlich-kirchliche Verhältnis immer weiter entwickelt.

31 *Bluntschli*, Studien, S. 22, 29. Zur Ableitung des Sexus aus dem Genus des Staates vgl. *ebd.*, S. 28 f. Zur Entstehungsgeschichte des Textes vgl. *Bluntschli*, Denkwürdiges, S. 316–325.

32 *Bluntschli*, Studien, S. 37 ff.

33 Bluntschli zufolge vereinigten Mann und Weib in sich »die verschiedenen männlichen und weiblichen Potenzen, die verschiedenen geistigen und gemüthlichen Kräfte des Menschen«, jedoch in unterschiedlicher Ordnung und Bewegung. *Bluntschli*, Studien, S. 28.

Das Mittelalter sei um eine Gleichstellung von Staat und Kirche bemüht gewesen, die Päpste hätten eine Unterordnung des Staates unter die Kirche und die Reformation eine Unterordnung der Kirche unter den Staat gewollt. All diese Versuche seien jedoch widernatürlich gewesen. Denn das Ziel des ›Reifeprozesses‹ der Menschheit sei die Ehe von Staat und Kirche. Erst in der Gegenwart werde diese Ehe, die der Natur beider entspreche, »vollzogen«. Erst jetzt werde der männliche Staat die weibliche Kirche »erkennen«:

In diesem Weltalter wird der männliche Staat zu vollem Dasein gelangen, sich und die Kirche erkennen. Dann werden sich die beiden großen Mächte der Menschheit, Staat und Kirche, verstehen und lieben, und die erhabene Ehe beider wird vollzogen werden. Die Einheit des Menschengeschlechts wird in dieser verbundenen Zweiheit offenbar werden. Amen.[34]

Der Rechtswissenschaftler Ernst-Wolfgang Böckenförde hat Bluntschlis – mit Begriffen wie ›erkennen‹ und ›vollzogen‹ eindeutig sexuell konnotiertes – *Gendering* von Staat und Kirche aufgrund seiner politischen Instrumentalisierbarkeit kritisiert.[35] Anders als Böckenförde suggeriert, hat sich Bluntschli indes nie von seinem Modell distanziert, sondern daran »mit kaum zu verstehender Zähigkeit« und »einer kaum erklärbaren Hartnäckigkeit« festgehalten und an prominenten Orten immer wieder dafür geworben.[36] Michael Gross hat Bluntschlis *Gendering* von Staat und Kirche zuletzt mit extremer Frauenfeindlichkeit und einer manischen Angst vor Impotenz und Kastration erklärt, ohne jedoch Bluntschlis Persönlichkeitsstruktur näher zu untersuchen und den Entstehungskontext seiner Vorstellungen zu berücksichtigen.[37] Ohne diesen ist Bluntschlis Modell jedoch nicht zu verstehen. Es stellte weder eine paranoide Wahnvorstellung dar, noch war es lediglich taktisch motiviert. Es stand vielmehr in Zusammenhang mit den politisch-religiösen Konflikten, Geschlechterbeziehungen und Klassenverhältnissen im Kanton Zürich. Da das Modell in einem mehrheitlichen protestantischen Kontext entstand, waren konfessionelle Unterschiede darin nicht zentral. Umso wichtiger war die Kategorie Geschlecht.

a) Bibelkritik und Züriputsch: Kulturkampf im Kanton Zürich

Der erste Entstehungszusammenhang, auf den Bluntschli im Vorwort der »Psychologischen Studien« selbst hinwies, waren die politisch-religiösen Konflikte im

34 *Bluntschli*, Studien, S. 85ff. Vgl. *ebd.*, Studien, S. 67, 31, 40f. Zur ›Entwicklung‹ des staatlich-kirchlichen Verhältnisses von den ›asiatischen Religionen‹ zur Gegenwart vgl. *ebd.*, S. 43f., 55. Zum zeitgenössischen Ideal des ›ganzen Mannes‹ vgl. *Kessel*, Trauma.

35 *Böckenförde*, Organ, S. 606.

36 *Vontobel*, Staatslehre, S. 128; *Wild*, Auseinandersetzung, S. 92. Vgl. *Böckenförde*, Organ, S. 606 Anm. 544. Bluntschli rekurriert darauf etwa in: *Ders.*, Lehre, S. 23; *ders.*, Charakter, S. 43; *ders.*, Denkwürdiges, Bd. 1, S. 317. Weitere Beispiele bei *Wild*, Auseinandersetzung, S. 90 Anm. 52. Zur Rezeption vgl. *Bluntschli*, Denkwürdiges, Bd. 1, S. 324; *Holtzendorff*, Bluntschli, S. 18.

37 Vgl. *Gross*, War, S. 206f.

Kanton Zürich.[38] Seinen ersten Karriereschub als Politiker verdankte er einer sozial und religiös motivierten Protestbewegung gegen die radikale Regierung und die Berufung des rationalistischen Theologen David Friedrich Strauß auf den Lehrstuhl für Neues Testament im Januar 1839. In seiner Pionierstudie »Das Leben Jesu, kritisch betrachtet« hatte Strauß 1835 die Wunder des Evangeliums als zeitgenössische Mythen und die Vorstellung eines menschgewordenen Gottessohns als vernunftwidrig dargestellt und damit nicht nur die Leben-Jesu-Forschung begründet, sondern auch einen Skandal ausgelöst, der ihn seine Repetentenstelle am Tübinger Stift kostete.[39] Im ›Grossen Rat‹ begründete Bürgermeister Conrad Hirzel die Berufung des umstrittenen Gelehrten mit der Notwendigkeit einer Kirchenreform: »Es handelt sich um den Entscheid, ob unsere Kirche die Richtung nehmen werde zum Buchstabenglauben oder zum Denkglauben. Es gilt die höchste Befreiung, die Befreiung des Geistes von den Banden des Aberglaubens.«[40]

Nicht nur die Konservativen und die gemäßigten Liberalen, die Mehrheit der theologischen Fakultät und des Klerus wandten sich gegen den Versuch einer »zweiten Reformation«, sondern, wie Bluntschli schrieb, auch »das Volk selber«. Die »grosse Mehrheit der Bürger« protestierte in Zeitungen, Flugschriften, Petitionen und Volksversammlungen. Ein Komitee konservativer Geistlicher, Städter und wohlhabender Mitglieder der Gemeindebehörden angehörten, forderte vom Grossen Rat neben der Zurücknahme der Berufung auch die »sorgfältige Beachtung des religiösen Elements« in Volksschulen und Lehrerseminaren. Bei einer Abstimmung über diese Petition in den Kirchengemeinden, an der 80 % der stimmberechtigten Bürger teilnahmen, votierten 97 % dafür. Der Grosse Rat widerrief daraufhin seine Entscheidung und pensionierte den soeben gewählten Professor. Beflügelt durch diesen Erfolg, forderte das Zentralkomitee den Schutz des traditionellen Glaubens und die Wiedereinführung der geistlichen Schulaufsicht. Im September 1839 versammelten sich in Kloten über 10.000 Personen zur Demonstration. Als Gerüchte über einen radikalen Staatsstreich und einen Truppeneinmarsch aus anderen Kantonen laut wurden, kam es im Zürcher Oberland zum Aufstand. Mit Gewehren und Stöcken bewaffnet, zogen 4.000 Menschen ins Stadtzentrum, wo sie auf Truppen trafen. Der Kampf forderte 15 Todesopfer, zog die Auflösung der Regierung, die Konstitution eines provisorischen Staatsrats und die Neuwahl des Grossen Rates nach sich.[41]

Im Protest vermischten sich religiöse Motive mit Ressentiments gegen die bürgerlichen Nutznießer der neuen Ordnung: Unternehmer, Lehrer und Politiker. Der ›betende Aufruhr‹ war »eine breite Protestbewegung gegen die Zwangsmodernisierung von oben«. Die »strukturelle Gewalt, die die bürgerliche Füh-

38 Vgl. *Bluntschli*, Studien, S. XI.

39 Vgl. *Strauß*, Leben; *Graf*, Kritik; *Nowak*, Christentum, S. 107 f.

40 Zitiert nach *Bluntschli*, Denkwürdiges, Bd. 1, S. 205.

41 *Bluntschli*, Denkwürdiges, Bd. 1, S. 205, 217 f. Zum Züriputsch vgl. *Wirth*, Treichler, S. 53–57; *Fritzsche/Lemmenmeier*, Jahrhundert, S. 137 ff.

rungsschicht mit ihrem Modernisierungsprogramm ausgeübt hatte, wurde nun mit aggressiven Gewaltakten erwidert.« Aus der Neuwahl ging eine neue politische Elite hervor: konservativ-aristokratische Städter und Exponenten der bäuerlichen Oberschicht. Als Wortführer profilierte sich Bluntschli.[42] Bereits zuvor hatte er im Grossen Rat die radikale Religionspolitik kritisiert und die Notwendigkeit der Religion für die Armen postuliert:

Die grosse Masse der Einwohner ist nicht gerade arm, aber mit Sorgen und Mühen vielfach gedrückt. Für ein solches Volk ist die Religion von höchstem Werte. Sie allein richtet die Leute auf, sie allein macht ihnen das Leben erträglich.

In seiner Autobiographie bemerkte Bluntschli zum Züriputsch, dass er hier »dem Ausbruch einer Revolution in's Angesicht geschaut« und erfahren habe, »wie mächtig die natürlichen Leidenschaften aufwallen«. Er sah seine »von der geschichtlichen Rechtsschule anerzogene Abneigung gegen Revolutionen« bestätigt und zeigte sich überzeugt von der Notwendigkeit der Religion für die ›Unmündigen‹: Ungebildete, Arme und Frauen. Als gemäßigter Liberaler trat er fortan – auch in den deutschen Kulturkämpfen der liberalen Ära – für die, wenn auch hierarchisch strukturierte, friedliche Koexistenz von Staat und Kirche ein.[43]

b) Die »Scheidung« der Geschlechter im Schweizer Bürgertum

Ein zweiter wichtiger Faktor bei der Entstehung des Modells war die bereits vom Jugendalter an vollzogene Geschlechtertrennung im Schweizer Bürgertum, die Bluntschli in seinen Memoiren als Hindernis seiner ›erwachenden‹ Sexualität beschrieb:

Wie in der Kirche die Männer in ihren Stühlen von den Bänken der Frauen getrennt waren, so war auch im Privatleben die Scheidung der beiden Geschlechter die Regel. Die Knaben schon hatten an Sonntagen Abends ihre Kameradschaften, die Mädchen ebenso ihre Gespielenverbände. Ein geselliges Leben, welches die beiden Geschlechter zusammen führte, gab es fast nur innerhalb einer Familie.

Bei der Suche nach einer Partnerin achtete Bluntschli penibel auf ›weibliche‹ Eigenschaften. Im Dezember 1829 verliebte er sich in Paris in eine Deutsche namens Clementine, deren scharfer Verstand sie jedoch von vornherein als Ehepartnerin ausschloss:

So gerne ich mit gescheiten Frauen spreche und den Umgang mit solchen hoch schätze, so wenig war ich geneigt, bei meiner Geliebten vorzüglich hervorragenden und herrschenden Verstand zu suchen. [...] die Schärfe und Stärke des Verstandes bleibt auf ewig der Vorzug der Männer. [...] Dagegen werden uns ebenso die Frauen immer durch zarten Sinn und feines Gefühl übertreffen.

42 *Fritzsche/Lemmenmeier*, Jahrhundert, S. 139 f. Vgl. *Bluntschli*, Denkwürdiges, Bd. 1, S. 219, 240 f.; *Wirth*, Treichler, S. 56; *Zimmermann*, Geschichte, S. 587 f.

43 *Bluntschli*, Denkwürdiges, Bd. 1, S. 220, 223.

Bluntschlis Wahl fiel daher auf die Jugendliebe Emilie Vogel, die seinem Weiblichkeitsideal entsprach und seinen Männlichkeitsentwurf bestätigte:

Sie war durchaus nicht redegewandt; nur mühsam konnte sie ihre wirklichen Gedanken und Gefühle aussprechen; man musste Verschwiegenes erraten. Ihre Bildung entsprach den gewöhnlichen Anforderungen der herkömmlichen bürgerlichen Erziehung und genügte meinen gesteigerten Ansprüchen nicht. Aber mein Instinkt spürte und ahnte Vorzüge in ihrem Wesen, welche der kalten Kritik nicht klar waren. Ich fühlte, dass dieses Mädchen zu mir passe, dass ich in ihr die richtige Ergänzung und die treue Lebensgefährtin gefunden habe.

Im Frühjahr 1830 kontrastierte er seine Liebe zu den beiden Frauen so:

Clementine liebte ich mehr mit dem Verstand. An Geisteskräften überragt diese jene; aber Emilie ist dagegen auch frei von dem Stolz und der Anmassung geistreicher Frauen, die ich in Clementine erst hätte beugen müssen.

Im April erklärte Bluntschli Emilie zu seiner Braut. Sie bedürfe »noch der Ausbildung durch Lectüre.« Jedoch seien von ihr keine »gelehrten Kenntnisse« zu verlangen, das »rechte Mass von Wissen« werde sich schon finden. Im März 1831 folgte die Trauung. Ungeachtet seines patriarchalischen Frauenbildes hatte Bluntschli eine »hohe Idee von der Ehe«: Er sah darin die »vollkommenste Darstellung der Menschennatur«, die »persönliche Einigung der in die beiden Geschlechter gespaltenen Menschheit und daher die Ergänzung und Verbindung der einseitigen Mannes- und der einseitigen Frauennatur zu Einem zweiseitigen Menschenleben.« Dieses Ideal übertrug er auf das Verhältnis von Staat und Kirche.[44]

c) Feminisierung der Religion, Entkirchlichung bürgerlicher Männer

Bluntschlis *Gendering* von Staat und Kirche erfolgte – drittens – vor dem Hintergrund der ›Feminisierung der Religion‹ (Barbara Welter) und der Entkirchlichung bürgerlicher Männer in der Schweiz. Beide Prozesse sind als Folge der Industrialisierung gedeutet worden: »Die Anforderungen der industriellen Arbeitswelt und die Entstehung einer bürgerlichen Männeröffentlichkeit entzogen dem kirchlichen Gemeindeleben die Grundlage. Die fortschrittlichen Landbürger trafen sich in Sängervereinen und Lesegesellschaften und gingen auf Distanz zur Kirche. Im sonntäglichen Gottesdienst dominierte ›das weibliche Geschlecht‹.« Die Feminisierung der Religion hatte indes auch kulturelle Wurzeln. Sie stand »in enger Beziehung zur Durchsetzung eines bürgerlichen Weiblichkeits- und Familienideals, das in seinen Tugendkatalog auch Frömmigkeit einschloss«.[45] Die bürgerliche Separierung weiblich-religiöser und männlich-säkularer Lebenswelten manifestierte sich nicht zuletzt im Vereinswesen. Parallel zu den Männer-

44 *Bluntschli*, Denkwürdiges, Bd. 1, 50, 97 f., 53 f., 101 f., 103 f., 87. Vgl. *ebd.*, S. 137 f. Zum Geschlechterdualismus im Schweizer Bürgertum vgl. *Mesmer*, Ausgeklammert; *Tanner*, Patrioten.

45 *Fritzsche/Lemmenmeier*, Jahrhundert, S. 154 f.

sozietäten entstanden Frauenvereine, die sich der Wohltätigkeit und der Kulturpflege widmeten. Unter Berufung auf Nächstenliebe und Christenpflicht dienten Frauen des wohlhabenden Bürgertums den Zielen männlicher Sozialpolitiker und Pfarrherren in der Armenfürsorge oder in der Volksbildung.[46] Oft entstanden dabei allerdings auch neue weibliche Handlungsspielräume. Besonders in orthodox-pietistischen Zirkeln nahmen Frauen führende Positionen ein. Sie waren auch am Züriputsch beteiligt. So entkam der radikal-liberale Sekundarlehrer Karl Kramer aus Pfäffikon nur knapp »einer Gruppe von Frauen«, »die ›en grad hie mache wollten‹«.[47] Im ehelichen Alltag blieben solche Zusammenstöße kirchenferner Männer und frommer Frauen jedoch vermutlich eher selten. Anstelle privater Kulturkämpfe praktizierten die Geschlechter hier eine vorwiegend friedliche Koexistenz weltlicher Bildung und religiöser Frömmigkeit, etwa so wie in Bluntschlis Charakterisierung der eigenen Eltern:

Mein Vater [...] war ein Mann ohne höhere Schulbildung, aber von gesundem und scharfem Verstand, und durch das Leben zur Selbständigkeit erzogen. Er hatte nicht ohne Erfolg versucht, die Mängel seines Schulunterrichtes durch Lesen von Büchern zu ergänzen. Mit Vorliebe las er Geschichtsbücher und er machte sich Notizen und Auszüge aus denselben. Die Augsburger Allgemeine Zeitung bot seinem geistigen Bedürfnisse die tägliche Nahrung. [...] Meine Mutter [...] war eine stattliche Bürgersfrau, von echt-weiblichem Gemüte und voll Liebe zu ihren Kindern. Sie gebar in ihrer Ehe drei Söhne und drei Töchter.

Bluntschli zufolge lebten die Eltern in unterschiedlichen Zeitaltern:

Während mein Vater dem Geiste der Aufklärung huldigte, welcher die zweite Hälfte des achtzehnten Jahrhunderts erhellte und belebte, war meine Mutter der hergebrachten frommen Sitte treu geblieben. In ihrem Glauben fand sie Ruhe und Trost für ihr Gemüt, viel zu denken liebte sie nicht. Sie war nicht frei von mancherlei Aberglauben, den sie freilich vor dem spottenden Manne möglichst zu verbergen suchte. Ihre Kinder hielt sie zu täglichem Gebete und regelmässigem Kirchenbesuche an. Als sie später zu bemerken glaubte, dass ihr ältester Knabe, wie sie es nannte, zum ›Freigeist‹ heranwachse, war sie nicht ohne Besorgnis für sein Seelenheil. Aber die Mutterliebe war mächtiger in ihr, als die anerzogene enge Kirchlichkeit. [...] Auch vor dem überlegenen Verstande ihres Mannes hatte sie grossen Respekt und plagte ihn niemals mit kirchlichen Zumutungen.[48]

Vergleicht man Bluntschlis Darstellung des Ehelebens seiner Eltern mit dem Verhältnis von ›männlichem‹ Staat und ›weiblicher‹ Kirche in den »Psychologischen Studien«, frappiert die Ähnlichkeit der binären Oppositionen: Verstand/Gemüt, Bildung/Aberglaube, Fortschritt/Tradition, öffentlich/verborgen, überlegen/unter-

46 Vgl. *Mörgeli*, Hegetschweiler, S. 51–58, 73–79, 153; *Heusser-Schweizer*, Hauschronik, S. 111; *Joris/Witzig*, Frauen, S. 292.

47 Zitiert nach *Fritzsche/Lemmenmeier*, Jahrhundert, S. 140.

48 *Bluntschli*, Denkwürdiges, Bd. 1, S. 6f.

legen. Auch die diskursiven Strategien der Verzeitlichung und Essentialisierung sind analog. Die Beziehung der Geschlechter wird jeweils polar, hierarchisch und komplementär konzipiert, allerdings nicht essentialistisch, sondern prozessual: Bluntschli zufolge verstärkt die Erziehung ›natürliche‹ Dispositionen.

Die Parallelen zwischen Bluntschlis Darstellung der elterlichen und der eigenen Ehe einerseits und seiner Konzeption des idealen Verhältnisses von Staat und Kirche andererseits sind kein Zufall. Wie bei Sybel floss Privates und Öffentliches – politisch-religiöse Konflikte, die Beziehungen der Klassen und Geschlechter – in die Theoriebildung mit ein. Bluntschli schrieb das Geschlechtermodell, das ihm sein familiäres Umfeld vorlebte, auch ins Eherecht des Zürcher Privatrechtlichen Gesetzbuches. Es räumte dem Ehemann darin eine überragende Stellung ein. Das ›Politische‹ wurde also nicht nur wie das ›Private‹ modelliert, es wirkte auch auf persönliche Verhältnisse zurück.[49]

3. Cavours Genfer Familie und sein Prinzip der »freien Kirche im freien Staat«

Wechselwirkungen zwischen Diskurs und Lebenswelt prägten auch Cavours Prinzip der freien Kirche im freien Staat. Erstmals schriftlich fixiert wurde es im November 1860 in den piemontesischen Geheimverhandlungen mit der Kurie über die römische Frage von Cavours Unterhändler Diomede Pantaleoni: als Bedingung einer Einigung mit der Kirche. Das Vertrauen der Kurie in den piemontesischen Staat war jedoch nach den antiklerikalen Gesetzen der 1850er Jahre so gering, dass intransigente Kräfte den Abbruch der Verhandlungen und die Verbannung der piemontesischen Unterhändler erreichen konnten. Eine diplomatische Einigung schien damit in weiter Ferne. In der Allokution »Jamdudum cernimus« erklärte Pius IX., dass mit einer »modernen Kultur, die dem Unglauben huldigt, den Heiligen Stuhl seiner legitimen Güter beraubt und die Kirche Christi in ihren Grundfesten zu erschüttern trachtet«, kein Friede möglich sei.[50] Am 27. März 1861 verkündete Cavour daraufhin im Parlament »dieses große Prinzip: freie Kirche im freien Staat«. Um den Papst von der Notwendigkeit eines Verzichts auf Rom und den Kirchenstaat zu ›überzeugen‹, wiederholte er das bereits abgelehnte Angebot noch einmal und stellte die weltliche Herrschaft als Quelle der Abhängigkeit von äußeren Mächten dar. Anstatt auf Latifundienbesitz zu beharren, der nur militärisch zu sichern sei, solle sich Pius IX. auf eine ruhige, häusliche Existenz zurückziehen.[51]

49 Vgl. *Vontobel*, Staatslehre, S. 128; *Mesmer*, Ausgeklammert, S. 33–37.

50 Zitiert nach *Giacometti*, Genesis, S. 76. Vgl. *ebd.*, S. 70–87; La questione romana, Bd. 1, S. 92, 94, 106; *Bastgen*, Frage, Bd. 2, S. 8–11; *Seibt*, Rom, S. 148.

51 *Amato*, Stato, Bd. 2, S. 567 f.

a) Machiavellist oder Plagiator? Das ›Vermächtnis‹ des ›großen Mannes‹

Obwohl Cavour etwa zwei Monate später starb, lebte die von ihm verkündete ›Zauberformel‹ als Vision einer harmonischen Koexistenz von Staat und Kirche fort. Trotz oder gerade wegen ihrer Unbestimmtheit – wie weit sollte die Freiheit von Kirche und Staat reichen, wo waren die Grenzen zu ziehen? – wurde sie zur regulativen Idee des italienischen Kulturkampfes, an der sich der Konflikt messen ließ. Obwohl es unter Italiens Liberalen auch andere Vorstellungen gab, galt das Prinzip der freien Kirche im freien Staat den Zeitgenossen als spezifisch italienischer Ansatz zur Lösung des Problems.[52] Warum machte sich Cavour die Formel seiner Unterhändler zu eigen und erhob sie selbst nach dem Scheitern der Verhandlungen noch zur Maxime des Verhältnisses von Staat und Kirche?

Unmittelbar nach dem Tod des Staatsmannes entbrannte eine Debatte über seine ›wahren Absichten‹. Da Cavour als begnadeter Manipulator der öffentlichen Meinung galt, wurde die Ernsthaftigkeit seines Angebots bezweifelt. Auch radikale Antiklerikale, die staatliche Eingriffe in kirchliche Angelegenheiten oder sogar ein Bekämpfen der Religion befürworteten, warfen dem Verstorbenen einen bloß taktischen Gebrauch der Formel vor. Cavours Nichte Marchesa Giuseppina Alfieri suchte diesen Verdacht zu entkräften, indem sie behauptete, ihr Onkel habe das Prinzip der ›freien Kirche im freien Staat‹ noch bei der letzten Ölung verkündet. 1866 schrieb sie in der »Nuova Antologia«, dass sich Cavour seit 1848 regelmäßig für die Trennung von Kirche und Staat ausgesprochen habe. Hausangestellte hätten ihn bei nächtlichen Studien immer wieder murmeln hören: »freie Kirche im freien Staat«.[53] Neben Cavours Integrität wurde auch seine Urheberschaft bestritten. Charles de Montalembert veröffentlichte einen Brief, den er dem Ministerpräsidenten vor dessen Rede geschickt hatte und in dem die Formel ›freie Kirche im freien Staat‹ erwähnt war. Noch 1863 bezichtigte er Cavour des geistigen Diebstahls. Der römische Jurist Guido Padelletti suchte 1875 in der »Nuova Antologia« den Einfluss von Tocqueville und Lamennais nachzuweisen. Der Nachweis ›fremder‹ Quellen sollte zugleich die Übertragbarkeit des Konzepts auf italienische Verhältnisse infrage stellen.[54] Auch Historiker haben intensiv nach den geistigen Ursprüngen und Urhebern des Prinzips geforscht. Die vergebliche Suche nach dem einen entscheidenden Einfluss erwies den jungen Cavour jedoch als einen eklektischen Denker, der sich vieler Theorieangebote bediente, die er vor allem mit den protestantischen Angehörigen des Genfer Zweigs seiner Familie diskutierte.

52 Vgl. etwa *Treitschke*, Chiesa.

53 Nuova Antologia 1 (1866) S. 815–820, hier S. 819. Cavours Briefe und Tagebücher stützen Alfieris Version. Vgl. *Ruffini*, Origini, S. 199 f., 203; *Berti*, Briefe; *ders.*, Conte; *ders.*, Diario.

54 Vgl. *Giacometti*, Genesis, S. 81 Anm. 35 f.; *Scoppola*, Questione, S. 217.

b) Constant, Guizot, Vinet: Die Suche nach den ideellen ›Einflüssen‹

Nach der Militärakademie zog der knapp Achtzehnjährige im Herbst 1827 für ein Jahr zum Genfer Zweig seiner Familie, dessen kalvinistisches Milieu ihn sogleich anzog. Im August 1829 sandte er seinem Onkel Jean-Jacques de Sellon einen Brief, der als Beleg einer ›rationalistischen Krise‹ gilt. Folgt man seiner Offenbarungsrhetorik, fiel Cavour durch die Begegnung mit dem ligurischen Katholizismus vom Glauben ab. Die Lektüre Guizots und Constants ›öffnete‹ ihm zugleich die Augen für das Ideal einer privaten, individuellen Gewissensreligion und einer Trennung von Kirche und Staat. In persönlichen Aufzeichnungen und Briefen äußerte er sich fortan antiklerikal.[55]

Dennoch stand Cavour der Religion danach nicht gleichgültig gegenüber. Anfang der 1830er Jahre setzte er sich intensiv mit der protestantischen Erweckungsbewegung auseinander. Im Dezember 1833 schrieb er seiner Tante Cécile de Sellon, dass ihm die Schriften von Jacob-Elisée Cellérier und Alexandre Vinet die Einsicht vermittelt hätten, dass die religiöse Wahrheit »anderer Ordnung« sei als jene Wahrheiten, zu denen der menschliche Geist vordringen könne, denn sie lasse sich nicht moralisch oder wissenschaftlich begründen. Vernunft sei daher der falsche Wegweiser, um zu »religiösen Überzeugungen« zu gelangen; man müsse vielmehr »Zuflucht« in dem Gefühl suchen, das überall auf der Welt anzutreffen sei und das jedermann nach der unmittelbaren Verbindung mit der unbekannten Kraft suchen lasse, die das Universum und die Herzen regiere.[56] Einige Forscher haben den Brief als Abkehr vom Rationalismus gedeutet. Der Kirchenrechtler Francesco Ruffini sah Vinet als Inspirator der Formel ›freie Kirche im freien Staat‹. Doch zum einen stützte sich diese These auf eine einzige Erwähnung. Zum anderen sind auch danach viele rationalistische Aussagen Cavours belegt.[57] Sein Brief lässt sich auch anders deuten: Cavour ordnete die ›religiöse Wahrheit‹ einer Welt zu, die genuine Erkenntnismittel erforderte: Gefühl und Herz. Das deistische Ziel einer Symbiose von Religion und Vernunft erschien ihm obsolet. Die Religion besaß zwar weiterhin ein Existenzrecht, ihr umfassender Welterklärungsanspruch gehörte jedoch in eine separate Sphäre. Dies kam der Vorstellung einer Differenzierung von Politik, Religion und Wissenschaft schon sehr nahe. Die Anregung hierfür kam nicht nur aus Büchern.

c) Zwischen Onkel und Tante: Das familiäre Vorbild des Modells

Cavour hatte auch ein familiäres Vorbild der harmonischen Koexistenz von Staat und Kirche vor Augen. Als er bei seinem Onkel und seiner Tante weilte, tobten in Genf heftige Kämpfe zwischen Regierung, Staatskirche und religiösen Dissi-

55 Vgl. *Ruffini*, Studi, S. 19–94; *Romeo*, Cavour, Bd. 1, S. 300 ff., 585. Zu Constants Konzeption des Verhältnisses von Kirche und Staat vgl. *Gall*, Constant, S. 117–124.

56 Zitiert nach *Romeo*, Cavour, Bd. 1, S. 581.

57 Zu Vinets Einfluss auf Cavour vgl. *Ruffini*, Origini, S. 210 sowie zuletzt *Stadler*, Cavour, S. 100.

denten. Gleichzeitig erlebte er in der Ehe von Jean-Jacques und Cécile de Sellon ein friedliches Zusammenleben von Rationalismus und Religion, das auf einer Trennung der Geschlechtersphären beruhte.[58] Diese Ehe stand nicht nur Pate für Cavours Modell der Sphärentrennung, an ihr beobachtete und erprobte er auch dessen praktische Wirksamkeit.

Jean-Jacques de Sellons geistiger Einfluss auf seinen Neffen ist oft betont worden.[59] Cavours ›Bild‹ der Religion scheint indes vor allem durch die fromme Tante Cécile de Sellon geprägt worden zu sein. In religiösen Fragen stellte sie für ihn eine Autorität dar. Nachdem er als Ministerpräsident in Turin das Prinzip der ›freien Kirche im freien Staat‹ verkündet hatte, sandte er seine Rede nicht dem Onkel, sondern der Tante. An sie war auch der schon erwähnte Brief adressiert gewesen, der die Erkenntnisse der Lektüre Cellériers und Vinets beschrieb. Cavour wurde in Genf immer wieder mit der ›positiven‹ Religiosität seiner Tante konfrontiert, die dem Einfluss ihres Gatten entgegenwirkte. Cécile bekämpfte die rationalistischen Anwandlungen des Neffen, hielt ihn zur Bibellektüre an und setzte sich mit ihm über religiöse Fragen auseinander. Glaubt man einer halb scherzhaften Warnung seines Bruders Gustavo, arbeitete sie sogar an seiner Konversion.[60]

Wie ging Cavour mit diesen Missionierungsversuchen um? In Briefen an seinen Bruder ironisch, in Briefen an seine Tante ernst. Nachdem er ihr das Ergebnis seiner Vinet-Lektüre mitgeteilt hatte, schrieb Cavour am selben Tag an Gustavo, dass Cécile seine Glaubenszweifel nicht ausgeräumt habe, ihn aber emotional berührt hätte, um indes sogleich eine unüberbrückbare Distanz gegenüber ihrer Frömmigkeit zum Ausdruck zu bringen:

> j'ai écrit ce matin à Cécile une fort longue lettre dans laquelle je lui rends compte de l'effet que la lecture des livres de controverse religieuse qu'elle m'avait donnés avait produit sur moi. Avec quelques ménagements, je lui ai dit la vérité toute pure. C'est-à-dire que la partie démonstrative n'avait point ébranlé mes doutes, mais que j'avais été touché du sentiment religieux, tel que ces livres tendaient à le développer. Je me suis, cependant, nettement prononcé sur la question de la grâce. J'ai fini ma dissertation par une adroite flatterie adressée à sa piété, car je suis persuadé que l'encens a un parfum agréable pour les âmes même les plus puritaines.[61]

Zwischen den Zeilen ist ein verschwörerisches Augenzwinkern der Brüder über den religiösen Eifer ihrer Tante zu erkennen – Ausdruck einer einvernehmlichen Distanz zur protestantischen Strenggläubigkeit. Cavours männliche Biographen übernahmen diese Distanzierung, indem sie sich mehr oder weniger explizit über Céciles Frömmigkeit lustig machten. Während Jean-Jacques' rationalis-

58 Vgl. dazu *Giacometti*, Genesis, S. 87; *Ruffini*, Origini, S. 210.
59 Vgl. etwa *Romeo*, Cavour, Bd. 1, S. 253–257.
60 Vgl. *ebd.*, Bd. 1, S. 601; *Berti*, Conte, S. 313.
61 Zitiert nach *Romeo*, Cavour, Bd. 1, S. 583 f.

tischer Einfluss positiv bewundernd dargestellt wurde, wurde Céciles Frömmigkeit spöttisch oder kritisch kommentiert. Zuweilen wurde ihr Name sogar diskret verschwiegen.[62]

Der Einfluss des Ehepaares de Sellon ist bislang ausschließlich auf seine ideelle Dimension hin untersucht worden. Die Frage lautete stets, ob es einem Ehepartner gelang, die Oberhand zu gewinnen und Cavour zum Rationalismus oder zur Religion zu bekehren. Übersehen wurde dabei nicht nur die Gleichzeitigkeit beider Einflüsse, sondern auch Cavours Art, damit umzugehen: Gegenüber Céciles Religiosität entwickelte Cavour ein von Anerkennung der Differenz geprägtes Verhältnis. Ihr unermüdliches Engagement, den Neffen auf den Pfad protestantischer Tugend zu lenken, ließ ihn eine Haltung respektvoller Distanz einnehmen. Er praktizierte in Briefen an sie dasselbe Sphärendenken, das er später auch für Staat und Kirche forderte: indem er ihr religiöses Gefühl von seiner Ratio zu trennen suchte. In der persönlichen Beziehung zu seiner Tante übte Cavour damit jenen *Modus vivendi* ein, den er auch in der Ehe de Sellon täglich beobachten konnte: Die Koexistenz männlichen Rationalismus und weiblicher Frömmigkeit.

Die geschlechtsspezifische Differenzierung kirchlicher Nähe und Distanz lässt sich in Cavours Familie über zwei Generationen zurückverfolgen.[63] Sie war in der diskursiven Polarisierung der Geschlechtscharaktere, der Entkirchlichung männlicher Eliten und der Feminisierung der Religion in der Schweiz und in Piemont begründet. Cavour nahm diese Prozesse in seiner familiären Umgebung wahr und entwickelte hieraus sein ideales Verhältnis von Staat und Kirche. Während er die Volksfrömmigkeit durch die Brille europäischer Aufklärer und Frühliberaler mit Verachtung sah, nahm er die gebildete, belesene weibliche Religiosität seiner Familie ernst und setzte sich mit ihr auseinander, auch wenn er sie sich letztlich nicht zu eigen machte – denn die Religion gehörte stets den anderen.

4. Zusammenfassung

Angesichts der Kulturkämpfe des Vormärz im Rheinland und in der Schweiz entwickelten liberale Politiker und Wissenschaftler wie Sybel, Bluntschli und Cavour Theorien einer funktionalen Differenzierung von Politik und Religion und erklärten diese zum Gesetz der Moderne. Zugleich analogisierten sie die gewünschte Sonderung von Staat und Kirche mit dem Geschlechterdualismus der bürgerlichen Gesellschaft. Im Rahmen eines *Gendering* wurden Staat und Kirche konträre Geschlechtscharaktere zugeschrieben. Aus der ›männlichen‹ Natur des Staates und der ›weiblichen‹ Natur der Kirche wurde ein ›natürliches‹ Verhält-

62 Vgl. etwa *Jemolo*, Chiesa, S. 380.
63 Vgl. *Romeo*, Cavour, S. 535f.

nis abgeleitet, das durch eine klare Hierarchie und durch eine funktionale, komplementäre Aufgabenteilung gekennzeichnet war.

Dieses Modell stand in enger Beziehung zur bürgerlichen Lebenswelt. Die Frage, inwiefern und wann es in der bürgerlichen Gesellschaft zu einer Trennung von ›Öffentlichem‹ und ›Privatem‹ kam, die sich im Leben der Geschlechter widerspiegelte, oder ob es sich lediglich um eine diskursive Konstruktion handelte, wird in der Forschung kontrovers diskutiert. Unumstritten ist jedoch, dass es seit dem Ende des 18. Jahrhunderts in normativen Schriften zu einer ›Polarisierung der Geschlechtscharaktere‹ (Karin Hausen) kam, die sich im Laufe des 19. Jahrhunderts zu einem hegemonialen Geschlechterdualismus verfestigte, der nichtdiskursive Folgen hatte, indem er die institutionelle und praktische Differenzierung der Geschlechter im Zuge der zunehmenden Arbeitsteilung bürgerlicher Männer und Frauen in Beruf und Familie teils motivierte, teils legitimierte. Zwar hörten Frauen im 19. Jahrhundert nie auf, öffentlich zu wirken. Gerade die Kulturkämpfe des Vormärz (Züriputsch, Kölner Wirren, Deutschkatholiken) liefern hierfür eindrucksvolle Beispiele. Umgekehrt nahmen bürgerliche Männer im ersten Jahrhundertdrittel intensiv am privaten, familiären Leben teil.[64]

Allerdings wurden diese Praktiken unterschiedlich gedeutet und wahrgenommen: Während das öffentliche Engagement von Frauen analog zum Geschlechterdualismus übersehen oder unterschätzt wurde, firmierte die vermeintliche Omnipräsenz des Mannes in beiden ›Sphären‹ als Beleg seiner Universalität. Der »ganze Mann« galt als rational *und* emotional, er wirkte im Öffentlichen *und* im Privaten, er konnte politisch *und* religiös sein, auch wenn das Verhältnis beider Geschlechter zu Religion und Kirche im Bürgertum bald divergierte und somit auch das Verhältnis vieler Männer zur Religion verkomplizierte. Im Unterschied zum Mann wurde die Frau jedoch sehr viel stärker begrenzt: auf das Private, Emotionale, Religiöse. In *diesem* Sinne imaginierten Sybel, Bluntschli und Cavour das ideale Verhältnis von Staat und Kirche: Analog zum »ganzen Mann« sollte der Staat beide Sphären, auch die kirchliche umfassen und kontrollieren: Cavours dem polaren Geschlechtermodell nachempfundene Formel von der ›freien Kirche im freien Staat‹, brachte dieses ungleiche Verhältnis zwischen ›universalem‹ Staat und ›partikularer‹ Kirche paradigmatisch zum Ausdruck. Das *Gendering* von Staat und Kirche legitimierte die Privatisierung der Religion, die Enteignung des kirchlichen Vermögens, die Verweltlichung kirchlicher Institutionen und staatliche Eingriffe in kirchlich-religiöse Belange. Als regulative Idee sollte es daher auch die Kulturkämpfe der liberalen Ära prägen.

64 Vgl. *Hausen*, Polarisierung; *Paletschek*, Frauen; *Frevert*, Bürgerinnen; *Trepp*, Männlichkeit; *Habermas*, Frauen. Zum Ideal des »ganzen Mannes« vgl. *Kessel*, Trauma. Zur Schweiz siehe die Literatur in Kapitel C.I.2.b.

II. Kulturkampf als Säkularisierung in Deutschland

»Die Religion ist unabhängig von der Politik; die Politik ist unabhängig von der Religion«, verkündete Bluntschli 1864 im »Deutschen Staats-Wörterbuch«. Dieses Prinzip suchten die Liberalen in den meisten Staaten, in denen sie Regierungsverantwortung übernahmen, durchzusetzen: 1860 in Baden, 1867 in Bayern, 1872 in Preußen.[65] Allerdings waren Politik und Religion keine ahistorischen Größen, sie veränderten sich gerade in der liberalen Ära dramatisch. Dies betraf nicht nur die Ultramontanisierung des Katholizismus. Auch die ›Politik‹ wandelte sich im Zuge der nationalen Einigung und partiellen Demokratisierung Deutschlands grundlegend. Die Einführung des allgemeinen, gleichen Männerwahlrechts 1867/71 auf nationaler Ebene gab den Stimmen der Unterschichten dasselbe Gewicht. Sie veränderte den Modus, die Form und den Inhalt des Politischen: Von den Liberalen in der Tradition der Aufklärung als Sphäre des Räsonnements ›mündiger‹ Bürger imaginiert[66], wurde es der Kontrolle adlig-bürgerlicher Eliten entzogen. In Petitionen und Wahlkämpfen traten vielmehr neue – aus liberaler Sicht fanatische und unmündige – Akteure auf den Plan: katholische Geistliche, die in Predigten, Denkschriften, Zeitungen und Parlamentsreden arme ländliche Wähler für religiös-kirchliche Anliegen mobilisierten, oft indem sie Ressentiments gegen Bürger und Freimaurer, Ungläubige und Juden nährten. Infolge dieser klerikalen Agitation konfligierten die Entscheidungen liberaler Regierungen zunehmend mit Überzeugungen und Leidenschaften gläubiger Massen. Es kam zu kollektiven Protesten, in denen sich Politik und Religion auf vielfältige Weise durchdrangen.[67]

65 *Bluntschli*, Religion, S. 580.

66 Schon Immanuel Kant hatte die Religion ins Private verwiesen, weil sie die Freiheit des Einzelnen, von seiner Vernunft öffentlichen Gebrauch zu machen, behindere. Vgl. *Kant*, Beantwortung, S. 11 ff. Zur liberalen Konstruktion des ›mündigen‹, das heißt: geistig und materiell unabhängigen, männlichen Bürgers vgl. *De Ruggiero*, Geschichte, S. 337; *Sheehan*, Wie bürgerlich; *Dipper*, Freiheitsbegriff, S. 488; *Riedel*, Bürger, S. 711–722; *Langewiesche*, Liberalismus in Deutschland, S. 22 f., 29; *Kocka*, Bürger, S. 32 f.; Frevert, *Mann*, S. 83 f.; *Hettling*, Bürgerlichkeit; *ders.*, Selbständigkeit; *Goltermann*, Figuren, S. 151 f.

67 Vgl. bereits *Anderson*, Democracy, S. 69–105. Zu Baden: *Becker*, Staat; *Gall*, Liberalismus. Im Folgenden wird an Margaret Lavinia Andersons Pionierstudie angeknüpft, jedoch mit einem anderen Erkenntnisinteresse und einer abweichenden Verwendung der Kategorien ›Politik‹ und ›Religion‹: Anderson interessiert sich in erster Linie dafür, wie sich klerikales Engagement auf die politische Kultur im Kaiserreich auswirkte und das Erlernen demokratischer Praktiken förderte. Sie fasst den deutschen Kulturkampf primär politikhistorisch als Folge der Wahlrechtsrevolution von 1867. Und sie definiert ›Politik‹ und ›Religion‹ als ›Sphären‹ von Macht und Bedeutung (*ebd.*, S. 17, 71 f., 94). Im Unterschied dazu geht es im Folgenden um den Konnex von Säkularisierung und Kulturkampf. Anstatt Politik und Religion vorab zu definieren, soll gezeigt werden, wie sich der deutsche Kulturkampf nicht zuletzt aus der liberalen Definition des Politischen als Nichtreligiösem speiste. Das im Vormärz formulierte Prinzip der Trennung von Politik und Religion sollte dabei nicht nur, wie Anderson mitunter suggeriert, dem liberalen Machterhalt dienen; es hatte vielmehr für die Liberalen einen Wert *an sich* und trieb die Kulturkämpfe der liberalen Ära entscheidend an.

Doch anstatt ihr Prinzip an die veränderte Realität anzupassen, suchten die Liberalen die Trennung von Politik und Religion umso konsequenter zu verwirklichen. Sie provozierten damit neue, diskursive und institutionelle Vermischungen von Politik und Religion, die zur Relativierung ihrer Macht beitrugen. Dieses Wechselspiel der Trennung und Vermischung von Politik und Religion wird im Folgenden anhand der Zentrumsparteigründung 1869/70, der Prüfung katholischer Mandate nach der Reichstagswahl von 1871 sowie der Genese des Kanzelparagraphen 1871 und des preußischen Schulaufsichtsgesetzes 1872 untersucht. Am Ende ist danach zu fragen, inwiefern eine solche Analyse des Verhältnisses von Politik und Religion nicht nur das Bild des deutschen Kulturkampfes modifizieren, sondern auch zur Genealogie der Säkularisierungstheorie betragen kann.

1. »Dieses fremdartige Wesen«: Zur Genese der Zentrumspartei 1869/70

a) Die katholische »Uebermacht« in den Volksversammlungen und Petitionen zur Klosterfrage 1869/70

Die Grenzen des honoratiorenpolitischen Repräsentationsmodells wurden in Preußen bereits vor der Reichsgründung sichtbar, in den Volksversammlungen und Petitionskampagnen zur Klosterfrage 1869/70. Als die Linksliberalen im Herbst 1869 in ihrer Hochburg Berlin eine Petition zur Aufhebung der Klöster verabschieden wollten, scheiterten sie in Volksversammlungen dreimal an den Stimmen katholischer Versammlungsteilnehmer unter Führung des Missionsvikars Eduard Müller.[68] Seit den 1860ern hatten die Linksliberalen die Kommunalpolitik der preußischen Hauptstadt beherrscht, gestützt durch die Fortschrittspartei, Zeitungen wie die »National-Zeitung«, die »Volkszeitung« sowie ein dichtes Netz von Bezirksvereinen. Nun hatte ›das Volk‹ anders votiert. »Der kathol[ischen] Partei – und als selbständige Partei muß man jetzt wohl den Anhang des geistl[ichen] Raths Müller bezeichnen – ist es gelungen, eine große Volksversammlung zu sprengen, und zwar rein durch ihre Uebermacht«, schrieb die »Vossische Zeitung«. Es war ein Präzedenzfall in der Geschichte der deutschen Demokratie. Zum ersten Mal war die Volksversammlung eines politischen Gegners ›majorisiert‹ worden.[69]

68 Vgl. MK 9.10.1869; *Lohrum*, Wiederanfänge, S. 174. Zur ersten Volksversammlung im August 1869 vgl. Kapitel B.II.4.a.

69 In der vierten Volksversammlung am 6.11.1869 wurden die Schulzeaner von Katholiken und Lassalleanern überstimmt. Kurz darauf machte das Mittel in Baden Schule. Vgl. BK 1881, S. 96–102. Vgl. *Frölich*, Volks-Zeitung; *Offermann*, Liberalismus; *Schmaling*, Haltung; *Requate*, Journalismus, S. 294ff.; *Goschler*, Virchow, S. 219–224. Zum Präzedenzcharakter: *Anderson*, Democracy, S. 301 Anm. 86.

Die Liberalen sahen in den ›politischen‹ Katholiken allerdings keine mündigen Bürger, sondern klerikale Werkzeuge. Des »geistlichen Raths Müller Knechte haben Hunger«, wurde in Volksversammlungen geraunt. In der liberalen Presse wurden sie als Lumpenproletarier dargestellt. Die »Berliner Wespen« brachten einen Scherenschnitt, auf dem ein Priester zu sehen war, der auf einem Esel ritt und grobschlächtigen, mit Knüppeln bewaffneten Gesellen den Weg zur Volksversammlung wies: »Der Kriegsrath Müller sprengt voran, viel wackre Männer führt er an!« Aus Sicht der »Vossischen Zeitung« war in Moabit noch viel Erziehungsarbeit zu leisten. Sie regte die Gründung eines »Vereins zur Verbreitung der Aufklärung« an. Um dem »Klostereinfluß« der »schwarzen Gesellschaft« »entgegenzuarbeiten«, müsse man einen »Lehrstuhl für Volksaufklärung« einrichten und mit einem »wissenschaftlichen Mann« mit »freisinniger Richtung und festem Charakter« besetzen.[70] Andere Liberale schimpften über den leicht verführbaren ›Pöbel‹. Virchow nannte die Arbeiter in der Stadtverordneten-Versammlung ein »bald der staatlichen, bald der kirchlichen Reaktion dienstbares Corps.« Gumbrecht sprach sich für das preußische Zensuswahlrecht und gegen dass allgemeine, gleiche Männerwahlrecht aus: »Ich will, daß die Intelligenz einen größeren Einfluß erhalte, als die große ungebildete Masse, und für die Intelligenz haben wir bis jetzt noch keinen anderen Maßstab als den des Besitzes.«[71]

Das quantitative Ungleichgewicht der Klostergegner und -freunde spiegelte sich auch in der Zahl der Petitionen wider. Der Vorsitzende der Petitionskommission im Landtag, Gneist, tröstete die Berliner Stadtverordneten zwar damit, dass »ein ganzes Volumen von Petitionen« gegen die Klöster – insgesamt elf – eingegangen sei. Allerdings waren gleichzeitig 82 Petitionen für den Erhalt der Klöster eingegangen, darunter viele aus Müllers schlesischer Heimat.[72] Die katholische Mobilisierungskraft beeindruckte selbst Bismarck. In der Kronratssitzung Anfang Februar 1870 riet er dem König zur Milde. Wilhelm I. teilte die klosterfeindliche Einstellung der Moabiter Klosterstürmer und sah in den Klöstern »unzeitgemäße« Einrichtungen, deren »Obskurantismus« und »Knechtung« der Gläubigen eine »Gefahr« darstellte. Der Ministerpräsident empfahl jedoch, den »Grundsatze Friedrichs des Großen«, »daß Jedermann in Preußen nach seiner Fasson selig werden könne, aufrecht zu erhalten« und das Vertrauen der »8 Mio. Katholiken in Preußen« in die »Freiheit und Sicherheit ihrer Kultur« nicht zu erschüttern, die sich 1848 und 1866 »als treue Untertanen bewährt«

70 MK 2.10.1869, S. 323 f.; BW 14.11.1869; Vossische Zeitung 12.9.1869.

71 MK 13.11.1869, S. 372, 365. Auch prominente Nationalliberale plädierten aus Sorge vor dem ›unreifen‹ Volk gegen das demokratische Wahlrecht. Vgl. dazu *Gagel*, Wahlrechtsfrage, S. 73–78; *Sheehan*, Liberalism, S. 155 f.; *Kühne*, Dreiklassenwahlrecht, S. 400; *Anderson*, Democracy, S. 90.

72 BK 1883, S. 88. Zu den Gegenpetitionen vgl. SBHA 8.2.1870, S. 2010; *Gatz*, Kirche, S. 578. Vorausgegangen war eine katholische Presse-Kampagne. Vgl. *Mazura*, Entwicklung, S. 64 f.

hätten. Es nütze der Dynastie, »wenn Mitglieder einer Kirche nicht Bedrückung fürchten« müssten und sich ein »Bewußtsein gleichmäßiger Rechte« der Konfessionen ausbilde.[73]

Zum Leidwesen Bismarcks und der Liberalen stand Gneists Petitionsbericht, der die Auflösung katholischer Klöster und Kongregationen empfahl, jedoch bereits auf der parlamentarischen Tagesordnung. Bismarck befürchtete katholische Proteste, die Liberalen eine Blamage. Der Freikonservative Eduard von Bethusy-Huc empfahl daher, auf die Diskussion des Berichts zu verzichten: Kirchliche seien keine politische Angelegenheiten. Er beschwor »die Parität der religiösen Konfessionen in Preußen« und »das Bewußtsein der nationalen Einheit« und warnte vor einer »Kontroverse, welche ihren Sitz in dem Gefühlsleben« habe, in der gegenseitigen Verbitterung und Anfeindung. Politik und Religion waren hier als separate Handlungsfelder unterschieden, die konträren Instanzen gehorchten. Konfessionelle ›Gefühlsergießung‹ wurde mit ›rationalem‹ politischem Kalkül kontrastiert.[74]

Doch dieses Argument überzeugte nicht alle Deputierten. Der katholische Abgeordnete Hermann von Mallinckrodt wandte ein, dass die »Aufregung, die Entrüstung auf allen Seiten der Katholiken des Landes« bereits da sei, weshalb man ihren Anlass beseitigen müsse. Gneists Bericht stelle ein »Attentat« gegen die Grundsätze der Verfassung, einen den Katholiken hingeworfenen »Fehdehandschuh« dar. Peter Reichensperger erklärte die parlamentarische Diskussion des Berichts sogar zur Bedingung des konfessionellen Friedens und warnte davor, die Katholiken »mundtodt« zu machen. Angesichts dieser Drohgebärden wurde der Bericht zwar auf der Tagesordnung belassen, aber vom nationalliberalen Abgeordnetenhauspräsidenten Max von Forckenbeck jeweils so spät angesetzt, dass er nicht mehr behandelt werden konnte. Eduard Lasker stellte dies 1873 nachträglich als bewusste Rücksichtnahme auf die bevorstehende Vereinigung des katholischen Süd- mit dem protestantischen Norddeutschland dar.[75]

b) »Subalterne« oder »Honoratioren«? Die Normalität der Zentrumspartei

Für den konfessionellen Frieden im Deutschen Reich war der Trick indes kontraproduktiv. Aus Protest gegen den Moabiter Klostersturm und die Unterdrückung der parlamentarischen Diskussion gründeten 48 Mitglieder des neu gewählten

73 PSM Bd. 6/1, S. 172. Vgl. *Bachem*, Vorgeschichte, Bd. 3, S. 41; *Poschinger*, Ansprachen, Bd. 1, S. 13f.

74 SBHA 8.2.1870, S. 2010.

75 SBHA 9.2.1870, S. 2040 (Mallinckrodt); SBHA 8.2.1870, S. 2011 (P. Reichensperger). Ähnlich Windthorst *ebd.*, 9.2.1870, S. 2041. Vgl. BW 20.2.1870; SBHA 26.11.1873, S. 99–106 (Lasker). Die katholische Kirche verweigerte Forckenbeck 1892 die kirchliche Beerdigung. *Langewiesche*, Liberalismus, S. 187. Zur Debatte vgl. *Windell*, Catholics, S. 236ff. Zu Gneists Bericht vgl. Kapitel B.II.4.b. Zu Bethusy-Huc und den Freikonservativen: *Stalmann*, Partei, S. 37–54.

preußischen Abgeordnetenhauses im Dezember 1870 die ›Centrums‹-Fraktion.[76] Der ultramontane Missionsvikar Müller hatte die Katholiken bereits in den Volksversammlungen zur Klosterfrage »als compakte Masse« erlebt und im Oktober 1869 dazu aufgerufen, die im preußischen Verfassungskonflikt aufgelöste katholische Fraktion wiederherzustellen, um bei den Landtagswahlen als selbständige Formation anzutreten. Die »Heloten-Stellung« der »Ultramontanen« sei auf die »Unselbständigkeit« in städtischen und staatlichen Wahlen zurückzuführen.[77] Dies erinnert an Gramscis Definition ›subalterner‹ Gruppen: Sie gehörten keiner hegemonialen Klasse an, waren politisch unorganisiert, und es mangelte ihnen an Klassenbewusstsein – ›Klasse‹ hier verstanden unter Berücksichtigung religiös-kultureller Faktoren. Wie viele Ultramontane griff Müller das biblische Bild der Sklavenbefreiung auf, um einen Weg aus der bürgerlichen Gesellschaft zu weisen. Als Vehikel sollte die moderne Massenpolitik dienen.[78] Allerdings – und hierin zeigte sich die Stärke des politischen Systems gegenüber der Artikulation radikal anderer Positionen – hatte die Stimme des ›politischen‹ Geistlichen unter den Zentrumsgründern wenig Gewicht. Ehemalige Mitglieder der katholischen Fraktion wie Hermann von Mallinckrodt, Peter und August Reichensperger oder der konservative protestantische Diplomat Karl Friedrich von Savigny waren angesehene Adlige und Bürger, die sich nicht als ›Knechte‹, sondern auf Augenhöhe mit den übrigen Parlamentariern sahen. Sie wollten der neuen Partei einen *politischen*, und das hieß im liberalen Politikverständnis der Zeit: *nicht*konfessionellen Charakter geben. Als Beinamen wählten sie den Titel »Verfassungspartei«.[79]

Trotz der nach Königgrätz drohenden Minderheitsposition im protestantisch dominierten Nationalstaat setzte sich damit im preußischen Katholizismus eine transigente Strömung durch. Anders als in den Niederlanden, der Schweiz, Baden und Österreich verzichtete der ›politische Katholizismus‹ hier auf das Etikett ›katholisch‹ oder ›christlich‹. Auf symbolischer Ebene antizipierte er damit bereits *vor* dem Kulturkampf das liberale Prinzip der Trennung von Politik und Religion. Die Berufung auf die Verfassung und der Verzicht auf die konfessionelle Selbstbezeichnung offenbarten, dass das Zentrum keine Anti-System-Partei sein wollte, sondern den von den Liberalen definierten Common Sense in einem zentralen Punkt akzeptierte.

76 Übereinstimmend wird dies als Motiv der katholischen Fraktionsgründung genannt in: SBHA 16.1.1873, S. 592 (P. Reichensperger); 7.5.1875, S. 1769 (Schorlemer-Alst); *Rust*, Hohenlohe, S. 613.

77 MK 9.10.1869, 324; MK 27.11.1869, 381 f. Zur Vorgeschichte der Zentrumsfraktion vgl. *Bachem*, Vorgeschichte, Bd. 2, S. 96–220.

78 Vgl. *Gramsci*, Geschichte, S. 2191 ff. Zur Repräsentation der Subalternen vgl. *Marx*, Brumaire, S. 198; *Spivak*, Subaltern. Zur ultramontanen Rhetorik der Sklavenbefreiung vgl. *Mooser*, Volk, S. 268 f.

79 Zur Zentrumsgründung vgl. *Bachem*, Vorgeschichte, Bd. 3, S. 97–120; *Anderson*, Windthorst, S. 133–139; *Lönne*, Katholizismus, S. 151 f.; *Evans*, Cross, S. 109 f.

c) »Katholisch« oder »politisch«? Das Dilemma der Zentrumspartei

Insofern mutet es weder paradox noch opportunistisch an, dass August Reichensperger 1871 in der ersten Sitzung des Deutschen Reichstags die Aufnahme von Grundrechten der preußischen Verfassung, darunter die Kirchenautonomie, in die Reichsverfassung beantragte – ursprünglich eine linksliberale Forderung. Doch der Annäherungsversuch schlug fehl. Nach zehnstündiger Debatte wurde der Antrag mit 229 zu 59 Stimmen abgelehnt, das Zentrum war isoliert. Aus liberaler Sicht konnte der Grundrechtsantrag nicht ernstgemeint sein.[80] Am Tag nach der Abstimmung sprach Lasker der Zentrumsfraktion das Recht ab, sich ›Verfassungspartei‹ zu nennen:

> Ich habe nichts dagegen, ob Ihnen der Name Klerikale, der Name Ultramontane oder ein anderer Name besser gefällt; aber im Interesse der Sache bitte ich Sie, sich nicht solche Namen zu geben, die, so oft Sie sie aussprechen, ein Lächeln im Hause erregen, wie zum Beispiel den Namen der ›Verfassungspartei‹. (Heiterkeit.)

Die Heiterkeit der Parlamentarier zeigte, dass sich Zentrumspolitiker nicht ernsthaft auf die Verfassung berufen konnten. Peter Reichensperger distanzierte sich daher sogleich vom Ausdruck ›Verfassungspartei‹, beharrte aber auf der Repräsentation ›katholischer‹ Interessen. Der katholische bayerische Nationalliberale Friedrich von Schauß bestritt daraufhin den Anspruch des Zentrums auf die alleinige Vertreterin der Katholiken. Auch er gehöre der Konfession an, »deren sich für ausschließend legitimirt haltende Vertreter vor mir sitzen, (Abgeordneter Reichensperger (Olpe): Ich habe eben das Gegentheil gesagt!)«. Lasker fügte hinzu, dass die Herren vollständig berechtigt« seien, »sich als Vertreter besonderer katholischer Interessen zu bezeichnen«, nicht jedoch als ausschließliche »Vertreter der deutschen Katholiken«. Der Zentrumsabgeordnete Schröder leugnete den konfessionellen Alleinvertretungsanspruch seiner Fraktion, mahnte indes zu Respekt: Was »die Vertreter von 6 Millionen thun, das darf niemals belacht werden, ein Lächeln hervorrufen.«[81]

Diese Kette von widersprüchlichen Aussagen, Missverständnissen, Falschzitaten und Freudschen Fehlleistungen verdeutlichte die aporetische Situation der Zentrumsfraktion gleich zu Beginn der Reichstagssession: Einerseits wurde ihr mal erklärter, mal geleugneter Anspruch, die deutschen Katholiken zu vertreten, insbesondere von katholischen Liberalen bestritten. Andererseits galt sie als Vertretung partikularer katholischer Interessen.[82] Die Mitglieder der Zentrumsfraktion übergingen solche Vorwürfe meist stillschweigend und bekannten sich

80 Vgl. dazu BW 7.4.1871; *Richter*, Reichstag, S. 20; *Stoltenberg*, Reichstag, S. 43–46.

81 SBDR 5.4.1871, S. 173, 180 (Lasker); ebd., S. 178 (P. Reichensperger); ebd., S. 179 (Schauß); ebd., 22.11.1871, S. 432 (Schröder).

82 Vgl. BW 17.3., 14.4.1871; *Ketteler*, Centrumsfraction, S. 74 Anm. 11; *Becker*, Kulturkampf-Positionen, S. 67.

weder zum Ultramontanismus oder zum Klerikalismus noch zur Vermischung von Politik und Religion, sondern verwahrten sich – zu Unrecht – dagegen, jene Vermischung zu vollziehen. Christoph Weber hat dieses Verhalten ›verschämt‹ genannt. Dabei war der »wahre Grund, warum das Zentrum sich stets als ›politische‹ Partei bezeichnete und das Etikett ›konfessionell‹ erregt ablehnte«, nachvollziehbar: Es war die Hegemonie des liberalen Prinzips der Trennung von Politik und Religion, das die Zentrumsabgeordneten anerkannten, obwohl sie es durch die Mitwirkung geistlicher Mitglieder in Fraktion und Partei sowie durch die Erörterung ›religiöser‹ Fragen in Parlament und Wahlkampf subvertierten.[83] Die Zentrumsfraktion galt als Anomalie, weil sie Politik und Religion inhaltlich und personell vermischte. Die Auffassung, dass Politik und Religion getrennt sein sollten, war über Parteigrenzen hinweg verbreitet. Bismarck nannte 1872 im Preußischen Landtag eine »rein confessionelle Fraction« in einer »politischen Versammlung« eine der »ungeheuerlichsten Erscheinungen auf politischem Gebiete«. Würden andere Konfessionen »dasselbe Princip anwenden«, wäre man auf »incommensurablem Boden«; denn damit würde die Theologie in öffentliche Versammlungen getragen und zum Gegenstand der »Tribünendiscussion« gemacht. Auch der Zellularpathologe Virchow stilisierte die Zentrumsfraktion zum parlamentarischen Fremdkörper:

> [D]iesem undeutschen, römischen, ultramontanen Wesen müssen wir entgegentreten, in jeder gesetzlich zuverlässigen Form. [...] ich betrachte das als die eigentliche Aufgabe, welche die neue Zeit hat, dieses fremdartige Wesen, welches sich in uns hineindrängt, welches in Form dieser Fraktion als gesonderter Körper sich zwischen die verschiedenen Bestandtheile des Hauses schiebt, zu überwinden.[84]

Trotz nomineller Anerkennung des liberalen Prinzips der Trennung von Politik und Religion trug das Zentrum im Deutschen Kaiserreich lange den Makel der Konfessionalität. Es wurde nicht als ›politische‹ Partei anerkannt, sondern als »Verquickung von Politik und Religion« stigmatisiert. Zwar wurden Politik und Religion auch in anderen Parteien ›vermischt‹. Liberalismus und Konservatismus waren protestantisch dominiert. Zwischen liberalen Parteien und kulturprotestantischen Strömungen gab es ebenfalls vielfältige personelle Überschneidungen und institutionelle Verflechtungen.[85] Doch im Kontrast zur ›unsichtbaren‹, vermeintlich universellen protestantischen Konfession galt der Katholizismus als partikular. Die historiographische Kontroverse darüber, wie demokratisch oder autoritär, wie liberal oder klerikal, wie konfessionell oder konstitutionell das

83 *Weber*, Phalanx, S. 133.

84 SBHA 30.1.1872, S. 534 (Bismarck); 31.1.1872, S. 559 (Virchow).

85 Vgl. *Langewiesche*, Liberalismus in Deutschland, S. 10f.; *Hübinger*, Kulturprotestantismus; *Smith*, Nationalism. Als Beispiel zeitgenössischer Kritik am Zentrum vgl. *Rost*, Verquickung. Zum Streben der Partei nach Interkonfessionalität: *Anderson*, Erben; *dies.*, Interdenominationalism.

Zentrum gewesen sei, ist daher nicht nur dem hybriden Charakter der Partei geschuldet, sondern auch der Übernahme liberal-protestantischer Maßstäbe.[86] Auch der Forschungsbegriff ›politischer Katholizismus‹ hat den Nachteil, dass er katholische Parteien wie das Zentrum zur Ausnahme stilisiert. Wie Eric Voegelins Terminus ›politische Religion‹ suggeriert er die Möglichkeit einer ›unpolitischen‹ Religion und beruht somit ebenfalls auf einer liberalen Prämisse. Er verstellt der Analyse des dynamischen Verhältnisses von Politik und Religion eher den Blick, anstatt dieses zu erhellen.

2. ›Geistliche Beeinflussung‹: Die Wahlprüfungen des Reichstags 1871

Da die Zentrumspartei als ›katholisch‹ galt, erzielte sie bei Wahlen große Erfolge. Bei der ersten Reichstagswahl wurde sie 1871 mit 18,6 % der Stimmen und 63 Sitzen auf Anhieb zweitstärkste Fraktion.[87] Auch im Wahlkreis Pleß-Rybnik im oberschlesischen Regierungsbezirk Oppeln setzte sich ein Zentrumskandidat gegen den hoch favorisierten Kandidaten der Freikonservativen durch, den Prinz Victor von Hohenlohe-Waldenburg-Schillingsfürst, Herzog von Ratibor, Fürst von Corvey: Standesherr, drittgrößter Landbesitzer Oberschlesiens, Bruder des bayerischen Ministerpräsidenten und seit 1850 erbliches Mitglied im preußischen Herrenhaus. Der Herzog war katholischer Konfession. 1869 war er anstelle Wilhelms I. zum fünfzigsten Priesterjubiläum von Papst Pius IX. nach Rom gereist und von diesem mit dem Großkreuz des Piusordens ausgezeichnet worden.[88]

Besiegt hatte ihn der Missionsvikar Eduard Müller, ebenfalls schlesischer Herkunft, jedoch seit 1852 in Berlin in der katholischen Diaspora als ultramontaner Milieumanager tätig. In Pleß-Rybnik, wo eine vergleichbare Infrastruktur fehlte, hatte er vor der Wahl durch Abwesenheit geglänzt. Die Liberalen konnten sich Müllers Sieg daher, wie Eduard Lasker mutmaßte, nur mit dem »direkten Einfluß der Geistlichen«, erklären, »welche sich zu Agenten der Wahlbewegung gemacht haben«.[89] Infolgedessen ordnete der Reichstag eine Prüfung der Wahl an.[90] Sie löste heftige Kontroversen im Parlament aus und verfes-

86 Zusammenfassend vgl. *Kühne*, Wahlrecht, S. 487; *Ullmann*, Politik, S. 74 f.

87 Vgl. *Phillips*, Reichstags-Wahlen, S. 52; *Schauff*, Katholiken; *Sperber*, Voters, S. 163.

88 SBDR 5.4.1871, S. 174. Zu Lasker vgl. *Laufs*, Lasker; *Harris*, Study. Zum Herzog vgl. *Rust*, Hohenlohe; *Anderson*, Liberalismus, S. 120; *dies.*, Chancel, S. 5 f.

89 Zu Müllers Rolle in Berlin siehe Kapitel B.II.3.a. Zum katholischen Vereinswesen in Oberschlesien vgl. *Mazura*, Entwicklung, S. 61, 67 Anm. 4; S. 80 f. Anm. 6.

90 Zuvor war Müllers Wahl bereits einmal erfolglos angefochten worden. Vgl. SDBR 27.3. 1871, S. 19; 5.4.1871, S. 181; 1.5.1871, S. 252.

tigte die liberale Vorstellung einer ›klerikalen Beeinflussung‹ der katholischen Wähler.[91]

a) Der Präzedenzfall: Die Prüfung der Reichstagswahl von Pleß-Rybnik

Im November 1871 präsentierte die zuständige Kommission des Reichstags die Wahlprüfungsergebnisse. Danach war es in drei Parochien zu einer »Beeinflussung der Wähler Seitens der Geistlichkeit« gekommen, die von ihrer Amtsstellung, »selbst in der Kirche von dem Altar und der Kanzel, herab«, Gebrauch gemacht hätten. *Erstens* wurde Erzpriester Schumann, einem Mitunterzeichner des ersten Wahlaufrufs des Zentrums, der seit 1870 im preußischen Abgeordnetenhaus saß, vorgeworfen, in Alt-Berun in einer polnischsprachigen Predigt dazu aufgerufen zu haben, »nur einen solchen Katholiken zu wählen, der an Art. 15 der Verfassung festhält«. Artikel 15 der preußischen Verfassung garantierte die Autonomie der Religionsgesellschaften. Wie gesehen, sollte das Zentrum kurz nach der Wahl im Grundrechtsantrag vergeblich seine Aufnahme in die Reichsverfassung beantragen. Da beide Kandidaten katholisch waren, legte Schumanns Ausruf nahe, dass sich im Reichstag hierfür nur ein ›wahrer‹ Katholik wie Müller einsetzen würde. Schumann bestritt, zur Wahl eines bestimmten Kandidaten aufgerufen zu haben, gab aber zu, seine Gemeinde auf Wunsch mit Stimmzetteln für Müller versehen zu haben. Da dies mehrere Zeugen bestätigten, stand für die Kommission »außer Zweifel«, dass der Geistliche »von der Kanzel herab für einen Kandidaten gesprochen hat, den er zwar nicht namentlich genannt, für welchen er aber Zettel zu vertheilen versprochen« habe. *Zweitens* habe Pfarrer Carl Wradzilo vor der Wahl in Lendzin »vor versammelter Kirchengemeinde« ausgerufen: »Ihr dürft nur den Rath Müller wählen, denn der wird unsere Religion vertreten. Wenn Ihr den Rath Müller nicht wählen werdet, so werden Juden Eure Kinder unterrichten.« Auf Fragen von »Eingepfarrten«, »wie sie sich bezüglich der Wahl zu verhalten hätten«, habe er geantwortet, wen er selber wähle. Einem anderen Zeugen zufolge hatte er die »Männer« jedoch gebeten, beim Verlassen der Kanzel, nach der Messe, »unten, außerhalb der Kirche«, zu warten, um ihnen von der Wahl des Herzogs abzuraten und die Wahl eines »Mannes« zu empfehlen, »der zu unserm Glauben festhält.« Infolge »wiederholte[r] Belehrungen« hätten viele Wähler ihre Stimme Müller gegeben. Auch Wradzilo gestand das Verteilen von Stimmzetteln, aber nur an Wähler, »welche dieselben haben wollten.« *Drittens* wurde Pfarrer Johann Marx beschuldigt, »von der Kanzel herab« die Wahl des Zentrumskandidaten empfohlen zu haben. In Loslau habe er gesagt: »Diejenigen, welche gegen Müller stimmen, wollen den Katholiken alle Rechte nehmen. Wählt, wen ihr wollt, ich bringe Euch den geistlichen Rath Müller in Vorschlag.«

91 Vgl. dazu *Anderson*, Democracy, S. 71. Zu den methodischen Fallstricken der Auswertung von Wahlprüfungen (Petitionsberichten, Zeugenaussagen, Kommissionsberichten) vgl. *ebd.*, S. 14.

Nach Marklowitz sei er am Sonntag vor der Wahl erstmals »nach 3/4 Jahren wieder einmal« gekommen, um der Gemeinde zu sagen:

Meine lieben Kinder! Ich bin Euch Allen herzlich gut. Wählt aber Niemanden Anderen als den Rath Müller in Berlin! Das ist ein Mann von Gott geschickt! Ich kenne ihn persönlich, denn ich habe mit ihm studirt. Er liegt in der größten Armuth in einem finstern Kämmerlein, hat in der großen Kälte keine Kleider zum Anziehen, und wenn sich Jemand über ihn erbarmt und schenkt ihm einen alten Pelz, so giebt er denselben den Armen. Er hat kein Bett, keinen Ofen in der Stube, nagt am Hungertuche und entbehrt aller menschlichen Bedürfnisse. Schon jetzt ist er ein halber Heiliger. Dem gebt Eure Stimme und keinem Andern.

Beim Verlesen des Predigtauszugs wurde der Berichterstatter der Wahlprüfungskommission Nicolaus Prinz von Handjery immer wieder vom Gelächter der Abgeordneten unterbrochen. Die Schilderung von Müllers asketischer Lebensweise löste »große, anhaltende Heiterkeit« aus. Der Bericht schloss damit, dass auch Marx »sein geistliches Amt dazu gebraucht« habe, in Kirchen »auf das Entschiedenste zu agitiren«, so dass in allen drei Fällen »ungehörige Wahlbeeinflussung der anstößigsten Art« vorliege. Da die Wirkung der versuchten Einflussnahme nicht messbar sei, empfahl die Kommission, alle Stimmen für ungültig zu erklären, die der Zentrumskandidat in Wahlbezirken erhalten hatte, die »ganz oder theilweise« zu den Parochien von Berun, Lendzin und Loslau gehörten.[92] Damit hätten Müller 122 Stimmen zur Mehrheit gefehlt.

b) Analphabeten, Alkoholiker, Taube? Das Bild katholischer Wähler

Auch wenn das Hochrechnen geistlicher Beeinflussungsversuche auf ganze Wahlbezirke fragwürdig erscheint, waren die Versuche selbst überzeugend belegt. Wie aber wurde ihre *Wirksamkeit* begründet? Pleß-Rybnik lag in Oberschlesien und war mit 156.416 Einwohnern größter Wahlkreis des Deutschen Reichs.[93] Das Land galt als »Domäne der Magnaten« und war in der Hand weniger Großgrundbesitzer. 1883 hatten 85 % der Einwohner eine polnische Muttersprache, 92 % waren katholisch, 6 % evangelisch. Regelmäßig führten Pilgerfahrten zur Schwarzen Madonna im nahe gelegenen Częstochowa. 1846/7 war Oberschlesien infolge einer Typhusepidemie erstmals ins Blickfeld der deutschen Öffentlichkeit geraten. Virchow hatte die Oberschlesier als faule, schmutzige, abergläubige, unmündige Knechte des katholischen Klerus beschrieben.[94] Dieses Bild hatten die

92 Bericht der dritten Abtheilung, betreffend die Ungültigkeits-Erklärung der Wahl im siebenten Oppelner Wahlkreise vom 12.11.1871, in: SBDR 1871, Anlagen, Aktenstück 69, S. 161–169; SBDR 1.5.1871, S. 511 (Handjery). Zu den Wahlzetteln vgl. *Weber*, Phalanx, S. 90.

93 Das Wahlgesetz empfahl als durchschnittliche Wahlkreisgröße 100.000. Die Größe des Wahlkreises Pleß-Rybnik zeugte daher von »enormer Rechtsungleichheit«. Die Schaumburger hatten »ein viermal so starkes Wahlrecht«. *Knorr*, Statistik, Sp. 315 f.

94 Die Angaben zu Pleß-Rybnik nach *Mazura*, Entwicklung, S. 88; *Phillips*, Reichstags-Wahlen, S. 52; *Anderson*, Chancel, S. 9 f. Zu Virchows *Mitteilungen* vgl. Kapitel A.I.4.

Reichstagsabgeordneten vor Augen, als sie über Pleß-Rybnik berieten. Zur Begründung ihrer Empfehlung, die Wahl zu annullieren, berief sich die Kommission auf die vermeintlich besondere Beziehung zwischen oberschlesischen Geistlichen und Laien. Wenig sei geeigneter,

> die freie Entschließung der Wähler in Bezug auf die Ausübung ihres Wahlrechtes so vollständig zu beeinträchtigen, als wenn ein katholischer Pfarrer in Oberschlesien kraft seines geistlichen Amtes und an geweihter Stätte die Wahl eines bestimmten Kandidaten als zur Rettung der bedrohten Kirche und der gefährdeten katholischen Religion nothwendig darstellt, sie der Gemeinde als eine Gewissenspflicht schildert und sie als ein Vertrauensvotum gegen seine eigne Person in Anspruch nimmt.

Die oberschlesischen Zentrumswähler erschienen als materiell und geistig abhängige Subjekte, die dem geistlichen Einfluss wehrlos ausgeliefert und zu einer freien Wahl außerstande waren. Auch die katholische Presse vermittelte den Eindruck unbedingter Gefolgschaft der Laien.[95] Selbst ein »Gegenprotest« zur Entlastung des Lendziner Pfarrers Wradzilo mit 33 Unterschriften konnte das Bild nicht korrigieren: Bei der Vernehmung der Subskribenten verstärkte sich vielmehr der Eindruck, dass diese zur Zentrumswahl genötigt worden waren. Zeuge Klyck gab an, dass ihn der Pfarrer in seine Wohnung befohlen habe, wo ihm der Lehrer Laczek ein beschriebenes Blatt vorgelegt habe, unter das er drei Kreuze machen sollte. Paul Tomanek schwor, bei der Unterzeichnung »in trunkenem Zustande« gewesen zu sein. Thomas Balla erklärte, »er sei so schwerhörig, daß er nur dann etwas verstehe, wenn man ihm laut in die Ohren schreie, er habe daher von der Wahlangelegenheit nichts gehört, auch nicht erfahren, um was es sich in dem von ihm unterkreuzten Schriftstücke gehandelt habe.« Analphabeten, Alkoholiker und Taube – Müllers Wähler stellten sich dem Reichstag als Pandämonium der Unmündigkeit dar.[96]

Der Zentrumsabgeordnete Theodor Schröder, ein Breslauer Notar, wandte sich daher gegen den »Totaleindruck« der Parlamentarier, gegen »das Bild, das sich vor Ihren Augen abgerollt hat«. Er bestritt, dass Müller durch geistlichen »Einfluß« gewählt worden sei. *Erstens* sei er Wunschkandidat eines »bürgerlichen« Komitees gewesen, an dessen Spitze mit Dr. med. Pisarski aus Nicolai ein Mann gestanden habe, der »seiner Bildung nach sehr wohl im Stande« gewesen sei, zu beurteilen, »worauf es bei der Wahl zum Reichstage ankomme«. *Zweitens* habe der Bankrott der rumänischen Eisenbahngesellschaft »der Idee von der öffentlichen Moral, die man gegen die Wahl des Herzogs von Ratibor vorbrachte« Gewicht verliehen. Die Pleite, in die der Herzog durch Spekulationen verwickelt sei, habe vielen Bürgern oberschlesischer Städte beträchtliche Einbußen beschert. Nur dem Herzog und seinen Standesgenossen sei es mit Hilfe Bismarcks

95 SBDR 1871, Anlagen, Aktenstück 69, S. 168. Zum Bild in der katholischen Presse vgl. *Mazura*, Entwicklung, S. 84.

96 SBDR 1871, Anlagen, Aktenstück 69, S. 166.

und Bleichröders gelungen, sich schadlos zu halten. »Glauben Sie nicht«, mahnte Schröder, dass, »weil dort eine polnisch redende Bevölkerung auf dem Lande ist«, diese »unempfänglich sei für einen Grund der öffentlichen Moral«. *Drittens* sei von beiden Seiten eine »äußerst lebhafte Agitation« ausgegangen. Die Mehrheit der Geistlichen sei dabei für den Herzog eingetreten. Andernfalls hätte dieser noch weniger Stimmen erhalten.[97]

Noch schwerer wog aus Schröders Sicht indes »die ungeheure Einwirkung« der Verwaltung des Fürsten von Pleß Hans Heinrich XI., des größten schlesischen Grundbesitzers und viertreichsten Mannes in Preußen. Als Gutsherr hatte der Fürst in Pleß die Polizeigewalt inne, und er scheint sie für den Herzog eingesetzt zu haben. Der Polizeiverwalter von Alt-Berun jedenfalls gab zu Protokoll, für den Herzog agitiert zu haben. In Form einer polizeilichen Bekanntmachung habe er am Tag vor der Wahl verkündet: »Morgen ist Reichstagswahl. Wählt den Herzog von Ratibor; denn er ist ein guter Katholik!« Zwei Eingaben zufolge bat der Herzog auch den Bürgermeister, Pfarrer und »einflußreiche Personen« im Wahlkreis um Stimmen und Verwendung ihres Einflusses. Der Sohrauer Bürgermeister verschickte daraufhin Stimmzettel; die Pfarrer in Rybnik und Godow empfahlen seine Wahl von der Kanzel aus, zwei Schulinspektoren taten dasselbe im Kreisblatt; Kabinettsrat Schmidt drohte Arbeitern der Tischlerwerkstatt zu Rauden mit Entlassung, sofern sie nicht für den Herzog stimmten. Potentiellen Wählern des geistlichen Rats wurden Stimmzettel zerrissen oder im Wahllokal abgenommen. Wahlkreise, die Müller dennoch gewählt hatten, wurden mit Geldentzug bestraft.[98]

Offenbar hatten also *beide* Seiten versucht, die Wähler zu beeinflussen. Der Druck der weltlichen Obrigkeit, *gegen* Müller zu stimmen, scheint dabei nicht geringer gewesen zu sein, als der geistliche Druck *für* Müller. Der Androhung göttlicher Strafe stand die Androhung weltlicher Sanktionen gegenüber. Katholische Wähler konnten gewissermaßen zwischen der Arbeitslosigkeit im Diesseits und dem Fegefeuer im Jenseits wählen. Schröder bat die Parlamentarier daher, die »Selbständigkeit« der Wähler gegenüber dem »weltlichen Druck« zu »respektiren« und die Wahl von Pleß-Rybnik für gültig zu erklären. Mallinckrodt feierte das Wahlergebnis sogar als Ausdruck politischer Emanzipation. Wider die »einflußreichen Magnaten in Oberschlesien«, die Wahlangelegenheiten bisher als »ihre Domaine« behandelt hätten, strebe die »Masse der Bevölkerung, insbesondere des Bauernstandes« danach, sich vom »drückenden Einfluß dieser Mächte zu emancipiren.«[99] In der Linie dieses Arguments hat Margaret Lavinia

97 SBDR 22.11.1871, 432f. Zu Müllers Nominierung: *Anderson*, Chancel, S. 22–25. Auch Schröders Wahl war wegen »Wühlereien der Geistlichkeit« angefochten worden. Vgl. SBDR 31.3.1871, S. 74ff.; *Stoltenberg*, Reichstag, S. 47. Zum Einfluss des Bankrotts auf die Wahl: *Anderson*, Liberalismus, S. 119; *dies.*, Chancel, S. 12ff. Zur geistlichen Agitation für den Herzog vgl. *Rust*, Hohenlohe, S. 615f.; *Mazura*, Entwicklung, S. 79, 88.

98 SBDR 22.11.1871, S. 433f.; SBDR 1871, Anlagen, Aktenstück 69, S. 169, 163f.

99 SBDR 22.11.1871, S. 435.

Anderson die Reichstagswahl von Pleß-Rybnik als Indiz einer Verschiebung des Wahlverhaltens vom Interesse zur Identität gedeutet.[100]

Dagegen erklärte die Kommissionsmehrheit die Frage, »ob auch zu Gunsten des Herzogs von Ratibor eine ungehörige Beeinflussung der Wähler stattgefunden habe«, für »einflußlos« und verwies entsprechende Eingaben an den Reichskanzler »zur Kenntnisnahme und geeigneten Falls zur Veranlassung einer Untersuchung«. Der Reichstag annullierte die Wahl von Pleß-Rybnik mit großer Mehrheit.[101]

Die Anfechtung von Wahlergebnissen wegen ›geistlicher Beeinflussung‹ blieb nicht auf oberschlesische Wahlbezirke beschränkt. In zwanzig von 57 Sitzungen der ersten Reichstagssession standen 54 Wahlprüfungen zur Debatte. Beschwerden über katholische Priester waren dabei zehnmal häufiger als solche über Arbeitgeber. Das Verhältnis gegenüber den sonst zahlreichsten Klagen gegen Regierungsbeamte lag bei 5 zu 3.[102] Der Widerspruch, den Einfluss der Wahlempfehlung einerseits nicht exakt bestimmen zu können, andererseits aber so anzusetzen, dass die Zentrumsmehrheit obsolet wurde, war dabei meist offenkundig. »Alles spreche von ungesetzlicher Wahlbeeinflussung von Seiten der katholischen Pfarrer«, führte der sächsische Gutsbesitzer Günther aus, aber niemand wisse anzugeben, wo »die Grenze des in dieser Hinsicht Ungesetzlichen beginne.«[103]

c) Liberaler »Aberglaube«: Die Kanzel als magischer Ort

Dennoch herrschte bei Prüfungen geistlicher Wahlempfehlungen keine reine Willkür. Sie kreisten meist um die Frage, wann und wo die Empfehlungen ausgesprochen worden waren: Während oder nach der Kanzelpredigt, innerhalb oder außerhalb der Kirche? Während angeklagte Geistliche Ersteres fast immer leugneten, räumten sie Letzteres geradezu bereitwillig ein. War die Wahlempfehlung von der Kanzel aus erfolgt, galt die klerikale Beeinflussung als gesichert. Alle Beteiligten setzten also voraus, dass Kanzelworte unwiderstehlich waren. Sie behandelten die Kanzel als einen magischen Ort.[104]

Für den nationalliberalen Kommissionsberichterstatter Leopold von Winter stellte die geistliche Beschwörung einer Gefährdung der katholischen Religion

100 Arme und gläubige Wähler hätten sich demnach eher mit einem Priester identifizieren können, der ihre Armut kannte, als mit dem reichen, adligen Kandidaten einer mächtigen Gutsverwaltung, der in Spekulationen verwickelt war. Wie isoliert und machtlos Müller in der Zentrumsfraktion war, konnten die Wähler dabei jedoch nicht ahnen. *Anderson*, Liberalismus, S. 118. Den Vorrang sozialer Interessen betont dagegen für Preußen: *Kühne*, Dreiklassenwahlrecht.

101 SBDR 1871, Anlagen, Aktenstück 69, S. 169. Vgl. SBDR 22.11.1871, S. 440. Dass Bismarck nichts unternahm, lag vielleicht auch an seiner Freundschaft zum Herzog. Vgl. dazu *Rust*, Hohenlohe, S. 767; *Hohenlohe*, Denkwürdigkeiten, Bd. 1, S. 203 f.

102 Zur Beanstandung »klerikaler« Wahlen vgl. *Stoltenberg*, Reichstag, S. 102; *Weber*, Phalanx, S. 90–99; *Anderson*, Democracy, S. 71.

103 Zitiert nach *Kißling*, Geschichte, Bd. 2, S. 5.

104 Margaret Lavinia Anderson verwendet daher in diesem Zusammenhang den kongenialen Begriff der »schwarzen Magie«. Vgl. *dies.*, Democracy, S. 69–151.

eine »innere Beeinflussung der Wähler« dar. Jenen, die durch derartige Kanzelvorträge in »Besorgniß« versetzt worden seien, habe bereits eine »leise Andeutung des Pfarrers über die Person des zu Wählenden genügt«; »wahrscheinlich« seien sie überzeugt gewesen, einer »schweren Sünde« nur zu entgehen, wenn sie der Andeutung folgten. Dass auch Stimmen *für* den Herzog abgegeben worden waren, erklärte der Danziger Oberbürgermeister damit, dass diese Wähler »trotz Beeinflussungen der Geistlichkeit und unbeirrt durch dieselben, ihre Stimmen abgegeben« hätten. Er unterschied also autonome Wahlentscheidungen für den Herzog von klerikal erzwungenen für den Zentrumskandidaten. Dass ein Votum für Müller vielleicht auch auf einer eigenen Entscheidung beruhte, war damit a priori ausgeschlossen.[105]

Auch Handjery vermutete, dass »bei der streng konfessionellen Richtung« der Bevölkerung bereits eine »leise Pression von der Kanzel« genüge, um »schüchterne Seelen in ihrer Wahlfreiheit zu beeinträchtigen«. Der Nationalliberale Carl Kanngießer erklärte: »Wenn ich mir nun denke, ein solcher Wähler erfährt, daß von der Kanzel verkündet worden, ›Reichensperger ist der Kandidat der Kirche, und die Wahl eines Protestanten ist eine Todsünde‹, ja dann sage ich, der Mann hat keine Wahl mehr.« Als der Angesprochene entgegnete, »dasselbe Recht der Beeinflussung« stehe auch »Landräthen und jeglicher Art von obrigkeitlichen Beamten« zu, erwiderte Joseph Völk von der Liberalen Reichspartei, dass »Beeinflussungen von der Kanzel« schwerer wögen. Auf die Gründe müsse er nicht näher eingehen, weil diese ja schon angeführt worden seien.[106]

Die Annahme des überwältigenden Einflusses einer Kanzelpredigt bedurfte keiner Begründung mehr. Sie war Konsens geworden – und mit ihr das liberale Prinzip einer Trennung von Politik und Religion. Auch für den Historiker Christoph Weber hatte die Kanzelrede »etwas moralisch Nötigendes an sich«, weil sie »ununterscheidbar von der mit letzter religiöser Verbindlichkeit vorgetragenen Verkündigung des Evangeliums« sei. Daher sei »die Forderung, daß der Geistliche in der Kirche keine öffentlichen Wahlreden halte, sehr wohl legitim«, weil sie »ein Stück Differenzierung der Politik von der Religion« bedeutet habe.[107] Und in der Tat stellt die Predigt aus dogmatischer Perspektive die »Verkündigung von ›Gottes Wort in Menschenmund‹ durch die von der Kirche im Namen Jesu Christi Beauftragten« dar.[108]

105 SBDR 22.11.1871, S. 429f.

106 SBDR 22.4.1871, S. 320 (Kannengießer); 1.5.1871, S. 515 (Handjery, Völk, A. Reichensperger). Vgl. *Phillips*, Reichstags-Wahlen, S. 254. Zur Anfechtung der Wahl Reichenspergers vgl. *Anderson*, Liberalismus, S. 112–115; *Weber*, Phalanx, S. 94. Zum »liberalen Wahlterror«: *Kühne*, Dreiklassenwahlrecht, S. 51–58.

107 *Weber*, Phalanx, S. 46.

108 *Bitter*, Predigt, S. 262. Zur theologischen Einordnung vgl. auch *Schneyder/Schurr*, Predigt, Sp. 713.

Allerdings waren Kanzelworte, wie jede sprachliche Äußerung, weder immer eindeutig zu verstehen noch wurden sie zwangsläufig befolgt. Beides setzten die Abgeordneten jedoch voraus: War die Wahlempfehlung in einer Kanzelpredigt erfolgt, wurden *sämtliche* Zentrumsstimmen einer Gemeinde darauf zurückgeführt. Der Wahlsieger von Pleß-Rybnik Eduard Müller bezeichnete den Glauben »an die unwiderstehliche Macht des Klerus« (Margaret Lavinia Anderson) als »neue Form des Aberglaubens«. Der Mainzer Bischof Wilhelm von Ketteler erklärte die Frage, ob »und wie viele Wähler durch eine bestimmte Handlung in der Freiheit ihrer Wahlhandlung gehindert worden« seien, für unbestimmbar. An diesem »entscheidenden Punkte« löse sich die Wahlprüfung in »willkürliche Vermuthungen« auf. Selbst »wenn ein Priester auf der Kanzel einen Namen genannt« habe, sei daraus keineswegs abzuleiten, dass »deßhalb alle Wähler in einem Bezirke die entsprechende Wahl getroffen haben«, außer man erkläre »das katholische Volk für gänzlich unselbstständig«, und genau dies sei »im Uebermaße geschehen«. Enttäuscht legte Ketteler sein Reichstagsmandat nieder.[109]

Die Annahme einer klerikalen Beeinflussung der katholischen Wähler stellte die Legitimität der Zentrumsmandate infrage.[110] Anlässlich eines Parteiaufrufs zur Nachwahl in Pleß-Rybnik warf Bismarck dem Zentrum vor, Stimmen zu »erschleichen«. Die Wähler seien außerstande, die »Entstellung der Wahrheit« zu kontrollieren, zumal die »polnisch sprechenden Oberschlesier« dazu auch keinerlei »Neigung« hätten. Analog dazu stellte eine statistische Wahlanalyse alle Zentrumsstimmen unter Generalverdacht:

> weiss doch kein Mensch, auch die Gewählten selbst nicht, wie viele von jenen Stimmen erkauft sind mit dem schamlosen Hinweis auf das ewige Seelenheil, mit dem Namen des Erlösers Jesus Christus; weiss doch kein Mensch, wie viele Furchtsame sich enthalten haben, ihr Deutsches Herz zu bekennen, da man sie schreckte mit heiligem Zorn: »Ihr werdet doch nicht gegen Euren Herrn und Heiland stimmen!«[111]

Der Konservative Moritz von Blanckenburg schlussfolgerte angesichts solcher Äußerungen, dass die von den Liberalen in den Wahlprüfungen verkündeten Grundsätze letztlich bedeuteten, dass *alle* Zentrumsabgeordneten ihre Sitze räumen müssten. Da diese Option ausgeschlossen war, suchten die Liberalen ›politische‹ Kanzelpredigten im Voraus zu verhindern. Denn das Instrument der Wahlannulierung hatte sich hierfür als untauglich erwiesen. In allen Nachwahlen für die 1871 wegen Kanzelmissbrauchs annullierten Mandate konnte die Zentrumspartei ihre Mehrheit bestätigen oder ausbauen.

109 MK 6.5.1871, S. 142; *Ketteler*, Centrumsfraktion, S. 112. Vgl. *Anderson*, Democracy, S. 91 Anm. 87; *dies.*, Liberalismus, S. 125.

110 Vgl. dazu *Kißling*, Geschichte, Bd. 2, S. 5f.; *Weber*, Phalanx, S. 90–99; *Anderson*, Democracy, S. 71, 82, passim.

111 *Bismarck*, Reden, Bd. 5, S. 247f.; SBHA 30.1.1872, S. 535. *Knorr*, Statistik, Sp. 289. Ähnlich im Ton: Schulthess' europäischer Geschichtskalender 13 (1872) S. 54.

3. Trennung von Politik und Religion: Die Entstehung des Kanzelparagraphen 1867–1871

Bereits im Zuge der Wahlprüfungsdebatte Anfang April 1871 schlug der Freikonservative Wilhelm von Kardorff eine Ergänzung des Strafgesetzbuches vor, um Kanzeln vor »Wahlagitationen« zu schützen.[112] Die Idee kam jedoch erst in der Herbstsession wieder auf die Agenda des Reichstags, durch einen Antrag Bayerns im Bundesrat. Die Initiative zum ersten reichsweiten Kulturkampfgesetz ging mithin von der Regierung eines zu 72 % katholischen Landes aus. Sie war eine direkte Folge des bayerischen Kulturkampfes, der die Dialektik der Trennung und Vermischung von Politik und Religion, die auch den preußisch-deutschen Konflikt prägen sollte, eindrucksvoll verdeutlicht.[113]

a) Politik und Religion im bayerischen Kulturkampf

Nach der österreichischen Niederlage gegen Preußen bei Königgrätz 1866 hatte König Ludwig II. in Bayern ein liberales Kabinett unter Hohenlohe bilden lassen, das von der Landtagsmehrheit der gemäßigten Mittelpartei, der linksliberalen Fortschrittspartei und der Demokraten gestützt wurde. Das Regierungslager vertrat zwar unterschiedliche soziale Gruppen sowie konträre verfassungsrechtliche Positionen und nationalpolitische Konzepte, war jedoch durch einen gemeinsamen Antiklerikalismus geeint.[114] Denn neben Bayerns Integration in das kleindeutsche Reich und einer Reform des bayerischen Sozial- und Militärwesens zielte die Regierung auf eine Entfernung des Klerus aus der Schule. Seit Mitte der 1860er Jahre hatte die liberale Landtagsmehrheit eine freisinnige Regelung des Schulwesens gefordert. Das Volk sollte in der Schule aus klerikaler Abhängigkeit befreit und zu einer bürgerlichen Lebensführung erzogen werden.[115]

Das Vorhaben provozierte den massenhaften Protest katholischer Geistlicher. Als Gerüchte laut wurden, Kultusminister Franz von Gresser plane eine Trennung von Schule und Kirche nach badischem Vorbild, versammelten sich im September 1867 im oberpfälzischen Schwandorf 86 Priester, die den Regensburger Bischof aufforderten, eine Generalversammlung des bayerischen Klerus

112 SBDR, 5.4.1871, S. 172.

113 Zum bayerischen Kulturkampf vgl. *Schieder*, Partei; *Albrecht*, Reichsgründung, S. 293–296; *Evans*, Cross, S. 102–108; *Hartmannsgruber*, Patriotenpartei (ideen- und politikhistorisch); *Weber*, Konzil; *dies.*, Kulturkampf; *Kraus*, Geschichte, S. 561–573; *Hartmannsgruber*, Spannungsfeld (theologie- und kirchenhistorisch); *Hesse*, Sozialgesetzgebung, *Stache*, Liberalismus, S. 11; *Farr*, Anti-Catholicism (sozialhistorisch); *Blessing*, Staat (religionshistorisch).

114 Vgl. *Schieder*, Partei, 207; *Hesse*, Sozialgesetzgebung, 344; *Stache*, Liberalismus, S. 116f., 124. Zu Hohenlohes Programm vgl. *Schmidt*, Bayern, S. 34–66; *Grohs*, Reichspartei, S. 46–51.

115 Vgl. *Kißling*, Geschichte, Bd. 1, S. 423; *Hesse*, Sozialgesetzgebung, S. 97–104, 154–160; *Stache*, Liberalismus, S. 37f., 66–108.

einzuberufen, um eine Petition gegen das Schulgesetz zu verabschieden. Die ›Schwandorfer Adresse‹, ein antiliberales Manifest, das die »destructiven und subversiven Tendenzen und Bestrebungen gegen die Kirche« verurteilte, bildete den Auftakt zu einer breiten Adressbewegung gegen die Regierung.[116] Als Gresser Pläne vorlegte, den geistlichen Unterricht auf Religion zu beschränken, Schulen unter staatliche Aufsicht zu stellen und simultane, das heißt Konfessionen übergreifende Schulen zu erlauben, warnte die Bischöfe in einer Denkschrift vor Gefahr für das »christliche Volk«.[117]

Die liberale Presse erklärte die klerikalen Mobilisierungserfolge mit der Zurückgebliebenheit der ungebildeten Massen. Innenminister Winfried von Hörmann warnte in einem Rundschreiben an die Regierungspräsidenten, dass die Geistlichen, »bei Ausübung ihres Amtes die gesetzlichen Grenzlinien zwischen weltlicher und geistlicher Gewalt« verwischten und drohte mit strafrechtlichen Sanktionen.[118] Die Liberalen beschrieben ihre überaus heterogenen Gegner als einheitliches ultramontan-klerikales Kollektivsubjekt und unterstellten ihnen damit eine Identität, die diese zu jenem Zeitpunkt noch gar nicht besaßen. Fast im Sinne einer *self-fulfilling prophecy* folgte die Realität der Sprache auf dem Fuße: Zu den Zollparlamentswahlen 1868, bei denen erstmals das allgemeine, direkte Wahlrecht galt, traten adlige Partikularisten, konservative Bürger und ultramontane Geistliche gemeinsam an und gründeten bald darauf die »Bayerische Patriotenpartei«.[119] Die Liberalen mussten vor allem in ländlichen Regionen schwere Verluste hinnehmen. Die Mehrheit der bayerischen Zollparlamentarier agierte fortan gegen die eigene Regierung.[120]

Innenminister Hörmann erklärte die liberale Wahlniederlage mit Vorbehalten gegenüber Preußen und der Fortschrittspartei, bestritt aber, dass der Einfluss des Klerus ausreiche, das Landvolk »nach Belieben« zu leiten.[121] Der oberpfälzische Regierungspräsident Max Gutschneider ging dagegen, wie seine Amtskollegen und die liberale Presse, von einer klerikalen Manipulation katholischer Wähler aus. Die »ultramontane Partei« habe aufgrund »der blinden Anhänglichkeit« einer Landbevölkerung gesiegt, der es an Urteilskraft fehle.[122] Der »Kurier für Niederbayern« machte Bildungsdefizite verantwortlich: »Beschämt steht der unbefangen denkende Mann deshalb vor solchem Resultate, weil man erfahren

116 Zitiert nach *Hartmannsgruber*, Patriotenpartei, S. 23 Anm. 33. Vgl. *Königstein*, Kulturkampf, S. 47–51.

117 *Huber/Huber*, Staat, Bd. 2, S. 155

118 Zitiert nach *Königstein*, Kulturkampf, S. 51 f. Vgl. *ebd.*, S. 53; *Kißling*, Geschichte, Bd. 1, S. 425. Zur Deutung der Adressbewegung in der liberalen Presse: *Stache*, Liberalismus S. 58.

119 Vgl. *Hartmannsgruber*, Patriotenpartei, S. 32–113.

120 Vgl. *Schmidt*, Bayern, S. 130–172; *Stache*, Liberalismus S. 58–66.

121 Zitiert nach *Hartmannsgruber*, Patriotenpartei, S. 45.

122 Zitiert nach *Schmidt*, Bayern, S. 166.

mußte, daß die große Menge im Volke noch auf viel tieferer Bildungsstufe steht, als man bei allen Befürchtungen sich zugestehen konnte.«[123]

Mitunter wurden die Stimmen der ländlichen Wähler auch für irrelevant erklärt. Für das inoffizielle Regierungsorgan, die »Süddeutsche Presse«, brachten sie nur den Willen »zurückgebliebene[r]« Gegenden zum Ausdruck. Letztlich sei es aber gleichgültig, was sich einer »vernachlässigten Bevölkerung in irgend einem obscuren Winkel« als richtig darstelle. Friedrich von Fechenbachs »Analyse der sogenannten bayerisch-patriotischen Partei« gab der »Qualität der liberalen Wähler« höhere Bedeutung als der »Quantität der ultramontanen Herde«. Die Stilisierung der ländlichen Wähler zum klerikalen ›Stimmvieh‹ war auch insofern fragwürdig, als die konservative Opposition von Angehörigen der Mittelschicht mit getragen wurde. In der Folge widersetzte sich die Regierung der Einführung des allgemeinen, gleichen Wahlrechts in Bayern, musste aber mit ansehen, wie die Konservativen im Reichsrat die Schulreform zu Fall brachten.[124]

Der Landtagswahlkampf 1869 stand im Zeichen sozialer Feindbilder. Die Fortschrittspartei stellte Adel und Klerus als reaktionär und volksfremd dar. Gleichzeitig wurden Bauern auf liberalen Wahlversammlungen von Rednern als »roh, verwildert, faul und verschwenderisch« beschimpft.[125] Bluntschli, von 1848 bis 1861 Professor in München, hatte im »Allgemeinen Staatsrecht« gemutmaßt, dass die Religiosität der Landbevölkerung mit ihrer Abhängigkeit von der Natur zusammenhänge. Aus dieser Perspektive hatte man es mit Primitiven zu tun, die Vernunftgründen unzugänglich waren. Die Patriotenpartei verwies im Gegenzug auf den elitär-bürgerlichen Charakter der Fortschrittspartei.[126] Ihre Strategie hatte Erfolg: Die Liberalen verloren auch ihre Abgeordnetenhausmehrheit und erklärten dies erneut mit klerikalem Einfluss. Nie zuvor, schrieb der fortschrittliche »Fränkische Kurier«, habe der Klerus »mit gleichem Fanatismus an dem Kampfe teilgenommen und mit gleicher Keckheit für seine politischen Zwecke die kirchlichen Hilfsmittel ausgebeutet«.[127] Allerdings hatte es auch liberale Schmähungen von Geistlichen, Wahlzettelmanipulationen und Einschüchterungsversuche in Wahllokalen gegeben. Der hohe Anteil bäuerlich-geistlicher Wahlmänner erregte den Argwohn der Liberalen. Die Kammer werde von »Tonsuren und schmutzigen Röcken« überschwemmt, klagte Julius Fröbel in der »Süddeutschen

123 Zitiert nach *Hesse*, Sozialgesetzgebung, S. 337. Zur Deutung der Wahl vgl. *Schmidt*, Bayern, S. 165–172; *Stache*, Liberalismus, S. 63; *Hartmannsgruber*, Patriotenpartei, S. 43–46.

124 Zitiert nach *Hartmannsgruber*, Patriotenpartei, S. 47, 111. Ähnlich reagierten badische Liberalen auf ihre Schlappe bei den Zollparlamentswahlen. Vgl. *Becker*, Staat, S. 211, 234. Zum Scheitern der liberalen Schulreform vgl. *Stache*, Liberalismus, S. 141 f.

125 Zitiert nach *Hartmannsgruber*, Patriotenpartei, S. 85.

126 Zitiert nach *Hesse*, Sozialgesetzgebung, S. 335. Zu den Landtagswahlen vom Mai 1869 vgl. *ebd.*, S. 262–268; *Schieder*, Partei, 198–211; *Faber*, Publizistik, Bd. 1, S. 362–368. *Evans*, Cross, S. 104; *Schmidt*, Bayern, S. 249–258; *Stache*, Liberalismus, S. 79, 112, 145.

127 Zitiert nach *Stache*, Liberalismus, S. 150.

Presse«. Durch die Annullierung konservativer Mandate gelang es den Liberalen zwar, eine Stimmengleichheit zu erzielen, so dass die Kammer sogleich wieder aufgelöst werden musste. Vor den Neuwahlen im November 1869 teilte die Regierung zudem die Wahlkreise zugunsten der Liberalen neu ein. Dennoch gewannen erneut die Patrioten, diesmal sogar noch deutlicher als zuvor.[128]

Der liberale Versuch zur Trennung von Politik und Religion hatte sein Gegenteil bewirkt. Die Entklerikalisierung und Entkonfessionalisierung des Schulwesens war nicht nur gescheitert, sondern hatte auch zur Entstehung einer katholischen Partei, einer Konfessionalisierung des Wahlverhaltens und zum Verlust der liberalen Parlamentsmehrheit geführt. Im Dezember 1869 entließ der König die Minister für Inneres und Kultur. Im März des folgenden Jahres trat, nach einem Misstrauensvotum beider Kammern, auch Hohenlohe zurück. Zwar konnten die Liberalen danach mit Verordnungen weiterregieren. Ihr legislativer Spielraum war jedoch begrenzt, ihr Reformeifer gebremst, ihre Legitimität beschädigt. Da die Patrioten mit einem Klerus kooperierten, der ebenso unkontrollierbar erschien wie die ländlichen Massen, glaubten die Liberalen nicht mehr, den Konflikt in Wahlen für sich entscheiden zu können. Selbst Wahlkreismanipulationen hatten hierzu nicht ausgereicht. Da die Schulreform zur Befreiung des Volkes aus geistlicher Bevormundung an ›klerikalem Einfluss‹ gescheitert war, musste dieser durch staatlichen Zwang begrenzt werden. Als letztes Mittel erschien hierfür die Reichsgesetzgebung geeignet.[129]

b) Nationalisierung eines regionalen Konflikts: Der Kanzelparagraph im Bundesrat

Im Oktober 1871 teilte der neue bayerische Ministerpräsident Friedrich von Hegnenberg-Dux seinem Amtsvorgänger die Absicht mit, »gesetzliche repreßiv-Mittel« gegen die »maaßlose Agitation« des Klerus von der Kanzel zu ergreifen. Er bat Hohenlohe, der mittlerweile das Amt des Reichstagsvizepräsidenten bekleidete, zu eruieren, ob eine entsprechende Strafgesetzbuchnovelle mehrheitsfähig sei. Hohenlohe antwortete, dass er eine parlamentarische Mehrheit für möglich halte, die Stimmung im Bundesrat aber nur schwer einschätzen könne und daher den Reichskanzler um Rat gefragt habe. Bismarck habe seine Unterstützung zugesichert, weil es »der Haltung der Ultramontanen gegenüber mehr und mehr nötig« werde, »ernste Stellung zu nehmen und das Verhältnis zwischen Staat und Kirche schärfer abzugrenzen.«[130]

Bismarck stand unter dem Eindruck der Berichte des preußischen Gesandten in München, Georg von Werthern. Im Februar 1868 hatte dieser den Ausgang der

128 Zitiert nach *Hartmannsgruber*, Patriotenpartei, S. 100. Vgl. dazu auch *Schieder*, Partei, S. 211–220; *Albrecht*, Reichsgründung, S. 318 f.; *Thränhardt*, Wahlen, S. 48–78.

129 Vgl. *Albrecht*, Reichsgründung, S. 324. Zur Konfessionalisierung des Wahlverhaltens: *Thränhardt*, Wahlen, S. 48–52.

130 *Grohs*, Reichspartei, S. 146. *Hohenlohe*, Denkwürdigkeiten, Bd. 2, S. 72 f.

Zollparlamentswahlen als »Beweis« dafür gewertet, »daß die große Masse noch ganz unzurechnungsfähig und ganz in den Händen einer geheimen, mächtigen, außerhalb des Landes wurzelnden Partei« sei. Auf dem Land seien die Wahlen »ausschließlich von der Geistlichkeit geleitet worden«. 1869 hatte Werthern aus Bayern sogar das Schreckbild einer massengestützten antipreußischen Allianz klerikal-partikularistischer Kräfte gezeichnet.[131] Der nationalliberale Parteiführer Rudolf von Bennigsen äußerte sich zuversichtlich, dass Bismarck »den Kampf gegen Rom und die deutschen Römlinge mit der ihm innewohnenden Energie aufnehmen« werde.[132]

Im Kontrast zu Bismarck begrüßten die liberalen Reichstagsabgeordneten den Kanzelparagraphen keineswegs einhellig, denn er widersprach dem Recht auf freie Meinungsäußerung. Zwar warben Mitglieder der von Hohenlohe mit gegründeten Fraktion der »Liberalen Reichspartei« (LRP), darunter zentrale Akteure des bayerischen Kulturkampfes, für den Entwurf des Augsburger Bürgermeisters Ludwig Fischer, der vorsah, jeden Geistlichen, der Gesetze und Institutionen angreift mit einem Jahr Gefängnis zu bestrafen. Das Vorhaben fand indes bei einer internen Probeabstimmung der liberalen und freikonservativen Fraktionen keine Mehrheit. Vor allem die Fortschrittler äußerten Vorbehalte, während andere zur Solidarität mit Bayern aufriefen.[133] Der neue bayerische Kultusminister Johann von Lutz brachte die Novelle daraufhin mit königlicher Vollmacht im Bundesrat ein. Am 19. November 1871 billigte das Gremium – bei Enthaltung Hessens und gegen die Stimmen Sachsens und Mecklenburgs – eine überarbeitete Fassung und legte sie dem Reichstag vor.[134] Beantragt wurde eine Ergänzung des Strafgesetzbuches um § 130a:

> Ein Geistlicher oder anderer Religionsdiener, welcher in Ausübung oder in Veranlassung der Ausübung seines Berufes öffentlich vor einer Menschenmenge oder welcher in einer Kirche oder an einem anderen zu religiösen Versammlungen bestimmten Orte vor Mehreren Angelegenheiten des Staates in einer Weise, welche den öffentlichen Frieden zu stören geeignet erscheint, zum Gegenstande einer Verkündigung oder Erörterung macht, wird mit Gefängnis bis zu zwei Jahren bestraft.

Formal wurde der Kanzelparagraph mit einer »Lücke« im Strafgesetzbuch begründet und als Anpassung an kontinentaleuropäisches Recht dargestellt. Als Vorbilder genannt wurden der französische Code pénal, das spanische und portugiesische Strafgesetzbuch von 1848 bzw. 1852, das württembergische und belgische Strafgesetzbuch von 1839 bzw. 1867, das badische Gesetz von 1860,

131 Zitiert nach *Schmidt*, Bayern, S. 160 ff. Vgl. *Holborn*, Bismarck, S. 476 f., 479 f.; *Barton*, Gesandtschaft, S. 10, 15, 19.

132 *Oncken*, Bennigsen, Bd. 2, S. 235.

133 Vgl. *Hohenlohe*, Denkwürdigkeiten, Bd. 2, S. 72 ff.; *Richter*, Reichstag, Bd. 1, S. 42; *Grohs*, Reichspartei, S. 147 ff.

134 Zur Kritik Mecklenburgs und Sachsens vgl. BR, S. 332 f.; *Friesen*, Erinnerungen, Bd. 3, S. 241 f. Zur LRP vgl. *Steinsdorfer*, Reichspartei; *Weber*, Reichspartei.

das sardische Strafgesetzbuch von 1859 und der italienische Entwurf von 1870. Preußen hatte sich dagegen zwei Jahrzehnte lang in die entgegengesetzte, angloamerikanische Richtung entwickelt und religiöse Missbräuche aus dem Strafgesetzbuch entfernt. Hier markierte der Kanzelparagraph eher einen ›Rückschritt‹. *Inhaltlich* führten die Motive die »gewichtige Autorität« des Klerus an. Indem er »Glauben und Moral« pflege und lehre, beeinflusse er »das innere Leben der Einzelnen« und »die praktische Gestaltung« der Lebensverhältnisse. Da der Geistliche die Kirche repräsentiere, nähmen seine »Urtheile und Behauptungen das ganze Ansehn der Religion zu Hülfe«. Auf »diejenigen, welche Kirche und Religion hochachten«, übe er »den sichersten und bestimmensten Einfluß« aus. Der »Mißbrauch« geistlicher Ämter zu »Aufreizungen, welche den Frieden stören, Angriffe auf Gesetze und Staatseinrichtungen« sei »objectiv gefährlicher«, weil er das sittliche Band zwischen Regierung und Volk zu lockern vermöge; er sei »subjectiv fragwürdiger«, da er »das Heilige und Ehrwürdige« missbrauche. Insofern stellten geistliche »Ungehörigkeiten« ein »vom Staate besonders zu ahndendes delictum proprium« dar, das heißt eine Straftat, die nur von einer bestimmten Personengruppe begangen werden konnte.[135] Wie die Anfechter der Zentrums-Wahlsiege gingen die Autoren des Kanzelparagraphen von der Verbindlichkeit geistlicher Kanzelreden aus. Auf eine Definition des ›öffentlichen Friedens‹ und der ›Angelegenheiten des Staates‹ verzichteten sie. Auch ein Hinweis auf die Konfession fehlte. Der evangelische Klerus war damit ebenfalls betroffen.

c) »Krankheit« und »Krieg«: Die Rhetorik der Vernichtung

In den aggressiv geführten Reichstagsdebatten um den Kanzelparagraphen ging es zunächst vornehmlich um den nationalen Charakter des Gesetzes. Um den Verdacht zu entkräften, dass nur ein bayerisches Problem verhandelt werde, wie der sächsische Bundesratsdelegierte gemutmaßt hatte, erklärten Antragsteller Lutz und die bayerischen Abgeordneten der LRP kurzerhand alle katholischen Geistlichen zu Reichsfeinden. Der bayerische Kultusminister stilisierte den Kanzelparagraphen zur Medizin für den in Bayern erkrankten Reichskörper. Es handele sich um eine »gemeinsame Angelegenheit des Reiches«. Die Reichsgründung habe ein »organisches« Ganzes geschaffen. Wenn ein »Glied« leide, werde »bald der ganze Organismus mitleiden«.[136] Zugleich stellte Lutz das Gesetz als

135 SBDR 1871, Anlagen, Aktenstück Nr. 103, S. 267. Das badische Gesetz in: *Huber/Huber*, Staat, Bd. 2, S. 238. Zur rechtshistorischen Einordnung vgl. *Elble*, Kanzelparagraph; *Lifschütz*, Bekämpfung; *Dietl*, Kanzelparagraph. Den Widerspruch zur preußischen Rechtsentwicklung betont *Anderson*, Democracy, S. 92. Zur badischen Kirchengesetzgebung vgl. *Becker*, Staat, S. 65 f.

136 SBDR 23.11.1871, S. 464. Das Bild einer medizinischen Heilung des Reichskörpers wurde von Befürwortern und Kritikern des Kanzelparagraphen aufgegriffen. Vgl. *ebd.*, 28.11.1871, S. 577 (Carl Herz); 25.11.1871, S. 540 (von Riegolewski), 521 (Schauß). Der Verdacht des sächsischen Bundesratsdelegierten vgl. BR, S. 332 f. Zur Reichstagsdebatte vgl. auch die ältere Darstellung von *Stoltenberg*, Reichstag, S. 101–114.

militärische Verteidigungsmaßnahme gegen innere und äußere Reichsfeinde dar. Sobald die Gegner in Bayern gesiegt hätten, warnte er, würden sie »ihre Expeditionen weiter führen und ihren Truppen andere Wege anweisen. [...] Denken Sie nur, meine Herren, an unsere neu erworbenen Provinzen, an Elsaß und Lothringen!«. In vielen deutschen Staaten, wo Priester weltliche Regierungen in Kanzelreden und anderen »Gelegenheiten geistlicher Amtsübung« angriffen, sei der Klerus bereits ein »Ebenbild des Jesuitismus«.[137]

Angesichts der Metaphern von Krankheit und Krieg hätte man, wie der freikonservative Hannoveraner Abgeordnete Georg Graf zu Münster-Ledenburg bemerkte, eigentlich alle katholischen Geistlichen »totschießen« müssen.[138] Wie begegneten die Zentrumsdelegierten den Angriffen? Mallinckrodt konterte ironisch: Die verfemten Jesuiten seien offenbar ebenso unschuldig wie der übrige Klerus: »[I]ch habe nichts dagegen zu erinnern, wenn Sie sagen: der Klerus ist mit dem Jesuitismus identisch, dann ist der allgemeine Ausdruck, in dem sich beides zusammenfassen würde, der Katholicismus.« Ketteler nahm den Vorwurf der ›Reichsfeindschaft‹ dagegen ernst und beteuerte die nationale Gesinnung des Zentrums, der katholischen Geistlichen und Laien. Wer anderes behaupte, erliege »Vorurtheilen« und trage eine »verfälschte Brille«. Das Deutsche Reich sei stark genug, »sich nicht vor Gespenstern zu fürchten.« Doch die Liberalen malten weiterhin ›schwarze Gespenster‹ an die Wand.[139]

d) »Hausrecht« oder »Scheidung«? Die »Ehe« von Staat und Kirche

Noch in den martialischsten Reden tauchte indes meist auch ein Thema auf, das die Redner zur Mäßigung zwang: das Verhältnis von Staat und Kirche. Es wurde nicht mit Metaphern medizinischer Heilung und militärischer Kriegsführung beschrieben, sondern mit Metaphern der Koexistenz wie ›Haus‹, ›Familie‹ und ›Ehe‹. Denn die meisten Liberalen wollten keine Vernichtung der katholischen Kirche, sondern ihre ›Privatisierung‹ und staatliche Unterwerfung. »Kern der Sache« war Lutz zufolge die Frage »wer *Herr* im Staate sein soll, die Regierung oder die römische Kirche«. Beide verfügten über eigene Sphären und könnten, falls sie sich hierauf beschränkten, »im Frieden nebeneinander« bestehen. Kein Staat könne bestehen, in dem zwei Regierungen koexistierten, die sich »bekriegen«. Dieser Zustand herrsche jedoch in Staaten, deren Bevölkerung der Mehrheit nach den Einflüssen der römischen Kirche preisgegeben sei. Denn diese beanspruche neben dem Gebiet des Glaubens auch das der Sitte für sich. Daher existiere nach kirchlicher Auffassung letztlich kein Gebiet, das ausschließlich dem Staate anheimfiele und nicht auch der Kirche. Deshalb ziele sie auf die

137 SBDR 23.11.1871, S. 464, 466. Als Beispiel ähnlich martialischer Reden vgl. *ebd.*, S. 476ff. (Fischer); SBDR 25.11.1871, S. 521 (Schauß); 28.11.1871, S. 576f. (Völk); S. 577 (Herz).

138 *Hohenlohe*, Denkwürdigkeiten, Bd. 2, S. 76.

139 SBDR 23.11.1871, S. 480f. (Ketteler); S. 581 (Mallinckrodt).

»Unterwerfung der weltlichen Regierung«. Zur Zurückweisung kirchlicher Ansprüche, die von einigen Rednern als »keck« bezeichnet wurden, berief sich Lutz gleich mehrmals auf die ›Natur‹ des Staates: Nichts sei

> *natürlicher*, als daß der Staat und seine Regierung sich diesen Schlußfolgerungen nicht einfach unterwerfen. [...] Ich wiederhole, nichts ist *natürlicher*, als daß sich der Staat dagegen zu schützen versucht, nichts *natürlicher*, als daß er seine Autorität wahrt, daß er nicht duldet, daß die Kirche einen dicken Strich macht durch seine Gesetze und durch seine Anordnungen.[140]

Wenn politische Macht gerechtfertigt werden soll, muss ihr Bezugspunkt, Joan Scott zufolge, »sicher und unverrückbar« erscheinen, außerhalb des Bereichs menschlicher Konstruktion. Der Bezug auf die Natur erschien hierzu im 19. Jahrhundert besonders geeignet. Deshalb wurden vermeintlich natürliche Unterschiede zwischen Körpern und Geschlechtern immer wieder zur Legitimation von Macht herangezogen. Doch worin bestand die Natur des Staates, auf die sich Lutz wie selbstverständlich berief? In der liberalen Theorie wurden Staat und Kirche, wie bei Sybel, Bluntschli und Cavour, männliche und weibliche Geschlechtsmerkmale zugeschrieben. Das *Gendering* legte eine Abgrenzung staatlich-kirchlicher ›Sphären‹ analog zum polaren Geschlechtermodell der bürgerlichen Gesellschaft nahe.[141]

Deshalb nannte Lutz es »undenkbar, daß der Staat auf seinem Gebiete der Kirche als solcher ein Wort mitzusprechen gestatte. Er muß sein Gebiet abgrenzen, er muß es schützen.« Für Treitschke wahrte der Kanzelparagraph das »Hausrecht« des Staates: »die Mündigkeit des Staates, seine Unabhängigkeit der Kirche gegenüber, sein Recht sich selber zu leiten nach seinem Willen«. Der Gesetzgeber müsse Grenzen ziehen, welche die Kirche nicht überschreiten dürfe. Allerdings fiel es gerade kirchenfreundlichen Protestanten wie Treitschke schwer, die »rechten Grenzen hier zu finden«. Da die Religion »alle Höhen und Tiefen des menschlichen Lebens« berühre, sei es »Unsinn«, der Kirche zu verbieten, »über Politik zu reden«. Der Historiker erinnerte an das nationale Engagement des Klerus im Krieg von 1870/71: »Da haben alle unsere Geistliche[n] von Politik gesprochen [...], und wir waren dessen froh«. Daher sei es »ein Unglück, wenn dieses junge Reich damit begänne, den Theologen die Politik zu verbieten.«[142]

Diese Ambivalenz kennzeichnete die gesamte Debatte. Zwar erkannten auch Zentrumsabgeordnete die Trennung von Politik und Religion prinzipiell an. Ketteler etwa forderte, das Parlament nicht in ein »Koncil« oder in eine »theologische

140 SBDR 23.11.1871, S. 465f. [Hervorhebung MB]. Zur »kecken Anmaßung« der Kirche vgl. *ebd.*, 28.11.1871, S. 575 (Völk).

141 *Scott*, Gender, S. 48f. Zur Maskulinisierung des Staates in der politischen Theorie des 19. Jahrhunderts vgl. *Frevert*, Mann, S. 61–132. Zum liberalen *Gendering* von Staat und Kirche vgl. Kapitel C.I und C.IV.3.a.

142 SBDR 23.11.1871, S. 465f. (Lutz), S. 468 (Treitschke).

Versammlung« zu verwandeln. *Praktisch* wurden Politik und Religion jedoch in den meisten Reden vermischt – ein gleichsam unvermeidlicher performativer Selbstwiderspruch. Der Konservative Hans von Kleist-Retzow beklagte, dass katholische »Konfessionsgenossen« die Tribüne dazu missbrauchten, ihre »feindseligen Gesinnungen« auszutragen und sich »hier von dieser Stelle« aus gegenseitig zerfleischten. Die »Glühhitze religiöser Leidenschaftlichkeit« (Lasker), erfasste indes auch Protestanten: Treitschke bezeichnete sich als »Protestant von Grund aus«, Gneist beschwor »die innerliche Seite der Religion« und das »protestantische Gewissen« und Kleist sprach als »evangelisches« Mitglied eines in »wesentlichen Bestandtheilen« evangelischen Staates. Zeitweilig glich der Reichstag einer theologischen Versammlung.[143] Vor diesem Hintergrund stellte Windthorst die Trennbarkeit kirchlicher und staatlicher Angelegenheiten grundsätzlich infrage:

> Was sind »Angelegenheiten des Staates«? Wir haben heute von den verschiedensten Seiten hier Gegenstände aufzählen gehört, die man als zur Erörterung der Geistlichkeit nichtgehörig bezeichnet hat, welche dessenungeachtet unzweifelhaft kirchlichen und theologischen Charakters sind. Sollen nun alle diese Gegenstände »Angelegenheiten des Staates« sein, dann wäre es vielleicht rathsam, die Kanzel ganz abzuschaffen, denn dann wüsste ich kaum noch Gegenstände, die auf der Kanzel verhandelt werden dürfen.

Der Fraktionsführer der Fortschrittspartei Wilhelm Loewe zog dagegen aus der Debatte die umgekehrte Schlussfolgerung und forderte die »absolute Trennung von Staat und Kirche«:

> Denn was noch viel schlimmer ist als die bloße Theologie, das ist die politische Theologie oder die theologische Politik, die wir hier mitmachen müssen. Diese politische Theologie oder theologische Politik müssen wir aber los werden, loswerden um jeden Preis.[144]

Die Idee der Trennung von Staat und Kirche barg indes auch Gefahren für die Liberalen. Sie konnte den Kanzelparagraphen als staatlichen Übergriff auf kirchliches Gebiet erscheinen lassen. Wie 1848 griffen katholische Politiker das Sphärenmodell auf und wendeten es gegen seine liberalen Urheber. Peter Reichensperger sagte, dass das Vatikanische Konzil selbständige Gewalten »mit innerlich abgeschlossenen Rechtssphären« voraussetze. Ein Überschreiten ihrer Grenzen wie in den Kölner Wirren mache alle Verhältnisse »krank, trüb und verwirrt«. Der Kanzelparagraph nehme erneut »mit rauher Hand das an sich zarte und doch hochwichtige Verhältniß zwischen Staat und Kirche in Angriff« und verletze »das Princip der gleichen, wahren, männlichen Freiheit«. Während Reichensperger das liberale *Gendering* von Staat und Kirche invertierte, griff Windthorst es

143 SBDR 23.11.1871, S. 479 (Ketteler); SBDR 25.11.1871, S. 468 (Treitschke), S. 537 (Kleist-Retzow), S. 584 (Gneist); *Grasser*, Lutz, S. 89 (Lasker). Zum innerkatholischen ›Glaubenskrieg‹ vgl. SBDR 25.11.1871, S. 478 (Fischer); 28.11.1871, S. 579 (Mallinckrodt).

144 SBDR 25.11.1871, S. 531 (L. Windthorst), S. 537; 23.11.1871, S. 483 (Loewe).

auf: Die Kirche wolle nicht über den Staat herrschen, sondern nur »Herrin sein in ihrem Hause und innerhalb der Grenzen ihres Hauses.« Er warnte vor einer ›Scheidung‹ der ›Ehe‹ von Staat und Kirche: »Wollen die Herren aber diese glücklich bestandene Ehe zwischen Kirche und Staat ferner nicht gelten lassen, [...] fürchte ich, daß die Ehe aufgelöst werden muß.« Er stellte sogar seine Zustimmung zur Trennung von Staat und Kirche nach nordamerikanischem Vorbild in Aussicht, eine linksliberale Forderung, bezweifelte aber, dass seine »protestantischen Freunde orthodoxen Glaubens« die »Scheidungsbasis« akzeptieren würden. Tatsächlich wandte der Freikonservative Kardorff ein, dass Staat und Kirche »Jahrhunderte hindurch viel zu sehr miteinander verwoben« gewesen seien, »als daß sie mit einem Schnitte getrennt werden könnten.« Auch die Nationalliberalen wollten, teils aus Rücksicht auf die evangelische Kirche, teils aus religiöser Überzeugung, keine ›Scheidung‹ von Staat und Kirche. Ihnen ging es um die Hoheit des Staates über die Kirche. »Seid unterthan der Obrigkeit«, rief Gneist den katholischen Geistlichen im Reichstag zu. Nur die Fortschrittsliberalen forderten, wie Herz, die »vollständige Trennung von Staat und Kirche«.[145]

e) Ein ›illiberales‹ Gesetz? Zur Bewertung des Kanzelparagraphen

Der Kanzelparagraph fand Kritiker in allen Reichstagsfraktionen. Ketteler brandmarkte ihn als »Ausnahmegesetz im odiosesten Sinne des Wortes«, das die »Gleichheit vor dem Gesetz« vernichte. Die polnischen Deputierten schlossen sich dieser Deutung an. Der Nationalliberale Lasker verurteilte den Kanzelparagraphen als »Gelegenheitsgesetzgebung« und Waffe »für das politische Tagesbedürfnis«. Gegen den »gefährlichen Mißbrauch des politischen Verwaltungsamtes« sei nicht dasselbe Mittel verwendet worden. Auch der Konservative Helmuth Freiherr von Maltzahn monierte, dass der ›politische‹ Einfluss von Professoren, Offizieren und Journalisten ungeahndet bleibe und prophezeite zudem, dass der Entwurf sein Ziel verfehlen werde: Der Klerus werde auf der Kanzel und in öffentlichen Reden vorsichtiger sein, dafür jedoch umso mehr in Beichtstuhl und Presse agitieren. Für den »Krieg« mit der römischen Kirche sei die Waffe nicht scharf genug. Den Fortschrittsliberalen Richter erinnerte die Vorlage dagegen an Otto Freiherr von Manteuffels Strafgesetze aus der »Rüstkammer der Reaktion«. Das eigentliche Ziel liberaler Politik – die Befreiung des Volkes von klerikaler Bevormundung – sei aber nicht durch Repression zu erreichen, sondern nur durch eine Zurückdrängung der Kirche aus der Öffentlichkeit.[146]

War der Kanzelparagraph also ein ›illiberales‹ Gesetz, das staatlichen Zwang über individuelle Freiheit stellte? Treitschke warf diese Frage, die das liberale

145 SBDR 23.11.1871, S. 469–474 (P. Reichensperger); 25.11.1871, S. 527f. (L. Windthorst); S. 534 (Kardorff); 28.11.1871, S. 585 (Gneist). Zu den linksliberalen Forderungen nach einer Trennung von Staat und Kirche vgl. *ebd.*, 23.11.1871, S. 483, 485 (Loewe); 28.11.1871, S. 577 (Herz).

146 SBDR 23.11.1871, S. 482 (Ketteler); *Kißling*, Geschichte, Bd. 2, S. 2f. (Lasker); SBDR 25.11.1871, S. 517 (Maltzahn), S. 518 (Richter), S. 541 (von Riegolewski).

Selbstverständnis berührte, gleich zu Beginn der Debatte auf. Das Gesetz erscheine »in der gehässigen Form eines Strafgesetzes«, weshalb man fragen könne, ob das denn die Freiheit sei, »die mit dem Zwange beginnt«. Das Gesetz sei aber notwendig »im Interesse der Freiheit« und ein »im höchsten Maße freies Gesetz«, weil es die grundsätzliche Voraussetzung aller politischen Freiheit wahre: die staatliche Souveränität. In der Folge stellten auch andere Liberale die Entpolitisierung der kirchlichen Sphäre als einen Beitrag zur Befreiung der Gläubigen von kirchlicher Bevormundung dar.[147] Doch nicht alle liberalen Gegner des Kanzelparagraphen ließen sich davon überzeugen. Am 25. November 1871 nahm der Reichstag den Entwurf mit 179 zu 108 Stimmen an. Sechzig Deputierte blieben der Abstimmung fern, darunter der nationalliberale Parteiführer Johannes Miquel. Von den liberalen Fraktionen stimmte allein die LRP geschlossen dafür.[148]

Obwohl die Zustimmung der Liberalen zum Kanzelparagraphen schwach ausfiel, haben sie das Gesetz nicht verhindert. Der Jurist Ludwig Dietl hat dies mit dem »status nascendi« zu entschuldigen gesucht, in dem sich »der Liberalismus, der seinem Wesen nach tolerant« sei, im Kulturkampf noch befunden habe. Doch wie gesehen, zeigten sich die Liberalen gegenüber dem Katholizismus seit dem Vormärz äußerst intolerant. Christoph Weber hat daher auf die verschärfende Wirkung des bayerischen Kulturkampfes und der Reichsgründung hingewiesen. Wie gesehen, waren bayerische Liberale katholischer Konfession in Bundesrat und Reichstag maßgeblich an der Genese des Gesetzes beteiligt.[149]

Doch es gab auch langfristig wirksame Faktoren. Die Liberalen mobilisierten nicht nur nationale Emotionen, sondern auch diskursive Strategien und Topoi der Aufklärung. Und sie folgten dem Prinzip der Trennung von Politik und Religion, das mit der Demokratisierung des Männerwahlrechts nun auch unmittelbare machtpolitische Relevanz erhielt: Da das allgemeine, gleiche Wahlrecht den Stimmen ländlich-katholischer Wähler mehr Gewicht gab als vorher, war die politische Hegemonie der Liberalen bedroht. Sie suchten ihre emanzipatorischen Ziele daher mit repressiven Mitteln durchzusetzen.[150]

Neben der Bewertung des Kanzelparagraphen stellt sich auch die Frage nach seiner Wirkung. Im Rheinland scheint er vor allem *nach* dem Kulturkampf angewandt worden zu sein, in Hohenzollern dagegen bereits Anfang der 1870er

147 SBDR 23.11.1871, S. 467 (Treitschke). Vgl. *ebd.*, S. 478 (Fischer), S. 485 (Loewe); 28.11.1871, S. 577 (Herz), S. 584 (Gneist).

148 Dagegen stimmten der jüdische Delegierte der linksliberalen Deutschen Volkspartei Leopold Sonnemann, der Nationalliberale Lasker sowie zwölf Delegierte der Fortschrittspartei. Vgl. *Stoltenberg*, Reichstag, S. 111. Das Bild einer »überwältigenden Unterstützung« (*Gross*, War, S. 255) der Liberalen für das Gesetz ist daher zu relativieren.

149 *Dietl*, Kanzelparagraph, S. 2. Vgl. *Weber*, Phalanx, S. 45. Zur Mitwirkung der LRP an der Kulturkampfgesetzgebung vgl. *ebd.*, S. 44 f., 94–170.

150 Zum Verhältnis von Emanzipation und Repression bei den liberalen Kulturkämpfern vgl. zuletzt auch *Gross*, Kulturkampf.

Jahre.[151] Kißling hat dies als Beleg der »Entbehrlichkeit« des Gesetzes gedeutet, Walter Grasser dagegen, für Bayern, als Zeichen erfolgreicher Abschreckung. Im Anschluss an Ronald Ross, der die inkonsequente Umsetzung preußischer Kulturkampfgesetze betont hat, liegt die Vermutung nahe, dass die preußischen Behörden auf eine strikte Strafverfolgung verzichteten, um sich bei den Katholiken nicht noch unbeliebter zu machen. Den Klerus scheint der Kanzelparagraph nicht daran gehindert zu haben, »seine Pflicht zu tun«, wie Kißling befriedigt feststellte.[152] Die Priester zogen sich nicht aus der Politik zurück, sondern verlagerten ihre Tätigkeit auf Zeitungen und Vereine. 1876 wurde § 130a daher um ein Verbot zur Ausgabe und Verbreitung ›staatskritischer‹ Schriftstücke ergänzt.[153]

Doch auch dies brachte die Liberalen katholischen Wählern nicht näher. Margaret Lavinia Anderson zufolge trug der Kanzelparagraph bei diesen vielmehr zur Entfremdung von den liberalen Parteien bei.[154] Um den ›Teufelskreis‹ von katholischer Mobilisierung und staatlicher Repression zu durchbrechen, bedurfte es offenbar anderer Mittel. Vor diesem Hintergrund rückte die Schule ins Zentrum der Aufmerksamkeit.

4. Bismarck und die Liberalen: Das preußische Schulaufsichtsgesetz 1872

Das preußische Schulaufsichtsgesetz von 1872 gab dem Staat das Recht auf die Ernennung der Inspektoren privater und öffentlicher Schulen. In der Folge wurde die Aufsicht zunächst den katholischen, dann auch den evangelischen Geistlichen entzogen. Der Staat bestimmte fortan die Lehrinhalte und förderte die Gründung Konfessionen übergreifender ›Simultanschulen‹ für jüdische, katholische und protestantische Kinder. Das Gesetz markierte eine wichtige Etappe der Entflechtung von Staat und Kirche. Es provozierte daher den Widerstand konservativer Christen beider Konfessionen und offenbarte so gleich zu Beginn des preußischen Kulturkampfes die innerprotestantischen Bruchlinien des antikatholischen Konsenses und die religiösen Grenzen des liberalen Projekts der Säkularisierung. Das Gesetz ist bislang entweder teleologisch gedeutet worden: als Ergebnis einer funktionalen Differenzierung von Staat und Kirche; oder situativ: als liberales »Erziehungskorrektiv zum allgemeinen Wahlrecht« bzw. als administrativ-

151 Vgl. *Schloßmacher*, Düsseldorf, S. 149–152; *Rösch*, Kulturkampf, S. 68–71. Die Reichskriminalstatistik zählt 1883–1889 13, 1894–1895 und 1902–1903 jeweils vier und 1907–1911 29 Verfahren. 1882–1923 gab es 58 Strafverfahren mit 41 Verurteilungen und 17 Freisprüchen. Vgl. *Dietl*, Kanzelparagraph, S. 35 f.

152 *Kißling*, Geschichte, Bd. 2, S. 8. Vgl. *ebd.*, S. 9 f.; *Grasser*, Lutz, S. 93; *Ross*, Failure.

153 Vgl. *Scheuermann*, Kanzelparagraph.

154 Vgl. *Anderson*, Liberalismus, S. 125.

legislatives Instrument Bismarcks zur Germanisierung der polnischsprachigen Einwohner im Osten Preußens. Als Determinanten galten also entweder die Säkularisierungstheorie oder die politischen Erwägungen mächtiger Akteure.[155] Wie im Folgenden gezeigt werden soll, greifen beide Deutungsmuster zu kurz. Zwar war der Kontext der Reichsgründung und der gleichzeitigen Einführung massendemokratischer Elemente sehr wichtig für Bismarcks Entscheidung, den Konflikt mit der Kirche zu suchen. Allerdings machte er sich dabei zum Anwalt langfristiger liberaler Ziele. Zwischen Bismarcks Argumenten für die Verweltlichung der Schulaufsicht und jenen der Liberalen bestand kein wesentlicher Unterschied. Vielmehr redete und handelte der preußische Junker 1872 wie ein Liberaler – und umgekehrt.

a) Liberalismus und Schule 1862–1872

Auf den ersten Blick erscheint das preußische Schulaufsichtsgesetz als Reaktion auf den Erfolg der Zentrumspartei bei der Reichstagswahl von 1871. Unmittelbar danach rückte die Schule auf die Spitze der Agenda: »Wer die Konfessionsschule will«, schrieb Bamberger, »will die Erziehung durch den Priester, und wenn der Priester wie heutzutage auf den kirchlichen Hader angewiesen ist, so erzieht er fanatische Wähler. Damit ist der Kreislauf vollendet, und ohne diesen Zauberkreis zu durchbrechen kommen wir nicht aus der geistigen Reaction heraus«. Um den ›Zauberkreis‹ liberaler Reformen, klerikalen Widerstandes und katholischer Wahlsiege, der sich in Bayern exemplarisch gezeigt hatte, zu durchbrechen, musste die Schule kirchlicher Kontrolle entzogen werden.[156]

Allerdings gaben die Zentrumserfolge liberalen Volksbildungsaktivisten auch willkommene neue Argumente für lang gehegte Schulreformpläne. Schon 1862 hatte Sybel im Landtag erläutert, was auf dem Spiel stand: »Wer die Schule besitzt, der besitzt die Herrschaft über die Zukunft und über die Welt.« Drei Jahre später formulierte der Pädagoge Adolph Diesterweg den Zusammenhang so: »Ohne Volksbildung, ohne freie Menschenbildung keine gedeihliche Entwicklung! Ohne frei entwickelnde Volksschule keine grundlegende Volksbildung! Volksbildung ist Volksbefreiung im weitesten Sinne des Wortes.« Auch der Fortschrittler Franz Duncker wollte die Schule »loslösen« von Einflüssen, welche die »Bildung von Gläubigen« einer »andern Welt« anstrebten; stattdessen müsse man die Schule »auf sich selbst stellen«, damit sie der »Bildung des Menschen und

155 *Wölk*, Volksschulabsolvent, S. 157, 160. Ähnlich *Anderson*, Democracy, S. 93. Marjorie Lamberti betont Bismarcks Rolle und den Kontext der Germanisierung: *Dies.*, State, S. 40–46. Christa Bergs Untersuchung schwankt zwischen verschiedenen Erklärungen hin und her. Vgl. *dies.*, Okkupation. Differenzierter: *Huber/Huber*, Staat, Bd. 2, S. 529 f.; *Meyer*, Schule. Zum transkonfessionellen christlichen Widerstand vgl. Kapitel C.IV.1.b.

156 *Bamberger*, Sitzungsperiode, S. 179.

des Staatsbürgers« dienen könne.[157] Volksschulen sollten zur Disziplinierung der Unterschichten dienen. Mit der Demokratisierung des Männerwahlrechts gewannen sie eine machtpolitische Bedeutung. Der Klassen und Regionen übergreifende Wahlerfolg katholischer Parteien machte die ›Herrschaft über die Geister‹ zur Machtfrage der Gegenwart. Der Niedergang der bayerischen Liberalen hatte diesen Konnex von Macht und Wissen drastisch verdeutlicht. Vor diesem Hintergrund warb der Gründer der liberalen Arbeiterbildungsvereine Hermann Schulze-Delitzsch im Reichstag für die »allgemeine politische Bildung im Volke« als Voraussetzung politischer Partizipation. Zwar bedürfe es keines »Korrektivs gegen das allgemeine Wahlrecht«, aber der »Herbeiführung seiner Voraussetzung in der allgemeinen Bildung.«[158]

Für die Linksliberalen sollte die Verweltlichung der Schule nur die erste Stufe einer umfassenden Trennung von Staat und Kirche sein. Richter suchte den Nationalliberalen das Projekt als ›liberale‹ Alternative zum ›illiberalen‹ Kanzelparagraphen schmackhaft zu machen. Die Befreiung des Volkes von geistlicher Bevormundung sei nicht durch Androhung staatlicher Strafen zu erreichen, sondern nur durch eine konsequente Trennung von Staat und Kirche: Dann »wird es sehr bald Tag werden, dann werden die schwarzen Gespenster, vor denen viele der Herren sich so zu fürchten scheinen, sehr bald verschwinden«.[159] Für so weitreichende Forderungen fand sich jedoch keine Mehrheit. Nationalliberale, die der evangelischen Kirche verbunden waren und in der Religion ein Mittel der Erziehung zur Sittlichkeit sahen, schreckten davor zurück. Mehrheitsfähig war dagegen die Verstaatlichung der Schulaufsicht, denn als öffentliche Institution galt die Schule als ›natürliche‹ Domäne des Staates, auch wenn sie, zumal auf dem Land, faktisch in den Händen des Klerus lag.[160]

b) Germanismus als Aufklärung – Bismarck als Liberaler

Im Unterschied zu 1869 fanden die Liberalen 1871 in Bismarck einen kongenialen Bündnispartner, der sich ihre schulpolitischen Argumente und Ziele zu eigen machte. Neben dem demokratischen Wahlrecht spielte dabei auch das Projekt der Nationsbildung eine wichtige Rolle. Ohne Wissen des Kaisers revidierte der Reichskanzler am 4. August zunächst die Einführung der konfessionellen Schulinspektion im Reichsland Elsaß-Lothringen. Als der ultramontane Straßburger Bischof Andreas Räß zum Protest nach Berlin reiste, wurde er auf Vermittlung des konservativen preußischen Kultusministers Heinrich von Mühler

157 Zitiert nach *Kißling*, Geschichte, Bd. 1, S. 326 ff.; *Kuhlemann*, Modernisierung, S. 14.

158 SBDR 20.4.1871, S. 307 f. Zur Volksschule als Disziplinierungsmittel vgl. *Jeismann*, Volksbildung; *Kuhlemann*, Modernisierung, S. 244 f.

159 SBDR 25.11.1871, S. 518.

160 Vgl. dazu *Berg*, Okkupation, S. 18 ff.; *Huber*, Dokumente, Bd. 1, S. 403, 413; *ders.*, Verfassungsgeschichte, Bd. 3, S. 120; Bd. 4, S. 703; *ders./Huber*, Staat, Bd. 2, S. 77–82, 325–331; *Lamberti*, State, S. 13–39; *Kuhlemann*, Modernisierung.

vom Kaiser empfangen, was zu einem Streit mit Bismarck führte, in dem Letzterer seine kirchenpolitischen Ziele »enthüllte«: »Kampf gegen die ultramontane Partei, insbesondere in den polnischen Gebieten, Westpreußen, Posen, Oberschlesien. Trennung von Kirche und Staat, von Kirche und Schule überhaupt.«[161]

Anfang Oktober setzte Bismarck »Agitationen der ultramontanen Partei in Schlesien« auf die Tagesordnung des preußischen Kabinetts und empfahl »Maßregeln« im Schulwesen gegen die ultramontanen »Übergriffe« ins »politische Gebiet«. Bisher sei man in Westpreußen, Posen und Oberschlesien zu nachsichtig »gegen ultramontane preußenfeindliche Bestrebungen« gewesen. Die »slawische Propaganda« verbünde sich jedoch mit »Ultramontanen und Reaktionären von der russischen Grenze bis zum adriatischen Meere«, weshalb es die »nationalen Interessen, unsere Sprache« zu verteidigen gelte. Während Mühler die Schulaufsicht in einem allgemeinen Unterrichtsgesetz regeln wollte, drängte Bismarck auf ein Spezialgesetz. Mühler präsentierte daraufhin ein Programm legislativ-administrativer Maßnahmen zur Verstaatlichung der Schulaufsicht. Ende Oktober monierte er bei den Oberpräsidenten der Provinzen Schlesien, Posen und Westpreußen Mängel beim Deutschunterricht der Volksschulen »polnisch bevölkerte[r] Landesteile« und bat »um Prüfung des Schadens durch eine Schulvisitation«. Im November sagte Kultusministeriumskommissar von Cranach, dass es darum gehe, »der Schule ihren Charakter als Staatsanstalt klarzustellen und die Ernennung der Kreisschulinspektoren dem Staate zu vindizieren.« Die Ausführung eines Verfassungsgrundsatzes könne zwar nicht auf einzelne Provinzen beschränkt werden. Allerdings müsse die Staatsregierung das Gesetz nur in den Distrikten ausüben, in denen dazu Anlass bestehe. Bismarck verlangte eine Ausdehnung auf örtliche Schulinspektoren, denn gerade die Ortsgeistlichen hätten die Ausdehnung der deutschen Sprache verhindert. Im Bündnis mit dem Ultramontanismus wollten »Slawen und Romanen Roheit und Unwissenheit« erhalten und den Germanismus, »welcher Aufklärung zu verbreiten sucht, überall in Europa bekämpfen.« Die Schulverwaltung müsse dem »polonisierenden Einfluß« daher energischer entgegentreten. Bismarck verschmolz Slawentum und Romanismus, Polonismus und Ultramontanismus zu *einem* Reichsfeind. In liberaler Diktion identifizierte er den Germanismus mit der Aufklärung und sagte der Roheit und der Unwissenheit den Kampf an. Wie die Liberalen übertrug er die Kategorien des Krieges auf den Kulturkampf. Nach einem »militärischen Bilde« sei die Aufsichtsinstanz als »Division« zu denken, der Unterricht als »Brigaden«, die einem »Divisionskommando gehorchen müssen.« Auch in der Vorlage für den König firmierten das Unfehlbarkeitsdogma, die polnische Sprache und die ultramontane Gesinnung als kumulative Staatsgefahr; Rom, der katholische Klerus und die polnischen Sezessionisten wurden zu einer subversiven Allianz verschmolzen. Mitte Dezember übergab Mühler dem Landtag den

161 Zitiert nach *Reichle*, Staat, S. 333.

Gesetzentwurf. Am 12. Januar 1872 bat er Wilhelm I. um Entlassung. Zehn Tage später wurde der nationalliberale Jurist Adalbert Falk zum neuen Kultusminister berufen.[162]

Bismarck galt maßgeblichen Historikern des Kaiserreichs als ein genialer Manipulator der öffentlichen Meinung und der liberalen Parteien. Auch sein schulpolitisches Engagement wurde daher als bonapartistisches Manöver gedeutet. Nach Christa Berg lag die Initiative »eindeutig bei Bismarck«. Das Gesetz sei nur ein »›Abfallprodukt‹ der ›großen Politik‹« gewesen, entstanden aus »rein national- und machtpolitische[n] Überlegungen«, »politisch-pragmatischen Gründen« und »einer politischen ›Laune‹« seines vermeintlichen Initiators.[163] Doch der Fürst war kein idealtypischer ›Principe‹. Während er 1870 in der Klosterfrage noch Rücksicht auf katholische Gefühle genommen hatte, um die Reichseinigung nicht zu gefährden, ließ er seinen antikatholischen Emotionen nun freien Lauf und machte sich die schulpolitischen Pläne der Liberalen zu eigen. Dies geschah weniger, weil Bismarck einen perfiden Plan zur negativen Integration der Reichsfeinde oder zur Ablenkung der liberalen Opposition von der Parlamentarisierung verfolgte, sondern weil er in der ultramontanen Kirche einen Reichsfeind mit großer, bedingungslos ergebener Gefolgschaft sah – eine Vorstellung, die zuvor auch schon so unterschiedliche Liberale wie Döllinger und Virchow zum Ausdruck gebracht hatten. Bismarcks Entscheidungen und Handlungen lag ein Bild von der römisch-katholischen Kirche zugrunde, das in den Medien lange vorher geprägt worden war.[164]

In der Landtagsdebatte über das Schulaufsichtsgesetz kehrte Bismarck daher »immer wieder zum Thema Pleß-Rybnik zurück«. Die »inhaltlich-logische Verbindung« dieser Wahl zu dem geplanten Gesetz[165] war der Topos einer geistlichen Beeinflussung der polnischsprachigen Wähler. Bismarck erhob deshalb schwere Vorwürfe gegen das Zentrum. Es habe sich mit Kräften verbunden, die der Kirche »vollständig fremd« seien: *Erstens* mit Windthorst und den welfischen Protestanten, deren separatistische Hoffnungen nach der französischen Niederlage auf »Streit und Umsturz« gerichtet seien; *zweitens* mit Zeitungen wie Carl Miaskas »Katholik« in Königshütte, die beabsichtigten, im »sonst allezeit getreuen Oberschlesien eine Polnische Fraktion zu schaffen«, was mithilfe katholischer Geistlicher ansatzweise sogar bereits gelungen sei; und *drittens* mit dem polnischen Adel, der Polen in seinen früheren Grenzen restaurieren wolle und vom Klerus unterstützt werde. Das Schulaufsichtsgesetz solle alle »Keime« dessen, was

162 *Constabel*, Vorgeschichte, S. 124, 136–140, 143; *Berg*, Okkupation, S. 24. Vgl. *ebd.*, S. 23 ff.; *Reichle*, Staat, S. 329–332, S. 379–412, 502 ff.

163 *Berg*, Okkupation, S. 20, 26, 32, 60. Ähnlich *Lamberti*, State, S. 9 f., S. 40, 42.

164 Zu Bismarcks Antikatholizismus vgl. *Clark*, Preußen, S. 649. Zu Döllinger und Virchow siehe Kapitel A.I.6.b.

165 *Anderson*, Liberalismus, S. 122 Anm. 41. Zu dieser Debatte vgl. auch *Bluntschli*, Kampf; *Berg*, Okkupation, S. 16 ff.; *Foerster*, Falk, S. 107 ff.

sich hieraus »Staatsgefährliches« entwickeln könne, bekämpfen.[166] Tags darauf sparte die linksliberale »Nationalzeitung« nicht mit Lob für den Ministerpräsidenten und machte den entlassenen Kultusminister Mühler für die Erfolge der ›ultramontanen Propaganda‹ verantwortlich:

> Seit 24 Jahren ist [..] der größte Theil der katholischen Geistlichkeit mit der polnisch-ultramontanen Propaganda in Posen und Westpreußen in enge Verbindung getreten und die Repolonisirung des Regierungsbezirkes Oppeln von der Kirche und Schule aus ist mit dem größten Eifer in Angriff genommen worden, wozu selbst die von Herrn v. Mühler eingesetzten staatlichen Schulbehörden hülfreiche Hand geboten haben. Auf die Früchte dieser kulturfeindlichen antideutschen Agitation hat die gestrige Rede des Ministerpräsidenten ein helles Licht geworfen.[167]

Die weitgehende Identität der Aussagen Bismarcks und der Liberalen stützt Christian Jansens Plädoyer für einen »Paradigmenwechsel« in Bismarcks Bewertung: »Man sollte ihn weniger einseitig als genialen oder ›charismatischen‹ Akteur ansehen (sei es um ihn in den Himmel zu heben, sei es um ihn zu dämonisieren) und stärker als Reagierenden, als jemand, der auch der Spielball anderer, gleichfalls politisch geschickter Akteure gewesen ist.« Schon Nipperdey hat darauf hingewiesen, »daß der Kulturkampf für die Liberalen auch eine bedeutende strategische Funktion, ja einen manchem durchaus bewußten strategischen Sinn hatte: Er trennte Bismarck von rechts, hinderte ihn an jeder möglichen Politik mit einer konservativ-katholischen Mehrheit, band ihn an die Liberalen und band auch die Liberalen unter sich, einschließlich der Linken.«[168]

Doch anstatt das Gesetz des Handelns und die Macht zur Manipulation bloß von Bismarck auf die Liberalen zu übertragen, ist die gemeinsame Prämisse beider zu betonen: das seit der Aufklärung medial vervielfältige, stereotype Bild der katholischen Kirche als einer perfekten Maschine von Befehl und Gehorsam, die vom Papst über den Klerus bis hin zu den Laien reibungslos funktionierte. Es ließ die staatliche Schulaufsicht gleichermaßen als Mittel zur Verbreitung ›universeller‹ Aufklärung und ›deutscher‹ Kultur wie zur Steuerung unerwünschter Demokratisierungseffekte erscheinen. Folgerichtig wurden diese drei Ebenen auch in den Reden liberaler Parlamentarier verknüpft.

166 SBHA 9.2.1872, S. 698–701. Zu Bismarcks erstem Angriff auf das Zentrum vgl. SBHA 30.1.1872, S. 534f.

167 Nationalzeitung 10.2.1872. Das von Bismarck zitierte Wahlmanifest für Müller aus Miarkas »Katholik« *ebd.*

168 *Jansen*, Bismarck, S. 109; *Nipperdey*, Geschichte, Bd. 2, S. 319. Zu den konvergenten Interessen Bismarcks und der Liberalen im Kulturkampf vgl. auch *Ullmann*, Politik, S. 10f.

c) *Krieg, Bildung, Protestantismus: Die liberale Begründung des Gesetzes*

Wie Bismarck stellten rechte und linke Liberale das Schulaufsichtsgesetz fraktionsübergreifend als innenpolitische Fortsetzung der Einigungskriege dar. Richter nannte es ein »Nothgesetz« gegen das ultramontane Wahrheitsmonopol, das deutsche Katholiken in der Bildung einem »fremden Souverain, einer römischen Autorität« unterwerfen wolle. Frankreichs »Romanen« hätten Deutschlands geistiges Leben schon zu lang unterjocht. Auch Gneist unterstellte eine Allianz französischer und römisch-katholischer Reichsfeinde. Die geistliche Schulaufsicht sei ein »jesuitisches«, »französisches« Prinzip. Jesuiten und andere Geistliche hätten in der französischen Volkserziehung »zuchtlose Haufen« produziert, die Monstranzen anbeteten. Für »Bevölkerungen, deren moralischer Zustand tief unter dem Deutschen Volke« stehe, seien »vaticanische Majoritätsbeschlüsse« auch angemessen. Einer evangelischen Bevölkerung entzögen »jesuitisch« gelenkte Gymnasien hingegen »ein unentbehrliches Kultur-Element«. Daher werde der Jesuitismus auf seinem »Triumphzug durch Europa« im deutschen Staat und in der deutschen Wissenschaft eine »feste Burg finden«. Analog zu einer auch in Frankreich weit verbreiteten Auffassung nannte Virchow den preußischen »Unterrichtszwang« als entscheidenden Grund für den deutschen Sieg im Krieg von 1870/71.[169] Gemäß dieser Logik – wer nicht für die staatliche Schulaufsicht ist, ist gegen das Deutsche Reich – weitete Lasker den Vorwurf der Staatsfeindschaft auf die altkonservativen Gesetzesgegner aus: Mit ihrer Verbindung zu »Ultramontanen und Polen« im »Kampf zwischen staatlicher und außerstaatlicher Gewalt« würden sie der Staatsgewalt »offen den Krieg« erklären. Bismarck distanzierte sich zwar von diesem Angriff, sagte aber, es sei ihm zuvor »undenkbar gewesen«, dass seine ehemaligen Verbündeten die Regierung je »im Stiche lassen« würden. Sein vorübergehender Bruch mit den Konservativen war vollzogen. Dankbar griff der Fortschrittler Loewe Bismarcks Denunziation der katholischen Priester auf. Sie hätten »nicht für die Deutsche Nationalität, geschweige für den Nationalstaat gewirkt«, sondern ihre Gemeinden ans »italienische Element überliefert«, weil es »bequemer« sei, eine Gemeinde, die nicht deutsch spreche, »im römisch-katholischen Sinn« zu regieren. Denn der »Geist der Deutschen Sprache« und der »Deutschen Literatur« sei bereits in sich ein »lebendiger, immer dauernder Protest« gegen die Ansprüche der römisch-katholischen Kirche. Im Sinne protestantischer Definitionen deutscher Bildung erschien der Katholizismus als ein der deutschen Nation fremdes Element.[170]

169 SBHA 8.2.1872, S. 656f. (Richter); 9.2.1872, S. 707f. (Gneist); S. 666 (Virchow).

170 SBHA 13.2.1872, S. 745f. (Lasker, Bismarck), S. 740 (Loewe). Zur konservativen Reaktion auf Bismarcks Positionierung vgl. Kreuzzeitung 11.2.1872. Zum Ausschluss der katholischen Literatur aus dem Bildungskanon siehe Kapitel A.I.2.d.

Ein weiteres Argument für die Verweltlichung der Schule war die angeblich verlorene »Kultur-Mission« der katholischen Kirche. Unter Rekurs auf die Studien des belgischen Nationalökonomen Émile de Laveleye behauptete Virchow eine weltweite »Inferiorität« katholischer Länder in »Kultur-Angelegenheiten«. Deshalb sei die katholische Kirche vom »weltlichen Gebiete« der Schule auszuschließen und auf das Gebiet zurückzuführen, in dem sie »noch ein gewisses Recht« habe, auf das »eigentliche Gebiet der Gewissen.« Windthorst reagierte mit Ironie:

> dann ist uns zu verstehen gegeben worden, die katholische Kirche habe keine Kulturfähigkeit mehr, sie habe dieselbe in früheren Zeiten gehabt, jetzt aber sei es damit vorüber. Wo sie dieselbe verloren hat, das hat der Herr Abgeordnete Virchow nicht gesagt; man könnte sonst der Kirche rathen, die verlorene Kulturfähigkeit dort wieder aufzusuchen, aber er wird mich nicht für legitimirt halten, die Kulturfähigkeit der Kirche zu behaupten, da ich in der katholischen Kirche erzogen und nunmehr nach seiner Ansicht ganz ohne Zweifel ein unkultivirter Mann bin. (Heiterkeit.)

Die Heiterkeit konnte nicht verdecken, dass der Katholizismus erneut in die Nähe der Barbarei gerückt worden war.[171] Wie 1848 in Virchows »Mitteilungen« über Oberschlesien verband sich die antikatholische Zivilisierungsmission der Liberalen mit antipolnischen Stereotypen, nun jedoch im radikalisierenden Kontext der Reichsgründung. Der Freikonservative Bethusy-Huc sprach der »wasserpolnische[n] Sprache in Oberschlesien« jede Existenzberechtigung ab: Sie habe »keine Bedeutung als Kultursprache« und sei »nichts Anderes, als ein unüberwindlicher, kleistriger Damm, welcher die Bevölkerung von jeder Kultur abschneidet.« Zur allgemeinen Erheiterung stellte er den priesterlichen Machtanspruch als »Kastenherrschsucht« dar, die zur Kompensation fehlender Familienfreuden diene. Darüber hinaus begründete er die Verweltlichung der Schulaufsicht mit den emanzipatorischen Zielen der Aufklärung. Es liege im »Interesse der Geistlichkeit«, die Bevölkerung von der »Verbindung mit der gebildeten Laienwelt« abzuschneiden und sie zum »willenlosen Werkzeuge für die Ausbeutung ihrer eigenen Interessen zu machen.«[172] Während sich Bismarck und die Freikonservativen zu Anwälten der Volksbildung machten, beschwor Virchow die »Interessen des Staates«: »was wird aus dem Staate, wenn eine solche ungebildete Bevölkerung, welche nichts als ihren Katechismus oder ihr Ave Maria kennt, in das Leben hinaustritt?« Er behauptete eine »materielle Schädigung« der Bevölkerungen in Staaten mit kirchlichen Einflüssen wie Spanien und Irland, Flandern und dem Kirchenstaat und verwies auf den freikonservativen Oppelner Abgeordneten Johannes Graf von Renard. Der Rittergutsbesitzer und ›Staatskatholik‹ hatte zuvor auf »die traurigen Verhältnisse« in Oberschlesiens hingewiesen, wo

171 SBHA 8.2.1872, S. 664f. (Virchow), 674 (L. Windthorst). Laveleyes Thesen gingen auch in Max Webers »Protestantische Ethik« ein. Vgl. Kapitel A.I.7.

172 SBHA 9.2.1872, S. 711f. Zur Sexualisierung des Klerus vgl. Kapitel B.

die Elementarbildung »embryonischer Natur« sei. Schuld »daran, daß die Kenntniß der Deutschen Sprache, daß die Volksbildung in Oberschlesien im Rückschritte begriffen ist«, seien jene, die »Interesse haben, möglichst unumschränkt weiter zu regieren, möglichst großen Einfluß zu behalten und deßwegen die Bevölkerung möglichst von außen abzuschließen.« Es sei eine »Schmach«, dass mitten in Europa eine der industriellsten Provinzen Preußens an »Unbildung und Unwissenheit gekettet« bleibe. Kinder würden »wie Wilde aufwachsen«. Wie 1848 behauptete Virchow, dass der Typhus in den »versumpften katholischen Bevölkerungen« Flanderns, Irlands und Oberschlesiens mit den schulischen Verhältnissen zusammenhänge. Die Konstruktion eines kausalen Nexus zwischen kirchlicher Macht, kollektiver Ignoranz und der Verbreitung ansteckender Krankheiten ließ die Trennung von Staat und Kirche als sozialhygienische Maßnahme erscheinen. Der Mediziner nutzte seine Autorität als Wissenschaftler, um das Gesetz ›objektiv‹ zu begründen. Bismarck griff die Steilvorlage im Herrenhaus auf, als er die Schulgesetze mit »Arzneien« verglich, die davor schützen sollten, »Keime des Verderbens« in die Kinder zu legen. Erneut konterte Windthorst mit Ironie: Ich erlaube mir die Frage an unseren berühmten Art-Kollegen: »Kommt vielleicht die Pockenepidemie von der Ueberbildung in der Spreestadt? (Große Heiterkeit.)«[173]

Schließlich stellten die Befürworter das Schulaufsichtsgesetz als Trennung von Politik und Religion dar. Zum Beweis, dass sein Standpunkt nicht konfessionell sei (»Ich spreche das nicht als Protestant«), verwies Richter auf die »katholischen Minister in Bayern« und den erheblichen »Theil der katholischen Bevölkerung jenes Landes«, die am entschiedensten Front gegen das Unfehlbarkeitsdogma gemacht hätten. Denn dieses beschränke sich nicht »auf das innere Glaubensleben allein, davon würde ich nicht sprechen; ich spreche von dem politischen Gebiete«. Wie Virchow definierte Richter die Religion als Privat- und Gewissenssache. Dieses Religionsverständnis sollten die Katholiken nach Auffassung vieler Liberaler und Protestanten übernehmen. Sie sollten sich von Rom lösen und aufhören, katholisch im Sinne des Papstes zu sein.[174]

Vor dem Hintergrund der sehr ähnlichen Aussagen Bismarcks und der Liberalen erscheinen die eingangs skizzierten Deutungen des preußischen Schulaufsichtsgesetzes unzureichend. Da das Gesetz im Kontext der inneren Reichsgründung und der Wahlerfolge katholischer Parteien entstand, verweist es zwar auf den Zusammenhang des Kulturkampfes mit den Prozessen der Nationsbildung und der Demokratisierung. Es resultierte aber weder aus der Säkularisierung als funktionaler Differenzierung von Politik und Religion noch aus den Intentionen Bismarcks oder einzelner liberaler Politiker. Es folgte vielmehr den Strategien des

173 SBHA 1.2.1872, S. 602 f. (Renard); 8.2.1872, S. 665 (Virchow); *ders.*, Mitteilungen, S. 228; SBHH 6.3.1872, S. 203 f. (Bismarck); SPHA 8.2.1872, S. 674 (L. Windthorst).

174 SBHA 8.2.1872, S. 657.

antikatholischen Diskurses und den Prämissen der liberalen Säkularisierungstheorie.

5. Zusammenfassung

Versteht man den Kulturkampf als Versuch, Politik und Religion zu trennen, verändert sich das politikhistorische Bild des deutschen Konflikts in mehrfacher Hinsicht. Zum einen verlagert sich die Agency von Bismarck zu den Liberalen.[175] Denn allzu lang ist der Kulturkampf als Teil einer wahlweise genialen oder diabolischen Strategie Bismarcks gedeutet worden, der die Liberalen zum Opfer gefallen seien, indem sie ›illiberalen‹ Zwangsgesetzen zugestimmt und eigene Prinzipien verraten hätten. Die meisten Kulturkampfgesetze entsprangen jedoch den Prinzipien und der Initiative der Liberalen. Das Heft des Handelns lag im Kulturkampf keineswegs nur bei Bismarck. Es war eher so, dass der mächtigste politische Akteur nach der Reichsgründung liberale Ziele verfolgte und seinen antikatholischen Emotionen freien Lauf ließ. Folglich redete und handelte Bismarck im Kulturkampf nach 1871 wie ein Liberaler.

Zum anderen wird das borussozentrische Bild des deutschen Kulturkampfes relativiert. Da der Konflikt in Preußen nach 1872 besonders hart geführt wurde, erscheint der deutsche Kulturkampf selbst in jüngeren Darstellungen noch immer als ein vorwiegend preußischer Konflikt.[176] Der Impuls ging jedoch weniger von Preußen aus, sondern musste gewissermaßen erst von Baden über Bayern und das Reich dorthin getragen werden. Während das Verhältnis zwischen preußischem Staat und katholischer Kirche von der Beilegung der Kölner Wirren 1841 bis zur Reichsgründung 1871 eher friedlich blieb, war es in den süddeutschen Staaten bereits seit den 1860er Jahren von heftigen Auseinandersetzungen geprägt, welche die Kulturkämpfe im Reich beeinflussten, wie am Beispiel der Genese des Kanzelparagraphen gezeigt. Wenn man Baden und Bayern vor 1871 nicht nur teleologisch als Teile Deutschlands begreift, sondern auch als Teile Europas, erscheint der deutsche Kulturkampf nach 1871 als gemeineuropäischer Konflikt, der schließlich auch das Reich und Preußen erfasste. Die deutschen Kulturkämpfe begannen keineswegs zufällig in liberal regierten Staaten. Sie fingen auch in Preußen erst an, als mit Adalbert Falk ein Liberaler das Kultusministerium übernahm. Ein wichtiger Grund für die ›Verzögerung‹ des preußischen Kulturkampfes war also die vergleichsweise späte Regierungsbeteiligung der Liberalen.

Ferner verdeutlicht der Blick auf Politik und Religion die Konfessionen übergreifende Dimension des deutschen Kulturkampfes. Zwar wurde der Gegensatz

175 So auch *Blackbourn*, Marienerscheinungen; *Gross*, War; *Heinen*, Moderne.
176 Vgl. etwa *Gross*, War.

zwischen Protestanten und Katholiken in den Einigungskriegen gegen ›katholische‹ Mächte wie Österreich und Frankreich verstärkt. Der Kulturkampf selbst verlief jedoch quer zu konfessionellen Grenzen: Da der Liberalismus antiklerikal war, richteten sich seine Gesetze und Maßnahmen auch gegen die evangelische Kirche und lösten entsprechende Widerstände konservativer Protestanten aus. Zum anderen spielten innerkonfessionelle Konflikte liberaler und ultramontaner Katholiken in der Genese nationaler Kulturkampfgesetze eine wichtige Rolle. Und nicht zuletzt wirkten auch Juden wie Bamberger und Lasker im Kulturkampf als Debattenredner und Kommentatoren mit. Insgesamt war die Konstellation also trikonfessionell, auch wenn der Kulturkampf der 1870er Jahre die Gegensätze zwischen Protestanten und Katholiken verstärkte.[177]

Zugleich ergeben sich neue Einsichten in politikhistorische Gegenstände des Kulturkampfes. Erweitert man den engen, hohen Politik-Begriff der älteren Forschung, rücken maßgebliche Konfliktfelder neu in den Blick. Denn der Kulturkampf ging nicht nur von Staats- und Kirchenmännern, Konzilien, Kabinetts- und Parlamentssitzungen, Denkschriften und Zeitungsartikeln aus; er speiste sich auch aus lokalen, peripheren Auseinandersetzungen vor Ort, die in Volksversammlungen und Petitionen, Kanzelpredigten, Wahlkämpfen und Wahlprüfungen verbal und physisch (durch körperliche Präsenz und Gewalt) ausgetragen wurden. In diesen vermeintlich niederen Konflikten wurden Politik und Religion ebenfalls definiert und ausgehandelt: durch namenlose oder längst vergessene Akteure.[178]

Dabei kreisten alle großen und kleinen Kulturkämpfe der liberalen Ära immer wieder um den Begriff des Politischen selber, nämlich um die liberale Definition des Politischen als Nichtreligiösem. Der Versuch liberaler Regierungen, das im Vormärz von liberalen Theoretikern in Anknüpfung an die Aufklärung entwickelte säkularistische Politikverständnis auf legislativ-administrativen Weg durchzusetzen, traf nicht nur auf neue Erscheinungsformen von Politik und Religion wie geistliche Wahlkämpfer und Politiker. Er implizierte auch eine liberale Definition des Religiösen als nichtpolitisch, privat und individuell, die von Geistlichen und Laien als anmaßend empfunden wurde, Proteste auslöste und zu neuen Vermischungen von Politik und Religion führte. Diese Genealogie des Politischen als Nichtreligiösem ist bisher von der ›neuen Politikgeschichte‹ und der ›Kulturgeschichte des Politischen‹ zu wenig beachtet worden, was mit dem säkularistischen Bias der historischen Politikforschung zu erklären ist.[179]

177 Vgl. *Leugers*, Kulturkampfstimmung; *Müller-Dreier*, Bund; *Hübinger*, Confessionalism; *Smith*, Nationalism; *Healy*, Jesuit.

178 Methodisch wegweisend zu diesen ›kleinen‹ Kulturkämpfen: *Anderson*, Democracy.

179 Zur deutschen Debatte vgl. vor allem *Mergel*, Überlegungen; *Landwehr*, Diskurs; *Frevert*, Politikgeschichte.

Denn schließlich etablierte sich die liberale Theorie der Säkularisierung in den Kulturkämpfen – trotz aller Widerstände und Konflikte – doch als Gradmesser gesellschaftlicher Modernität, als vermeintlich unverzichtbares Element von Modernisierung, als Definiens moderner, ›säkularisierter‹ Gesellschaften. Als universelles Explanans prägte sie noch die historiographische Analyse der Kulturkämpfe. Erhebt man die Theorie der Säkularisierung jedoch zum Explanandum, das mit den Kulturkämpfen verknüpft war, kann die historische Erforschung zur Historisierung der Unterscheidung von Politik und Religion, beitragen: als ›Genealogie‹ der Säkularisierungstheorie, die unsere Gegenwart nach wie vor prägt.

III. Kulturkampf als Säkularisierung in Italien

Auch in Italien verfolgten die Liberalen nach 1850 ein umfassendes Projekt der Säkularisierung, das Kulturkämpfe auf lokaler, regionaler, nationaler und transnationaler Ebene auslöste. Da waren der Angriff auf die weltliche Herrschaft des Papstes im Kirchenstaat und die Konfiskation kirchlicher Güter, die institutionelle Entflechtung von Staat und Kirche, zumal im Bildungswesen und das Verbot geistlicher ›Einmischungen‹ in die Politik sowie der Versuch, katholische Symbole und Rituale aus dem öffentlichen Raum zu drängen. Obwohl die Liberalen in kirchliche Strukturen und religiöse Praktiken eingriffen, beriefen sie sich auf das Prinzip der Trennung von Kirche und Staat, von Politik und Religion. Sie plädierten für eine Privatisierung der Religion, Radikale und Positivisten sogar für eine Entzauberung der Gesellschaft. Da Italien, anders als Deutschland, weder mehrheitlich protestantisch war noch über ein allgemeines, gleiches Männerwahlrecht verfügte, ist dieses Bemühen umso erklärungsbedürftiger. Es veranschaulicht die – von konfessionellen Verhältnissen und Wahlrechtsregeln unabhängige – Bedeutung des liberalen Säkularisierungsprojekts für die Genese der europäischen Kulturkämpfe.

Zur Erhellung dieses Zusammenhangs werden im Folgenden zentrale Etappen der italienischen Säkularisierungspraxis in den Kulturkämpfen der zweiten Hälfte des 19. Jahrhundert beleuchtet: die Beziehungen von Staat und Kirche, von Politik und Religion in Piemont und Italien; die liberalen Versuche, katholische Institutionen, Symbole und Rituale aus dem öffentlichen, urbanen Raum zu drängen. Im Fazit wird auf die Kontinuitäten und Veränderungen des liberalen Projekts der Säkularisierung eingegangen. Wider die herrschende Forschungsmeinung soll insgesamt gezeigt werden, dass Italiens regierende Liberale und nicht nur die oppositionellen Radikalen und Demokraten antiklerikal waren, dass sie ein umfassendes Projekt der Säkularisierung verfolgten und dass es deshalb in Piemont und Italien zu Kulturkämpfen kam.

1. Siccardis Gesetz: Politik und Religion im piemontesischen Kulturkampf 1850–1855

Der Historiker Zaccaria Giacometti hat das vorrevolutionäre Piemont als »moderne Theokratie« bezeichnet. Am 25. Februar 1850 wurde jedoch deutlich, dass sich das Verhältnis von Staat und Kirche im sardischen Königreich grundlegend verändert hatte. Denn an jenem Tag präsentierte Justizminister Giuseppe Siccardi der Kammer einen Gesetzentwurf, der die Abschaffung der juristischen Kirchenautonomie, die Verringerung der religiösen Feiertage und die Einführung einer staatlichen Genehmigungspflicht für kirchlichen Immobilienerwerb und Schenkungen an kirchliche Körperschaften vorsah. Im Kontrast zu der Tradition, kirchliche Angelegenheiten im Konsens oder, wie noch 1841, per Konkordat zu regeln, hatte die Regierung diesmal nicht das Einverständnis des Heiligen Stuhls eingeholt.[180] Wie ist dieser Bruch zu erklären? Wie wurde er wahrgenommen? Und welche Folgen hatte er für das Verhältnis von Staat und Kirche, Politik und Religion in Piemont und Italien?

a) Ursachen: Siccardis liberale Definition der Religion

Siccardi stellte das Gesetz als notwendige Differenzierung geistlicher und weltlicher Gewalt dar. Es regele ausschließlich »interne, weltliche Dinge des Königreichs« und entzerre jene Vermischung von Kompetenzen, die ein ständiger Streitpunkt sei. Er berief sich dabei auch auf die »Natur« von Staat und Kirche. Allerdings, und dies stand in Widerspruch zur Logik der Trennung, auf die der Minister abhob, bestimmte er selbst Religion und Kirche in einem Raum, der unzweifelhaft als ›politisch‹ galt: im Parlament. Die Reduktion religiöser Feiertage, welche die Praktiken und Gewohnheiten der Gläubigen veränderte, sei dem »aktuellen Stand der Zeiten und der Dinge« geschuldet; das Ende der kirchlichen Gerichtsbarkeit »befreie« die Kirche zum Wohle des Glaubens. Denn nur eine »reine und unversehrte« Religion, die von unnötigen Privilegien gereinigt sei, könne eine »Leuchte« des »zivilen Fortschritts« sein. Der Gesetzgeber beschränkte also nicht nur kirchliche Kompetenzen und veränderte religiöse Gewohnheiten, er definierte auch das Wesen der Religion und die Aufgabe der Kirche. Geistliche und kirchennahe Laien sahen hierin eine Anmaßung des Staates.[181]

Siccardis Gesetz ist meist als Reform von oben in Kontinuität zum Regalismus des 18. Jahrhunderts gedeutet worden: als rationale Anwendung rechtlicher Prinzipien. Aus Sicht seiner kirchlichen Gesprächspartner handelte der Minister jedoch aus religiöser Überzeugung. Die »Civiltà Cattolica« sagte ihm febronianische Überzeugungen nach. Auch Siccardi selbst hielt sich nicht für

180 *Giacometti*, Genesis, S. 34.

181 Zitiert nach *Briacca*, Cattolici, 66f., 72f.; *Jemolo*, Chiesa, S. 148. Vgl. *ebd.*, S. 145–151; *Briacca*, Cattolici, S. 59–90; *Boggio*, Chiesa, Bd. 1, S. 311–315; *D'Amelio*, Stato, S. 98ff. Zu den Folgen der ›Profanation‹ des Sonntags für die religiöse Praxis: *Stella*, Cattolici, S. 825ff.

antikatholisch, wollte die Religion aber nicht dem Klerus überlassen. 1856 erklärte er dem Schriftsteller Giuseppe Massari, dass es leichter sei, den Glauben gegen Ungläubige zu verteidigen als gegen die Priester.[182] Seine Kirchengesetze gründeten auf einer eigenen Konzeption des Religiösen. Sie sollten Politik und Religion trennen, produzierten aber neue Vermischungen von beidem.

b) Folgen: Polarisierung der Lager, Vermischung von Politik und Religion

Im April 1850 wurde Siccardis Gesetz in Kammer und Senat gegen den Widerstand der gemäßigt-konservativen Liberalen und mit den Stimmen der Linken angenommen. Es führte zur Abspaltung des kirchennah-konservativen Flügels der gemäßigten Liberalen, zur Stärkung antiklerikaler Tendenzen im Liberalismus und zur Mobilisierung massiver religiös-kirchlicher Opposition. Katholische Kritiker und radikale Befürworter werteten Siccardis Gesetz unisono als vernichtenden Schlag gegen die Kirche. Die antiklerikale Presse reagierte euphorisch. Im September 1850 gründete Giuseppe Rocca ein »politisches Organ« mit dem Namen »La Legge Siccardi«, das einem Motto Vittorio Alfieris verpflichtet war: »Friede den Priestern, sofern es nur wenige bleiben und sie still sind.« Geistlichen Kritikern des Gesetzes warf das Blatt die Missachtung des Kirchenrechts vor, dessen korrekte Lesart man sich, wie Siccardi, selbst vorbehielt. Die »Gazzetta del Popolo« sammelte Unterschriften für einen Obelisken zum Gedenken an Siccardis Gesetz, der 1853 mit Unterstützung des Turiner Gemeinderats zum fünften Jahrestag des Statuto nahe dem Santuario della Consolata, einem zentralen Kultort der Turiner Katholiken, errichtet wurde.[183] Antiklerikale Karikaturisten stellten das Gesetz als Befreiungsschlag und Siccardi als antiken Heros dar. »La Strega« zeichnete das Gesetz als Keule eines Herkules im Kampf gegen eine Hydra, die den Papst (mit zerstörter Tiara) bereits unter sich begraben hatte. »Fra Burlone« stellte Siccardi als Zeus-Moses im bürgerlichen Frack dar, dessen Gesetzestafel den Klerus wie ein Blitz traf. Die Bildunterschrift (»Es werde Licht!!«) setzte das Gesetz gleichzeitig in Bezug zur Genesis und zur Aufklärung.[184]

Im konservativ-kirchlichen Lager waren Zorn und Empörung groß. Das klerikale Blatt »Il Giovinetto cristiano« dämonisierte Siccardi als »Minister des Teufels«. Der Papst befahl seinem Nuntius, Turin zu verlassen. Die diplomatischen Beziehungen zum Heiligen Stuhl waren fortan angespannt. Der hohe Klerus lehnte Siccardis Gesetz als Einmischung in kirchliche Angelegenheiten ab. Der Turiner Erzbischof Luigi Fransoni befahl den Geistlichen, bei Gerichtsvorladungen zunächst die Erlaubnis der Oberen einzuholen. Die Bischöfe von Sassari und Cagliari folgten seinem Beispiel. Die Regierung ließ die episkopalen Rund-

182 Zitiert nach *Briacca*, Cattolici, S. 60 Anm. 5. Zu Siccardis Religiosität vgl. *ebd.*, S. 59f.; *Romeo*, Cavour, Bd. 2/2, S. 435.

183 Vgl. *Beccaria*, Periodici, Nr. 799; *Gariglio*, Gazzetta, S. 20f.

184 La Strega 13.4.1850; Fra Burlone 4.3.1850.

schreiben konfiszieren und inhaftierte die Bischöfe zeitweise. Als Handelsminister Pietro De Rossi di Santa Rosa im Sterbebett die Sakramente und ein kirchliches Begräbnis verwehrt wurde, weil er sich weigerte, seine Zustimmung zu Siccardis Gesetz zu widerrufen, kam es zu Ausschreitungen vor der erzbischöflichen Residenz. Fransoni wurde verhaftet und unter wütenden Protesten seiner, wie das antiklerikale Blatt »L'Inferno« hervorhob, adlig-weiblichen Anhänger lebenslänglich aus dem Königreich verbannt. Fransoni ging nach Lyon und leitete die Erzdiözese von hier aus weiter bis zu seinem Tod 1862. Das Vermögen der Bischofskurie wurde beschlagnahmt.[185]

Der religiös-kirchliche Widerstand war damit keineswegs gebrochen. Nach Weihnachten 1853 kam es im Aostatal, im Kontext einer Hungersnot und Spekulationsvorwürfen gegenüber der liberalen Regierung, zur sogenannten *révolution des socques*. Unter Beteiligung konservativer Geistlicher und Honoratioren marschierten über zweitausend Bauern nach Aosta, um Steuersenkungen und eine Rücknahme der liberalen Reformen zu fordern. Erst der Bischof konnte die Menge dazu bewegen, die Waffen niederzulegen. Bis Januar 1854 wurden über 530 Aufständische verhaftet. Sieben Geistliche wurden der Agitation angeklagt, am Ende aber freigesprochen. Die liberale Presse machte den Klerus und die katholische Zeitschrift »L'Indépendent« dennoch dafür verantwortlich, die »Bauernhorden« gegen die Regierung aufgehetzt zu haben. Um eine Wiederholung zu vermeiden, rief das Blatt »Le Consitutionnel valdôtain« dazu auf, das Volk aus der »Ignoranz« zu befreien, in der es die »fortschrittsfeindliche Partei« aus Egoismus und Ehrgeiz gehalten habe, um es besser ausbeuten zu können. Auch die Regierenden deuteten den Widerstand nicht als Ausdruck legitimen Protests gegen die liberalen Reformen und die wachsende soziale Ungleichheit, sondern als Ergebnis einer geistlichen Beeinflussung der unmündigen Massen.[186]

Trotz des religiös-kirchlichen Widerstands hielten die Liberalen am Ziel der Trennung von Staat und Kirche fest. Als Cavour im November 1852 das Amt des Ministerpräsidenten übernahm, schrieb er an Joseph Jacquier-Châtrier: »Ich glaube fest, daß wir auf die Trennung von Kirche und Staat zu marschieren. Das ist die einzige liberale Lösung des Problems, welches Europa seit vielen Jahren bewegt.« In der Kammer stand die bereits genehmigte Vorlage zur Einführung der Zivilehe auf der Tagesordnung, über die Cavours Vorgänger D'Azeglio gestürzt war, weil der König sie abgelehnt hatte. Das Projekt wurde im Senat mit einer Stimme Mehrheit zurückgewiesen. Die liberale Kirchenpolitik hatte ihren ersten Rückschlag erlitten.[187]

185 Vgl. *Briacca*, Cattolici, S. 60 f. L'Inferno 21.6.1850.

186 Zitiert nach *Cuaz*, Valle, S. 325. Vgl. *Romeo*, Vita, S. 245 ff.; *Ferrari*, Legislazione, S. 54 Anm. 14.

187 Zitiert nach *Stadler*, Cavour, S. 92. Ähnlich zuvor *Cavours Briefe*, Bd. 1, S. 391 f. Zum Scheitern der Zivilehe in Piemont, die 1866 in Italien obligatorisch wurde, vgl. *Jemolo*, Chiesa, S. 152 f.; *Briacca*, Cattolici, S. 245–316; *Stadler*, Cavour, S. 93 f.; *Amato*, Stato, S. 530–541.

Der liberale Grundwiderspruch, weltliche und geistliche Gewalten einerseits trennen zu wollen und andererseits in religiös-kirchliche Strukturen einzugreifen, prägte auch das gesetzliche Verbot katholischer Orden 1855. Zur Rechtfertigung berief sich Kultusminister Urbano Rattazzi auf das Prinzip der Trennung von geistlicher und weltlicher Gewalt und erklärte die Orden zu weltlichen Institutionen. Der Linksliberale Giovan Battista Michelini plädierte sogar für eine »Trennung religiöser und ziviler Angelegenheiten« nach dem Vorbild der Vereinigten Staaten von Amerika. Die Theologie müsse sich auf Religion beschränken. Der Kommissionsberichterstatter Carlo Cadorna definierte Staat und Kirche im Anschluss an den liberalen Kirchenrechtler Pier Carlo Boggio als separate Sphären. Beide hätten einen göttlichen Ursprung: die eine in der Offenbarung, die andere im göttlichen Naturrecht. In der »Natur ihres Auftrags« seien indes auch die Grenzen ihrer jeweiligen Autorität angelegt. Während die »Zivilgesellschaft« alle materiellen Dinge und äußeren Handlungen des Menschen umfasse und auf sein irdisches Glück ziele, agiere die Kirche im Inneren des Menschen: in der Seele, in den Gedanken und Hoffnungen und im Glauben. Beide seien »absolut distinkt, separat, unabhängig voneinander und souverän«. Bereits in ihrem göttlichen Auftrag sei eine »Trennlinie« enthalten, die nicht überschritten werden dürfe. »Gemischte Materien« und Überlappungen seien zu vermeiden. Als konservative Abgeordnete die Vorlage als antikatholisch brandmarkten, verwahrte sich Rattazzis Amtsvorgänger Carlo Bon Compagni gegen Glaubensbekenntnisse im Parlament. Unter dem Beifall der liberalen Mehrheit forderte der linksextreme Abgeordnete Angelo Brofferio, theologische und kirchenrechtliche Ausführungen aus der Kammer zu verbannen: »Wir sind hier im Parlament und nicht in der Sakristei«.[188]

Allerdings provozierte die Debatte auch viele liberale Abgeordnete zu Glaubensbekenntnissen. Selbst die meisten Ordensgegner waren weder antikatholisch noch areligiös. Cadorna beispielsweise sprach ausdrücklich als Katholik. Wie die meisten Liberalen wollte er den Katholizismus nicht abschaffen, sondern reformieren und in eine Religion des Privaten und Individuellen verwandeln. Dieses Ziel verfolgte auch Reformkatholiken wie Gioberti. Bereits 1846 hatte er den äußeren gegenüber dem inneren Kultus abgewertet, sich gegen religiöse Praktiken gewandt, die dem Konzept der privaten Religion zuwiderliefen und für eine Differenzierung von Religion, Politik und Wissenschaft geworben. Diese konträren Konzeptionen katholischer Religion und Kirche prallten im Piemont der 1850er Jahre aufeinander.[189]

188 AP 15.2.1855, S. 2822–2831 (Rattazzi); 17.2., S. 2853–2859 (Michelini); 20.2., S. 2901–2929 (Cadorna). Vgl. *ebd.*, 9.1.1855, S. 2582 (Compagni); 10.1., S. 2598 (Brofferio).

189 Vgl. *Gioberti*, Gesuita, Bd. 3, S. 325 ff.; Bd. 4, S. 256. Zu Giobertis Unterstützung für Siccardis Gesetz vgl. *Jemolo*, Chiesa, S. 133 f., 143 f.

c) Bewertung: Piemonts und Preußens frühe Kulturkämpfe im Vergleich

Im Gegensatz zur herrschenden Forschungsmeinung war der piemontesische Konflikt zwischen Staat und Kirche ein echter Kulturkampf. Auf den ersten Blick weist er Parallelen zu den Kölner Wirren auf. Die Verbannung des Turiner Erzbischofs ähnelt der des Kölner Erzbischofs. Bei näherem Hinsehen überwiegen jedoch die Unterschiede. *Erstens* agierte die sardische Regierung kompromissloser als Preußens Staatsführung. Im Unterschied zu Friedrich Wilhelm IV. war Piemonts neuer König Vittorio Emanuele II kein politischer Romantiker. Die Machtprobe zwischen Staat und Kirche mündete daher auch nicht, wie 1841 im Rheinland, in einer Versöhnung von Staat und Kirche, sondern spitzte sich, im Kontext der Römischen Frage, zu. *Zweitens* ging der antiklerikale Impuls im sardischen Königreich stärker von der Mitte und von den politischen und sozialen Rändern der Gesellschaft aus. Journalisten, Studenten, ›kleine Leute‹ – Arbeiter, Kleinbürger, Bauern – mischten sich ein: Auf dem Land zugunsten des Klerus und der alten Eliten, in Städten auf Seiten der liberalen Regierung und der demokratischen Opposition.[190] Ihr Engagement drang bis in die Zentren der ›hohen‹ Politik. Der Erzbischof von Chambéry wurde bei seinen Reden im Senat immer wieder von Zuschauern beschimpft. Rosario Romeo hat in dieser neuen Form kollektiven Engagements bereits »Manifestationen eines Antiklerikalismus der Massen« gesehen. Die katholische Mobilisierung ländlichen Protests stand dem keineswegs nach.[191] *Drittens* beeinflusste der piemontesische Kulturkampf den italienischen Konflikt stärker als die Kölner Wirren die deutschen Kulturkämpfe der liberalen Ära. Dies lag nicht nur an der ›Piemontisierung‹ Italiens, das heißt an der sukzessiven Ausdehnung sardischer Kirchengesetze auf den Nationalstaat.[192] Auch die Lager und Muster des Konflikts bildeten sich hier bereits heraus: das spannungsvolle, letztlich aber gleichgerichtete Vorgehen von Demokraten, Radikalen und Gemäßigten, die unilateralen Akte der Regierung, die intransigente Haltung der Kirchenführung, die Kampagnen antiklerikaler und klerikaler Blätter, die physischen Zusammenstöße und religiösen Rituale im öffentlichen Raum – all diese Erfahrungen prägten den italienischen Kulturkampf, nährten die beiderseitige Abneigung, etablierten aber auch Regeln der Moderation und Milderung. Nicht zuletzt die Heftigkeit des frühen Kulturkampfes in Piemont erklärt, weshalb die Liberalen nach 1861 auf nationaler Ebene zum Teil vorsichtiger agierten. *Viertens* waren die Motive der piemontesischen Liberalen vorwiegend religiöser Natur. Während es der preußischen Regierung in erster Linie um die Unterordnung der Kirche ging (wobei indes gerade beim Monarchen auch konfessionelle Motive eine Rolle spielten), verfolgten Erstere auch reform-

190 Vgl. etwa *Briacca*, Cattolici, S. 88 Anm. 76.

191 *Romeo*, Cavour, Bd. 2/2, S. 440. Die Wertung als Kulturkampf auch bei *Seibt*, Rom, S. 151. Zur Rolle antiklerikaler Medien im piemontesischen Kulturkampf vgl. auch Kapitel B.I.4, B.II.1–2.

192 Vgl. *Chabod*, Storia, S. 243.

katholische Ziele und ein rechtstheoretisch begründetes Projekt der Säkularisierung als Trennung von Politik und Religion.[193] Wie gesehen, wies ihr Vorgehen allerdings widersprüchliche Prämissen und Praktiken auf. Einerseits sollten Politik und Religion getrennt werden, andererseits mussten das Wesen der Religion und die Aufgaben der Kirche gerade deshalb im öffentlichen, ›politischen‹ Raum (in parlamentarischen Debatten und staatlichen Gesetzen) definiert werden. Bereits am Anfang der Trennung stand also eine Vermischung der Sphären. Sie sollte weitere Vermischungen nach sich ziehen.

2. Freie Kirche im freien Staat? Politik und Religion im italienischen Kulturkampf 1861–1889

Die Widersprüche der liberalen Säkularisierungspraxis setzten sich nach der Nationalstaatsgründung fort. Staatliche Eingriffe in religiöse Praktiken und kirchliche Strukturen wechselten sich nach 1861 mit rechtlichen Garantien für die Kirche ab. Möglich war der Versuch einer Privatisierung der Kirche und der Religion nur, weil es keine katholische Partei gab, welche die Liberalen bei Wahlen auf nationaler Ebene hätte gefährden können.

a) Staatliche Eingriffe und Garantien 1861–1875

Unmittelbar nach der Nationalstaatsgründung begannen die Liberalen mit einer partiellen Enteignung der katholischen Kirche.[194] Die Säkularisation erfolgte in Italien später und radikaler als in anderen katholischen Staaten Europas. Sie wurde in einer Linie mit den »absolutistischen und revolutionären Staaten des 18. und frühen 19. Jahrhunderts« gesehen.[195] Historiker marxistischer Prägung erklärten sie mit dem Finanzbedarf des durch teure Kriege verschuldeten Staates und mit dem materiellen Interesse solventer Bürger an einer Neuverteilung des prestigeträchtigen Grundbesitzes.[196] Führende Liberale wie Ministerpräsident Bettino Ricasoli verfolgten dabei indes auch reformkatholische, das heißt: religiöse Ziele. Sie stellten die Enteignung als Befreiung der Kirche von unnötigen Privilegien dar, definierten Religion als Privatsache und sondierten nach einer parlamentarischen Mehrheit für eine systematische Trennung von Kirche

193 *Pellicciari*, Risorgimento, S. 109–112, 148–151 deutet das Ordensverbot dagegen als antikatholisch. Zu den reformkatholischen Ansätzen der piemontesischen Liberalen vgl. jedoch bereits *Scoppola*, Laicismo, S. 233 f.

194 1862 musste sie Immobilien abtreten, 1866 büßten die Orden und Kongregationen viel Vermögen ein. 1867 kam es zur Aufhebung von 25.000 kirchlichen Institutionen und zur Abwicklung kirchlichen Vermögens, darunter 750.000 Hektar Land, vornehmlich in Süditalien. Vgl. *Jemolo*, Questione; *D'Amelio*, Stato, S. 537 ff.; *Riccardi*, Soppressione, S. 230–238.

195 *Papenheim*, Karrieren, S. 67.

196 Vgl. etwa *Sereni*, Capitalismo; *Broglio*, Legislazione, S. 103.

und Staat. Die jurisdiktionalistische Auffassung, staatliche Eingriffe in kirchliche Angelegenheiten zu erlauben, setzte sich jedoch zunächst durch.[197]

1871 erlebte das Modell der friedlichen Koexistenz von Staat und Kirche in getrennten Sphären jedoch mit dem Garantiegesetz eine Renaissance. Es erklärte die Person des Papstes für »heilig und unverletzbar«, stellte seine Beleidigung unter Strafe, bewilligte dem Heiligen Stuhl das Recht auf die Schweizergarden, auf einen diplomatischen Apparat und auf eigene Post- und Telegraphenbüros, auf das Eigentum der päpstlichen Gebäude und Paläste (Vatikan, Lateran, Castelgandolfo), auf Erziehung der Geistlichen in Rom sowie auf eine Jahresdotation von 3.225.000 Lire. Dem Klerus wurde volles Versammlungsrecht eingeräumt, die Vereidigung der Bischöfe, Exequatur, Placet und andere staatliche Zustimmungspflichten wurden abgeschafft.[198] Hinsichtlich der Trennung von Kirche und Staat ging Italien damit im europäischen Vergleich relativ weit. Doch nicht nur die Linke lehnte das Garantiegesetz als übertriebenes staatliches Entgegenkommen ab, auch die Kurie verweigerte ihre Zustimmung. Pius IX. verurteilte die Vorstellung, dass eine von Gott eingesetzte kirchliche Regierung auf Zugeständnissen einer weltlichen Macht gründen könne und schlug auch die finanzielle Zuwendung aus, weil diese einer einseitigen Willenserklärung des italienischen Staates entsprang, keinem Konkordat gleichberechtigter Partner, wie es Cavour 1861 noch in Aussicht gestellt hatte.[199] Aus Sicht der Liberalen gehörte die Ära der Konkordate indes bereits der Vergangenheit an. Die rechtsliberale Mailänder Zeitung »La Perseveranza« schrieb, dass die Kirche eine moralisch-religiöse, aber keine politische Aufgabe habe und sich dem Staat unterordnen müsse. Außenminister Visconti Venosta disqualifizierte die Konkordate 1872 in der Kammer grundsätzlich als inadäquate »Vermischung« von Politik und Religion, die letztlich beide Sphären kompromittiere. Die Regierung strebe dagegen eine »Befriedung« und »friedliche Koexistenz« mit dem Papst in Rom an.[200]

Gerade in Rom wurde die Harmonie indes auch nach dem Garantiegesetz immer wieder empfindlich gestört. Die Regierung setzte ihre Eingriffe in kirchliche Belange fort und konterkarierte das Prinzip der ›freien Kirche im freien Staate‹ selbst. Bereits beim Hauptstadtumzug wurden viele Klöster beschlagnahmt und als Verwaltungsgebäude genutzt. Bedeutende Kirchen wie Il Gesù gerieten in staatlichen Besitz. Im März 1873 wurde das Ordensverbot auf die Provinz Rom

197 Deutlich wurde dies im Scheitern des Gesetzentwurfs von Justizminister Francesco Borgatti und Finanzminister Antonio Scialoja zum Verkauf der Kirchengüter von 1867, der Marco Minghettis Ideen zur Trennung von Staat und Kirche aufgriff. Danach sollten die Bischöfe das Kirchenvermögen binnen zehn Jahren verkaufen, die Kirche sollte nicht mehr Staatskirche, sondern freie, autonome, private Vereinigung sein. Die Mehrheit der Liberalen wollte ihr diese Rechte aber nicht zugestehen. Ricasoli trat zurück. Vgl. *Chabod*, Storia, S. 210–283.

198 Garantiegesetz in: *Jemolo*, Questione romana, S. 108–114.

199 Vgl. *Papenheim*, Karrieren, S. 77 f.; *Seibt*, Rom, S. 180–183.

200 Vgl. *Chabod*, Storia, S. 210, 213.

ausgedehnt, was zur Auflösung von 472 Konventen führte, deren Verkauf dem Fiskus ungefähr acht Millionen Lire einbrachte. Insgesamt wurden bis 1889 etwa 60.000 Kirchengüter konfisziert und für rund 653 Millionen Lire verkauft. Allerdings lebten die Geistlichen danach oft in zivilen ›Gemeinschaften‹ weiter, die dem Vereinsrecht unterstanden. Denn als ›Privatsache‹ durften sie ihre Religion weiterhin ausüben. In der Praxis erwiesen sich diese Grenzen oft als fließend.[201]

b) »Geistlicher Amtsmissbrauch«: Die Kanzelparagraphen 1854–1889

Die Regierung ging auch gegen geistliche ›Einmischungen‹ in die Politik vor. Um antigouvernementale Handlungen katholischer Geistlicher wie etwa kritische Kanzelworte, den Boykott des *Te Deum* beim Verfassungsfest, die Verweigerung von Sakramenten oder die Beteiligung an Protestaktionen zu unterbinden oder zumindest zu mäßigen, war in Piemont bereits 1854 ein Gesetz gegen »geistlichen Amtsmissbrauch« verabschiedet worden, dessen Normen 1859 leicht gemildert ins Strafgesetzbuch eingingen.[202] Vor allem der Hausarrest wurde fortan zum bevorzugten Sanktionsmittel der Regierung.[203]

Trotz staatlicher Repression setzte sich die klerikale Opposition auch nach der Nationalstaatsgründung fort – und wurde hart geahndet: Bis 1871 wurden 158 Geistliche wegen Amtsmissbrauch angeklagt und 84 verurteilt. Das Garantiegesetz führte zwar zu einem Rückgang der Klagen und Urteile. Gleichwohl wurden antiliberale Prediger von radikalen Antiklerikalen gestört, welche bei missliebigen Passagen in der Messe intervenierten.[204]

Als 1876 die Linksliberalen die Regierung übernahmen, suchten sie die rechtlichen Bestimmungen zu verschärfen. Außen- und Justizminister Pasquale Stanislao Mancini, Jurisdiktionalist und radikaler Antiklerikaler, präsentierte einen Entwurf zur Bestrafung klerikaler »Missbräuche«, der hohe Geld- und Haftstrafen vorsah: für Störungen der öffentlichen Ordnung, des familiären Friedens, Beleidigungen staatlicher Institutionen und Gesetze und anderer Handlungen öffentlicher Autoritäten; für alle Arten geistlichen Zwangs. Konservative kritisierten den Entwurf mit dem ›liberalen‹ Argument, staatliche und kirchliche Befugnisse nicht zu »vermengen«. Nach Protesten katholischer Geistlicher und Laien und einer knappen Kammermehrheit wurde er 1877 im Senat abgelehnt.[205]

1889 legte der Codice Zanardelli, Italiens erstes Strafgesetzbuch, Sanktionen für geistlichen »Amtsmissbrauch« fest. In früheren Entwürfen waren hierunter auch Störungen des »familiären Friedens« und des »öffentlichen Bewußt-

201 Vgl. dazu zuletzt *Vidotto*, Roma, 56–63, S. 398 Anm. 80.

202 Vgl. *Brunialti*, Stato, S. CCXXXII–CCXXXVIII; *Ferrari*, Legislazione.

203 1866 waren unter 264 aus politischen Gründen Verurteilten 141 Geistliche. Von 247 politischen Verbannten aus der Provinz waren 138 Kleriker. Vgl. *Tuninetti*, Organizzazione, S. 233.

204 Vgl *Gregorovius*, Tagebücher, S. 303 (über Tumulte in der Jesuitenkirche Il Gesù und den Einsatz der Nationalgarde). Die Zahlen nach *Ferrari*, Politica, S. 82.

205 Vgl. *Ferrari*, Legislazione, S. 177–188; *Frugiuele*, Sinistra, S. 141–153; *Boiardi*, Legge.

seins« sowie Missbräuche der »moralischen Kraft« des geistlichen Amtes, welche »Pflichten gegenüber dem Vaterland oder einem öffentlichen Amt« verletzten, gefasst, jedoch als zu vage verworfen worden. Gegen öffentliche Proteste des Papstes, italienischer und ausländischer Bischöfe sowie intransigenter Zeitungen wurde aber an der Begrenzung der geistlichen Redefreiheit festgehalten. Verantwortlich für die Aktualisierung der piemontesischen Normen war Justizminister Giuseppe Zanardelli. Im Unterschied zu Amtsvorgängern wie Siccardi oder Ricasoli verfolgte der erklärte Agnostiker keine reformkatholischen Ziele mehr. Doch selbst er unterschied die legitime Religionsausübung vom »Klerikalismus« und kritisierte Geistliche, die sich in »weltlichen« Wahlkämpfen »beschmutzten«. Die neue Regelung wurde allerdings weniger streng angewendet. Ende des 19. Jahrhunderts überwogen die Freisprüche vor Gericht deutlich.[206]

c) Non expedit: Katholische Politik in Italien und Rom 1857–1888

Das Hauptproblem geistlicher Wahlkämpfer war das Fehlen einer nationalen katholischen Partei. Nach dem sardischen Ordensverbot hatten kirchennahe Katholiken zwar eine parteiähnliche Formation gebildet, die bei den piemontesischen Wahlen von 1857 reüssierte und der Regierung sogleich ihre Mitarbeit anbot. Die Liberalen wollten ihre Kirchenpolitik jedoch fortsetzen. Wie ihre bayerischen und deutschen Gesinnungsgenossen 1869 reagierten sie mit Wahlprüfungen und -annullierungen. Wahlprüfer werteten klerikale Attacken auf Kirchengesetze als »Missbrauch geistlicher Waffen« und annullierten so viele klerikal-konservative Mandate, dass die ›katholische Fraktion von 17 auf zwei Sitze schrumpfte. Auch das Mandat des Theologen Giacomo Margotti wurde für nichtig erklärt. Nach 1861 rief er als Chefredakteur der intransigenten Zeitung »Armonia« seine Leser dazu auf, zum Protest gegen liberale Angriffe auf den Kirchenstaat an nationalen Wahlen »weder als Gewählte noch als Wähler« teilzunehmen und dem neuen Staat so die Anerkennung zu verweigern. Sein Boykottaufruf wurde zum Wahlkampfslogan papsttreuer Katholiken. Infolgedessen konnten die Rechtsliberalen zwar eine überwältigende Mehrheit erringen. Aufgrund der sozial exklusiven Zusammensetzung des Parlaments (85 Adlige, 72 Anwälte, 52 Ärzte, Ingenieure bzw. Professoren, 28 Militärs), des geringen Anteils der Wahlberechtigten (1,9 % der Bevölkerung) und der schwachen Wahlbeteiligung (57,2 %) erschien die Legitimität der Kammer jedoch begrenzt.[207] Um ihren Anspruch auf die weltliche Herrschaft zu untermauern, machte sich die Kurie das Prinzip der Wahlenthaltung zu eigen. 1874 veröffentlichte die Apostolische Pönitentiarie das Dekret »Non expedit«, das den Gläubigen empfahl, weder aktiv noch passiv an Italiens Wahlen teilzunehmen. 1886 verschärfte das Heilige Offizium diese

206 Zitiert nach *Ferrari*, Politica, S. 81. Vgl. *ebd.*, S. 79–83; *Brunialti*, Stato, S. CCXXXVII.

207 Vgl. *Jemolo*, Partito; *Giovagnoli*, Margotti; *Briacca*, Cattolici, S. 88 Anm. 76. Zur Analyse der Wahlen von 1861: *Berselli*, Governo, S. 79–112.

dringende Empfehlung zum strikten Verbot. Denn die Kurie fürchtete, dass der intransigente Katholizismus durch eine »Anpassung« an das liberale ›System‹ Einfluss verlieren könnte. Sie suchte die ›katholischen Interessen‹ weiterhin allein zu repräsentieren: als »Vertretung der katholischen Nation gegen die liberale Nicht-Nation.«[208]

Die Folgen dieser Konstellation waren einzigartig in Europa: Im Kontrast zu anderen Ländern »bestritt die klerikale Anti-System-Opposition in Italien die Existenz und Legitimität des neuen Staates sowie seiner Hauptstadt.« Für die Liberalen hatte dies Vor- und Nachteile: Was ihre deutschen Gesinnungsgenossen vergeblich anstrebten: eine dauerhafte politische Hegemonie, garantierte ihnen in Italien die römische Kurie. Denn da sich papsttreue Katholiken außerhalb des Parlaments organisieren mussten, blieben die Liberalen bis zum Aufstieg der Arbeiterbewegung – 1892 wurde die Sozialistische Partei Italiens gegründet – nahezu konkurrenzlos. Gleichzeitig bestritt die Kirche jedoch die Legitimität und Repräsentativität der staatlichen Institutionen. Um deren Kluft zur katholischen Gesellschaft auszudrücken, prägte die klerikale Presse das Gegensatzpaar »Italia legale« vs. »Italia reale«.[209]

Von einer politischen Abstinenz der kirchennahen Katholiken kann gleichwohl keine Rede sein. Zum einen formierte sich bereits in den 1860er Jahren, von der Kurie beargwöhnt, eine dynamische Bewegung katholischer Geistlicher und Laien, die sich zunächst sozial-karitativ engagierte, dann aber auch transigenten Strömungen Raum bot. Unter dem Dach des 1874 gegründeten nationalen Hilfswerks »Opera dei congressi« bildete sich ein dichtes Netz katholischer Kreditanstalten, Genossenschaften, Fürsorgeeinrichtungen und Schulen, das eine katholische Parallelstruktur zum offiziellen Italien bildete, vergleichbar dem katholischen Milieu in Deutschland. Ziel der »hybriden politisch-religiösen Organisation« (Fausto Fonzi) war es, den katholischen Einfluss auf die Gesellschaft zu stärken und den päpstlichen Anspruch auf die weltliche Herrschaft zu stützen. Sie setzte sich mit der sozialen Frage auseinander und trat in Konkurrenz zu Institutionen der staatlichen Sozialpolitik und der sozialistischen Arbeiterbewegung. Antiliberalismus und Antisozialismus fungierten als zentrales Movens. Zugleich empfahl sich der Katholizismus dem Staat indes auch als potentieller Bündnispartner gegen die ›sozialistische Gefahr‹.[210]

Zum anderen sparte das »Non expedit« die in Italien so wichtige Ebene der Kommunen aus. Hier konnten konservative Katholiken erfolgreiche Wahlbündnisse bilden, mitregieren oder die Liberalen sogar überflügeln. 1879 druckte »Il Fischietto« eine Karikatur von Camillo Marietti, auf der Ministerpräsident

208 *Traniello*, Kultur, S. 533. Vgl. *Lönne*, Katholizismus, S. 207f. Erst 1904 wurde das »Non expedit« gelockert. Aufgehoben wurde es erst 1919.

209 *Ullrich*, Liberalismus, S. 383. Vgl. *Fonzi*, Cattolici; *Marongiu Buonaiuti*, Non expedit; *Mazzonis*, Opposizione; *ders.*, Non expedit; *Berselli*, Governo; *Pacifici*, Astensionismo.

210 Vgl. dazu *Traniello*, Kultur, S. 532f.; *Lönne*, Katholizismus, S. 205–208; *Formigoni*, Italia.

Depretis beim Flanieren mit der Allegorie der Italia zu sehen war. Missmutig blickte er auf die ›jesuitischen‹ Abgeordneten (erkennbar an ihren Kalabresern), die bei den Verwaltungswahlen wie Pilze aus dem Boden geschossen waren. Als konservative Honoratioren 1877 in der Hauptstadt die »Unione romana« gründeten, wurde diese von Liberalen als ›klerikale‹ Partei und diszipliniertes, willfähriges Heer geistlicher Führer dargestellt. Dennoch gelang es ihr, zu einer festen Größe der römischen Kommunalpolitik aufzusteigen und zwischen 1883 und 1888 ins Kapitol einzuziehen. Ihre Wahlerfolge verdeutlichten das enorme Potential des ›politischen‹ Katholizismus in Italien. Sie waren nur möglich, weil die kommunale Verwaltung als ›unpolitisch‹ galt. Deshalb konnten katholische Politiker hier gleichzeitig dem päpstlichen Verdikt der Wahlenthaltung und dem liberalen Prinzip der Trennung von Politik und Religion Rechnung tragen. Man sollte hierin nicht bloß, wie die Antiklerikalen, einen bewussten Etikettenschwindel sehen, sondern auch ein Indiz der Hegemonie des liberalen Prinzips der Trennung von Politik und Religion: Es wurde formell selbst von den katholischen Gegnern der Liberalen anerkannt.[211]

3. Säkularisierung und physische Gewalt: Der Kampf um den öffentlichen Raum 1870–1892

Eine wichtige Dimension des italienischen Kulturkampfes war der Kampf um den öffentlichen Raum. Er wurde nicht nur legislativ, administrativ und medial geführt, sondern auch mit körperlicher Präsenz und Gewalt. Die Forschung hat diese physischen Auseinandersetzungen meist ignoriert oder isoliert von der liberalen Regierungspolitik betrachtet, vielleicht auch deshalb, weil sich die Behörden darin als neutrale Instanz inszenierten, die das staatliche Gewaltmonopol gegen die partikularen Interessen klerikaler und antiklerikaler Extremisten durchsetzte. Allerdings folgte auch das zähe Ringen antiklerikaler Aktivisten um den urbanen Raum einem genuin liberalen Prinzip: Die Religion sollte aus der Öffentlichkeit verschwinden.

a) Antiklerikal-klerikale Zusammenstöße in Italien 1870–1892

Vor allem in Rom stießen Klerikale und Antiklerikale immer wieder aufeinander. Für die Zeit zwischen 1870 und 1881 hat Alessandra Keller in der Hauptstadt dreißig Fälle verbaler Provokation und physischer Gewalt gezählt.[212] Ähnlich wie im Turin der 1850er Jahre wurden liberale Politiker hier von radikalen

211 Vgl. *Spadolini*, Opposizione, Bd. 2, Abb. 537. Zur römischen Lokalpolitik vgl. *Mazzonis*, Unione; *Ciampani*, Cattolici; *Vidotto*, Roma, S. 44–51.

212 Vgl. *Keller*, Anticlericalismo. Ich danke Alessandra Keller dafür, dass sie mir ein Exemplar ihrer *tesi di laurea* zur Verfügung gestellt hat.

Straßenaktivisten unter Druck gesetzt, etwa 1873 während der Beratungen über die Ausweitung des Ordensverbots auf Rom. Im Januar veranstalteten demokratische Linke in Mailand eine Versammlung gegen den wegen seiner Ausnahmen als zu ›lasch‹ empfundenen Gesetzentwurf. Im März kam es in der Jesuitenkirche Il Gesù zu studentischen Störaktionen, auf der Piazza Venezia folgten Zusammenstöße mit klerikalen Gruppen. Im Mai verbot Innenminister Giovanni Lanza ein »meeting« der demokratischen Linken. Nicht verhindern konnte er eine über tausendköpfige Demonstration, die Tumulte auslöste und Verhaftungen nach sich zog. Die Straße übte derart großen Druck auf die Abgeordneten aus, dass die Nationalgarde das Parlamentsgebäude und Il Gesù abriegeln musste.[213]

Begleitet wurden die Demonstrationen meist von medialen Kampagnen. Bevorzugtes Angriffsziel waren die Prozessionen. »La Maga« zeichnete 1871 den »klerikalen Pomp« einer Turiner Prozession, deren Geistliche und Laien abscheuliche – fanatische, debile, depravierte, irre – Gesichter hatten. Ähnlich abstoßend wirkten sie auf einer Karikatur anlässlich der Feier des 25. Regierungsjubiläums von Pius IX. 1890 brachte »L'Asino« unter dem Titel »Mistkäfer« eine Karikatur des französischen Karikaturisten Grandville, auf der prozessierende Geistliche als Insekten dargestellt waren.[214]

Die rechtlichen Bestimmungen zu den Prozessionen waren komplizierter. Nach Artikel 183 des piemontesischen Strafgesetzbuches von 1859 standen sie unter staatlichem Schutz. Ihre Störung konnte mit bis zu sechs Monaten Haft bestraft werden. Da der Klerus Prozessionen jedoch regelmäßig für politische Kundgebungen nutzte und es wiederholt zu Zusammenstößen mit antiklerikalen Gruppen kam, bemühte sich die Regierung um stärkere Kontrolle. Im September 1865 konstatierte Justizminister Paolo Cortese, dass Prozessionen auf »öffentlichen Straßen« in vielen Kommunen »Zwietracht« gesät und die »Würde« der religiösen Riten beschädigt hätten. Im Interesse der »öffentlichen Ordnung«, von »Religion und Moral« sollten sie fortan zwanzig Tage vorher angekündigt und vom Präfekt genehmigt werden. Das königliche Dekret vom Oktober 1861, auf das sich Cortese bezog, galt indes nicht für das gesamte Staatsgebiet und sah zudem keine Strafen vor. Überdies hatte das Garantiegesetz dem Klerus 1871 Versammlungsfreiheit gewährt. Erst Innenminister Giovanni Nicotera erlaubte den Präfekten im Juli 1876, öffentliche Prozessionen nicht nur zu verbieten, sondern Zuwiderhandlungen auch zu bestrafen. Anscheinend wurden sie in der Folge aber, anders als von der »Civiltà Cattolica« befürchtet, nur selten verboten. Es ging den örtlichen Polizeibehörden offenbar weniger um die Durchsetzung, als um die Proklamation des staatlichen Gewaltmonopols.[215]

213 Vgl. La Capitale 9.5., 11.–13.5.1873; *Verucci*, Italia, S. 300 ff.; *Fiorentino*, Chiesa, S. 223–240.

214 La Maga 8.6.1871, 13.6.1871; L'Asino 27.6.1890.

215 Zitiert nach *Pellegrini*, Processione, S. S. 483 f. Vgl. *Brunialti*, Stato, S. CCLV. Zu den seltenen Prozessionsverboten vgl. *Porciani*, Festa, S. 188.

Radikale Kirchengegner sahen dagegen in den Prozessionen eine illegitime Usurpation des öffentlichen Raumes unter religiösem Deckmantel. Immer wieder attackierten sie daher auch behördlich genehmigte Züge. Als ›Klerikale‹ am 2. Juni 1877 das 50. Bischofsjubiläum des Papstes in Turin mit einer öffentlichen Prozession feiern wollten, gab es Protestkundgebungen vor dem Sitz des Erzbischofs und vor zahlreichen Kirchen. Vor dem Redaktionsgebäude der intransigenten »Unità cattolica« wurden Exemplare der Zeitung verbrannt. Am 20. Juni 1879 wurde auch die Processione della Consolata angegriffen.[216] Die antiklerikale Gewalt ging nicht nur von Arbeitern oder Kleinbürgern aus. 1885 trieben fein gekleidete Bürger die Teilnehmer des Fronleichnamszugs mit Spazierstöcken und Fäusten in die genuesische Kirche San Lorenzo zurück. »Viele Frauen«, berichtete die »Illustrazione Italiana«, »wurden ohnmächtig, einige Personen erlitten leichte Verletzungen. Das schnelle Eingreifen der Sicherheitskräfte verhinderte Schlimmeres.« Die moderate Zeitung prangerte sowohl den »Aberglauben« und den »Fanatismus« der Gläubigen als auch die »Intoleranz« der Antiklerikalen an. Als Mitglieder der katholischen Arbeitervereine Liguriens von einem Pilgerzug zum Santuario della Madonna del Monte nach Genua zurückkehrten, wurden sie auf der Piazza del Carmine von Antiklerikalen mit Steinen empfangen. Es gab zwölf Festnahmen und viele Verwundete. Ein dalmatisches Mitglied eines katholischen Vereins von der Riviera erlag kurz darauf seinen Verletzungen.[217]

Oft ging die Aggression indes auch von intransigenten Katholiken aus. Als französische Pilger 1891 im Pantheon das Grab von Vittorio Emanuele II schmähten, kam es vor und in der Kirche zu Tumulten.[218] Dass das Pantheon sowohl von Klerikalen als auch von Antiklerikalen beansprucht wurde, hing mit seiner wechselvollen Geschichte zusammen. Das Bauwerk verkörperte Mazzinis geschichtsphilosophischen Dreischritt vom Rom der Cäsaren über das Rom der Päpste zum Rom des Volkes geradezu paradigmatisch: Unter Konsul Marcus Agrippa als Tempel zu Ehren »aller Götter« errichtet, war das Pantheon von Papst Bonifatius IV. zur Kirche Sancta Maria ad Martyres geweiht worden. 1878 wurde es mit dem Begräbnis von Italiens erstem König Vittorio Emanuele II zur Grablege der Savoyen und zum Ort eines nationalen Totenkultes.[219] Die französischen Pilger deuteten die Umwandlung der Märtyrerkirche indes als Profanation. Ihr symbolischer Gegenangriff – die versuchte Entweihung eines sakralen Orts der Nation – zeigt, dass Rom im 19. Jahrhundert nicht nur von säkularisierten Romreisenden und italienischen Nationalisten beansprucht wurde, sondern auch von katholischen Gläubigen aus der ganzen Welt.

216 Vgl. *Porciani*, Festa, S. 188; *Tuninetti*, Organizzazione, S. 234

217 L'Illustrazione Italiana 21.6.1885. Vgl. dazu auch *Porciani*, Festa, S. 189.

218 Vgl. L'Illustrazione Italiana 4.10.1891.

219 Vgl. *Tobia*, Forma, S. 194–207. Zu Mazzinis Idee der *Terza Roma* siehe Kapitel A.II.2.c.

b) Der Angriff auf den Leichnam von Pius IX. in Rom 1881

Da Rom gleichzeitig Hauptstadt eines Nationalstaats und globales Zentrum des Katholizismus war, konnten sich lokale Auseinandersetzungen hier rasch zu internationalen Affären auswachsen. Dies gilt zumal für den Angriff auf die Prozession zur Überführung des Leichnams von Pius IX. Aus Protest gegen die italienische Eroberung Roms hatte sich der Papst 1870 zum ›Gefangenen im Vatikan‹ stilisiert und diesen bis zu seinem Tod 1878 nicht mehr verlassen. Obwohl er in der Basilika San Lorenzo Fuori le Mura begraben werden wollte, hatte man ihn zunächst im Petersdom beigesetzt. Erst 1881 sollte sein letzter Wille in Erfüllung gehen. Am Morgen des 12. Juli kolportierten Zeitungen und Flugblätter, dass die Überführung des Leichnams nach San Lorenzo unmittelbar bevorstehe. Tags zuvor hatten kirchennahe Bürger dem Quästor Carlo Bacco versichert, dass die Kurie keine politische Demonstration plane, sondern nur eine letzte Zuneigungsbekundung für Pius IX. Als Gerüchte über eine Gegendemonstration laut wurden, forderte der mit dem Schutz der Veranstaltung betraute Polizeikommissar Giuseppe Manfroni beim Innenministerium Truppen an, die jedoch mit der Begründung verweigert wurden, dass die Veranstaltung keinen offiziellen Charakter erhalten solle. »Und so wurde entschieden, den Transport in privater Form und zu später, nächtlicher Stunde durchzuführen.«[220]

Doch die frommen Verehrer Pius IX. machten den Planern einen Strich durch die Rechnung. Ein ›klerikales‹ Flugblatt kündigte die nächtliche Prozession morgens an, bereits am Nachmittag fanden sich viele Gläubige am päpstlichen Grab zum Gebet ein. Abends waren nach Angaben klerikaler und antiklerikaler Blätter etwa 100.000 Menschen vor der Peterskirche versammelt. Trotz Verbots des Kardinalvikars hatten sich neben dem Dom 3.000 Mitglieder katholischer Vereine mit Fackeln und Kerzen aufgereiht. Nach der Exhumierung und Identifikation der Leiche begann um Mitternacht die feierliche Überführung auf einem Wagen, dem rund 200 weitere Wagen und 2.000 Fackelträger folgten.[221]

Bereits in der Nähe des Vatikan kam es zur ersten Störung: Dem Bericht der Quästur zufolge mischte sich auf der Piazza Rusticucci eine hundertköpfige Gruppe unter die Gläubigen und ließ den König, das Vaterland und die Armee hochleben. Einer klerikalen Schrift gemäß riefen sie »obszöne Parolen« und sangen freizügige Soldatenlieder. Auf der Engelsbrücke gelang es ihnen, den Zug zu stoppen. Sie drohten, den Leichnam des Papstes in den Tiber zu werfen.

220 La Capitale 13.7.1881. Vgl. *ebd.*, 12.7.1881; La Lega della Democrazia 12.7.1881; Il Popolo Romano 12.7.1881; *Manfroni*, Soglia, Bd. 2, S. 51 f.; *Ciampani*, Cattolici, S. 257 Anm. 239; *Keller*, Anticlericalismo, S. 149 f. Als visuelle Darstellung der Beerdigung in S. Pietro in Vaticano vgl. L'Illustrazione Italiana 24.2.1878.

221 Vgl. *Manfroni*, Soglia, Bd. 2, S. 52; Relazione, S. 12; La Lega della Democrazia 13.7.1881; Il Popolo Romano 14.7.1881; *Keller*, Anticlericalismo, S. 151 ff.; *Viallet*, Anticléricalisme en Italie, S. 638; *Ciampani*, Cattolici, S. 257 Anm. 240.

Abb. 33: »Il trasporto della salma di Pio IX nella notte del 13 luglio – Il tafferuglio in Piazza Venezia (Di uno schizzo del signor Bandini).«, in: L'Illustrazione Italiana 31.7.1881.

Mithilfe einer an der Engelsburg stationierten Abteilung konnte Manfroni dies verhindern. Die klerikale Turiner Zeitung »Unità Cattolica« schrieb dieses Verdienst den Prozessionsteilnehmern zu. Auch der römische Korrespondent der liberalen Mailänder Zeitung »Il Secolo« versicherte tags darauf, dass der Leichnam des Papstes nur knapp dem Tiber entgangen sei. Nach diesem gravierenden Zwischenfall kam die Prozession nur mühsam wieder in Gang. Die Polizei suchte der Gegendemonstranten habhaft zu werden, die jedoch im dunklen Straßengewirr und in der Menschenmenge immer wieder entkommen konnten. Die Kutscher beschleunigten daher das Tempo des Leichenwagens. Der päpstliche Leichnam wurde so zwar vor weiteren Angriffen geschützt, nicht jedoch die Fackelträger. Sie wurden Opfer »obszöner«, »gotteslästerlicher« Schmähungen, von Steinwürfen und »Raufereien«. Überfallartig attackierten die Angreifer einzelne Prozessionsteilnehmer, um sich sogleich wieder zurückzuziehen. Die Polizei war den nadelstichartigen Angriffen kaum gewachsen.[222] Von der »Rauferei« auf der Piazza Venezia zeigte die »Illustrazione Italiana« eine Skizze (*Abb. 33*).

222 Zitiert nach *Scoppola*, Chiesa, S. 161; I fatti della nuova Roma, Bd. 1, S. 30–34. Vgl. *Manfroni*, Soglia, Bd. 2, S. 54 ff. Vgl. *Keller*, Anticlericalismo, S. 157 f.

Demnach traktierten die mit Frack, Hut oder Zylinder eher vornehm gekleideten Antiklerikalen ihre Gegner, in deren Reihen neben Geistlichen auch Frauen standen, mit Stöcken, während diese ihre Fackeln als Knüppel einsetzten. Die Quästur zählte offiziell nur vier Verletzte: ein Mädchen mit Verbrennungen, zwei Männer mit Schnittwunden und einen derangierten Priester. Nach Angaben beider Lager war die Zahl der Verwundeten indes weitaus höher.[223] Das Ereignis schlug hohe Wellen und stürzte die italienische Regierung auf internationaler Ebene in große Verlegenheit. Der Heilige Stuhl sandte ein Rundschreiben des Staatssekretärs Kardinal Jacobini an die apostolischen Nuntien und Protestnoten an die akkreditierten Diplomaten. Gerüchte über eine unmittelbar bevorstehende Flucht von Papst Leo XIII. aus Rom und eine Exkommunikation von König Umberto I machten die Runde. Aus vielen Ländern trafen Protestnoten ein, die den Angriff als barbarisch ablehnten und die Regierung für ihre Nachlässigkeit rügten.[224]

c) Der Körper des Papstes: Zur Erklärung der antiklerikalen Gewalt

Der antiklerikale Gewaltausbruch überraschte sowohl die Veranstalter als auch die Behörden. Er wurde von Zeitgenossen und Forschern kontrovers gedeutet. Während Pietro Vigo einige »Flegel« verantwortlich machte, erkannte Manfroni einige prominente Antiklerikale. Die klerikale Zeitung »La Frusta« behauptete, dass die Massoneria für 8.000 Lire 400 Personen angeheuert habe, sich auf die Wachen zu stürzen, sich des Sargs zu bemächtigen und ihn in den Tiber zu werfen. Auf der Piazza Rusticucci habe ein älterer Herr die jugendliche Horde zur Geduld gemahnt: »Wartet, es ist noch Zeit.« Andrea Ciampani hat dagegen Ministerpräsident Depretis als heimlichen Drahtzieher und indirekten Nutznießer der Affäre dargestellt. Alessandra Keller wies auf kontingente Faktoren wie die Hitze hin, die viele Menschen auf die Straße trieb, um sich abzukühlen. Auch die Dunkelheit habe es den Aggressoren ermöglicht, immer wieder unterzutauchen. Allerdings spricht die Bewaffnung der Antiklerikalen gegen eine spontane Aktion. Für Giovanni Spadolini war sie dennoch ein »nervöser Reflex der Leidenschaften des Risorgimento«.[225] Handelte es sich also um einen Zufall, Kalkül oder um einen spontanen Ausbruch antiklerikaler Gefühle? All diese Deutungen können weder das Ausmaß noch die Form der antiklerikalen Gewalt

223 Vgl. *Manfroni*, Soglia, Bd. 2, S. 55; La Lega della Democrazia 15.7.1881; *Keller*, Anticlericalismo, S. 158.

224 Vgl. I fatti della Nuova Roma, Bd. 2; Bd. 3, S. 449–453; *Bastgen*, Frage, Bd. 3, S. 199–202; *Scoppola*, Chiesa, S. 163 f., 170–176.

225 *Manfroni*, Soglia, Bd. 2, S. 54; Relazione dei fatti accaduti. Vgl. *Keller*, Anticlericalismo, S. 154, 156 Anm. 24, S. 160 f.; *Ciampani*, Cattolici, S. 256–277; *Spadolini*, Rome, S. 324 f. Eine ähnliche Konspirationsthese wie *La Frusta* hatte der Ultramontane Eduard Müller nach dem Moabiter Klostersturm lanciert, vgl. Kapitel B.II.3.g.

erklären. Warum etwa suchte man den Leichnam des Papstes in den Tiber zu werfen? Folgten die Handlungen der Akteure einer Logik?

Aus katholischer Perspektive stellte ›Leichenschändung‹ ein Sakrileg dar, denn die Integrität des Leichnams galt als Voraussetzung seiner Auferstehung. Die Antiklerikalen orientierten sich also an der katholischen Lehre, um ihrem ›Hassobjekt‹ und seinen Anhängern maximalen Schaden zuzufügen. Den Körper des ehemaligen ›Stellvertreters Jesu Christi‹ ins römische Sammelbecken leiblicher Ausscheidungen zu werfen, wäre vor diesem Hintergrund besonders perfide gewesen.

Neben der religiösen hatte die Aktion indes auch eine politische Bedeutung. In einer klassischen Studie hat Ernst H. Kantorowicz die These vertreten, dass der König in der mittelalterlichen Vorstellungswelt zwei Körper besessen habe: einen vergänglichen natürlichen und einen unsterblichen politischen Leib. Die Sätze »Le roi ne meurt jamais« und »Le roi est mort! Vive le roi!« entsprachen dem Lehrsatz mittelalterlicher Juristen: »dignitas non moritur«.[226] Reinhard Elze hat den Papst zur Ausnahme von dieser Regel erhoben: »Le roi ne meurt jamais – papa moritur.« Das päpstliche Amt sei an die lebendige Person gebunden gewesen. Der Papst habe nicht zwei Leiber gehabt wie der König, sondern nur »einen natürlichen, der geboren ist und stirbt. Was blieb, war Christus, die römische Kirche, der apostolische Stuhl, nicht der Papst.«[227]

Roms antiklerikale Zeitungen sahen dies offenbar anders. Aus ihrer Sicht verkörperte noch der tote Leib Pius IX. die weltliche Herrschaft der Päpste: »La Capitale« sah die Trennung von Politik und Religion im »Leichnam des letzten Papst-Königs« aufgehoben. Der römische Leichenzug glich einem posthumen *Possesso*: Der tote Papst schien die Stadt symbolisch erneut in Besitz zu nehmen. Aus Sicht der »Lega della Democrazia« hatte Pius IX. die zur »monströsen Dummheit« reduzierte katholische Kirche personifiziert. Noch in seinem »Aas« sah sie das Prinzip der weltlichen Herrschaft und seine Folgen inkarniert: den Verrat an der italienischen Nation und an der römischen Republik von 1848, Syllabus und Dogma der Unbefleckten Empfängnis, den Tod antiklerikaler Märtyrer. Mit dem Leichnam dieses Papstes wäre daher aus Sicht der »Lega« auch die weltliche Herrschaft der Päpste im Tiber gelandet. Sie bedauerte deshalb ausdrücklich, dass es dazu nicht gekommen war. »La Capitale« stellte die Angriffe als spontane Reaktion auf Provokationen der Klerikalen dar, die »Hoch lebe der Papst-König« gerufen, das heißt mit einer Wiederkehr der päpstlichen Herrschaft gedroht und so die Gefühle des Volkes verletzt hätten. Der antiklerikale Angriff erschien als Beitrag zur Verteidigung der nationalen Ehre und der staatlichen Souveränität.[228]

226 *Kantorowicz*, König, S. 405 f. Vgl. *ebd.*, S. 381–496.
227 *Elze*, Gloria, S. 14. Zum Körper des Papstes vgl. auch *Paravicini Bagliani*, Corpo.
228 La Lega della Democrazia 14.7.1881. La Capitale 14.7.1881. Vgl. *ebd.*, 15.7.1881.

Diese Ansicht vertrat auch Außenminister Mancini in einem Rundschreiben an Italiens Diplomaten. Die Kirche habe eine »fromme Zeremonie« entweiht und in eine »politische Demonstration und Provokation« verwandelt. Die ungenehmigte, nächtliche illegale Prozession sei ein »Gesetzesbruch« gewesen. In einem Ort wie Rom stellten »aufrührerische Rufe« nach einem »Papst-König« einen »verbrecherischen Akt« dar. Auch die lokalen Polizeibehörden sahen in dem Ausruf »Es lebe der Papst-König«, gegen den sich die klerikale Presse verwahrte, ein Politikum. Um die ›Schuldfrage‹ zu klären, untersuchte die Präfektur minutiös, ob er tatsächlich getätigt worden war, ohne klares Ergebnis.[229]

Für die antiklerikale Presse, den Minister und die Polizei war die antiklerikale Gewalt legitim, weil einige Prozessionsteilnehmer die weltliche Herrschaft des Papstes bejubelt hatten. Für Mancini ging es ferner darum, ob die Prozession die Trennlinie zwischen Politik und Religion eingehalten hatte. Die klerikale Presse nahm dieses Prinzip ebenfalls ernst und bestritt den politischen Charakter der Prozession. Sie vertrat indes ein anderes Verständnis der Religion als einer öffentlichen Angelegenheit. Diese konträren Konzeptionen des Religiösen bildeten eine zentrale Quelle des Konflikts und der Erregung.

Noch deutlicher wird dies mit Blick auf die lokalen Wurzeln und Folgen des Ereignisses. In der Nacht des 2. Juli 1881 war nach dem Erfolg der katholischen »Unione romana« bei den Kommunalwahlen im Bezirk Borgo Nuovo ein Madonnenbild zerstört worden, durch »einige Schurken«, wie Manfroni schrieb; danach wurden acht »anständige Bürger« vorübergehend inhaftiert. Die Kirche reagierte mit einem Triduum, Illuminationen und Sühnezeremonien. Ihre Gegner schlossen sich zur »liberalen Vereinigung« »Circolo anticlericale« zusammen. Sie beanspruchten den Begriff ›liberal‹ wie selbstverständlich für sich. Es folgten ähnliche Gründungen in den Bezirken Ponte, Monti und Trastevere. Tags zuvor hatte die »Lega della Democrazia« die Befreiung des öffentlichen Raums von religiösen Symbolen gefordert. Für »La Capitale« lag der legitime Ort der Religion ebenfalls allein im Kreise der Familie und in kirchlichen Gebäuden. Sobald die Religion als Vorwand ›politischer‹ Demonstrationen diene, werde sie illegal und antinational.[230] Auch in dieser scheinbar trivialen Auseinandersetzung ging es um die Privatisierung des Religiösen, die Verweltlichung des urbanen Raums und die Trennung von Politik und Religion als Differenzierung von Öffentlichem und Privatem. Wie das transnationale Medienereignis des 13. Juli 1881 verdeutlicht sie die anti*katholische* Dimension des italienischen Antiklerikalismus. Katholische Symbole und Rituale sollten aus dem öffentlichen urbanen Raum weichen, weil sie als mittelalterliches, die Nation

229 I fatti della Nuova Roma, Bd. 3, S. 547 ff. Zur polizeilichen Untersuchung vgl. *Keller*, Anticlericalismo, S. 154 f. Anm. 22.

230 La Lega della democrazia 6.7.1881. Vgl. *ebd.*, 5.–8.7., 12.7.1881; Popolo Romano 11.7. 1881; La Capitale 9.7., 12.7., 20.7., 2.8.1881; *Manfroni*, Soglia, Bd. 2, S. 48 f. Zum Wahlerfolg der »Unione romana« vgl. *Mazzonis*, Unione; *Ciampani*, Cattolici.

beschämendes Relikt oder als religiös getarnte politische Demonstration galten. Dagegen stand die traditionelle Auffassung des Katholizismus als öffentlicher, politischer Religion.

Deutlich wurde am 13. Juli 1881 allerdings auch, welche Konzeption des Religiösen mehr Anhänger besaß: Den etwa 400 militanten Antiklerikalen standen circa 100.000 Verehrer des toten Papstes gegenüber. Grosso modo lässt sich dieses Zahlenverhältnis auf Italien hochrechnen. Umso bemerkenswerter ist, dass es den Antiklerikalen trotz ihrer hoffnungslosen numerischen Unterlegenheit gelang, die Prozession zu ›entweihen‹, der Regierung große Probleme zu bereiten und prominente Kabinettsmitglieder auf ihre Seite zu ziehen. Mancini machte sich die antiklerikale Deutung des Leichenzugs zu eigen. Der Wunsch nach einer Zurückdrängung katholischer Symbole und Rituale aus dem Blickfeld verband Demokraten, Radikale und Gemäßigte, auch wenn er sie nicht einte.

Dies galt auch für eine andere Rechtfertigung der Gewalt. Mancini wies darauf hin, dass unter den verhafteten Klerikalen ein verurteilter Sittlichkeitsverbrecher gewesen sei.[231] Gemeint war der päpstliche Gendarm Sante Sordilli, der, wie »La Capitale« nach dem 13. Juli 1881 berichtet hatte, wegen Vergewaltigung einer Minderjährigen zu fünf Jahren Verbannung verurteilt worden war. Sordilli habe bei den Auseinandersetzungen mit den Liberalen »Hoch lebe der Papst-König« gerufen und verbotener Weise einen Dolch getragen. In den folgenden Monaten berichtete »La Capitale« regelmäßig über Sordilli und andere klerikale Sittlichkeitsverbrecher: die Verhaftung eines pädophilen geistlichen Lehrers; die Enthüllung eines wegen Mordes zu zwanzigjähriger Haft verurteilten sizilianischen Priesters, der sich mithilfe des Vatikans eine neue Identität hatte zulegen und sich der Strafe entziehen können; die Flucht eines säumigen Priester-Freiers vor einer Prostituierten; klerikale Pornographie im katholischen Irland; den Selbstmord eines promiskuitiven römischen Priesters in Paris etc.[232]

Auch in der Nacht des 13. Juli 1881 hatten die Imagination klerikaler Sexualität und der allgemeine Hass auf den Klerus eine Rolle gespielt. Bereits in den Tagen zuvor waren Sänger »obszöner« Lieder festgenommen worden. Pietro Vigo zufolge riefen die Prozessionsgegner nicht nur »In den Fluß mit dem Papst-Schwein«, »Es lebe Italien«, »Es lebe Garibaldi«, »Tod dem Papst«, sondern auch »Tod den Priestern!«. Nach dem Verlassen der Brücke wurden die Totengebete immer wieder von Rufen wie »Nieder mit den Priestern«, »Schluss mit den Narrenpossen« gestört. Junge Männer riefen: »Weg mit den Kerzenstummeln, damit der Karneval endlich vorbei geht.« Sie sangen »Mariannuccia, Mariannella – biondina cara, addio« und einige andere der »unanständigsten« volkstümlichen Lieder, wie die päpstlichen Organe voller Missbilligung schrieben.[233]

231 Vgl. I fatti della nuova Roma, Bd. 1, S. 549f.
232 La Capitale 17.7.1881. Vgl. *ebd.*, 19.7., 23.7., 27.7., 4.8., 4.10., 9.10.1881.
233 *Keller*, Anticlericalismo, S. 156 Anm. 24.

Die Formen, in denen sich Hass und Spott äußerten, rekurrierten auf die Sexualisierung des Klerus, die sich in den Medien lange vorher zum Stereotyp verfestigt hatte: Der Papst wurde als Frau und Hure, die Prozession als karnevaleske, lächerliche Maskerade verspottet. In der Nacht des 13. Juli 1881 hatten sich demnach zwei Tendenzen des antikatholischen Diskurses – die Privatisierung des Religiösen und die Essentialisierung des Klerus – zu einem spektakulären Ausbruch kollektiver Gewalt verbunden.

d) Ausblick: Offizieller Antiklerikalismus nach 1881

Der kollektive Gewaltausbruch wirkte sich auch auf nationaler Ebene aus. Um eine Rücknahme der Garantiegesetze zu fordern, versammelten sich am 26. Juli 1881 etwa hundert Personen bei der römischen »Vereinigung der Menschenrechte« unter Vorsitz des Demokraten Alberto Mario. Zum selben Zweck trafen sich am 7. August ungefähr dreitausend Menschen im Teatro Politeama. Der Saal war geschmückt mit Flaggen der demokratischen Freimaurer-Vereine. In den Reden von Giuseppe Petroni, Großmeister der italienischen Logen, Alberto Mario und Ulisse Bacci verband sich die Stilisierung des Vatikans zu einem »Asyl von Missetätern« mit Forderungen nach freiem staatlichen Zugriff auf Kapitalverbrecher und nach einer Rücknahme der Garantiegesetze.[234] Es folgte die Hochphase des offiziellen Antiklerikalismus. Die politisch-wissenschaftlichen Eliten des liberalen Italien zeigten ihre kirchenfeindliche Gesinnung nun in symbolträchtigen Gesten und Personalentscheidungen. 1882 beteiligten sich die Minister Zanardelli und Mancini an Gedenkfeiern für Arnold von Brescia, der die apostolische Armut gepredigt und die weltliche Herrschaft des Papstes verurteilt hatte und deshalb 1155, auf Geheiß Hadrians IV., hingerichtet worden war. Bildungsminister Guido Bacelli berief den Positivisten Roberto Ardigò an die Universität Turin und den Dichter Giosuè Carducci, der 1863 mit einer »Hymne an Satan« bekannt geworden war, zum Vorsitzenden des höchsten öffentlichen Erziehungsrats. Die nationale Dachorganisation der Freimaurer, der »Grande Oriente d'Italia«, schlug unter Adriano Lemmis Vorsitz eine entschieden antiklerikale Richtung ein und pflegte enge Beziehungen zu Ministerpräsident Francesco Crispi (1887–1891). Der Kampf um den öffentlichen Raum wurde ebenfalls fortgesetzt. Der »capocomico della compagnia teatrale« beschloss den Karneval im Teatro Alfieri mit Carduccis Hymne an Satan. In Turin lancierten das »Comitato anticlericale universitario« und die »Gazzetta del Popolo« eine Kampagne gegen das erzbischöfliche Projekt einer Gedenksäule für Pius IX. In Rom wurde zum Jubiläum des Angriffs auf den päpstlichen Leichnam eine »Associazione anticlericale« gegründet. Kurz darauf erschien die Erstausgabe der Wochenzeitschrift »Gesù Cristo. Grido popolare anticlericale«, in der nicht nur der Klerus, sondern

234 Zitiert nach *Ciampani*, Cattolici, S. 269. Vgl. La Capitale 17.–19.7., 24.7., 27.- 28.7., 31.7., 2.8., 6.8., 13.8., 24.9., 11.10., 13.–16.10., 18.10.1881.

auch die Religion verspottet wurde. Während Klerikale öffentliche Prozessionen und nationale Pilgerzüge zu organisieren suchten, die meist verboten wurden, entstanden in den Bezirken Regola, Monti, Esquilino, Parione und Ponte antiklerikale Zirkel. In nächtlichen Aktionen wurden Madonnenbilder auf den Straßen zerstört.[235]

Zunehmend gingen die Antiklerikalen dazu über, den öffentlichen Raum selbst mit Symbolen und Ritualen zu besetzen. Zu den Hinterlassenschaften der linksliberalen Ära in Rom zählt das Monument für Giordano Bruno auf dem Campo de' Fiori, wo der Nolaner Philosoph 1600 von Henkern der Inquisition verbrannt worden war. Die Denkmalsinitiative war 1876 von Studenten ausgegangen und von einem internationalen Komitee getragen worden, dem so illustre Persönlichkeiten wie der Radikale Felice Cavalotti, der Hegelianer Silvio Spaventa, der Liberale Marco Minghetti, der Anarchist Mikhail Bakunin, die Schriftsteller Victor Hugo und George Ibsen, der Orientalist Ernest Renan, der Philosoph Herbert Spencer, der Naturforscher Ernst Haeckel und der Historiker Gregorovius angehörten. Im Juni 1889 hatten sie ihr Ziel erreicht: In Anwesenheit einiger Parlamentarier und vieler Freimaurer zogen nach klerikalen Angaben 5.000, nach antiklerikalen 20.000 Personen zur Einweihung des Denkmals. Bürgermeister Leopoldo Torlonia, der versucht hatte, das Projekt zu vereiteln, war zuvor von Crispi zum Rücktritt gezwungen worden. Um Ausschreitungen zu verhindern, wurde der Vatikan während der Feierlichkeiten abgeschirmt.[236]

4. Von der Privatisierung zur Entzauberung: Die Verweltlichung des Bildungswesens 1859–1888

a) Privatisierung der Religion: Die Verweltlichung der Schule 1859–1876

Die Radikalisierung des liberalen Säkularisierungsprojekts von der Privatisierung der Religion zur Entzauberung der Gesellschaft zeigte sich auch im Bildungswesen. In Piemont kam es 1848, deutlich früher als in Preußen, zur Verweltlichung der Schulaufsicht. Die religiösen Prämissen des Unterrichts blieben dabei zunächst unberührt. 1859 leitete Bildungsminister Gabrio Casati eine Neuordnung des öffentlichen Bildungssystems ein, die in der Folge sukzessive auf Italien ausgedehnt wurde. 1870 wurde die Teilnahme am Religionsunterricht freiwillig. Zur Begründung beriefen sich die Liberalen auf die weltliche ›Natur‹ des Staates.[237] Die Verweltlichung betraf indes auch genuin kirchliche Bildungsinsti-

235 Vgl. *Spadolini*, Rome, S. 324 f.; *Tuninetti*, Organizzazione, S. 234.

236 Zum antiklerikalen Bruno-Kult vgl. *Berggren/Sjöstedt*, Ombra; *Foa*, Bruno, S. 7–20; *Papenheim*, Roma, S. 217–223.

237 Vgl. *Chabod*, Storia, S. 236. Zum Kampf der rechtsliberalen Regierung um die Schule vgl. *Talamanca*, Scuola. Zu Casatis Gesetz vgl. *Talamo*, Scuola; *Covato*, Istruzione. Zur Umsetzung in Turin: *De Fort*, Istruzione.

tute. 1873 wurde ein Gesetzentwurf von Bildungsminister Cesare Correnti zur Aufhebung der theologischen Fakultäten verabschiedet. Als zu »deutsch« wurde dagegen der Vorschlag des Abgeordneten Giacinto Pellatis zur Neuordnung der Priesterseminare analog zum preußischen ›Kulturexamen‹ abgelehnt. 1877 verschärfte Bildungsminister Michele Coppino die Volksschulpflicht und schloss den Katechismus von schulischen Prüfungen aus. Coppino wollte die Religion nicht bekämpfen, sondern reformieren. Der Katholizismus sollte den epistemologischen Primat der Wissenschaft und die politische Suprematie des Staates über die Kirche anerkennen und in einer definierten Sphäre fortexistieren. Auch die Abschaffung geistlicher Direktoren an höheren Schulen wurde mit dem Prinzip der Trennung von Politik und Religion begründet: Der Staat sei weltlich und für Religion nicht zuständig, Letztere eine individuelle, private Angelegenheit. Diese Position stand allerdings in Spannung zu Artikel 1 der Verfassung, der den Katholizismus nach wie vor als Staatsreligion fasste.[238]

Besonders heftig rang man in Rom um das Bildungswesen. In der Hauptstadt wollten die Liberalen die Überlegenheit der weltlichen Modernität über das mittelalterliche Papsttum demonstrieren, um den militärischen Sieg über den Kirchenstaat auf kulturellem Gebiet zu vollenden. Unmittelbar nach dem 20. September 1870 verstaatlichten sie die päpstliche Universität »La Sapienza« und eröffneten im »Collegio Romano«, dem Mutterhaus des jesuitischen Erziehungssystems, ein staatliches Gymnasium. Daneben gab es indes auch Pannen und ironische Wendungen: So übernahm die neugegründete »Biblioteca nazionale Vittorio Emanuele II« 650.000 Bände des »Collegio Romano« und der vermeintlich unzeitgemäßen Konvente. Die Katalogisierung verlief so chaotisch, dass die Bibliothek 1879 für drei Jahre schließen musste. Auf schulischem Sektor erfreuten sich die fortan als Privatschulen deklarierten religiösen Bildungsinstitute bei vielen Eltern ungebrochener Beliebtheit. 1873 beklagte Präfekt Giuseppe Gadda einen regelrechten Krieg staatlicher und kirchlicher Schulen.[239]

b) Die Entzauberung Italiens: Freidenker und Positivisten 1867–1888

Die institutionellen Feindseligkeiten speisten sich auch aus antagonistischen Wissensformationen. Vor allem die italienischen Freidenker zielten auf eine Annullierung religiöser Einflüsse auf Staat und Gesellschaft. Ihr Organ »Il Libero Pensiero« mit dem programmatischen Untertitel »Giornale dei Razionalisti« suchte, ähnlich wie die »Gartenlaube«, wenngleich mit kleiner Auflage und ohne Bilder, die neuen Ideen des europäischen Materialismus, Positivismus und Rationalismus sowie naturwissenschaftliche Erkenntnisse zu verbreiten, um Italiens

238 Vgl. *Chabod*, Storia, S. 275 f., 280; *Pisa*, Legge; *Mola*, Coppino, S. 224, 33; *Chiosso*, Schulfrage, S. 269. Zur Aufhebung der theologischen Fakultäten vgl. *Pazzaglia*, Soppressione. Zur Kulturexamensdebatte vgl. *Verucci*, Antiklerikalismus, S. 55 Anm. 55.

239 Vgl. *Monografia*, Bd. 2, S. 3*–86*, 157–186; *Vidotto*, Roma, S. 58–62.

Rückständigkeit zu beseitigen und das kulturelle Niveau des Volkes zu heben. Daher unterstützte man die Gründung von Volksbibliotheken, die Reform und Verweltlichung der Schule, die Hygienebewegung, die Ausweitung der Wehrpflicht auf den Klerus, das Verbot öffentlicher religiöser Kulte, die Einführung von ziviler Taufe, Ehe und Bestattung. Zugleich suchte man die Schädlichkeit der Religion für die geistige und körperliche Gesundheit des Volkes zu demonstrieren.[240]

Die Freidenkerbewegung wurde auch von Kleinbürgern und Arbeitern getragen. Organisationsgrad und Mobilisierungskraft blieben dennoch schwach. Als der Chefredakteur des »Libero Pensatore« Giuseppe Ricciardi 1869 in Neapel ein Antikonzil wider das Erste Vatikanum in Rom ausrief, reisten zwar einige Freidenker aus den USA, Mexiko und Ungarn an. Prominente europäische Antiklerikale wie Giuseppe Garibaldi, Émile Littré, Victor Hugo, Jules Michelet und Edgar Quinet glänzten indes durch Abwesenheit und ließen Grußadressen verlesen. Bereits am zweiten Tag wurde die Versammlung von der Polizei aufgelöst.[241] Im Unterschied zu den katholischen Teilnehmern des Vatikanischen Konzils bildeten die europäischen Freidenker keine *face to face*-Gemeinschaft, sondern eine »imaginäre Gemeinschaft« (Benedict Anderson). 1904 konnten sie zumindest einen symbolischen Erfolg verzeichnen, als sie ihren nationalen Kongress im römischen »Collegio Romano«, dem ehemaligen Mutterhaus der Jesuiten, abhielten. Der Rationalismus mit weißem bürgerlichem Hut hatte den Jesuitismus mit schwarzem Kalabreser an seiner Heimstätte verdrängt.[242]

Größeren Einfluss auf staatliche Institutionen gewann der Positivismus, der sich seit Mitte der 1870er zunächst in den Universitäten, dann in den höheren Schulen und schließlich, wenn auch langsam, im gesamten Bildungssystem ausbreitete. Er hatte ebenfalls eine antireligiöse Stoßrichtung. In der linksliberalen Ära festigte sich das antikatholische Bündnis von Staat und Wissenschaft, als Positivisten wie Francesco De Sanctis, Pasquale Villari, Roberto Ardigò, Aristide Gabelli und Andrea Angiulli Schlüsselpositionen des Universitäts- und Bildungswesens eroberten und ihre Vorstellungen auf breiter Ebene durchsetzen konnten. Sie sorgten für die Einführung eines Unterrichts, der auf Beobachtung und Erfahrung basierte, und räumten naturwissenschaftlich-technischen Disziplinen, handwerklicher Arbeit und der Gymnastik mehr Raum ein. In praktischer Hinsicht verknüpfte der Positivismus das neohumanistische Konzept bürgerlicher Bildung mit neuen Techniken der Körperdisziplinierung. 1878 erhob Bildungsminister De Sanctis den Sportunterricht zum Pflichtfach. Damit Italien »germanischen und angelsächsischen Stämmen« nicht unterlegen bleibe, sollten Knaben eine »männliche Erziehung« genießen und auf den Militärdienst vorbereitet

240 Vgl. Il Libero Pensiero 12.9., 7.11.1867; 20.2., 16.4., 18.6., 25.6., 9.7.1868; 10.6., 1.7., 23.9., 30.9.1869; 4.8.1870; 24.8., 31.8.1871; 25.4.1872; 16.5.1875. Zum Kampf der Freidenker um Italiens Verweltlichung vgl. ausführlich *Verucci*, Italia, S. 179–356.

241 Vgl. Libero Pensatore 15.12., 22.12.1869. Vgl. *Fiore*, Anticoncilio; *Verucci*, Italia, S. 201 ff.

242 Vgl. *Spadolini*, Coscienza, Abb. 281.

werden. Die Formierung männlicher Körper war mit der diskursiven Konstruktion und der körperlichen Einübung polarer Geschlechterrollen verknüpft. Das Projekt der Entzauberung verband sich mit dem vitalistischen Nations- und Rassediskurs.[243]

Der Positivismus gab dem Antikatholizismus nicht nur eine neue epistemologische Basis, er hatte auch einen entschieden antikatholischen Impuls. In Kontinuität zu Sismondis Thesen zielte er gegen die ›weibische‹ Erziehung des Klerus. Bildungsminister Gabelli, der das Schulwesen 1888 vereinheitlichte und mit neuen didaktischen Programmen versah, war durch die Lektüre protestantischer Historiker zur Ansicht gelangt, dass der Katholizismus für den Niedergang der ›lateinischen‹ Nationen mit verantwortlich sei. Durch das Fehlen einer Reformation wie in Deutschland oder einer Revolution wie in Frankreich sei Italien benachteiligt. Die neue positivistische Kultur sollte das Volk ermächtigen, sich von politisch-religiösen Autoritäten zu befreien und den Weg in die Moderne selbst zu gehen.[244]

c) Die Pathologisierung der Frömmigkeit: Verzegnis 1878

Der Positivismus verstärkte die seit der Aufklärung beobachtbare Tendenz in den Wissenschaften, religiöse Phänomene zu pathologisieren. Ärzte, Psychologen, Soziologen und Kriminologen deuteten diese nicht mehr nur als Aberglauben, sondern als Wahnsinn, auch, um epistemologische Ansprüche der Wissenschaft gegenüber Kirche und Religion geltend zu machen. Schon die frühen Psychiatrier hatten Phänomene religiöser Ekstase, Hexerei oder Besessenheit aus ihren Kontexten gelöst und als zeitlose Manifestationen von Hysterie gedeutet. Im Zuge der Entwicklung des Konzepts moralischer Ansteckung wurden diese Begriffe zunehmend auf kollektive Phänomene angewendet. Da man nicht mehr streng zwischen der Verbreitung körperlicher und seelischer Krankheiten unterschied, rückte Religion in die Nähe epidemischer Krankheiten, wie 1855 während der Cholera in Genua. Als besonders anfällig für den religiösen Wahn galten Unterschichten (mangels Bildung) und Frauen (aufgrund ihres Geschlechtscharakters). 1878 schrieb der Publizist Leone Carpi über den Einfluss des katholischen Klerus im Veneto: »Äußerst stark beeinflußt er die Frauen, und für Venedig kann man sagen, daß es dort ein wahres Heer hysterischer Beginen gibt, die durch den Gefangenen im Vatikan begeistert und vom Fanatismus der Priester erhitzt werden, von ihren Predigten, ihren Andachten, da er nichts vernachlässigt, das die Sinne berührt.« Der Katholizismus erschien als Religion fanatischer Geistlicher und hysterischer Frauen. Als sexuell und weiblich

243 Vgl. *Verucci*, Antiklerikalismus, S. 40; *Bertoni Jovine*, Positivismo; *Tisato*, Positivismo; *Fornaca*, Scuola; *Bonetta*, Scuola; *ders.*, Corpo. Zum Bündnis von Sozialwissenschaften und Staat vgl. *Wagner*, Sozialwissenschaften.

244 Vgl. *Ambrosoli*, Gabelli; *Mosso*, Ragioni.

konnotierte Krankheit bildete die Hysterie den Kontrast zur gesunden, männlichen Rationalität.[245]

Der Konnex Religion-Weiblichkeit-Wahnsinn konnte sich vor allem für fromme Frauen niederer Klassen als verhängnisvoll erweisen. Dies zeigte sich 1878 in der friulischen Berggemeinde Verzegnis, als vierzig Frauen und ein Carabiniere von einer Erscheinung erfasst wurden, die im Dorf als »diabolische Besessenheit« gedeutet wurde. Ein exorzistisches Ritual mit dem Ortsgeistlichen sollte die Heilung der Frauen und eine kollektive Sündenvergebung bewirken. Doch die Udineser Gesundheitsbehörde hatte die Ärzte Giuseppe Chiap und Fernando Franzolini zur Beobachtung entsandt. Sie erstellten Sprachanalysen und nahmen Schädelmessungen vor, deren Ergebnisse, wie es im Bericht hieß, »nicht den vollendetsten Formen« der italienischen Rasse entsprachen. Bei den Frauen wurde sexuelle Frühreife, unterdurchschnittliche Fruchtbarkeit, »nervöse Konstitution« und krankhaft gesteigerte Erregbarkeit (»Erethismus«) festgestellt, die auf Inzest und rassische Degeneration zurückzuführen sei. In »moralischer, respektive mentaler« Hinsicht wirke die Bevölkerung »leichtgläubig, abergläubig und phantasievoll im weniger schmeichelhaften Sinne des Wortes«. Ihre geistige und soziale »Zurückgebliebenheit« rühre vor allem vom »Einfluss des Klerus, der den religiösen Aberglauben am Leben erhält oder zumindest nicht korrigiert.« Aus Sicht der Ärzte war Verzegnis »ein Dorf von Hysterikerinnen und Abergläubigen«. Chiap und Franzolini ließen die besessenen Frauen zunächst unter Aufsicht stellen und in Nachbardörfer verteilen. Das exorzistische Ritual wurde verboten, das Heiligtum im Pilgerort Clauzetto geschlossen, den Geistlichen jede Intervention untersagt. Als die Bewohner den Ritus dennoch wiederaufnahmen, wurden siebzehn Frauen gewaltsam ins Krankenhaus von Udine eingewiesen. Der ebenfalls betroffene Carabiniere war zuvor in seinen Heimatort versetzt worden, um ihn den störenden Einflüssen des Ortes zu entziehen.[246]

5. Zusammenfassung

Der italienische Kulturkampf ging aus dem piemontesischen hervor, woraus sich viele Ähnlichkeiten und Kontinuitäten ergaben. Auch in Italien verfolgten die Liberalen ein Projekt der Säkularisierung, dessen Charakter sich jedoch im Lauf der Zeit veränderte. Zunächst suchten sie Politik und Religion ebenfalls zu trennen, griffen dabei jedoch, wie schon in Piemont, immer wieder in religiös-kirchliche

245 *Carpi*, Italia, S. 189. Zur Pathologisierung religiöser Phänomene vgl. *Schings*, Melancholie; *Kaufmann*, Aufklärung; *Gallini*, Sonnambula; *Goldberg*, Sex; *Goldstein*, Hysteria; *Kelikian*, Science; *De Bernardi/De Peri/Panzeri*, Tempo; *Babini*, Donna; *Salviato*, Donne. Zur Cholera in Genua vgl. Kapitel B.II.2.c

246 *Franzolini*, Epidemia. Vgl. *Gallini*, Sonnambula; *Borsatti*, Verzegnis; *Ceschia/Cozzi*, Possedute.

Angelegenheiten ein und produzierten so neue Vermischungen von Politik und Religion: indem sie einerseits selbst religiöse, reformkatholische Ziele verfolgten und andererseits den politischen Widerstand religiös-kirchlicher Kräfte hervorriefen. Aufgrund der kurialen Intransigenz in der Römischen Frage bildete sich zwar keine parteipolitische Konkurrenz wie in Deutschland, was die parlamentarischen Mehrheiten für antiklerikale Gesetze in dem katholischen Land überhaupt erst ermöglichte. Gleichzeitig wurden die Liberalen jedoch außerhalb der offiziellen politischen Institutionen von intransigenten Katholiken herausgefordert.

Seit der Mitte der 1860er Jahre radikalisierte sich das liberale Projekt der Säkularisierung. Die rationalistischen Bewegungen der Freidenker und der Positivisten wollten die Religion nicht mehr nur privatisieren, sondern durch weltliches Wissen ersetzen. Auf Seiten des Staates traten verstärkt Wissenschaftler als kulturkämpferische Akteure in Erscheinung. Viele Liberale glaubten nun nicht mehr an eine Reform der Kirche und an einen christlichen Gott. Sie sahen im Katholizismus nur noch ein Hindernis für Italiens Weg in die Moderne. Insbesondere die Linksliberalen versuchten, stattdessen eine laizistische Zivilreligion mit nationalen Symbolen und Ritualen zu etablieren.[247]

Eine zentrale Dimension des italienischen Kulturkampfes war antiklerikale Gewalt. Sie war weder bloß Ergebnis einer Manipulation der Massen von oben noch ein schieres Ventil antiklerikaler Gefühle, sondern selbst Teil der Säkularisierungspraxis: Indem Antiklerikale öffentliche katholische Symbole und Rituale attackierten, zwangen sie die Behörden zur Kontrolle des urbanen Raums. Zumindest in großen Städten wie Rom und Turin konnten sie den Katholizismus teilweise in die Kirchen zurückdrängen. Physische Gewalt trug so zur partiellen Verweltlichung urbaner Räume bei. Sie folgte dem liberalen Prinzip der Privatisierung der Religion. Und sie verknüpfte die niedere Politik der Straße mit der hohen Politik des Parlaments. Die militanten Aktivisten nannten sich oftmals selbst Liberale und wurden auch von Behörden und kirchlichen Gegnern so genannt. Im Kontrast zur italienischen Forschung sollte man diese zeitgenössischen Selbst- und Fremdbezeichnungen ernstnehmen und sie – wie die antiklerikalen Medien und Gewaltakte – nicht länger aus der Geschichte des Liberalismus ausgrenzen.

IV. Grenzen der Säkularisierung

Ungeachtet ihres universalistischen Anspruchs, das Verhältnis von Staat und Kirche, Religion und Gesellschaft grundlegend zu ändern, vermochten die Liberalen ihre Theorie der Säkularisierung in den Kulturkämpfen Deutschlands und

247 Zum Nationalismus als Zivilreligion vgl. etwa *Borutta*, Kultur; *Janz*, Konflikt.

Italiens nur begrenzt umzusetzen. Dies lag nicht nur an den mangelnden finanziellen und personellen Ressourcen beider Staaten[248], sondern auch an widersprüchlichen Zielen: Während Demokraten, radikale und linke Liberale den religiösen Glauben durch weltliches Wissen ersetzen und die Gesellschaft vollständig entzaubern wollten, ging es den gemäßigten und rechten Liberalen um eine Differenzierung von Politik und Religion und eine Privatisierung der Religion. In gewisser Weise neutralisierten sich diese Projekte gegenseitig. Obwohl die gemäßigte liberale Mehrheit den radikalen Kampf gegen die Religion ablehnte, wurde sie damit identifiziert. Konservative und Ultramontane warfen ihr vor, ebenfalls eine Dechristianisierung der Gesellschaft zu bezwecken, was bei den Gläubigen Misstrauen weckte und ihren Widerstand hervorrief. In Deutschland wurde die staatliche Repression von einigen Linksliberalen kritisiert. Auch rechtstaatliche Traditionen milderten den preußischen Kulturkampf. Darüber hinaus gab es indes noch andere Faktoren, die der Säkularisierung entgegenwirkten und den Kulturkampf in Deutschland und Italien begrenzten, die im Folgenden schlaglichtartig beleuchtet werden sollen.

1. Jenseits des Katholizismus: Religiöse Grenzen der Säkularisierung

Der religiöse Widerstand gegen das liberale Projekt der Säkularisierung ging primär von katholischen Geistlichen und Laien aus, die sich aus Eigensinn, Furcht, Loyalität, Gewohnheit oder Überzeugung mit resistenten Klerikern solidarisierten, bestimmte religiöse Praktiken (Wall- und Pilgerfahrten, Marien-, Herz-Jesu- und Papstkult) pflegten, an Demonstrationen, Volksversammlungen, Petitions- und Wahlbewegungen teilnahmen und sich in katholischen Vereinen und Parteien organisierten. Doch auch jenseits des Katholizismus gab es religiöse Kräfte, die sich der Säkularisierung widersetzten und den Kulturkampf begrenzten.

a) Wie säkular waren die Liberalen? Die politische Definition der Religion

Die europäischen Kulturkämpfe des 19. Jahrhunderts werden oft als ›säkular‹-religiöse Konflikte gefasst.[249] Allerdings kämpften darin nur wenige Liberale gegen die Religion an sich. Die meisten traten für ein spezifisches Religionsverständnis ein, das der Religion einen bestimmten Platz und eine definierte Bedeutung zuordnete: Sie erklärten die Religion zur Privatsache und forderten die Trennung von Politik und Religion in getrennte Sphären, in denen Vernunft

248 Vgl. dazu, für Preußen, *Ross*, Failure.

249 Vgl. etwa *Wehler*, Gesellschaftsgeschichte, Bd. 3, S. 892 (Aufeinanderprallen der »Machtansprüche des säkularisierten Staates und der heilverheißenden Konfessionen«) oder *Clark/Kaiser*, Wars, S. 2. (»secular-Catholic conflict«, »Catholic-secular clashes«).

und Wissen bzw. Glauben herrschen sollten. Sie beriefen sich auf die vermeintliche ›Logik‹ der Geschichte (Differenzierung) und, wie zu zeigen sein wird, auf die ›männliche Natur‹ des Staates. Paradoxerweise erzeugten jedoch gerade die aus dieser Logik hervorgehenden Gesetze neue Vermischungen von Politik und Religion: Kanzelpredigten, in denen für Wahlkandidaten geworben oder gegen antiklerikale Gesetze agitiert wurde, Prozessionen für verhaftete Geistliche, religiös motivierte Demonstrationen, Petitionsbewegungen, Partei- und Vereinsgründungen.

Ein ›blinder Fleck‹ des liberalen Versuchs der Differenzierung von Politik und Religion war, dass Religion zunächst im politischen Raum definiert werden musste, bevor sie von der Politik getrennt werden konnte. Bereits am Beginn des Vorhabens stand also eine Vermischung beider Sphären, die nicht nur von Geistlichen und Gläubigen als Anmaßung empfunden wurde, sondern auch dem Sphärenmodell widersprach. In dem Moment, in dem der Gesetzgeber Religion definierte, überschritt er die von ihm selbst errichtete Grenze. Insofern prallten im Kulturkampf rivalisierende Konzeptionen des Religiösen als privater und öffentlicher Sache aufeinander. Dies wurde nicht nur von katholischen Kritikern übersehen, die ihr eigenes Religionsverständnis verabsolutierten und den Liberalen zu Unrecht Atheismus oder Materialismus vorwarfen, sondern auch von Historikern, die das liberale Religionsverständnis einfach übernahmen, anstatt es zu historisieren. Erst das Verblassen der Säkularisierungstheorie hat den normativen Charakter des liberalen Religionsbegriffs erkennbar gemacht.

Wenn das liberale Religionsverständnis nicht neutral war, liegt es nahe, nach seinen konfessionellen Wurzeln zu fragen. Patrick Cabanel hat das französische Konzept der »Laizität« aus dem protestantischen Konzept der Gewissensreligion abgeleitet. Mit Ferdinand Buisson und Félix Pécaut hätten nach 1880 Protestanten das Bildungswesen der Dritten Republik beeinflusst, die das »weltliche Gewissen« mit christlichen Elementen definierten, im Sinne einer Privatisierung der Religion, die vor allem von den religiösen Minderheiten der Protestanten und Juden begrüßt worden sei. Erst die zweite Generation der Republikaner um den ehemaligen Priester Émile Combes und den atheistischen Rabbinersohn Émile Durkheim, den neben Weber wichtigsten Säkularisierungstheoriker der frühen Soziologie, habe dann eine laizistische Politik der Entzauberung verfolgt.[250] Auch in Deutschland und Italien wollten progressive Katholiken, katholische Liberale und religiöse Minderheiten wie die Waldenser den Katholizismus nach dem Vorbild des Protestantismus reformieren, der als Modell einer mit der Moderne kompatiblen Konfession galt.[251] Allerdings war diese Position selbst im vermeintlichen Mutterland der Reformation nicht mehrheitsfähig.

250 Vgl. *Cabanel*, Laizität.

251 Zu den innerkatholischen Kulturkämpfen siehe die Kapitel A.I.3.b, A.I.6.b, B.I.2 und B.II.1.a. Zum Einfluss der Waldenser auf den italienischen Kulturkampf vgl. *Spini*, Italia.

b) Protestantische ›Ultramontane‹:
Transkonfessioneller Antiklerikalismus und ›christlicher‹ Widerstand

Der deutsche Kulturkampf wird oft als *clash* liberal-protestantischer und ultramontan-katholischer Kräfte verstanden. Er wurde aber auch innerhalb des Protestantismus geführt: zwischen Liberalen und Konservativen.[252] Denn der deutsche Mehrheitsprotestantismus entsprach keineswegs dem liberalen Wunschbild einer Religion, die den epistemologischen Primat der Wissenschaft und die staatliche Hoheit in öffentlichen Dingen anerkannte. Sofern er die evangelische Kirche und Religion berührt sah, widersetzte er sich der Säkularisierungspraxis genauso entschieden wie die Katholiken. Er suchte die Privatisierung der Religion und die Dechristianisierung der Gesellschaft ebenfalls zu verhindern. Demokraten und Liberale attackierten daher nicht nur die katholische Kirche, sondern alle kirchlich-religiösen Kräfte, die für die Einheit von Politik und Religion, den Primat von Kirche und Religion über Staat und Wissenschaft oder für eine Rechristianisierung der Gesellschaft eintraten. Auch wenn ihre Aggression in erster Linie dem katholischen Ultramontanismus galt, war ihr Antiklerikalismus tendenziell Konfessionen übergreifend.[253]

Keineswegs im Widerspruch dazu wurde der Begriff ›Katholizismus‹ seit den Kölner Wirren im deutschen Sprachraum als Synonym religiöser Reaktion verwendet. Junghegelianer, Demokraten und Radikale bezeichneten protestantische und jüdische ›Orthodoxe‹ als ›ultramontan‹.[254] Als die Linksliberalen 1869 in den Berliner Volksversammlungen zur Klosterfrage von Katholiken überstimmt worden waren, machte die »Nationalzeitung« hierfür die »jung-römische und pietistisch-protestantische Partei« verantwortlich.[255] Analog dazu zeichneten liberale Karikaturisten konservative Protestanten wie Karl Strosser oft im Verbund mit den »Schwarzen«. Die Amtsenthebung des liberalen Pfarrers Adolf Sydow im Berliner ›Apostolikumsstreit‹ durch das Konsistorium der evangelischen Kirche Brandenburgs wurde als »Inquisition« und »Ketzergericht« dargestellt. Auch in Wilhelm Buschs Bildergeschichten »Die Fromme Helene« und »Pater Filucius« oder in Eugenie Marlitts populären »Gartenlaube«-Romanen »Das Geheimnis der alten Mamsell« und »Heideprinzeßchen« wirkte die protestantische »Ortho-

252 Vgl. dazu *Besier*, Kirchenpolitik; *Lepp*, Aufbruch; *Kuhlemann*, Bürgerlichkeit; *Hübinger*, Confessionalism.

253 Im August 1869 gab es im Berliner Dom ein Attentat auf einen protestantischen Prediger. Der Täter, ein 18jähriger Sekundaner, der auf väterlichen Willen in ein Prediger-Seminar geschickt worden war, bezeichnete sich als Materialist und »Feind aller Pfaffen«, wie die »Volkszeitung« meldete. Die konservative protestantische »Kreuzzeitung« wertete seine Tat als Werk eines »fanatischen Unglaubens« und »dämonischen Hasses gegen die Kirche«. Volkszeitung 10.8., 14.8.1869; BK 1883, S. 48.

254 Siehe Kapitel A.I.2.c. Ähnlich 1859 der Naturforscher Carl Vogt über das »Pfaffengesindel« der »Kleist-Reetzows, Stahl's und Reichensperger's« und 1860 der Linksliberale Schulze-Delitzsch über die »Protestantischen Ultramontanen«. Nach der Revolution, S. 510, 624 Anm. 5.

255 Nationalzeitung 13.9.1869, Abend.

doxie« »bejahrt«, philokatholisch und intolerant. Das »Correspondenzblatt« des liberalen »Deutschen Vereins für die Rheinprovinz« stellte sie 1874 auf eine Stufe mit der »ultramontanen Clerisei«.[256]

Die Reaktionen ließen nicht auf sich warten. Vor allem im Protest gegen das preußische Schulaufsichtsgesetz bündelte sich der Widerstand konservativer Protestanten.[257] Margaret Lavinia Anderson zufolge provozierte es die größte Petitionsbewegung Mitteleuropas nach 1848. Die Landtagskommission bemerkte, dass sich die katholischen und evangelischen Gegenpetitionen in »wesentlichen Punkten« berührten. Aus einigen Gegenden waren sogar »gleichlautende« Eingaben eingegangen. Stellvertretend für den Tenor brandmarkten Preußens katholische Bischöfe das Gesetz als Verfassungsbruch und als Auftakt einer Dechristianisierung. Nach »französischem Muster« wolle man die Schule vom organischen Band der Kirche lösen – gegen heiligste »Rechte der Familie und Kirche« und die »ganze historische Entwicklung«. Die Eltern hätten jedoch Anspruch auf eine christliche Erziehung ihrer Kinder. Dieser Einwand fand sich auch in nichtkirchlichen Petitionen.[258] Kultusminister Falk gab zu, dass noch kein preußisches Gesetz derart angefochten worden sei, was jedoch aus einer »unverantwortlichen Agitation« herrühre. Die meisten Eingaben seien durch kirchliche Kreise zustande gekommen, auf Basis vorgefertigter Formulare. Bethusy-Huc behauptete sogar, dass Geistliche Lehrer genötigt hätten, Schüler zur Unterschrift zu zwingen. Der Protest wurde daher als zusätzlicher Beleg der Notwendigkeit des Gesetzes gedeutet. Der »Kladderadatsch« verspottete das »Welfisch-Polnisch-ultramontan-pietistische Complott« (als Verbündete traten auf: Eduard Müller, die katholische »Germania«, die »Kreuzzeitung« inklusive ›Sanct Gerlach‹ sowie der Posener Domherr Jan Koźmian) als Spuk, um den Protest unzeitgemäß erscheinen zu lassen. Doch die ›Misstöne‹ hallten noch lange nach.[259]

Von der Anwendung des Gesetzes waren zunächst die katholischen Schulinspektoren im Rheinland und in den polnischsprachigen Ostgebieten betroffen. Etwa tausend katholische Ordensgeistliche mussten den Dienst quittieren, darunter vor allem die Ordensschwestern der Mädchenschulen. Dem Widerstand polnischer Geistlicher gegen die Germanisierungspolitik war damit die institutionelle Basis entzogen. Allerdings fiel es den Behörden schwer, die geistlichen Lehrer und Schulaufseher zu ersetzen. Im Regierungsbezirk Oppeln wurden daher auch 364 Landwirte zu Schulinspektoren befördert. Im Rheinland gab es

256 Vgl. K 11.2.1872, 9.3.1873; BW 2.2., 17.6.1872; 5.9.1873; *Busch*, Bildergeschichten, Bd. 2, Sp. 227, 420, 1107; Correspondenzblatt 16.11.1874. Zu Marlitt vgl. Kapitel B.I.1.c.

257 Marjorie Lamberti sieht hierin einen maßgeblichen Grund für das Scheitern von Falks liberaler Schul- und Kirchenpolitik sowie des preußischen Kulturkampfes insgesamt. Vgl. *dies.*, State, S. 85f.

258 SBHA 1871/1872 Anlagen, Bd. 2, S. 800. Vgl. SBHA 10.2.1872, S. 717; *Berg*, Okkupation, S. 29f., 38ff.; *Anderson*, Democracy, S. 96.

259 SBHA 9.2.1872, S. 693f. (Falk); S. 712 (Bethusy-Huc); K 3.3.1872.

massenhafte Gegendemonstrationen. Als das Kultusministerium das Gesetz auf evangelische Konfessionsschulen auszuweiten und Simultanschulen mit Zuschüssen zu fördern begann, protestierte die evangelische Kirche lautstark, und es kam zur Gründung von Vereinen für den Erhalt der Konfessionsschulen. In Presse und Landtag entstand eine »Kampfatmosphäre«, in Gemeinden und Dörfern entfaltete sich ein »kulturpolitischer Kleinkrieg.«[260] 1878 erzwang die orthodoxe ›Hofpredigerpartei‹ von Rudolf Kögel und Adolf Stöcker um Königin Augusta, welche die von Falk mit angeregte Synodalverfassung der evangelischen Kirche ablehnte, schließlich den Abschied des Kultusministers, was auch den Anfang vom Ende des Konflikts mit der katholischen Kirche bedeutete. Der von vielen deutschen Demokraten und Liberalen unterschiedlicher Konfession als dynamische Kraft des Fortschritts idealisierte Protestantismus hatte seinem Wunschbild in keiner Weise entsprochen.

2. Assimilieren oder Ausschließen? Soziale Grenzen der Säkularisierung

Der Klassencharakter der Kulturkämpfe ist in der Forschung zu Recht oft betont worden. Der Liberalismus war eine städtisch-bürgerliche Bewegung, die ihre universalistischen Ziele gegen vermeintlich ›reaktionäre‹ Adlige und Geistlichen, ›rückständige‹ Bauern und Arbeiter durchsetzen wollte. Vor allem die Kluft zum frommen Landvolk vertiefte sich im Kulturkampf.[261] Ein Grund hierfür war *erstens* die Verbindung antikatholischer und sozialer Vorurteile mit Klischees über Regionen, die den Liberalen als unaufklärbar galten und in denen ihnen das Projekt der Säkularisierung von vornherein sinnlos erschien. Hierzu zählte nicht nur, wie gesehen, Oberschlesien, sondern auch das liberal regierte Bayern. Hinzu kam *zweitens* eine Regionen übergreifende Stilisierung des Glaubens zu einem integralen Merkmal des Volkscharakters, vor allem in der Volkskunde, die im 19. Jahrhundert als ethnologische Erforschung ›primitiver‹ Lebensformen innerhalb moderner Gesellschaften entstand. *Drittens* gelang es den Liberalen selbst in aufwendigen Kampagnen zur Aufklärung des ländlichen Kirchenvolkes nicht, die mentalen Schranken der eigenen Bürgerlichkeit zu überwinden und sich in die fremden Lebens- und Vorstellungswelten von Nichtbürgern einzufühlen, um diese emotional und rational zu erreichen. Und schließlich freundeten sich bürgerliche Liberale, vor allem in Italien und zumal angesichts des Aufkommens der sozialistischen Arbeiterbewegung, allmählich mit der Idee an, das Volk in

260 *Berg*, Okkupation, S. 29f. Vgl. *Kißling*, Geschichte, Bd. 2, S. 74–79; Bd. 3, S. 136–149; *Schloßmacher*, Düsseldorf, S. 39f., 64–68, 152–155; *Lamberti*, State, S. 47–87. Zu den Konservativen im Kulturkampf vgl. *Schulte*, Stellung.

261 Vgl. dazu *Chabod*, Storia, S. 179–323; *Sperber*, Catholicism; *Langewiesche*, Liberalismus in Deutschland; *Gall*, Problematik; *Blackbourn*, Marienerscheinungen; *Gross*, War, S. 225–232.

religiöser Unmündigkeit zu belassen, um es besser beherrschen zu können. Die Essentialisierung der Volksreligiosität verdrängte auch hier den liberalen Universalismus. Die Religion der Anderen wurde zunehmend als Mittel sozialer Kohäsion wertgeschätzt.

a) Unaufklärbare Regionen: Das ewige Bayern

1852 wusste der norddeutsch-protestantische Historiker Johann Gustav Droysen seinem Bruder von einer Reise nach Bayern »nicht gerade Erbauliches« zu berichten. Der »Masse« behage das »heidnische Wesen des Katholizismus« mehr als der Protestantismus, der »von jedem einzelnen eine Steigerung, eine persönliche Erhöhung und Adelung« fordere. Droysen assoziierte den Katholizismus mit Infantilität und Weiblichkeit: Bei einem Erntefest in München sah er eine »Prozession mit allen möglichen Götzenbildern« und um ein Marienbild »ein paar Dutzend kleine Mädchen in weißen Kleidern, die Ähren, Äpfel, Birnen usw. trugen, die dem lieben Gott dann zum Opfer gebracht worden sind, wenn nicht gar dem Heiland oder der Jungfrau oder irgendeinem heiligen Benno.« Ähnlichen »Götzendienst« treibe man mit Christi Leichnam: Man lasse »ein Schnitzbild förmlich in das Grab legen und unter allgemeinem Jubelgeschrei wieder auferstehen. Heidnische Frömmigkeit statt unsres ›im Geist und in der Wahrheit anbeten‹ [Johannes 4, 24, MB].« Wie vordem Nicolai und Ronge grenzte der Sohn eines evangelischen Garnisonpredigers den Katholizismus vom wahren Christentum ab. Anlässlich der Verkündung des Dogmas der Unbefleckten Empfängnis nannte er den Marienkult 1854 in einem Brief an Sybel einen »Götzendienst« für den »Pöbel«. Je mehr die Regierenden »Deutschland zu verpöbeln« verstünden, »desto mehr Aussicht für die römische Kirche.«[262] Einen eher belustigten Ton schlug dagegen die »Gartenlaube« 1853 an, als sie einen katholischen Kirchgang in Altbayern so zusammenfasste: Zug des Bauernvolks zur Messe, »communistisches Mahl«, »flottes Kegelschieben«, »kecker Geigentanz / Mit Streiten und mit Lieben«, Prügel, Vollrausch, Schlaf. Zwei Jahrzehnte später wirkte die Szenerie unverändert: In der »Gartenlaube« zeichnete Ludwig Braun eine Kapuzinerpredigt im oberbayerischen Wallfahrtsort Birkenstein, wo ein Nachbau des ›Heiliges Hauses‹ aus Loreto stand. Die Pilgerschar setzte sich aus beiden Geschlechtern, allen Altersgruppen und Klassen zusammen (*Abb. 34*).

Der Bildkommentar klingt fast schon ermüdet: »Wieder einmal ein Bild aus dem bairischen Hochlande [...] In der katholischen Kirche, also auch in der Wallfahrt zu Birkenstein, ändert sich sehr wenig.« Bayerns Geschichte sei durch die geistige »Erstarrung« der Jesuiten unterbrochen worden. Seither verzichte das katholische Landvolk auf den Verkehr mit Gott und halte sich stattdessen »an seinen Hofstaat, an die allerseligste Jungfrau, gleichsam die Königin-Mutter, und an die lieben Heiligen«. Der Verfasser des Artikels erinnerte an die

262 *Droysen*, Briefwechsel, Bd. 2, S. 130, 299 f.

Abb. 34: »Capuzinerpredigt zu Birkenstein. Nach der Natur aufgenommen von L[udwig] Braun in München.«, in: Die Gartenlaube 1874, S. 303.

Dogmen der unbefleckten Empfängnis und der päpstlichen Unfehlbarkeit sowie an den Deggendorfer Judenmord von 1337. Marien- und Heiligenkult, Ultramontanismus, Jesuitismus und antijüdische Gewalt entsprangen hier ein- und derselben Quelle. Auch die Sittlichkeit der Wallfahrer wurde bestritten. Das Paar am rechten Bildrand, mutmaßte der Kommentator, strebe direkt nach der Beichte ins Wirtshaus. Hätten die Wallfahrer nicht Erquickung, »kämen sie nicht so zahlreich zur Kirche«, denn anschließend könnten sie der Völlerei und dem Bier frönen, sich Gesang und Tanz widmen, um nach Einbruch der Dunkelheit sexuelle Kontakte anzubahnen. Die Beichtväter nützten hierzu die Ohrenbeichte. »Also keine Moral!«, lautete das Fazit des Artikels.[263]

Bayern stellte keinen Einzelfall dar. Auch im niederrheinischen Kevelaer, im nordböhmischen Phillipsdorf/Filipov, im ostpreußischen Dittrichswalde, im französischen Lourdes oder im saarländischen Marpingen boten katholische Wallfahrten Anlass für ätzende Kommentare.[264] Die liberale Verspottung vermeintlich rückständiger, peripherer katholischer Orte, die sich dem Prozess der Säkulari-

263 GL 1853, S. 524f.; 1874, S. 302–306.

264 Vgl. GL 1870, S. 328–334; 1874, S. 528f., 794, 798; 1876, S. 418–423, 602–606; 1877, S. 427, 666–669; 1878, S. 29f., 164–167; 1879, S. 266ff., 284ff. Vgl. *Wildmeister*, Bilderwelt, S. 113 Anm. 299; *Blackbourn*, Marienerscheinungen.

sierung verweigerten und sich gegenüber dem Projekt der Moderne als unempfänglich erwiesen, hatte indes auch etwas Verzweifeltes. Sie vermittelte den bürgerlichen Lesern einen Eindruck, wie viel ›Zivilisierungsarbeit‹ hier noch zu leisten war. Mit wachsender Dauer des erschöpfenden, zähen Kulturkampfes verbreitete sich unter den Liberalen die Ansicht, dass der Konflikt nicht leicht zu gewinnen sein würde. Ihre Reaktion bestand oft in einer Essentialisierung der katholischen Volksreligiosität bestimmter Regionen. Auf diese Weise wurden die räumlichen und die sozialen Grenzen der Säkularisierung zur Deckung gebracht.

b) Bollwerk Volksreligion: Riehls »Naturgeschichte des Volkes«

Der konservative Gründer der deutschen Volkskunde Wilhelm Heinrich Riehl hatte solche religiösen Traditionen schon 1851 in seiner »Naturgeschichte des Volkes als Grundlage einer deutschen Social-Politik« empfohlen. 1848 hatte er sich vom Projekt der Moderne abgewandt, um die Rationalisierung von Politik und Lebenswelt zu kritisieren und eine Rückkehr zu traditionellen Lebensformen zu fordern. Riehl essentialisierte das Religiöse als Teil einer unwandelbaren, natürlichen Volkskultur. Er unterschied soziale Kräfte der Beharrung (Bauern, Adel) und der Bewegung (Bürgertum, Proletariat) und stellte die Bauern als »unüberwindliche, conservative Macht« der deutschen Nation dar: Nirgends hätten religiöse Grundsätze tiefere Wurzeln geschlagen. »Wo die Religion und der Patriotismus noch naiver Instinkt, noch Sitte ist, da hebt der deutsche Bauer an.« Das Bürgertum sei das »Gegentheil«. Erst seine politische Emanzipation durch die Französische Revolution habe die »Pforten der Gegenwart« geöffnet. Seither drücke es den »Universalismus des modernen gesellschaftlichen Lebens« aus, weshalb Bürgertum und moderne Gesellschaft Synonyme seien. Den bürgerlichen Universalismus leitete Riehl aus der Reformation ab. Der »oberste sittliche Grundsatz des Protestantismus«, den »Kampf um die Gottseligkeit« vom »äußeren Werke in die Tiefen des inwendigen Menschen« zurückzuversetzen, entspreche jenem bürgerlichen Geist, dem »das Ringen nach Erwerb höhere Kraft und mächtigeren Reiz birgt als der Besitz des Erworbenen selber«. Auch die Ästhetik protestantischer Kulte und Kirchen sei »bis zum Uebermaß bürgerlich«: »schlicht, nüchtern, verständig, praktisch, aber auch ungemüthlich und poesielos«, während der »Prunk« katholischer Kirchen bald »aristokratisch«, bald »volksthümlich bäuerisch« wirke. Ohne Luthers Bibel wäre der »moderne Universalismus des Bürgerthums« gar nicht möglich gewesen.[265] In der Religion sah Riehl ein Gegengift wider die von atheistischen Intellektuellen forcierte Entkirchlichung und Entsittlichung der Unterschichten, die eine soziale Desintegration befürch-

265 *Riehl*, Naturgeschichte, Bd. 2, S. 41, 56, 64, 196f., 207, 211. Vgl. *Lövenich*, Sittlichkeit, S. 378; *Zinnecker*, Romantik, S. 25. Zu Riehls wissenschaftshistorischer Bedeutung vgl. *Altenbockum*, Riehl, S. 153–187.

ten ließ.[266] Der Unterschied zur radikaldemokratischen Deutung der Religion als ›Opium des Volkes‹ lag allein in ihrer positiven Wertung. Indem Riehl der religiösen Volkskultur die Fähigkeit zum Wandel absprach, verwehrte er ihr ebenfalls das Recht auf Gleichzeitigkeit und schloss sie aus der Moderne aus.[267]

c) Bürgerlichkeit als Grenze: Der »Deutsche Verein für die Rheinprovinz«

Im Gegensatz dazu glaubten bürgerliche Nationalliberale lange an die Klassenunterschiede nivellierende Macht von Bildung. Allerdings stieß ihr Projekt der Säkularisierung nicht nur in agrarischen Regionen auf Widerstand, sondern auch im urbanisierten und industrialisierten Rheinland. Als die Nationalliberalen hier bei der Reichstagswahl 1874 viele Wahlkreise an das Zentrum verloren hatten, gründeten Bonner Akademiker und Kölner Wirtschaftsbürger den »Deutschen Verein für die Rheinprovinz«. Der Gründungsvorsitzende Heinrich von Sybel war bereits im Vormärz für die Differenzierung von Politik, Religion und Wissenschaft eingetreten. In seiner Eröffnungsrede beschrieb er die Lage als prekär: Die rheinischen Städte seien vom allgemeinen Wahlrecht »parlamentarisch mundtodt« gemacht, das Bürgertum von »geistiger Vernichtung bedroht«, wenn es sich nicht Gehör bei ungebildeten Klassen verschaffe. Es habe die Wahl zwischen »politischer Abdankung und angestrengter persönlicher Einwirkung auf die Massen des Volkes«. Oberstes Vereinsziel müsse daher die Befreiung der Laien aus der »blinden Abhängigkeit« vom Klerus sein. Jeder »Eingriff eines herrschsüchtigen Priesters« vollziehe eine »Entweihung des Heiligsten, Entmannung des Geistes, Verkrüppelung aller Bildungskraft, Verkümmerung jeder sittlichen Energie.« Deshalb sollten männliche, katholische Landbewohner von klerikalem Einfluss befreit und in mündige Bürger und liberale Wähler verwandelt werden. Zuvor galt es, sie von politischen Entscheidungen fernzuhalten. Die Schulreform lasse zwar einen »Befreiungs- und Läuterungsprozeß« des Landvolkes erwarten, dessen Folgen seien aber erst langfristig spürbar. Die geplante Ausweitung der Selbstverwaltung auf Preußens Westprovinzen lehnte Sybel ab, weil sie den Klerikalen Bürgermeisterposten und eine Mehrheit im Provinziallandtag bescheren würde. Dem Vorwurf der ›Illiberalität‹ begegnete er 1875 so: »Liberal ist es, den einzelnen von dem Joche des Aberglaubens, der Unduldsamkeit, der Geistesknechtschaft zu befreien« und den »Willen der nationalen Mehrheit nicht durch dumpfe Vorurteile einiger Provinzen verkrüppeln zu lassen«.[268]

266 Vgl. dazu *Altenbockum*, Riehl, S. 192–222.

267 Als innereuropäische Ethnographie schrieb die Volkskunde die Ausgliederung des religiösen Anderen methodologisch fest und fixierte sie institutionell. Zum Zusammenhang von Ethnologie und Kolonialismus außerhalb Europas vgl. *Conrad/Randeria*, Eurozentrismus, S. 21 f.

268 Bonner Zeitung, 17.6.1874, 10.10.1875. Vgl. dazu *Kißling*, Geschichte, Bd. 3, S. 149–154; *Kaiser*, Strömungen, S. 295–300; *Sheehan*, Liberalismus, S. 178 f.; *Schloßmacher*, Düsseldorf, S. 86 f.; *ders.*, Entkirchlichung. Zu Sybels Säkularisierungstheorie siehe Kapitel A.I.3.c und C.I.1.c.

Um die Aufklärung des Volks zu beschleunigen, griff der nach dem Vorbild des Mainzer »Vereins deutscher Katholiken« straff organisierte »Deutsche Verein« zu modernen Mitteln. Er ließ Broschüren und Kaiserbilder für Schule und Haus drucken und verteilen, allein im Gründungsjahr 26 Schriften mit einer Gesamtauflage von über einer halben Million. Zugleich wurde das »Correspondenzblatt« geschaffen, eine Nachrichtenagentur für rheinische Zeitungsredaktionen, die ultramontane »Hetzereien und Wühlereien« in Kanzel und Beichtstuhl meldete, »schlaffe«, »laue« Beamte anprangerte, welche Kulturkampfgesetze nicht konsequent umsetzten, »Götzendienst«, »Aber-« und »Wunderglauben« skandalisierte, aber auch ermutigende Signale über liberale Wahlerfolge, konfessionslose Schulen und neue Volksbibliotheken entsandte.[269]

In liberal und bürgerlich dominierten rheinischen Städten war die Agitation erfolgreich. »In den nach dem Dreiklassenwahlrecht abgehaltenen Wahlen zum Gemeinderat und Landtag war das Zentrum in den ersten beiden Klassen Bonns und Kölns auch während des Kulturkampfes ohne Bedeutung.«[270] Bis 1876 wuchs der »Deutsche Verein« auf fast 40.000 Mitglieder an, darunter jedoch vorwiegend Angehörige der »›besseren‹ Kreise: Kaufleute, Fabrikanten und Gutsbesitzer, sogenannte Selbständige wie Ärzte, Apotheker, Rechtsanwälte und Notare, (evang[elische]) Pfarrer, Lehrer, in den Städten auch Beamte und Offiziere sowie Bürgermeister«. Überrepräsentiert waren Altkatholiken.[271]

Auf dem Land fanden die Liberalen dagegen wenig Resonanz, was sie verzweifelt bis verächtlich kommentierten: Hier sei der Pfarrer oft »der einzige gebildete Mann des Ortes«, der die »Unterweisung und Führung« der Bevölkerung übernehme. Der »stumpfe Widerstand der Massen und deren dumpfe Gedankenlosigkeit« wirkten als klerikale »Bollwerke«, denn die Menge sei nun einmal »gern beherrscht«, zumal wenn sie glaube, so von »Sündenlast befreit zu werden.« Die ultramontane Agitation auf dem Land sei bestens organisiert, in Bruderschaften, Jünglings-, Jungfrauen- und Borromäus-Vereinen und katholischen Casinos. Hier müsse »die Staatsgewalt« tätig werden. Denn die Anhänger der Klerikalen seien »des gesunden, selbstständigen Denkens entwöhnt« und »dem Einfluß eines größtentheils selbst recht unwissenden und ungebildeten Clerus unterworfen«.[272]

Der »Deutsche Verein« verfehlte seine hochgesteckten Ziele. Abgesehen vom altkatholischen Volksredner Vincenz Zuccalmaglio blieb er im Rheinland unpopulär. Die Klassengrenze erwies sich als unüberwindbar. Die liberalen Agitatoren trafen oft nicht den richtigen Ton, um die Massen zu erreichen. Ihre Fähigkeit, sich in das Volk einzufühlen und sich mit ihm zu verständigen, war

269 Düsseldorfer Anzeiger 15.5.1877. Vgl. Correspondenzblatt 1.10.1874–12.6.1876.
270 *Mergel*, Macht, S. 26 Anm. 9.
271 *Schloßmacher*, Entkirchlichung, S. 485.
272 Correspondenzblatt 1.2., 26.4., 19.7., 19.8., 23.8.1875.

begrenzt.[273] Dieser Mangel an liberaler Empathie, der auf eine lange Phase kultureller Entfremdung zurückzuführen ist, war neben strukturellen Gründen eine wichtige Ursache dafür, dass Säkularisierung als Prozess der Entkirchlichung und der Dechristianisierung so lange ein städtisch-bürgerliches Phänomen blieb.[274]

d) ›Opium für das Volk‹: Vom Universalismus zum Elitarismus

In Italien waren radikale und gemäßigte Antiklerikale in der Klassenfrage von Beginn an gespalten. Während Demokraten und Linksliberale den Massen in Schulen, Kindergärten, Bibliotheken und Vereinen weltliches Wissen und bürgerliche Bildung vermitteln wollten, um sie aus den ›Fesseln‹ der religiösen Tradition und vom ›Joch‹ der Kirche zu befreien[275], warnten gemäßigte Liberale früh vor einem Schwinden des Glaubens, der ihnen als stabilisierender Faktor erschien. Da sie das Volk für unreif hielten, befürchteten sie ein Wertevakuum, das in einem Umsturz der Ordnung gipfeln könnte. So schrieb der piemontesische Ministerpräsident Massimo D'Azeglio 1850 im sardischen Kulturkampf:

> Der Glaube ist notwendig für die Völker; ich bin nicht bigott, aber ich bereue wirklich aufrichtig das Übel, das aus all dem für den Katholizismus erwächst; da wir über nichts verfügen, das wir an seine Stelle setzen könnten, sollte man auf diese Religion gut achtgeben.

Obwohl D'Azeglio nicht fromm war, wollte er die Religion im Volk bewahren. Laizismus für die Eliten, Religion für den Rest, so lautete das elitäre Prinzip, das gerade unter den Moderaten weit verbreitet war. Selbst Quintino Sella, der fortschrittsgläubige Propagandist des ›Roms der Wissenschaft‹, verwahrte sich gegen eine massenhafte Ansiedlung von Arbeitern, aus Sorge, dass diese das intellektuelle Klima der Hauptstadt stören könnten.[276]

Im Unterschied dazu waren die Linksliberalen, die die Regierung 1876 übernahmen, universalistischer ausgerichtet. Bildungsminister Coppino ironisierte die Sorge vor einer Verbreitung einer »halben Wissenschaft« mit dem Hinweis darauf, dass er im Unterricht des Alphabets keine Gefährdung der sozialen Ordnung erkennen könne. Er warnte vor einer dauernden Kluft zwischen

273 Vgl. *Sheehan*, Liberalismus, S. 179. Als 1877 zudem bekannt wurde, dass der »Deutsche Verein« einen Spion beauftragt hatte, Berichte über nachlässige Beamte zu erstellen und dieser wegen versuchter Erpressung eines Bürgermeisters verurteilt wurde, wandten sich auch viele Bürger ab und reagierten mit Austritten. Vgl. *Kaiser*, Strömungen, S. 375–378. Zu Zuccalmaglios Erfolgen vgl. Correspondenzblatt 1.2.1875.

274 Sozialisten und Freidenker waren in Städten erfolgreicher beim Versuch, Arbeiter mit antiklerikalen Botschaften zu erreichen und für ihre Bewegung zu gewinnen. Vgl. *Prüfer*, Sozialismus; *Weir*, Politics.

275 Vgl. *Verucci*, Italia, S. 65–178; *ders.*, Azione.

276 Zitiert nach *Romeo*, Cavour, Bd. 2/2, S. 441. Vgl. *Chiosso*, Schulfrage. Zu Sellas paternalistischem Elitarismus vgl. *Caracciolo*, Roma, S. 86; *Lahusen*, Hauptstädte, S. 40f.; *Giardina*, Mito, S. 191f.; *Petersen*, Rom, S. 269.

Volk und Eliten. Italien müsse sich entscheiden, ob es ein moderner Staat sein oder ständig zwischen Altem und Neuem oszillieren wolle. Wer beides pflege, schaffe gefährliche Antagonismen. Wenn die Bevölkerung mit dem Kopf in unterschiedlichen Jahrhunderten lebe, werde es gewaltsame Auseinandersetzungen geben. Allein die Schule könne den liberalen Reformen ein Fundament verleihen.[277]

Doch auch die Linksliberalen konnten die sozialen Grenzen bürgerlicher Bildung kaum überwinden. Während sich die laizistische Kultur in den höheren Schulen rasch durchsetzte, erreichte sie die Volksschulen nur langsam. Dies galt zumal für ländliche Gebiete, wo der Lehrer und der Arzt oft das einzige Gegengewicht zum Klerus bildeten.[278] Die Volksbildung blieb in Italien bis ins 20. Jahrhundert eine kirchliche Domäne. Ein Grund hierfür war neben strukturellen Mängeln der Aufstieg der sozialistischen Arbeiterbewegung, der die Warnungen katholischer Geistlicher und gemäßigter Liberaler vor den Gefahren des Glaubensverlusts zu bestätigen schien. Die brutal unterdrückten Unruhen im agrarischen Süden und industrialisierten Norden des Landes wurden von den regierenden Liberalen nicht als Ausdruck sozialer Ungleichheit, sondern der Unmündigkeit der Massen gedeutet. Auf gesellschaftspolitischer Ebene fanden Liberalismus und Katholizismus im Sozialismus einen gemeinsamen Gegner. Giovanni Giolitti verfolgte als Ministerpräsident nach 1900 eine Annäherung beider Lager. Danach verlagerte sich das Projekt der Entzauberung weg von der liberalen Mitte hin zur äußersten Linken.[279]

Gleichzeitig empfahlen Wissenschaftler die Religion zur Entschärfung sozialer Konflikte und zur gesellschaftlichen Integration: als ›Opium für das Volk‹. Die soziale Funktion der Religion betonte 1892 der Turiner Verfassungsrechtler Attilio Brunialti. In der »Biblioteca di Scienze Politiche« warf er radikalen Antikatholiken wie Alberto Mario, Giovanni Bovio, Giuseppe Garibaldi und Francesco Crispi missionarischen Eifer und soziale Destabilisierung vor. Der Aufstieg des Sozialismus hänge mit dem Niedergang religiöser Gefühle zusammen. Als abschreckendes Beispiel der möglichen Folgen nannte er die Französische Revolution. In Italien sei der rationalistische »Krieg« gegen die katholische Kirche und das »Übernatürliche« indes gescheitert. Denn hier garantiere die Religion Familienliebe und Bevölkerungswachstum, Gesetzestreue, Pflicht- und Ehrgefühl. Die Mehrheit verspüre keinerlei Bedürfnis, Prometheus zu imitieren. Zustimmend zitierte er Ernest Renan, der den Zugang zur aufgeklärten Welt zu einem Privileg der auserwählten Geister erklärt hatte.[280]

277 Vgl. *Chabod*, Storia, S. 273–276.

278 Vgl. *Chiosso*, Schulfrage; *Porcella*, Clero, S. 572; *Detti*, Salute, S. 75.

279 Vgl. *Spadolini*, Giolitti; *Traniello*, Kultur, S. 530f. Zum radikalen Antiklerikalismus der Freidenker, Anarchisten und Sozialisten: *Verucci*, Italia, S. 267–356.

280 *Brunialti*, Stato, S. CCVIIf. Zu Brunialti: *Porciani*, Brunialti.

Mit Blick auf das Volk hatte der italienische Liberalismus stets zwischen Universalismus und Elitarismus geschwankt. Die Frage lautete stets, ob man den Massen neues weltliches Wissen vermitteln oder es ihnen vorenthalten müsse, bis sie dazu reif erschienen. Gegen Ende des Jahrhunderts löste sich diese Spannung zunehmend auf: Liberale Bürger bevorzugten nun immer öfter die zweite Lösung. Der Universalismus wich der Auffassung, dass der Katholizismus zum Volkscharakter gehöre. Selbst Positivisten zweifelten daran, ob die Wissenschaft in der Lage sein würde, den Massen einen der Religion äquivalenten Sinn zu geben.[281]

Ein sichtbares Zeichen dieses Wandels war die Ästhetisierung der Volksfrömmigkeit in der modernen Malerei. Ein Jahr nach dem Rundschreiben des Innenministers Nicotera von 1876, das ungenehmigte Prozessionen außerhalb kirchlicher Gebäude unter Strafe gestellt hatte, reüssierte der veristische Maler Francesco Paolo Michetti in Neapel mit dem Gemälde »La processione del Corpus Domini«, das als authentische Darstellung spontaner Volksreligiosität gefeiert wurde. 1883 triumphierte er in Rom mit »Il voto«. Darauf sind Gläubige dargestellt, die bäuchlings einer Heiligenbüste entgegen kriechen, um diese demütig zu küssen (*Ausschnitt auf dem Titelbild*). Anstatt die körperliche Unterwerfung unter ein religiöses Symbol als Selbsterniedrigung zu kasteien, pries die Kritik die veristische Darstellung. Das gebildete Italien schien sich mit der Religiosität des Volkes anzufinden und diese als erbauliche Form vormoderner Naivität und fremder Binnenexotik zu genießen.[282] Auch das bürgerliche Massenblatt »Illustrazione Italiana« trug hierzu bei. 1886 reproduzierte sie etwa das Gemälde »La benedizione« von Angelo Tommasi, auf dem einfache Männer mit demütig gesenktem, barem Haupt vor einer überfüllten Kirche knien, um den Segen des Priesters zu empfangen.[283]

Die These einer Entzauberung der Welt wurde auf diesen Bildern dementiert. Trotz vielfältiger Bemühungen war die katholische Religion am Ende des 19. Jahrhunderts wider die Prognosen radikaler Aufklärer keineswegs aus den ›Köpfen und Herzen‹ der Menschen verschwunden. Gerade auf dem Land, aber auch bei städtischen Unterschichten erfreute sie sich vielmehr ungebrochener oder sogar neuer Beliebtheit. Um die Jahrhundertwende begannen sich auch überzeugte Laizisten mit den sozialen Grenzen der Säkularisierung abzufinden. Indem sie sich mit der ›Gleichzeitigkeit des Ungleichzeitigen‹ arrangierten, der zufolge die Klassen in verschiedenen Zeitaltern lebten, bestätigten sie die kirchliche Dichotomisierung der »Italia legale« (das offizielle Italien liberaler Eliten) und der »Italia reale« (das katholische Italien des Volkes). Für den anti-

281 Vgl. *Verucci*, Antiklerikalismus, S. 39; *Bertoni Jovine*, Positivismo; *Bonetta*, Scuola, *ders.*, Corpo.

282 *Zimmermann*, Industrialisierung, S. 316–320..

283 Vgl. L'Illustrazione Italiana 29.8.1886. Zur Orientalisierung katholischer Volksfrömmigkeit in dieser Zeitschrift und in der italienischen Malerei (v. a. bei Domenico Morelli) vgl. *Zimmermann*, Industrialisierung, S. 185 ff., 191–196

klerikalen Ministerpräsidenten Crispi lag die Schuld des Bürgertums daher weniger in der Aversion gegen den ›Pöbel‹, als darin, das Volk den Sekten und Priestern überlassen zu haben, anstatt sich um seine moralische Erziehung zu kümmern.[284]

3. Unterwerfung und Koexistenz: Geschlecht als Movens und Grenze der Säkularisierung

Im Unterschied zu Klasse und Konfession ist die Geschlechterdifferenz bislang nicht systematisch als Kategorie zur Analyse der Kulturkämpfe in Deutschland und Italien herangezogen worden. Um den weiblichen Anteil am Risorgimento herauszuarbeiten, konzentrierten sich italienische Frauenhistorikerinnen lange auf die kirchenfernen Heldinnen der National- und der Frauenbewegung.[285] Daneben wurde zwar auch das politische und soziale Engagement von Katholikinnen sowie die Klassen übergreifende Feminisierung der Religion rekonstruiert.[286] Da Italiens methodisch konservative Politikgeschichte diese Ergebnisse aber ignorierte und die Geschichtslandschaft durch eine Trennung ›partikularer‹ Frauengeschichte und ›allgemeiner‹ (Männer-)Geschichte geprägt war, blieb der Kulturkampf-Forschung der Anteil von Frauen, die an der kirchlich-katholischen Welt partizipierten und dem Projekt der Säkularisierung in Ehe und Familie effektiv entgegenwirkten, verborgen. Obwohl fromme Frauen in bürgerlichen Ehen und Familien mit kirchenfernen Männern zusammenlebten, sind diese säkular-religiösen ›Mischehen‹ bislang kaum untersucht worden.[287] So entstanden zwei separate Geschichtsbilder: ein frauenhistorisches und ein politikhistorisches.

Für Deutschland ist die Forschungslage besser.[288] Zuletzt hat, wie in der Einleitung erwähnt, Michael Gross eine umfassende geschlechterhistorische Erklärung des deutschen Kulturkampfes vorgeschlagen: Er stellt einen Zusammenhang zwischen dem Antifeminismus und dem Antikatholizismus der Liberalen

284 Vgl. *Chabod*, Storia, S. 262. Ähnlich äußerte sich 1894 der Vorsitzende der italienischen Freimaurer Lemmi gegenüber Crispi. Siehe *ebd.*

285 Vgl. *Rossi-Doria*, Libertà; *Gagliani/Salvati*, Sfera; *Buttafuoco*, Cittadinanza; *Guidi*, Patriottismo.

286 Zum öffentlichen Engagement von Katholikinnen vgl. *Gaiotti de Biase*, Origini; *dies.*, Movimento; *De Giorgio/Di Cori*, Politica; *Dau Novelli*, Società; *Valerio*, Cristianesimo.

287 Zur Geschichte religiös-weiblicher ›Sphären‹ vgl. *Scattigno*, Letture; *Scaraffia*, Essere; *Gaiotti de Biase*, Donne; *dies.*, Cittadinanza; *Saraceno*, Donne; *Scaraffia*, Cristianesimo; *Sarti*, Spazi; *De Giorgio*, Raccontare.

288 Vgl. *Blackbourn*, Marienerscheinungen, S. 464–467; *Smith*, Nationalism, S. 36, 54, 94, 208 sowie die Fallstudien zu bürgerlichen Familien von *Mergel*, Klasse; *ders.*, Macht; *Habermas*; Religiosität; *dies.*, Frauen. Als vergleichende Skizze für Deutschland und Italien vgl. *Borutta*, Andere. Für Frankreich: *Corbin*, Intimität; *Langlois*, Catholicisme; *McMillan*, Anti-Clericals; *ders.*, Religion.

her: Im Zentrum des Letzteren habe nicht Religion, sondern Biologie gestanden. Als Beleg dienen liberale Verdikte über Frauenemanzipation und -kongregationen, das öffentliche Engagement katholischer Frauen für verfolgte Geistliche, diskursive Feminisierungen des Katholizismus, der antiklerikale Topos geistlichen Einflusses auf Frauen, Konstruktionen kulturkämpferischer Männlichkeit und Artikulationen liberaler Kastrationsängste.[289]

Gross' Versuch, die Kategorie Geschlecht ins Zentrum der Analyse des Kulturkampfes zu rücken, ist heuristisch und empirisch gerechtfertigt. Seine Interpretation überzeugt dagegen weniger. Denn zum einen stand für liberale Antikatholiken in dem Konflikt weniger die eigene Männlichkeit auf dem Spiel als die katholischer Männer. Zum anderen agierten katholische Frauen im Kulturkampf zwar im öffentlichen Raum; anders als Feministinnen kämpften sie dabei aber weniger für die Rechte von Frauen als für jene der Kirche. Und auch das liberale *Gendering* von Staat und Kirche hatte eher religiöse und soziale als biologische Gründe: Es resultierte nicht zuletzt aus der bürgerlichen Lebenswelt der Liberalen, die durch eine Feminisierung der Religion und durch eine Entkirchlichung der Männer geprägt war.

Vor diesem Hintergrund wird im Folgenden die ambivalente Rolle der Geschlechterdifferenz in den Kulturkämpfen erhellt. Einerseits wirkte sie konfliktverschärfend, weil die Liberalen das Verhältnis von Staat und Kirche analog zum bürgerlichen Geschlechterideal organisieren wollten, um die ›weibliche‹ Kirche dem ›männlichen‹ Staat zu unterwerfen und die Religion – wie die Frau in der bürgerlichen Ehe – vom Öffentlichen ins Private zu drängen. Vor dem Hintergrund der Feminisierung der Religion im 19. Jahrhundert erschien diese Lösung naturgemäß. Zwar wollten sich vor allem italienische Demokraten, Radikale und Linksliberale nicht mit einer Differenzierung von Politik und Religion abfinden. Da sie in der familiären Persistenz weiblicher Frömmigkeit ein Fortschrittshemmnis sahen, prangerten sie den geistlichen Einfluss auf Frauen an, forderten die Ausweitung kulturell-politischer Teilhabe auf das weibliche Geschlecht und die ›Scheidung‹ der Ehe von Staat und Kirche. Letztlich war das polare Geschlechtermodell aber mächtiger: Es führte in Deutschland und Italien zu einem ehelichen *Gendering* der Entzauberung, zu einer privaten Koexistenz »weiblicher Frömmigkeit« und »männlichen Unglaubens« (Hugh McLeod). Die Geschlechterdifferenz begrenzte den Kulturkampf damit andererseits.

a) Mediale Repräsentation: Das Modell der Ehe von Staat und Kirche

Da Religion für die Liberalen eine Privatsache war, wollten sie die Kirche dem Staat unterordnen und ihr weltliche Kompetenzen wie die Erörterung staatlicher Dinge und die Schulaufsicht entziehen. Kirche und Religion sollten so in die private Sphäre zurückgedrängt werden. Karikaturisten visualisierten die

289 *Gross*, War, S. 186f., 197, 203ff. Vgl. *ebd.*, S. 185–239.

Abb. 35: »Verweigerte Absolution. (Nach Angeli's Bild). / Umgekehrt! So muss es kommen!«, in: Berliner Wespen 22.8.1873.

ersehnte Unterwerfung der Kirche auf vielfältige Weise: Als Canossagang oder Fußkuss des Papstes[290], als militärisches Befehlsverhältnis gegenüber weltlichen Autoritäten[291] oder als Gehorsam gegen die Gesetze.[292] Besonders häufig wurde die Kirche – in Reden, Schriften und Bildern – feminisiert. 1873 brachten die »Berliner Wespen« eine Karikatur mit dem Titel »Verweigerte Absolution (Nach Angeli's Bild.)« (*Abb. 35*). Links oben sieht man die Vorlage: Heinrich von Angelis Ölgemälde »Am Beichtstuhl«, das einen hartherzigen Priester zeigt, der einer schönen jungen Frau, die ihn auf Knien anfleht, die Absolution verweigert. Das

290 BW 17.5.1872; K 31.3.1878.
291 BW 7.6.1872.
292 K 5.10.1873, 7.11.1875.

Motto der Kopie des Karikaturisten A. v. R. Kunze lautet: »Umgekehrt! So muß es kommen!«. Hier kniet Pius IX. in der Pose eines schwachen Betweibs vor dem mächtigen Bismarck nieder, der die Sündenvergebung mit unerbittlichem Blick verweigert.[293]

Italienische Karikaturisten zeichneten die Kirche ebenfalls als ein schwaches Weib, das der Gewalt von Päpsten oder Staatsmännern unterstand. 1867 zeigte »La Rana« den Papst, zu diesem Zeitpunkt noch im Besitz der weltlichen Herrschaft, als männlichen Buhler um die weibliche Kirche. Nach der Verabschiedung des Gesetzes zur Konfiskation des kirchlichen Vermögens ließ der Zeichner das hässliche Paar von einer Allegorie der Italia im Takt der Peitsche von Ministerpräsident Rattazzi durch den Zirkus treiben. Zwanzig Jahre später stellte »La Rana« die »Versöhnung« von Staat und Kirche als Frauenraub und – angedeutete – Vergewaltigung dar: Ein frecher Bersagliere packt die verängstigte Kirche zum Verdruss der an den Rand des Geschehens gedrängten Jesuiten – in einer Weise, die an die Umarmung der »Staatskirche« Angelika durch Gottlieb Michael (als Verkörperung der deutschen Staatsgewalt) in Wilhelm Buschs »Pater Filucius« von 1872 erinnert und somit auf die medialen Transfers zwischen Deutschland und Italien verweist.[294] Männlichkeit war hier an Vermögen, souveräne weltliche Herrschaft und Gewaltausübung gekoppelt. Der herrschende Part gehörte dem Staat, der dienende der Kirche, denn »Obrigkeit ist männlich; das ist ein Satz, der sich eigentlich von selbst versteht«, wie Treitschke in seinen Politik-Vorlesungen zu sagen pflegte.[295]

Dieses Modell entsprach jener patriarchalischen Ehe, die Bluntschli in den Kulturkämpfen des Vormärz für Staat und Kirche empfohlen hatte. Wie gesehen, prägte es die Definition staatlicher Angelegenheiten in der Reichstagsdebatte über den Kanzelparagraphen. Anlässlich des Streits um das preußische Schulaufsichtsgesetz beschwor Bluntschli 1872 in der Zeitschrift »Die Gegenwart« noch einmal sein Ideal eines »friedlichen und freundlichen Zusammenwirkens von Staat und Kirche, wie des Vaters und der Mutter in der Erziehung der noch unreifen Kinder der Nation.« Während der Staat für die »intellectuelle und die leibliche Erziehung der Jugend« sorge, sei es »naturgemäße« Aufgabe der Kirche, die religiös-sittliche Entwicklung »mit liebevoller Pflege« zu fördern. Ziel sei daher nicht die Vernichtung von Kirche und Religion, sondern ihre friedliche Koexistenz mit Staat und Gesellschaft. Niemals dürfe der Staat vergessen,

293 Ein Jahr darauf erschien Angelis Original in der *Gartenlaube*, mit Ernst Scherenbergs gleichnamigem Gedicht, das dieser auch in seine Kulturkampflyrik-Anthologie aufnahm. Vgl. GL 1874, S. 150 f.; *Scherenberg*, Rom, S. 79. Konträre Deutungen von Bild und Gedicht bei *Gross*, Jesus, S. 85 (Frauenraub) und *Gross*, War, S. 207 f. (Kastration).

294 Vgl. La Rana 8.2., 20.9.1867, 17.6.1887. Zum Vergleich siehe *Busch*, Filucius, Sp. 448.

295 *Treitschke*, Politik, Bd. 1, S. 252. Zum liberalen Antifeminismus vgl. *Planert*, Antifeminismus.

daß auch Religion und Kirche unentbehrliche Güter der Menschheit sind. Er mag die unbotmäßige Strenge, wenn sie dem wohlmeinenden Rathe trotzt, zur Ordnung nöthigen und dieselbe seine geistige wie leibliche Uebermacht empfinden lassen. Er darf sie mit kräftiger Hand fassen und zwingen, aber er darf sie nicht tödten.[296]

Verbildlicht wurde das patriarchalische Ehe-Ideal 1872 in Wilhelm Buschs Bildergeschichte »Pater Filucius«. Der Jesuit Filucius bändelt darin mit Tante Petrine (katholische Kirche) an, wird jedoch von Gottlieb Michael (deutscher Michel und Staat) aus dem Haus geworfen (Jesuitenverbot). Daraufhin sucht er Gottlieb erst zu vergiften, dann mithilfe der »Lumpen« Inter-Nazi (sozialistische Internationale) und Jean Lecaq (französischer Erbfeind) zu erdolchen. Die Verschwörer werden indes durch Wächter Hiebel, Meister Fibel und Bullerstiebel (Armee, Lehrer, Bauern) gestellt und vertrieben. In Buschs Allegorie des Kulturkampfes kommen die christlichen Kirchen in Gestalt frommer Tanten – die barocke, sinnenfrohe Petrine und die hagere, freudlose Pauline (evangelische Kirche) –, für Gottlieb Michael als Bräute nicht infrage, dafür aber, zum Verdruss der beiden Letzteren, die Base Angelika (Staatskirche): »hübsch gestaltet, kluggelehrig« und: devot. Ihr gegenüber zeigt sich der Hausherr von Beginn an wohlwollend und bevormundend (»Sie besorgt die Abendsuppe / Still und sorgsam und geschwind / Gottlieb zwickt sie in die Backe: / ›Danke sehr, mein gutes Kind!‹ / Grimmig schauen itzt die Tanten / Dieses liebe Mädchen an: ›Ei, was muß man da bemerken? / Das thut ja wie Frau und Mann!‹«). Als Dank für die Warnung vor dem Mordkomplott umarmt er sie genauso Besitz ergreifend wie der Bersagliere 1887 in »La Rana« – der italienische Karikaturist hatte das Motiv von Busch übernommen. Den Entschluss zur Heirat fasst Gottlieb allein. Bei der Verkündigung führt er seinen Freunden die scheu, demütig nach unten blickende Braut wie eine Trophäe vor (*Abb. 36*).[297] Wie Bluntschli imaginiert Busch das Verhältnis von Staat und Kirche analog zum polaren, komplementär-hierarchischen Geschlechtermodell. Der Staat beherrscht die Kirche, ist aber auf sie angewiesen, denn beide haben unterschiedliche Rollen zu erfüllen. Die Grenze ihrer Tätigkeitsfelder verläuft wie die der Geschlechter zwischen Öffentlichem und Privatem: Während Gottlieb das Haus befehligt und nach außen hin vertritt, verlässt Angelika dieses nicht. Busch visualisiert die herbeigesehnte Unterwerfung, Beschränkung und Einhegung der Kirche als Feminisierung und Privatisierung. Er formuliert damit zugleich ein Ziel und eine Grenze des Kulturkampfes: Bedingungen für einen ›häuslichen‹ Frieden von Staat und Kirche unter dem gemeinsamen ›Dach‹ der Nation.

Im Gegensatz zur ›Liebesheirat‹ von Staat und konfessionsloser Kirche bei Bluntschli und Busch glich die »erste Civil-Ehe« auf der Karikatur von Wilhelm

296 *Bluntschli*, Kampf; *ders.*, Briefe. Vgl. dagegen die andere Deutung von *Gross*, War, S. 201 f.

297 *Busch*, Filucius, S. 2, 4. Vgl. *ebd.*, S. 30 (Gottlieb umarmt Angelika). Die Aufschlüsselung der Figuren nach Buschs Brief an den Verleger Otto Bassermann, in: *Busch*, Bildergeschichten, Bd. 2, Sp. 1334.

Abb. 36: »Wein herbei! Denn zu vermelden / Hab ich eine Neuigkeit. / Länger will ich nicht mehr hausen / Wie seither als Junggesell. / Hier Angelika, die gute, / Werde Madam Michael«, in: Wilhelm Busch, Pater Filucius, Heidelberg 1872, S. 39.

Scholz, die der »Kladderadatsch« 1874 anlässlich der gesetzlichen Einführung der Zivilehe in Preußen brachte, einer ›Zwangsheirat‹ (*Abb. 37*). »Angemeldet« zur standesamtlichen Trauung sind »Kirche und Staat«. Rechts, als stolz, aufrechter, männlicher Vertreter des preußischen Staates, Kultusminister Falk, der seine künftige Braut mit strengem, herrischem Blick ins Visier nimmt: Die katholische Kirche, eine beleibte Frau mit hängenden Mundwinkeln und traurigem Gesichtsausdruck, scheint dagegen über die Verbindung unglücklich zu sein. Als Trauzeugen dienen ein zorniger Bismarck und ein Mönch (das Ordensverbot folgte erst ein Jahr später). Von oben bringt ein Engel einen Korb weiterer »Kirchengesetze«. Den Eintrag ins Zivilstandsregister übernimmt der »Kladderadatsch« selbst. Die »Güter-Gemeinschaft« liegt zerrissen am Boden. Es ist offenkundig, wer in dieser Ehe das Sagen haben wird.[298]

298 K 11.10.1874. Zur Interpretation vgl. auch *Gross*, Jesus, S. 40f. Ein Jahr zuvor hatte der Kladderadatsch Staat und Kirche als Paar in der Krise gezeigt. Während der Erzbischof von Posen und Gnesen Graf Ledóchowski mit weiblichen Kleidern und Formen dem Betrachter beleidigt den Rücken zukehrt, reicht ihm der liberale Kultusministers Falk als Kavalier den Arm und redet ihm gut zu: »Aber, Ledochowski, gib doch nur auch ein einziges Mal nach! Thu's mir zu Liebe; ich bin dir auch mal wieder gefällig.« In der Hinterhand hält er weitere Kirchengesetze. Der widerständige Bischof erscheint als launisches, widerspenstiges Weib, das es zu besänftigen gilt. K 24.8.1873.

Abb. 37: »Die erste Civil-Ehe. / Altarblatt für das Bureau eines Standesbeamten.«, in: Kladderadatsch 11.10.1874.

b) Sozialer Kontext: Die Feminisierung der Religion

Das *Gendering* von Staat und Kirche war nicht willkürlich gewählt. Es bezog sich auf eine soziale Erscheinung, die viele Bürger aus eigener Anschauung kannten: Die ›Feminisierung der Religion‹ war im 19. Jahrhundert in Europa und Nordamerika ein Konfessionen und Nationen, zum Teil auch Klassen übergreifendes Phänomen, das sich auf diskursiver, praktischer, institutioneller und symbolischer Ebene vollzog[299]: Zum einen sagte man Frauen eine ›natürliche‹ Neigung zur Religion nach. Da Religion seit der Romantik als Sache des Herzens und

299 Vgl. *Welter*, Feminisation; *McLeod*, Frömmigkeit; *De Giorgio*, Gläubige. Für Deutschland: *Nipperdey*, Geschichte, Bd. 1, S. 437; *Götz von Olenhusen*, Frauen; *dies.*, Erscheinungen; *Schneider*, Feminisierung (Katholizismus); *Hölscher*, Geschichte, S. 300–305. (Protestantismus); *Lässig*, Wege, S. 326–361 (Judentum). Für Italien: *Saurer*, Donne, S. 257f.; *De Giorgio*, Modello.

des Gefühls galt, wurde sie an den weiblichen ›Geschlechtscharakter‹ geknüpft. In bürgerlichen Familien wurde von Frauen zudem erwartet, dem Nachwuchs Moral und Sitte, das hieß oft: christliche Werte zu vermitteln.[300] Zum anderen beteiligten sich Frauen, soweit hierzu Angaben oder Schätzungen vorliegen, regelmäßiger und zahlreicher an kirchlichen Praktiken als Männer.[301] Ferner entstanden, gerade im karitativ-erzieherischen Bereich neue kirchlich-religiöse Institutionen, die Frauen vielfältige Tätigkeitsfelder und Handlungsspielräume jenseits von Ehe und Familie eröffneten, auch wenn beide christlichen Kirchen männlich dominiert blieben.[302] Und schließlich bot gerade der ›neue‹ Katholizismus eine Fülle weiblich konnotierter religiöser Angebote, die überwiegend von Frauen wahrgenommen wurden.[303]

Im Kontrast dazu engagierten sich männliche Gläubige, vor allem Bürger, eher in Parteien, Vereinen und Verbänden[304], die in der liberalen Logik als ›politisch‹ galten, auch wenn sie ›religiös‹ motiviert waren, was den Eindruck einer Feminisierung der Religion, die vor allem die kirchliche Religion betraf, verstärkte. Die katholische Kirche, die bestimmte Formen weiblicher Frömmigkeit in der Frühen Neuzeit erbittert bekämpft hatte, lernte diese nun zu schätzen und zu würdigen. 1852 lobte die »Civiltà Cattolica« die Frauen in höchsten Tönen:

> Trittst Du in die Kirche ein, erblickst du ohne Fehl unter den bittenden Anbetern in größerer Zahl Frauen, entweder im Gebet versunken, oder das Gewissen mit dem Sakrament der Buße reinigend, oder sich vom Brot der Engel in der Eucharistie nährend. Siehst du eine feierliche Prozession durch die Straßen ziehen, erblickst du unfehlbar ein großes Gefolge von Frauen jeden Alters und Standes, die reuig und andächtig in Antlitz, Haltung und Gebaren mit ihren silberhell klingenden Melodien die Umgegend vom Lobe Gottes widerhallen lassen. Dringst du in die Häuser, ist es immer die Frau, die dort den beharrlichen Brauch der Gebete zu den gesetzten Stunden aufrechterhält und die heiligen Bilder mit Blumen, Altarkerzen und jeder Art von Schmuck ehrt. Lauschst du den Gesprächen, so wirst du häufig hören, wie die Frau in edler Weise gottesfürchtige Reden einflicht und sich bemüht, in den Gemütern der Umstehenden Frömmigkeit zu erwecken.[305]

300 Für Italien vgl. *Milan*, Donne; *Scattigno*, Letture; *Scaraffia*, Cristianesimo. Für Deutschland vgl. *Habermas*, Religiosität; *Mergel*, Macht.

301 Für Deutschland vgl. *Nipperdey*, Geschichte, Bd. 1, S. 505; *Schlögl*, Glaube, S. 309–326.

302 Dies galt zumal für die katholischen Frauenkongregationen, deren Zahl in Preußen in zwei Jahrzehnten von 125 (1853) auf 851 (1874) stieg. Die Mitgliederzahl wuchs von 579 (1855) auf 8011 (1872/3). Vgl. *Hinschius*, Orden, S. 123, 141; *Meiwes*, Arbeiterinnen, S. 77; *Gross*, War, S. 210ff. Ähnlich war es in Italien: Vgl. *Groppi*, Conservatori; *Rocca*, Donne.

303 Vgl. *Scaraffia*, Donne; *Caffiero*, Santo; *Fattorini*, Santi (Heiligenkulte); *Blackbourn*, Marienerscheinungen, S. 44–67, 262f.; *Fattorini*, Viaggio; *dies.*, Santi (Marienkult); *Busch*, Frömmigkeit, S. 128, 269–279; *Di Cori*, Devozione; *Zambarbieri*, Storia; *De Giorgi*, Forme; *Menozzi*, Devozione (Herz-Jesu- und Herz-Mariä-Kult).

304 Für Deutschland vgl. *Anderson*, Grenzen, S. 202f.; *Klein*, Volksverein. Für Italien siehe die in Kapitel C.III.2.c zitierte Literatur zur katholischen Bewegung.

305 Zitiert nach *De Giorgio*, Gläubige, S. 124.

Auch in weltlichen Medien war die weibliche Religiosität präsent. Dies galt insbesondere für Darstellungen katholischer Frömmigkeit. Auf Bildern religiöser Devotion waren Frauen stets zahlreich in vorderster Front zu sehen.[306] Männliche Laien blieben dagegen auf visuellen Repräsentationen, etwa der Marienverehrung, abgesehen von Armen, Kindern und Greisen, nahezu unsichtbar.[307] Dies mag auch der Absicht geschuldet gewesen sein, ultramontane Kulte als Domäne ›niederer‹ Klassen und weiblicher Geschlechter zu repräsentieren, um sie bürgerlichen Männern, die diese Medien konsumierten, unmöglich zu machen. Auf Gemälden und Genrebildern wurde weibliche Religiosität jedoch unabhängig von ihrer Konfession oft positiv dargestellt: als stille Einfalt und leidenschaftliche Hingabe, unverzichtbarer Teil der Familie, meist im Kontrast zu männlicher Weltlichkeit.[308] Diese Bilder brannten sich ins Gedächtnis bürgerlicher Betrachter ein. Sie ließen die Religion als ›natürliche‹ Domäne des weiblichen Geschlechts erscheinen.

c) Politische Kritik: Das alternative Modell der Radikalen

Radikale Antiklerikale wollten sich weder mit der Feminisierung noch mit der Privatisierung der Religion abfinden, denn ihnen ging es um eine Entzauberung der ganzen Gesellschaft, also auch der Frauen. In der Ehe von Staat und Kirche sahen sie daher kein erstrebenswertes Modell. Dies zeigte sich sowohl auf medialer als auch auf politischer Ebene. 1871 warb »La Rana« für die »notwendige Scheidung« von Staat und Kirche, dargestellt als Mann und Frau; der Papst versteckt sich unter dem Mantel der Kirche. Unter dem Motto »fehlende Trennung« zeigte »Il Pasquino« ein Vierteljahrhundert später Staat und Kirche als altes, aneinander gefesseltes Ehepaar.[309] Scheidungswillig, doch aneinander gekettet, erschienen die Ehepartner 1872 im »Kladderadatsch«: Ein »Staatsbürger« – Brille, Koteletten, Anzug und Zylinder deuten auf bürgerliche Bildung und liberale Gesinnung – und ein zeternder Mönch mit weiblichen Formen und Schuhen, der die Haube der Unfehlbarkeit trägt und mit Fluch und Exkommunikation fuchtelt, sind aneinander gebunden (*Abb. 38*).[310]

306 Vgl. *Spadolini*, Opposizione, Bd. 1, Abb. 96 und die Beispiele aus der frühen »Gartenlaube« in Kapitel A.I.5.

307 Vgl. K 8.3., 14.6., 2.12.1874; 16.5., 27.6., 26.12.1875.; 6.8., 13.8., 24.9.1876; 30.12.1877; 27.1., 15.9.1878.

308 Siehe die »Gartenlaube«-Illustration von Theodor Pixis in Kapitel A.I.5. Ferner GL 1857, S. 77 ff. und *Gross*, Jesus, S. 17 f., 25; *Wildmeister*, Bilderwelt, S. 114.

309 La Rana 10.2.1871. Auch das Verstecken unter dem Deckmantel der Kirche war ein Zitat aus Buschs »Filucius«. Vgl. *Busch*, Filucius, Sp. 434; Pasquino n. 10 (1906); K 26.5.1872.

310 Das Bild enthielt auch eine Spitze gegen die protestantischen Kirchenführer: Im Sack des Mönchs liegt neben Dogmen auch der konservative evangelische Oberkirchenrat. Die devote Staatskirche ›Angelika‹ aus Wilhelm Buschs »Pater Filucius«, die sich dem Staat fügte, ist hier noch in weiter Ferne. Die alten christlichen Kirchen fügen sich nicht in die ihnen zugedachte ›weibliche Rolle‹.

Abb. 38: »Staat und Kirche können immer noch nicht geschieden werden. / Staatsbürger: Wenn wir nun doch einmal das Pech haben, so durch's Leben gehen zu müssen, so betrage dich wenigstens anständig und nicht so ungeberdig.«, in: Kladderadatsch 26.5.1872.

Radikale Antiklerikale sahen die Feminisierung der Religion mit Sorge. »Dieu change de sexe«, bemerkte der französische Historiker Jules Michelet 1845.[311] Der »Catholicisme au feminin« (Claude Langlois) wurde zur Zielscheibe männlichen Spotts. Über die Herz-Jesu-Visionen der Margarita Maria Alacoque dichtete der »Kladderadatsch« 1875 anlässlich der Herz-Jesu-Weihe: »Auch dieses hat ein »Unterrock« / Vollbracht: die kleine Alacoque; / Es wär' sonst von den frömmsten Frommen / Kein Masculinum d'rauf gekommen.« 1872 karikierte »La Capitale« den frommen Übereifer jenseitsorientierter ›Betweiber‹ so:

311 Zitiert nach *De Giorgio*, Gläubige, S. 125.

> Wir haben eine heilige, eine wirklich heilige Frau kennen gelernt, die sich keineswegs mit den äußerlichen Exerzitien begnügte, die der Beichtvater ihr auferlegte, sondern dem Glauben Christi auch mit Taten nachkam. Also ließ diese Frau, die jeden Tag in der Kirche, am Bett der Kranken, mit dem Gebet und der Beichte zubrachte, mit der äußersten Gleichgültigkeit ihre Familie zugrunde gehen, da ihr die Dinge der Welt überhaupt nichts mehr bedeuteten. Sie war versunken in die Ekstase einer künftigen Welt und einzig und allein damit beschäftigt, ihre Kinder, die sie täglich mit der Lektüre von Heiligenviten, mit Beichte, Messe, Predigt, Rosenkranz usw. quälte, sicher dorthin zu geleiten.[312]

Christliche Nächstenliebe und religiöse Kontemplation wurden hier als schädlich für das Allerheiligste, die Familie, dargestellt. Auch die lauten, zum Teil gewaltsamen Aktionen frommer Katholikinnen unterschiedlicher Klassenzugehörigkeit im öffentlichen Raum für unbotmäßige Bischöfe und gegen staatsfreundliche Priester und Altkatholiken, erhielten sarkastische Kommentare.[313]

In der Regel figurierten fromme Frauen in antiklerikalen Medien jedoch weniger als Täterinnen denn als Opfer ihres Geschlechtscharakters und der Ausbeutung durch den Klerus. Dies galt zumal für den ›Einfluss‹ der Beichtväter auf gläubige Frauen (männliche Beichtkinder wurden nur selten dargestellt[314]). Da die Beichte unter Ausschluss der Öffentlichkeit im intimen Gespräch im dunklen Beichtstuhl erfolgte und ihr Inhalt nicht zu kontrollieren war, wurde sie zur Projektionsfläche überbordender männlicher Sexual- und Machtphantasien. Beichtväter wurden als unwiderstehliche heterosexuelle Verführer frommer Frauen dargestellt. In der antiklerikalen Imagination bemächtigten sie sich nicht nur der willenlosen weiblichen Körper, sondern nutzten ihren Einfluss auf das ›schwache Geschlecht‹ auch, um bürgerliche Ehen und Familien von außen zu steuern. Die Ehefrau und Mutter diente als Instrument, um die häusliche Macht des kirchen- und familienfernen, weil arbeitenden Gatten und Familienvaters zu unterhöhlen und das Privatleben zu manipulieren.[315] Eindringlich warnte »La Capitale« daher vor der Heirat frommer Frauen. Diese seien

> vollständig von ihrem Beichtvater beherrscht, dem Krebsgeschwür des Christentums, dem schädlichsten Element der Gesellschaft und der Familie. Und eine Frau, die von ihrem Beichtvater beherrscht wird, ist eine echte Katastrophe, das bedeutet: ständige Zwietracht, Zerfall im Keim, ein Fremder im Haus, der daran interessiert ist, es zu zerstören. [...] Jeder Mann, der solch eine Frau heiratet, heiratet an ihrer Stelle den Beicht-

312 K 16.5.1875; La Capitale 4.12.1872. Weitere Beispiele bei *Blackbourn*, Marienerscheinungen, S. 466f.; *Busch*, Frömmigkeit, S. 81.

313 Vgl. *Busch*, Helene, Sp. 310f. (gewalttätige Pilgerinnen). Zu weiblichen Protestaktionen im deutschen Kulturkampf vgl. *Ross*, Failure, S. 133 Anm. 45 (Köln); *Anderson*, Windthorst, S. 174 (Freiburg); *dies.*, Democracy, S. 126 (Oberschlesien).

314 Ein klassisches Beispiel ist Matthias Schmids »Abgabe der Beichtzettel« von 1874. Vgl. GL 1875, S. 175. Siehe hierzu *Zang*, Gartenlaube, S. 72; *Wildmeister*, Bilderwelt, S. 278.

315 Vgl. *Michelet*, Prêtre; *Chiniquy*, Priest sowie die Beispiele in Kapitel B.I.5.d; *Corbin*, Kulissen; *Saurer*, Donne; *Blackbourn*, Marienerscheinungen, S. 478 Anm. 70; *Gross*, War, S. 203f.

Abb. 39: »Gang zur Beichte. / Originalzeichnung von M[oritz] Ulffers in Düsseldorf«, in: Die Gartenlaube 1874, S. 399.

vater. Sofort spürt man dessen Anwesenheit im Haus. Ihr könnt nicht mehr essen, was ihr wollt, habt höllische Streitigkeiten jeden Freitag, jeden Sonntag, um nicht von der Fastenzeit zu sprechen. [...] Ihr habt keine Geheimnisse mehr; der Beichtvater Eurer Frau weiß alles, was in Eurem Hause vor sich geht [...] Er weiß, was Ihr denkt, sagt, schreibt, mit wem ihr redet, was ihr lest, wo ihr hingeht, ob ihr reich oder arm seid, ob ihr gute oder schlechte Geschäfte macht: er weiß sogar, was ihr ... in Eurem Schlafzimmer tut![316]

Durch das Schüren männlicher Ängste vor einer Verletzung der ehelichen, familiären Intimität sollten Bürger für die Probleme sensibilisiert werden, die der bürgerlichen Gesellschaft aus der Feminisierung der Religion erwachsen konnten.

316 La Capitale 4.12.1872.

Aus demselben Grund druckte die »Gartenlaube« 1874 Moritz Ulffers' »Gang zur Beichte« (*Abb. 39*). Im Zentrum des Bildes steht, mit andächtig gesenktem Haupt, eine junge Frau vor dem Beichtstuhl. Neben dem Vorhang sieht man das Gesicht des Beichtvaters. Während eine zweite junge Frau auf der Kirchenbank kniend zum Marienaltar betet, vertieft sich ein grauhaariger Mann, der sein Schwert abgelegt hat, in ein Buch. Die Religiosität der Geschlechter ist konträr inszeniert: Während sich der Mann an die Schrift hält, vertraut sich die Frau dem Priester oder der Muttergottes an. Das Schwert deutet an, dass der Mann eine weltliche Aufgabe hat. Es ist eine Metapher für die staatliche Macht, die der klerikalen Unterdrückung des Weibes Einhalt gebieten könnte. Die Passivität des frommen Mannes erzeugt Unbehagen: er schaut weg, während sich die junge Frau dem Geistlichen ausliefert. Verstärkt wird dieser Eindruck durch das gleichnamige Gedicht Albert Traegers, der das Beichtkind zum Opfer einer unglücklichen Liebe und der klerikalen Verdammung alles Irdischen stilisiert. Der Katholizismus des Beichtvaters wird mit der Liebe kontrastiert als eine Religion, die weder sozialen Regeln noch der weiblichen Natur gerecht wird. Auch hier wird der männliche Betrachter zum Einschreiten aufgefordert: Er soll das darniederliegende Schwert aufnehmen und die beschützende Rolle von ›Vater Staat‹ wahrnehmen.[317]

Um das Projekt der Moderne auf die weiblich dominierten privaten Sphären der bürgerlichen Gesellschaft auszudehnen, traten radikale Antiklerikale in Italien früh für eine weibliche Teilhabe an der laizistischen Kultur und für das Frauenwahlrecht ein. Das Statut der 1877 gegründeten »Associazione Anticlericale Cremonese« erlaubte die gleichberechtigte Mitgliedschaft von Frauen.[318] Der spätere Gründer der republikanischen Partei, Arcangelo Ghisleri, erklärte die weibliche Emanzipation vom Klerus sogar zur nationalen Schicksalsfrage:

> Solange sie die Frau in der Hand hat, wird die Kirche immer mächtig sein. [...] Denn sie ist es, welche die künftigen Generationen großzieht und ihnen jene Keime einpflanzt, die eines Tages Früchte tragen. [...] Es kommt darauf an, sie anzuerkennen und zu würdigen, um von ihr zu profitieren. Es geht darum, die Frau zu erziehen. Es ist dringend notwendig, sie dem Joch des Priesters entschlossen zu entreißen. Dies ist die erste, drängendste, logischste und heiligste aller Emanzipationen. Sie vom Priester zu befreien, bedeutet, sie dem Ehemann näherzubringen; es bedeutet, die heiligen Bänder zu festigen, der Zivilisation einen Impuls zu geben und dem Vaterland neue Elemente zuzuführen.[319]

Aus Sicht der Radikalen sollte die Frau von einem Werkzeug des Klerus zu einem Vehikel des Fortschritts werden. Zeitweise bildete »Educare la donna« ihren

317 GL 1874, S. 398f. Zu antiklerikalen Appellen an ›männliche‹ Gefühle und Schutzinstinkte bürgerlicher Betrachter siehe B.I.5.c sowie *Smith*, Nationalism, S. 36.

318 Vgl. *Franzinelli*, Ateismo, Bd. 1, S. 57.

319 *Ghisleri*, Prete, S. 50f. Vgl. *ders.*, Donna; *ders.*, Mente.

Schlachtruf und ergänzte das geschlechtsblinde, liberale »Fare gli italiani« um die Weiblichkeitsform.[320] 1881 organisierten die Demokraten in Rom ein Meeting zur Einführung des allgemeinen und gleichen Wahlrechts für beide Geschlechter.[321] Gemäßigten Liberalen diente der klerikale Einfluss indes als Argument gegen das Frauenwahlrecht. Brunialti, Mitglied der »Associazione per lo studio della rappresentanza elettorale«, begründete seine Ablehnung des Frauenwahlrechts 1879 mit dem Diktum seines Kollegen Bluntschli, dessen Schriften er ins Italienische übersetzt hatte: Da der Staat männlich sei, sei die Frau »nicht für ihn gemacht«.[322] Bereits 1872 hatte »La Capitale« diese Argumentation als tautologisch kritisiert: »Wir befinden uns in einem schönen Teufelskreis: Sie wollen die Frau nicht bilden und dann führen sie ihre Ignoranz als Argument dafür an, ihr den Teil, den Platz, der ihr in der Gesellschaft zusteht, zu verwehren.«[323] Für den Herausgeber der »Biblioteca Patriotica« und Journalisten der radikaldemokratischen Tageszeitung »Il Messaggero«, Ernesto Mezzabotta, hatte es sogar den Anschein, als wollten die Liberalen Ungläubigkeit als exklusives Privileg männlicher Kultur erhalten:

Unsere Liberalen haben alle die folgende Vorstellung: Wenn sie die Religion auch an sich nicht lieben, wollen sie sie doch zumindest in der Dienerschaft, und – warum nicht? – auch bei den Ehefrauen und Kindern. Die Ungläubigkeit ist für sie kein Prinzip, sondern eine Art autokratisches Privileg, das allein dem Herrn des Hauses reserviert bleibt.[324]

Diese Einstellung wirkte sich massiv auf die schulische Bildung der Geschlechter aus: Atheistische Familienväter duldeten nicht nur die Frömmigkeit ihrer Gattinnen, sondern ließen häufig auch ihre Töchter kirchlich erziehen. Auch »La Capitale« warnte lediglich vor dem Einfluss klerikaler Mütter auf die Erziehung der Söhne:

Statt all der schönen Dinge, die es zu wissen gilt, lernen Eure Söhne endlose Kaskaden radegebrochener lateinischer Wörter auswendig, die schlimmer klingen als Arabisch. Es gibt Streit um die Taufe, Streit in jedem Lebensalter des Knaben; ihr seid nicht mehr der Vater; der Vater Eures Sohnes ist der Beichtvater Eurer Gattin; nicht mehr ihr seid, sondern der Beichtvater ist Herr im Haus.[325]

Die religiöse Indoktrination der Töchter wurde dagegen nicht problematisiert. Bereits 1872 hatte der Historiker und Politiker Pasquale Villari, der im Gegensatz zu seinen liberalen Gesinnungsgenossen nicht mit einer gläubigen katholischen Italienerin, sondern mit einer Engländerin verheiratet war, in der »Nuova

320 Vgl. *Verucci*, Italia, S. 206–210.
321 Vgl. *Vidotto*, Roma, S. 53.
322 *Brunialti*, Riforme, S. 86. Vgl. *Urbinati*, Libertà, S. 64 f.; *Zangheri*, Storia, Bd. 2, S. 204.
323 La Capitale 10.12.1872.
324 *Mezzabotta*, Monache, S. 10.
325 La Capitale 4.12.1872.

Antologia« die Doppelmoral liberaler antiklerikaler Bürger in der Erziehungsfrage kritisiert:

Wenn der Minister eine Grundschule oder eine höhere Schule der Mönche oder Nonnen schließt; wenn er vorschlägt, Überbleibsel unserer theologischen Fakultäten aufzulösen, genießt er große Popularität und die scheinbar ungeteilte Zustimmung der öffentlichen Meinung. Aber wenn die Barnabiten oder andere aufgelöste Orden eine Schule, einen Konvikt eröffnen, herrscht sofort ein großes Gedränge von Schülern, und die Priesterfeinde schicken ihre Kinder dorthin und lassen die weltlichen Schulen verwaisen. [...] Eine gängige Redeweise unserer Tage ist die folgende: Ich glaube an nichts außer an die Vernunft und an die Wissenschaft; [...] doch obwohl ich selbst nicht gläubig bin, will ich doch, dass mein Sohn eine religiöse Erziehung genießt, denn wenigstens einmal im Leben sollte man geglaubt haben. Es wird das Alter der Vernunft kommen, und er wird verstehen, dass es sich bei diesen Dingen bloß um Priestertrug handelt. Was meine Frau und meine Tochter betrifft, liegt die Sache anders. Ich dulde sogar, dass sie zur Messe und zur Beichte gehen, denn ich liebe die Toleranz, und ich würde niemals einer Frau ohne Glauben trauen.[326]

d) Private Erfahrung: Weibliche Frömmigkeit und männlicher Unglaube in bürgerlichen Familien

Die radikale Kritik am liberalen Modell der Ehe von Staat und Kirche fand auch deshalb wenig Gehör, weil bürgerliche Familienväter zumindest ihre Söhne dieselbe Entwicklung erfahren lassen wollten, die sie nach ihrer Kindheit selbst durchlaufen hatten: von einer äußerlichen, kirchennahen, traditionellen katholischen Religiosität zu einer innerlichen, kirchenfernen, individuellen, modernen Religiosität oder sogar zum Unglauben. Der weibliche Nachwuchs sollte dagegen – wie die eigenen Großmütter, Mütter, Tanten, und Ehefrauen – eine religiöse Erziehung genießen. Weltliche Kultur wurde in liberalen Familien tendenziell patrilinear, katholische Religion hingegen matrilinear vermittelt. Aufgrund eines polaren Geschlechtermodells, das weibliche Religiosität und den Laizismus erwachsener Männer als natürlich ansah[327], blieb das kirchliche Monopol auf Mädchenbildung im liberalen Italien unangefochten.[328] Das polare Geschlechtermodell der bürgerlichen Gesellschaft wirkte einer ›Entzauberung‹ der weiblichen Bevölkerungshälfte entgegen. Denn der christliche Glaube galt vielen Liberalen als unverzichtbares Element der Familie und der weiblichen Natur. Vor allem der Positivismus naturalisierte das polare Geschlechtermodell des Bürgertums und ließ weibliche Religiosität als natürlich erscheinen.[329]

326 *Villari*, Scuola, S. 486f. Vgl. dazu auch *Verucci*, Italia, S. 151f. Zur ähnlichen Denkweise rheinisch-katholischer, liberal-bürgerlicher Väter vgl. *Mergel*, Macht, S. 36. Zu Villaris Kritik der Frömmigkeit italienischer Frauen vgl. *Urbinati*, Libertà, S. 61.

327 Vgl. *Milan*, Donna; *Scattigno*, Letture; *Dau Novelli*, Società; *Scaraffia*, Cristianesimo.

328 Zur Mädchen- und Frauenbildung vgl. *Covato*, Donne; *dies.*, Congregazioni; *Porciani*, Educazione; *Soldani*, Educazione; *dies.*, Donne; *Franchini*, Educandati; *dies.*, Élites.

329 Vgl. *Landucci*, Positivisti.

Diese weit verbreitete Einstellung wirkte sich auch auf die politische Theorie und Praxis der Liberalen aus. Die private Koexistenz von männlichem Rationalismus und weiblicher Religiosität hatte bereits die Genese von Cavours Modell der freien Kirche im freien Staat beeinflusst. Seine familiäre Konstellation und sein religiöser Lebenslauf[330] waren unter liberalen Eliten kein Einzelfall: Die meisten Liberalen erfuhren in Elternhaus und Schule zunächst eine religiöse Erziehung, während der Adoleszenz dann, gleichsam als Initiation von der kindlich-jugendlichen zur erwachsenen Männlichkeit, eine rationalistische ›Krise‹. Im Gymnasium oder im Studium distanzierten sie sich oft von der katholischen Kirche und Religion, blieben mit dieser aber über den weiblichen Teil der Familie in Kontakt:

An der Seite jedes männlichen Politikers, liberal und damit offiziell antiklerikal, wirkte in jeder Familie der postunitären Nobilität eine fromme Ehefrau, die nicht nur eifrig die Messe besuchte, sondern karitative Vereinigungen leitete oder in einer der weiblichen religiösen Stiftungen engagiert war.[331]

Auch die Ehe des Königspaares Umberto I und Margherita war vom Nebeneinander kirchenferner, privater männlicher Religiosität und kirchennaher, öffentlicher weiblicher Religiosität geprägt.[332] Nur wenige Antiklerikale heirateten un- oder andersgläubige Frauen, wie der Demokrat Alberto Mario die Engländerin Jessie White.[333] Die meisten suchten vertraute Konstellationen: eine zwar nicht ›fanatische‹, aber gläubige Frau. Zwar bargen Erziehungsfragen oder der geistliche Einfluss auf die Familie Potential für Konflikte; diese wurden aber in der Regel friedlich ausgetragen: als Nebeneinander fremder, getrennter Welten.[334] Kam es in laizistisch-religiösen »Mischehen« doch einmal zum Streit, verteidigten die Richter meist die Position der Frau und »den Schutz der religiösen Werte« in der Familie.[335]

Die widersprüchliche Säkularisierungspraxis in Italien ist nicht zuletzt mit der Sozialisation seiner liberalen Eliten zu erklären. Im Namen des Universalismus suchten sie im Kulturkampf eigene familiäre Erfahrungen auf die Gesellschaft zu übertragen, was dazu führte, dass das laizistische Nationsbildungsprojekt vor dem anderen Geschlecht haltmachte. Die Liberalen schlossen Frauen aus Politik und Öffentlichkeit aus, überließen sie der Kirche und sicherten Letzterer damit

330 Siehe dazu Kapitel C.I.3.

331 *Meriggi*, Klassen, S. 213. Als weiteres Beispiel dieses typischen Lebenslaufs männlich-liberaler Eliten kann Innenminister und Ministerpräsident Giuseppe Zanardelli (*1826) dienen. Vgl. *Belardinelli*, Zanardelli, S. 58 f.; *Sanesi*, Zanardelli, S. 38. Und noch die Biographie von Benedetto Croce (*1866) wies in dieser Hinsicht ähnliche Züge auf. Vgl. *Jemolo*, Chiesa, S. 379 f.

332 Vgl. *Brice*, Viaggi.

333 Vgl. *Bagatin*, Mario; *Certini*, White. Zu anderen Ausnahmen wie Carlo Cattaneo oder Pasquale Villari vgl. *Urbinati*, Libertà, S. 60.

334 Ähnlich *Meriggi*, Klassen, S. 213.

335 *Ferrari/Zanotti*, Familie, S. 444.

einen zentralen Platz im privaten Kern der bürgerlichen Gesellschaft. Das Private präfigurierte das Politische: Trotz der öffentlichen Diskurshoheit von Antiklerikalismus und Positivismus in der Crispi-Ära konnte der Katholizismus seinen Einfluss auf die Gesellschaft behaupten, ja ausbauen. In den weiblich konnotierten Bereichen wie Gesundheit, Sozialfürsorge und Bildung konnten und wollten die Liberalen nicht auf die Arbeit religiöser Frauen verzichten. Die Konvergenz von Liberalismus und Katholizismus in Fragen der Geschlechterordnung, der Sexualmoral und der Familie erleichterte die Annäherung von Staat und Kirche unter Giolitti.[336]

Dennoch sollte man für Italien nicht von einer »fehlenden Säkularisierung« sprechen[337], sondern eher von einem *Gendering* der Entzauberung. Unter Cavours Motto »Freie Kirche im freien Staat« illustrierte die bürgerliche Zeitschrift »Illustrazione Italiana« die Parallelwelten bürgerlicher Männer und Frauen 1877 so: Die männlichen Eliten der Nation wurden vom König zum Verfassungsfest im Quirinal empfangen, während sich die weibliche ›Hälfte‹ zum päpstlichen Jubiläum im Vatikan einfand (*Abb. 40*). Hier lebten männlicher Laizismus und weibliche Religiosität im Sinne von Cavours Modell in hierarchisierten, getrennten Sphären nebeneinander her. Das polare Geschlechtermodell ermöglichte diese nicht konfliktfreie, aber letztlich eher friedliche Koexistenz liberal-katholischer Gegensätze im privaten Raum der bürgerlichen Gesellschaft.

In Deutschland scheint die Entwicklung ähnlich verlaufen zu sein, auch wenn die Bildung der Mädchen- und Frauen hier institutionell besser verankert war.[338] Michael Gross hat zuletzt den Antifeminismus liberaler Kulturkämpfer betont. Liberale Antikatholiken wie Bluntschli, Sybel und Virchow sprachen sich vehement gegen das Frauenwahlrecht aus, weil sie Frauen für irrationale Wesen hielten, deren Platz in der Privatsphäre sei.[339] Allerdings wäre es verkürzt, ihren Antifeminismus pauschal als »frauenfeindlich« zu brandmarken. Denn für die bürgerliche Gesellschaft war die Privatsphäre entscheidend für die Vermittlung von Moral und Sitte, die oft mit christlichen Werten gleichgesetzt wurde.[340] Auch im deutschen Bürgertum kam es zu einer Emotionalisierung, Feminisierung und Familiarisierung der Religion sowie zum tendenziellen *Gendering* der ›Entzauberung‹.

Wie schwer es frommen Katholikinnen fiel, sich von der römischen Kirche zu lösen, zeigt der Altkatholizismus, der eine vorwiegend bürgerlich-männliche

336 Vgl. *Garin*, Questione, S. 32; *Porciani*, Plutarco; *Camp*, Subordination; *Scaraffia*, Santa, S. 450; *Gaiotti de Biase*, Cittadinanza.

337 Vgl. *Adorni*, Crispi, S. 95–151.

338 Vgl. *Berg*, Handbuch, Bd. 4.

339 Vgl. *Gross*, War, S. 197–201. Allgemein zum Antifeminismus im Kaiserreich: *Planert*, Antifeminismus.

340 Für bürgerliche Familien im protestantischen Nürnberg bzw. im katholischen Rheinland vgl. *Habermas*, Religiosität; *dies.*, Frauen; *Mergel*, Macht; *ders.*, Klasse.

Abb. 40: »Libera Chiesa in libero Stato. Cavour / Il 3 Giugno 1877 a Roma / Ricevimento al Quirinale per la festa Nazionale / Ricevimento al Vaticano per il giubileo di Pio IX.«, in : L'Illustrazione Italiana 17.6.1877.

Bewegung blieb. Wie das »Correspondenzblatt« des liberalen »Deutschen Vereins« klagte, konnten altkatholische Väter die religiöse Erziehung ihrer Kinder nur begrenzt beeinflussen. Sie kämpften zwar gegen die ›verweiblichte‹ ultramontane Religion, konnten aber oft nicht einmal die eigene Ehefrau dazu bewegen, sich von Rom zu lösen, wie der kolportierte Dialog eines liberalen Redakteurs mit einem altkatholischen Major und dessen römisch-katholischer Ehefrau am Weihnachtstag verdeutlicht. Der Major erzählt, dass er seiner Gattin ein seidenes Kleides habe schenken müssen, um sie zur Teilnahme an der altkatholischen Messe zu bewegen:

Die junge Frau erröthete. Sie war in Münster aufgewachsen und hatte in der Jugend Eindrücke aufgenommen, die auch durch ihren hellen Verstand und die zärtliche Liebe und Verehrung des Gemahls nicht ganz überwunden waren. Ich wandte mich rasch an sie mit der Frage wie ihr denn die Predigt gefallen, welchen Eindruck sie überhaupt von dem Gottesdienst mitgenommen habe. »O«, meinte sie, »es war ja recht schön. Aber – denken Sie von mir, was Sie wollen! – Ich habe kein Herz für den Altkatholicismus!« »Sehr natürlich!« rief ich aus, »sehr natürlich! Sie suchen, gnädige Frau, vor allen Dingen in der Kirche den Gott Ihres Hauses, Ihrer Familie, Ihrer Mutter und Großmutter. Da nun diese alle im Altkatholicismus eine Ausgeburt der Hölle sehen, treten Sie mit einem Mißtrauen in die Kirche, das von vorn herein die Andacht erschweren, wenn nicht unmöglich machen muß.[341]

Auch in dieser Anekdote wurde der ultramontane Katholizismus als Teil der weiblichen Natur gleichsam matrilinear vererbt.

e) Institutionelle Folgen: Die Schonung der Frauenorden

Ein gemeinsames Merkmal der Kulturkämpfe Piemonts und Preußens war die relative Verschonung vieler Frauenorden. Das sardische Ordensverbot von 1855 betraf 21 Männerorden (mit 3.733 Geistlichen), aber nur 14 Frauenorden (1.756). 22 Orden mit 274 Häusern und 4.540 Mitgliedern blieben bestehen: mehrheitlich in Erziehung und Krankenpflege tätige Frauenorden.[342] Auch das preußische Ordensverbot von 1875 verschonte Niederlassungen, die sich »ausschließlich der Krankenpflege widmen«. Auf ministerielle Genehmigung durften sie sogar neue Mitglieder aufnehmen. Von 910 Niederlassungen widmeten sich 623 primär der Krankenpflege, 26 davon waren männlich (308 Mitglieder), 597 weiblich (4.723).[343]

Die preußische Regierung begründete die Regelung mit den Leistungen geistlicher Krankenpflegerinnen in »den letzten Kriegen«. Sie hätten sich »dem Gebote der Erfüllung der Nächstenliebe gewidmet« und »in diesen Schranken gehalten« hätten, anstatt »klerikale Interessen« zu bedienen. Ein weiterer Grund war, dass auf die Schnelle kein Ersatz zu finden war. Selbst ein Klosterfeind wie Gregor Jung wies auf den »Mangel an Krankenpflegerinnen« hin. Wer »einen solchen in den Organismus sich eingefressenen falschen Körper« herausreißen wolle, müsse für Ersatz sorgen. Unbemerkt hatten die Frauenorden ein Monopol erlangt, das ihnen im Kulturkampf zugute kam.[344]

Die Privilegierung weiblicher Orden stieß auch auf Kritik. In Piemont warnten Linksradikale wie Robecchi vor den Gefahren, die von religiösen Lehrerinnen ausgingen; ihr Einfluss auf die »Seelen der Mädchen« sei angesichts der »gesellschaftlichen Bedingungen« der Frau nie mehr zu korrigieren. »La Maga« zieh die Barmherzigen Schwestern der Unbarmherzigkeit. In Preußen verwies der Altkatholik Petri 1875 darauf, dass der Orden ultramontane Streitschriften

341 Correspondenzblatt 4.1.1875. Zum begrenzten Einfluss altkatholischer Väter auf die Erziehung vgl. *ebd.*, 16.12.1874. Zum Zusammenhang von Altkatholizismus und Männlichkeit vgl. *Berlis*, Frauen, S. 319–370. Zum elitären Sozialprofil der Altkatholiken vgl. *Sperber*, Catholicism, S. 233–240; *Ross*, Failure, S. 35–52.

342 Vgl. *D'Amelio*, Stato, S. 106; *Romeo*, Vita, S. 300 f.; *Stadler*, Cavour, S. 99; *Griseri*, Soppressioni 1855, Sp. 1869.

343 Vgl. *Huber/Huber*, Staat, Bd. 2., S. 659; SBHA 1875, Anlagen, Aktenstück 305, S. 1839; *Hinschius*, Orden, S. 123, 140 f.; *Kißling*, Geschichte, Bd. 3, S. 64; *Meiwes*, Arbeiterinnen, S. 77.

344 *Huber/Huber*, Staat, Bd. 2, S. 659; SBHA 1875, Anlagen, Aktenstück 305, S. 1839; SBHA 7.5.1875, S. 1767 (Jung).

kolportiere und den »Samen der Zwietracht in Familien und gemischte Ehen« trage. Falk erinnerte an Beamte, die über ihre im Kloster erzogenen Frauen klagten und an die Agitation der Barmherzigen Schwestern gegen einen staatsfreundlichen Propst. Jung wies auf die inhumane klösterliche Herkunft der geistlichen Erzieherinnen hin, mit der die Mädchen zwangsläufig in Berührung kämen: »Was ist natürlicher, als daß die Mädchen, wenn sie mit 14 Jahren in die Anstalt kommen und nach dem sechzehnten herausgehen mit der Klosterkrankheit im Herzen.«[345]

Viele Liberale hatten jedoch ein positives Bild der Frauenorden. Der erklärte Mönchshasser Cavour begründete ihre Verschonung nicht nur damit, dass sie in Unterricht und Krankenpflege kurzfristig weder finanziell noch personell zu ersetzen seien, sondern verwies auch auf ihren moralischen, ökonomischen und sozialen Nutzen. Die Nächstenliebe der Barmherzigen Schwestern sei das Gebot des Jahrhunderts. In der Erziehung seien solche Orden überdies viel zu sehr mit wohltätigen Werken beschäftigt, um sich für politische Angelegenheiten zu interessieren. Der Altkatholik Eduard Windthorst nannte die Barmherzigen Schwestern und Franziskanerinnen die »schönsten und duftigsten Blüthen«, die der Baum des Katholizismus trage. Sie seien der Beweis dafür, dass die christliche Idee der Nächstenliebe selbst durch »Giftpflanzen eines starren Dogmatismus und eines blos auf äußeren Schein berechneten Zeremoniells nicht gänzlich getödtet werden kann.«[346] Auch Treitschke stellte die Barmherzigen Schwestern in seinen »Politik«-Vorlesungen als ungefährlich und dem weiblichen Geschlecht naturgemäß dar – im Gegensatz zu den Männerorden: »Anders steht es mit den Mönche. Hier muß man sagen, daß der kräftige Charakter des Deutschen sich am allerwenigsten zum Mönchen eignet.«[347]

Auch weibliche Interventionen von oben halfen den Frauenorden im Kulturkampf. 1875 sagte Kultusminister Falk im Landtag, dass es 1835 in Spanien den Hofdamen gelungen sei, ein Gesetz zur Aufhebung weiblicher Orden rückgängig zu machen.[348] Vielleicht spielte er auf die preußische Königin an, die der Umsetzung gesetzlicher Regelungen entgegenwirkte und die Behörden gegenüber weiblichen Orden und Kongregationen milde stimmte.[349] Bismarck jedenfalls beschwerte sich gegenüber Moritz Busch über Augustas Widerstand gegen Falks liberale Schul- und Kirchenpolitik. Sie »tut, was sie kann, gegen uns, und bei ihm [Wilhelm I.] nicht immer ohne Erfolg«. Der liberale Kandidat für den

345 APS Discussioni, 22.2.1855, S. 2940 (Robecchi); La Maga 28.9.1854; SBHA 8.5.1875, S. 1790 (Petri); 7.5.1875, S. 1761 (Falk); S. 1767 (Jung).

346 APS Discussioni, 23.2.1855, S. 2956f. (Cavour); SBHA 10.5.1875, S. 1837 (L. Windthorst).

347 *Treitschke*, Politik, Bd. 1, S. 348; SBHA 8.5.1875, S. 1790 (Petri); 7.5.1875, S. 1761 (Falk); 10.5.1875, S. 1837 (L. Windthorst).

348 SBHA 7.6.1875, S. 1762f.

349 Vgl. *Kißling*, Geschichte, Bd. 3, S. 64, 67.

Evangelischen Oberkirchenrat Emil Herrmann sah dies ähnlich: »Wenn der Kaiser auch seine Einflüsse aus sich schöpft und auf Grund von Beratung mit seinen verfassungsmäßigen Beratern feststellt, so verfehlt doch gewiß in religiösen und kirchlichen Dingen das Wort seiner Gemahlin nicht einen gewissen Einfluß auszuüben«.[350] Nach den Angaben seines Mitarbeiters Christoph von Tiedemann fürchtete Bismarck 1875 Augustas Widerstand gegen die Ablösung katholischer Beamten: »In letzter Instanz regieren bei uns die Damen, und gegen Schürzen beißt Eulenburg nun einmal nicht: das ist das Geheimnis unserer inneren Politik.«[351] Zu Falk sagte er 1889, dass Bismarck in der Politik ausschließlich Schwarzröcke und Frauen fürchte.[352] Auch in Bismarcks Memoiren ist die Furcht vor »Bestrebungen politisirender Frauen und Priester« so präsent wie die Klage über Augustas »Vorliebe für katholische Elemente«.[353] Dies mögen polemische Überspitzungen gewesen sein, in denen sich Bismarck als männliches Opfer weiblicher Tücke inszenierte. Allerdings hatte sich Augusta bereits vor dem Kulturkampf für die Ansiedlung katholischer Orden und Kongregationen in Berlin und gegen ›konfessionellen Hader‹ eingesetzt. Der Geheime Kabinettsrat Karl von Wilmowski erklärte ihre »Hinneigung zum Katholizismus« damit, dass sie ihr »Bedürfniß« nach Schutz »gegen revolutionäre Bewegungen« und nach äußerem »Glanz und Ansehen« befriedigen wolle. Da auch Adelheid von Mühler, die kirchenfreundliche Frau des bis 1872 amtierenden konservativen Kultusministers, in Regierungskreisen als politisch einflussreich galt, sah sich Bismarck zwischenzeitlich gleich zwei mächtigen Frauen gegenüber.[354]

Auch auf niederer Ebene blieben weibliche Interventionen zugunsten der Frauenorden und -kongregationen keine Seltenheit. Als die Regierung im Rheinland die Heime der Armenschwestern für stellenlose Dienstmädchen, die sogenannten Mägdehäuser, schließen wollte, erboten sich »einzelne Damen«, die Leitung zu übernehmen. Die Ordensschwestern verrichteten fortan nur noch Hausarbeit, ihre Einrichtungen konnten fortbestehen.[355]

350 Zitiert nach *Besier*, Kirchenpolitik, S. 467, 532.

351 Zitiert nach *Kißling*, Geschichte, Bd. 3, S. 155.

352 Zitiert nach *Foerster*, Falk, S. 672.

353 *Bismarck*, Gedanken, Bd. 2, S. 77, 170.

354 Zitiert nach *Besier*, Kirchenpolitik, S. 468. Vgl. *ebd.*, S. 470. Zu Augustas prokatholischem Engagement in Berlin vgl. *Lohrum*, Wiederanfänge, S. 138f., 144, 155f.; *Oncken*, Bennigsen, S. 218. Zum Verhältnis von Bismarck und Augusta: *Schoeps*, Bismarck, S. 31ff.

355 *Kißling*, Geschichte, Bd. 3, S. 65.

4. Zusammenfassung

Die Grenzen der Säkularisierung und des Kulturkampfes resultierten nicht nur aus dem äußeren Widerstand katholischer Geistlicher und Laien oder aus den limitierten staatlichen Ressourcen. Sie hingen auch mit den widersprüchlichen Prämissen und Zielen der Antikatholiken zusammen.

Das progressive Lager war uneins über den legitimen Ort und die angemessene Bedeutung der Religion in der Gesellschaft. Während es den Liberalen in erster Linie darum ging, die Kirche dem Staat zu unterwerfen und die Religion zu privatisieren, wollten Demokraten, Radikale und Linksliberale die Kirche vom Staat trennen und den christlichen Glauben durch neues weltliches Wissen ersetzen. Diese konträren Ziele nahmen den verschiedenen Projekten der Säkularisierung von vornherein einen Teil ihrer Wucht, denn sie lösten immer wieder Konflikte im antikatholischen Lager aus und neutralisierten sich oft gegenseitig. Bemerkenswert ist, dass dieser Dissens auch religiös begründet war: Im Unterschied zu gemäßigten, rechten Liberalen, die mit der Privatisierung der Religion meist ihr eigenes Konzept der Gewissensreligion universalisieren wollten, waren radikale Säkularisten in der Regel dechristianisiert.

Neben Religion wirkte auch Klasse als Grenze der Säkularisierung. Wider die Intention von Demokraten und Liberalen war die eigene städtisch-bürgerliche Lebensführung nicht leicht auf andere Verhältnisse übertragbar. Sie war an Bildung und Besitz gebunden: an eine eng definierte Vorstellung von materieller und geistiger Unabhängigkeit, der die meisten Menschen auf dem Land und an der Peripherie kaum gerecht werden konnten (ganz abgesehen davon, dass auch Bürger keineswegs ›frei‹ und ›autonom‹ waren, sondern ihrerseits sozialen Zwängen unterlagen und bestimmten kulturellen Regeln folgten). Als sich diese Einsicht im Zuge des Kulturkampfes unter den Liberalen verbreitete, reagierten sie mit Verachtung für das fromme Kirchenvolk, anstatt dessen religiöse Lebensführung ernstzunehmen und zu versuchen, sie zunächst zu verstehen, um sie dann verändern zu können. Dieser Mangel an Empathie gegenüber nichtbürgerlichen Lebenswelten war ein wichtiger Grund für den Misserfolg der liberalen Agitation auf dem Land.

Auch die Altersfrage spielte eine Rolle. Zumal in Italien war die liberale Haltung in der Kindererziehung widersprüchlich. Aus Sicht der meisten Liberalen sollte die radikale Säkularisierungsvariante der Entzauberung erwachsenen, gebildeten Männern, das heißt mündigen Bürgern vorbehalten sein. Denn Kinder galten – wie die Unterschichten – als unreif. Sie sollten daher zunächst eine religiöse Erziehung genießen, um sich später von der Kirche zu lösen. Diese Emanzipation wurde jedoch nur von den Söhnen erwartet, während die Töchter auch im Stadium der Volljährigkeit fromm bleiben sollten, um die religiösen Werte in der Familie zu bewahren.

Das polare Geschlechtermodell wirkte der Entzauberung somit gerade auch innerhalb des Bürgertums entgegen. Einerseits stand es Pate für das Modell einer

Ehe von Staat und Kirche, das die Zurückdrängung der katholischen Kirche und Religion aus dem öffentlichen Raum und die funktionale Differenzierung von Politik und Religion analog zu den getrennten Sphären der Geschlechter in der bürgerlichen Gesellschaft empfahl. Die Geschlechterdifferenz wirkte somit als Motor des Kulturkampfes. Vor dem Hintergrund der Feminisierung der Religion und der Entkirchlichung bürgerlicher Männer legitimierte der Rekurs auf die vermeintlich natürlichen Sphären der Geschlechter die liberale Forderung nach einer Privatisierung von Kirche und Religion. Allerdings war die »Grenze, wo sich die beiden Sphären berühren und das Privatleben in das öffentliche hinüberwirkt oder umgekehrt dieses in jenes eingreift«, wie selbst Bluntschli zugab, nicht »mit einer festen Linie ein für allemal zu bestimmen.«[356] Zudem konnten sich auch Kirchenfreunde auf das Sphärenmodell berufen, um staatliche Übergriffe zu kritisieren.[357] Vor allem aber setzte das Modell der Ehe von Staat und Kirche dem Konflikt von vornherein eine Grenze und reservierte der Religion einen zentralen Platz im privaten Kern der bürgerlichen Gesellschaft, in der Familie. Zwar unternahmen insbesondere die Radikalen große Anstrengungen, um den Einfluss von Kirche und Religion auf das weibliche Geschlecht zu brechen bzw. zu mindern. Die meisten Liberalen lehnten dies jedoch ab. Denn sie lebten mehr oder weniger konfliktreich mit frommen Frauen zusammen, deren Religiosität dem weiblichen Geschlechtscharakter zu entsprechen schien und die zudem politisch ungefährlich und sozial funktional erschien. Vor diesem Hintergrund kam es – neben dem *Classing* und *Aging* – auch zu einem *Gendering* der Entzauberung. Der Geschlechterdualismus trug dazu bei, dass Staat und Kirche nicht getrennt wurden, sondern ihre Aufgaben teilten. Infolgedessen wurden viele Frauenorden von Verboten verschont. Vor allem in Italien kam es zu einer institutionellen Differenzierung von Staat und Kirche analog zu den *gendered spheres* von Privatsphäre und Öffentlichkeit: Während der Staat seinen Herrschaftsanspruch im männlich konnotierten, öffentlichen Bereich der Politik durchsetzte, konzentrierte sich die Kirche verstärkt auf die vermeintlich privaten Sphären der bürgerlichen Gesellschaft und auf weiblich konnotierte Felder der Krankenpflege, Erziehung und Armenfürsorge.[358] Statt einer Scheidung etablierte sich eine spannungsreiche, aber letztlich friedliche Koexistenz von Kirche und Staat, ähnlich einer Karikatur, die »L'Asino« anlässlich der »patti Gentiloni« 1913 brachte. Sie zeigt einen effeminierten Papst Pius X. beim Tangotanz mit dem betont maskulinen Vincenzo Gentiloni.[359]

Trotz des fundamentalistischen Antiklerikalismus und Antikatholizismus fortschrittsfreundlicher, männlicher Eliten kam es daher in Deutschland und Italien

356 *Bluntschli*, Kampf; *ders.*, Briefe.

357 So nutzte es Reichensperger beispielsweise in der Beratung des Schulaufsichtsgesetzes als Argument gegen die »Trennung der Schule von der Kirche«. SPHA 8.2.1872, S. 660

358 Zum Beispiel der »Opere Pie« vgl. *Saurer*, Säkularisierung, S. 188 ff.

359 Vgl. *Vallini*, Asino, S. 290.

letztlich zu einer Koexistenz weltlicher und religiöser Kulturen, deren Grenze zwischen Stadt und Land, zwischen Bürgern und Bauern, Kindern und Erwachsenen, Männern und Frauen verlief. Am Ende fanden sich die Liberalen mit der Existenz dieser religiösen Parallelwelten ab. Weltliche Bildung für erwachsene, männliche Bürger, Religion für den ›unmündigen‹ Rest der Frauen, Kinder und Unterschichten – so lässt sich der liberale Kompromiss mit der sozialen Wirklichkeit zusammenfassen. Wie schon bei der Genese der liberalen Säkularisierungstheorie im Vormärz spielten lebensweltliche Bezüge und Erfahrungen auch bei der begrenzten Umsetzung des Säkularisierungsprojekts eine wichtige Rolle. Sie trugen damit auch zur Besänftigung des Kulturkampfes bei.

Resümee

»Ah, nein, ich bin Europäer, Okzidentale. Ihre Rangordnung da ist reiner Orient. Der Osten verabscheut die Tätigkeit«. Mit diesen Worten distanziert sich der Freimaurer Lodovico Settembrini in Thomas Manns Roman »Der Zauberberg« von den Ansichten des Jesuiten Leo Naphta. Settembrinis progressives Projekt der Moderne steht in scharfem Kontrast zu Naphtas katholischem Fundamentalismus. Der Logenbruder predigt Vernunft und Analyse, Fortschritt und Arbeit, Demokratie und Republik, Nationalstaat und Humanismus, Bürgerlichkeit und Kapitalismus, Bildung und Sozialreform, Naturwissenschaft, Hygiene und Feuerbestattung; der Ordensbruder dagegen Barock, Quietismus und Mystik, Mittelalter und kirchlichen Kosmopolitismus, Mitleid und christlichen Kommunismus, Gehorsam, Befehl und Opfer, Ich-Verleugnung und Terror. Aus Sicht des Romanhelden Hans Castorp bleibt das verbale Kräftemessen unentschieden. Dem Erzähler zufolge kommen die Prinzipien und Aspekte »einander beständig ins Gehege, an innerem Widerspruch war kein Mangel«. Es fällt dem Helden daher schwer, »sich zwischen den Gegensätzen zu entscheiden«, ja, sie überhaupt »als Präparate gesondert- und sauberzuhalten«. Am Ende ist er müde und verwirrt. Dennoch fühlt sich Castorp letztlich Settembrini näher, in dem er Elemente seiner eigenen bürgerlichen, hanseatischen, protestantischen Kultur wiedererkennt. Naphta verkörpert das Andere dieser Kultur. So brillant und scharfsinnig seine Ausführungen auch sein mögen, bleibt er doch stets fremd. Am Ende begeht er sogar Selbstmord, um einem echten Duell mit Settembrini aus dem Weg zu gehen und fällt seinem Fundamentalismus somit selbst zum Opfer. Die virtuosen Rededuelle der ungleichen »Pädagogen« im »Zauberberg« sind eine Allegorie der europäischen Kulturkämpfe des 19. Jahrhunderts. 1913 begonnen und 1924 veröffentlicht, steht der Roman am Ende des Zeitalters der Kulturkämpfe. Synkretistisch erweitert und verfremdet, kollidieren die polaren Weltanschauungen der Kulturkämpfe hier noch einmal, mit ambivalentem Ausgang und in post-kulturkämpferischer Perspektive. Anstatt selbst Partei zu ergreifen, treibt der Romancier ein ironisches Spiel mit antikatholischen und antiliberalen Stereotypen.[1]

1 So assoziiert Settembrini Naphtas Anschauungen nicht nur mit dem Orient, sondern auch mit »Wollust«, »Faulbett« und »Lotterbett«, während er selbst von Naphta als liberal-demokratischer »Zivilisationsliterat« verspottet wird. *Mann*, Zauberberg, S. 516–528, 548 f., 564, 615 ff., 640.

I. Das europäische ›Zeitalter der Kulturkämpfe‹

Kulturkämpfe wurden im Rahmen dieser Studie räumlich, zeitlich und inhaltlich weit gefasst: als Nationen und Konfessionen übergreifendes, mehrdimensionales Phänomen. Sie bildeten eine eigene Epoche der neueren Geschichte Europas. In Deutschland und Italien dauerte das ›Zeitalter der Kulturkämpfe‹ vom Vormärz bis zur liberalen Ära. Hauptkontrahenten waren Liberale und Ultramontane. Beide Bewegungen erlangten nach 1850 zunehmend Macht im Staat bzw. in der katholischen Kirche. Sie verfolgten universalistische Missionsprogramme mit konträren Ordnungen der Zeit, antagonistischen Konzepten der Lebensführung und konkurrierenden Auffassungen über den Ort und die Bedeutung der Religion, insbesondere über die Grenzen und Zuständigkeiten von Staat und Kirche, Politik, Religion und Wissenschaft. Diese rivalisierenden Gesellschaftsentwürfe prallten in den Kulturkämpfen aufeinander.

Da in diesen Konflikten viel auf dem Spiel stand, wurden sie auf allen Ebenen geführt. Sie erfassten nicht nur Eliten, Staat und Kirche, sondern nahezu sämtliche Räume der Gesellschaft: Kabinette und Konzilien, Parlamente und Volksversammlungen, Ateliers, Museen und Redaktionen, Schulen, Universitäten und Seminare, Kanzeln und Beichtstühle; öffentliche, urbane Räume wie Straßen und Plätze ebenso wie private Sphären wie Ehe und Familie. Beteiligt waren Angehörige aller Klassen und Altersgruppen sowie beide Geschlechter. Kulturkämpfe manifestierten sich in individuellen, kollektiven und institutionellen Handlungen: in Sprechakten und Dekreten, Dogmen und Gesetzen, Wahlen und Abstimmungen, Symbolen und Ritualen, Demonstrationen und Prozessionen sowie in physischer Gewalt.

Vor allem jedoch waren die Kulturkämpfe ein mediales Phänomen. Sie wurden meist zunächst in Medien ausgetragen, um erst dann auf Staat und Kirche, Politik und Gesellschaft überzugreifen. Zu den antiklerikalen Medien zählten Reiseberichte und Briefe, Pamphlete und Flugschriften, Handbücher, populärwissenschaftliche und akademische Schriften, Zeitungen und Illustrierte, Enzykliken und Denkschriften, Wahlaufrufe und Kanzelpredigten, Romane und Dramen, Lieder und Gedichte, Gemälde und Genrebilder, Karikaturen und Bildergeschichten. Die Medien der Kulturkämpfe waren in der Regel noch keine Massenmedien, denn sie zielten meist auf lokal oder regional begrenzte Öffentlichkeiten, auf sozial und politisch, religiös und weltanschaulich distinkte Gruppen und Milieus. Sie transzendierten diese Grenzen jedoch, schufen europäische Medienereignisse und -transfers, intensivierten die wechselseitige Wahrnehmung räumlich weit entfernter Gesellschaften und generierten so, wenn auch eher ansatzweise und vorübergehend, eine europäische Öffentlichkeit.[2]

2 Vgl. dazu bereits *Clark*, Catholicism; *Kaiser*, Clericalism.

Dass die Kulturkämpfe im »Zauberberg« in der Schweiz ausgetragen werden, liegt in erster Linie an der klaren Bergluft von Davos, denn der Roman spielt in einem Sanatorium für Lungenkranke. Die Entscheidung für diesen Schauplatz ist aber auch noch in anderer Hinsicht bemerkenswert: Denn die Schweiz war ein Laboratorium der europäischen Kulturkämpfe. Mit Blick auf die Schweiz wurde 1840 der Begriff »Kulturkampf« geprägt. Hier mündeten die Kulturkämpfe 1847 in den Sonderbundskrieg liberaler und konservativ-katholischer Kantone. Hier entstand Bluntschlis Modell der Ehe von Staat und Kirche, und hier erhielt Cavour wichtige Anregungen für sein Modell einer ›freien Kirche im freien Staat‹. Vermittelt durch diese beiden maßgeblichen Akteure beeinflussten die Schweizer Konflikte des Vormärz nach 1850 die Kulturkämpfe der liberalen Ära in Piemont und Italien, Baden und Bayern, Preußen und Deutschland. Zugleich fungierte der Sonderbundskrieg neben der Französischen Revolution und den frühneuzeitlichen Religionskriegen als abschreckendes Beispiel eines Bürgerkriegs, den es aus Sicht der meisten Zeitgenossen ungeachtet aller Gegensätze zu vermeiden galt. Die Bedeutung der Schweiz für die deutsch-italienischen Kulturkämpfe hat sich aus dem Vergleich beider Konflikte ergeben. Dies spricht für die heuristische Funktion komparativer Studien. Es zeigt, dass Vergleich und Verflechtungsgeschichte sich keineswegs ausschließen müssen, sondern sich auch auf komplementäre Weise ergänzen können.

II. Deutsche und italienische Kulturkämpfe im Vergleich

Dass Thomas Mann die Rolle des Antikatholiken im »Zauberberg« mit einem Italiener besetzte – und nicht etwa mit einem Deutschen –, zeugt vom scharfen Bewusstsein des norddeutsch-protestantischen Schriftstellers für den maßgeblichen Beitrag italienischer Liberaler und Demokraten zum rationalistischen Projekt der Moderne.[3] Denn auch in Italien gab es einen dramatischen Kulturkampf, der die nationale Geschichte vom Risorgimento bis zum Faschismus prägte und der zudem – aufgrund des liberalen Angriffs auf den Kirchenstaat und der Ultramontanisierung der katholischen Kirche – auch die meisten übrigen Kulturkämpfe in Europa beeinflusste. Der italienische Kulturkampf war sowohl von seinen Bedingungen als auch von seinen Folgen her *der* transnationale Kulturkampf Europas. Im Kontrast zur italienischen Forschung wurde er im Rahmen dieser Studie ausdrücklich als Kulturkampf gefasst und erstmals systematisch, wenn auch vorwiegend asymmetrisch mit dem deutschen Konflikt verglichen.

3 Unter den zahllosen möglichen Vorbildern der Figur werden in der philologischen Forschung auch Luigi Settembrini und Giuseppe Mazzini gehandelt. Siehe Michael Neumanns Bemerkungen und Literaturangaben in: *Mann*, Zauberberg Kommentar, S. 83–88.

Italiens Historiographie hat den Kulturkampf im eigenen Land bislang nicht als solchen verstanden, weil sie im Kulturkampf ein preußisch-deutsches Phänomen sah, das Bismarcks persönlicher Initiative entsprungen und in seiner Härte nicht mit der italienischen Auseinandersetzung vergleichbar gewesen sei; und, weil sie den Antiklerikalismus als konstitutiven Teil liberaler Identität unterschätzte. Sie folgte damit auch zeitgenössischen Deutungen italienischer Liberaler, die den preußisch-deutschen Kulturkampf aufgrund seiner Härte ablehnten oder bewunderten, eine ähnliche Form staatlicher Repression für Italien aber ausschlossen und dabei die Härte des eigenen Konflikts übersahen oder relativierten. Sowohl der Antiklerikalismus als auch das Ausmaß legislativer, medialer und physischer Gewalt gegen Italiens katholischen Klerus wurden deshalb unterschätzt.

Die Vorstellung einer Einzigartigkeit des preußisch-deutschen Kulturkampfes prägte lange auch die deutsche Geschichtsschreibung. Sie erklärte den Kulturkampf mit dem besonderen quantitativen Verhältnis der Konfessionen im Deutschen Reich, mit dem vermeintlichen ›Illiberalismus‹ deutscher Liberalen (als Teil der Sonderweg-These) oder mit dem machiavellistischen ›Genie‹ Bismarcks, der die Katholiken zwecks ›negativer Integration‹ des Deutschen Reiches zu ›Reichsfeinden‹ stilisiert habe.

Nationale Geschichtsbilder und Forschungstraditionen waren also mit ausschlaggebend dafür, dass die Kulturkämpfe Deutschlands und Italiens als unvergleichbar galten und bislang nicht systematisch verglichen worden sind. Stereotype deutsch-italienischer Selbst- und Fremdzuschreibung, die zum Teil selbst Effekte des Antikatholizismus und der Kulturkämpfe sind, standen einem Vergleich im Weg. Diesseits und jenseits der Alpen errichtete Vergleichsbarrieren zementierten das beiderseitige Bild der Kulturkämpfe. Die Vergleichsverweigerung beruhte auch auf einer Identifikation des deutschen Kulturkampfes mit dem preußischen Konflikt und auf einem einseitigen, reduktiven Verständnis des Letzteren. Um zu prüfen, inwiefern der preußische Kulturkampf repräsentativ für den deutschen Kulturkampf war, wurden daher im deutschen Teil der vorliegenden Studie neben nationalen auch lokale und regionale Perspektiven gewählt. Darüber hinaus blieb die Analyse nicht auf die hohe Ebene der Auseinandersetzung zwischen Staat und Kirche beschränkt, sondern wurde auf die bisher vernachlässigte mediale und physische Dimension des Kulturkampfes ausgedehnt.

1. Die deutschen Kulturkämpfe

Hieraus ergab sich auch ein neues Bild der deutschen Kulturkämpfe. Diese sind schon deshalb nicht auf die Auseinandersetzung zwischen Staat und katholischer Kirche nach 1871 zu reduzieren, weil bereits zuvor auf medialer, lokaler und regionaler Ebene heftige Kämpfe gegen die katholische Kirche und Religion tobten. In Baden begann der Kulturkampf 1860, in Bayern 1867, und in Berlin kam es 1869 zum Moabiter Klostersturm. Der Impuls zu diesem Gewaltausbruch, der die Gründung der Zentrumspartei nach sich zog und den Kulturkampf im Deutschen Reich maßgeblich beeinflusste, ging von einem Zusammenspiel transnationaler und lokaler Medien und Akteure aus. Sowohl diese mediale Dimension der deutschen Kulturkämpfe als auch der liberale Anteil an ihrer Genese sind in der Forschung lange unterschätzt worden. Aus diesem Grund wurde das Zusammenwirken antikatholischer Medien systematisch und umfassend rekonstruiert sowie auf seine Folgen für die Genese physischer und legislativer Gewalt gegen den katholischen Klerus untersucht. Auf die Ergebnisse dieser Medienanalyse wird noch näher einzugehen sein. Zunächst ist der liberale Anteil an der Genese des preußisch-deutschen Kulturkampfes zu betonen. Während sich der preußische Staat nach der Beilegung der Kölner Wirren 1841 und vor der Reichsgründung 1871 eher katholiken- und kirchenfreundlich verhielt, führten preußische Liberale seit den 1860er Jahren, radikalisiert durch die kuriale Ultramontanisierung des Katholizismus, einen antikatholischen Feldzug. Diese Auseinandersetzung wurde vorwiegend medial geführt und war bereits für sich genommen ein Kulturkampf. Aufgrund der Ultramontanisierung des Katholizismus hatte sie zudem eine transnationale Dimension. Europäische Liberale ergriffen Partei für antiultramontane Katholiken wie Döllinger. Vor der Reichsgründung fanden sie damit bei der preußischen Regierung wenig Gehör. Nach 1871 machte sich vor allem Bismarck bildungs- und kirchenpolitische Ziele der Liberalen zu eigen.

Dennoch resultierte der Konflikt zwischen Staat und katholischer Kirche in Preußen und im Deutschen Reich nach 1871 nicht – wie die ältere deutsche und noch die jüngere italienische Historiographie annahmen – allein oder auch nur primär aus Bismarcks Intentionen. Die antikatholischen Aussagen und Entscheidungen des Fürsten waren kein ›Instrument‹ zur Manipulation der Liberalen und der öffentlichen Meinung oder zur ›negativen Integration‹ des Reichs. Vielmehr war das Verhältnis zwischen Bismarck einerseits, liberalen Prinzipien und antikatholischem Diskurs andererseits umgekehrt. Der preußische Ministerpräsident und deutsche Reichskanzler vertrat nach der Reichsgründung in Parlament und Kabinett liberale Prinzipien: die Trennung von Staat und Kirche, von Kirche und Schule, von Politik und Religion. Wie die Liberalen sah Bismarck in der Zentrumspartei eine illegitime ›Vermischung‹ von Politik und Religion. Wie diese erklärte er katholische Wahlerfolge in Bayern, Preußen und im Reich mit ›klerikalem Einfluss‹ auf unmündige katholische Laien. Wie die Liberalen vertrat er antiultramontane, antirömische Verschwörungstheorien. Wie diese hatte er antikatholische Vorurteile. Seit seiner Schulzeit sah Bismarck im Katholizismus eine exotische, anachronistische Religion. Im Kulturkampf war er daher nicht nur von rationalen, machtpolitischen Erwägungen geleitet, sondern auch von antikatholischen Emotionen und Vorurteilen. Legt man seine Reden, Schriften und Entscheidungen zugrunde, handelte Bismarck im Kulturkampf – auch unter dem

Eindruck der Berichte seiner Gesandten – selbst liberal. Er war ein Gefangener des antikatholischen Diskurses.

Der innerdeutsche Vergleich lokaler und regionaler Kulturkämpfe ermöglicht zugleich eine umfassende Neubewertung des Faktors Konfession. Der deutsche Kulturkampf ist mit der bikonfessionellen Konstellation des Deutschen Reichs[4] und mit Prozessen der Konfessionalisierung im 19. Jahrhundert erklärt worden.[5] Dies geschah mit dem berechtigten Anliegen, säkularisierungstheoretische Prämissen deutscher Sozialhistoriker zu überwinden, die in Kontinuität zum liberaldemokratischen Religionsbild standen und forschungspraktisch meist zur Ausblendung oder Unterschätzung religiöser Faktoren sozialen Handelns führten. Der alternative *grand récit* der (Re-)Konfessionalisierung eignet sich allerdings kaum, um den deutschen Kulturkampf oder gar die europäischen Kulturkämpfe zu erklären.

Denn Konfession war in den deutschen Kulturkämpfen nur ein Faktor antikatholischer Identität, der mal mehr, mal weniger, aber selten allein ausschlaggebend war. Andere Kategorien wie Klasse und Geschlecht, Nation und Rasse kamen in der Regel hinzu: In Bayern verlief die Konfliktlinie entlang sozialer Unterschiede zwischen städtischen Bürgern und ländlichen Nichtbürgern. Im Rheinland, wo der Altkatholizismus eine bürgerlich-männliche Domäne blieb, spielte Geschlecht eine wichtige Rolle. Oberschlesische Katholiken wiederum wurden von Demokraten, Freikonservativen und Liberalen auch deshalb verachtet, weil sie Polen waren. Das Gewicht des Faktors Konfession variierte also selbst innerhalb Preußens.

Mit Blick auf die Akteure scheint die Verschärfung konfessioneller Konflikte zwischen Protestanten, Katholiken und Juden, wie am Beispiel des Moabiter Klostersturms gezeigt, überdies eher Effekt als Ursache des Kulturkampfes gewesen zu sein.[6] Berliner Linksliberale und Moabiter Arbeiter griffen die Dominikaner 1869 nicht deshalb an, weil diese katholisch waren, sondern weil sie deren Lebensführung ablehnten. Schreckbilder einer zweiten Inquisition, Reconquista oder Gegenreformation spielten zwar in der Kampagne gegen die Mönche eine Rolle. Ausschlaggebend für den Gewaltausbruch war jedoch die mediale Repräsentation monastischer Devianz, die durch zeitnahe europäische Klosterskandale plausibilisiert wurde. Vorstellungen ›normaler‹, ›natürlicher‹, ›sittlicher‹ Lebensführung waren den Klosterstürmern wichtiger als konfessionelles Ressentiment. Grosso modo lässt sich dies auch für die meisten Kulturkämpfer sagen.

Auf diskursiver Ebene spielte Konfession gleichwohl eine wichtige, konfliktverschärfende Rolle. Bereits in der Frühen Neuzeit hatten protestantische Eliten

4 Vgl. *Besier*, Kulturkampf als europäisches Phänomen?

5 Vgl. *Blaschke*, Jahrhundert, S. 58.

6 Ähnlich argumentieren, mit Blick auf Protestanten und Katholiken in Baden und im Kaiserreich, *Hübinger*, Confessionalism; *Lepp*, Aufbruch; *Müller-Dreier*, Konfession.

deutsche Bildung und Kultur konfessionell definiert und den Katholizismus aus der Nation ausgeschlossen. Im Kontext der äußeren und der inneren Reichsgründung erzeugte dieser Exklusionsmechanismus starke Emotionen und Aggressionen. Die Aufklärung hatte den Protestantismus darüber hinaus im Kontrast zum Katholizismus als entwicklungsfähig und reformierbar dargestellt. Im 19. Jahrhundert wurde diese Sichtweise zunächst von rationalistischen Kritikern der Romantik, dann von liberalprotestantischen Gelehrten wissenschaftlich begründet und im Bereich der Hochkultur kodifiziert und kanonisiert. Schon im Vormärz konnte der ›Katholizismus‹ so zu einem konfessionsübergreifenden Synonym religiöser Orthodoxie werden, mit dem sich auch konservative Strömungen in Protestantismus und Judentum brandmarken ließen. Denn die religiöse Konstellation Deutschlands war trikonfessionell.

Kulturkämpfe wurden, wie gesehen, auch innerhalb der Konfessionen geführt. Demokratische bzw. liberale Katholiken wie Ronge und Döllinger trugen erheblich zur räumlichen und sozialen Ausweitung des Konflikts bei. Auch in Staaten mit katholischer Bevölkerungsmehrheit wie Bayern wurde der Kulturkampf mit großer Härte ausgetragen. Nach der Reichsgründung wirkten katholische Liberale aus Bayern federführend an nationalen Kulturkampfgesetzen wie Kanzelparagraph und Jesuitenverbot mit.[7] Umgekehrt attackierten liberale Protestanten auch evangelische Geistliche, die sich der liberalen Bildungs- und Kirchenpolitik widersetzten und, etwa durch Widerstand gegen die Einführung von Simultanschulen, gleich zu Beginn des preußischen Kulturkampfes die Sollbruchstellen des antikatholischen Konsenses deutscher Protestanten offenbarten. Hier wirkte der innerkonfessionelle eher als Bremse des ›großen‹ Konflikts. Schließlich spielten im Kulturkampf auch liberale Juden – als Politiker, Journalisten, Schriftsteller und Künstler – eine wichtige Rolle. Sie attackierten die katholische Kirche und Religion nicht weniger heftig als ihre protestantischen Gesinnungsgenossen.[8] Linksliberale Medien wie der »Kladderadatsch« und die »Berliner Wespen«, in denen Juden aktiv mitwirkten, kritisierten dabei auch – aber nicht nur – die katholische Aggression gegenüber Juden. Ein Beispiel Letzterer lieferte etwa der Missionsvikar Eduard Müller 1883, als er im Einklang mit dem antisemitischen Agitator Ernst Henrici und ultramontanen Blättern[9] Juden und »Semiten« zu heimlichen Drahtziehern des Moabiter Klostersturms wie des Kulturkampfs stilisierte. Die Wandlung dieses katholischen ›Milieumanagers‹ (Olaf Blaschke) zum Antisemiten legt die Annahme eines kausalen Nexus zwischen liberalem Antikatholizismus und katholischem Antisemitismus nahe. Letzterer könnte ein Effekt antikatholischer Aggression gewesen sein, was ihn weder entschuldigen

7 Vgl. dazu bereits *Grohs*, Reichspartei.

8 Vgl. etwa Allgemeine Zeitung des Judenthums 15.7.1873, S. 467 f. Zum kulturkämpferischen Engagement liberaler Juden vgl. zuletzt ausführlich *Joskowicz*, Judaism.

9 Vgl. dazu Allgemeine Zeitung des Judenthums 28.6.1881, S. 426. Ich danke Till van Rahden für den Hinweis auf diese Quelle.

noch relativieren, aber partiell erklären würde. Allerdings kommt es auf den Einzelfall an: Im Gegensatz zu Müller sind von den Dominikanern nach 1869 keine antisemitischen Äußerungen überliefert. Insofern wird man sich vor schnellen Generalisierungen und monokausalen Erklärungen hüten müssen.

Umgekehrt lässt sich der Antikatholizismus progressiver Kräfte, der im Zentrum dieser Studie stand, keinesfalls als Reaktion auf katholischen Antijudaismus und Antisemitismus darstellen oder rechtfertigen. Zwar wurde Letzterer im Zuge des Kulturkampfes offenbar stärker.[10] Jüdische Liberale wie Lasker sahen sich im Parlament mitunter Angriffen katholischer Abgeordneter ausgesetzt, die mit Hinweisen und Andeutungen auf die Konfession des Redners auch dessen Positionen zu delegitimieren suchten. Protestantische Liberale übergingen solche Attacken aber in der Regel stillschweigend und sprangen ihren Fraktionskollegen kaum öffentlich bei. Abgesehen von wenigen Ausnahmen liefern die hier untersuchten Quellen keine Indizien dafür, dass der Antikatholizismus liberaler Protestanten durch katholische Angriffe auf Juden verstärkt worden sei oder gar entstanden wäre.[11]

Ungeachtet der angedeuteten Wechselwirkungen scheint die Beziehung von Antikatholizismus und Antisemitismus insgesamt nicht kausaler Natur gewesen zu sein. Allerdings gab es Ähnlichkeiten und Transfers zwischen beiden Phänomenen. Dies gilt zumal für bestimmte Spielarten des Antiklerikalismus. Sexuelle Stereotype, nationale Feindbilder und transnationale Verschwörungstheorien zeugen von Analogie und Verwandtschaft. Zudem wurden im Rahmen dieser Arbeit zahlreiche Beispiele entmenschlichender Repräsentationen katholischer Geistlicher angeführt, die auch für den Antisemitismus charakteristisch waren. Ähnlich wie bei diesem waren die Übergänge zwischen Physiognomik und Rassismus fließend, im Falle des Antijesuitismus konvergierten sie zum Teil sogar: 1924 brachte Thomas Mann die Fremdheit des Jesuiten im »Zauberberg«, wie Nicolai 1785 bei seiner Beschreibung der Wiener Mönche, physiognomisch zum Ausdruck, jedoch mit einer bemerkenswerten konfessionellen Verschiebung: Naphta »war ein kleiner, magerer Mann, rasiert und von so scharfer, man möchte sagen, ätzender Häßlichkeit, daß die Vettern sich geradezu wunderten. Alles war scharf an ihm: die gebogene Nase, die sein Gesicht beherrschte, der schmal zusammengenommene Mund, die dickgeschliffenen Gläser der im übrigen leichtgebauten Brille, die er vor seinen hellgrauen Augen trug.« Schon der Zürcher Physiognomiker Lavater hatte bei Jesuiten »große, meist gebogne, und vorne scharfknorpelige Nasen« beobachtet. Castorps einfältigem Vetter Ziemßen zufolge hatte Naphta jedoch eine »Judennase«: »So miekrig von Figur

10 Vgl. dazu *Blaschke*, Katholizismus, S. 42–56.

11 Als weiterer Beleg hierfür mag dienen, dass sich unter protestantischen Flugschriften, die in den 1870er und 1880er Jahren zur »Judenfrage« erschienen, weniger als zwanzig Prozent *gegen* den Antisemitismus gerichtet waren. Vgl. dazu *Jensen*, Doppelgänger, S. 184ff.

sind auch immer nur die Semiten.« Als zum Katholizismus konvertierter Ostjude »aus einem kleinen Ort in der Nähe der galizisch-wolhynischen Grenze« gehört Naphta gleichzeitig zwei diskriminierten religiösen Gruppen an. Sein Äußeres entspricht der Karikatur des ›Juda-Jesuiten‹, die auf die zeitgenössische Vorstellung einer ›Blutsverwandtschaft‹ von Jesuiten und Juden zurückgeht.[12] Solche Konvergenzen lassen es sinnvoll erscheinen, die Beziehung zwischen Antikatholizismus und Antisemitismus künftig noch stärker ins Zentrum der Analyse zu rücken, als es im Rahmen dieser komparativen Studie möglich war. Anstatt beide Phänomene vorschnell gegeneinander auszuspielen, sollte man sie dabei als miteinander verflochten begreifen.

Die deutschen Kulturkämpfe wurden nicht nur durch konfessionelle Konflikte, sondern auch durch die Einführung des allgemeinen und gleichen Männerwahlrechts 1868/71 verschärft. Dabei zeigte sich ein ähnliches Verlaufsschema: Konservative katholische Geistliche und Laien reagierten auf antiklerikale Gesetze und Angriffe mit politischer Organisation und Mobilisierung, was neue liberale Aggression hervorrief. In Bayern beantworteten konservative Katholiken die geplante Trennung von Schule und Kirche mit der Gründung der Patriotenpartei. In Preußen bildeten sie nach der Unterdrückung der parlamentarischen Diskussion von Gneists Kommissionsberichts zur Aufhebung der Klöster die Zentrumspartei. Katholische Wahlerfolge in Baden, Bayern und im Reich radikalisierten den Konflikt, weil sie von Liberalen, Freikonservativen und von Bismarck auf eine klerikale Beeinflussung der Wähler zurückgeführt wurden. In Bayern und im Reich kam es deshalb, wie zuvor schon 1857 in Piemont, zur Annullierung katholischer Mandate und zu neuen kirchenpolitischen Gesetzen: Der Kanzelparagraph sollte katholische Laien vor klerikalem Einfluss schützen, die bayerischen und preußischen Schulgesetze sollten sie davon befreien. Diese Gesetze waren indes nicht nur kurzfristig und machtpolitisch motiviert. Sie resultierten auch aus dem langfristigen Ziel, das Volk aufzuklären, es aus klerikaler Vormundschaft zu befreien und in den Status der Mündigkeit zu versetzen. In der Analyse und Annullierung katholischer Wahlerfolge und Mandate vollzogen die Liberalen jedoch eine diskursive Entmündigung der katholischen Wähler, die antiliberale, antibürgerliche Vorurteile bestätigte. In der Folge wurde das Bündnis zwischen katholischen Geistlichen und Laien trotz staatlicher Repression sogar enger. Der liberale Topos klerikalen Einflusses erwies sich nicht nur als reduktiv, sondern auch als dysfunktional. Er schadete den Liberalen bei katholischen Wählern und Bürgern.[13]

12 Im Roman wird der Antisemitismus/Antijesuitismus ironisch gebrochen. Zur Verteidigung von Naphtas ›Judennase‹ gibt Castorp zu bedenken, dass auch die Chaldäer solche Nasen gehabt hätten und dennoch »höllisch auf dem Posten« gewesen seien. *Mann*, Zauberberg, S. 511f., 529, 602; *Lavater*, Fragmente, S. 250. Zum ›Juda-Jesuitismus‹ vgl. *Healy*, Jesuit, S. 126f.

13 Zu dieser Dynamik vgl. bereits *Anderson*, Democracy.

2. Die italienischen Kulturkämpfe

Auch für die italienischen Kulturkämpfe hat sich die Kombination regionaler, lokaler und nationaler Perspektiven als fruchtbar erwiesen. Untersucht wurden der risorgimentale Kampf um Rom, antijesuitische Ausschreitungen und Gesetze in Italien von 1848, die folgenden Konflikte zwischen Staat und Kirche im Königreich Sardinien und nach der Nationalstaatsgründung, mit folgenden Ergebnissen: Zum einen erhielt im Kampf um Rom bereits das Risorgimento eine antikatholische Dimension. Nach der antinationalen Wende des Papstes während der römischen Revolution von 1848 attackierten Demokraten und Liberale – zunächst diplomatisch und publizistisch, 1870 dann auch militärisch – den Kirchenstaat und die weltliche Herrschaft des Papstes. Dieser Kampf um Rom speiste sich nicht zuletzt aus Mazzinis Idee der *Terza Roma*, die auf eine Überwindung des Katholizismus zielte. Die Gründe der risorgimentalen Romfixierung sind noch näher zu betrachten. Hier ist zunächst festzuhalten, dass bereits der Kampf um Rom ein Kulturkampf war: zwischen Piemont bzw. Italien und dem Heiligen Stuhl, zwischen Demokraten, Liberalen und intransigenten Katholiken. Es ging darin nicht nur um die Stadt Rom und um die weltliche Herrschaft des Papstes, sondern auch um antagonistische Weltanschauungen und universalistische Projekte. Der Kampf um Rom verlagerte sich nach 1870 in die Stadt selbst: Das Ziel von Demokraten und Liberalen, Papsttum und Katholizismus zu überwinden und durch eine weltliche Kultur zu ersetzen, manifestierte sich in symbolisch-rituellen, architektonischen und urbanistischen Interventionen. Aus dem Kulturkampf um Rom wurde ein Kulturkampf in Rom, in dem Antiklerikale und Klerikale immer wieder aufeinanderstießen: nicht nur in Wahlkämpfen, Demonstrationen und Prozessionen, sondern auch in einer Vielzahl körperlicher Auseinandersetzungen. Diese lokalen Konflikte bekamen aufgrund der Überdetermination des Ortes oft sogleich eine nationale und globale Dimension.

Zum anderen gab es in Italien bereits im Vormärz schwere Konflikte zwischen liberalen und antiliberalen Katholiken. Diese innerkatholischen Auseinandersetzungen hatten zum Teil nationale Wurzeln, wurden jedoch durch antijesuitische Kampagnen in Brüssel, Paris und Luzern überlagert und verschärft, die nach 1846 auch Italien erfassten. Zur sozialen Ausweitung des Antijesuitismus auf nichtbürgerliche Schichten trug das Schreckbild einer Verschwörung des Ordens mit Österreich bei, das vor allem der liberalkatholische Reformtheologe Vincenzo Gioberti verbreitete. Im Revolutionsjahr 1848 mündete sein medialer Feldzug in antijesuitische Ausschreitungen, die zur Vertreibung des Societas Jesu aus den meisten italienischen Staaten führten. Es war die Konvergenz staatlichen Ordnungsdenkens und national-religiöser Emotion, die den Jesuiten 1848 zum Verhängnis wurde, denn sie galten nicht mehr nur als Feinde des Fortschritts, sondern auch als Feinde der Nation. Sowohl diese nationale Dynamik als auch die transnationale Dimension des Antijesuitismus im Vormärz und während der Revolution von 1848 ist zu betonen.

Danach griff der Kulturkampf auf Piemont über. Bereits die Gewährung bürgerlicher Rechte für Juden und Waldenser in der Verfassung von 1848 ging mit der Aufhebung des Jesuitenordens einher. Nach 1850 initiierte die gemäßigt-liberale Regierung gegen erbitterten Widerstand der katholischen Kirche eine Reihe antiklerikaler Gesetze (Siccardi-Gesetze, Ordensverbot), die den Widerstand katholischer Laien provozierten und zur Formierung einer parteiähnlichen Gruppierung konservativer Katholiken führten. Auf der einen Seite standen nun die liberale Regierung und die radikale, demokratische Opposition, die vor allem in Städten wie Turin und Genua gut organisiert war; auf der anderen Seite konservative Aristokraten, katholische Geistliche und Bauern, die unter den liberalen Wirtschaftsreformen litten; dazwischen die Monarchie, welche die liberalen Reformen teils zu verhindern (1852 bei der gescheiterten Einführung der Zivilehe), teils zu mäßigen suchte (1855 bei den Ordensverboten). Die regierenden Liberalen bekämpften den Widerstand mit der Annullierung katholischer Mandate, mit Verbannungen, Geld- und Haftstrafen für intransigente Geistliche und mit dem Kanzelparagraphen von 1859. Im Zuge der Auseinandersetzungen wurde der Antiklerikalismus vom Eliten- zum Massenphänomen, das Regierung und Opposition, Parlament und Straße miteinander verband. Maßgeblich verantwortlich für diese soziale Ausweitung waren erneut Medien.

Nach 1861 wurde der piemontesische Kulturkampf nationalisiert. Die gemäßigt-liberale Regierung initiierte eine partielle Enteignung der Kirche. Im Zuge der nationalen Einigung wurden piemontesische Kirchengesetze auf die Apenninhalbinsel ausgedehnt: 1866/73 das Ordensverbot und 1889 der Kanzelparagraph. Die staatliche Kirchenpolitik verhärtete die Fronten in der Römischen Frage und radikalisierte den Kampf um Rom. Die Kurie suchte ihren Anspruch auf den Kirchenstaat zu untermauern, indem sie dem Nationalstaat die Anerkennung verweigerte und Katholiken die Beteiligung an nationalen Wahlen untersagte. Die italienischen Katholiken waren daher auf nationaler Ebene nicht im politischen System vertreten. Nur auf kommunaler und regionaler Ebene konnten sie den Liberalen Konkurrenz machen.

Dennoch wurde der italienische Kulturkampf von Beginn an auf gesellschaftlicher Ebene geführt, vor allem als Kampf um den öffentlichen Raum. Insbesondere die Prozessionen boten immer wieder Anlass zu verbalen und physischen Auseinandersetzungen zwischen Liberalen und Katholiken, zwischen Bürgern und Geistlichen, zwischen Antiklerikalen und Klerikalen. Sie kulminierten 1881 in Angriffen auf den Leichenzug Pius IX., die eine internationale Affäre auslösten. Sowohl auf der lokalen, gesellschaftlichen Ebene als auch auf der nationalen, institutionellen Ebene prallten konträre Auffassungen von Politik und Religion aufeinander. Während die Liberalen die Religion als Privatsache ansahen und aus der öffentlichen Sphäre zurückdrängen wollten, beharrten antiliberale

Katholiken auf dem öffentlichen Charakter von Religion. Während die Regierung Staat und Kirche, Politik und Religion partiell trennen wollte, insistierten kuriale und intransigente Katholiken auf der weltlichen Herrschaft des Papstes und auf der Vermischung von Staat und Kirche, Politik und Religion, im Schulwesen oder auf der Kanzel. Sowohl auf makropolitischer, staatlich-kirchlicher Ebene als auch auf mikropolitischer, gesellschaftlicher Ebene speiste sich der Kulturkampf aus diesen konträren Konzeptionen des Religiösen.

3. Nationale Besonderheiten

Auf nationaler Ebene zeigt der Vergleich zwischen Deutschland und Italien drei zentrale Unterschiede[14], *erstens* den Einfluss der konfessionellen Verhältnisse. Zwar galt der Protestantismus deutschen und italienischen Demokraten und Liberalen als positives Modell einer Religion, die ihre Geschichtsfähigkeit bereits in der Reformation unter Beweis gestellt hatte. Dennoch wirkten sich die unterschiedlichen quantitativen Verhältnisse der Konfessionen auf die liberalen Zielsetzungen im Kulturkampf aus: Im protestantisch dominierten Deutschen Reich erhofften sich die Liberalen von der Reichsgründung und dem Kulturkampf eine ähnliche Befreiung ›deutschen Geistes‹ von ›römischem Zwang‹ wie in der Reformation. Sie verfolgten im Kulturkampf daher nicht nur eine säkulare zivilisatorische Mission, sondern auch eine religiöse Utopie: die Vorstellung einer Konversion der deutschen Katholiken. Diese sollten sich nicht nur von einer dem ›deutschen Wesen‹ räumlich fernen und kulturell ›fremden‹ ultramontanen, römischen Kirche lösen, sondern auch von ihrer partikularen, konfessionellen Herkunftskultur, um am nationalen und universalen Projekt der Moderne, an Fortschritt und Geschichte teilzuhaben. Sie sollten aufhören, Katholiken im Sinne der römisch-katholischen Kirche zu sein. Aus diesem Grund unterstützten protestantische, katholische und jüdische Demokraten und Liberale die Deutschkatholiken nach 1845 und die Altkatholiken nach 1870. Der deutsche Protestantismus sollte weiter demokratisiert und liberalisiert, der deutsche Katholizismus gleichsam ›protestantisiert‹ werden, sich aus der öffentlichen Sphäre zurückziehen und den staatlichen Primat über die Kirche sowie den Vorrang der Wissenschaft gegenüber der Religion anerkennen. Zumindest anfangs hat die protestantische Zweidrittelmehrheit daher liberale Kulturkämpfer im Deutschen Reich beflügelt. Die italienischen Liberalen waren dagegen in der Frage einer Reform des Katholizismus weniger zuversichtlich. Anders als in Deutschland gab es hier keine Religion, die mit der Moderne kompatibel erschien. Reformkatholische Kräfte wurden nach 1850 in der Kirche margina-

14 Zum *regionalen* Vergleich der Kulturkämpfe in Preußen und Piemont siehe Kapitel C.III.1.c.

lisiert. Die nahezu monokonfessionelle Struktur des Landes wirkte sich auch auf die Lebenswelt der Liberalen aus. Während man im gemischt-konfessionellen Deutschland leben konnte, ohne mit Katholiken in Berührung zu kommen, wurden italienische Liberalen zunächst meist selbst katholisch erzogen. Sie mussten ihre katholische Herkunft erst ›überwinden‹ und verlangten dies auch vom Volk. Da die bürgerliche Kultur jedoch sozial exklusiver war als in Deutschland, wurde diese Forderung nur unvollständig umgesetzt. Weder die nationalistische Zivilreligion noch der Satanismus einiger Positivisten waren mehrheitsfähig. Erst in den Jubiläumsfeierlichkeiten zur italienischen Eroberung Roms am 20. September 1895 zeigte sich die Massenwirksamkeit der neuen Religion des Nationalismus.[15]

Eine *zweite* Differenz hing mit dem unterschiedlichen Demokratisierungsgrad der politischen Systeme beider Länder zusammen. Das Deutsche Reich von 1871 war demokratischer verfasst als das Königreich Italien. Da Italien kein allgemeines, gleiches Männerwahlrecht besaß, sondern ein sozial exklusives Zensuswahlrecht, das zunächst an Besitz und nach 1882 an Bildung geknüpft war, blieben der politischen Mobilisierung katholischer Massen hier von vornherein enge Grenzen gesetzt. Das »Non expedit« ist daher nicht nur mit der Annullierung katholischer Mandate in Piemont 1857 und mit der Römischen Frage zu erklären, sondern auch damit, dass das Wahlrecht den kirchentreuen ländlichen Massen in Italien – anders als in Deutschland – lange verwehrt blieb. Selbst wenn die Kurie die Teilnahme der Gläubigen an den nationalen Wahlen gefördert hätte wie der deutsche Klerus, wäre es ihr vermutlich dennoch nicht gelungen, die Liberalen auf nationaler Ebene zu majorisieren, da Italiens männliche bürgerliche Gesellschaft mehrheitlich liberal und antiklerikal, wenn nicht sogar antikatholisch eingestellt war. Diese engen, sozialen und geschlechtlichen Grenzen des politischen Systems waren ausschlaggebend dafür, dass die gegenüber den italienischen Katholiken geradezu winzige Zahl radikaler Antiklerikaler und Antikatholiken derartigen Einfluss auf die italienische Politik nehmen konnte: Um antiklerikale Maßnahmen oder Gesetze zu erzwingen, mussten sie nicht die Massen des katholischen Volkes gewinnen, sondern ›nur‹ die städtischen und bürgerlichen, männlichen Eliten der *classe dirigente*. Dies geschah weniger über die Institutionen und Rituale der adlig-bürgerlichen Geselligkeitskultur in den Vereinen, Clubs und Logen, wo Radikale, Demokraten, Republikaner und gemäßigt-konservative Liberale tendenziell distinkte Milieus herausbildeten, sondern vor allem durch Medien. Radikale Zeitungen und Satireblätter übten große Wirkung auf den italienischen Kulturkampf aus. Sie beeinflussten politische Entscheidungen in Legislative, Exekutive und Judikative. Während die deutschen Kulturkämpfe der liberalen Ära durch die Demokratisierung radikalisiert wurden, war es in Italien also genau umgekehrt: Der geringe Demokratisierungsgrad

15 Vgl. dazu *Borutta*, Repräsentation, S. 255–259.

des politischen Systems ermöglichte die liberale Kirchenpolitik in der katholischen Gesellschaft überhaupt erst, denn die italienischen Liberalen hatten auf nationaler Ebene keinen katholischen parteipolitischen Rivalen wie die Zentrumspartei zu fürchten. Im exklusiven Zirkel der *classe dirigente* und im Parlament besaßen sie nicht nur die kulturelle, sondern auch die politische Hegemonie. Innerhalb der engen Grenzen des nationalen Systems politischer Repräsentation blieb ihre Vormachtstellung bis zum Ersten Weltkrieg weitgehend unangefochten.[16]

Der *dritte* maßgebliche Unterschied war die Römische Frage. Sie stellte eine im europäischen Vergleich einzigartige Besonderheit des italienischen Konflikts zwischen Staat und Kirche dar. Während der Romantik sahen viele Liberale im Papst noch einen potentiellen Verbündeten der Nation. Katholizismus, Nation und Moderne erschienen nicht nur vereinbar, sondern geradezu füreinander bestimmt. Dies änderte sich mit der antinationalen Wende des Papstes während der Revolution von 1848. Fortan wurde Rom gleichzeitig von Staat und Kirche, von Demokraten, Liberalen und Katholiken als Zentrum der italienischen Nation bzw. des universellen Katholizismus beansprucht. Da der Papst am Prinzip der weltlichen Herrschaft festhielt, mussten die Liberalen, bedrängt von den Demokraten, die Hauptstadt diplomatisch, publizistisch und 1870 auch militärisch erobern. Doch der Preis war hoch, weil der Papst das neue Königreich nicht anerkannte und den italienischen Katholiken im »Non expedit« untersagte, sich an nationalen Wahlen zu beteiligen – im Gegensatz zum Deutschen Reich, wo sich der politische Katholizismus in der Zentrumspartei organisierte. Die Römische Frage wurde erst 1929 in den Lateranverträgen gelöst. Sie hat den italienischen Kulturkampf durch den Kampf um und in Rom entscheidend geprägt und dynamisiert, aber auch begrenzt: Denn der Staat musste in Rom aus außen- und innenpolitischen Gründen stets Rücksicht auf den Vatikan nehmen. Umgekehrt radikalisierte die räumlich-kulturelle Distanz gegenüber Rom und Italien den deutschen Antikatholizismus: Da das spirituelle und institutionelle Zentrum des Katholizismus jenseits der Berge, *ultra montes* lag, schien es dem deutschen Wesen nicht nur fremd zu sein, sondern eignete sich auch in besonderem Maße zur Projektion von Feindbildern und Verschwörungstheorien. Der römische Katholizismus schien vielen Liberalen schon allein aufgrund der räumlichen Distanz und transnationalen Struktur seiner Zentrale fremd und verdächtig. Anders als die deutschen wurden italienische Katholiken im Kulturkampf nicht der Vaterlandslosigkeit bezichtigt, allerdings nicht, weil sie eindeutig national eingestellt

16 Die systemischen Unterschiede wirkten sich auf vielfältige Weise aus. Da in Italien demokratische Wahlpraktiken fehlten, hatte beispielsweise der Topos klerikalen Einflusses nicht dieselbe Relevanz. Im Vergleich zu Piemont (1854) und zum Reich (1871) wurde der Kanzelparagraph auf nationaler Ebene erst 1889 eingeführt. Die liberale Angst vor einer geistlichen Beeinflussung der Wähler diente jedoch als Argument gegen die Ausdehnung des Wahlrechts auf Analphabeten und Frauen.

gewesen wären, sondern weil viele Liberale ahnten, dass sich die meisten Italiener noch nicht mit der Nation identifizierten.

4. Deutsch-italienische Gemeinsamkeiten

Zugleich hatten die deutsch-italienischen Kulturkämpfe eine in Europa einzigartige Gemeinsamkeit: In beiden Gesellschaften war der Kulturkampf Teil der Nationsbildung. Dies gilt *erstens* für die territoriale, staatliche und politische Ebene: Beide Nationalstaaten gingen aus Kriegen gegen ›katholische‹ Mächte (Österreich, Frankreich, Kirchenstaat) hervor. In Antizipation der folgenden Auseinandersetzungen mit der katholischen Kirche wurden sowohl die preußischen Siege über Österreich und Frankreich als auch der italienische Triumph über das Papsttum als Beginn einer neuen Zeitrechnung zelebriert. Es kam zu einer Militarisierung der kulturkämpferischen Metaphern. Die Rhetorik der Einigungskriege diffundierte in die innenpolitische Sphäre, in Deutschland vor allem bei rechten und linken Liberalen, in Italien besonders bei Radikalen, Demokraten und Republikanern. Der Kulturkampf erschien als Fortsetzung des Krieges innerhalb der Nation. In beiden Staaten erschien der Katholizismus als Hindernis und Bedrohung des politischen Systems, jedoch unter umgekehrten Vorzeichen: Während die Zentrumspartei Bismarck und den Liberalen als Gefahr für Staat und Nation galt, erkannte der Papst das Königreich Italien nicht an, verhinderte die Formierung eines politischen Katholizismus auf nationaler Ebene und unterminierte so die Legitimität des Nationalstaates.

Verschärfend hinzu kam *zweitens*, dass viele Liberale in der Zurückdrängung, Relativierung oder Bekämpfung des Katholizismus ein wesentliches Element der kulturellen Nationsbildung sahen. Die nationale Leitkultur war in Deutschland liberal-protestantisch, in Italien dagegen laizistisch geprägt. Da die katholische Kultur hierzu in Spannung oder Gegensatz stand, verfolgten die Liberalen nach der Nationalstaatsgründung in beiden Gesellschaften ein Projekt kultureller Nationsbildung, das gegen katholische Praktiken und Institutionen gerichtet war. Im Anschluss an volkspädagogische Konzepte der Aufklärung zielte dieses Projekt zugleich auf eine ›Zivilisierung‹ der Katholiken – in staatlichen Institutionen wie Schule und Militär und in gesellschaftlichen Institutionen wie Vereinen, Volksbibliotheken, Privatschulen, Kindergärten, aber auch durch öffentliche Vorträge und populäre Schriften.

Eine weitere Gemeinsamkeit lag daher *drittens* in der pädagogischen Dimension des Kulturkampfes, die auch im Duell der beiden ›Erzieher‹ im »Zauberberg« zentral war: Das liberale Projekt der Bildung und Erziehung des Volkes stellte das positive Komplement zum negativen Projekt der Säkularisierung dar. Es trug Züge eines kulturellen Kolonialismus. Mit unterschiedlicher Intensität und begrenztem Erfolg suchten die Liberalen in beiden Kulturkämpfen eigene, bürgerliche Werte zu verbreiten. In der Spannung zwischen diesem universalistischen Anspruch einerseits und seiner partikularen Provenienz und den exklusiven Prämissen andererseits lagen die Grenzen, Widersprüche und Ambivalenzen ihres Projekts der bürgerlichen Gesellschaft. Dieses prallte in der zweiten Hälfte des 19. Jahrhunderts in Italien und Deutschland auf das konkurrierende Missionsprogramm des ›neuen‹ Katholizismus. Durch die außereuropäische Mission war die katholische Kirche seit der Frühen Neuzeit global orientiert gewesen. Nach den Säkularisationen kehrte sie ihre Missionstätigkeit verstärkt nach innen. Zielobjekt waren nicht mehr nur ›Heiden‹ außerhalb, sondern auch Andersgläubige und Katholiken innerhalb Europas, vor allem in den neuen Diasporagebieten, die im Zuge von Landflucht und Migration entstanden. Aus dem Zusammenprall dieser beiden universalistischen Projekte, das eine liberal und modernistisch, das andere ultramontan und antimodernistisch, gingen die Kulturkämpfe hervor.

a) Antikatholizismus als Orientalismus

Die liberale Zivilisierungsmission ging in beiden Gesellschaften mit einer Orientalisierung von Kirchenstaat und Katholizismus einher. Dass Settembrini im »Zauberberg« Naphtas katholische Rangordnung mit dem Orient identifizierte, war weniger der Originalität Thomas Manns geschuldet als einer langen Tradition. Denn seit der Aufklärung war es im gebildeten Europa zu einer diskursiven Enthistorisierung und Exotisierung des Katholizismus gekommen. Der Katholizismus wurde im Sinne Edward Saids orientalisiert, mit fernen, vergangenen Zeiten (Mittelalter) gleichgesetzt, als rückständig oder entwicklungsunfähig dargestellt und explizit mit fremden, oftmals außereuropäischen Kulturen identifiziert, assoziiert oder verglichen – meist mit dem Orient, in Deutschland aber auch mit Amerika oder Afrika.

Auf einer weniger abstrakten Ebene gab es hier auch Unterschiede: In Deutschland betraf die diskursive Exotisierung nicht nur katholische Praktiken und Institutionen, sondern, deutlich früher und offensiver, auch die Gläubigen selbst. Sie begann in der Aufklärung, mit Nicolais antikatholischer Kolonialphantasie. Sie setzte sich in der Romantik fort, als gebildete Europäer den Katholizismus, das Mittelalter und den Orient für sich als Quellen ästhetischer Inspiration, aber auch restaurativer politischer Visionen entdeckten. Hier kam es erstmals zur expliziten Identifikation von Katholizismus und Orient. Sie wurde dem Katholizismus bereits in der hegelianischen Kritik der Romantik zum Verhängnis, denn er galt nun nicht mehr nur als rückständig und reaktionär, sondern auch als kulturell fremd und exotisch. Während er im Nachmärz eher als transitorisches Relikt der Vormoderne belächelt oder ästhetisiert wurde, ließ ihn die Ultramontanisierung während der liberalen Ära als ernsthafte Bedrohung erscheinen. Der Syllabus errorum und das Dogma päpstlicher Unfehlbarkeit galt den europäischen Liberalen als Ausdruck einer Despotie, Theokratie und Barbarei, die dem Okzident wesensfremd war. Die deutschen Liberalen sahen daher im Katholizismus eine statische und unzeitgemäße, exotisch fremd und ästhetisch grotesk anmutende Religion, die einer niederen Kulturstufe oder sogar einem vorzivilisatorischen Stadium der Menschheitsgeschichte angehörte, zum Fortschritt unfähig war und daher verschwinden musste. Diese Ansicht stellte ein maßgebliches Movens liberaler Kulturkämpfer in Deutschland dar.

Die italienischen Liberalen wuchsen dagegen, wie schon erwähnt, meist selbst in katholischen Familien auf. Ihnen war der Katholizismus nicht von Beginn an fremd, sondern eher fremd geworden, weil sie sich ihm entwachsen fühlten. Nicht nur gemäßigte Liberale sahen daher in der kindlichen Religiosität ein notwendiges Stadium menschlicher Entwicklung, das es nicht nur zu überwinden, sondern auch zu durchlaufen galt. Ausgehend von der eigenen Biographie zählten sie Kirchengang und Katechismus zur Normalität der infantilen Phase. Sie erwarteten jedoch zumindest von männlichen, bürgerlichen Katholiken jene Entwicklung zum Rationalismus, jene Distanzierung von der katholischen Kirche und Religion, die sie beim Heranwachsen selbst vollzogen hatten. Die Exotisierung richtete sich in Italien lange ausschließlich gegen den Papst, gegen den Kirchenstaat und gegen Teile des katholischen Klerus, vor allem den männlichen Ordensklerus, weniger gegen den Katholizismus oder gegen die italienischen Katholiken insgesamt.

Während die Exotisierung lange eher ein deutsches Phänomen blieb, war die Enthistorisierung des Katholizismus für den italienischen Kulturkampf geradezu konstitutiv. Dies hatte vor allem äußere Gründe: Es verweist auch auf das im kulturellen Sinne koloniale Verhältnis zwischen Europa und Italien. Seit der Aufklärung wurden Rom, der Kirchenstaat und Italien für rückständig erklärt oder aus dem Prozess der Geschichte ausgeschlossen. Aus der Sicht gebildeter Europäer besaßen Rom und Italien eine glorreiche Vergangenheit, aber keine relevante Gegenwart oder Zukunft. Sie stellten keine handlungsmächtigen Subjekte der Geschichte dar, sondern dienten als Projektionsflächen kultureller Phantasien. Die europäische Orientalisierung des Katholizismus erfolgte in zwei Phasen und Varianten: Die Aufklärung kritisierte Rom als Anderes der Moderne. Gemäß einer Logik der ›Entzauberung‹ sollte sich in Rom alles ändern. Die Romantik feierte Rom dagegen als Anderes der Moderne. Als Ruinenmeer oder Museum, Grab oder Friedhof wurde die Stadt bis zur Mitte des 19. Jahrhunderts zum Refugium und ästhetischen Studienobjekt gebildeter, modernitätsmüder Europäer. Beide Varianten gingen von derselben Prämisse aus: Sie deuteten Roms Andersartigkeit als Ausdruck von Rückständigkeit oder Statik, als Gleichzeitigkeit des Ungleichzeitigen. Der Katholizismus erschien als Quelle des Immobilismus, der Despotie und des Verfalls. Im europäischen Exil (Frankreich, England, Belgien, Schweiz) wurden viele Protagonisten der italienischen Nationalbewegung mit diesem orientalistischen Diskurs konfrontiert. Sie eigneten sich das europäische Rom- und Italienbild von der toten Stadt und Nation an und machten es zum

Ausgangspunkt ihres Kampfes. Der Name »Risorgimento«, nach der erst die Nationalbewegung, dann die Epoche der Nationsbildung benannt wurde, war Programm: Italien war in Rom für tot erklärt worden, nun sollte es hier »wiederauferstehen«. Die christliche Konnotation dieses Bildes erscheint offenkundig. Dass man es wählte, hing jedoch mit einem weltlichen Diskurs zusammen. Der italienische Rom-Mythos entstand aus der Aneignung und Transformation des europäischen Romdiskurses. Aus der Verbreitung dieses Rom-Mythos speiste sich der Kampf um Rom. Aus der europäischen Diagnose »Roma è morta« wurde nach 1848 der italienische Schlachtruf »Roma o morte!«. Im Kampf um Rom erhielt der nationale Einigungsprozess eine antikatholische Stoßrichtung. Der Kulturkampf wurde zu einem Teil der Nationsbildung. Die Liberalen wurden dabei Gefangene des risorgimentalen Rom-Mythos. Trotz intensiver Bemühungen konnten sie Rom letztlich nicht in ein Symbol italienischer Modernität verwandeln. Die Tradition erwies sich vielmehr als doppelt widerständig, die Vergangenheit der Stadt als übermächtig. Das gebildete Europa interessierte sich vornehmlich für die Monumente der Vergangenheit und ignorierte jene der Moderne. Während den Führern des Risorgimento das statische Rombild als Ansporn und Waffe gedient hatte, wurde es den Architekten des liberalen Italien zur Hypothek. Die Orientalisierung Roms, die dem Risorgimento noch als Waffe gedient hatte, kehrte nun als Bumerang zurück. Die Liberalen konnten Italien von diesem europäischen Diskurs nicht befreien. Naphtas vermeintlich ›orientalische Rangordnung‹ fiel auf Settembrini selbst zurück.

Trotz dieser Unterschiede, die auf die jeweiligen konfessionellen und politischen Verhältnisse in beiden Ländern zurückzuführen sind, bleibt festzuhalten, dass der Katholizismus in der zweiten Hälfte des 19. Jahrhunderts in Deutschland und Italien als Anderes der Moderne imaginiert wurde. Die Progressiven übersahen die Modernität des ›neuen‹ Katholizismus. Der Protestantismus galt im Kontrast dazu auch in Italien als Modell einer Religion, die kompatibel mit der Moderne war. Dies kam auch in der Selbst- und Fremdzuschreibung beider Nationen zum Ausdruck: Wie andere ›latinische‹, ›romanische‹ Völker galt Italien in Europa als rückständig, weil es katholisch war. Deutschland und andere ›germanische‹, ›nordische‹, protestantische Nationen wurden hingegen als dynamisch und modern angesehen. Als Indizien hierfür galten unter anderem der vermeintlich ›harte‹ Kulturkampf in Preußen und die vermeintlich ›weiche‹ Auseinandersetzung in Italien. Die Orientalisierung des Katholizismus beeinflusste somit letztlich auch das Bild der beiden Kulturkämpfe.

b) Antiklerikale Medien und Gewalt

Beide Kulturkämpfe waren durch antiklerikale Gewalt gekennzeichnet. Der Antiklerikalismus richtete sich in Italien nahezu ausschließlich, in Deutschland vornehmlich gegen den katholischen Klerus.[17] In beiden Ländern hatte der Antiklerikalismus lebensweltliche Wurzeln. Bürgerlichkeit war eine wichtige Quelle der Aggression gegen den katholischen Klerus. In beiden Gesellschaften identifizierten sich Aufklärer, Demokraten und Liberale mit bürgerlichen Werten und Prinzipien wie Freiheit und Selbständigkeit, Arbeit und Leistung, Ehe, Fortpflanzung und Familie sowie mit der Trennung von Öffentlichem und Privatem. Die Lebensführung katholischer Geistlicher, die idealiter durch Gehorsam und Askese, Armut, Keuschheit und Klausur geprägt war, galt als Antithese der Bürgerlichkeit. In den Medien der bürgerlichen Gesellschaft – in Reiseberichten, theologischen Polemiken und populärwissenschaftlichen Schriften, in Romanen und Zeitungen, historischen Gemälden und Genrebildern, Bildergeschichten und Karikaturen – wurde die Lebensführung des katholischen Klerus daher als amoralisch und widernatürlich dargestellt. In der Folge kam es zu einer Essentialisierung des klerikalen Anderen: Katholischen Geistlichen wurde eine unklare geschlechtliche und eine perverse sexuelle Identität zugeschrieben. Sie wurden feminisiert, sexualisiert und pathologisiert.

Vernichtungsphantasien, Schädlings- und Seuchenmetaphern rücken den antijesuitischen, antimonastischen und antiklerikalen Diskurs in Deutschland und Italien in die Nähe des modernen biologischen Rassismus. Im postrevolutionären Piemont etwa entfaltete sich ein komplexes Wechselspiel ästhetischer, wissenschaftlicher und politischer Diskurse, das die Aufhebung der katholischen Orden 1855 legitimierte. Die liberalen Regierungspolitiker begründeten das Verbot mit der moralischen Nutzlosigkeit und Schädlichkeit der Orden. Diese Begründung resultierte aus einer moralischen Kampagne gegen den Klerus, welche die antiklerikalen Medien seit Gewährung der Pressefreiheit 1848 geführt hatten. Verschärft wurde sie durch den Ausbruch der Choleraepidemie in Genua 1854. Dem Klerus wurde vorgeworfen, religiöse Zusammenkünfte zu politischen Zwecken zu missbrauchen und damit die Ausbreitung der Seuche zu fördern. Die Pathologisierung katholischer Praktiken und Institutionen mündete in die Forderung nach einer Verweltlichung der Klöster zu ›sinnvollen‹ Zwecken.

Ferner wurden Zölibat und Kloster in zahllosen Texten und Bildern als unmenschliche Institutionen kirchlichen Zwangs dargestellt, die sexuelle Doppel-

17 Der Antijesuitismus spielte in beiden Kulturkämpfen eine wichtige Rolle. Das Etikett ›Jesuitismus‹ hatte meist eine antikatholische Dimension, weil es tendenziell auf alle antiliberalen religiösen Strömungen innerhalb des Katholizismus gemünzt und oft mit Verschwörungstheorien kombiniert wurde, welche die Societas Jesu als weltweit vernetzte Geheimorganisation darstellten, die den Papst, den Klerus und damit auch die Gläubigen steuerte. Die katholische Kirche wurde als Pyramide von Befehl und Gehorsam imaginiert, mit den Jesuiten an der Spitze, dem Klerus in der Mitte und den Laien als Befehlsempfängern an der Basis.

moral oder Perversion generierten. Dieser antiklerikale Diskurs war kein bloßes ›Instrument‹ politischer Propaganda, denn er war auch an der Erkenntnis menschlicher Natur interessiert. Er beteiligte sich an der ›Diskursivierung des Sexes‹ im Sinne Michel Foucaults, indem er klerikale Sexualität nicht nur denunzierte, sondern auch mit nahezu wissenschaftlicher Akribie erklärte, und zwar mit dem vermeintlichen ›Gesetz‹ menschlicher Natur: generativer Heterosexualität. Im Zuge der Erfindung und Entdeckung klerikaler Sexskandale wurden katholische Geistliche zu sexuellen Ungeheuern stilisiert. Durch die Verallgemeinerung einzelner ›Fälle‹ geriet der gesamte katholische Klerus unter Verdacht. Der moralische Anspruch der Kirche wurde delegitimiert.

Hier lag zugleich eine transnationale Dimension beider Kulturkämpfe: Denn die Liberalen beobachteten die Kulturkämpfe anderer europäischer Gesellschaften aufmerksam. Die Affäre Mortara 1858 und die Affäre Ubryk 1869 waren europäische Skandale, die Liberale in ganz Europa erregten und verbanden. Denn sie konsumierten auch antiklerikale Medien aus anderen Nationen. Vor allem französische Romanciers und Karikaturisten (Diderot, Sue, Grandville und andere) speisten die deutsch-italienischen Kulturkämpfer mit literarischen und visuellen Modellen, die reproduziert, imitiert, aber auch angeeignet und transformiert wurden. Auch zwischen Deutschland und Italien kam es zu medialen Transfers, etwa im Fall von Giobertis Schriften und Wilhelm Buschs Karikaturen. Die Skandalisierung klerikaler Sexualität wies ebenfalls eine transnationale Dimension auf: Je weiter der Ort des klerikalen Verbrechens entfernt lag, desto schwerer ließ sich das Delikt prüfen. Auch deshalb informierten antiklerikale Zeitungen ihre Leser über geistliche Verbrechen in aller Welt.

Aus der medialen Repräsentation klerikaler Alterität resultierten gewaltsame Handlungen und Gesetze gegen katholische Geistliche und Institutionen: in den italienischen Ausschreitungen gegen die Jesuiten 1848, im Moabiter Klostersturm 1869, in den Attacken auf den Leichnam Pius IX. in Rom 1881; im Verbot der Jesuiten 1848 in Piemont und 1872 im Deutschen Reich sowie der katholischen Orden 1855 in Piemont und 1875 in Preußen. Im Zeichen der Imperative von Nation (Antijesuitismus), Kapitalismus und Biopolitik (Antimonastismus) meinte die bürgerliche Gesellschaft die abweichende Lebensführung von Ordensgeistlichen nicht mehr dulden zu können. Dabei zeigte sich in beiden Ländern ein signifikanter geschlechtsspezifischer Unterschied: Während viele Nonnenklöster von Verboten verschont blieben, war die Toleranz gegenüber Mönchen deutlich geringer ausgeprägt. In Deutschland, wo sich der Reformator Luther einst vom mönchischen Leben losgesagt hatte, tendierte sie gegen null.

c) Grenzen der Kulturkämpfe

Sowohl in Deutschland als auch in Italien waren die Kulturkämpfe trotz ihrer martialischen Rhetorik begrenzt. Antiklerikale Gesetze wurden nur unvollständig umgesetzt. Das lag am Widerstand katholischer Geistlicher und Laien –

in Deutschland wurden sie im Kampf gegen die antiklerikale Kirchenpolitik von kirchennahen konservativen Protestanten unterstützt –; an mangelnden personellen, finanziellen und institutionellen Ressourcen des Staates; am neuen, gemeinsamen Feind von Liberalen und Katholiken: dem Sozialismus; sowie am neuen, gemeinsamen kolonialen Projekt von Staat und Kirche außerhalb Europas. Mit dem Abklingen des Kulturkampfes verlagerte sich das liberale Projekt der Zivilisierung von einer inneren (katholischen) zu einer äußeren (außereuropäischen) Kolonie. Fortan ging es nicht mehr darum, den imaginären ›inneren Orient‹ zu missionieren und zu zivilisieren, sondern das ›echte‹ Afrika.[18] Hinzu kamen die Prozesse der Rechristianisierung und der Konfessionalisierung, die der Säkularisierung entgegenwirkten. Auf dem Land, bei Unterschichten und Frauen gab es im 19. Jahrhundert einen religiösen Aufschwung. Alle diese Faktoren trugen zur Begrenzung des Kulturkampfes bei und erleichterten die Befriedung des Konflikts zwischen Staat und katholischer Kirche.

Die Grenzen des Kulturkampfes lagen aber auch im antikatholischen Diskurs selber. In Deutschland und Italien wirkten Klasse, Geschlecht und Alter als Grenzen des Kulturkampfes: Es war in erster Linie die bürgerliche, volljährige, männliche, städtische Gesellschaft, an die der liberale Antikatholizismus appellierte und die sich von der katholischen Kirche und Religion distanzierte. Seit der Aufklärung hatte sich das Projekt der Säkularisierung vornehmlich an erwachsene, bürgerliche Männer gerichtet. Vor allem die italienischen Liberalen konnten dieses Erbe kaum überwinden. Sie überließen nicht nur Frauen, sondern auch Kinder und Unterschichten der katholischen Religion und Kirche. Trotz ihres teilweise fundamentalistischen Antiklerikalismus und Antikatholizismus kam es daher in Italien letztlich nicht zu einer Vernichtung der Religion, sondern zu einer Koexistenz weltlicher und religiöser Kultur, die entlang der Grenze von Stadt und Land und der Differenz von Generationen, Klassen und Geschlecht verlief. Weltliche Bildung und Kultur für das männliche, bürgerliche Italien, ›Opium‹ für die ›Unmündigen‹ – mit dieser Formel lässt sich das liberale Säkularisierungsprojekt zusammenfassen. Sie vermag sowohl die Ambivalenz der staatlichen Kirchenpolitik als auch das Ende des Kulturkampfes in Italien zu erklären. Die Gleichzeitigkeit unterschiedlicher Kulturen, die von den Liberalen als ›Gleichzeitigkeit des Ungleichzeitigen‹ wahrgenommen wurde, entstand durch ein komplexes Zusammenspiel gegenläufiger Prozesse: der Ultramontanisierung der Volksfrömmigkeit, der Feminisierung der Religion, der Entkirchlichung männlicher Eliten und der Popularisierung und Institutionalisierung der Wissenschaft. Stärker noch als in Deutschland kam es in Italien zu einer institutionellen Differenzierung von Staat und Kirche in Analogie zu den *gendered spheres* von Privatsphäre und Öffentlichkeit: Während der Staat seinem Herrschaftsanspruch im männlich konnotierten, öffentlichen Bereich der Politik

18 Zu dieser Koinzidenz mit Blick auf Italien vgl. bereits *Chabod*, Storia, S. 303 ff.

Nachdruck verlieh, konzentrierte sich die Kirche verstärkt auf private Sphären der bürgerlichen Gesellschaft, aber auch auf ihre klassischen, nun weiblich konnotierten sozialen Domänen der Caritas und der Wohlfahrt. Anstatt zu einer Scheidung kam es so zu einer zwar nicht spannungsfreien, letztlich aber eher friedlichen Koexistenz von Kirche und Staat. Die Feminisierung des katholischen Anderen wirkte in beiden Fällen nicht nur dynamisierend, sondern auch mäßigend.

Auch in Deutschland zielte der liberale Missionierungswille in erster Linie auf katholische Bürger und Männer. Männlichkeit, Bürgerlichkeit und Katholizismus standen hier aus Sicht liberaler Bildungsbürger in Spannung zueinander. Viele katholische Bürger empfanden das offenbar ähnlich. Der Altkatholizismus, der das Unfehlbarkeitsdogma abgelehnt hatte und protestantische Züge aufwies, war eine bürgerlich-männliche Domäne. Den Mischehen liberaler Antiklerikaler und frommer Katholikinnen unter den Eliten des liberalen Italien entsprachen die Mischehen männlicher Protestanten bzw. Altkatholiken mit römischen Katholikinnen im Rheinland. Auch in Deutschland wurden den Liberalen die Prämissen des antikatholischen Diskurses zum Verhängnis. Zwar war auch der preußisch-deutsche Kulturkampf von einem emanzipatorischen Impetus geprägt. Katholiken sollten von klerikalem Einfluss befreit und zu mündigen Bürgern erzogen werden. Allerdings wollten sich die ›Subalternen‹ nicht durch staatlichen Zwang ›befreien‹ lassen. Sie fühlten sich von den Liberalen zu Bürgern zweiter Klasse degradiert: diskriminiert, stigmatisiert und entmündigt. Wider die Erwartung der Liberalen festigte der Kulturkampf das Band zwischen katholischen Geistlichen und Laien. Er verstärkte die Konfessionalisierung, Ultramontanisierung und Politisierung der Katholiken, deren Infrastruktur sich zu einem relativ homogenen konfessionellen Milieu verdichtete, wovon besonders die Zentrumspartei profitierte. Gegen liberale Hoffnungen kam es in Deutschland nicht zu einer Homogenisierung der nationalen Kultur im Sinne der liberal-protestantischen Leitkultur, sondern zu einer Vertiefung konfessioneller Gegensätze und zu einer ›Ghettoisierung‹ des Katholizismus. Es bildete sich eine asymmetrische Beziehung zwischen der liberal-protestantischen Hegemonial- und der ultramontan geprägten katholischen Subkultur heraus. Aus dem Dreiecksverhältnis zwischen Liberalen, Ultramontanen und Katholiken resultierte eine doppelte Kolonisierung der Katholiken: auf nationaler Ebene – teilweise auch innerhalb der katholischen Eliten – durch den Liberalismus, innerhalb des katholischen Milieus durch den Ultramontanismus. Die Hegemonie dieser beiden kulturellen Imperialismen bedingte sich wechselseitig. Sie war auch hier entlang der Klassen- und der Geschlechtergrenze geschieden. Dieses Ergebnis zeigt, wie dysfunktional der Antikatholizismus für die Liberalen im deutschen Fall war. Er führte zu einem relativen politischen Bedeutungsverlust und zur Entfremdung der Liberalen von nichtbürgerlichen Katholiken. Die antikatholische Aggression diente somit weder politischen noch sozialen Interessen. Sie ist nur zu verstehen, wenn man den Antikatholizismus als historisch eigenständige Größe und als Konstituens liberaler Identität und Movens liberalen Handelns ernstnimmt.

Im Einklang mit jüngeren Studien, etwa von Michael Gross oder Angela Pellicciari, wurde auch im Rahmen der vorliegenden Arbeit die lange ausgeblendete Aggression des Antikatholizismus betont. Der Hass auf Jesuiten und Ultramontane, Mönche, Priester und den Papst widersprach dem rationalistischen Selbstbild von Demokraten und Liberalen. Für sie zählte im Kulturkampf nicht die ›Kraft des besseren Arguments‹. Stattdessen diskriminierten, essentialisierten und marginalisierten sie das katholische Andere. Sie forderten, förderten und rechtfertigten staatlichen Zwang. Sie verharmlosten, verteidigten und propagierten physische Gewalt. Auch gemäßigte Liberale zeigten sich im Kulturkampf weder tolerant noch vernünftig. Sie waren nicht bereit zur Anerkennung kultureller Differenz. Zum Teil wies ihr Antikatholizismus sogar Analogien und Parallelen zum biologisch-naturwissenschaftlichen Rassismus und zum Antisemitismus auf. Die Übergänge zwischen den Feldern dieser Diskurse waren fließend, ihre Feindbilder und Stereotype, Metaphern und Verschwörungstheorien ähnlich. Es wäre anachronistisch, diesen fundamentalistischen Antikatholizismus als ›illiberal‹ zu deuten, denn er war ein wesentlicher Bestandteil des Liberalismus. Man sollte ihn auch nicht als ›bloße‹ Rhetorik unterschätzen, denn er motivierte und legitimierte politische Entscheidungen und Handlungen.

Doch zum einen darf man die antikatholische Aggression von Aufklärern, Rationalisten und Positivisten, von Demokraten und Liberalen nicht verabsolutieren. Wie gesehen, gab es neben antiklerikalen Feindbildern auch ambivalente Konstruktionen des katholischen Anderen, die weniger von Ekel zeugten als von der Faszination einer exotischen, rätselhaften, scheinbar unwiederbringlich verlorenen, kindlich-naiven, gleichsam paradiesischen Welt. Gerade im Nachmärz, als die Industrialisierung Fahrt aufnahm, betrachteten verweltlichte Bürger verlassene Klosterruinen mit einer Mischung aus Trauer und Melancholie. Sie pilgerten nach Oberammergau, um ein vermeintlich einfältiges religiöses Schauspiel zu genießen. Selbst im Kulturkampf wurden Nonnen, Katholikinnen und das gläubige Volk meist als Opfer dargestellt. Wie die Klöster dienten sie als Projektionsflächen geheimer Wünsche und Phantasien liberaler, männlicher Bürger.

Zum anderen waren die »Culture Wars« gerade keine Kriege im militärischen Sinne des Wortes. Sie forderten kaum Tote.[19] Zwar gab es gerade in Italien viele körperliche Auseinandersetzungen zwischen Bürgern und Geistlichen, zwischen Klerikalen und Antiklerikalen. Die Regel war jedoch, wie in Deutschland, der

19 Vgl. dazu die erhellenden Bemerkungen von *Anderson*, Afterword, S. 326, 331 Anm. 27, die indes die religiösen Motive des Schweizer Sonderbundskriegs zu stark relativiert und den deutschen Kulturkampf zu schnell zum heftigsten europäischen Kulturkampf des 19. Jahrhunderts stilisiert.

Verzicht auf physische Gewalt. Der Konflikt wurde, was angesichts der martialischen, fundamentalistischen Rhetorik keineswegs selbstverständlich ist, meist mit anderen Mitteln ausgetragen. Vor diesem Hintergrund sind auch die in der Einleitung zitierten drei Thesen von Galli della Loggia zu revidieren, dass die italienische Nationsbildung als einzige in Europa gegen die nationale Kirche erfolgt, dass die kollektive Identität im Nationalstaat durch die Unvereinbarkeit von Nation und Religion, von Staat und Katholizismus bestimmt gewesen und dass in Italien ein Bürgerkrieg zwischen Katholiken und Nichtkatholiken ausgetragen worden sei. Denn *erstens* war ein Kulturkampf gegen die ›nationale‹ Kirche keine italienische Besonderheit, sondern ein europäisches Phänomen, wie der Blick auf die protestantische Schweiz des Vormärz oder auf das mehrheitlich katholische Frankreich der Dritten Republik zeigt. *Zweitens* erschienen Nation und Katholizismus nur einer demokratisch-liberalen Minderheit als unvereinbar, der Mehrheit der Italiener hingegen nicht. Und *drittens* kam es in Italien, anders als im Schweizer Sonderbundskrieg, gerade nicht zum Bürgerkrieg zwischen Katholiken und Nichtkatholiken, jedenfalls nicht im militärischen Sinne. Selbst der Kampf um Rom war kein Bürgerkrieg. Die päpstlichen Truppen, die den Kirchenstaat verteidigten, waren keine italienischen Bürger, sondern Söldner. Auch nach der Eroberung Roms wurde der Kulturkampf eher verbal und medial, zuweilen auch mit Fäusten und Knüppeln, Spazierstöcken und Steinen ausgetragen, jedoch nur äußerst selten mit Feuerwaffen. Der weitgehende Verzicht auf militärische, tödliche Gewalt war ein generelles Merkmal beider Kulturkämpfe. Er mag auch mit der Furcht vor einer Wiederholung der kriegerischen, blutigen Auseinandersetzungen wie in den frühneuzeitlichen Religionskriegen und in der Französischen Revolution zu erklären sein. In jedem Fall war er ebenfalls Teil der Geschichte des demokratisch-liberalen Antikatholizismus.

d) Genealogie der Säkularisierungstheorie

Im Rahmen dieser Studie wurde gezeigt, dass der Antikatholizismus gleichzeitig durch zwei konträre Tendenzen gekennzeichnet war: eine Logik der Vernichtung, die auf das Verschwinden der katholischen Kirche, Geistlichkeit und Religion zielte; und eine Logik der Koexistenz, die Bedingungen für ein Zusammenleben von bürgerlicher Gesellschaft und katholischer Religion, von Staat und katholischer Kirche formulierte. Da war zum einen die Forderung nach einer Trennung von Politik, Religion und Wissenschaft im Sinne einer funktionalen Differenzierung; da war zum anderen der Versuch einer Trennung von Politik und Religion analog zur Abgrenzung des Privaten vom Öffentlichen. Diese gegensätzlichen Logiken entsprachen den zentralen Varianten der Säkularisierungstheorie: der ›Entzauberung‹ der Welt, der ›Privatisierung‹ der Religion sowie der ›Differenzierung‹ von Religion und anderen ›Sphären‹ der Gesellschaft wie Politik, Wissenschaft und Kunst. Diese verschiedenen Theorien der Säkularisierung wurden von Demokraten und Liberalen bereits in den Kulturkämpfen des Vormärz entwickelt. In der liberalen Ära suchten die regierenden Liberalen sie auf gesamtgesellschaftlicher Ebene umzusetzen. Dies provozierte den Widerstand religiöser Kräfte, die auf dem öffentlichen, politischen Charakter von Religion beharrten und an der Expansion des Religiösen in der Moderne arbeiteten. Nach den Kulturkämpfen fand der Antikatholizismus jedoch Eingang in die Selbstbeschreibung der Moderne, in Gestalt der soziologischen Säkularisierungstheorien. Wie am Beispiel von Max Webers »Protestantischer Ethik« gezeigt, wurde die Dichotomisierung von Katholizismus und Moderne dabei ›naturalisiert‹.[20] Der gewaltsame Charakter der Kulturkämpfe wurde in diesem sozialwissenschaftlichen Klassiker vom objektivistischen Ton einer scheinbar unparteiischen, neutralen, kühlen und sachlichen Analyse verdeckt. Dieser genealogische Zusammenhang zwischen dem Antikatholizismus, den Kulturkämpfen und der Säkularisierungstheorie verwandelt Letztere von einem Explanans in einen Teil des Explanandums. Er bedarf weiterer, auch wissenschaftshistorischer Untersuchungen.[21]

20 Zur Naturalisierung von Diskursen vgl. *Landwehr*, Geschichte, S. 132.

21 Explizit als Selbstbeschreibung der Moderne und als Theorie der Modernisierung wurde die Säkularisierungstheorie erst um die Jahrhundertwende formuliert, in der Soziologie. Vgl. dazu *Tschannen*, Théories; *Tyrell*, Weber; *ders.*, Katholizismus; *Baubérot*, Durkheim.

Abkürzungen

APS	Atti del Parlamento Subalpino
BK	Berliner St. Bonifacius-Kalender
BR	Protokolle über die Verhandlungen des Bundesraths des Deutschen Reichs
BW	Berliner Wespen
CEH	Central European History
GdP	Gazzetta del Popolo
GG	Geschichte und Gesellschaft
GL	Die Gartenlaube
HJ	Historische Jahrbücher
HZ	Historische Zeitschrift
IASL	Internationales Archiv für Sozialgeschichte der deutschen Literatur
JMH	Journal of Modern History
K	Kladderadatsch
KFSA	Kritische Friedrich-Schlegel-Ausgabe
LRP	Liberale Reichspartei
MEFRIM	Mélanges de l'École Française de Rome/Italie et Méditerranée
MK	Märkisches Kirchenblatt
NAZ	Norddeutsche Allgemeine Zeitung
QFIAB	Quellen und Forschungen aus italienischen Archiven und Bibliotheken
PJ	Preußische Jahrbücher
PSM	Protokolle des Preußischen Staatsministeriums (=Acta Borussica. Neue Folge, 1. Reihe)
RSR	Rassegna Storica del Risorgimento
RJK	Rottenburger Jahrbuch für Kirchengeschichte
SBDR	Stenographische Berichte über die Verhandlungen des Deutschen Reichstags
SBHA	Stenographische Berichte über die Verhandlungen des Preußischen Landtags Haus der Abgeordneten
SBHH	Stenographische Berichte des Preußischen Landtags Herrenhaus
TRE	Theologische Realenzyklopädie
ZBLG	Zeitschrift für bayerische Landesgeschichte

Quellen- und Literaturverzeichnis

1. Quellen

a) Ungedruckte Quellen

Archiv Konvent St. Paulus, Berlin

Bericht des Polizeikommissars Lück vom 14.9.1877 an P. Robiano.

Keller, Pater Augustinus, Gründung von Düsseldorf und von Berlin, Geschichte Berlins und Gründung des Collegium Albertinum, Trans Cedron in Venlo, Marienpsalter (bis 1880), Ms.

b) Periodika

Allgemeine Zeitung des Judenthums, Leipzig
Berliner St. Bonifacius-Kalender, Berlin
Berliner Wespen, Berlin
Bonner Zeitung, Bonn
Correspondenzblatt des Deutschen Vereins der Rheinprovinz, Bonn
Die Gartenlaube, Berlin
Die Grenzboten, Berlin
Don Pirlone, Roma
Don Pirloncino, Roma
Düsseldorfer Anzeiger, Düsseldorf
Fra Burlone, Genova
Gazzetta del Popolo, Torino
Germania, Berlin
Harper's Weekly, New York
Historisch-Politische Blätter, München
Il Diavolo Zoppo, Genova
Il Fischietto, Torino
Il Gatto, Genova
Il Lampione, Firenze
Il Libero Pensatore, Milano
Il Libero Pensiero, Milano
Il Martelletto, Genova
Il Matto, Genova
Il Pasquino, Torino
Il Popolo Romano, Roma
Kladderadatsch, Berlin
Kreuzzeitung, Berlin
L'Alba, Firenze
L'Asino, Roma
La Capitale, Roma
La Cicala Politica, Milano

La Civiltà cattolica, Roma
La Lega della Democrazia, Roma
La Libertà, Roma
La Maga, Genova
La Nuova Antologia, Firenze
La Rana, Bologna
La Strega, Genova
L'Illustrazione Italiana, Milano
L'Inferno, Genova
Lo Spirito Folletto, Mailand
Märkisches Kirchenblatt, Berlin
Nationalzeitung, Berlin
Norddeutsche Allgemeine Zeitung, Berlin
Schlesisches Kirchenblatt, Breslau
Schultheß' europäischer Geschichtskalender, Berlin
Volkszeitung, Berlin
Vossische Zeitung, Berlin
Zeitschrift für Theologie, Freiburg

c) Anthologien, Aufsätze, Schriften

Ammann, Franz, Sebastian, Öffnet die Augen, ihr Klöstervertheidiger oder Blicke in die Abgründe mönchischer Verdorbenheit, Bern 1841.
Peter Arbues und die spanische Inquisition. Historische Skizze zugleich Erläuterung zu Wilhelm von Kaulbachs Bilde »Arbues«, München 1870.
Assmus, Burghard, Enthüllungen aus dem Nonnenleben. Aus den Papieren der aufgehobenen bayerischen Klöster, Leipzig 1902.
Balbo, Cesare, Le speranze d'Italia, hg. v. Corbelli, Achille, Torino 1948.
Bamberger, Ludwig, Vertrauliche Briefe aus dem Zollparlament (1868–1869–1870), Breslau 1870.
Bamberger, Ludwig, Die erste Sitzungsperiode des ersten deutschen Reichstags, in: Jahrbuch für Gesetzgebung, Verwaltung und Rechtspflege des Deutschen Reichs 1 (1871) S. 159–199.
Berti, Domenico (Hg.), Briefe des Grafen Camillo von Cavour, Berlin 1862.
–, Diario inedito con note autobiografiche del Conte di Cavour, Roma 1888.
–, Il Conte di Cavour avanti il 1848, Roma 1886.
Betti, Pietro, Sul colera asiatico che contristò la Toscana durante l'invasione colerica degli anni 1854–55, 5 Bde., Firenze 1856 ff.
Bianchi Giovini, Aurelio, Prediche domenicali, 3 Bde., Torino ²1863 (1856).
Bismarck, Otto Fürst von, Die politischen Reden des Fürsten von Bismarck. Historisch-kritische Gesamtausgabe besorgt von Horst Kohl, 14 Bde., Stuttgart 1892–1905.
–, Gedanken und Erinnerungen, hg. v. Horst Kohl, Bd. 2, Stuttgart 1898.
Bluntschli, Johann Caspar, Charakter und Geist der politischen Parteien, Nördlingen 1869.
–, Das Papstthum vor der Napoleonischen und Deutschen Politik; Geschichte des Rechtes der religiösen Bekenntnisfreiheit, Elberfeld 1867.
–, Das römische Papstthum und das Völkerrecht (1880), in: Gesammelte kleine Schriften, Bd. 2, Aufsätze über Politik und Völkerrecht, Nördlingen 1881, S. 236–255.
–, Denkwürdiges aus meinem Leben. Auf Veranlassung der Familie durchgesehen und veröffentlicht von Rudolf Seyerlein, 3 Bde., Nördlingen 1884.
–, Geschichte des Jesuitenkampfes in der Schweiz. Von einem Zürcher, Zürich 1845.
–, Der Kampf über die staatliche Aufsicht der Schule im Preußischen Abgeordnetenhause, in: Die Gegenwart 17.2.1872.

–, Deutsche Briefe über das Verhältnis von Staat und Kirche, in: Die Gegenwart 2.3.1872.
–, Die rechtliche Unverantwortlichkeit und Verantwortlichkeit des römischen Papstes. Eine völker- und staatsrechtliche Studie, Nördlingen 1876.
–, Freiheit und Kirchenregiment. Meinungsstreit zwischen Freiherrn von Ketteler, Bischof von Mainz, und Geheimrath J. C. Bluntschli, Heidelberg 1871.
–, Kirchenfreiheit und Kirchenherrschaft in der Geschichte, in: HZ 5 (1861) S. 46–88.
–, Lehre vom modernen Staat, Bd. 1, Allgemeine Staatslehre, Stuttgart [6]1886 [ND Darmstadt 1965].
–, Meinungsäußerung eines Publicisten über die neueren Concordate, Nördlingen 1860.
–, Psychologische Studien über Staat und Kirche, Zürich 1844.
–, Rede über die aargauische Klosterfrage, gehalten im großen Rathe zu Zürich den 21. Juni 1843, Zürich 1843.
–, Religion, in: Deutsches Staatswörterbuch, hg. v. ders./Brater, Karl, Bd. 8, Stuttgart 1864, S. 580–586.
–, Rom und die Deutschen, in: Deutsche Zeit- und Streit-Fragen. Flugschriften zur Kenntniß der Gegenwart, hg. v. Holtzendorff, Franz/Oncken, Wilhelm, Jg. 1, Heft 7–8, Berlin 1872, S. 1–80.
–, Ultramontanismus, in: Deutsches Staats-Wörterbuch, hg. v. ders./Brater, Karl, Bd. 10, Stuttgart 1867, S. 638–646.
–, Wider die Jesuiten, Elberfeld 1872.
Boggio, Pier Carlo, La Chiesa e lo Stato in Piemonte. Sposizione storico-critica dei rapporti fra la S. Sede e la corte di Sardegna dal 1000 al 1854, 2 Bde., Torino 1854.
Brück, Heinrich, Geschichte der katholischen Kirche im neunzehnten Jahrhundert, Münster 1905.
Brunialti, Attilio, Prefazione. Lo Stato e la Chiesa in Italia, in: Ders. (Hg.), Biblioteca di Scienze Politiche. Scelta Collezione delle più importanti opere moderne italiane e straniere di Scienze Politiche, Bd. 8, Lo Stato e la Chiesa, Torino 1892, S. VII–CCCXXV.
–, Le riforme legislative nei riguardi del sesso e il voto politico delle donne, in: Nuova Antologia 1.11.1879, S. 51–90.
Büchner, Ludwig, Kraft und Stoff. Empirisch-naturphilosophische Studien in allgemein-verständlicher Darstellung, Frankfurt 1855.
Burckhardt, Jacob, Briefe. Vollständige und kritisch bearbeitete Ausgabe. Mit Benützung des handschriftlichen Nachlasses hergestellt von Max Burckhardt, Bd. 2, Basel 1952.
Busch, Wilhelm, Die Bildergeschichten. Historisch-kritische Gesamtausgabe. Bearbeitet von Hans Ries. Unter Mitwirkung von Ingrid Haberland, Bd. 2, Reifezeit, Hannover [2]2007.
Busch, Wilhelm, Pater Filucius, Heidelberg 1872.
Byron, George Gordon, Childe Harold's Pilgrimage and other romantic Poems, New York 1936.
Caetani, Leone, Il Cattolicesimo anticlericale e la ribellione contro il Papato italiano. Estratto da La Riforma Laica 11.11.1910, Poggio Mirteto 1910.
Caracciolo, Enrichetta, Misteri del chiostro napoletano. Memorie di Enrichetta Caracciolo de'Principi di Forino, ex-Monaca Benedettina, G. Barbèra Editore, Firenze [3]1864.
–, Geheimnisse der Klöster Neapels. Memoiren der Frau Enrichetta Caracciolo, Prinzessin von Forin, Ex-Benedictinerin. Aus dem Italienischen von Th. List, Berlin 1865.
Carpi, Leone, Italia vivente. Aristocrazia di nascita e del danaro. Borghesia-Clero-Burocrazia. Studi sociali, Milano 1878.
Cavours Briefe. Gesammelt, erläutert und mit einer Biographie versehen von Luigi Chiala. Autorisierte Übersetzung von M. Bernhardi, Bd. 1, Leipzig 1884.
Chateaubriand, François René Auguste de, Mémoires d'outre-tombe, Paris [2]1951.
Chiniquy, Charles, The Priest, the Woman and the Confessional, London 1874.
Ciocci, Raffaele, Ungerechtigkeiten und Grausamkeiten der römischen Kirche im neunzehnten Jahrhundert, Altenburg 1845.
Constabel, Adelheid, Die Vorgeschichte des Kulturkampfes. Quellenveröffentlichungen aus dem Deutschen Zentralarchiv, Berlin 1956.

Conzemius, Victor (Hg.), Ignaz von Döllinger - Lord Acton. Briefwechsel (1850–1890), Bd. 2, 1869–1870, München 1965.
Corvin, Otto von, Erinnerungen aus meinem Leben, Bd. 2, Leipzig [3]1880.
–, Pfaffenspiegel. Historische Denkmale des Fanatismus in der römisch-katholischen Kirche, 7. Aufl., Rudolstadt 1927.
D'Azeglio, Massimo, Degli ultimi casi di Romagna, Lugano 1846.
Denzinger, Heinrich, Kompendium der Glaubensbekenntnisse und kirchlichen Lehrentscheidungen, Freiburg 1991.
Diderot, Denis, Die Nonne, Berlin (Ost) 1989.
Droysen, Johann Gustav, Briefwechsel, hg. v. Rudolf Hübner, Bd. 2, 1851–1884, Berlin 1929.
–, Politische Schriften, hg. v. Felix Gilbert, München 1933.
–, Geschichte der preußischen Politik, 14 Bde., Leipzig 1855–1886.
Duhr, Bernhard (Hg.), Aktenstücke zur Geschichte der Jesuiten-Missionen in Deutschland 1848–1872, Freiburg 1903.
–, Jesuiten-Fabeln. Ein Beitrag zur Culturgeschichte, Freiburg 1891.
Dupaty, Charles Marguerite, Lettres sur l'Italie, 2 Bde., Paris 1788 [[2]1819].
Echtermeyer, Theodor/Ruge, Arnold, Der Protestantismus und die Romantik. Zur Verständigung über die Zeit und ihre Gegensätze. Ein Manifest, Hildesheim 1972.
Ehrhard, Albert, Der Katholizismus und das zwanzigste Jahrhundert im Lichte der kirchlichen Entwicklung der Neuzeit, Stuttgart 1902.
Eichendorff, Joseph von, Geschichte der neueren romantischen Poesie in Deutschland, in: Ders., Werke in fünf Bänden, München 1970–1988, Bd. 3, S. 529–925.
Franzolini, Fernando, L'epidimia di ossesse (istero-demonopatie) in Verzegnis, in: Rivista sperimentale di freniatria V (1879) S. 89–169.
Friesen, Richard von, Erinnerungen aus meinem Leben, Bd. 3, Dresden 1910.
Für und wider die Jesuiten, 3 Bde., Berlin 1872.
G., Die geheimen Plane der Jesuiten der Neuzeit. Von einem Jesuiten (Vincenzo Gioberti, italienischer Priester), nach französischer Bearbeitung übersetzt von H. Bertholdi, mit einer Einleitung von Robert Blum, Leipzig 1848.
Gabelli, Aristide, Rom und die Römer, Neuhaldensleben 1888.
Garibaldi, Giuseppe, Clelia. Il Governo dei Preti, Torino 1973 [Milano 1870].
–, Scritti e discorsi politici e militari, Bd. 3, Bologna 1937.
–, Die Herrschaft des Mönchs oder Rom im neunzehnten Jahrhundert, 2 Bde., Wien 1870.
Gay, Teofilo, I privilegi dei gesuiti. Esposti e commentati, Roma 1886.
Ghisleri, Arcangelo, La donna e la Chiesa, Bergamo 1880.
–, Mente e carattere, Bergamo 1989.
–, Il Prete e la Donna, conferenza (1877), in: Ders., Dalla fede alla scienza. Alcuni Scritti, Milano 1887[2], S. 35–55.
Gildemeister, Johann/Sybel, Heinrich von, Der Heilige Rock zu Trier und die zwanzig andern Heiligen Ungenähten Röcke. Eine historische Untersuchung, Düsseldorf 1845.
Gioberti, Vincenzo, Il Gesuita moderno, 5 Bde., Lausanne 1846–7.
–, Del primato morale e civile degli italiani [1843], Torino 1919.
–, Prolegomeni del primato morale e civile degli italiani, Bruxelles 1845.
–, Del rinnovamento civile d'Italia, Paris 1851.
Görres, Joseph, Athanasius, Regensburg 1838.
–, Die Wallfahrt nach Trier, Regensburg 1845.
Goethe, Johann Wolfgang von, Werke, Hamburger Ausgabe, hg. v. Trunz, Erich, Bd. 12, München 1981.
–, Gespräche mit Goethe in den letzten Jahren seines Lebens (=Sämtliche Werke nach Epochen seines Schaffens. Münchner Ausgabe, hg. v. Richter, Karl, Bd. 19), München 1986.
Gregorovius, Ferdinand, Römische Tagebücher 1852–1889, München 1991.

Grimm, Jacob/Grimm, Wilhelm, Deutsches Wörterbuch, 16 Bde., Leipzig 1854–1960.

Gutzkow, Karl, Die rothe Mütze und die schwarze Kapuze, Hamburg 1838, in: Ders., Schriften, Bd. 1, hg. v. Hummel, Adrian, Frankfurt 1998, S. 729–817.

–, Zur Geschichte unserer Zeit, Jena 1875.

Hammann, Otto (Hg.), Neueste Mittheilungen, X. Jg., Nr. 34., Berlin 5.5.1891.

Hase, Karl, Handbuch der protestantischen Polemik gegen die römisch-katholische Kirche, Leipzig [3]1871.

Hegel, Georg Friedrich Wilhelm, Phänomenologie des Geistes (=ders., Werke, Bd. 3, hg. v. Moldenhauer, Eva/Michel, Karl Markus), Frankfurt 1986.

–, Vorlesungen über die Philosophie der Geschichte, in: Ders., Sämtliche Werke, hg. v. Glockner, Hermann, Bd. 11, Stuttgart 1971.

Heil.-Rock-Album. Eine Zusammenstellung der wichtigsten Aktenstücke, Briefe, Adressen, Berichte und Zeitungsartikel über die Ausstellung des heiligen Rockes in Trier, Leipzig o. J.

Heine, Heinrich, Ludwig Börne. Eine Denkschrift, in: Heine, Gesamtausgabe, Bd. 11, S. 9–132.

–, Historisch-kritische Gesamtausgabe der Werke, hg. v. Windfuhr, Manfred, 16 Bde., Düsseldorf 1973–1997.

–, Zur Geschichte der Religion und Philosophie in Deutschland, in: Heine, Gesamtausgabe, Bd. 8/1, S. 9–120.

–, Die romantische Schule, in: Heine, Gesamtausgabe, Bd. 8/1, S. 121–243.

Hettner, Hermann, Die romantische Schule in ihrem inneren Zusammenhange mit Goethe und Schiller (1850), in: Ders., Schriften zur Literatur, Berlin 1959, S. 53–165.

Hinschius, Paul, Die Orden und Kongregationen der katholischen Kirche in Preußen, in: PJ 34 (1874) S. 116–147.

Hoensbroech, Paul Graf von, 14 Jahre Jesuit. Persönliches und Grundsätzliches, 2 Bde., Leipzig 1909–10.

Hohenlohe-Schillingsfürst, Chlodwig von, Denkwürdigkeiten des Fürsten Chlodwig zu Hohenlohe-Schillingsfürst, hg. v. Curtius, Friedrich, 2 Bde., Stuttgart 1907.

Holtzendorff, Franz von, Johann Caspar Bluntschli und seine Verdienste um die Staatswissenschaft, Berlin 1882.

I fatti della Nuova Roma contro alla salma di Pio IX e l'omaggio delle nazioni a Leone XIII. Memorie storico-politiche di un professore romano, 3 Bde., Ratisbona [= Regensburg] 1885.

Il Gesuitismo, fedelmente descritto secondo la sua natura e presentato alla considerazione degli uomini della Chiesa dello Stato e del Popolo da un gesuita convertito, pubblicato in tedesco a Lipsia nel 1872 dalla libreria Otto Wigand, tradotto in italiano con la debita autorizzazione da Salvatore De Castrone, Roma 1887.

Kant, Immanuel, Beantwortung der Frage: Was ist Aufklärung? [1784], hg. v. Bahr, Erhard, Stuttgart 1974, S. 9–17.

Keiter, Heinrich (Hg.), Katholischer Literaturkalender, Freiburg 1891–1926.

–, Konfessionelle Brunnenvergiftung. Die wahre Schmach des 19. Jahrhunderts, Regensburg 1896, Essen [2]1909.

–, Zeitgenössische katholische Dichter Deutschlands, Paderborn 1884.

Ketteler, Wilhelm Emmanuel von, Die Centrumsfraktion auf dem ersten deutschen Reichstag, Mainz 1872.

Knorr, Julius, Statistik der Wahlen zum ersten deutschen Reichstag, in: Hirth, Georg (Hg.), Annalen des deutschen Reiches (1872) Sp. 287–364.

Kürschners Literaturkalender, Berlin 1883.

Lamartine, Alphonse de, Méditations, Paris 1968.

La questione romana negli anni 1860–1861. Carteggio del conte di Cavour con D. Pantaleoni, C. Passaglia, O. Vimercati, 2 Bde., Bologna 1929.

Lasker, Julius/Gerhard, Friedrich, Des deutschen Volkes Erhebung im Jahr 1848, sein Kampf um freie Institutionen und sein Siegesjubel, Danzig 1848.

Lavater, Johann Caspar, Physiognomische Fragmente zur Beförderung der Menschenkenntnis und Menschenliebe. Eine Auswahl, hg. v. Siegrist, Christoph, Stuttgart 1984,
Machiavelli, Niccolò, Il principe e i Discorsi sopra la prima deca di Tito Livio, hg. v. Bertelli, Sergio, Milano 1960.
Manfroni, Giuseppe, Sulla soglia del Vaticano 1870–1901, hg. v. Manfroni, Camillo, 2 Bde., Bologna 1920.
Mann, Thomas, Der Zauberberg. Roman, Frankfurt 1999 [1924].
Manzoni, Alessandro, Die Brautleute. I Promessi Sposi, München 2003.
–, Fermo e Lucia, Firenze 1985.
–, I Promessi Sposi con le illustrazioni di Francesco Gonin [=Ristampa anastatica dell'edizione originale del 1840. Milano. Tipografia Guglielmini e Redaelli], Roma 1999.
Mario, Alberto, La questione religiosa di ieri e di oggi, Firenze 1867.
Marlitt, Eugenie, Die zweite Frau, in: GL (1874), S. 1 ff.
Marx, Karl, Der achtzehnte Brumaire des Louis Bonaparte, in: Ders./Engels, Friedrich, Werke, Band 8, Berlin (Ost) 1960, S. 111–207.
–, Zur Kritik der Hegelschen Rechtsphilosophie. Einleitung, in: Ders./Engels, Friedrich, Werke, Band 1. Berlin (Ost) 1976, S. 378–391.
Masotti, C., Notizie sull'applicazione alla città di Roma ed alle sedi suburbicarie della legge 19 giugno 1873, numero 1402, in: Monografia, Bd. 2, S. 99–156.
Mezzabotta, Ernesto, Le monache in Italia, Roma 1886.
Michelet, Jules/Quinet, Edgar, Des jésuites, Paris 1843.
Michelet, Jules, Du prêtre, de la femme, de la famille, Paris 1845.
Miller, Johann Martin, Siegwart. Eine Klostergeschichte, Stuttgart 1971.
Monografia della Città di Roma e della Campagna di Roma presentata all'Esposizione Universale di Parigi del 1878, hg. v. Direzione della Statistica Generale, 2 Bde., Roma 1881,
Montesquieu, Charles de, Vom Geist der Gesetze, hg. v. Forsthoff, Ernst, 2 Bde., Tübingen 1951.
–, Voyage de Gratz à la Haye, in: Ders., Œuvres complètes de Montesquieu, hg. v. Caillois, Roger, Bd. 1, Paris 1949, S. 661–717.
Mosso, Angelo, Le ragioni dell'effeminatezza latina, in: Nuova Antologia 16.11.1897, S. 249–265.
Moufang, Christoph (Hg.), Aktenstücke betreffend die Jesuiten in Deutschland, Mainz 1872.
Nach der Revolution 1848/49. Verfolgung, Realpolitik, Nationsbildung. Politische Briefe deutscher Liberaler und Demokraten 1849–1861, bearbeitet von Jansen, Christian, Düsseldorf 2004.
Nicolai, Friedrich, Beschreibung einer Reise durch Deutschland und die Schweiz im Jahre 1781. Nebst Bemerkungen über die Gelehrsamkeit, Industrie, Religion und Sitten, 12 Bde., Berlin 1783–1795, Hildesheim 1994.
Nicolai, Gustav, Italien wie es wirklich ist. Bericht über eine merkwürdige Reise in den hesperischen Gefilden als Warnungsstimme für Alle, welche sich dahin sehnen, Leipzig 1834.
Nietzsche, Friedrich, Der Antichrist. Fluch auf das Christentum [1888], in: Colli, Giorgio/Montinari, Mazzino (Hg.), Friedrich Nietzsche. Kritische Studienausgabe, Bd. 6, Der Fall Wagner u. a., München ²2002, S. 165–254.
Nippold, Friedrich, Handbuch der neuesten Kirchengeschichte, Bd. 2, Elberfeld 1880.
Novalis, Schriften. Die Werke Friedrich von Hardenbergs, hg. v. Richard Samuel, Stuttgart 1960 ff.
Oncken, Hermann, Rudolf von Bennigsen. Ein deutscher liberaler Politiker. Nach seinen Briefen und hinterlassenen Papieren, Bd. 2, Von 1867 bis 1902, Stuttgart/Leipzig 1910.
Pesci, Ugo, I primi anni di Roma capitale, Firenze 1907.
Petit-Radel, Louis-François, Voyage historique, chorographique et philosophique dans les principales villes de l'Italie en 1811 et 1812, 3 Bde., Paris 1815.
Poschinger, Heinrich von (Hg.), Die Ansprachen des Fürst Bismarck 1848–1895, Bd. 1, Stuttgart ²1895.

Relazione dei fatti accaduti nella notte del 13 luglio 1881 durante il trasporto della salma del grande pontefice Pio IX, compilata per cura die redattori del giornale La Frusta, Roma 1881.

Riehl, Wilhelm Heinrich, Die Naturgeschichte des Volkes als Grundlage einer deutschen Social-Politik, Bd. 1, Land und Leute, Stuttgart ^{2}1855 (1. Aufl. 1853).

–, Naturgeschichte des Volkes als Grundlage einer deutschen Social-Politik, Bd. 2, Die bürgerliche Gesellschaft, Stuttgart 1854^2 (1. Aufl. 1851).

–, Naturgeschichte des Volkes als Grundlage einer deutschen Social-Politik, Bd. 3, Die Familie, Stuttgart 1861 (1. Aufl. 1854).

Richter, Eugen, Im alten Reichstag. Erinnerungen, Bd. 1, Berlin 1894.

Rohmer, Friedrich, Lehre von den politischen Parteien, bearb. von Theodor Rohmer, Zürich/Frauenfeld 1844.

Ronge, Johannes, Urtheil eines katholischen Priesters über den heiligen Rock zu Trier, in: Heil.-Rock-Album, S. 63–68.

Rosini, Giovanni, La monaca di Monza. Storia del XVII, 3 Bde., Pisa 1829.

Rost, Hans, Die »Verquickung« von Religion und Politik in der preußisch-deutschen Geschichte, Augsburg 1926.

Ruge, Arnold, Preußen und die Reaction, Leipzig ^{2}1841 [1. Aufl. 1838].

Rümelin, Gustav, Reden und Aufsätze. Neue Folge, Freiburg 1881.

Rust, Hermann, Reichskanzler Fürst Chlodwig zu Hohenlohe-Schillingsfürst und seine Brüder Herzog von Ratibor, Cardinal Hohenlohe und Prinz Constantin Hohenlohe, Düsseldorf 1897.

Scheffel, Joseph Victor von, Ekkehard. Eine Geschichte aus dem 10. Jahrhundert, Frankfurt 1855.

Schlegel, Friedrich, Kritische Friedrich-Schlegel-Ausgabe, hg. v. Ernst Behler, Paderborn 1958 ff.

Siegfried, Nikolaus [=Cathrein, Viktor], Actenstücke betreffend den preußischen Culturkampf nebst einer geschichtlichen Einleitung, Freiburg 1882

Sismondi, Jean-Charles-Léonard Simonde de, Storia delle Repubbliche italiane, Torino 1996.

Snell, Ludwig, Die Bedeutung des Kampfes der liberalen katholischen Schweiz mit der römischen Kurie, Solothurn 1839.

Spaventa, Bertrando, La politica dei Gesuiti nel secolo XVI e nel XIX. Polemica con la Civiltà Cattolica (1854–55), hg. v. Gentile, Giovanni, Milano 1911.

–, Polemiche coi Gesuiti, Milano 1951.

Stefanoni, Luigi, Almanacco dei liberi pensatori, Roma 1882.

–, Almanacco d'igiene per le famiglie, Roma 1882.

–, Apologia del diavolo. Discorso fatto nella Sala della società del Libero pensiero di Firenze, Roma 1891.

–, Clemente XIV il Papa ucciso dai Gesuiti, Roma o. J. [ND 1946].

–, Prefazione, in: De La Mettrie, L'uomo macchina, Milano 1867.

–, Storia critica della Superstizione, Milano ^{2}1869.

–, Studi critici sul Cristianesimo, Firenze 1867.

–, Storia d'Italia contemporanea narrata al popolo, 3 Bde., Roma 1888.

Stendhal [=Henri Beyle], Rom, Neapel und Florenz im Jahre 1817, Berlin 1980.

Stieglitz, Heinrich Wilhelm August, Erinnerungen an Rom und den Kirchenstaat im ersten Jahre seiner Verjuengung 1848, Leipzig 1848.

Strauß, David Friedrich, Das Leben Jesu, kritisch bearbeitet, 2 Bde., Tübingen 1835–1836.

Streitschriften über Stolbergs Konversion, hg. v. Behrens, Jürgen, Bern 1973.

Sue, Eugène, Le juif errant, Paris 1845.

Sybel, Heinrich von, Geschichte des ersten Kreuzzugs [1841], Berlin ^{2}1881.

–, Die politischen Parteien der Rheinprovinz in ihrem Verhältniß zur preußischen Verfassung, Düsseldorf 1847.

Theiner, Johann Anton, Freimüthige Aeußerungen über den sittlichen und kirchlichen Zustand Oberschlesiens, Breslau 1826.
- /Theiner, Augustin, Die Einführung der erzwungenen Ehelosigkeit bei den christlichen Geistlichen und ihre Folgen. Ein Beitrag zur Kirchengeschichte, 2 Bde., Altenburg 1828–1830.
–, Die katholische Kirche Schlesiens dargestellt von einem katholischen Geistlichen, Altenburg 1826.
Treitschke, Heinrich von, Deutsche Geschichte im Neunzehnten Jahrhundert, 5 Bde., Leipzig 1927.
–, Die Maigesetze und ihre Folgen, in: PJ 32 (1873) S. 703–714.
–, Libera chiesa in libero stato, in: PJ 36 (1875) 229–240.
–, Politik. Vorlesungen, gehalten an der Universität zu Berlin, hg. v. Cornicelius, Max, 2 Bde., Leipzig 5. Aufl. 1922.
Troeltsch, Ernst, Die Bedeutung des Protestantismus für die Entstehung der modernen Welt [1911], in: Ders., Schriften zur Bedeutung des Protestantismus für die moderne Welt, hg. v. Rendtorff, Trutz, Berlin 2001, S. 199–316.
–, Albert Ehrhard: Der Katholizismus und das zwanzigste Jahrhundert im Lichte der kirchlichen Entwicklung der Neuzeit [1902], in: Ders. Rezensionen und Kritiken (1901–1914), hg. v. Graf, Friedrich Wilhelm, Berlin 2004, S. 195–206.
Villari, Pasquale, La scuola e la quistione sociale in Italia, in: Nuova Antologia, novembre 1872, S. 477–512.
Virchow, Rudolf, Das Karthaus vor Schivelbein (1843), in: Zur Erinnerung an Rudolf Virchow. Drei historische Arbeiten Virchows zur Geschichte seiner Vaterstadt Schivelbein, hg. von der Gesellschaft für Pommersche Geschichte und Altertumskunde, Berlin 1903, S. 1–38.
–, Mitteilungen über die in Oberschlesien herrschende Typhus-Epidemie, in: Ders., Die Not im Spessart – Mitteilungen über die in Oberschlesien herrschende Typhus-Epidemie, Darmstadt 1968, S. 57–236.
–, Sämtliche Werke, Bd. 59, Abteilung IV, Briefe, hg. v. Andree, Christian, Berlin 2001.
Weber, Karl Julius, Die Möncherey oder geschichtliche Darstellung der Kloster-Welt, 3 Bde., Stuttgart 1819–1822.
Weber, Marianne, Max Weber. Ein Lebensbild, Heidelberg ^{3}1984.
Weber, Max, Die protestantische Ethik und der Geist des Kapitalismus, in: Ders., Gesammelte Aufsätze zur Religionssoziologie, Bd. 1, Tübingen 9. Aufl. 1988, S. 17–206.
–, Die protestantische Ethik, Bd. 2, Kritiken und Antikritiken, hg. v. Winckelmann, Johannes, Gütersloh 1995.
–, Gesammelte Aufsätze zur Religionssoziologie, Bd. 1, Tübingen 9. Aufl. 1988.
Wentzcke, Paul/Klötzer, Wolfgang (Hg.), Deutscher Liberalismus im Vormärz. Briefe und Reden 1815–1848, Göttingen 1959.

2. Literatur

Adloff, Frank/Borutta, Manuel (Hg.), Max Weber in the 21st Century. Transdisciplinarity within the Social Sciences, San Domenico di Fiesole 2007.
Adorni, Daniela, Francesco Crispi. Un progetto di governo, Firenze 1999.
Albrecht, Dieter, Von der Reichsgründung bis zum Ende des Ersten Weltkrieges (1871–1918), in: Spindler, Max (Hg.), Handbuch der bayerischen Geschichte, Bd. 1, Das neue Bayern. 1800–1970, München 1974, S. 283–386.
Altenbockum, Jasper von, Wilhelm Heinrich Riehl 1823–1897. Sozialwissenschaft zwischen Kulturgeschichte und Ethnographie, Köln 1994.

Altermatt, Urs, Katholizismus und Moderne. Zur Sozial- und Mentalitätsgeschichte der Schweizer Katholiken im 19. und 20. Jahrhundert, Zürich 1989.

Altgeld, Wolfgang, Das Ende des Kirchenstaates im Urteil liberaler deutscher Zeitgenossen, in: Heydenreich, Titus (Hg.), Pius IX. und der Kirchenstaat in den Jahren 1860–1870, Erlangen 1995, S. 27–39.

–, Das politische Italienbild der Deutschen zwischen Aufklärung und europäischer Revolution von 1848, Tübingen 1984.

–, Katholizismus, Protestantismus, Judentum. Über religiös begründete Gegensätze und nationalreligiöse Ideen in der Geschichte des deutschen Nationalismus, Mainz 1992.

Amato, Tarcisio (Hg.), Stato e Chiesa da Locke alle »Guarantigie«, 2 Bde., Firenze 1975.

Attal, Frédéric, L'anticléricalisme des intellectuels italiens après 1945, in: Forlin, Olivier (Hg.), Anticléricalisme, minorités religieuses et échanges culturels entre la France et l'Italie. De l'Antiquité au XXe siècle. Hommage à Jean-Pierre Viallet, historien, Paris 2006, S. 157–167.

Anderson, Benedict, Die Erfindung der Nation. Zur Karriere eines folgenreichen Konzepts, Frankfurt ^{2}1993.

Anderson, Margaret Lavinia, Afterword. Living Apart and Together in Germany, in: Smith, Protestants, S. 319–332.

–, Chancel and Castle: The Anatomy of an Election, unv. Manuskript.

–, Practicing Democracy. Elections and Political Culture in Imperial Germany, Princeton 2000.

–, Die Grenzen der Säkularisierung. Zur Frage des katholischen Aufschwungs im Deutschland des 19. Jahrhunderts, in: Lehmann, Säkularisierung, S. 194–222.

–, Interdenominationalism, Clericalism, Pluralism: The Zentrumsstreit and the Dilemma of Catholicism in Wilhelmine Germany, in: CEH 21 (1988) S. 350–378.

–, Liberalismus, Demokratie und die Entstehung des Kulturkampfes, in: Lill/Traniello, Kulturkampf, S. 109–125.

–, Piety and Politics. Recent Work on German Catholicism, in: JMH 63 (1991) S. 681–716.

–, The Kulturkampf and the Course of German History, in: CEH 19 (1986) S. 82–115.

– /Barkin, Kenneth, The Myth of the Puttkamer Purge and the Reality of the Kulturkampf, in: JMH 54 (1982) S. 647–686.

–, Windthorst. A Political Biography, Oxford 1981.

–, Windthorsts Erben. Konfessionalität und Interkonfessionalismus im politischen Katholizismus 1890–1918, in: Becker, Winfried/Morsey, Rudolf (Hg.), Christliche Demokratie in Europa. Grundlagen und Entwicklungen seit dem 19. Jahrhundert, Köln 1988, S. 69–90.

Andreucci, Franco, »Il raglio dell'Asino«. Tradizione democratica e coscienza di classe nel bestiario socialista e nell'iconografia del proletario in Italia fra '800 e '900, in: Annali del Centro studi Piero Gobetti 5 (1985) S. 107–118.

Ara, Angelo, La fase liberale e riformatrice di Pio IX (1846–1848), in: Heydenreich, Titus (Hg.), Pius IX. und der Kirchenstaat in den Jahren 1860–1870, Erlangen 1995, S. 9–25.

Aretz, Erich (Hg.), Der heilige Rock zu Trier. Studien zur Geschichte und Verehrung der Tunika Christi, Trier ^{2}1996.

Arsenschek, Robert, Der Kampf um die Wahlfreiheit im Kaiserreich. Zur parlamentarischen Wahlprüfung und politischen Realität der Reichstagswahlen 1871–1914, Düsseldorf 2003.

Asad, Talal, Formations of the Secular. Christianity, Islam, Modernity, Stanford 2003.

Asor Rosa, Alberto, La cultura, in: Storia d'Italia, Bd. 4/2, Dall'Unità a oggi, Torino 1975, S. 821–1664.

Aspinwall, Bernard, The Child as the Maker of the Ultramontane, in: Wood, Diana (Hg.), The Church and Childhood, Oxford 1994, S. 427–445.

Aubert, Roger, Die Säkularisationspolitik in Italien, in: Jedin, Handbuch, Bd. 6/1, S. 705–13.

Ay, Karl-Ludwig, Nachwirkungen der Konfessionalisierung in Wortkultur und Wirtschaft deutscher Regionen. Landesgeschichtliche Beobachtungen über Max-Webers Protestantismus-These, in: Sociologica Internationalis 33 (1995) S. 21–47.

Azzaroni, Alfredo, Socialisti anticlericali, Firenze 1961.
Babini, Valeria P./Minuz, Fernanda/Tagliavini, Annamaria, La donna nelle scienze dell'uomo. Immagine del femminile nella cultura scientifica italiana di fine secolo, Milano 1989.
Bachem, Karl, Vorgeschichte, Geschichte und Politik der deutschen Zentrumspartei, 9 Bde., Köln 1927–1932.
Bachmann-Medick, Doris, Cultural Turns. Neuorientierungen in den Kulturwissenschaften, Reinbek 2006.
Bachtin, Michail M., Literatur und Karneval. Zur Romantheorie und Lachkultur, Frankfurt 1990.
Backes, Uwe, Liberalismus und Demokratie – Antinomie und Synthese. Zum Wechselverhältnis zweier politischer Strömungen im Vormärz, Düsseldorf 2000.
Bagatin, Pier Luigi (Hg.), Alberto Mario nel 1. centenario della morte, Lendinara 1984.
Bailleu, Paul, Sybel, Heinrich von, in: Allgemeine Deutsche Biographie Bd. 54, S. 645–667.
Banti, Alberto Mario, Le invasioni barbariche e le origine delle nazione, in: Ders. (Hg.), Immagini della nazione dell'Italia del Risorgimento, Roma 2002, S. 21–44.
–, La nazione del Risorgimento. Parentela, santità e onore alle origini dell'Italia unita, Torino 2000.
–, Il Risorgimento italiano, Roma 2004.
–, Storia della borghesia italiana. L'età liberale, Roma 1996.
Barbagli, Marzio/Kertzer, David I. (Hg.), Storia della famiglia italiana 1750–1950, Bologna 1992.
Barsch, Achim, Massenmediale Unterhaltungsliteratur und soziale Wirklichkeitskonstruktion: Zum Menschenbild in der Gartenlaube am Beispiel der Romane von E. Marlitt, in: Ders./Hejl, Peter M. (Hg.), Menschenbilder. Zur Pluralisierung der Vorstellung von der menschlichen Natur (1850–1914), Frankfurt 2000, S. 376–422.
Barth, Dieter, Das Familienblatt – ein Phänomen der Unterhaltungspresse des 19. Jahrhunderts, in: Archiv für Geschichte des Buchwesens 15 (1975) Sp. 123–316.
Baur, Isolde, Die Geschichte des Wortes »Kultur« und seiner Zusammensetzungen, Phil. Diss. München 1951.
Barton gen. von Stedman, Irmgard von, Die preußische Gesandtschaft in München als Instrument der Reichspolitik in Bayern von den Anfängen der Reichsgründung bis zu Bismarcks Entlassung, München 1967.
Bastgen, Hubert (Hg.), Die Römische Frage, Dokumente und Stimmen, 3 Bde., Freiburg 1917–1919.
Bauer, Franz J., Roma capitale. Geschichtsverständnis und Staatssymbolik in der Hauptstadt Italiens (1870–1940), in: Engel, Helmut/Ribbe, Wolfgang (Hg.), Via triumphalis. Geschichtslandschaft »Unter der Linden« zwischen Friedrich-Denkmal und Schloßbrücke, Berlin 1997, S. 159–180.
Baumeister, Martin, Parität und katholische Inferiorität. Untersuchungen zur Stellung des Katholizismus im Deutschen Kaiserreich, Paderborn 1987.
Beccaria, Roberto, I Periodici genovesi dal 1473 als 1899, Genova 1994.
Becker, Josef, Liberaler Staat und Kirche in der Ära von Reichsgründung und Kulturkampf. Geschichte und Strukturen ihres Verhältnisses in Baden 1860–1870, Mainz 1973.
Becker, Peter, Physiognomie des Bösen. Cesare Lombrosos Bemühungen im eine präventive Entzifferung des Kriminellen, in: Schmölders, Claudia (Hg.), Der exzentrische Blick. Gespräch über Physiognomik, Berlin 1996, S. 163–186.
Becker, Winfried, Der Kulturkampf als europäisches und als deutsches Phänomen, in: HJ 101 (1983) S. 422–446.
–, Kulturkampf als Vorwand. Die Kolonialwahlen von 1907 und das Problem der Parlamentarisierung des Reiches, in: Horstmann, Johannes (Hg.), Die Verschränkung von Innen-, Konfessions- und Kolonialpolitik im Deutschen Reich vor 1914, Schwerte 1987, S. 85–111.

–, Liberale Kulturkampf-Positionen und politischer Katholizismus, in: Pflanze, Otto (Hg.), Innenpolitische Probleme des Bismarck-Reiches, München 1983, S. 47–71.

Behler, Ernst, Das Indienbild der deutschen Romantik, in: Germanisch-Romanische Monatsschrift 49 (1968) S. 21–37.

Behr, Hans-Joachim, Rheinland, Westfalen und Preußen in ihrem gegenseitigen Verhältnis 1815–1945, in: Westfälische Zeitschrift 133 (1983) S. 37–56.

Beisel, Inge, Ästhetischer Anspruch und narrative Praxis. Zur Koautorschaft des Lesers in französischen Romanen des 18. Jahrhunderts, Tübingen 1991.

Belardinelli, Mario, Zanardelli e i Cattolici, in: Chiarini, Roberto (Hg.), Giuseppe Zanardelli. Atti di Convegno. Brescia 29, 30 settembre 1983. Pavia 1 ottobre 1983, Milano 1983, S. 58–72.

Benz, Richard, Goethe und die romantische Kunst, München 1940.

Berg, Christa (Hg.), Handbuch der deutschen Bildungsgeschichte, Bd. 4, 1870–1918. Von der Reichsgründung bis zum Ende des Ersten Weltkriegs, München 1991.

–, Die Okkupation der Schule. Eine Studie zur Aufhellung der gegenwärtigen Schulprobleme an der Volksschule Preußens 1872–1900, Heidelberg 1973.

Berggren, Lars/Sjöstedt, Lennart, L'Ombra dei Grandi. Monumenti e politica monumentale a Roma 1870–1895, Roma 1996.

Berlis, Angela, Frauen im Prozess der Kirchwerdung. Eine historisch-theologische Studie zur Anfangsphase des deutschen Altkatholizismus (1850–1890), Frankfurt 1998.

Berselli, Aldo, Il governo della Destra. Italia legale e reale dopo l'Unità, Bologna 1997.

Bertelli, Sergio, Piazza Venezia. La creazione di uno spazio rituale per un nuovo Stato-nazione, in: Ders. (Hg.), La chioma della vittoria. Scritti sull'identità degli italiani dall'Unità alla Repubblica, Firenze 1997, S. 170–205.

Bertoni Jovine, Dina (Hg.), Positivismo pedagogico, Bd. 1, De Sanctis, Villari, Gabelli, Torino 1973.

Besier, Gerhard, Kirche, Politik und Gesellschaft im 19. Jahrhundert, München 1998.

–, Preußische Kirchenpolitik in der Bismarckära. Die Diskussion in Staat und evangelischer Kirche um eine Neuordnung der kirchlichen Verhältnisse Preußens zwischen 1866 und 1872, Berlin 1980.

–, Kulturkampf, in: TRE 20 (1990) S. 209–230.

–, Der Kulturkampf als europäisches Phänomen? Zur Relativierung einer Kulturkampfhistoriographie aus katholischer Perspektive, in: Monatshefte für Evangelische Kirchengeschichte des Rheinlandes 37/38 (1988/89) S. 515–527.

–, Religion, Nation, Kultur. Die Geschichte der christlichen Kirchen in den gesellschaftlichen Umbrüchen des 19. Jahrhunderts, Neukirchen 1992.

Bhabha, Homi K., Die Verortung der Kultur, Tübingen 2000.

Bhargava, Rajeev (Hg.), Secularism and its Critics, Oxford 1998.

Birke, Adolf M., Zur Entwicklung und politischen Funktion des bürgerlichen Kulturkampfverständnisses, in: Kurze, Dietrich (Hg.), Aus Theorie und Praxis der Geschichtswissenschaft. Festschrift für Hans Herzfeld, Berlin 1972, S. 257–279.

–, Bischof Ketteler und der deutsche Liberalismus. Eine Untersuchung über das Verhältnis des liberalen Katholizismus zum bürgerlichen Liberalismus, Mainz 1971.

Birker, Karl, Die deutschen Arbeiterbildungsvereine 1840–1870, Berlin 1973.

Bitter, Gottfried, Katholische Predigt der Neuzeit, in: TRE 27 (1997) S. 262–296.

Björnsson, Páll, Making the New Man: Liberal Politics and Associational Life in Leipzig, 1845–1871, Ph. D. thesis, University of Rochester, New York 1999.

Blackbourn, David, Wenn ihr sie seht, fragt, wer sie sei. Marienerscheinungen in Marpingen – Aufstieg und Niedergang des deutschen Lourdes, Reinbek 1997.

–, Populists and Patricians. Essays in Modern German History, London 1987.

–, Progress and Piety: Liberalism, Catholicism and the State in Imperial Germany, in: History Workshop 26 (1988) S. 57–78.

Blaschke, Olaf, Abschied von der Säkularisierungslegende. Daten zur Karrierekurve der Religion (1800–1970) im zweiten konfessionellen Zeitalter: eine Parabel, in: zeitenblicke 5 (2006), Nr. 1, [04.04.2006], URL: http://www.zeitenblicke.de/2006/1/Blaschke/dippArticle.pdf (4.2.2009).

–, Das 19. Jahrhundert: Ein Zweites Konfessionelles Zeitalter?, in: GG 26 (2000) S. 38–75.

–, Das Deutsche Kaiserreich im Zeitalter der Kulturkämpfe, in: Müller, Sven Oliver/Torp, Cornelius (Hg.), Das Deutsche Kaiserreich in der Kontroverse, Göttingen 2009, S. 184–202.

–, Die Kolonialisierung der Laienwelt. Priester als Milieumanager und die Kanäle klerikaler Kuratel, in: Ders./Kuhlemann, Frank-Michael (Hg.), Religion im Kaiserreich. Milieus – Mentalitäten – Krisen, Gütersloh 1996, S. 93–135.

–, Katholizismus und Antisemitismus im Deutschen Kaiserreich, Göttingen 1997.

– (Hg.), Konfessionen im Konflikt. Deutschland zwischen 1800 und 1970. Ein zweites konfessionelles Zeitalter, Göttingen 2002.

–, Kulturkampf, in: Religion in Geschichte und Gegenwart, Bd. 4, Tübingen [4]2001, Sp. 1838–43.

– /Kuhlemann, Frank-Michael, Religion in Geschichte und Gesellschaft. Sozialhistorische Perspektiven für die vergleichende Erforschung religiöser Mentalitäten und Milieu, in: Dies., Religion im Kaiserreich. Milieus – Mentalitäten – Krisen, Gütersloh 1996, S. 279–310.

Blessing, Werner K., Staat und Kirche in der Gesellschaft. Institutionelle Autorität und mentaler Wandel in Bayern während des 19. Jahrhunderts, Göttingen 1982.

Bock, Gisela, Frauen in der europäischen Geschichte. Vom Mittelalter bis zur Gegenwart, München 2000.

Böckenförde, Ernst-Wolfgang, Organ, Organismus, Organisation, politischer Körper, in: Brunner/Conze/Koselleck, Grundbegriffe, Bd. 4, S. 561–622.

–, Staat, Gesellschaft, Freiheit. Studien zur Staatstheorie und zum Verfassungsrecht, Frankfurt 1976.

Bödeker, Hans-Erich, Die Religiosität der Gebildeten, in: Gründer, Karlfried/Rengstorf, Karl Heinrich (Hg.), Religionskritik und Religiosität in der deutschen Aufklärung, Heidelberg 1989, S. 145–195.

Bohrer, Karl Heinz, Die Kritik der Romantik. Der Verdacht der Philosophie gegen die literarische Moderne, Frankfurt 1989.

Boiardi, Franco, La legge sugli abusi del clero, in: Il Parlamento italiano (1861–1988), Bd. 5, 1877–1887. La Sinistra al potere. Da Depretis a Crispi, Milano 1989, S. 32f.

Bollenbeck, Georg, Bildung und Kultur. Glanz und Elend eines deutschen Deutungsmusters, Frankfurt 1994.

Bonacchi, Gabriella/Groppi, Angela, Il dilemma della cittadinanza. Diritti e doveri delle donne, Roma 1993.

Bonetta, Gaetano, Corpo e nazione. L'educazione ginnastica, igienica e sessuale nell'Italia liberale, Milano 1990.

–, Scuola e socializzazione fra '800 e '900, Milano 1989.

Bornewasser, Johannes A., Mythical Aspects of Dutch Anti-Catholicism in the Nineteenth Century, in: Bromley, J. S. / Kossmann, Ernst Heinrich (Hg.), Some Political Mythologies, The Hague 1975, S. 184–206.

Bornkamm, Heinrich, Die Staatsidee im Kulturkampf, in: HZ 170 (1950) S. 41–72, 273–306.

Borsatti, Luciana, Verzegnis 1878–1879. Un caso di isteria collettiva in Carnia alla fine dell' Ottocento, Tolmezzo 1989.

Borutta, Manuel, Das Andere der Moderne. Geschlecht, Sexualität und Krankheit in antikatholischen Diskursen Deutschlands und Italiens (1850–1900), in: Rammert, Werner u. a. (Hg.), Kollektive Identitäten und kulturelle Innovationen. Ethnologische, soziologische und historische Studien, Leipzig 2001, S. 59–75.

–, Die Kultur des Nationalen im liberalen Italien. Nationale Symbole und Rituale in Rom 1870/71 und 1895, in: QFIAB 79 (1999) S. 480–529.

–, Enemies at the Gate: The »Moabiter Klostersturm« and the »Kulturkampf«: Germany, in: Clark/Kaiser, Wars, S. 227–254.
–, Geistliche Gefühle. Medien und Emotionen im Kulturkampf, in: Bösch/Borutta, Massen, S. 119–141.
–, La ›natura‹ del nemico: Rappresentazioni del Cattolicesimo nell'Anticlericalismo dell'Italia liberale, in: RSR 58 (2001) S. 117–136.
–, Der innere Orient. Antikatholizismus als Orientalismus in Deutschland, 1783–1924, in: Juneja/Pernau, Religion, S. 245–274.
–, »Pflanzstätten des Aberglaubens, der Dummheit und des Verbrechens« – der Moabiter Klostersturm und der Kulturkampf im Deutschen Reich, in: Comparativ 12 (2002) S. 63–80.
–, Religion und Zivilgesellschaft. Zur Theorie und Geschichte ihrer Beziehung [=WZB Discussion Paper Nr. SP IV 2005–404], Berlin 2005.
–, Repräsentation, Subversion und Spiel. Die kulturelle Praxis nationaler Feste in Rom und Berlin, 1870/71 und 1895, in: Hirschhausen, Ulrike von/Leonhard, Jörn (Hg.), Nationalismen in Europa. West- und Osteuropa im Vergleich, Göttingen 2001, S. 243–266.
Bösch, Frank/Borutta, Manuel (Hg.), Die Massen bewegen. Medien und Emotionen in der Moderne, Frankfurt 2006.
Boutry, Philippe, Restauration de l'Église romaine et renouveau du catholicisme italien durant le premier XIXe siècle, à travers la récente historiographie italienne, in: MEFRIM 98 (1986) S. 805–835.
Brandt, Hans-Jürgen, Eine katholische Universität in Deutschland? Das Ringen der Katholiken in Deutschland um eine Universitätsbildung im 19. Jahrhundert, Köln 1981.
Brandt, Reinhard, Bilderfahrungen – Von der Wahrnehmung zum Bild, in: Maar, Christa/Burda, Hubert (Hg.), Iconic Turn. Die neue Macht der Bilder, Köln 2004, 44–54.
Breckenridge, Carol A./van der Veer, Peter (Hg.), Orientalism and the Postcolonial Predicament – Perspectives on South Asia, Philadelphia 1993.
Brederlow, Jörn, »Lichtfreunde« und »Freie Gemeinden«. Religiöser Protest und Freiheitsbewegung im Vormärz und in der Revolution 1848/49, München 1976.
Brenner, Peter J., Der Reisebericht in der deutschen Literatur. Ein Forschungsüberblick als Vorstudie zu einer Gattungsgeschichte, Tübingen 1990.
Breuer, Dieter, Die protestantische Normierung des deutschen Literaturkanons in der frühen Neuzeit, in: Haupt/Langewiesche, Nation, S. 84–104.
Briacca, Giuseppe, Pietro de Rossi di Santa Rosa – Giuseppe Siccardi – Camillo Benso di Cavour. Cattolici riformatori tra regalismo e liberalismo, Verona 1988.
Bricchetto, Enrica, La »Gazzetta del Popolo« a Torino capitale d'Italia, in: Castronovo, Valerio (Hg.), La nascita dell'opione pubblica in Italia. La stampa a Torino del Risorgimento e la capitale d'Italia (1848–1864), Roma 2004, S. 147–203.
Brice, Catherine, Monumentalité publique et politique a Rome. Le Vittoriano, Roma 1998.
–, I viaggi della Regina Margherita, in: Corsi, Dinora (Hg.), Altrove. Viaggi di donne dall' antichità al Novecento, Roma 1999, S. 201–223.
Briese, Olaf, Angst in den Zeiten der Cholera, 4 Bde., Berlin 2003.
Briganti, Alessandra, Enrichetta Caracciolo, in: Dizionario Biografico degli Italiani 19 (1976) S. 348f.
Brilli, Attilio, Il viaggio in Italia. Storia di una grande tradizione culturale, Bologna 2006.
Brinkmann, Richard, Nördliche Wien-Reisende im 18. Jahrhundert, in: Ders., Wirklichkeiten. Essays zur Literatur, Tübingen 1982, S. 1–56.
Broers, Michael, The Napoleonic Empire in Italy, 1796–1814. Cultural Imperialism in a European Context?, Basingstoke 2005.
Broglio, Francesco Margiotta, Legislazione italiana e vita della Chiesa (1861–1878), in: Chiesa e religiosità, Bd. 1, S. 101–146.
Brückner, Wolfgang, Trivialisierungsprozesse in der bildenden Kunst zu Ende des 19. Jahr-

hunderts, dargestellt an der »Gartenlaube«, in: Motte-Haber, Helga de la (Hg.), Das Triviale in Literatur, Musik und bildender Kunst, Frankfurt 1972, S. 226–254.

Bruhn, Matthias/Borgmann, Karsten, Sichtbarkeit der Geschichte. Beiträge zu einer Historiographie der Bilder, in: Historisches Forum 5 (2005) (http://edoc.hu-berlin.de/e_histfor/5/) (letzter Zugriff: 22.6.2009).

Brunner, Otto/Conze, Werner/Koselleck, Reinhart (Hg.), Geschichtliche Grundbegriffe. Historisches Lexikon zur politisch-sozialen Sprache in Deutschland, 8 Bde., Stuttgart 1972–1997.

Buchheim, Karl, Ultramontanismus und Demokratie. Der Weg der deutschen Katholiken im 19. Jahrhundert, München 1963.

Budde, Gunilla-Friederike, Bürgerinnen in der Bürgergesellschaft, in: Lundgreen, Sozial- und Kulturgeschichte, S. 249–27.

– /Conrad, Sebastian/Janz, Oliver (Hg.), Transnationale Geschichte. Themen, Tendenzen und Theorien, Göttingen 2006.

Burke, Peter, Augenzeugenschaft. Bilder als historische Quellen, Berlin 2003.

Busch, Norbert, Katholische Frömmigkeit und Moderne. Die Sozial- und Mentalitätsgeschichte des Herz-Jesu-Kultes in Deutschland zwischen Kulturkampf und Erstem Weltkrieg, Gütersloh 1997.

Busch, Werner, Caspar David Friedrich, in: François, Etienne/Schulze, Hagen (Hg.), Deutsche Erinnerungsorte, Bd. 3, München 2001, S. 516–530.

Bußmann, Walter, Treitschke. Sein Welt- und Geschichtsbild, Göttingen ^{2}1981.

Busemann, Hertha, Der Jesuit und seine Beichttochter. Die Faszination eines Sittenskandals in drei Jahrhunderten, Oldenburg 1987.

Buttafuoco, Annarita, Tra cittadinanza politica e cittadinanza sociale. Progetti ed esperienze del movimento politico delle donne nell'Italia liberale, in: Bonacchi/Groppi, Dilemma, S. 104–127.

Cabanel, Patrick, Laizität und Religionen im heutigen Frankreich, in: Christadler, Marieluise/Uterwedde, Henrik (Hg.), Länderbericht Frankreich. Geschichte – Politik – Wirtschaft – Gesellschaft, Bonn 1999, S. 164–170.

Cafagna, Luciano, Cavour, Bologna 1999.

Caffiero, Marina, Un santo per le donne. Benedetto Giuseppe Labre e la feminilizzazione del cattolicesimo tra '700 e '900, in: Memoria 30 (1990) S. 89–106.

Calabrese, Omar, L'iconologia della monaca di Monza, in: Manetti, Giovanni/Eco, Umberto (Hg.), Leggere i promessi sposi, Milano ^{2}1990, S. 299–312.

Camaiani, Pier Giorgio, Valori religiosi e polemica anticlericale della sinistra democratica e del primo socialismo, in: Rivista di storia e di letteratura religiosa 30 (1984) S. 223–250.

Camp, Richard L., From Passive Subordination to Complementary Partnership, the Papal Conception of a Woman's Place in Church and Society since 1878, in: The Catholic Historical Review 76 (1990) S. 506–525.

Candeloro, Giorgio, Il movimento cattolico in Italia, Roma 1982.

–, I temi, le battaglie e gli smarrimenti di una rivista ›popolare‹, in: Vallini, Asino, S. VII–XVIII.

–, Storia dell'Italia moderna, 11 Bde., Milano ^{6}1974.

Caracciolo, Alberto, Roma capitale, Dal Risorgimento alla crisi dello Stato liberale, Roma 1999.

Cárcel Orti, Vicente, La publicación del Syllabus en Espana, in: Analecta Sacra Tarraconensia 57/58 (1984/85) S. 139–155.

Carl, Horst, »Die Aufklärung unseres Jahrhunderts ist ein bloßes Nordlicht…«. Konfession und deutsche Nation im Zeitalter der Aufklärung, in: Haupt/Langewiesche, Nation, S. 105–141.

Casanova, José, Public Religions in the Modern World, Chicago 1994.

Castro Varela, María do Mar/Dhawan, Nikita, Postkoloniale Theorie. Eine kritische Einführung, Bielefeld 2005.

Castronovo, Valerio, (Hg.), Storia della stampa italiana, Bd. 2–3, Roma 1978–1979.
Certini, Rossella, Jessie White Mario. Una giornalista educatrice, Firenze 1998.
Ceschia, Cosetta/Cozzi, Donatella, Le Possedute di Verzegnis. Comunità, clero, medicina e Stato di fronte ad un inconsueto caso epidemico nel Friuli da poco annesso all'Italia, in: Etnie 11 (1986) S. 18–21.
Chabod, Federico, Storia della politica estera italiana dal 1870 al 1896, Bari 1962.
Chadwick, Owen, A History of the Popes, 1830–1914, Oxford 1998.
–, The Secularization of the European Mind in the Nineteenth Century, Cambridge 1975.
Chakrabarty, Dipesh, Provincializing Europe. Postcolonial Thought and Historical Difference, Princeton 2000.
Chiesa, Adolfo, Storia della Satira in Italia, Roma 1990.
Chiesa e religiosità in Italia dopo l'Unità (1861–1878). Atti del quarto Convegno die Storia della Chiesa, La Mendola, 31 agosto-5 settembre 1971, 4 Bde., Milano 1973.
Chiosso, Giorgio, Die Schulfrage in Italien: Volksschulbildung, in: Lill/Traniello, Kulturkampf, S. 257–298.
Ciampani, Andrea, Cattolici e liberali durante la trasformazione dei partiti. La »questione di Roma« tra politica nazionale e progetti vaticani (1876–1883), Roma 2000.
Clark, Christopher, The new Catholicism and the European Culture Wars, in: Ders./Kaiser, Wars, S. 11–46.
– /Kaiser, Wolfram, Introduction. The European culture wars, in: Dies., Wars, Cambridge 2003, S. 1–10.
–, The Politics of Conversion. Missionary Protestantism and the Jews in Prussia 1728–1941, Oxford 1995.
–, Preußen. Aufstieg und Niedergang. 1600–1947, Frankfurt 2006.
– /Kaiser, Wolfram (Hg.), Culture Wars. Secular-Catholic Conflict in Nineteenth-Century Europe, Cambridge 2003.
Cole, Lawrence, The Counter Reformation's last stand: Austria, in: Clark/Kaiser, Wars, S. 285–312.
Comba, Augusto, I valdesi, in: Levra, Storia, S. 839–856.
Conrad, Sebastian, ›Eingeborenenpolitik‹ in Kolonie und Metropole. ›Erziehung zur Arbeit‹ in Ostafrika und Ostwestfalen, in: Ders./Osterhammel, Kaiserreich, S. 107–128.
– Globalisierung und Nation im Deutschen Kaiserreich, München 2006.
– /Randeria, Shalini (Hg.), Jenseits des Eurozentrismus. Postkoloniale Perspektiven in den Geschichtswissenschaften, Frankfurt 2002.
– /Osterhammel, Jürgen (Hg.), Das Kaiserreich transnational. Deutschland in der Welt 1871–1914, Göttingen 2004.
Conti, Fulvio, L'Italia dei democratici. Sinistra risorgimentale, massoneria e associazionismo fra Otto e Novecento, Milano 2000.
Conze, Werner/Strätz, Hans-Wolfgang/Zabel, Hermann, Säkularisation, Säkularisierung, in: Brunner/Conze/Koselleck, Grundbegriffe, Bd. 5, Stuttgart 1984, S. 789–829.
Conzemius, Victor, Die Briefe Aulikes an Döllinger. Ein Beitrag zur Geschichte der Katholischen Abteilung im Preußischen Kultusministerium, Rom 1968.
–, Ultramontanismus, in: TRE 23 (2003) S. 253–263.
Corbin, Alain, Intimität und Vergnügungen im Wandel, in: Ariès, Philippe/Duby, Georges (Hg.) Geschichte des privaten Lebens, Bd. 4, Von der Revolution bis zum Großen Krieg, Frankfurt 1992, S. 514–521.
Covato, Carmela, Le congregazioni religiose femminili e l'istruzione superiore delle donne nel primo decennio post-unitario, in: Bosna, Ernesto/Genovesi, Giovanni (Hg.), L'istruzione secondaria superiore in Italia da Casati ai giorni nostri, Bari 1988, S. 109–121.
–, Donne, istruzione e università nell'Italia post-unitaria (1860–1900), in: Scuola e Città 37 (1986) S. 332–338.
– (Hg.), L'istruzione normale dalla legge Casati all'età giolittiana, Roma 1994.

Craig, Gordon A., Germany, 1866–1945, New York 1978.
Cramer, Kevin, The Lamentations of Germany: The Historiography of the Thirty Years War, 1815–1890, Ph. D. Diss. Ann Arbor (Mich.) 1996.
Croce, Benedetto, Geschichte Italiens 1871–1915, Berlin 1928.
Croon, Gustav, Der Rheinische Provinziallandtag bis 1874, Düsseldorf 1918.
Cubitt, Geoffrey, The Jesuit Myth. Conspiracy Theory and Politics in Nineteenth-Century France, Oxford 1993.
Cuaz, Marco, La Valle d'Aosta fra stati sabaudi e Regno d'Italia, in: Stuart J. Woolf (Hg.), La Valle d'Aosta, Torino 1995, S. 265–362.
Cutrufelli, Maria Rosa, Oltre le mura del chiostro. Nota critica, in: Enrichetta Caracciolo, Misteri del chiostro napoletano, Giunti, Firenze ²1991, S. V–VIII.
Dahrendorf, Ralf, Gesellschaft und Demokratie in Deutschland, München 1965.
D'Amelio, Giuliana, Stato e Chiesa. La legislazione ecclesiastica fino al 1867, Milano 1961.
Daum, Andreas, Wissenschaftspopularisierung im 19. Jahrhundert. Bürgerliche Kultur, naturwissenschaftliche Bildung und die deutsche Öffentlichkeit 1848–1914, München 1998.
Dau Novelli, Cecilia, Società, Chiesa e associazionismo femminile. L'Unione fra le donne cattoliche d'Italia (1902–1919), Roma 1988.
De Bernardi, Alberto/De Peri, Francesco/Panzeri, Laura, Tempo e catene. Manicomio, psichiatria e classi subalterne. Il caso milanese, Milano 1980.
Decleva, Enrico, Anticlericalismo e lotta politica nell'Italia giolittiana. – I: l'esempio della Francia e i partiti popolaro (1901–1904), in: Nuova Rivista Storica 52 (1968) S. 291–354.
–, Anticlericalismo e lotta politica nell'Italia giolittiana. – II: l'estrema Sinistra e la formazione dei blocchi popolari (1905–1909), in: Nuova Rivista Storica 53 (1969) S. 541–617.
D'Elia, Costanza, The hidden comparison: modern Italy in German perspectives, in: Journal of Modern Italian Studies 1 (1996) S. 432–447.
De Fort, Ester, L'istruzione primaria e secondaria e le scuole tecnico-professionali, in: Levra, Storia, S. 587–618.
De Giorgi, Fulvio, Forme spirituali, forme simboliche, forme politiche. La devozione al S. Cuore, in: Rivista di storia della Chiesa in Italia 48 (1994) S. 365–459.
De Giorgio, Michela, Die Gläubige, in: Frevert, Ute/Haupt, Heinz-Gerhard (Hg.), Der Mensch des 19. Jahrhunderts, Frankfurt 1999, S. 120–147.
–, Il modello cattolico, in: Duby, Georges/Perrot, Michelle (Hg.), Storia delle donne in Occidente, Bd. 4, L'Ottocento, hg. v. Fraisse, Geneviève/Perrot, Michelle, Roma 1991, S. 155–191.
– /Di Cori, Paola, Politica e sentimenti: le organizzazioni femminili cattoliche dall'età giolittiana al fascismo, in: Nuova DWF 10–11 (1979) S. 80–125.
–, Raccontare un matrimonio moderno, in: Dies./Klapisch-Zuber, Michela (Hg.), Storia del matrimonio, Roma 1996, S. 307–390.
Del Rio, Domenico, I Gesuiti in Italia. Storia di Passioni, di trionfi e di amarezze, Milano 1996.
De Nicolò, Marco, Le difficili convivenze. L'Italia liberale e cattolica di fronte al »Kulturkampf«, Roma 1991.
Denzler, Georg, Die Geschichte des Zölibats, Freiburg 1993.
De Rosa, Gabriele/Gregory, Tullio/Vauchez, André (Hg.), Storia dell'Italia religiosa, Bd. 3, L'età contemporanea, Roma 1995.
De Ruggiero, Guido, Geschichte des Liberalismus in Europa, München 1930.
Detti, Tommaso, Salute, società e stato nell'Italia liberale, Milano 1993.
Di Cori, Paola, Rosso e Bianco. La devozione al Sacro Cuore di Gesù nel primo dopoguerra, in: Memoria 3 (1982) S. 82–107.
Dietl, Ludwig, Der Kanzelparagraph (§ 130a RStGB), Inaugural-Dissertation der juristischen Fakultät der Friedrich-Alexanders-Universität zu Erlangen, Erlangen 1932.
Dietrich, Stefan J., Christentum und Revolution. Die christlichen Kirchen in Württemberg 1848–1852, Paderborn 1996.

Dietrich, Tobias, Konfessionelle Gegnerschaft im Dorf im 19. Jahrhundert, in: Blaschke, Konfessionen, S. 181–213.
Dipper, Christof, Der Freiheitsbegriff des 19. Jahrhunderts, in: Brunner/Conze/Koselleck, Grundbegriffe, Bd. 2, Stuttgart 1975, S. 488–538.
- (Hg.), Deutschland und Italien 1860–1960. Politische und kulturelle Aspekte im Vergleich, München 2005.
–, Italien und Deutschland seit 1800: Zwei Gesellschaften auf dem Weg in die Moderne, in: Ders./Klinkhammer, Lutz/Nützenadel, Alexander (Hg.), Europäische Sozialgeschichte. Festschrift für Wolfgang Schieder, Berlin 2000, S. 485–505.
- /Schieder, Wolfgang/Schulze, Reiner (Hg.), Napoleonische Herrschaft in Deutschland und Italien - Verwaltung und Justiz, Berlin 1995.
Dirks, Nicholas B., Colonialism and Culture, Ann Arbor 1992.
Dotterweich, Volker, Heinrich von Sybel. Geschichtswissenschaft in politischer Absicht (1817–1861), Göttingen 1978.
Dowe, Christopher/Fuchs, Stephan, Katholische Studenten und Antisemitismus im Wilhelminischen Deutschland, in: GG 30 (2004) S. 571–593.
–, Auch Bildungsbürger. Katholische Studierende und Akademiker im Kaiserreich, Göttingen 2006.
Dowe, Dieter/Haupt, Heinz-Gerhard/Langewiesche, Dieter (Hg.), Europa 1848, Revolution und Reform, Bonn 1998.
Drury, Marjule Anne, Anti-Catholicism in Germany, Britain, and the United States. A Review and Critique of Recent Scholarship, in: Church History 70 (2001) S. 98–131.
Dülmen, Richard van, Antijesuitismus und katholische Aufklärung in Deutschland, in: HJ 89 (1969) S. 53–80.
–, Poesie des Lebens, eine Kulturgeschichte der deutschen Romantik 1795 - 1820, Köln 2002.
–, Religionsgeschichte in der historischen Sozialforschung, in: GG 6 (1980) S. 36–59.
Düwell, Kurt, Das Schul- und Hochschulwesen der Rheinlande, in: Petri, Franz/Droege, Georg (Hg.), Rheinische Geschichte, Bd. 3, Wirtschaft und Kultur, Düsseldorf 1979, S. 465–552.
Ebertz, Michael N., Die Organisierung der Massenreligiosität im 19. Jahrhundert. Soziologische Aspekte zur Frömmigkeitsforschung, in: Jahrbuch für Volkskunde 2 (1979) S. 38–72.
- (Hg.), Volksfrömmigkeit in Europa. Beiträge zur Soziologie popularer Religiosität aus 14 Ländern, München 1986.
Eder, Franz X., Kultur der Begierde. Eine Geschichte der Sexualität, München 2002.
Ehlen, Peter (Hg.), Der polnische Freiheitskampf 1830/31 und die liberale deutsche Polenfreundschaft, München 1982.
Eisenstadt, Shmuel N., Multiple Modernities, in: Daedalus 129 (2000) 1–29.
Elble, Otto, Der Kanzelparagraph, jurist. Diss., Heidelberg 1908.
Eley, Geoff, Bismarckian Germany, in: Martel, Gordon (Hg.), Modern Germany reconsidered, 1870–1945, London 1992, S. 1–32.
–, Liberalism, Europe, and the Bourgeoisie 1860–1914, in: Blackbourn, David/Evans, Richard J. (Hg.), The German Bourgeoisie. Essays on the Social History of the German Middle Class from the Late Eighteenth to the Early Twentieth Century, London 1991, S. 293–317.
–, Review. Margaret Lavinia Anderson, Windthorst. A Political Biography, in: New German Critique 32 (1984) S. 189–196.
Elm, Veit, Die Moderne und der Kirchenstaat. Aufklärung und römisch-katholische Staatlichkeit im Urteil der Geschichtsschreibung vom 18. Jahrhundert bis zur Postmoderne, Berlin 2001.
Elze, Reinhard, Sic transit gloria mundi. Zum Tode des Papstes im Mittelalter, in: Deutsches Archiv 24 (1978) S. 1–18.
Embach, Michael, Tunica Domini. Eine Literaturdokumentation der Trierer Heilig-Rock-Verehrung, bearbeitet von Helmut Krämer, Trier 1991.

–, Die literarische Verarbeitung der Trierer Heilig-Rock-Wallfahrt von 1844, in: Zwischen Andacht und Andenken. Kleinodien religiöser Kunst und Wallfahrtsandenken aus Trierer Sammlungen, Trier 1992, S. 137–152.

Erlinghagen, Karl, Katholisches Bildungsdefizit in Deutschland, Freiburg 1965.

Eßbach, Wolfgang, Die Junghegelianer. Soziologie einer Intellektuellengruppe, München 1988.

Evans, Ellen L., The Cross and the Ballot. Catholic Political Parties in Germany, Switzerland, Austria, Belgium and The Netherlands, 1785–1985, Boston 1999.

Evans, Richard J., Tod in Hamburg. Stadt, Gesellschaft und Politik in den Cholera-Jahren 1830–1910, Reinbek 1991.

Eyck, Frank, Liberalismus und Katholizismus in der Zeit des deutschen Vormärz, in: Schieder, Wolfgang (Hg.), Liberalismus in der Gesellschaft des deutschen Vormärz, Göttingen 1983, S. 133–146.

Faber, Karl-Georg, Die nationale Publizistik Deutschlands von 1866 bis 1871. Eine kritische Bibliographie, 2 Bde., Düsseldorf 1963.

Fabian, Johannes, Time and the Other. How Anthropology Makes its Object, New York 1983.

Farinelli, Giuseppe, La monaca di Monza nel tempo, nella vita e nel processo originale rivisto e commentato, Milano 1998.

Farr, Ian, From Anti-Catholicism to Anticlericalism. Catholic Politics and the Peasantry in Bavaria, 1860–1900, in: European Studies Review 13 (1983) S. 249–269.

Faßbender-Ilge, Monika Hildegard, Liberalismus, Wissenschaft, Realpolitik. Untersuchung des »Deutschen Staats-Wörterbuchs« von Johann Caspar Bluntschli und Karl Brater als Beitrag zur Liberalismusgeschichte zwischen 48er Revolution und Reichsgründung, Frankfurt 1981.

Fattorini, Emma, Modernizzazione »passiva« della chiesa e del movimento cattolico nell'Europa tra '800 e '900. Spunti di riflessione in Gramsci, in: Dimensioni e problemi della ricerca storica (1988/1) S. 69–106.

– (Hg.), In Viaggio della Madonna, in: Scaraffia/Zarri, Donne, S. 495–515.

– (Hg.), Santi, culti, simboli nell'età della secolarizzazione (1815–1915), Torino 1997.

Faure, Alain, Nachwort, in: Johann Martin Miller, Siegwart. Eine Klostergeschichte, Faksimiledruck nach der Ausgabe von 1776, 2 Bde., Bd. 2, Stuttgart 1971, S. 1*–40*.

Fehrenbach, Elisabeth, Verfassungsstaat und Nationsbildung 1815–1871, München 1992.

Ferrari, Silvio/Zanotti, Andrea, Familie und Familienrecht im Konflikt zwischen Staat und Kirche, in: Lill/Traniello, Kulturkampf, S. 321–343.

–, Legislazione ecclesiastica e prassi giurisprudenziale. Gli abusi dei ministri di culto tra laicizzazione della normativa e confessionismo della magistratura, Padova 1977.

–, La politica ecclesiastica di Giuseppe Zanardelli, in: Chiarini, Roberto (Hg.), Giuseppe Zanardelli, Milano 1983, S. 73–94.

Ferroglio, Giuseppe, Per la storia della legge 29 maggio 1855, n. 878. La crisi Calabiana in un diario del generale Durando, in: Il Diritto Ecclesiastico 63 (1952) S. 3–42.

Fetscher, Iring, Politisches Denken im Frankreich des 18. Jahrhunderts, in: Ders./Münkler, Herfried (Hg.), Pipers Handbuch der politischen Ideen, Bd. 3, Neuzeit. Von den Konfessionskriegen bis zur Aufklärung, München 1985, S. 423–529.

Fiorani, Luigi/Prosperi, Adriano (Hg.), Roma, la città del Papa. Vita civile e religiosa dal giubileo di Bonifacio VIII al giubileo di papa Wojtyla, Torino 2000.

Fiore, Massimo, L'Anticoncilio di Napoli del 1869, in: Chiesa e religiosità, Bd. 2, S. 341–350.

Fiorentino, Carlo M., Chiesa e stato a Roma negli anni della destra storica. 1870–1876. Il trasferimento della capitale e la soppressione delle corporazioni religiose, Roma 1996.

Foa, Anna, Giordano Bruno, Bologna 1998.

Foerster, Erich, Adalbert Falk. Sein Leben und Wirken als preußischer Kultusminister, Gotha 1927.

Fohrmann, Jürgen, Das Projekt der deutschen Literaturgeschichte. Entstehung und Scheitern einer nationalen Poesiegeschichtsschreibung zwischen Humanismus und Deutschem Kaiserreich, Stuttgart 1989.
Fontius, Martin, Nachwort, in: Diderot, Nonne, S. 249–270.
Fonzi, Fausto, I cattolici e la società dopo l'Unità, Roma ³1977.
–, Stato e chiesa, in: Nuove questioni di storia del Risorgimento e dell'Unità d'Italia, Bd. 2, Milano 1969, S. 325–388.
Formigoni, Guido, L'Italia dei cattolici. Fede e nazione dal Risorgimento alla Repubblica, Bologna 1998.
Fornaca, Remo, La scuola italiana e il positivismo, in: Papa, Positivismo, S. 335–350.
Fort Messina, Anna Lucia, L'Italia dell'Ottocento di fronte al colera, in: Vivanti, Corrado (Hg.), Storia d'Italia, Annali, Bd. 7, Malattia e medicina, Torino 1984, S. 429–494.
Foucault, Michel, Archäologie des Wissens, Frankfurt 1994.
–, Geschichte der Gouvernementalität, 2 Bde., Frankfurt 2006.
–, Nietzsche, die Genealogie, die Historie, in: Ders., Von der Subversion des Wissens, München 1974, S. 83–109.
–, Der Wille zum Wissen (=Sexualität und Wahrheit, Bd. 1), Frankfurt 1983.
Franchini, Silvia, Gli educandati nell'Italia postunitaria, in: Porciani, Ilaria (Hg.), L'Educazione delle donne. Scuole e modelli di vita femminile nell'Italia dell'Ottocento, Mostra documentaria e iconografica, Siena 1987, S. 57–86.
–, Élites ed educazione femminile nell'Italia dell'Ottocento. L'Istituto della SS. Annunziata di Firenze, Firenze 1993.
François, Etienne, Die unsichtbare Grenze. Protestanten und Katholiken in Augsburg 1648–1806, Sigmaringen 1991.
–, Oberammergau, in: Ders./Schulze, Hagen (Hg.), Deutsche Erinnerungsorte, Bd. 3, München 2001, S. 274–291.
–, Die Volksbildung am Mittelrhein im ausgehenden 18. Jahrhundert. Eine Untersuchung über den vermeintlichen ›Bildungsrückstand‹ der katholischen Bevölkerung Deutschlands im Ancien Regime, in: Jahrbuch für westdeutsche Landesgeschichte 3 (1977) S. 177–304.
Frank, Manfred, Einführung in die frühromantische Ästhetik. Vorlesungen, Frankfurt 1989.
Frank, Walter, Hofprediger Adolf Stoecker und die christlich-soziale Bewegung, Hamburg ²1935.
Fränkel, Ludwig, Otto von Corvin. Ein deutscher Freiheitskämpfer in Wort und Tat, Rudolstadt 1912.
Franz, Georg, Kulturkampf. Staat und Kirche in Mitteleuropa von der Säkularisation bis zum Abschluß des preußischen Kulturkampfes, München 1954.
Franz-Willing, Georg, Kulturkampf gestern und heute. Eine Säkularbetrachtung 1871–1971, München 1971.
Franzen, August, Die Zölibatsfrage im 19. Jahrhundert. Der »Badische Zölibatssturm« (1828) und das Problem der Priesterehe im Urteil Johann Adam Möhlers und Johann Baptist Hirschers: HJ 91 (1971) S. 345–383
Franzinelli, Mimmo, Ateismo, laicismo, anticlericalismo, guida bibliografica ragionata al libero pensiero ed alla concezione materialistica della storia, 3 Bde., Ragusa 1990–1994.
Franzke, Karl, Die oberschlesischen Industriearbeiter von 1740–1886, Breslau 1936.
Frenzel, Elisabeth, Keuschheitsgelübde, in: Dies., Motive der Weltliteratur. Ein Lexikon dichtungsgeschichtlicher Längsschnitte, Stuttgart ⁴1992, S. 419–434.
Frevert, Ute (Hg.), Bürgerinnen und Bürger. Geschlechterverhältnisse im 19. Jahrhundert, Göttingen 1988.
–, Frauen-Geschichte. Zwischen bürgerlicher Verbesserung und neuer Weiblichkeit, Frankfurt 1986.
–, »Mann und Weib und Weib und Mann«. Geschlechter-Differenzen in der Moderne, München 1995.

– /Haupt, Heinz-Gerhard (Hg.), Neue Politikgeschichte. Perspektiven einer historischen Politikforschung, Frankfurt 2005.
Frey, Manuel, Toleranz und Selektion. Konfessionelle Signaturen zwischen 1770–1830, in: Blaschke, Konfessionen, S. 113–153.
Fritzsche, Bruno/Lemmenmeier, Max, Das Jahrhundert der Revolutionen, in: Flüeler, Niklaus/Flüeler-Grauwiler, Marianne (Hg.), Geschichte des Kantons Zürich, Bd. 3, 19. und 20. Jahrhundert, Zürich 1994, S. 20–157.
Frölich, Jürgen, Die Berliner »Volks-Zeitung« 1853–1867. Preußischer Liberalismus zwischen »Reaktion« und »Revolution von oben«, Frankfurt 1990.
Frühwald, Wolfgang, Anfänge der katholischen Bewegung. Zur Parteinahme der Romantiker im Streit zwischen Kirche und Staat in den preußischen Rheinprovinzen 1819–1845, in: Rheinische Vierteljahresblätter 41 (1977) S. 231–248.
–, Mönch und Nonne in der Literatur der deutschen Romantik, in: Kirmeier, Josef (Hg.), Glanz und Ende der alten Klöster. Säkularisation im bayerischen Oberland 1803, München 1991, S. 108–115.
–, Die Wallfahrt nach Trier. Zur historischen Einordnung einer Streitschrift von Joseph Görres, in: Droege, Gerd/Frühwald, Wolfgang/Pauly, Ferdinand (Hg.), Verführung zur Geschichte, Trier 1973, S. 366–382.
Frugiuele, Lorenzo, La Sinistra e i cattolici. Pasquale Mancini giurisdizionalista anticlericale, Milano 1985.
Fuchs, Eduard, Die Karikatur der europäischen Völker vom Jahre 1848 bis zur Gegenwart, Berlin 1903.
Fuhrmann, Malte, Der Traum vom deutschen Orient. Zwei deutsche Kolonien im Osmanischen Reich 1851–1918, Frankfurt 2006.
Gabaccia, Donna R., Italy's Many Diasporas, London 2003.
Gadille, Jacques/Mayeur, Jean-Marie (Hg.), Liberalismus, Industrialisierung, Expansion Europas (1830–1914) (= Geschichte des Christentums. Religion, Politik, Kultur, Bd. 11, hg. v. Mayeur, Jean-Marie u. a.), Freiburg 1997.
Gagel, Walter, Die Wahlrechtsfrage in der Geschichte der deutschen liberalen Parteien 1848–1918, Düsseldorf 1958.
Gagliani, Dianella/Salvati, Maruccia (Hg.), La sfera pubblica femminile. Percorsi di storia delle donne in età contemporanea, Bologna 1992.
Gaiotti de Biase, Paola, Da una cittadinanza all'altra. Il duplice protagonismo delle donne cattoliche, in: Bonacchi/Groppi, Dilemma, S. 128–165.
–, Donne e secolarizzazione, in: Quaderni di azione sociale 71 (1989) S. 35–47.
–, Movimento cattolico e questione femminile, in: Traniello/Campanini, Dizionario, Bd. 1/2, Torino 1981, S. 96–111.
–, Le origini del movimento cattolico femminile, Brescia 1963.
Galante Garrone, Alessandro, L'emigrazione politica italiana nel Risorgimento, in: RSR 41 (1954) S. 223–242.
Galasso, Giuseppe, La capitale inevitabile, in: Un secolo da Porta Pia, Napoli 1970, S. 71–92.
Gall, Lothar, Benjamin Constant. Seine politische Ideenwelt und der deutsche Vormärz, Wiesbaden 1963.
–, Bismarck. Der weiße Revolutionär, Frankfurt ²1993.
–, Die partei- und sozialgeschichtliche Problematik des badischen Kulturkampfes, in: Zeitschrift für die Geschichte des Oberrheins 113 (1965) S. 151–196.
–, Liberalismus und »bürgerliche Gesellschaft«. Zu Charakter und Entwicklung der liberalen Bewegung in Deutschland, in: HZ 220 (1975) S. 324–356.
–, Der Liberalismus als regierende Partei. Das Großherzogtum Baden zwischen Restauration und Reichsgründung, Wiesbaden 1968.

Galli della Loggia, Ernesto, Liberali, che non hanno saputo dirsi Cristiani, in: Il Mulino 42 (1993) S. 855–866.
Gallini, Clara, La sonnambula meravigliosa. Magnetismo e ipnotismo nell'Ottocento italiano, Milano 1983.
Gariglio, Bartolo, La »Gazzetta del Popolo« e l'anticlericalismo risorgimentale, in: Ders., Anticlericalismo, pacifismo, cultura cattolica nella publicistica tra i due secoli, o. O. 1984, S. 7–24.
Garin, Eugenio, La questione femminile (cento anni di discussione), in: Belfagor 17 (1962) S. 18–41.
Garms, Elisabeth/Garms, Jörg, Mito e realtà di Roma nella cultura europea. Viaggio e idea, immagine e immaginazione, in: De Seta, Cesare (Hg.), Storia d'Italia. Annali, Bd. 5, Il paesaggio, Roma 1982, S. 561–662.
Gatz, Erwin, Kirche und Krankenpflege im 19. Jahrhundert. Katholische Bewegung und karitativer Aufbruch in den preußischen Provinzen Rheinland und Westfalen, München 1971.
–, Rheinische Volksmission im 19. Jahrhundert. Dargestellt am Beispiel des Erzbistums Köln. Ein Beitrag zur Geschichte der Seelsorge im Zeitalter der katholischen Bewegung, Düsseldorf 1963.
Gay, Peter, Die Erziehung der Sinne. Sexualität im bürgerlichen Zeitalter, München 1986.
–, Die zarte Leidenschaft. Liebe im bürgerlichen Zeitalter, München 1987.
Gérard, René, L'Orient et la pensée romantique allemande, Paris 1963.
Gerber, Michael Rüdiger, Politische Geschichte 1848–1918, in: Menzel, Josef Joachim (Hg.), Geschichte Schlesiens, Bd. 3, Preußisch-Schlesien 1740–1945. Österreichisch-Schlesien 1740–1918/45, Stuttgart 1999, S. 34–80.
Geulen, Christian, Geschichte des Rassismus, München 2007.
–, Wahlverwandte. Rassendiskurs und Nationalismus im späten 19. Jahrhundert, Hamburg 2004.
Geuss, Raymond, Privatheit. Eine Genealogie, Frankfurt 2002.
Ghidetti, Enrico, Un aspetto della letteratura popolare in Toscana: i misteri, in: Porciani, Ilaria (Hg.), Editori a Firenze nel secondo Ottocento, Firenze 1983, S. 341–365.
Ghisalberti, Alberto M., L'idea di Roma Capitale nel Risorgimento, in: La fine del potere temporale e il ricongiungimento di Roma all'Italia, Rom 1972.
Giacometti, Zaccaria, Die Genesis von Cavours Formel libera Chiesa in libero Stato, Aarau 1919.
Giardina, Andrea/Vauchez, André, Il mito di Roma. Da Carlo Magno a Mussolini, Roma 2000.
Giovagnoli, Agostino, Don Margotti e l'astensionismo, in: Il Parlamento italiano (1861–1988), Bd. 1, 1861–1865. L'unificazione italiana. Da Cavour a La Marmora, Milano 1988, S. 228 f.
–, Il Neoguelfismo, in: De Rosa/Gregory/Vauchez, Storia, S. 39–59.
Goertz, Hans-Jürgen, Antiklerikalismus und Reformation. Sozialgeschichtliche Untersuchungen, München 1995.
Götz von Olenhusen, Irmtraud (Hg.), Wunderbare Erscheinungen. Frauen und katholische Frömmigkeit im 19. und 20. Jahrhundert, Paderborn 1995.
– (Hg.) Frauen unter dem Patriarchat der Kirchen. Katholikinnen und Protestantinnen im 19. und 20. Jahrhundert, Stuttgart 1995.
–, Klerus und abweichendes Verhalten. Zur Sozialgeschichte katholischer Priester im 19. Jahrhundert: Die Erzdiözese Freiburg, Göttingen 1994.
Goez, Werner, Das Hauptstadtproblem Italiens vom Beginn des Mittelalters bis in die Gegenwart, in: Wendehorst, Alfred (Hg.), Hauptstädte. Entstehung, Struktur und Funktion, Neustadt 1979, S. 61–74.
Goldberg, Ann, Sex, Religion, and the Making of Modern Madness. The Eberbach Asylum and German Society 1815–1849, Oxford 1999.
Goldstein, Jan, The Hysteria Diagnosis and the Politics of Anticlericalism in Late Nineteenth-Century France, in: JMH 54 (1982) S. 209–239.

Goltermann, Svenja, Figuren der Freiheit, in: Hettling/Hoffmann, Wertehimmel, S. 149–168.
–, Körper und Nation. Habitusformierung und die Politik des Turnens 1860–1890, Göttingen 1998.
Goodden, Angelica, Diderot and the Body, Oxford 2001.
Goschler, Constantin, Rudolf Virchow. Mediziner – Anthropologe – Politiker, Köln 2002.
Goyau, Georges, Bismarck et l'Église. Le Culturkampf, 2 Bde., Paris 1911–13.
Graf, Friedrich Wilhelm, Die »kompetentesten« Gesprächspartner? Implizite theologische Werturteile in Max Webers Protestantischer Ethik, in: Krech, Volkhard (Hg.), Religionssoziologie um 1900, Würzburg 1995, S. 209–241.
–, Kritik und Pseudo-Spekulation. David Friedrich Strauß als Dogmatiker im Kontext der positionellen Theologie seiner Zeit, München 1982.
–, Die Politisierung des religiösen Bewußtseins. Die bürgerlichen Religionsparteien im deutschen Vormärz: Das Beispiel des Deutschkatholizismus, Stuttgart 1978.
–, Die Wiederkehr der Götter. Religion in der modernen Kultur, München 2004.
Gräf, Holger Th., Reich, Nation und Kirche in der Groß- und kleindeutschen Historiographie, in: HJ 116 (1996) S. 367–394.
Gramsci, Antonio, Quaderni del Carcere, 3 Bde., Torino 1975.
–, An den Rändern der Geschichte. Geschichte der subalternen gesellschaftlichen Gruppen, Gefängnisheft 25, in: Antonio Gramscis Gefängnishefte, Kritische Gesamtausgabe, Bd. 9, hg. v. Haug, Wolfgang Fritz/Bochmann, Klaus, Hamburg 1999 [1934], S. 2187–2200.
Grasser, Walter, Johann Freiherr von Lutz (eine politische Biographie) 1826–1890, München 1967.
Grassl, Hermann, Aufbruch zur Romantik. Bayerns Beitrag zur deutschen Geistesgeschichte 1765–1785, München 1968
Greiner, Martin, Die Entstehung der modernen Unterhaltungsliteratur. Studien zum Trivialroman des 18. Jahrhunderts, Reinbek 1964.
Greyerz, Kaspar von, Religion und Kultur. Europa 1500–1800, Göttingen 2000.
Griseri, Giuseppe, Soppressioni 1848, in: Dizionario degli Istituti di Perfezione 8 (1988) Sp. 1862–1865.
–, Soppressioni 1855, in: Dizionario degli Istituti di Perfezione 8 (1988) Sp. 1865–1869.
Groh, Dieter/Brandt, Peter, »Vaterlandslose Gesellen«. Sozialdemokratie und Nation 1860–1990, München 1992.
Grohs, Winfried, Die Liberale Reichspartei 1871–1918. Liberale Katholiken und föderalistische Protestanten im ersten Deutschen Reichstag, Frankfurt 1990.
Groppi, Angela, I conservatori delle virtù. Donne e »recluse« nella Roma dei Papi, Roma 1994.
Groschopp, Horst, Dissidenten. Freidenkerei und Kultur in Deutschland, Berlin 1997.
Gross, Friedrich, Jesus, Luther und der Papst im Bilderkampf 1871 bis 1918. Zur Malereigeschichte der Kaiserzeit, Marburg 1989.
Gross, Michael B., The Strange Case of the Nun in the Dungeon, or German Liberalism as a Convent Atrocity Story, in: German Studies Review 23/1 (2000) S. 69–84.
–, The Catholic Missionary Crusade and the Protestant Revival in Nineteenth-Century Germany, in: Smith, Protestants, S. 245–265.
–, Kulturkampf and Unification: German Liberalism and the War Against the Jesuits, in: Central European History 30 (1997) S. 545–566.
–, The War against Catholicism. Liberalism and the Anti-Catholic Imagination in Nineteenth-Century Germany, Ann Arbor 2004.
Gründer, Horst, Deutsche Missionsgesellschaften auf dem Wege zur Kolonialmission, in: Bade, Klaus J. (Hg.) Imperialismus und Kolonialismus. Kaiserliches Deutschland und koloniales Imperium, Wiesbaden 1982, S. 68–102.
Guasco, Maurilio, Storia del clero in Italia dall'Ottocento a oggi, Roma 1997.

Gugel, Michael, Industrieller Aufstieg und bürgerliche Herrschaft. Sozioökonomische Interessen und politische Ziele des liberalen Bürgertums in Preußen zur Zeit des Verfassungskonflikts 1857–1867, Köln 1975.

Guidi, Laura, Patriottismo femminile e travestimenti sulla scena risorgimentale, in: Studi Storici 41 (2000) S. 571–587.

Günzler, Otto/Zwink, Alfred, Oberammergau. Berühmtes Dorf – berühmte Gäste. Drei Jahrhunderte Passionsspiel im Spiegel seiner Besucher, München 1950.

Habermas, Jürgen, Die Moderne – ein unvollendetes Projekt. Philosophisch-politische Aufsätze 1977–1992, Leipzig ^{2}1992.

Habermas, Rebekka, »Frauen und Männer des Bürgertums«. Eine Familiengeschichte (1750–1850), Göttingen 1999.

–, Weibliche Religiosität – oder: Von der Fragilität bürgerlicher Identitäten, in: Tenfelde, Klaus/Wehler, Hans-Ulrich (Hg.), Wege zur Geschichte des Bürgertums. Vierzehn Beiträge, Göttingen 1994, S. 125–148.

Haferkorn, Folkert, Soziale Vorstellungen Heinrich von Sybels, Stuttgart 1976.

Haibl, Michaela, Zerrbild als Stereotyp. Visuelle Darstellungen von Juden zwischen 1850 und 1900, Berlin 2000.

Halbfass, Wilhelm, Indien und Europa. Perspektiven ihrer geistigen Begegnung, Basel 1981.

Halder, Winfrid, Katholische Vereine in Baden und in Württemberg 1848–1914, Paderborn 1995.

Hall, Stuart, Wann war der »Postkolonialismus«? Denken an der Grenze, in: Elisabeth Bronfen u. a. (Hg.), Hybride Kulturen. Beiträge zur anglo-amerikanischen Multikulturalismusdebatte, Tübingen, 1997, S. 219–46.

–, Der Westen und der Rest, in: Ders., Rassismus und kulturelle Identität. Diskurs und Macht, Hamburg 1994, S. 137–179.

Hamilton, Richard F., Max Weber's Protestant Ethic: a Commentary on the Thesis and its Reception in the Academic Community, Madrid 1995.

Hanson, Ellis, Decadence and Catholicism, Cambridge (Mass.) 1997.

Hardtwig, Wolfgang, Die Kirchen in der Revolution von 1848/49. Religiös-politische Mobilisierung und Parteienbildung, in: Ders., (Hg.), Revolution in Deutschland und Europa 1848/49, Göttingen 1998, S. 79–108.

–, Von Preußens Aufgabe in Deutschland und Deutschlands Aufgabe in der Welt. Liberalismus und borussianisches Geschichtsbild zwischen Revolution und Imperialismus, in: HZ 231 (1980) S. 265–324.

Harris, Ruth, Lourdes. Body and Spirit in a Secular Age, London 1999.

Harris, James F., A Study in the Theory and Practice of German Liberalism. Eduard Lasker, 1829–1884, New York 1984.

Hartmann, Peter Claus, Kulturgeschichte des Heiligen Römischen Reiches. 1648 bis 1806. Verfassung, Religion und Kultur, Wien 2001.

Hartmannsgruber, Friedrich, Die Bayerische Patriotenpartei 1868–1887, München 1986.

–, Im Spannungsfeld von ultramontaner Bewegung und Liberalismus, 1864–1890, in: Brandmüller, Walter (Hg.), Handbuch der bayerischen Kirchengeschichte, Bd. 3, Vom Reichsdeputationshauptschluß bis zum Zweiten Vatikanischen Konzil, St. Ottilien 1991, S. 205–262.

Hasler, August, Pius IX. (1846–1878), päpstliche Unfehlbarkeit und 1. Vatikanisches Konzil. Dogmatisierung und Durchsetzung einer Ideologie, 2 Bde., Stuttgart 1977.

Haupt, Heinz-Gerhard/Kocka, Jürgen (Hg.), Geschichte und Vergleich. Ansätze und Ergebnisse international vergleichender Geschichtsschreibung, Frankfurt 1996.

– /Langewiesche, Dieter (Hg.), Nation und Religion in der deutschen Geschichte, Frankfurt 2001.

– /Langewiesche, Dieter (Hg.), Nation und Religion in Europa. Mehrkonfessionelle Gesellschaften im 19. und 20. Jahrhundert, Frankfurt 2004.

Hausen, Karin, Die Polarisierung der »Geschlechtscharaktere«. Eine Spiegelung der Dissoziation von Erwerbs- und Familienleben, in: Conze, Werner (Hg.), Sozialgeschichte der Familie in der Neuzeit Europas. Neue Forschungen, Stuttgart 1976, S. 363–393.
Hausmanninger, Thomas/Bohrmann, Thomas (Hg.), Mediale Gewalt, München 2002.
Haydon, Colin, Anti-Catholicism in eighteenth century England, c. 1714–1780. A political and social study, Manchester 1993.
Healy, Róisín, Anti-Jesuitism in Imperial Germany: The Jesuit as Androgyne, in: Smith, Protestants, S. 153–181.
–, The Jesuit Specter in Imperial Germany, Boston 2003.
–, Religion and Civil Society: Catholics, Jesuits, and Protestants in Imperial Germany, in: Trentmann, Frank (Hg.), Paradoxes of Civil Society: New Perspectives on Modern German and British History, New York 2000, S. 244-262.
Hegel, Eduard, Das Erzbistum Köln zwischen der Restauration des 19. Jahrhunderts und der Restauration des 20. Jahrhunderts 1815–1962, Köln 1987.
Heilbronner, Oded, Wohin verschwand das katholische Bürgertum? Der Ort des katholischen Bürgertums in der neueren deutschen Historiographie, in: Zeitschrift für Religions- und Geistesgeschichte 47 (1995) S. 320–337.
–, From Ghetto to Ghetto: The Place of German Catholic Society in Recent Historiography, in: JMH 72 (2000) S. 543–495.
Heinen, Armin, Umstrittene Moderne. Die Liberalen und der preußisch-deutsche Kulturkampf, in: GG 29 (2003) S. 138–156.
Heinen, Ernst, Katholizismus und Gesellschaft. Das katholische Vereinswesen zwischen Revolution und Reaktion (1848/49–1853/54), Idstein 1993.
Herde, Peter, Guelfen und Neoguelfen. Zur Geschichte einer nationalen Ideologie vom Mittelalter bis zum Risorgimento, Stuttgart 1986.
Herres, Jürgen, Städtische Gesellschaft und katholische Vereine im Rheinland 1840–1870, Essen 1996.
Hersche, Peter, Max Weber, Italien und der Katholizismus, in: QFIAB 76 (1996) S. 362–382.
Herzig, Arno, Die unruhige Provinz. Schlesien zwischen 1806 und 1871, in: Conrads, Norbert (Hg.), Deutsche Geschichte im Osten Europas. Schlesien, Berlin 1994, S. 466–552.
Herzog, Dagmar, Intimacy and Exclusion. Religious Politics in Pre-Revolutionary Baden, Princeton 1996.
Hess, Günther, Deutsche Nationalliteratur und oberdeutsche Provinz. Zu Geschichte und Grenzen eines Vorurteils, in: Jahrbuch für Volkskunde NF 8 (1985) S. 7–30.
Hess, Jonathan M., Johann David Michaelis and the Colonial Imaginary. Orientalism and the Emergence of Racial Antisemitism in Eighteenth-Century Germany, in: Jewish Social Studies 6 (2000) S. 56–101.
Hesse, Horst, Die sogenannte Sozialgesetzgebung Bayerns Ende der sechziger Jahre des 19. Jahrhunderts. Ein Beitrag zur Strukturanalyse der bürgerlichen Gesellschaft, München 1971.
Hettling, Manfred, Politische Bürgerlichkeit. Der Bürger zwischen Individualität und Vergesellschaftung in Deutschland und der Schweiz von 1860 bis 1918, Göttingen 1999.
–, Die persönliche Selbständigkeit. Der archimedische Punkt bürgerlicher Lebensführung, in: Ders./Hoffmann, Wertehimmel, S. 57–78.
– /Hoffmann, Stefan-Ludwig (Hg.), Der bürgerliche Wertehimmel. Innenansichten des 19. Jahrhunderts, Göttingen 2000.
Heusser-Schweizer, Meta, Hauschronik, hg. v. Karl Fehr, Kilchberg 1980.
Heyer, Friedrich, Das Jesuitengespenst der deutschen Protestanten. Zur 60jährigen Wiederkehr der Zulassung des Jesuitenordens in Deutschland, in: Hein, Lorenz (Hg.), Die Einheit der Kirche. Dimensionen ihrer Heiligkeit, Katholizität und Apostolizität, Wiesbaden 1977, S. 271–285.
Hibbert, Christopher, Rom. Biographie einer Stadt, München 1992.

Hickethier, Knut, Einführung in die Medienwissenschaft, Stuttgart 2003.
Hilge, Friedrich, Die Evangelische Kirche und der Kulturkampf (unter besonderer Berücksichtigung Preußens), Diss. Univ. Osnabrück 1999.
Hinck, Walter, Die Wunde Deutschland. Heinrich Heines Dichtung im Widerstreit von Nationalidee, Judentum und Antisemitismus, Frankfurt 1990.
Hirschmann, Günther, Kulturkampf im historischen Roman der Gründerzeit 1859–1878, München 1978.
Hobson, John M., Reorienting Weber? Is a non-Eurocentric theory of the Rise of the West desirable and possible?, in: Adloff/Borutta, Weber, S. 55–71.
Hödl, Klaus, Die Pathologisierung des jüdischen Körpers. Antisemitismus, Geschlecht und Medizin im Fin de Siècle, Wien 1997.
Höhle, Michael, Die Gründung des Bistums Berlin 1930, Paderborn 1996.
Hölscher, Lucian (Hg.), Datenatlas zur religiösen Geographie im protestantischen Deutschland. Von der Mitte des 19. Jahrhunderts bis zum Zweiten Weltkrieg, 4 Bde., Berlin 2001, S. 1–20.
–, Die Entdeckung der Zukunft, Frankfurt 1999.
–, Geschichte der protestantischen Frömmigkeit in Deutschland, München 2005.
–, Die Religion des Bürgers. Bürgerliche Frömmigkeit und protestantische Kirche im 19. Jahrhundert, in: HZ 250 (1990) S.595–630.
Höpfner, Christian, Romantik und Religion. Heinrich Heines Suche nach Identität, Stuttgart 1997.
Hoffmann, Stefan-Ludwig, Die Politik der Geselligkeit. Freimaurerlogen in der deutschen Bürgergesellschaft, 1840–1918, Göttingen 2000.
Hoffmann, Tessa, Der radikale Wandel. Das deutsche Polenbild zwischen 1772 und 1848, in: Zeitschrift für Ostforschung 3 (1993) S. 358–390.
Hoffmeister, Gerhard, Forschungsgeschichte, in: Schanze, Helmut (Hg.), Romantik-Handbuch, Stuttgart 1994, S. 177–206.
Hofmann, Werner, Die Karikatur – eine Gegenkunst, in: Langemeyer, Mittel, S. 355–383.
Hohendahl, Peter Uwe, Literarische Kultur im Zeitalter des Liberalismus 1830–1870, München 1985.
Holborn, Hajo, Bismarck und Frh. Georg von Werthern, in: Archiv für Politik und Geschichte 8 (1925) S. 469–507.
–, A History of Modern Germany, 1840–1945, Princeton 1982.
Holzem, Andreas, Kirchenreform und Sektenstiftung. Deutschkatholiken, Reformkatholiken und Ultramontane am Oberrhein (1844–1866), Paderborn 1994.
Honigsheim, Paul, Max Weber in Heidelberg, in: König, René/Winckelmann, Johannes (Hg.), Max Weber zum Gedächtnis. Materialien und Dokumente zur Bewertung von Werk und Persönlichkeit, Köln 1964, S. 161–271.
Horwath, Peter, Kampf gegen die religiöse Tradition. Die Kulturkampfliteratur Österreichs 1780–1918, Bern 1978.
Huber, Ernst Rudolf (Hg.), Dokumente zur deutschen Verfassungsgeschichte, Bd. 1, Deutsche Verfassungsdokumente 1803–1850, Stuttgart 1961.
– /Huber, Wolfgang, Staat und Kirche im 19. und 20. Jahrhundert. Dokumente zur Geschichte des deutschen Staatskirchenrechts, 4 Bde., Berlin 1973–88.
–, Deutsche Verfassungsgeschichte seit 1789, Bd. 3–4, Stuttgart ^{2}1970–1982.
Hübinger, Gangolf, Confessionalism, in: Chickering, Roger (Hg.), Imperial Germany. A Historiographical Companion, London 1996, S. 156–184.
–, Hochindustrialisierung und die Kulturwerte des deutschen Liberalismus, in: Langewiesche, Liberalismus im 19. Jahrhundert, S. 193–208.
–, Kirchen und Staat im Deutschen Kaiserreich, in: Lehmann, Hartmut/Ouédraogo, Jean Martin (Hg.), Max Webers Religionssoziologie in interkultureller Perspektive, Göttingen 2003, S. 17–28.

Hübinger, Paul-Egon, Das Historische Seminar der Rheinischen Friedrich-Wilhelms-Universität zu Bonn. Vorläufer – Gründung – Entwicklung, ein Wegstück deutscher Universitätsgeschichte, Bonn 1963.
Hull, Isabell V., Sexuality, State, and Civil Society in Germany, 1700–1815, Ithaca 1996.
Hunt, Lynn (Hg.), Die Erfindung der Pornographie. Obszönität und die Ursprünge der Moderne, 1500–1800, Frankfurt 1994.
Huntington, Samuel P., Kampf der Kulturen. Die Neugestaltung der Weltpolitik im 21. Jahrhundert, München 1998.
Hyde, Simon, Roman Catholicism and the Prussian State in the Early 1850s, in: CEH 24 (1991) S. 95–121.
Insolera, Italo, Roma moderna. Un secolo di storia urbanistica 1870–1970, Torino 1993.
Ippoliti, Alessandra, La rivista ›Il Libero Pensiero‹ negli anni intorno al '70, in: Chiesa e religiosità, Bd. 2, S. 351–359.
Isabella, Maurizio, Exile and Nationalism. The Case of the Risorgimento, in: European History Quarterly 36 (2006) S. 493–520.
Jacobi, Hermann, Gildemeister, Johannes Gustav, in: Allgemeine Deutsche Biographie, Bd. 49, S. 354–359.
Jäger, Hans-Wolf, Der reisende Enzyklopäd und seine Kritiker. Friedrich Nicolais »Beschreibung einer Reise durch Deutschland und die Schweiz im Jahre 1781«, in: Jahrbuch der deutschen Schillergesellschaft 26 (1982) S. 104–124.
–, Mönchskritik und Klostersatire in der deutschen Spätaufklärung, in: Klueting, Harm (Hg.), Katholische Aufklärung. Aufklärung im katholischen Deutschland, Hamburg 1993, S. 192–207.
Jansen, Christian, Bismarck und die Linksliberalen, in: Gall, Lothar (Hg.), Bismarck und die Parteien, Paderborn u. a. 2001, S. 91–110.
Jansen, Sarah, »Schädling«. Geschichte eines wissenschaftlichen und politischen Konstrukts, Frankfurt 1999.
Janz, Oliver/Schiera, Pierangelo/Siegrist, Hannes (Hg.), Centralismo e federalismo tra Otto e Novecento. Italia e Germania a confronto, Bologna 1997.
–, Bürger besonderer Art. Evangelische Pfarrer in Preußen, 1850–1914, Berlin 1994.
–, Konflikt, Koexistenz und Symbiose. Nationale und religiöse Symbolik in Italien vom Risorgimento bis zum Faschismus. In: Langewiesche/Haupt, Nation und Religion in Europa, Frankfurt 2004, S. 231–252.
–, Das evangelische Pfarrhaus, in: François, Etienne/Schulze, Hagen (Hg.), Deutsche Erinnerungsorte, Bd. 3, München 2001, S. 221–238.
Jarausch, Konrad, Illiberalism and Beyond: German History in Search of a Paradigm, in: JMH 55 (1983) S. 268–284.
Jedin, Hubert (Hg.), Handbuch der Kirchengeschichte, Bd. 6/1–2, Freiburg 1971.
Jeismann, Karl-Ernst, Volksbildung und Industrialisierung als Faktoren des sozialen Wandels im Vormärz, dargestellt am Beispiel der Forderungen Friedrich Harkorts zur Bildungsreform, in: Zeitschrift für Pädagogik 18 (1972) S. 315–337.
Jemolo, Arturo Carlo, Chiesa e Stato in Italia negli ultimi cento anni, Torino ²1963.
– Crispi, Firenze 1970.
–, Il »partito cattolico« piemontese nel 1855 e la legge sarda soppressiva delle comunità religiose, in: Ders., Scritti vari di storia religiosa e civile, Milano 1965, S. 323–373.
–, La questione della proprietà ecclesiastica nel Regno di Sardegna e nel Regno d'Italia (1848–1888), Bologna ²1974.
–, La questione romana, Milano 1938.
Jensen, Uffa, Gebildete Doppelgänger. Bürgerliche Juden und Protestanten im 19. Jahrhundert, Göttingen 2005.
Joas, Hans, Versuch einer Befreiung. Joachim Radkaus Biographie über Max Weber, in: Merkur 61 (2007) S. 62–70.

Jockwig, Klemens, Die Volksmission der Redemptoristen in Bayern von 1843 bis 1873. Dargestellt am Erzbistum München und Freising und an den Bistümern Passau und Regensburg, Regensburg 1967.
Jones, Verina R., Le dark ladies manzoniane e altri saggi sui Promessi Sposi, Roma 1998.
Joris, Elisabeth/Witzig, Heidi, Brave Frauen. Aufmüpfige Weiber. Wie sich die Industrialisierung auf Alltag und Lebenszusammenhänge von Frauen auswirkte (1820–1940), Zürich 1992.
Joskowicz, Alexander, Liberal Judaism and Confessional Politics of Difference in the German Kulturkampf, in: Leo Baeck Institute Yearbook 50 (2005) S. 177–197.
Juneja, Monica/Pernau, Margrit (Hg.), Religion und Grenzen in Indien und Deutschland. Auf dem Weg zu einer transnationalen Historiographie, Göttingen 2008.
Jürgensmeier, Friedhelm, Die katholische Kirche in der Karikatur der deutschen satirischen Tendenzzeitschriften von 1848 bis 1900, Trier 1969.
Just, Harold, Wilhelm Busch und die Katholiken: Kulturkampfstimmung im Bismarck-Reich, in: Geschichte in Wissenschaft und Unterricht 74 (1974) S. 65–78.
Kaiser, Renate, Die politischen Strömungen in den Kreisen Bonn und Rheinbach 1848–1878, Bonn 1963.
Kaiser, Wolfram, ›Clericalism, that is our enemy!‹: European anticlericalism and the culture wars, in: Clark/Kaiser, Wars, S. 47–77.
Kalyvas, Stathis N., The Rise of Christian Democracy in Europe, Ithaca 1996.
Kantorowicz, Ernst H., Die zwei Körper des Königs. Eine Studie zur politischen Theologe des Mittelalters, München 1990.
Kaufmann, Doris, Aufklärung, bürgerliche Selbsterfahrung und die Erfindung der Psychiatrie in Deutschland 1770–1850, Göttingen 1995.
Keinemann, Friedrich, Das Kölner Ereignis, sein Widerhall in der Rheinprovinz und in Westfalen, 2 Bde., Münster 1974.
Kelikian, Alice, Science, gender and moral ascendancy in liberal Italy, in: Journal of Modern Italian Studies 1 (1996) S. 377–389.
Keller, Alessandra, L'Anticlericalismo a Roma dopo la Breccia di Porta Pia (20 settembre 1870 – 13 luglio 1881), Tesi di laurea, Facoltà di Lettere dell'Università di Roma-La Sapienza 1989.
Kertzer, David I., The Kidnapping of Edgardo Mortara, New York 1997.
–, Die Päpste gegen die Juden. Der Vatikan und die Entstehung des modernen Antisemitismus, Berlin 2001.
–, Religion and Society, 1789–1892, in: Davis, John A. (Hg.), Italy in the Nineteenth Century, 1796–1900, Oxford 2000, S. 181–204.
Kessel, Martina, Das Trauma der Affektkontrolle. Zur Sehnsucht nach Gefühlen im 19. Jahrhundert, in: Benthien, Claudia/Fleig, Anne/Kasten, Ingrid (Hg.), Emotionalität. Zur Geschichte der Gefühle, Köln 2000, S. 156–177.
Kirsch, Martin, Monarch und Parlament im 19. Jahrhundert. Der monarchische Konstitutionalismus als europäischer Verfassungstyp – Frankreich im Vergleich, Göttingen 1999.
Kissener, Michael, »Preußisches Probierländle«? Über die Eigenart des badischen Kulturkampfes, in: HJ 122 (2002) S. 235–262.
Kißling, Johannes B., Geschichte des Kulturkampfes im Deutschen Reiche, 3 Bde., Freiburg 1911–1916.
Klein, Gotthard, Der Volksverein für das katholische Deutschland 1890–1933. Geschichte, Bedeutung, Untergang, Paderborn, 1996.
Klueting, Harm (Hg.), Katholische Aufklärung. Aufklärung im katholischen Deutschland. Studien zum achtzehnten Jahrhundert, Hamburg 1993.
–, Die Folgen der Säkularisation. Zur Diskussion der wirtschaftlichen und sozialen Auswirkungen der Vermögenssäkularisation in Deutschland, in: Berding, Helmut/Ullmann, Hans-Peter (Hg.), Deutschland zwischen Revolution und Restauration, Königstein 1981, S. 184–207.

Klug, Matthias, Rückwendung zum Mittelalter? Geschichtsbilder und historische Argumentation im politischen Katholizismus des Vormärz, Paderborn 1995.
Knopper, Françoise, Le regard du voyageur en Allemagne du Sud et en Autriche dans les relations de voyageurs allemands, Nancy 1992.
Koch, Ursula E., »L'opinion publique, c'est nous!« Illustrierte Berliner Polit-Witzblätter als Meinungsführer und Zeitgeistvehikel von der Märzrevolution bis zur Reichsgründung, in: Sösemann, Bernd (Hg.), Kommunikation und Medien in Preußen vom 16. bis zum 19. Jahrhundert, Stuttgart 2002, S. 386–411.
–, Der Teufel in Berlin. Von der Märzrevolution bis zu Bismarcks Entlassung. Illustrierte politische Witzblätter einer Metropole, 1848–1890, Köln 1991.
–, Ridendo dicere verum. Julius Stettenheim (1831–1916) – ein Meister des jüdisch-berlinischen Witzes (Ein Baustein zur Berliner Kulturgeschichte), in: Revue d'Allemagne 14 (1982) S. 253–266.
Kocka, Jürgen (Hg.), Bürger und Bürgerlichkeit im 19. Jahrhundert, Göttingen 1987.
– (Hg.), Bürgertum im 19. Jahrhundert. Deutschland im europäischen Vergleich, 3 Bde., Göttingen 1995[2].
–, Asymmetrical historical comparison: The Case of the German Sonderweg, in: History and Theory 38 (1999) S. 40–51.
–, Das lange 19. Jahrhundert. Arbeit, Nation und bürgerliche Gesellschaft, Stuttgart 2001.
– (Hg.), Max Weber, der Historiker, Göttingen 1986.
Kolb, Eberhard, Polenbild und Polenfreundschaft der deutschen Frühliberalen. Zur Motivation und Funktion außenpolitischer Parteinahme im Vormärz, in: Saeculum 26 (1975) S. 111–127.
Königstein, Ulrich, Kulturkampf im Bistum Speyer. Eine regionalgeschichtliche Untersuchung, Frankfurt 2000.
Kontje, Todd, German Orientalisms, Ann Arbor 2004.
Korff, Gottfried, Formierung der Frömmigkeit. Zur sozialpolitischen Intention der Trierer Rockwallfahrt 1891, in: GG 3 (1977) S. 352–383.
–, Heiligenverehrung und soziale Frage. Zur Ideologisierung der populären Frömmigkeit im späten 19. Jahrhundert, in: Wiegelmann, Günther (Hg.), Kultureller Wandel im 19. Jahrhundert, Göttingen 1978, S. 102–111.
–, Kulturkampf und Volksfrömmigkeit, in: Schieder, Volksreligiosität, S. 137–151.
Koselleck, Reinhart, Fortschritt, in: Brunner/Conze/Koselleck, Grundbegriffe, Bd. 2, Stuttgart 1977, S. 351–424.
–, Kritik und Krise. Eine Studie zur Pathogenese der bürgerlichen Welt, Frankfurt 1976.
–, Preußen zwischen Reform und Revolution. Allgemeines Landrecht, Verwaltung und soziale Bewegung von 1791 bis 1848, Stuttgart 1967.
Koszyk, Kurt, Geschichte der deutschen Presse, Teil II, Deutsche Presse im 19. Jahrhundert, Berlin 1966.
Kraus, Andreas, Geschichte Bayerns. Von den Anfängen bis zur Gegenwart, München 1983.
Kruft, Hanno-Walter/Völkel, Markus, Einführung, in: Ferdinand Gregorovius, Römische Tagebücher 1852–1889, hg. v. dies., München 1991.
Kuhlemann, Frank-Michael, Bürgerlichkeit und Religion. Zur Sozial- und Mentalitätsgeschichte der evangelischen Pfarrer in Baden 1860–1914, Göttingen 2001.
–, Modernisierung und Disziplinierung. Sozialgeschichte des preußischen Volksschulwesens 1794–1872, Göttingen 1992.
Kühne, Thomas, Handbuch der Wahlen zum Preußischen Abgeordnetenhaus 1867–1918. Wahlergebnisse, Wahlbündnisse und Wahlkandidaten, Düsseldorf 1994.
–, Wahlrecht – Wahlverhalten – Wahlkultur. Tradition und Innovation in der historischen Wahlforschung, in: Archiv für Sozialgeschichte 33 (1993) S. 481–547
Kundrus, Birthe (Hg.), »Phantasiereiche«. Zur Kulturgeschichte des deutschen Kolonialismus, Frankfurt 2003.

Lademacher, Horst, Die nördlichen Rheinlande von der Rheinprovinz bis zur Bildung des Landschaftsverbandes Rheinland (1815–1953), in: Petri, Franz/Droege, Georg (Hg.), Rheinische Geschichte, Bd. 2, Neuzeit, Düsseldorf [3]1980, S. 475–866.

Lahusen, Cornelia, Hauptstädte als nationale Repräsentation. Rom und Berlin. Zwei Modelle der Hauptstadtentwicklung 1870–1914, Magisterarbeit, Universität Hamburg, Hamburg 1996.

Lamberti, Marjorie, State, Society and the Elementary School in Imperial Germany, New York 1989.

Lanaro, Silvio, Nazione e lavoro. Saggio sulla cultura borghese in Italia 1870–1925, Venezia 1979.

–, Il Plutarco italiano: l'istruzione del »popolo« dopo l'Unità, in: Storia d'Italia, Annali, Bd. 4, Intellettuali e potere, hg. v. Vivanti, Corrado, Torino 1981, S. 551–587.

Landucci, Giovanni, I positivisti e la servitù delle donne, in: Soldani, Educazione, S. 463–495.

Landwehr, Achim, Diskurs – Macht – Wissen. Perspektiven einer Kulturgeschichte des Politischen, in: Archiv für Kulturgeschichte 85 (2003) S. 71–117.

–, Geschichte des Sagbaren. Einführung in die Historische Diskursanalyse, Tübingen 2001.

Langemeyer, Gerhard (Hg.), Mittel und Motive der Karikatur in fünf Jahrhunderten. Bild als Waffe, München 1984.

Langer, Ulrich, Heinrich von Treitschke. Politische Biographie eines deutschen Nationalisten, Düsseldorf 1998.

Langewiesche, Dieter, Vom Gebildeten zum Bildungsbürger? Umrisse eines katholischen Bildungsbürgertums im wilhelminischen Deutschland, in: Huber, Martin/Lauer, Gerhard (Hg.), Bildung und Konfession. Politik, Religion und literarische Identitätsbildung 1850–1918, Tübingen 1996, S. 107–132.

– (Hg.), Liberalismus im 19. Jahrhundert, Göttingen 1988.

–, Liberalismus in Deutschland, Frankfurt 1988.

–, »Volksbildung« und »Leserlenkung« in Deutschland von der wilhelminischen Ära bis zur nationalsozialistischen Diktatur, in: IASL 14 (1989) S. 108–125.

Langlois, Claude, Le Catholicisme au féminin: les congregations françaises à supérieure au XIXe siècle, Paris 1984.

Lässig, Simone, Jüdische Wege ins Bürgertum. Kulturelles Kapital und sozialer Aufstieg im 19. Jahrhundert, Göttingen 2004.

Latour, Bruno, Wir sind nie modern gewesen. Versuch einer symmetrischen Anthropologie, Frankfurt 1998.

Laufs, Adolf, Eduard Lasker. Ein Leben für den Rechtsstaat, Göttingen 1984.

Lehmann, Hartmut, Max Webers »Protestantische Ethik«. Beiträge aus der Sicht eines Historikers, Göttingen 1996.

–, The Dialectics of Disenchantment and Reenchantment in Modern History, in: Adloff/Borutta, Weber, S. 73–80.

– /Roth, Guenther (Hg.), Weber's Protestant Ethic. Origins, Evidence, Contexts, Washington 1993.

–, Asketischer Protestantismus und ökonomischer Rationalismus. Die Weber-These nach zwei Generationen, in: Schluchter, Wolfgang (Hrsg.), Max Webers Sicht des okzidentalen Christentums. Interpretation und Kritik, Frankfurt 1988, 529–553.

– (Hg.), Säkularisierung, Dechristianisierung, Rechristianisierung im neuzeitlichen Europa. Bilanz und Perspektiven der Forschung, Göttingen 1997.

Leonhard, Jörn, Italia liberale und Italia cattolica. Historisch-semantische Ursprünge eines ideologischen Antagonismus im frühen italienischen Risorgimento, in: QFIAB 80 (2000) S. 495–542.

–, Liberalismus. Zur historischen Semantik eines europäischen Deutungsmusters, München 2001.

Lepp, Claudia, Protestantisch-liberaler Aufbruch in die Moderne. Der deutsche Protestantenverein in der Zeit der Reichsgründung und des Kulturkampfes, Gütersloh 1996.

Lepsius, M. Rainer, Parteiensystem und Sozialstruktur. Zum Problem der Demokratisierung der deutschen Gesellschaft, in: Ritter, Gerhard A. (Hg.), Deutsche Parteien vor 1918, Köln 1973, S. 56–80.

Letkemann, Peter, Das Berliner Panoptikum. Namen, Häuser und Schicksale, in: Mitteilungen des Vereins zur Geschichte Berlins 69 (1973), S. 319–326.

Leugers, August-Hermann, Latente Kulturkampfstimmung im Wilhelminischen Kaiserreich. Konfessionelle Polemik als konfessions- und innenpolitisches Kampfmittel, in: Horstmann, Johannes (Hg.), Die Verschränkung von Innen-, Konfessions- und Kolonialpolitik im Deutschen Reich vor 1914, Schwerte 1987, S. 13–37.

Levra, Umberto (Hg.), Storia di Torino, Bd. 6, La città nel Risorgimento (1798–1864), Torino 2000.

Levy, Carl, Italian Regionalism. History, Identity and Politics, Oxford 1996.

Lichter, Eduard, Die Wallfahrt der Maria Fröhlich aus Neuwied zum hl. Rock in Trier im Jahre, in: Kurtrierisches Jahrbuch 18 (1978) S. 86–104.

Lifschütz, Alexander, Die strafrechtliche Bekämpfung geistlicher Übergriffe in weltliches Gebiet, Breslau 1913.

Lill, Rudolf, Die Beilegung der Kölner Wirren 1840–1842. Vorwiegend nach Akten des Vatikanischen Geheimarchivs, Düsseldorf 1962.

–, Großdeutsch und Kleindeutsch im Spannungsfeld der Konfessionen, in: Rauscher, Anton (Hg.), Probleme des Konfessionalismus in Deutschland seit 1800, Paderborn 1984, S. 29–47.

–, Kirche und Revolution. Zu den Anfängen der katholischen Bewegung im Jahrzehnt vor 1848, in: Archiv für Sozialgeschichte 18 (1978) S. 565–575.

– /Traniello, Francesco (Hg.), Der Kulturkampf in Italien und in den deutschsprachigen Ländern, Berlin 1993.

–, Der Ultramontanismus. Die Ausrichtung der gesamten Kirche auf den Papst, in: Weitlauff, Manfred (Hg.), Kirche im 19. Jahrhundert, Regensburg 1998, S. 76–94.

Lohrum, Meinolf, Die Wiederanfänge des Dominikanerordens in Deutschland nach der Säkularisation, 1856–1875, Mainz 1971.

Lönne, Karl-Egon, Katholizismus-Forschung, in: GG 26 (2000) S. 128–170.

–, Politischer Katholizismus im 19. und 20. Jahrhundert, Frankfurt 1986.

Lövenich, Friedhelm, Verstaatlichte Sittlichkeit. Die Politik der konservativen Konstruktion der Lebenswelt in Wilhelm Heinrich Riehls »Naturgeschichte des deutschen Volkes«, in: Politische Vierteljahresschrift 27 (1986) S. 378–395.

Löwy, Michael, Catholic Ethics and the Spirit of Capitalism. The Unwritten Chapter in Max Weber's Sociology of Religion, in: Lehmann, Hartmut/Ouédraogo, Jean Martin (Hg.), Max Webers Religionssoziologie in interkultureller Perspektive, Göttingen 2003, S. 229–242.

Loth, Wilfried (Hg.), Deutscher Katholizismus im Umbruch zur Moderne, Stuttgart 1991.

–, Zentrum und Kolonialpolitik, in: Horstmann, Johannes (Hg.), Die Verschränkung von Innen-, Konfessions- und Kolonialpolitik im Deutschen Reich vor 1914, Schwerte 1987, S. 67–83.

Lübbe, Hermann, Säkularisierung. Geschichte eines ideenpolitischen Begriffs, München 1965.

Lundgreen, Peter, Die Eingliederung der Unterschichten in die bürgerliche Gesellschaft durch das Bildungswesen im 19. Jahrhundert, in: IASL 4 (1979) S. 87–107.

– (Hg.), Sozial- und Kulturgeschichte des Bürgertums. Eine Bilanz des Bielefelder Sonderforschungsbereichs (1986–1997), Göttingen 2000.

Lutz, Heinrich, Reformation und Gegenreformation, München 5. Aufl. 2002.

Lyttelton, Adrian, An Old Church and a New State. Italian Anticlericalism 1876–1915, in: European Studies Review 13 (1983) S. 225–248.

MacElrath, Damian, The Syllabus of Pius IX. Some Reactions in England, Louvain 1964.

MacKenzie, John M., Orientalism. History, Theory, and the Arts, Manchester 1995.
Magnus, Philip, Gladstone. A Biography, London 1963.
Maier, Hans, Katholisch-protestantische Ungleichgewichte seit dem 18. Jahrhundert. Ein Vorspiel zum Kulturkampf, in: Lill, Kulturkampf, S. 19–25.
Maletzke, Gerhard, Psychologie der Massenkommunikation. Theorie und Systematik, Hamburg 1963.
Marongiu Buonaiuti, Cesare, Non expedit. Storia di una politica (1866–1919), Milano 1971.
Marchal, Guy, Zwischen Geschichtsbaumeistern und Römlingen. Katholische Historiker und die Nationalgeschichtsschreibung in Deutschland und in der Schweiz, in: Mattioli, Aram/ Graetz, Michael (Hg.), Krisenwahrnehmungen im Fin de Siècle. Jüdische und katholische Bildungseliten in Deutschland und in der Schweiz, 1880–1914, Zürich 1997, S. 177–210.
Marchand, Suzanne, German Orientalism and the Decline of the West, in: Proceedings of the American Philosophical Society 145 (2001) S. 465–473.
Marino, Giuseppe Carlo, La formazione dello Spirito borghese in Italia, Firenze 1974.
Marramao, Giacomo, Die Säkularisierung der westlichen Welt, Frankfurt 1999.
Martens, Wolfgang, Ein Bürger auf Reisen. Bürgerliche Gesichtspunkte in Nicolais »Beschreibung einer Reise durch Deutschland und die Schweiz im Jahre 1781«, in: Zeitschrift für deutsche Philologie 97 (1978) S. 561–585.
Marti, Urs, Michel Foucault, München 1987.
Martina, Giacomo, Aspetti dell'anticlericalismo in Europa nell'Otto e Novecento, Rom 1995.
–, Pio IX, 3 Bde., Roma 1974–90.
–, Roma, dal 20 settembre 1870 all'11 febbraio 1929, in: Fiorani/Prosperi, Roma, S. 1059–1100.
–, Soppressioni 1866, in: DIP (1988) Sp. 1872–1875
–, Storia della Compagnia di Gesù in Italia (1814–1983), Roma 2003.
Matthew, Henry C. G., Gladstone 1809–1874, Oxford 1986.
Maturi, Walter, Interpretazioni del Risorgimento. Lezioni di storia della storiografia, Torino 1962.
Maurer, Michael, Die Biographie des Bürgers. Lebensformen und Denkweisen in der formativen Phase des deutschen Bürgertums (1680–1815), Göttingen 1996.
–, Das operative Italienbild der Aufklärung, in: Battafarano, Italo Michele (Hg.), Deutsche Aufklärung und Italien, Bern 1992, S. 311–334.
–, Reisen interdisziplinär. Ein Forschungsbericht in kulturgeschichtlicher Perspektive, in: Ders. (Hg.), Neue Impulse der Reiseforschung, Berlin 1999, S. 287–410.
Mazzonis, Filippo, Il non expedit e l'opposizione cattolica, in: Il Parlamento italiano (1861–1988), Bd. 4, 1875–1876. Il Declino della Destra. Da Minghetti a Depretis, Milano 1989, S. 193–214.
–, L'Unione romana e la partecipazione dei Cattolici alle elezioni amministrative in Roma (1870–1881), in: Storia e politica 9 (1970) S. 216–258.
Mazura, Paul, Entwicklung des politischen Katholizismus in Schlesien. Von seinen Anfängen bis zum Jahre 1880 (Phil. Diss.), Breslau 1925.
Mazza Tonucci, Antonia, Virgina-Gertrude tra storia e romanzo. Fascino e fortuna di un personaggio, in: Vita e Processo di Suor Virginia Maria de Leyva Monaca di Monza, Milano 1985, S. 873–924.
McLeod, Hugh, Secularisation in Western Europe. 1848–1914, New York 2000.
–, Weibliche Frömmigkeit – männlicher Unglaube? Religion und Kirchen im bürgerlichen 19. Jahrhundert, in: Frevert, Bürgerinnen, S. 134–156.
McMillan, James F., Clericals, Anti-Clericals and the Women's Movement in France under the Third Republic, in: Historical Journal 24 (1981) S. 361–76.
–, Religion and Gender in Modern France: Some Reflections, in: Tallett, Frank/Atkin, Nicholas (Hg.), Religion, Society and Politics in France since 1789, London 1991, S. 55–66.

Meiwes, Relinde, »Arbeiterinnen des Herrn«. Katholische Frauenkongregationen im 19. Jahrhundert, Frankfurt 2000.
Menninghaus, Winfried, Ekel, in: Ästhetische Grundbegriffe, hg. v. Barck, Karlheinz u. a., Bd. 2, Stuttgart 2001, S. 142–177.
Menozzi, Daniele, La chiesa cattolica e la secolarizzazione, Torino 1993.
–, Devozione al Sacro Cuore e instaurazione del Regno Sociale di Cristo: la politicizzazione del culto nella chiesa ottocentesca, in: Fattorini, Santi, S. 161–194.
–, I gesuiti, Pio IX e la nazione italiana, in: Banti, Alberto Mario/Ginsborg, Paul (Hg.), Il Risorgimento (=Storia d'Italia, Annali, Bd. 22), Torino 2007, S. 451–478.
Meriggi, Marco, Italienisches und deutsches Bürgertum im Vergleich, in: Kocka, Bürgertum, Bd. 1, S. 140–159.
–, Soziale Klassen, Institutionen und Nationalisierung im liberalen Italien, in: GG 26 (2000) S. 201–218.
–, Milano borghese. Circoli ed élites nell'Ottocento, Venezia 1992.
Mergel, Thomas, Zwischen Klasse und Konfession. Katholisches Bürgertum im Rheinland 1794-1914, Göttingen 1994.
–, Die subtile Macht der Liebe. Geschlecht, Erziehung und Frömmigkeit in katholischen rheinischen Bürgerfamilien 1830–1910, in: Götz von Olenhusen, Frauen, S. 22–47.
–, Überlegungen zu einer Kulturgeschichte der Politik, in: GG 28 (2002) S. 574–606.
Mesmer, Beatrix, Ausgeklammert, eingeklammert. Frauen und Frauenorganisation in der Schweiz des 19. Jahrhunderts, Basel 1988.
Metken, Günter, Rom, der Kirchenstaat, Italien – Nazarener und Puristen im Klima der Restauration, in: Die Nazarener, Frankfurt 1977, S. 327–335.
Mettele, Gisela, Bürgertum in Köln 1775–1870. Gemeinsinn und freie Association, München 1998.
Meyer, Folkert, Schule der Untertanen. Lehrer und Politik in Preußen 1848–1900, Hamburg 1976.
Miccoli, Giovanni, Fra il mito della cristianità e secolarizzazione. Studi sul rapporto chiesa-società nell'età contemporanea, Casale Monferrato 1985.
Miko, Norbert, Das Ende des Kirchenstaates, 4 Bde., Wien 1962–1970.
Milan, Marina, Donna, famiglia, società. Aspetti della stampa femminile cattolica in Italia tra '800 e '900, Istituto di Studi Storico-Politici, Università degli studi di Genova, 1983.
Mojetta, A. M. (Hg.), Cento anni di satira anticlericale nei giornali dal 1860 al 1955, Milano 1975.
Mola, Aldo A., Michele Coppino. 1822–1901, Scritti e discorsi, Alba 1978.
–, Storia della Massoneria italiana dalle origini ai nostri giorni, Milano 1999.
Möller, Horst, Aufklärung in Preußen. Der Verleger, Publizist und Geschichtsschreiber Friedrich Nicolai, Berlin 1974.
–, Landeskunde und Zeitkritik im 18. Jahrhundert. Die Bedeutung der Reisebeschreibung Friedrich Nicolais als regional- und sozialgeschichtliche Quelle, in: Hessisches Jahrbuch für Landesgeschichte 27 (1977) S. 107–137.
Mommsen, Wolfgang J., Das Ringen um den nationalen Staat. Gründung und Ausbau des Deutschen Reiches unter Bismarck. 1850–1890, Berlin 1993.
–, Max Weber und die deutsche Politik 1890–1920, Tübingen [3]2003.
Monier, Nadine, Diderot/Foucault. La Religieuse, Jacques Le fataliste et La Volonté de savoir, in: Constructions 2 (1985) S. 17–37.
Monsagrati, Giuseppe, Roma nel crepuscolo del potere temporale, in: Fiorani/Prosperi, Roma, S. 1007–1058.
Montale, Bianca, Mito e realtà di Genova nel Risorgimento, Milano 1999.
Monti, Alessandro, La Compagnia di Gesù nel territorio della provincia torinese, 5 Bde., Chieri 1914–1920.
Moomba, Ania, Colonialism / Postcolonialism, London 1998.

Mooser, Josef, Christlicher Beruf und »bürgerliche« Gesellschaft. Zur Auseinandersetzung über Berufsethik und wirtschaftliche »Inferiorität«, in: Loth, Katholizismus, S. 124–142.

–, Volk, Arbeiter und Bürger in der katholischen Öffentlichkeit des Kaiserreichs. Zur Sozial- und Funktionsgeschichte der deutschen Katholikentage 1871–1913, in: Puhle, Hans-Jürgen (Hg.), Bürger in der Gesellschaft der Neuzeit. Wirtschaft – Politik – Kultur, Göttingen 1991, S. 259–273.

Mörgeli, Christoph, Dr. med., Johannes Hegetschweiler (1789–1839). Opfer des ›Züriputsches‹. Wissenschaftler und Staatsmann zwischen alter und moderner Schweiz, Zürich 1986.

Morsey, Rudolf, Der Kulturkampf, in: Rauscher, Anton (Hg.), Der soziale und politische Katholizismus, Bd. 1, München 1981, S. 72–109.

Mühlauer, Elisabeth, Welch' ein unheimlicher Gast. Die Choleraepidemie in Deutschland, Münster 1996.

Müller, Winfried, Die Aufhebung des Jesuitenordens in Bayern. Vorgeschichte, Durchführung, administrative Bewältigung, in: ZBLG 48 (1985) S. 285–352.

–, Die Aufklärung, München 2002.

Müller-Dreier, Armin, Konfession und Politik, Gesellschaft und Kultur des Kaiserreichs. Der Evangelische Bund 1886–1914, Gütersloh 1998.

Münch, Paul, Ordnung, Fleiß und Sparsamkeit. Texte und Dokumente zur Entstehung der ›bürgerlichen Tugenden‹, München 1984.

–, The Thesis before Weber: An Archaeology, in: Lehmann, Ethic, S. 51–71.

–, Welcher Zusammenhang besteht zwischen Konfession und ökonomischem Verhalten? Max Webers These im Lichte der historischen Forschung, in: Konfession – eine Nebensache?, Stuttgart 1984.

Murti, Kamakshi P., India. The Seductive and Seduced ›Other‹ of German Orientalism, Westport 2001.

Mylne, Vivienne, What Suzanne knew: Lesbianism and »La Religieuse«, in: Studies on Voltaire and the eighteenth century 208 (1982) S. 167–173.

Nandy, Ashis, History's Forgotten Doubles, in: History and Theory 34 (1995) S. 44–66.

Neri, Guido Davide, Galantara. Il morso dell'Asino, Milano 1980.

Nettmann, Wilhelm, Witten in den Reichstagswahlen 1871–1918, Witten 1972.

Neugebauer, Wolfgang, Absolutistischer Staat und Schulwirklichkeit in Brandenburg-Preußen, Berlin 1985.

Niccoli, Ottavia, Rinascimento anticlericale. Infamia, propaganda e satira in Italia tra Quattro e Cinquecento, Roma 2005.

Nietzsche, Friedrich, Zur Genealogie der Moral. Eine Streitschrift (1887), in: Ders., Kritische Studienausgabe, hg. v. Colli, Giorgio/Montinari, Mazzino, Bd. 5., München 2002, S. 245–412.

Nipperdey, Thomas, Deutsche Geschichte 1800–1866. Bürgerwelt und starker Staat, München 1998.

–, Deutsche Geschichte 1866–1918, 2 Bde., München 1998.

–, Religion im Umbruch. Deutschland 1870–1918, München 1988.

–, Wehlers »Kaiserreich«. Eine kritische Auseinandersetzung, in: GG 1 (1975) S. 539–560.

Norman, Edward Robert, Anti-Catholicism in Victorian England, London 1968.

Nowak, Kurt, Geschichte des Christentums in Deutschland. Religion, Politik und Gesellschaft vom Ende der Aufklärung bis zur Mitte des 20. Jahrhunderts, München 1995.

Oehler-Klein, Sigrid, Die Schädellehre Franz Joseph Galls in Literatur und Kritik des 19. Jahrhunderts: zur Rezeptionsgeschichte einer biologisch-medizinischen Theorie der Physiognomik und Psychologie, Stuttgart 1990.

Oettermann, Stephan, Alles-Schau. Wachsfigurenkabinette und Panoptiken, in: Kosok, Lisa/Jamin, Mathilde (Hg.), Viel Vergnügen. Öffentliche Lustbarkeiten im Ruhrgebiet der Jahrhundertwende, Essen 1992, S. 36–56.

Offermann, Toni, Arbeiterbewegung und liberales Bürgertum in Deutschland, 1850–1863, Bonn 1979.
Orlowski, Hubert, »Polnische Wirtschaft«. Zum deutschen Polendiskurs der Neuzeit, Wiesbaden 1996.
Orsina, Giovanni, Anticlericalismo e democrazia. Storia del Partito radicale in Italia e a Roma, 1901–1914, Soveria Mannelli 2002.
–, Per una storia politica dell'anticlericalismo, in: RSR 88 (2001) S. 223–228.
Osinski, Jutta, Katholizismus und deutsche Literatur im 19. Jahrhundert, Paderborn 1993.
Osterhammel, Jürgen, Die Entzauberung Asiens. Europa und die asiatischen Reiche im 18. Jahrhundert, München 1998.
–, Kolonialismus. Geschichte – Formen – Folgen, München ²1997.
Ostini, Fritz von, Wilhelm von Kaulbach, Bielefeld 1906.
Pacifici, Vincenzo G., L'astensionismo politico nelle sue manifestazioni e nelle prime elezioni unitarie (1861–1882), Roma 1982.
Paletschek, Sylvia, Frauen und Dissens. Frauen im Deutschkatholizismus und in den freien Gemeinden 1841–1852, Göttingen 1990.
Papa, Egidio, Il Sillabo di Pio IX e la stampa francese, inglese e italiana, Roma 1968.
Papa, Emilio R. (Hg.), Il positivismo e la cultura italiana, Milano 1985.
Papenheim, Martin, Karrieren in der Kirche. Bischöfe in Nord- und Süditalien 1676–1903, Tübingen 2001.
–, Il ponticifato di Pio IX e la mobilitazione dei cattolici in Europa, in: RSR 88 (2001) S. 137–146.
–, Roma o morte. Culture Wars in Italy, in: Clark/Kaiser, Wars, S. 202–226.
Paravicini Bagliani, Agostino, Il corpo del Papa, Torino 1994.
Parent, Thomas, »Der heilige Rock und die Lästerer desselben«. Zur Trierer Wallfahrt, in: 1844. Ein Jahr in seiner Zeit, Münster 1985, S. 83–92.
Passerin d'Entrèves, Ettore, La religione liberale del Sismondi e l'ambiente culturale ginevrino nei primi anni della Restaurazione (1814–1825), in: RSR 43 (1956) S. 515–524.
Paul, Gerhard (Hg.), Visual History. Ein Studienbuch, Göttingen 2007.
Paulmann, Johannes, Internationaler Vergleich und interkultureller Transfer. Zwei Forschungsansätze zur europäischen Geschichte des 18. bis 20. Jahrhunderts, in: HZ (1998) 649–685.
Pauls, Birgit, Giuseppe Verdi und das Risorgimento. Ein politischer Mythos im Prozess der Nationenbildung, Berlin 1996.
Pazzaglia, Luciano, La soppressione delle facoltà teologiche nelle Università di Stato, in: Il Parlamento italiano (1861–1988), Bd. 3, 1870–1874. Il Periodo della Destra. Da Lanza a Minghetti, Milano 1989, S. 193f.
Pellegrini, Benedetto, Processione, in: Il Digesto Italiano, Bd. 19/2, Torino 1908/13, S. 481–498.
Pellicciari, Angela, Risorgimento da riscrivere. Liberali e massoni contro la Chiesa, Milano 1998.
Penny, H. Glenn, Objects of Culture. Ethnology and Ethnographic Museums in Imperial Germany, Chapel Hill 2002.
Pepe, Gabriele/Themelly, Mario (Hg.), L'anticlericalismo nel risorgimento, 1830–1870. Antologia, Manduria 1966.
Pesch, Rudolf, Die kirchlich-politische Presse der Katholiken in der Rheinprovinz vor 1848, Mainz 1966.
Petersen, Jens, Das deutsche politische Italienbild in der Zeit der nationalen Einigung, in: Ara, Angelo/Lill, Rudolf (Hg.), Immagini a confronto. Italia e Germania, Bologna 1991, S. 169–204.
–, Rom als Hauptstadt des geeinten Italien 1870–1914. Politische und urbanistische Aspekte, in: QFIAB 64 (1984) S. 261–283;

Petrusewicz, Marta, Come il Meridione divenne una Questione. Rappresentazioni del Sud prima e dopo il Quarantotto, Soveria Mannelli 1998.

Pflanze, Otto, Bismarck, Bd. 1, Der Reichsgründer, München 1997.

–, Bismarcks Herrschaftstechnik als Problem der gegenwärtigen Historiographie, in: HZ 234 (1982) S. 561–599.

Phillips, A. (Hg.), Die Reichstags-Wahlen von 1867 bis 1883. Statistik der Wahlen zum konstituierenden und norddeutschen Reichstage, zum Zollparlament, sowie zu den fünf ersten Legislatur-Perioden des deutschen Reichstages, Berlin 1883.

Picard, Paul, Zölibatsdiskussion im katholischen Deutschland der Aufklärung, Düsseldorf 1975.

Pick, Daniel, ›Roma o morte‹. Garibaldi, Nationalism and the Problem of Psycho-biography, in: History Workshop Journal 57 (2004) S. 1–33.

Piechotta, Hans Joachim, Erkenntnistheoretische Voraussetzungen der Beschreibung: Friedrich Nicolais Reise durch Deutschland und die Schweiz, in: Ders. (Hg.), Reise und Utopie. Zur Literatur der Spätaufklärung, Frankfurt 1976, S. 98–151.

Pikulik, Lothar, Frühromantik. Epoche – Werke – Wirkung, München 1992.

Pisa, Beatrice, La legge sulla scuola, in: Il Parlamento italiano (1861–1988), Bd. 5, 1877–1887. La Sinistra al potere. Da Depretis a Crispi, Milano 1989, S. 163–190.

Pivato, Stefano, L'anticlericalismo religioso nel socialismo italiano fra Otto e Novecento, in: Italia Contemporanea 26 (1984) S. 29–50.

Planert, Ute, Antifeminismus im Kaiserreich. Diskurs, soziale Formation und politische Mentalität, Göttingen 1998.

Plum, Angelika, Die Karikatur im Spannungsfeld von Kunstgeschichte und Politikwissenschaft. Eine ikonologische Untersuchung zu Feindbildern in Karikaturen, Aachen 1998.

Polaschegg, Andrea, Der andere Orientalismus. Regeln deutsch-morgenländischer Imagination im 19. Jahrhundert, Berlin 2005.

Pollock, Sheldon, Ex oriente nox. Indologie im Nationalsozialismus, in: Conrad/Randeria, Eurozentrismus, S. 335–371.

Porcella, Marco, Clero e società rurale nell'entroterra appenninico, in: Gibelli, Antonio/Rugafiori, Paride (Hg.), Storia d'Italia. Le Regioni dall'unità a oggi. La Liguria, Torino 1994, S. 547–581.

Porciani, Ilaria, Attilio Brunialti e la »Biblioteca di Scienze Politiche«. Per una ricerca su intellettuali e Stato dal trasformismo all'età giolittiana, in: Mazzacane, Aldo (Hg.), I giuristi e la crisi dello Stato liberale in Italia fra Otto e Novecento, Napoli 1986, S. 191–229.

– (Hg.), L'Educazione delle donne. Scuole e modelli di vita femminile nell'Italia dell'Ottocento, Siena 1987.

–, La festa della nazione. Rappresentazione dello Stato e spazi sociali nell'Italia unita, Bologna 1998.

–, Il Medioevo nella costruzione dell'Italia unita: la proposta di un mito, in: Elze, Reinhard/Schiera, Pierangelo (Hg.), Italia e Germania. Immagini, modelli, miti fra due popoli nell' Ottocento. Il Medioevo, Bologna 1995, S. 163–191.

–, Il Plutarco femminile, in: Soldani, Educazione, S. 297–317.

Port, Johannes, Die Reaktion auf den Syllabus in den deutschsprachigen Ländern, 2 Bde., Diss. Ms. Rom 1965.

Proß, Wolfgang, Mönch und Nonne in der europäischen Literatur des späten 18. und frühen 19. Jahrhunderts. Der Wandel ihres Bildes bei Denis Diderot, Matthew Lewis, Ernst Theodor Amadeus Hoffmann und Alessandro Manzoni, in: RJK 6 (1987) S. 31–41.

Prüfer, Sebastian, Sozialismus statt Religion. Die deutsche Sozialdemokratie vor der religiösen Frage 1863–1890, Göttingen 2002.

Quazza, Guido, L'utopia di Quintino Sella. La politica della scienza, Torino 1992.

Raab, Heribert, Auswirkungen der Säkularisation auf Bildungswesen, Geistesleben und Kunst im katholischen Deutschland, in: Ders., Reich und Kirche in der Frühen Neuzeit. Jansenis-

mus – Kirchliche Reunionsversuche – Reichskirche im 18. Jahrhundert – Säkularisation – Kirchengeschichte im Schlagwort, Fribourg 1989, S. 401–433.
–, »Lutherisch-deutsch«. Ein Kapitel Sprach- und Kulturkampf in den katholischen Territorien des Reiches, in: ZBLG 47 (1984) S. 15–42.
Radkau, Joachim, Max Weber. Die Leidenschaft des Denkens, München 2005.
Rahden, Till van, Juden und andere Breslauer. Die Beziehungen zwischen Juden, Protestanten und Katholiken in einer deutschen Großstadt von 1860 bis 1925, Göttingen 2000.
Reckwitz, Andreas, Das hybride Subjekt. Eine Theorie der Subjektkulturen von der bürgerlichen Moderne zur Postmoderne, Weilerswist 2006.
Rehm, Walter, Europäische Romdichtung, München 1960².
Reichle, Walter, Zwischen Staat und Kirche. Das Leben und Wirken des preußischen Kultusministers Heinrich von Mühler, Berlin 1938.
Reif, Heinz, Westfälischer Adel 1770–1860. Vom Herrschaftsstand zur regionalen Elite, Göttingen 1979.
Reim, Riccardo (Hg.), L'Italia dei misteri. Storie di vita e malavita nei romanzi d'appendice, Ravenna 1977.
Reinhardt, Volker, Der doppelt stilisierte Anachronismus. Kirchenstaat und päpstliche Herrschaftsausübung im Bild der europäischen Aufklärung, in: Zeitschrift für Schweizerische Kirchengeschichte 88 (1994) S. 7–25.
Rémond, René, Religion und Gesellschaft in Europa. Von 1789 bis zur Gegenwart, München 2000.
Requate, Jörg, Journalismus als Beruf. Entstehung und Entwicklung des Journalistenberufs im 19. Jahrhundert. Deutschland im internationalen Vergleich, Göttingen 1995.
Riccardi, Andrea, La soppressione delle corporazioni e la liquidazione dell'asse ecclesiastico, in: Il Parlamento, Bd. 2, 1866–1869. La costruzione dello Stato. Da La Marmora a Menabrea, Milano 1988, S. 219–238.
Ridolfi, Maurizio, Mazzini, in: Isnenghi, Mario (Hg.), I luoghi della memoria. Personaggi e date dell'Italia unita, Roma 1997, S. 3–23.
Riedel, Manfred, Bürger, Staatsbürger, Bürgertum, in: Brunner/Conze/Koselleck, Grundbegriffe, Bd. 1, Stuttgart 1972, S. 672–725.
Rinieri, Ilario P., Il gesuita moderno, Genova 1932.
Rocca, Giancarlo, Donne religiose. Contributo a una storia della condizione femminile in Italia nei secoli XIX–XX, Roma 1992.
Rocca, René, Bernard Meyer und der liberale Katholizismus der Sonderbundszeit. Religion und Politik und Luzern (1830–1848), Bern 2002.
Rodiek, Thorsten, Das Monumento Nazionale Vittorio Emanuele II. in Rom, Frankfurt 1983.
Roeck, Bernd, Das historische Auge. Kunstwerke als Zeugen ihrer Zeit, Göttingen 2004.
Romagnani, Gian Paolo, Italian Protestants, in: Liedtke, Rainer/Wendehorst, Stephan (Hg.), The Emancipation of Catholics, Jews and Protestants: Minorities and the Nation-State in Nineteenth-Century Europe, Manchester 1999, S. 148–168.
Romanelli, Raffaele, Il commando impossibile. Stato e società nell'Italia liberale, Bologna 1988.
–, L'Italia liberale 1861–1900, Bologna ²1990.
Romano, Massimo, Mitologia romantica e letteratura popolare. Strutture e sociologia del romanzo d'appendice, Ravenna 1977.
Romeo, Rosario, Cavour, in: Grande Dizionario Enciclopedico UTET, Torino 1986, S. 535–542.
–, Cavour e il suo tempo, 3 Bde., Roma ²1977–84.
–, Vita di Cavour, Roma 1984.
Romeyk, Horst, Die leitenden staatlichen und kommunalen Verwaltungsbeamten der Rheinprovinz 1816–1945, Düsseldorf 1994.
Rösch, Adolf, Der Kulturkampf in Hohenzollern, Freiburg 1916.

Rösener, Werner, Das katholische Bildungsdefizit im Deutschen Kaiserreich – ein Erbe der Säkularisation von 1803?, in: HJ 112 (1992) S. 104–127.
Rosa, Mario (Hg.), Clero e società nell'Italia contemporanea, Roma 1992.
Rosenberg, Hans, Politische Denkströmungen im deutschen Vormärz, Göttingen 1972.
Ross, Ronald J., The Failure of Bismarck's Kulturkampf. Catholicism and State Power in Imperial Germany, 1871–1887, Washington 1998.
Rossi-Doria, Anna, La libertà delle donne. Voci della tradizione politica suffragista, Torino 1990.
Roth, Guenther, Max Webers deutsch-englische Familiengeschichte. Mit Briefen und Dokumenten, Tübingen 2001.
Rüsen, Jörn, Konfigurationen des Historismus. Studien zur deutschen Wissenskultur, Frankfurt 1993.
Ruffini, Francesco, Le origini elvetiche della formula del Conte di Cavour »Libera chiesa in libero stato«, in: Festschrift. Emil Friedberg zum Siebzigsten Geburtstage, Leizpig 1908, S. 199–220.
–, Ultimi studi sul Conte di Cavour, Bari 1936.
Rumi, Giorgio, Gioberti, Bologna 1999.
Said, Edward W., Kultur und Imperialismus. Einbildungskraft und Politik im Zeitalter der Macht, Frankfurt 1994.
–, Orientalism. Western Conceptions of the Orient, New York ^{2}1995.
Salvemini, Gaetano, Stato e Chiesa, Milano 1969.
Salviato, Adriana, Donne melanconiche. Esperienze di internamento nel manicomio femminile di San Clemente in Venezia (1873–1892), Tesi di laurea, Università Ca' Foscardi di Venezia 1998.
Sanesi, Elena, Giuseppe Zanardelli, dalla giovinezza alla maturità (con documenti inediti), Brescia 1967.
Sanfilippo, Matteo, »Masse briache di livore anticlericale«. La documentazione vaticana sul 20 settembre (1870–1922), in: MEFRIM 109 (1997) S. 139–158.
Sarasin, Philipp, Geschichtswissenschaft und Diskursanalyse, Frankfurt 2003.
–, Reizbare Maschinen. Eine Geschichte des Körpers 1765–1914, Frankfurt 2001.
–, Die Visualisierung des Feindes. Über metaphorische Technologien der frühen Bakteriologie, in: GG 30 (2004) S. 250–276.
Saraceno, Chiara, Le donne nella famiglia: una complessa costruzione giuridica. 1750–1942, in: Barbagli/Kertzer, Storia, S. 103–127.
Sarti, Raffaela, Spazi domestici e identità di genere tra età moderna e contemporanea, in: Gagliani/Salvati, Sfera, S. 13–41.
Sarti, Roland, Mazzini. A life for the religion of politics, Westport (Connecticut) 1997.
Sasso, Gennaro, Tramonto di un mito. L'idea del progresso tra Ottocento e Novecento, Bologna 1988.
Sauer, Wolfgang, Das Problem des Nationalstaates, in: Wehler, Hans-Ulrich (Hg.), Moderne deutsche Sozialgeschichte, Köln ^{3}1970, S. 407–436.
Saurer, Edith, Donne e preti. Colloqui in confessionale agli inizi dell'ottocento, in: Ferrante, Lucia/Palazzi, Maura/Pomata, Gianna (Hg.), Ragnatele di rapporti. Patronage e reti di relazione nella storia delle donne, Torino 1988, S. 253–281.
–, Säkularisierung, Entchristianisierung, Entzauberung. Zu Diskussionen in der italienischen Geschichtsschreibung, in: Lehmann, Säkularisierung, S. 183–193.
Scaraffia, Lucetta, »Il Cristianesimo l'ha fatta libera, collocandola nella famiglia accanto all' uomo« (dal 1850 alla »mulieris dignitatem«), in: Dies./Zarri, Donne, S. 441–493.
– /Zarri, Gabriella (Hg.), Donne e fede. Santità e vita religiosa in Italia, Roma 1994.
–, Essere Uomo, Essere Donna, in: Melograni, Piero (Hg.), La famiglia italiana dell'Ottocento a oggi, Roma 1988, S. 193–258.

–, La santa degli Impossibili. Vicende e significati della devozione a santa Rita, Torino 1990.
Scattigno, Anna, Letture devote, in: Porciani, Educazione, S. 33–40.
Schatz, Klaus, Vaticanum I, Bd. 1, Vor der Eröffnung, Paderborn 1992.
Schauff, Johannes, Die Deutschen Katholiken und die Zentrumspartei: Eine politisch-statistische Untersuchung der Reichstagswahlen seit 1871, Köln 1928.
Scheuermann, A., Kanzelparagraph, in: Lexikon für Theologie und Kirche 5 (1960) Sp. 1312.
Schieder, Theodor, Die kleindeutsche Partei in Bayern in den Kämpfen um die nationale Einheit 1863–1871, München 1936.
Schieder, Wolfgang, Kirche und Revolution. Sozialgeschichtliche Aspekte der Trierer Wallfahrt von 1844, in: Archiv für Sozialgeschichte 14 (1974) S. 419–454.
– (Hg.), Religion und Gesellschaft im 19. Jahrhundert, Stuttgart 1993.
–, Religion und Revolution. Die Trierer Wallfahrt von 1844, Vierow 1996.
–, Sozialgeschichte der Religion im 19. Jahrhundert. Bemerkungen zur Forschungslage, in: Ders. (Hg.), Religion und Gesellschaft im 19. Jahrhundert, Stuttgart 1993, S. 11–28.
– (Hg.), Volksreligiosität in der modernen Sozialgeschichte, Göttingen 1986.
Schiera, Pierangelo, Presentazione, in: Sismondi, Jean-Charles-Léonard Simonde de, Storia delle Repubbliche italiane, Torino 1996, S. IX–XCVI.
Schildt, Axel, Konservatismus in Deutschland. Von den Anfängen im 18. Jahrhundert bis zur Gegenwart, München 1997.
Schindling, Anton, Bildung und Wissenschaft in der frühen Neuzeit 1650–1800, München 1994.
Schings, Hans-Jürgen, Melancholie und Aufklärung. Melancholiker und ihre Kritiker in Erfahrungsseelenkunde und Literatur des 18. Jahrhunderts, Stuttgart 1977.
Schlögl, Rudolf, Glaube und Religion in der Säkularisierung. Religiosität in der katholischen Stadt. Köln, Aachen, Münster 1700–1840, München 1995.
Schloßmacher, Norbert, Antiultramontanismus im Wilhelminischen Deutschland. Ein Versuch, in: Loth, Katholizismus, S. 164–198.
–, »Ein peinliches Befremden«. Eine Anekdote aus dem rheinischen Katholizismus, oder: Wie der Begriff »ultramontan« aus der Behördensprache verschwand, in: Zeitschrift des Aachener Geschichtsvereins 102 (1999/2000) S. 445–471.
–, Entkirchlichung, Antiultramontanismus und »nationalreligiöse« Orientierungen im Liberalismus der Kulturkampfära. Der deutsche Verein für die Rheinprovinz, in: Blaschke/Kuhlemann, Religion, S. 474–502.
–, Düsseldorf im Bismarckreich. Politik und Wahlen, Parteien und Vereine, Düsseldorf 1985.
Schlüter, Gisela, Historiographie und Fiktion: Manzoni und die ›moralische‹ Krise des Romans, in: Wolfzettel, Friedrich/Ihring, Peter (Hg.), Erzählte Nationalgeschichte. Der historische Roman im italienischen Risorgimento 1800–1870, Tübingen 1993, S. 103–127.
Schmaling, Eberhard, Die politische Haltung der »National-Zeitung« zum Abschluß der bürgerlichen Umwälzung (1858/59–1866). Ein Beitrag zur Geschichte des Linksliberalismus, Phil. Diss. Dresden 1980.
Schmidt, Hans, Onno Klopp und die »kleindeutschen Geschichtsbaumeister«, in: Portmann-Tinguely, Albert (Hg.), Kirche, Staat und katholische Wissenschaft in der Neuzeit. Festschrift Heribert Raab, Paderborn 1988, S. 381–395.
Schmidt, Harald, Fremde Heimat. Die deutsche Provinzreise zwischen Spätaufklärung und nationaler Romantik und das Problem der kulturellen Variation. Friedrich Nicolai, Kaspar Riesbeck und Ernst Moritz Arndt, in: Berding, Helmut (Hg.), Nationales Bewußtsein und kollektive Identität, Frankfurt 1994, S. 394–442.
Schmidt, Jochen, Bayern und das Zollparlament. Politik und Wirtschaft in den letzten Jahren vor der Reichsgründung (1866/67–1870), München 1973.
Schmölders, Claudia, Das Vorurteil im Leibe. Eine Einführung in die Physiognomik, Berlin 1995.

Schnabel, Franz, Deutsche Geschichte im 19. Jahrhundert, Bd. 4, Die religiösen Kräfte, Freiburg [3]1955.

Schneider, Bernhard, Feminisierung der Religion im 19. Jahrhundert. Perspektiven einer These im Kontext des deutschen Katholizismus, in: Trierer Theologische Zeitschrift 111 (2002) S. 123–147.

– /Persch, Martin (Hg.), Geschichte des Trierer Bistums, Bd. 4, Auf dem Weg in die Moderne 1802–1880, Trier 2000.

–, Presse und Wallfahrt. Die publizistische Verarbeitung der Trierer Hl.-Rock-Wallfahrt von 1844, in: Aretz, Rock, S. 281–306.

–, Wallfahrt, Ultramontanismus und Politik – Studien zu Vorgeschichte und Verlauf der Trierer Hl.-Rock-Wallfahrt von 1844, in: Aretz, Rock, S. 237–280.

Schneider, Jane (Hg.), Italy's »Southern question«. Orientalism in one country, Oxford 1998.

Schneyder, J. B./Schurr, V., Predigt, in: Lexikon für Theologie und Kirche 8 (1963) Sp. 706–718.

Schöberl, Joachim, »Verzierende und erklärende Abbildungen«. Wort und Bild in der illustrierten Familienzeitschrift des neunzehnten Jahrhunderts am Beispiel der Gartenlaube, in: Segeberg, Harro (Hg.), Mediengeschichte des Films, Bd. 1, Die Mobilisierung des Sehens. Zur Vor- und Frühgeschichte des Films in Literatur und Kunst, München 1996, S. 209–236.

Schoeps, Hans-Joachim, Bismarck über Zeitgenossen. Zeitgenossen über Bismarck, Berlin 1972.

Scholle, Manfred, Die preußische Strafjustiz im Kulturkampf, 1873–1880, Marburg 1974.

Scholz, Stephan, Der deutsche Katholizismus und Polen (1830–1849). Identitätsbildung zwischen konfessioneller Solidarität und antirevolutionärer Abgrenzung, Osnabrück 2005.

Schrörs, Heinrich, Die Kölner Wirren (1837). Studien zu ihrer Geschichte, Berlin 1927.

Schulte, Engelbert, Die Stellung der Konservativen zum Kulturkampf 1870–1878, Diss. Köln 1959.

Schumann, Detlev W., Aufnahme und Wirkung von Friedrich Leopold Stolbergs Übertritt zur katholischen Kirche, in: Euphorion 50 (1956) S. 271–306.

Schwab, Raymond, La renaissance orientale, Paris 1950.

Schwarz, Angela, Der Schlüssel zur modernen Welt. Wissenschaftspopularisierung in Großbritannien und Deutschland im Übergang zur Moderne (ca. 1870 – 1914), Stuttgart 1999.

Schwedt, Herman H., Vom ultramontanen zum liberalen Döllinger, in: Denzler, Georg/Grasmück, Ernst Ludwig (Hg.), Geschichtlichkeit und Glaube. Gedenkschrift zum 100. Todestag Ignaz von Döllingers, München 1990, S. 107–168.

–, Das römische Urteil über Georg Hermes (1775-1831). Ein Beitrag zur Geschichte der Inquisition im 19. Jahrhundert, Rom 1980.

Schwering, Markus, Romantische Geschichtsauffassung – Mittelalterbild und Europagedanke, in: Schanze, Helmut (Hg.), Romantik-Handbuch, Stuttgart 1994, S. 541–555.

Scoppola, Pietro (Hg.), Chiesa e Stato nella Storia d'Italia. Storia documentaria dall'unità alla Repubblica, Bari 1967.

–, Laicismo e anticlericalismo, in: Chiesa e religiosità, Bd. 2, S. 225–274.

–, La questione romana, in: Il Parlamento Italiano, Bd. 1, L'unificazione italiana (1861–1865). Da Cavour a La Marmora, Milano 1988, S. 197–223.

Scott, Joan W., Gender and the politics of history, New York 1988.

Seibt, Gustav, Rom oder Tod. Der Kampf um die italienische Hauptstadt, Berlin 2001.

Seidel-Menchini, Silvana, Characteristics of Italian Anticlericalism, in: Dykema, Peter/Oberman, Heiko A. (Hg.), Anticlericalism in late medieval and early modern Europe, Leiden 1993, S. 271–281.

Selbmann, Rolf, Der deutsche Bildungsroman, Stuttgart [2]1994.

Sereni, Emilio, Capitalismo e mercato nazionale in Italia, Roma 1974.

Settimelli, Leoncarlo/Favalotti, Laura (Hg.), Canti satirici anticlericali, Roma 1975.

Sheehan, James J., Wie bürgerlich war der deutsche Liberalismus?, in: Langewiesche, Liberalismus, S. 28–44.

–, German Liberalism in the Nineteenth Century, Chicago.
–, German History 1770–1866, New York 1989.
Siegrist, Christoph, Nachwort, in: Ders. (Hg.), Johann Caspar Lavater, Physiognomische Fragmente zur Beförderung der Menschenkenntnis und Menschenliebe. Eine Auswahl, Stuttgart 1984, S. 377–394.
Siemann, Wolfram, Gesellschaft im Aufbruch. Deutschland 1848–1871, Frankfurt 1990.
Smith, Helmut Walser, The Discourse of Usury. Relations Between Christians and Jews in the German Countryside, 1880–1914, in: Central European History 27 (1994) S. 255–276.
– /Clark, Christopher, The Fate of Nathan, in: Smith, Protestants, 1–29.
–, German Nationalism and religious conflict. Culture, Ideologie, Politics, 1870–1914, Princeton 1995.
– (Hg.), Protestants, Catholics and Jews in Germany, 1800–1914, Oxford 2001.
–, An Preußens Rändern oder: Die Welt, die dem Nationalismus verloren ging, in: Conrad/Osterhammel, Kaiserreich, S. 149–169.
Sofia, Francesca, L'emancipazione degli israeliti, in: Il Parlamento italiano (1861–1988), Bd. 1, 1861–1865. L'unificazione italiana. Da Cavour a La Marmora, Milano 1988, S. 223 ff.
Soldani, Simonetta, Annäherung an Europa im Namen der Nation. Die Italienische Revolution 1846–1849, in: Dowe/Haupt/Langewiesche, Europa, S. 125–166.
–, Le donne, l'alfabeto, lo stato. Considerazioni su scolarità e cittadinanza, in: Gagliani/Salvati, Sfera, S. 113–135.
– (Hg.), L'Educazione delle donne. Scuole e modelli di vita femminile nell'Italia dell'Ottocento, Milano 1989.
Sorcinelli, Paolo, Nuove epidemie, antiche paure. Uomini e colera nell'ottocento, Milano 1986.
Spadolini, Giovanni, Coscienza laica e coscienza cattolica. Le due Rome fra '800 e '900, Firenze 1987.
–, Giolitti e i cattolici, Firenze 1959.
–, L'Opposizione cattolica da Porta Pia al '98, 2 Bde., Firenze 1991.
–, Le Due Rome. Chiesa e Stato fra '800 e '900, Firenze ³1975.
–, Per una storia dell'anticlericalismo, in: Ders., I Repubblicani dopo l'Unità, Firenze ²1963, S. 151–177.
Sperber, Jonathan, Competing Counterrevolutions: Prussian State and Catholic Church in Westphalia during the 1850s, in: CEH 19 (1986) S. 45–62.
–, Kirchen, Gläubige und Religionspolitik in der Revolution von 1848, in: Dowe/Haupt/Langewiesche, Europa, S. 933–959.
–, Kirchengeschichte or the Social and Cultural History of Religion, in: NPL 43 (1998) S. 13–35.
–, Popular Catholicism in Nineteenth-Century Germany, Princeton 1984.
–, Rhineland radicals, the democratic movement and the revolution of 1848–1849, Princeton 1991.
–, The European Revolutions 1848–1851, Cambridge 1994.
–, The Kaiser's Voters. Electors and elections in Imperial Germany, Cambridge 1997.
Spindler, Max, Der Ruf des barocken Bayern, in: HJ 74 (1955) S. 319–341.
Spini, Giorgio, Italia liberale e protestanti, Torino 2002.
–, Risorgimento e protestanti, Napoli 1956.
Spivak, Gayatari Chakravorty, A Critique of Postcolonial Reason. Towards a History of the Vanishing Present, Calcutta 1999.
–, Can the Subaltern speak?, in: Nelson, Cary/Grossberg, Lawrence (Hg.), Marxism and the Interpretation of Culture, London 1988, S. 271–313.
Sprengel, Peter, Von Luther zu Bismarck. Kulturkampf und nationale Identität bei Theodor Fontane, Conrad Ferdinand Meyer und Gerhart Hauptmann, Bielefeld 1999.
Stadler, Peter, Cavour. Italiens liberaler Reichsgründer, München 2001.

–, Kulturkampf und Kulturkämpfe im mittleren Europa des 19. Jahrhunderts. Versuch einer vergleichenden Orientierung, in: RJK 15 (1996) S. 13–26.

–, Der Kulturkampf in der Schweiz. Eidgenossenschaft und katholische Kirche im europäischen Umkreis 1848–1888, Zürich 1996.

Stalmann, Volker, Die Partei Bismarcks. Die Deutsche Reichs- und Freikonservative Partei 1866–1890, Düsseldorf 2000.

Steinruck, Josef, Die Heilig-Rock-Wallfahrt von 1844 und die Entstehung des Deutschkatholizismus, in: Aretz, Rock, S. 307–324.

Steinsdorfer, Helmut, Die Liberale Reichspartei (LRP) von 1871, Stuttgart 2000.

Stella, Pietro, Cultura e associazioni cattoliche tra la Restaurazione e il 1864, in: Levra, Storia, S. 493–525.

–, I cattolici, in: Levra, Storia, S. 821–838

–, Prassi religiosa, spiritualità e mistica nell'Ottocento, in: De Rosa/Gregory/Vauchez, Storia, S. 115–142.

Stephan, Joachim, Der Rheinische Provinziallandtag 1826–1840. Eine Studie zur Repräsentation im frühen Vormärz, Köln 1991.

Stern, Fritz, The Failure of Illiberalism: Essays on the Political Culture of Modern Germany, New York 1972.

Stober, Karin, Denkmalpflege zwischen künstlerischem Anspruch und Baupraxis. Über den Umgang mit Klosteranlagen nach der Säkularisation in Baden und Württemberg, Stuttgart 2003.

Stöber, Rudolf, Deutsche Pressegeschichte. Von den Anfängen bis zur Gegenwart, Stuttgart [2]2005.

Stolberg, Michael, Die Cholera im Großherzogtum Toskana. Ängste, Deutungen und Reaktionen im Angesicht einer tödlichen Seuche, Landsberg 1995.

Stoltenberg, Gerhard, Der deutsche Reichstag 1871–1873, Düsseldorf 1955.

Strauß, Heinz, Der Klosterroman von Millers »Siegwart« bis zu seiner künstlerischen Höhe bei E. T. A. Hoffmann, Diss. München 1922.

Struve, Kai/Ther, Philipp (Hg.), Die Grenzen der Nationen. Identitätenwandel in Oberschlesien in der Neuzeit, Marburg 2002.

Stüben, Jens, Über »preußische Slawen« und »eigentliche Polen«. Virchow-Zitate in Romanen von August Scholtis und Horst Bienek, in: Oberschlesisches Jahrbuch 11 (1995) S. 255–275.

Susi, Francesco, Anticlericalismo e religione civile nelle società operaie piemontesi (1849–1860), in: Studi storico-religiosi 1 (1979) S. 133–167.

Sylvers, Malcolm, L'anticlericalismo nel socialismo italiano (dalle origini al 1914), in: Movimento operaio e socialista (1970) S. 175–189.

Talamanca, Anna, La scuola tra Stato e Chiesa nel ventennio dopo l'Unità, in: Chiesa e religiosità, Bd. 3, S. 358–385.

Talamo, Giuseppe, Die römische Gesellschaft zur Zeit von Gregorovius, in: Esch, Arnold/Petersen, Jens (Hg.), Ferdinand Gregorovius in Italien. Eine kritische Würdigung, Tübingen 1993, S. 217–229.

–, La scuola. Dalla legge Casati alla inchiesta del 1864, Milano 1960.

–, Stampa e vita politica dal 1848 al 1864, in: Levra, Storia, S. 527–583.

Tanner, Albert, Arbeitsame Patrioten – wohlanständige Damen. Bürgertum und Bürgerlichkeit in der Schweiz 1830–1914, Zürich 1995.

Taylor, Charles, A Secular Age, Cambridge/Mass. 2007.

Ther, Philipp, Deutsche Geschichte als imperiale Geschichte. Polen, slawophone Minderheiten und das Kaiserreich als kontinentales Empire, in: Conrad/Osterhammel, Kaiserreich, S. 129–148.

Thränhardt, Dietrich, Wahlen und politische Strukturen in Bayern 1848–1853, Düsseldorf 1973.

Thrasolt, Ernst, Eduard Müller. Der Berliner Missionsvikar, Berlin 1953.
Tisato, Renato (Hg.), Positivismo pedagogico, Bd. 2, Angiulli, Siciliani, Ardigò, Fornelli, De Dominicis, Torino 1976.
Tobia, Bruno, Una patria per gli italiani. Spazi, itinerari, monumenti nell'Italia unita (1870–1911), Roma 1991.
–, Una forma di pedagogia nazionale tra cultura e politica. I luoghi della memoria e della rimembranza, in: Il Risorgimento 47 (1995) S. 174–214.
Tortarolo, Edoardo, Il laicismo, Bologna 1998.
Traniello, Francesco, Cattolicesimo conciliarista. Religione e cultura nella tradizione rosminiana lombardo-piemontese 1825–1870, Milano 1970.
– (Hg.), Dizionario storico del movimento cattolico in Italia, 4 Bde., Torino 1981–1997.
–, Katholische Kultur und katholische Bewegung in Italien im 19. Jahrhundert, in: QFIAB 78 (1998) S.522–538.
–, Da Gioberti a Moro. Percorsi di una cultura politica, Milano 1990.
Trapp, Werner, Volksschulreform und liberales Bürgertum in Konstanz: Die Durchsetzung des Schulzwangs als Voraussetzung der Massendisziplinierung und -qualifikation, in: Zang, Provinzialisierung, S. 376–434.
Trepp, Anne-Charlott, Sanfte Männlichkeit und selbständige Weiblichkeit. Frauen und Männer im Hamburger Bürgertum zwischen 1770 und 1840, Göttingen 1996.
Treves, Piero, L'idea di Roma e la cultura italiana del secolo XIX, Milano 1962.
Trzeciakowski, Lech, The Kulturkampf in Prussian Poland, New York 1990.
Tschannen, Olivier, Les théories de la sécularisation, Genève 1992.
Tuninetti, Giuseppe, Organizzazione ecclesiastica e pratica religiosa, in: Levra, Umberto (Hg.), Storia di Torino, Bd. 7, Da capitale politica a capitale industriale (1864–1915), Torino 2000, S. 221–246.
Tyrell, Hartmann, Katholizismus und katholische Kirche, in: Lehmann, Hartmut/Ouédraogo, Jean Martin (Hg.), Max Webers Religionssoziologie in interkultureller Perspektive, Göttingen 2003, S. 193–228.
–, Max Weber, Bismarck und der Kulturkampf, in: Religionssoziologie um 1900, in: Ders./ Krech, Volkhard (Hg.), Religionssoziologie um 1900, Würzburg 1995, S. 365–377.
Ullmann, Hans-Peter, Das Deutsche Kaiserreich 1871–1918, Frankfurt 1995.
–, Politik im deutschen Kaiserreich, München [2]2005.
Ullrich, Hartmut, Der italienische Liberalismus von der Nationalstaatsgründung bis zum Ersten Weltkrieg, in: Langewiesche, Liberalismus, S. 378–414.
Undank, Jack, Diderot's ›Unnatural‹ Acts. Lessons from the Convent, in: French Forum 11/2 (1986) S. 151–167.
Urbinati, Nadia, Le civili libertà. Positivismo e liberalismo nell'Italia unita, Venezia 1990.
Valerio, Adriana, Cristianesimo al femminile. Donne protagoniste nella storia delle Chiese, Napoli 1996.
Vallini, Edio (Hg.), L'Asino è il popolo. Utile, paziente e bastonato di Podrecca e Galantara, 1892–1925, Milano 1970.
Valsecchi, Franco, Zur italienischen Geistesgeschichte des 19. Jahrhunderts, Köln 1961.
Varnier, Giovanni Battista, Aspekte der italienischen Kirchenpolitik in den Jahren der Konsolidierung des italienischen Staates, in: Lill/Traniello, Kulturkampf, S. 127–165.
Venturi, Franco, La circolazione delle idee, in: RSR 41 (1954) S. 203–222.
–, L'Italia fuori l'Italia, in: Storia d'Italia, Bd. 3, Dal primo Settecento all'Unità, Torino 1973, S. 987–1481.
Verucci, Guido, Anticlericalismo, in: Bobbio, Norberto/Matteucci, Nicola/Pasquino, Gianfranco (Hg.), Dizionario di Politica, Torino [2]1991, S. 22–24.
–, Antiklerikalismus und Laizismus in den Jahren des Kulturkampfes, in: Lill/Traniello, Kulturkampf, S. 27–56.

–, Azione educativa e movimenti politici in Italia fra Otto e primo Novecento, in: Studi storici 39 (1998) S. 745–765.
–, Cattolicesimo e laicismo nell'Italia contemporanea, Milano 2001.
–, L'Italia laica prima e dopo l'unità (1848–1876). Anticlericalismo, libero pensiero e ateismo nella società italiana, Roma 1996².
–, Il movimento del libero pensiero in Francia dal 1848 al 1940, in: Studi Storici 41 (2000) S. 433–449.
–, Il XX settembre, in: Isnenghi, Mario (Hg.), I luoghi della memoria. Personaggi e date dell'Italia unita, Roma 1997, S. 87–100.
Viallet, Jean-Pierre, Anticléricalisme e laïcité en Italie. Bilan historiographique, in: MEFRIM 98 (1986) S. 837–862.
–, Anticléricalisme en Italie, 8 Bde., Univ. Paris X, 1991.
Vidotto, Vittorio (Hg.), Roma Capitale, Roma 2003.
–, Roma contemporanea, Roma 2001.
Vilar, Pierre, Der spanische Bürgerkrieg, Berlin ³2005.
Vinay, Valdo, Spiritualità delle Chiese evangeliche in Italia fra il 1861 e il 1878, in: Chiesa e religiosità, Bd. 2, S. 129–153.
Vocelka, Karl, Verfassung oder Konkordat? Der publizistische und politische Kampf der österreichischen Liberalen um die Religionsgesetze des Jahres 1868, Wien 1978.
Voghera, Gadi Luzzatto, Italian Jews, in: Liedtke, Rainer/Wendehorst, Stephan (Hg.), The emancipation of Catholics, Jews and Protestants. Minorities and the nation state in nineteenth-century Europe, Manchester 1999, S. 169–187.
Vontobel, Jacques, Die liberal-konservative organische Rechts- und Staatslehre Johann Caspar Bluntschlis 1808–1881, Zürich 1956.
Waetzoldt, Wilhelm, Das klassische Land. Wandlungen der Italiensehnsucht, Leipzig 1927.
Wagner, Peter, Sozialwissenschaften und Staat. Frankreich, Italien, Deutschland 1870–1980, Frankfurt 1990.
Wahl, Adalbert, Vom Bismarck der 70er Jahre, Tübingen 1920.
Wahl, Alfred, Confession et Comportement dans les campagnes d'Alsace et de Bade 1871–1939, 2 Bde., Strasbourg 1980.
Walter, Stephan, Demokratisches Denken zwischen Hegel und Marx. Die politische Philosophie Arnold Ruges. Eine Studie zur Geschichte der Demokratie in Deutschland, Düsseldorf 1995.
Wanrooij, Bruno P. F., Storia del pudore. La questione sessuale in Italia 1860–1940, Venezia 1990.
Weber, Christoph, Aufklärung und Orthodoxie am Mittelrhein 1820–1850, Paderborn 1973.
–, Der »Fall Spahn«, die »Weltgeschichte in Karakterbildern« und die Görres-Gesellschaft. Ein Beitrag zur Wissenschafts- und Kulturdiskussion im ausgehenden 19. Jahrhundert, in: Römische Quartalschrift für christliche Altertumskunde und Kirchengeschichte 73 (1978) S. 47–110.
–, Die liberale Reichspartei. Antiultramontane Katholiken in der ersten Phase des Kulturkampfes, in: Lill/Traniello, Kulturkampf, S. 251–255.
–, »Eine starke, eng geschlossene Phalanx«. Der politische Katholizismus und die erste deutsche Reichstagswahl 1871, Essen 1992.
–, Kirchliche Politik zwischen Rom, Berlin und Trier 1876–1888. Die Beilegung des preußischen Kulturkampfes, Mainz 1970.
–, Ultramontanismus als katholischer Fundamentalismus, in: Loth, Katholizismus, S. 20–45.
Weber, Margot, Das I. Vatikanische Konzil im Spiegel der bayerischen Politik, München 1970.
–, Zum Kulturkampf in Bayern, in: ZBLG 37 (1974) S. 93–120.
Weber, Marie-Lise, Ludwig Bamberger. Ideologie statt Realpolitik, Stuttgart 1987.

Weber, Wolfgang, Priester der Clio. Historisch-sozialwissenschaftliche Studien zur Herkunft und Karriere deutscher Historiker und zur Geschichte der Geschichtswissenschaft 1800–1970, Frankfurt 1984.
Wehler, Hans-Ulrich, Das deutsche Kaiserreich 1871–1918, Göttingen 1973.
–, Deutsche Gesellschaftsgeschichte, 4 Bde., München 1987–2003.
–, Die Herausforderung der Kulturgeschichte, München 1998.
Weichlein, Siegfried, Der Apostel der Deutschen. Die konfessionspolitische Konstruktion des Bonifatius im 19. Jahrhundert, in: Blaschke, Konfessionen, S. 155–179.
–, Mission und Ultramontanismus im frühen 19. Jahrhundert, in: Fleckenstein, Gisela/ Schmiedl, Joachim (Hg.), Ultramontanismus. Tendenzen der Forschung, Paderborn 2005, S. 93–109.
Weindling, Paul, Was Social Medicine revolutionary? Rudolf Virchow and the Revolution of 1848, in: Bulletin of the Society for the social history of medicine 34 (1984) S. 13–18.
Weir, Todd, The Politics and Culture of Atheism in the Freigeistig Movement in Berlin 1859–1924. Free Religion, Freethought and Monism, Ph. D. Diss. Columbia University, New York 2005.
Weiß, Otto, Döllinger, Rom und Italien, in: Denzler, Georg/Grasmück, Ernst Ludwig (Hg.), Geschichtlichkeit und Glaube, Gedenkschrift zum 100. Todestag Ignaz von Döllingers, München 1990, S. 212–316.
–, Der deutsche Kulturkampf (1871–1890) in der öffentlichen Meinung Italiens, in: Lill/Traniello, Kulturkampf, S. 221–250.
–, Die Redemptoristen in Bayern (1790–1909). Ein Beitrag zur Geschichte des Ultramontanismus, St. Ottilien 1983.
–, Der Ultramontanismus. Grundlagen, Vorgeschichte, Struktur, in: ZBLG 41 (1978) S. 821–877.
Welskopp, Thomas, Grenzüberschreitungen. Deutsche Sozialgeschichte zwischen den dreißiger und den siebziger Jahren des 20. Jahrhunderts, in: Conrad, Christoph/Conrad, Sebastian (Hg.), Die Nation schreiben. Geschichtswissenschaft im internationalen Vergleich, Göttingen 2002, S. 296–317.
Welter, Barbara, The Feminisation of American Religion, 1800–1860, in: Hartmann, M.S. / Banner, L. (Hg.), Clio's Consciousness Raised, New York 1976, S. 137–154.
Wenig, Otto, Rationalismus und Erweckungsbewegung in Bremen. Vorgeschichte, Geschichte und theologischer Gehalt der Bremer Kirchenstreitigkeiten von 1830 bis 1852, Bonn 1966.
Werner, Michael/Zimmermann, Bénédicte, Der Ansatz der Histoire croisée und die Herausforderung des Transnationalen, in: GG 28 (2002) S. 607–636.
Wernicke, Kurt, Der ›Moabiter Klostersturm‹, in: Berlinische Monatsschrift 3 (1994) S. 6–14.
Wild, Dieter, Die Auseinandersetzung des deutschen Liberalismus mit den Konkordaten des 19. Jahrhunderts, Phil. Diss., Freiburg 1957.
Wildmeister, Birgit, Die Bildwelt der »Gartenlaube«. Ein Beitrag zur Kulturgeschichte des bürgerlichen Lebens in der zweiten Hälfte des 19. Jahrhunderts, Würzburg 1998.
Wilke, Jürgen, Grundzüge der Medien- und Kommunikationsgeschichte. Von den Anfängen bis ins 20. Jahrhundert, Köln 2000.
Wilms, Hieronymus, Alfred Graf Robiano P. Ceslaus, der Erneuerer des Dominikanerordens in Deutschland, Düsseldorf 1957.
Windell, George. The Catholics and German Unity, 1866–1871, Minneapolis 1954.
Winkler, Heinrich August, Preußischer Liberalismus und deutscher Nationalstaat. Studien zur Geschichte der Deutschen Fortschrittspartei, 1861–1866, Tübingen 1964.
–, Der lange Weg nach Westen. Deutsche Geschichte 1806–1933, Bd. 1, Deutsche Geschichte vom Ende des Alten Reiches bis zum Untergang der Weimarer Republik, München 2000.
Wirth, Franz, Johann Jakob Treichler und die soziale Bewegung im Kanton Zürich (1845/46), Basel 1981.
Witte, Els, The battle for monasteries and schools: Belgium, in: Clark/Kaiser, Wars, S. 102–128.

Wolf, Hubert, Der Syllabus errorum (1864) oder: Sind katholische Kirche und Moderne unvereinbar?, in: Weitlauff, Manfred (Hg.), Kirche im 19. Jahrhundert, Regensburg 1998, S. 115–139.

Wolfzettel, Friedrich/Ihring, Peter, Katholizismus und Nationalbewußtsein im italienischen Risorgimento: Modelle nationaler Identitätsbildung durch Religion, in: Giesen, Bernhard (Hg.), Nationales Bewußtsein und kollektive Identität, Frankfurt 1991, S. 388–425.

– /Ihring, Peter, Der föderale Traum: Nationale Ursprungsmythen in Italien zwischen Aufklärung und Romantik, in: Berding, Helmut (Hg.), Nationales Bewußtsein und kollektive Identität, Frankfurt 1994, S. 443–483.

Wölk, Monika, Der preußische Volksschulabsolvent als Reichstagswähler 1871–1912, Berlin 1980.

Wyrwa, Ulrich, Juden in der Toskana und in Preußen im Vergleich. Aufklärung und Emanzipation in Florenz, Livorno, Berlin und Königsberg i. Pr., Berlin 2003.

Zaccaria, Giuseppe, Il romanzo d'appendice. Aspetti della narrativa »popolare« nei secoli XIX e XX, Paravia, Torino 1977.

Zalar, Jeffrey T., The Process of Confessional Inculturation. Catholic Reading in the ›Long Nineteenth Century‹, in: Smith, Protestants, S. 121–152.

Zambarbieri, Annibale, Per la storia della devozione al Sacro Cuore in Italia tra '800 e '900, in: Rivista di storia della chiesa in Italia 41 (1987) S. 361–432.

Zang, Gert (Hg.), Provinzialisierung einer Region. Regionale Unterentwicklung und liberale Politik in der Stadt und im Kreis Konstanz im 19. Jahrhundert, Frankfurt 1978.

Zang, Hermann, Die »Gartenlaube« als politisches Organ. Belletristik, Bilderwerk und literarische Kritik im Dienste der liberalen Politik 1860–1880, Phil. Diss. Univ. Würzburg, Coburg 1935.

Zangheri, Renato, Storia del socialismo italiano, Bd. 2, Dalle prime lotte nella Valle Padana ai fasci siciliani, Torino 1997.

Zantop, Susanne M., Kolonialphantasien im vorkolonialen Deutschland (1770–1870), Berlin 1999.

Zielinski, Zygmunt, Der Kulturkampf in der Provinz Posen, in: HJ 101 (1981) S. 447–461.

Zilibotti, Fabrizio, Weber, Marx and Contemporary Economic Theory: A Secular Theory of the Spirit of Capitalism, in: Adloff/Borutta, Weber, S. 42–53.

Zimmerman, Andrew, Ethnologie im Kaiserreich. Natur, Kultur und ›Rasse‹ in Deutschland und seinen Kolonien, in: Conrad/Osterhammel, Kaiserreich, S. 191–212.

–, Decolonizing Weber, in: Postcolonial Studies 9 (2006) S. 53–79.

Zimmermann, Harro, Aufklärung und Erfahrungswandel. Studien zur deutschen Literaturgeschichte des späten 18. Jahrhunderts, Göttingen 1999.

Zimmermann, Walter, Geschichte des Kantons Zürich vom 6. September 1839 bis 3. April 1845, in: Schweizer Studien zur Geschichtswissenschaft Bd. 8, Zürich 1916, S. 571–780.

Zinnecker, Andrea, Romantik, Rock und Kamisol. Volkskunde auf dem Weg ins Dritte Reich – die Riehl-Rezeption, Münster 1996.

Register

Personenregister

Ortsregister

Sachregister